FREMDE TEXTE VERSTEHEN

Foto: Brian McCall

FREMDE TEXTE VERSTEHEN

Festschrift für Lothar Bredella
zum 60. Geburtstag

Herausgegeben von
Herbert Christ und Michael K. Legutke

gnv Gunter Narr Verlag Tübingen

Die Deutsche Bibliothek – CIP-Einheitsaufnahme

Fremde Texte verstehen : Festschrift für Lothar Bredella zum 60. Geburtstag /
hrsg. von Herbert Christ und Michael K. Legutke. – Tübingen : Narr, 1996
    ISBN 3-8233-5162-1
NE: Christ, Herbert [Hrsg.]; Bredella, Lothar: Festschrift

© 1996 · Gunter Narr Verlag Tübingen
Dischingerweg 5 · D-72070 Tübingen

Das Werk einschließlich aller seiner Teile ist urheberrechtlich geschützt.
Jede Verwertung außerhalb der engen Grenzen des Urheberrechtsgesetzes ist ohne Zustimmung
des Verlages unzulässig und strafbar. Das gilt insbesondere für Vervielfältigungen, Übersetzungen,
Mikroverfilmungen und die Einspeicherung und Verarbeitung in elektronischen Systemen.
Gedruckt auf säurefreiem und alterungsbeständigem Werkdruckpapier.

Druck: Müller + Bass, Tübingen
Verarbeitung: Braun & Lamparter, Reutlingen
Printed in Germany

ISBN 3-8233-5162-1

Inhaltsverzeichnis

Zur Person und zum Werk Lothar Bredellas
Tabula Gratulatoria   VII
Vorwort   IX
Lothar Bredella: Zur Person   XI
Lothar Bredella: Schriftenverzeichnis   XIII

Fremdsprachendidaktik im Blick
Michael K. Legutke: Redesigning the Language Classroom   1
Hans-Peter Hasselbach: "Do The Right Thing in the EFL-Classroom": On the Responsibility of Thinking and Teaching Deconstructively   15
Howard De Leeuw: The Role of Texts in the FLES Classroom   29
Christoph Edelhoff: Kommunikative Grundlagen des Englischunterrichts   40
Franz-Joseph Meißner: Multikulturalität, Multilateralität, Eurokulturalität – Orientierungen für einen europäischen Fremdsprachenunterricht   50
Friederike Klippel: Historische Skizzen zum Funktionswandel des Lehrbuchs für den Englischunterricht   62

Literatur- und landeskundedidaktische Streifzüge
Werner Delanoy: Die Relevanz der englischsprachigen Literaturpädagogik für die fremdsprachliche Literaturdidaktik   72
Hans-Christoph Ramm: Interplay of Minds. Shakespeares Hamlet und King Lear. – Eine leserorientierte Deutung   87
R.E. Wicke: Es ist anders hier... Alternative Formen der Textrezeption am Beispiel von Gedichten   104
Martin Seletzky: A Process-Oriented and Learner-Centered Approach to the Teaching of "Landeskunde" in the German-Language Classroom   113
Michael Wendt: Zum Thema "Fremdheit" in Texten für den spätbeginnenden Spanischunterricht   135
Jürgen Donnerstag: "Gender" als Kategorie in einer fremdsprachlichen Literatur- und Kulturdidaktik   148

Literatur- und kulturwissenschaftliche Ortsbestimmungen
Gerhard Hoffmann: Satire, Humor, and Narrative in the English Novel   161
Herbert Grabes: The Subtle Art of Variation: the New Aesthetic   182
Günter H. Lenz: Transnational American Studies: Conceptualizing Multicultural Identities and Communities – Some Notes   191
Albert-Reiner Glaap: Warum englische Komödien Deutschen oft so fremd sind – Ayckbourns Bühnenstücke in Theaterrezensionen   203
Paul Monaco: Intercultural understanding in the age of television   212

Texten auf der Spur

Peter Freese: Bernard Malamud's "Black Is My Favorite Color," or The Hazards of Multiculturalism and the Limits of Intercultural Understanding ... 219

Klaus Lubbers: Understanding Edgar Allan Poe's "The Masque of the Red Death" ... 231

Rüdiger Ahrens: Die Herausforderung des Fremden im post-kolonialen Roman: Yasmine Gooneratne, "A Change of Skies", 1991 ... 246

Ulrich Horstmann: Daniel Defoes "Robinson Crusoe": Eine konspirative Lektüre ... 260

Arno Heller: Simulacrum Amerika: Don DeLillos "White Noise" als Analyse postmoderner Existenz ... 272

Herbert Christ: "Aber schauen ist nicht beobachten" – Alexander von Humboldt und Alexis de Tocqueville als Beobachter in Amerika ... 291

Klaus Schwank: Selbstbild und Fremdbild in den Dramen von Alice Childress ... 309

Franz Wieselhuber: D. H. Lawrence' wohlschmeckende Früchte ... 317

Area Studies

Colin Oakley: Area Studies on Location – Study Trips to Britain, the USA and Australia ... 328

Doris Dedner: Americans and Germans in Post-War Giessen ... 335

Tabula gratulatoria

Dagmar Abendroth-Timmer, Lüdenscheid
Rüdiger Ahrens, Würzburg
Heinz Antor, Würzburg
Gerhard Bach, Edingen
Rachel Baron Schuhbeck, München
Helga Barthel, Leipzig
Karl-Richard Bausch, Bochum
Elena Bellavia, Rom
Werner Besier, Neustadt
Werner Bleyhl, Esslingen
Hans Borchers, Köln
Erika Bredella, Gießen
Waltraud Bryde, Wettenberg
Brun-Otto Bryde, Wettenberg
Daniela Caspari, Gießen
Herbert Christ, Gießen
Ingeborg Christ, Düsseldorf
Jens-Ulrich Davids, Bremen
Helene Decke-Cornill, Berlin
Doris Dedner, Gießen
Werner Delanoy, Klagenfurt
Jürgen Donnerstag, Köln
Henning Düwell, Göttingen
Christoph Edelhoff, Fuldatal
Willi Erzgräber, Freiburg
Claudia Finkbeiner, Gießen
Peter Freese, Paderborn
Annegret Gick, Gießen
Albert-Reiner Glaap, Düsseldorf
Claus Gnutzmann, Paderborn
Herbert Grabes, Gießen
Klaus-Dieter Groß, Regensburg
Angelika Hartmann, Gießen
Hans-Peter Hasselbach, Wiesbaden
Arno Heller, Graz
Gerhard Hoffmann, Würzburg
Agnès Hofmann, Gießen
Ulrich Horstmann, Gießen
Wilhelm Hortmann, Duisburg
Juliane House, Hamburg
Günther Jarfe, Gundelfingen
Andreas H. Jucker, Gießen

Christiane Kallenbach, Berlin
Friederike Klippel, München
Frank G. Königs, Leipzig
Hans-Jürgen Krumm, Wien
Reinhard Kuhnert, Schwäbisch-Gmünd
Gerhard Kurz, Gießen
Hans-Joachim Lang, Hamburg
Howard De Leeuw, Gießen
Michael K. Legutke, Gießen
Günter H. Lenz, Berlin
Gudula List, Köln
Klaus Lubbers, Mainz
Brian McCall, Gießen
Richard Martin, Aachen
Franz-Josef Meißner, Gießen
Paul Monaco, Bozeman (MT)
Ursula Nebe-Rikabi, Leipzig
Rudolf Nissen, Hamburg
Ansgar Nünning, Gießen
Colin Oakley, Gießen
Günter Oesterle, Gießen
Ingrid Oesterle, Gießen
Manfred Prinz, Gießen
Wolfgang Pütz, St. Augustin
Siegfried Quandt, Gießen
Hans-Christoph Ramm, Mühlheim/Main
Marcus Reinfried, Mannheim
Gilda Rippen, Berlin
Josefine Sablik, Wetzlar
Heinz Schilling, Berlin
Andrea Schinschke, Berlin
Reina Schmidt, Wernigerode
Sylke Schmidt, Gießen
Joseph C. Schöpp, Hamburg
Annegret Schrick, Gevelsberg
Volker Schulz, Vechta
Klaus Schwank, Gießen
Martin Seletzky, Columbus (OH)
Albert Spitznagel, Gießen
Kristine Umland, Lohra
Helmut J. Vollmer, Osnabrück
Michael Wendt, Berlin

Armin Volkmar Wernsing, Krefeld
Rüdiger B. Wersich, Idstein-Wörsdorf
Rainer E. Wicke, Köln
Franz Wieselhuber, Gießen

Sharon Wotschke, Pohlheim
Peter Zenzinger, Berlin
Heide Ziegler, Stuttgart

Englisches Seminar (Christian-Albrechts-Universität Kiel)
Institut für Amerikanistik (Universität Innsbruck)
Institut für Anglistik und Amerikanistik (Philipps-Universität Marburg)
Institut für Didaktik der englischen Sprache und Literatur (Universität Gießen)
Institut für Didaktik der französischen Sprache und Literatur (Universität Gießen)
Seminar für Sprachlehrforschung (Ruhr-Universität Bochum)

Vorwort

Lothar Bredella – den Forscher, Hochschullehrer, Lehrerfortbildner und Wissenschaftsorganisator – zu seinem 60. Geburtstag zu ehren, war Freunden und Kollegen ein Bedürfnis. Ein Thema für seine Festschrift zu finden, fiel nicht schwer. Die Hermeneutik, als Theorie und Praxis des *Verstehens*, ist zu einem der zentralen Gegenstände seiner Lebensarbeit in Lehre und Forschung geworden.

Für die Fremdsprachendidaktik, die Disziplin, die er seit mehr als 20 Jahren in Gießen vertritt, hat er durch diesen seinen beharrlich vorgetragenen und in Lehre und Forschung überzeugend umgesetzten methodischen Zugang Beachtliches und allseits Anerkanntes geleistet. Zumeist hat er seine Theorie an *literarischen Texten* exemplifiziert. Dies geschah sicherlich aus Neigung; seine solide literaturwissenschaftliche und literaturtheoretische Ausbildung lieferte ihm wesentliche Handwerkszeuge. Aber er wählte diese Textsorte auch, weil Fiktionales für Lernende in der Regel leichter und kontrollierbarer zugänglich ist, als es Ereignisse und Vorgänge im täglichen Leben oder in der Geschichte sind, über die sogenannte *Sachtexte* berichten und deren *Kontext* erst mühsam hergestellt werden muß. In den letzten Jahren hat sich Lothar Bredella allerdings auch dieser Sorte von Texten verstärkt zugewandt, und zwar nicht nur gedruckten Texten, sondern auch solchen, die in anderer medialer Vermittlung vorliegen – als Dokumentarfilm, Fernsehfeature und Spielfilm. Mit dem Blick auf den Unterricht in Schulen und in der Weiterbildung beschäftigte er sich aber auch immer wieder mit *Lehrbuchtexten* – sowohl als Produzent (worüber das Schriftenverzeichnis in diesem Band Auskunft gibt) wie auch als kritischer Interpret.

Als Englischdidaktiker konzentrierte sich Lothar Bredellas Interesse auf englischsprachige Texte, wenn er nicht mit Deutschlehrern oder Germanistikstudenten in den Vereinigten Staaten oder andernorts an deutschen Texten arbeitete. *Fremd* waren diese Texte für ihre Adressaten allemal, auch und gerade in sprachlicher Hinsicht. So erklärt sich der Titel dieser Festschrift: *Fremde Texte verstehen*. In allen Beiträgen sollte es um das Verstehen gehen. Der Textbegriff durfte von den Autoren weit gefaßt werden, dem weit gespannten Interesse des zu Ehrenden gemäß. Das Fremde und die Fremdheit sollten ebenfalls thematisiert werden. Denn die lange Diskussion um das *Fremdverstehen* – in den zwanziger Jahren von der Phänomenologie angestoßen, heute äußerst rege geführt, und auf die Lothar Bredella als Mitbegründer und derzeitiger Sprecher des Graduiertenkollegs *Didaktik des Fremdverstehens* in besonderer Weise eingegangen ist – soll weitergeführt werden. Bei dieser Diskussion zeigt sich immer klarer, daß der Rolle der Sprache(n) eine ganz zentrale Bedeutung zukommt: in welchen Sprachen, in welchen Registern, in welchen Specherkonstellationen wird das Fremdverstehen – und das heißt das Verstehen des *anderen* (des *alter ego*) mit seinem Vorverständnis, seinen Interessen und Absichten *und* die Klärung des *eigenen* Verstehens und das heißt wiederum des Vorverständnisses, der Interessen und Perspektiven – dialogisch ausgehandelt?

Die Autorinnen und Autoren der in diesem Band versammelten Beiträge haben sich auf das von den Herausgebern vorgeschlagene Rahmenthema eingelassen. Manche andere und mancher andere hätten gerne mitgearbeitet, waren aber verhindert, dies in dem zeitlichen Rahmen zu tun, der durch das Erscheinungsdatum zwingend war. Die Herausgeber erfuhren, als die Arbeiten schon weit fortgeschritten waren, von weiteren Freunden und Kollegen Lothar Bredellas, auch und gerade aus anderen Disziplinen, die bereitwillig einen Beitrag geleistet hätten. Sie nahmen dies mit Freunde zur Kenntnis, mußten aber um Verständnis dafür bitten, daß der Festschrift ein bestimmter Umfang gesetzt war, der nicht überschritten werden durfte. So blieb vielen nur, sich in die *Tabula gratulatoria* einzutragen und auf diese Weise dem zu Ehrenden Gruß und Glückwunsch zu sagen. Die Herausgeber freuen sich, daß von dieser Gelegenheit reichlich Gebrauch gemacht worden ist. Es ist dies ein Beweis für die Wertschätzung, die Lothar Bredella allseits genießt.

Die Liste der Autorinnen und Autoren und die *Tabula gratulatoria* geben Hinweise auf biographische Bezüge, namentlich im beruflichen Kontext, die für Lothar Bredella bestimmend geworden sind: Freunde aus der Studienzeit, Mitarbeiter, Kollegen und Freunde aus Gießen, hier namentlich auch Mitglieder des Graduiertenkollegs *Didaktik des Fremdverstehens,* Mitarbeiter des Hessischen Instituts für Lehrerfortbildung, Vorstände und Mitglieder der Deutschen Gesellschaft für Amerikastudien, der Deutschen Gesellschaft für Fremdsprachenforschung und des Fachverbands Moderne Fremdsprachen, Mitglieder der Frühjahrskonferenz zur Erforschung des Fremdsprachenunterrichts, die Lothar Bredella als langjährigen Mitstreiter kennen und schätzen gelernt haben. Sie alle wünschen ihm viele weitere Jahre fruchtbaren Wirkens und – im eigenen Interesse – mannigfache Gelegenheit weiteren Dialogs.

Die Herausgeber haben die Beiträge zu diesem Band in fünf Kapitel eingeteilt: Am Anfang stehen Beiträge, die fremdsprachendidaktische Fragestellungen allgemeiner Art behandeln; es folgen literaturdidaktische Abhandlungen; auch die literaturwissenschaftlichen Beiträge sind so eingeteilt, daß die Reihenfolge vom allgemeinen zum besonderen geht; den Abschluß bilden zwei Beiträge, die den Landeswissenschaften zuzurechnen sind.

Viele haben bei der Herstellung dieser Festschrift mitgewirkt, und vielen ist daher zu danken. Alle aufzuzählen würde zu weit führen. So nennen wir stellvertretend für den Verlag Herrn Dr. Gunter Narr, stellvertretend für die zahlreichen Gießener Mitarbeiter und Helfer Frau Agnès Hofmann, die mit Umsicht, Geschick und Geduld die Druckvorlage erstellt hat, und schließlich die Autorinnen und Autoren, die sich allesamt als äußerst kooperativ erwiesen haben.

Herbert Christ & Michael K. Legutke

Lothar Bredella: Zur Person

21. 5. 1936	geboren in Breslau
1957–1964	Studium in den Fächern Anglistik, Amerikanistik, Germanistik, Philosophie und Soziologie an den Universitäten Erlangen, Bristol (England) und Frankfurt am Main
1964	Erstes Staatsexamen für das Lehramt an Gymnasien in den Fächern Deutsch und Englisch
seit 1964	verheiratet mit Erika Bredella, geb. Tippel
1964–1966	Studienreferendar am Studienseminar Offenbach
1966	Zweites Staatsexamen für das Lehramt an Gymnasien in den Fächern Deutsch und Englisch
1966–1968	Arbeit an der Promotion
1967	Geburt von Nathalie Bredella
1968	Promotion mit dem Thema *Die entstellte Wirklichkeit. Eine Analyse der Romane und theoretischen Schriften von Iris Murdoch* an der Universität Frankfurt am Main
1968–1970	Studienassessor am Gymnasium Sprendlingen bei Frankfurt am Main in den Fächern Englisch, Deutsch, Philosophie und Sozialkunde
1970–1972	abgeordneter Studienrat am Englischen Seminar der Universität Frankfurt am Main
1971	Geburt von Miriam Bredella
1972–1975	Professor für Anglistik und Literaturdidaktik an der Universität Frankfurt am Main
seit 1975	Professor für Didaktik der englischen Sprache und Literatur an der Justus-Liebig-Universität Gießen
1979–1980	Dekan des Fachbereichs Anglistik in Gießen
1981–1984	Schatzmeister der Deutschen Gesellschaft für Amerikastudien
seit 1981	Mitglied der Frühjahrskonferenz zur Erforschung des Fremdsprachenunterrichts

seit 1982	Leiter des *American Studies Media Center* an der Justus-Liebig-Universität Gießen
1983–1984	Dekan des Fachbereichs Anglistik in Gießen
seit 1984	Mitherausgeber der *Giessener Beiträge zur Fremdsprachendidakik*
1984–1987	Vorsitzender der Deutschen Gesellschaft für Amerikastudien
1985	Gastprofessor an der University of Wisconsin in Milwaukee (USA)
1990–1991	Dekan des Fachbereichs Anglistik in Gießen
1991	Mitbegründer des Graduierten-Kollegs *Didaktik des Fremdverstehens* in Gießen
1991–1993	Vorsitzender der Deutschen Gesellschaft für Fremdsprachenforschung (DGFF)
1993	Gastprofessor an der Simon Fraser University in Vancouver (Canada)
1993	Organisation und Leitung des Fremdsprachendidaktiker-Kongresses in Gießen
1994–1995	Dekan des Fachbereichs Anglistik in Gießen
seit 1994	Sprecher des Graduierten-Kollegs *Didaktik des Fremdverstehens* in Gießen

Veröffentlichungen von Lothar Bredella

I. Monographien
Die entstellte Wirklichkeit. Eine Analyse der Romane und theoretischen Schriften von Iris Murdoch. Frankfurt a. M.: Bredel 1968.

(zusammen mit Christa Bürger und Rudolf Kreis): *Von der romantischen Gesellschaftskritik zur Bejahung des Imperialismus. Tieck – Keller – Kipling.* Frankfurt a. M., Berlin, München: Diesterweg 1974. (Literatur und Geschichte – Modellanalysen).

Ästhetische Erfahrung und soziales Handeln. Zur Begründung des Literaturunterrichts. Mit Hinweisen zu einem Unterrichtsentwurf. Frankfurt a. M., Berlin, München: Diesterweg 1975. (Diesterwegs Rote Reihe).

Einführung in die Literaturdidaktik. Stuttgart, Berlin, Köln, Mainz: Kohlhammer 1976. (Urban-Taschenbücher, Reihe 80, Bd. 230).

Das Verstehen literarischer Texte. Stuttgart, Berlin, Köln, Mainz: Kohlhammer 1980. (Sprache und Literatur, 106).

(zusammen mit Michael Legutke): *confidence: Lehrerhandbuch.* Bochum: Ferdinand Kamp 1988.

(zusammen mit Wolfgang Gast und Siegfried Quandt): *Deutschlandbilder im amerikanischen Fernsehen. Inhalte – Formen – Funktionen.* Tübingen: Gunter Narr 1994. (Giessener Beiträge zur Fremdsprachendidaktik).

II. Herausgabe von Sammelbänden
Rudyard Kipling: Der Bezirkskommissar / Die Brückenbauer. Mit ergänzenden Texten zum Verhältnis von fiktiver und geschichtlich-sozialer Realität. Frankfurt a. M.: Diesterweg 1974. (Literatur und Geschichte – Unterrichtsmodelle).

Die USA in Unterricht und Forschung. Bochum: Kamp 1984.

Das Verstehenlehren einer paradoxen Epoche in Schule und Hochschule: the American 1920s. Bochum: Kamp 1985.

(zusammen mit Michael Legutke): *Schüleraktivierende Methoden im Fremdsprachenunterricht Englisch.* Bochum: Kamp 1985.

(zusammen mit Dietmar Haack): *Perceptions and Misperceptions: The United States and Germany. Studies in Intercultural Understanding.* Tübingen: Gunter Narr 1988. (Giessener Beiträge zur Fremdsprachendidaktik).

Mediating a Foreign Culture: The United States and Germany. Studies in Intercultural Understanding. Tübingen: Gunter Narr 1991. (Giessener Beiträge zur Fremdsprachendidaktik).

(Gastherausgeber): "The Pedagogy of American Studies". *Amerikastudien/American Studies* Heft 4, Jg. 37, 1991.

(zusammen mit Herbert Christ): *Zugänge zum Fremden.* Gießen: Verlag der Ferber'schen Universitätsbuchhandlung 1993. (Gießener Diskurse, Bd. 10).

(zusammen mit Günter H. Lenz): *Der amerikanische Dokumentarfilm: Herausforderungen für die Didaktik.* Tübingen: Gunter Narr 1994. (Giessener Beiträge zur Fremdsprachendidaktik).

(zusammen mit Herbert Christ): *Didaktik des Fremdverstehens.* Tübingen: Gunter Narr 1994. (Giessener Beiträge zur Fremdsprachendidaktik).

Verstehen und Verständigung durch Sprachenlernen? Dokumentation des 15. Kongresses für Fremdsprachendidaktik, veranstaltet von der Deutschen Gesellschaft für Fremdsprachenforschung (DGFF). Bochum: Universitätsverlag Brockmeyer 1995.

III. Aufsätze und Beiträge in Handbüchern, Sammelbänden und Zeitschriften

"Ästhetische und funktionale Kategorien in der Literaturdidaktik". In: *Diskussion Deutsch*, Jg. 3 (1972), S. 197-210. Wieder abgedruckt in: Reinhard Dithmar (Hrsg.), *Literaturunterricht in der Diskussion. Ein Reader* (Teil II), Kronberg 1974, S. 129-145.

"Arthur Millers Stück 'All My Sons' im Unterricht und die Frage nach seiner didaktischen Begründung". In: *Die Neueren Sprachen*, 71/21 N.F. (1972), S. 595-600.

"Die Intention und Wirkung literarischer Texte. Arnold Weskers 'Chips with Everything' und Harold Pinters 'The Birthday Party'". In: *Der fremdsprachliche Unterricht*, Jg. 7, H. 25 (1973), S. 34-49.

"Wirklichkeitserfahrung und Erzählstruktur in den Romanen von Iris Murdoch". In: Kuno Schuhmann, Wilhelm Hortmann, Armin Paul Frank (Hrsg.): *Miscellanea Anglo-Americana. Festschrift für Helmut Viebrock*. München: Pressler 1974, S. 4-25.

"Das heroische Menschen- und Gesellschaftsbild in Rudyard Kiplings Kurzgeschichten 'Der Bezirkskommissar' und 'Die Brückenbauer'. Zum Verhältnis von fiktiver und geschichtlich-sozialer Realität." In: Lothar Bredella, Christa Bürger, Rudolf Kreis: *Von der romantischen Gesellschaftskritik zur Bejahung des Imperialismus. Tieck – Keller – Kipling*. Frankfurt a. M., Berlin, München: Diesterweg 1974, S. 68-116.

"Ästhetische und soziale Kategorien bei der Analyse des Bestsellers *Valley of the Dolls* von Jacqueline Susann". In: *Amerikastudien/American Studies*, Jg. 19 (1974), S. 30-49.

"Zur Begründung von Lernzielen für den Literaturunterricht. Das Verstehen von Handlungen in literarischen Texten". In: Herbert Christ, Hans-Eberhard Piepho (Hrsg.), *Kongreßdokumentation der 7. Arbeitstagung der Fremdsprachendidaktiker. Gießen 1976*. Limburg: Frankonius 1977, S. 146-149.

"Der Verstehensprozeß literarischer Texte in seiner Bedeutung für die Frage nach dem Sinn des Literaturunterrichts". In: Hans Weber (Hrsg.), *Aufforderungen zum literaturdidaktischen Dialog. Wuppertaler Kolloquium zum englischen Literaturunterricht*. Paderborn, München, Wien, Zürich: Schöningh 1979, S. 55-87. (Informationen zur Sprach- und Literaturdidaktik, 19).

"Literaturdidaktik zwischen Fachwissenschaft und Pädagogik". In: *Fachdidaktik im Gespräch* 1 (1979). Gießen: Arbeitskreis Fachdidaktik, S. 53-67.

"Die Struktur der Interaktion und das Verstehen literarischer Texte im Unterricht". In: *Der fremdsprachliche Unterricht*, Jg. 13, Heft 52 (1979), S. 37-50.

"Die Rolle der Urteilskraft und des Vorverständnisses beim Verstehen literarischer Texte". In: Herbert Mainusch (Hrsg.), *Literatur im Unterricht*. München: Fink 1979, S. 27-45. (Kritische Information Bd. 74).

"Textanalyse und die Struktur des Handelns in literarischen Texten". In: Helmut Heuer, Hartmut Kleineidam, Edzard Obendiek, Helmut Sauer (Hrsg.), *Dortmunder Diskussionen zur Fremdsprachendidaktik. Kongreßdokumentation der 8. Arbeitstagung der Fremdsprachendidaktiker Dortmund 1978*. Dortmund: Lambert Lensing 1979, S. 81-83.

"Zielsetzungen der Landeskunde im Fremdsprachenunterricht". In: *Anglistik & Englischunterricht* Heft 10, Landeskunde und fiktionale Literatur (1980), S. 9-34.

(zusammen mit Helmut Gebelein und Siegfried Quandt): "Zur Frage des wissenschaftlichen Grundmusters der Fachdidaktiken". In: *Fachdidaktik im Gespräch* 2 (1980). Gießen: Arbeitskreis Fachdidaktik, S. 35-37.

"Das Verhältnis von Erkennen und Handeln beim Verstehen literarischer Texte und bei literaturdidaktischen Entscheidungen". In: Kuno Schuhmann, Karl Maroldt (Hrsg.): *Praxisbezüge der Anglistik*. Großen-Linden: Hoffmann 1980, S. 115-152.

"The Theory of Action and Understanding Literature in Foreign Language Instruction". In: Herbert Eichbaum, Alan Maley (Hrsg.), *Fremdsprachenunterricht im Spannungsfeld zwischen Gesellschaft, Schule und Wissenschaften – Zur Bedeutung kommunikationswissenschaftlicher Forschungen für das Erlernen fremder Sprachen. Protokoll eines Werkstattgesprächs des Goethe-Instituts Paris und des British Council Paris vom 25.-28. September 1979*. München 1981, S. 207-228.

"Wozu Literatur in Schule und Hochschule? Zur Kritik der Theorie der Illusionsbildung". In: *Englisch-Amerikanische Studien*, Jg. 3, Heft 1 (1981), S. 31-50.

Statement zur 1. Frühjahrskonferenz zur Erforschung des Fremdsprachenunterrichts. In: Karl-Richard-Bausch, Herbert Christ, Werner Hüllen, Hans-Jürgen Krumm (Hrsg.), *Arbeitspapiere der 1. Frühjahrskonferenz zur Erforschung des Fremdsprachenunterrichts.* Heidelberg: Julius Groos 1981, S. 27-35 (Manuskripte zur Sprachlehrforschung).

"Objektive Erkenntnis oder subjektive Bedeutsamkeit bei der Interpretation literarischer Texte: Eine falsche Alternative?" In: Hans Hunfeld (Hrsg.), *Literaturwissenschaft – Literaturdidaktik – Literaturunterricht: Englisch. II. Eichstätter Kolloquium zum Fremdsprachenunterricht 1981*. (Monographien: Fremdsprachen – Theorie und Praxis ihrer Didaktik, Bd. 11). Königstein/Ts.: Scriptor 1982, S. 18-34.

"Shakespeares *Julius Caesar* im Englischunterricht: Ein hermeneutisches Modell". In: Rüdiger Ahrens (Hrsg.), *William Shakespeare. Didaktisches Handbuch 2*. München: Fink 1982, S. 561-593.

Statement zur 2. Frühjahrskonferenz zur Erforschung des Fremdsprachenunterrichts "Das Postulat der Lernerzentriertheit: Rückwirkungen auf die Theorie des Fremdsprachenunterrichts". In: Karl-Richard Bausch, Herbert Christ, Werner Hüllen, Hans-Jürgen Krumm (Hrsg.), *Arbeitspapiere der 2. Frühjahrskonferenz zur Erforschung des Fremdsprachenunterrichts*. Heidelberg: Julius Groos 1982, S. 34-41 (Manuskripte zur Sprachlehrforschung).

"Der Literaturbegriff und die konkreten Lernziele für die Interpretation fiktionaler Texte in den *Richtlinien für die gymnasiale Oberstufe in Nordrhein-Westfalen, Englisch"*. In: Joachim Kornelius, Erwin Otto (Hrsg.), *Anglistik, Richtlinien & Englischunterricht*. Trier: Wissenschaftlicher Verlag 1983, S. 56-78.

"Das Literaturthema im Schülerwettbewerb Fremdsprachen und das Leistungskursangebot der Schule im Bereich Englisch". In: Thomas Finkenstaedt, Franz-Rudolf Weller (Hrsg.), *Der Schülerwettbewerb Fremdsprachen im Stifterverband für die Deutsche Wissenschaft. Referate eines Symposiums in Wildsteig*. Augsburg 1983, S. 239-263. (Augsburger I- & I-Schriften).

"Die Tätigkeit des Lesers beim sinnhaften Aufbau der fiktiven Welt literarischer Texte. Zur Kritik von Ingardens Begriff der 'Unbestimmtheitsstelle'". In: Jörg Hasler (Hrsg.), *Anglistentag 1981. Vorträge*. Frankfurt a. M./Bern: Lang 1983, S. 170-189. (Trierer Studien zur Literatur, Bd. 7).

Statement zur 3. Frühjahrskonferenz zur Erforschung des Fremdsprachenunterrichts "Inhalte im Fremdsprachenunterricht oder Fremdsprachenunterricht als Inhalt?". In: Karl-Richard

Bausch, Herbert Christ, Werner Hüllen, Hans-Jürgen Krumm (Hrsg.), *Arbeitspapiere der 3. Frühjahrskonferenz zur Erforschung des Fremdsprachenunterrichts*. Heidelberg: Julius Groos 1983, S. 20-25 (Manuskripte zur Sprachlehrforschung).

(zusammen mit Norbert Benz): "Das amerikanische Erziehungswesen in der Diskussion". In: *Der fremdsprachliche Unterricht*, Jg. 18, Heft 70 (1984), S. 118-128.

"Amerikanisches Selbstverständnis im Lichte von Bestsellern". In: Siegfried Quandt, Gerhard Schult (Hrsg.): *Die USA und Deutschland seit dem Zweiten Weltkrieg*. Paderborn, München, Wien, Zürich: Schöningh 1985, S. 19-30.

"The Concept of Success in Arthur Miller's *Death of a Salesman* and in Non-Literary Bestsellers. Überlegungen zu einer Unterrichtseinheit in der Sekundarstufe II". In: Lothar Bredella (Hrsg.): *Die USA in Unterricht und Forschung*. Bochum: Kamp 1984, S. 172-189.

"Lebendiges Lernen im Literaturunterricht. Vorverständnisaktivierende Methoden und Selbsterfahrung bei der Interpretation literarischer Texte". In: Michael Schratz (Hrsg.): *Englischunterricht im Gespräch. Probleme und Praxishilfen*. Bochum: Kamp 1984, S. 188-204.

"Rezeptionsprotokolle bei der Lektüre literarischer Texte". In: Karl-Richard Bausch, Herbert Christ, Werner Hüllen, Hans-Jürgen Krumm (Hrsg.), *Empirie und Fremdsprachenunterricht. Arbeitspapiere der 4. Frühjahrskonferenz zur Erforschung des Fremdsprachenunterrichts*. Tübingen: Gunter Narr 1984, S. 28-34 (Giessener Beiträge zur Fremdsprachendidaktik).

"Leseerfahrungen im Unterricht. Kognitive und affektive Reaktionen bei der Lektüre literarischer Texte". In: Lothar Bredella, Michael Legutke (Hrsg.), *Schüleraktivierende Methoden im Fremdsprachenunterricht Englisch*. Bochum: Kamp 1985, S. 54-82.

(zusammen mit Michael Legutke): "Methoden für schüleraktiven Fremdsprachenunterricht am Beispiel *confidence* aus der Reihe *Encounters with American and British Culture*". In: Lothar Bredella, Michael Legutke (Hrsg.), *Schüleraktivierende Methoden im Fremdsprachenunterricht Englisch*. Bochum: Kamp 1985, S. 103-125.

(zusammen mit Michael Legutke): "Ein interaktives Modell für das Verstehenlehren einer fremden Kultur am Beispiel der 'American 1920s'". In: Lothar Bredella, Michael Legutke (Hrsg.), *Das Verstehenlehren einer paradoxen Epoche in Schule und Hochschule: The American 1920s*. Bochum: Kamp 1985, S. 149-175.

"How to Elicit Responses to Literary Texts. Vonnegut's *Slaughterhouse-Five* as a Literary Text and as a Historical Document". In: Peter Freese (ed.), *Teaching Contemporary american Life and Literature in the German advance EFL-Classroom. Proceedings of the Third Conference of the German Association for American Studies on the Didactics of American Studies*. Paderborn, München, Wien, Zürich: Schöningh 1985, S. 58-79.

"Ausweglosigkeit und Protest in literarischen Texten der fünfziger Jahre in England". In: Franz Kuna, Heinz Tschachler (Hrsg.), *Dialog der Texte: Literatur und Landeskunde. Beiträge zu Problemen einer integrativen Landes- und Kulturkunde des englischsprachigen Auslands*. Tübingen: Gunter Narr 1986, S. 397-424. (Tübinger Beiträge zur Anglistik, 8).

"Literarische Texte im Fremdsprachenunterricht". Gründe und Methoden. In: *New Yorker Werkstattgespräche 1984*, München 1986, S. 352-393.

"Das kreative Moment beim Verstehen literarischer Texte". In: *Fragezeichen*, 4/5 (1986), S. 6-20.

"Lesen als 'gelenktes Schaffen': literarische Texte im Fremdsprachenunterricht". In: *Unterrichtspraxis* 1987, S. 166-184.

"Die Struktur schüleraktivierender Methoden. Überlegungen zum Entwurf einer prozeßorientierten Literaturdidaktik". In: *Praxis des Neusprachlichen Unterrichts*, Jg. 34 (1987), S. 233-248.

"Der Sprachbegriff und die Konzeption einer am Verstehensprozeß orientierten Literatur- und Landeskunde". In: Karl-Richard Bausch, Herbert Christ, Werner Hüllen, Hans-Jürgen Krumm (Hrsg.): *Sprachbegriffe im Fremdsprachenunterricht. Arbeitspapiere der 7. Frühjahrskonferenz zur Erforschung des Fremdsprachenunterrichts*. Tübingen: Gunter Narr 1987, S. 53-59 (Giessener Beiträge zur Fremdsprachendidaktik).

"From New Criticism to Response Theory: The Epistemological, Aesthetic, and Pedagogical Implications". In: Wolfgang Lörscher, Rainer Schulze (eds.): *Perspectives on Language in Performance: Studies in Linguistics, Literary Criticism, and Language Teaching an Learning. To Honour Werner Hüllen on the Occasion of His Sixtieth Birthday*. Tübingen: Gunter Narr 1987, S. 760-785.

"Das Verstehen und Interpretieren literarischer Texte: Erziehung zur Objektivität oder zur Kreativität?". In: Elrud Ibsch, Dick H. Schram (Hrsg.), *Rezeptionsforschung zwischen Hermeneutik und Empirik*. Amsterdam: Rodopi 1987, S. 107-136. (Amsterdamer Beiträge zur neueren Germanistik, Bd. 23 – 1987).

"Überlegungen zur Zielsetzung 'Interkulturelles Lernen'". In: *Fachdidaktik im Gespräch* (1987). Gießen: Arbeitskreis Fachdidaktik, S. 49-62.

"How is Intercultural Understanding Possible?". In: Lothar Bredella, Dietmar Haack (Hrsg.), *Perceptions and Misperceptions: The United States and Germany. Studies in Intercultural Understanding*. Tübingen: Gunter Narr 1988, S. 1-25.

"American Studies in the Federal Republic of Germany: Some Observations on its History and Development". In: *American Studies International*, October 1988, vol. XXVI, Nor. 2, pp. 51-60.

"Zum Verhältnis von Literaturwissenschaft und Literaturdidaktik aus der Sicht der Literaturdidaktik". In: Peter Doyé, Hartmut Heuermann, Günther Zimmermann (Hrsg.), *Die Beziehungen der Fremdsprachendidaktik zu ihren Referenzwissenschaften. Dokumente und Berichte vom 12. Fremdsprachendidaktiker-Kongreß*. Tübingen: Gunter Narr 1988, S. 162-172.

"Making Sense of Literary Texts: A Meaningful Activity?" In: Gerhard Hoffmann (Hrsg.), *Making Sense. The Role of the Reader in Contemporary American Fiction*. American Studies. A Monograph Series, vol. 68. München: Wilhelm Fink 1989, S. 15-34.

"Literary Texts and Intercultural Understanding: Arthur Miller's Play *Death of a Salesman*". In: Peter Funke (ed.): *Understanding the USA: A Cross-Cultural Perspective*. Tübingen: Gunter Narr 1989, S. 200-219.

"Institutionelle Bedingungen als Faktoren in einem Gesamtkonzept von Fremdsprachenunterricht". In: Karl-Richard-Bausch, Herbert Christ, Werner Hüllen, Hans-Jürgen Krumm (Hrsg.), *Der Fremdsprachenunterricht und seine institutionellen Bedingungen. Arbeitspapiere der 9. Frühjahrskonferenz zur Erforschung des Fremdsprachenunterrichts*. Tübingen: Gunter Narr 1989, S. 33-37 (Giessener Beiträge zur Fremdsprachendidaktik).

"Die Einsicht in literarische Verstehensprozesse als Voraussetzung für die Entwicklung schüleraktivierender Methoden". In: Eberhard Kleinschmidt (Hrsg.), *Fremdsprachenunterricht zwischen Sprachenpolitik und Praxis. Festschrift für Herbert Christ zum 60. Geburtstag*. Tübingen: Gunter Narr 1989, S. 170-179.

Artikel "Literaturwissenschaft". In: Karl-Richard Bausch, Herbert Christ, Werner Hüllen, Hans-Jürgen Krumm (Hrsg.), *Handbuch Fremdsprachenunterricht*. Tübingen: Francke 1989, S. 46-54. 2. unveränderte Auflage 1991.

"Die Mitwirkung des Lesers beim Verstehen literarischer Texte und die Aufgaben der Literaturdidaktik". In: Christoph Edelhoff, Christopher N. Candlin (Hrsg.), *Verstehen und Verständigung*. Bochum: Kamp 1989, S. 11-29.

"Das Verstehen literarischer Texte im Fremdsprachenunterricht". In: *Die Neueren Sprachen*, Bd. 89 (1990), S. 562-583.

"Leseorientierte Literaturtheorie und Literaturunterricht". In: Albert-Reiner Glaap (Hrsg.), *Anglistik heute: Perspektiven für die Lehrerfortbildung*. Frankfurt a. M.: Scriptor 1990, S. 167-198.

"Das Verstehen literarischer Texte im Fremdsprachenunterricht". In: *Die Neueren Sprachen* 89 (1990), S. 562-583.

"Fremdsprachendidaktik zwischen Fachwissenschaft und Erziehungswissenschaft". In: Karl-Richard Bausch, Herbert Christ, Hans-Jürgen Krumm (Hrsg.), *Die Ausbildung von Fremdsprachenlehrern: Gegenstand der Forschung. Arbeitspapiere der 10. Frühjahrskonferenz zur Erforschung des Fremdsprachenunterrichts*. Bochum: Brockmeyer 1990, S. 39-47 (Manuskripte zur Sprachlehrforschung).

"How to Cope with Evil? References to the Holocaust in American Films of the 1970s and 1980s". In: P. Freese (ed.): *Germany and German Thougth in American Literature and Cultural Criticism*. Essen: Die Blaue Eule 1990, S. 51-92.

"Demionic Germans and naive Americans: The dialectics between hetero- and autostereotypes". In: Lothar Bredella (ed.): *Mediating a Foreign Culture: The United States and Germany. Studies in Intercultural Understanding*. Tübingen: Gunter Narr 1991, S. 108-131.

"'Ästhetisches Lesen' als Lernziel des Fremdsprachenunterrichts?" In: Karl-Richard Bausch, Herbert Christ, Hans-Jürgen Krumm (Hrsg.), *Texte im Fremdsprachenunterricht als Forschungsgegenstand. Arbeitspapiere der 11. Frühjahrskonferenz zur Erforschung des Fremdsprachenunterrichts*. Bochum: Brockmeyer 1991, S. 37-44 (Manuskripte zur Sprachlehrforschung).

"'The American Dream' in F. Scott Fitzgeralds *The Great Gatsby*". In: A. Geraths, P. Zenzinger (Hrsg.), *Text und Kontext in der modernen englischsprachigen Literatur*. Frankfurt a. M./Bern/New York/Paris: Peter Lang 1991, S. 61-74.

"Das Verhältnis von Anglistik und Amerikanistik aus didaktischer Sicht". In: C. Uhlig, R. Zimmermann (Hrsg.), *Anglistentag 1990 Marburg. Proceedings*. Tübingen: Niemeyer 1991, S. 36-43.

"Der Status sprachenpolitischer Konzepte". In: Karl-Richard Bausch, Herbert Christ, Hans-Jürgen Krumm (Hrsg.), *Fremdsprachenunterricht und Sprachenpolitik als Gegenstand der Forschung. Arbeitspapiere der 12. Frühjahrskonferenz zur Erforschung des Fremdsprachenunterrichts*. Bochum: Brockmeyer 1992, S. 55-62 (Manuskripte zur Sprachlehrforschung).

"Understanding a Foreign Culture through Assimilation and Accommodation: Arthur Miller's 'The Crucible' and its Dual Historical Context". In: Rüdiger Ahrens, Heinz Anton (eds.), *Text – Culture – Reception. Cross-cultural Aspects of English Studies*. Heidelberg: Winter 1992, S. 475-521.

"Introduction to a Pedagogy of American Studies". In: *Amerikastudien/American Studies* 37 (1992) 4, S. 551-558.

"Towards a Pedagogy of Intercultural Understanding". In: *Amerikastudien/American Studies,* Jg. 37 (1992), S. 559-594

"Fremdsprachliche Literaturdidaktik und Ästhetik". In: Uwe Multhaup, Dieter Wolff (Hrsg.): *Prozeßorientierung in der Fremdsprachendidaktik.* Frankfurt am Main: Diesterweg, 1992, S. 121-141.

"The Pragmatics of Literary Texts". In: Dieter Stein (Hrsg.): *Cooperating with Written Texts. The Pragmatics and Comprehension of Written Texts.* Berlin: Mouton de Gruyter 1992, S. 313-333.

"Literarische Texte im Fremdsprachenunterricht: Determiniertes Produkt oder ästhetisches Objekt?" In: Dieter Buttjes, Wolfgang Butzkamm, Friederike Klippel (Hrsg.): *Neue Brennpunkte des Englischunterrichts.* Frankfurt am Main: Peter Lang Verlag 1992, S. 88-97.

"Zur Dialektik von Steuerung und Offenheit bei der Rezeption literarischer Texte". In: Karl-Richard Bausch, Herbert Christ, Hans-Jürgen Krumm (Hrsg.), *Fremdsprachenlehr- und -lernprozesse im Spannungsfeld von Steuerung und Offenheit. Arbeitspapiere der 13. Frühjahrskonferenz zur Erforschung des Fremdsprachenunterrichts.* Bochum: Brockmeyer 1993, S. 43-53 (Manuskripte zur Sprachlehrforschung).

"Ist das Verstehen fremder Kulturen wünschenswert?" In: Lothar Bredella, Herbert Christ (Hrsg.), *Zugänge zum Fremden.* Gießen: Verlag der Ferber'schen Universitätsbuchhandlung 1993, S. 11-36.

"Interkulturelles Verstehen zwischen Objektivismus und Relativismus". In: Karl-Richard Bausch, Herbert Christ, Hans-Jürgen Krumm (Hrsg.), *Interkulturelles Lernen im Fremdsprachenunterricht. Arbeitspapiere der 14. Frühjahrskonferenz zur Erforschung des Fremdsprachenunterrichts.* Tübingen: Gunter Narr 1994, S. 21-30 (Giessener Beiträge zur Fremdsprachendidaktik).

(zusammen mit Herbert Christ): "Didaktik des Fremdverstehens – Ein Forschungsprogramm im Rahmen der Graduiertenförderung". In: *Anglistik,* Jg. 5, Heft 2 (1994), S. 63-79.

"Der amerikanische Dokumentarfilm: Zugang zur amerikanischen Wirklichkeit?" In: Lothar Bredella, Günter H. Lenz (Hrsg.), *Der amerikanische Dokumentarfilm: Herausforderungen für die Didaktik.* Tübingen: Gunter Narr 1994, S. 81-107. (Giessener Beiträge zur Fremdsprachendidaktik).

"Two Concepts of Art: Art as Truth or as Dialogue". In: Gerhard Hoffmann, Alfred Hornung (Hrsg.), *Affirmation and Negation in Contemporary American Culture.* Heidelberg: Winter 1994, S. 89-134. (Anglistische Forschungen, Band. 225).

(zusammen mit Herbert Christ): "Didaktik des Fremdverstehens im Rahmen einer Theorie des Lehrens und Lernens fremder Sprachen". In: Lothar Bredella, Herbert Christ (Hrsg.), *Didaktik des Fremdverstehens.* Tübingen: Gunter Narr 1994, S. 8-19 (Giessener Beiträge zur Fremdsprachendidaktik).

"John Dewey's *Art as Experience*: Between the Aesthetics of Self-Creation and the Ethics of Deconstruction". In: Herbert Grabes (ed.), *REAL – The Yearbook of Research in English and American Literature. Bd. 10: Contemporary Discourse and Aesthetics.* Tübingen: Gunter Narr 1994, S. 169-200.

"Intercultural Understanding between Relativism, Ethnocentrism and Universalism: Preliminary Considerations for a Theory of Intercultural Understanding". In: Günther Blaicher, Brigitte Glaser (eds.), *Anglistentag 1993. Proceedings.* Tübingen: Niemeyer 1994, S. 287-306.

Artikel "Literaturwissenschaft". In: Karl-Richard Bausch, Herbert Christ, Hans-Jürgen Krumm (Hrsg.), *Handbuch Fremdsprachenunterricht*. 3. Aufl. Tübingen und Basel: Francke 1995, S. 58-66.

"How to Read Plays in the Foreign Language Classroom: Harold Pinter's *The Dumb Waiter*". In: Wolfgang Riehle, Hugo Keiper (Hrsg.), *Anglistentag 1994 Graz. Proceedings* vol. XVI. Tübingen: Niemeyer 1995, S. 453-467.

"Multiculturalism between Assimilation and Segregation: The Debate on Multicultural Curricula in the United States and Germany". In: Günter H. Lenz, Klaus J. Milich (eds.), *American Studies in Germany*. Frankfurt/New York: Campus Verlag/S. Martin's Press 1995, S. 227-261.

"Verstehen und Verständigung als Grundbegriffe und Zielvorstellungen des Fremdsprachenlehrens und -lernens?" In: Lothar Bredella (Hrsg.), *Verstehen und Verständigung durch Sprachenlernen?* 1995, S. 1-34.

"Wortschatzarbeit bei der Lektüre und Interpretation literarischer Texte". In: Karl-Richard Bausch, Herbert Christ, Frank G. Königs, Hans-Jürgen Krumm (Hrsg.). *Erwerb und Vermittlung von Wortschatz im Fremdsprachenunterricht*. Arbeitspapiere der 15. Frühjahrskonferenz zur Erforschung des Fremdsprachenunterrichts. Tübingen: Gunter Narr 1995, S. 40-47 (Giessener Beiträge zur Fremdsprachendidaktik).

(zusammen mit Herbert Christ): "Fremdverstehen als Thema der Fremdsprachendidaktik". In: *Romanistische Zeitschrift für Literaturgeschichte* 1995, S. 230-233.

"Aesthetics and Ethics: Incommensurable, Identical, or Conflicting?" In: Gerhard Hoffmann, Alfred Hornung (eds.), *Ethics and Aesthetics: The Moral Turn of Postmodernism*. Heidelberg: Winter 1996, S. 29-51.

IV. Lehrwerke und Lehrmaterialien

(zusammen mit Hans-Eberhard Piepho (Hrsg.)): *Contacts. Integriertes Englischlehrwerk für die Klassen 5-10*. Bochum: Ferdinand Kamp 1977 ff.

(zusammen mit Hans-Eberhard Piepho (Hrsg.)): *Contacts. Englischlehrwerk für die Klassen 5-10*. Bochum: Ferdinand Kamp 1980 ff.

(zusammen mit Hans Eberhard Piepho (Hrsg.)): Contacts – Enriched Course Gymnasium/Gesamtschule. 9. Schuljahr Projects 1. Bochum: Ferdinand Kamp 1982.

(zusammen mit Hans Eberhard Piepho (Hrsg.)): Contacts – Enriched Course. 10. Schuljahr Projects 2. Bochum: Ferdinand Kamp 1983.

(zusammen mit Michael Legutke): "The American Short Story: Sherwood Anderson's *I'm a fool*". Begleitkarte zur Videokassette (420441). Grünwald, München: Institut für Film und Bild in Wissenschaft und Unterricht 1984.

(zusammen mit Michael Legutke und Martin Seletzky): *Encounters with American and British Culture*. Materialien für die Sekundarstufe II. Bochum: Ferdinand Kamp, 1984-1992.

V. Herausgabe von Reihen

(zusammen mit Herbert Christ, Hans-Eberhard Piepho und Michael Wendt): *Giessener Beiträge zur Fremdsprachendidaktik*. Tübingen: Gunter Narr. Seit 1984.

MICHAEL K. LEGUTKE

Redesigning the Language Classroom

1. What do we mean by "language classroom"?

Lothar Bredella's work on how to understand and thus approach foreign language texts has far-reaching implications for the classrooms in which such endeavors are undertaken. The processes of making sense imply a community of readers and writers which is both egalitarian, in the sense that each member has the equal right to participate in the negotiation of meaning, and asymmetrical, in the sense that the differences of its members are taken into consideration and utilized for the benefit of all. Since the shape and dimensions of such a classroom have so far not been sufficiently outlined, this paper makes some proposals regarding their conceptualization. I will approach this task by presenting four vignettes depicting classrooms from different contexts. Whereas the first and the last one derive from German grammar schools, the remaining two originate from foreign language classrooms of North American high schools. The first vignette will include comments from an eleven-year-old learner who I interviewed in her first year of English. The other vignettes refer to written reports provided by teachers. These reports were augmented by interviews with the teachers, and in the case of the American high schools, by classroom observations which I conducted. From each of these accounts I will delineate a set of design features which will be synthesized at the end of this paper.

What do we mean by 'language classroom'? Given our many years of experience both as learners and teachers we all have a pretty clear picture of what a language classroom looks like. If you closed your eyes for a moment you could easily enter any specific classroom, look around and listen and thus become aware of the many facets that make up this particular setting. Leo van Lier defines it as "the gathering, for a given period of time, of two or more persons (one of whom generally assumes the role of instructor) for the purpose of language learning," (van Lier 1988, 47). Stephen Gaies (1980, quoted in Allwright & Bailey 1991, 18) once offered the metaphor of a crucible – the place where teachers and learners come together and learning happens, we hope.

However we define this particular setting, nobody will enter it empty-handed, neither the observer nor the teachers and learners. They all bring their life experience, their abilities, their goals, their dreams and their schemata for making sense of what is going on in this place. Thus, classrooms constitute an arena of unique subjective and intersubjective realities which are worked out, changed and maintained by both teachers and learners. Michael Breen (1985) calls this social reality the classroom's 'culture' which is not a trivial background for the tasks of teaching and learning, rather it locates and defines the new language itself, and it continually specifies and molds the teaching and learning process:

> The language I learn in a classroom is a communal product derived through a jointly constructed process. (Breen 1985, 148-9)

This process can only unfold within spacial parameters: at a certain place, in a room, a building defined by the larger context of institutional and societal demands, conventions and values. Yet, in spite of these contextual constraints the space of action is simultaneously used and created by the very interaction of its "inhabitants".

As teachers operating in this realm of 'culture' we tend to overestimate the restrictive forces at play and encroaching upon our pedagogical endeavors: the limited funds for materials and media, the lack of administrative support, the size of classes, or the learners' private agendas competing for time with the tasks we have designed for them. No doubt, the constraints are strong at times and can be disruptive or counterproductive. Yet, despite these restrictive forces the classroom's 'culture' contains a potential for second language learning we have only recently begun to unlock. Although the classroom appears as one social unit it is always composed of many social realities with often conflicting views of the world, of language and of learning, but also with highly diverse interests, personal histories, abilities and talents. It is from this complex interrelationship, its differentiated, interactive and collaborative nature, but also its basic asymmetry that the language classroom derives its potential for learning. These are some of the forces shaping what we call a classroom – a space of action for utilizing and at the same time creating opportunities for learning. Let us take a brief look at a classroom in Germany in 1995.

2. Martina's classroom: a poster, a green and purple wall

In March 1995 I interviewed Martina, an 11-year-old girl in her first year of English which she started in September 1994. Martina attends a grammar school. A the time she was in fifth grade and had English five times a week for 45 minutes. This is what Martina had to say about her classroom:

> The wall facing east is made of glass, the back wall is green, the wall with the door is purple. The walls are of concrete and have been newly painted, this is why one cannot hang up any new pictures. There are few pictures but they are not related to the English lesson. Next to the chalk board there is one poster telling us not to take drugs. It is in German.
> During the lesson only the teacher writes on the board. We only write on the board when the teacher is not there. Almost always we sit at our desks, we repeat after the teacher, answer her questions or write in the workbook. We have not played any games, we have learned one song "My Bonnie Lies Over the Ocean". At the end of a unit we learn the dialogues by heart and some pupils can come to the front and act out the dialogues. Once every two to three weeks, at the beginning of a unit, the teacher brings in a cassette player, instead of reading the text, which she usually does, she plays the cassette and asks questions after a few sentences. I don't speak to my friends in English during the lesson. When I need a pen I will ask my neighbor in German.

By the time of the interview Martina had not done any pairwork nor any group work. The latter would be difficult because it would require a change of the seating arrangement which is only done when students write a test. If tables are not put back in place, the other teachers tend to get angry because of the mess.

There are no English children's books in the classroom, no pictures relating to the lessons in the textbook, no magazines, no dictionaries, no games, no flash cards. The teacher had yet to use the overhead projector or show a video. "Of course, there is no computer", Martina says, "our school is very poor. And we have no book shelves in our classroom, there is a cupboard but it cannot be locked and everything gets stolen."

Everything English is provided by a textbook, a workbook and the teacher. The class, by the way, has two bilingual children who grew up in England and the USA. They do the same work as everybody else.

"English was real fun at first", she says, "but now I am bored most of the time and so are all my friends. What can you expect?" she adds, "school is school."

Martina's and her friends' space of action seems rather limited, especially if it is held up against what has been written for and about foreign language learning since the early days of communicative approaches. It is, indeed, strikingly similar to the classroom in which I encountered the English language 35 years ago. Communicative Language Teaching, in particular in its strong version (Howatt 1984, Legutke & Thomas 1991), has advanced a view of learning which grants the learners a considerably expanded scope of action in an expanded and restructured classroom. It implies a learner who is no longer seen as a passive recipient of language form, but rather as an active and creative language user involved with fellow learners and the teacher in jointly negotiating content and process of classroom action while working through challenging tasks using a whole range of authentic sources, etc. I am sure the reader is familiar with the jargon. Fifteen years of intensive debate which has produced book after book designed to assist in the implementation of these concepts seem to have had no effect on Martina's classroom.

I am not telling her story here to put the blame on the teacher. This would not only be simplistic but also unjustified. I am convinced that the teacher is committed to her work, she does what she has learned and she is in line with what most of her colleagues do. Her teaching practice is compatible with her theory of learning and she is skeptical of those who tell her to try new things but do not teach themselves.

The reason why I am telling Martina's story here is because the little we know about the reality of the majority of learners, particularly in school settings, gives rise to some well-founded skepticism regarding classroom innovation as a result of the above-mentioned debate. I have good reason to assume that Martina's classroom resembles thousands of others especially in secondary school settings. A striking discrepancy needs to be recognized between what is proposed and written by academics, and what actually happens in the majority of foreign language classrooms. The profession still seems to operate very much under the assumption of an ideal, unitary, unidimensional learner (Kramsch 1991) confined to a rather limited space within more or less bare walls.

Several explanations have been given to come to grips with this discrepancy (e.g.: Clarke 1994, Pennycook 1989) and a number of new suggestions have been made to improve preservice and inservice education (e.g.: Edge & Richards 1993). In one way or another these efforts try to make up for the fact that "ordinary" classroom teachers have been widely excluded from the debate on classroom innovation. Researchers and specialists in classroom language learning, who, as a rule, do not teach foreign languages themselves, have not only shown little interest in the work of these "ordinary" teachers trying to maximize learning opportunities, they have also neglected these teachers' interpretations and conceptualizations of their own practice, in short, their theories.

Access to both teachers' theories and their particular ways of using and creating opportunities for learning could be gained by means of retrospective syllabus accounts, which Candlin (1984) following Stenhouse (1975) defines as follows:

> These accounts will be varied as to their content and their means of being recorded. We may expect information on learning goals, the nature of the content worked upon and the manner of the working, what explanations were required and provided, what ways were employed for meas-

uring progress, what types of activity were entered upon, what specific tasks, who was to do what tasks and take what responsibility, what time was allocated and used, and so on. (Candlin 1984, 36)

Such retrospective syllabus accounts give evidence of what is possible, and how it is possible for learners given this or that specific context; these accounts are the challenge we need in our debate on scope and limitations of foreign language classrooms. They may provide the building blocks for a new theory of practice which draws upon and builds on the explanations teachers provide and the questions they ask when trying to come to grips with the complex events of classroom language learning.

The remainder of this paper will be based on three such reports giving account of attempts to maximize learning opportunities through redesigning the classroom, through opening its walls and restructuring the majority of work processes. Let us turn to the first account:

3. Beyond classroom walls: The target language in the communitiy

The location is a North American high school in the city of Salem, Oregon with about 90,000 inhabitants. The students, third-year learners of German, have decided to explore the city with the intention of locating German-speaking citizens in the community who might provide interesting partners for target language encounters either inside or outside the classroom. Within a few days the students had made more than 50 contacts and have realized that their target language is represented surprisingly well in their community.

Over a period of seven weeks the students participated in an encounter project which took the following course:

1. The first phase was concerned with *planning strategies*: The students brainstormed every step of the whole project. Students contacted possible German speakers and made the telephone call to set up the interview appointment.
2. During the second phase groups of students *wrote possible interview questions*, posted them and selected and corrected the most appropriate ones.
3. In the third phase of the project, students, working in pairs, *interviewed* German immigrants in Salem, took notes and taped their interviews. They also brought back realia from the people they contacted to post on the bulletin board.
4. Then the work focused on the *preparation of oral and written reports*: Students analyzed, organized and compiled data. They transcribed notes from the tape and wrote a written report of their findings. They prepared themselves for an oral report.
5. The culmination of the project was the *students' presentations*. Students invited all the people they interviewed, the press and the principal. They shared their findings about the immigrants with the audience. Their findings were also posted on a bulletin board.
6. A detailed *evaluation* concluded the project: Questions such as the following were discussed and commented on: What did we do?; What could we not do?; What could we have done differently?; What did we learn from this?; and, How can we improve for the next time?

When a second group of students repeated the project in the following year, they decided to invite some of the most interesting people to give a presentation in German. Among those who agreed to speak about their experiences as immigrants to the USA was an older Jewish woman who had fled from Berlin when she was 17 and since then had never spoken to Germans again. The impact of her presentation on the students' learning was heightened considerably by the way the group approached the visitor.

This event entailed the following range of activities, which in turn, as in the exploratory phase of the project, required the training of a wide range of interpersonal, linguistic, sociolinguistic, discoursal and media skills:
- Two learners prepared a letter to the guest speaker with a formal invitation; they presented the letter to the class for approval, changes, etc.
- Two learners made a telephone call a few days later to confirm a date, time, etc. They made inquiries about the topic of her presentation.
- Groups of learners prepared questions for the question-and-answer session.
- On arrival of the speaker, two students met her and showed her the texts they had designed on the basis of data already gathered for a formal introduction to the class.
- The same students introduced the speaker in the class.
- The presentation was recorded both on audio tape and video by two teams of students.
- A question-and-answer session was conducted.
- The recording team edited their recordings by selecting the most interesting passages.
- A brief summary of the event was presented as sample text for all students' project books.
- Two students wrote a thank you letter which they presented to the whole class before sending it off.
- Several teams of students wrote an article about this event for the community paper of the German club. The whole class decided which of the products to send to the paper.

All these activities took place during regular contact time in class. Students made use of their textbooks and a variety of support materials according to the needs of their respective tasks.

Looking back on the project the teacher, Rosemarie Maurer, summarizes her insights in her account as follows:

> As teachers, we are always conscious of time constraints and adding to our already busy days. This project does not require additional work if the teacher relinquishes his/her traditional centrality. However, the work load would grow considerably if the teacher planned the whole project alone. This is a project where students and teacher work collaboratively. Cooperative learning strategies are ideally suited for this kind of project and thus highly recommended. . . . My students worked most of the time in pairs and I provided personalized assistance if necessary. Individual accountability was built in by giving deadlines when various phases had to be finished. The students working in pairs agreed on what task each person would do and tutored each other if one was absent. Each student also had to keep a notebook chronicling each step of the project, take a vocabulary test, give an oral presentation with a partner, write one-half of a written report describing the interview and help to make a bulletin board. The grade was based on successful completion of the project which included the notebook, telephone call, interview, oral and written report, bulletin board and vocabulary test. The quality of each determined the difference between an A, B or C.
>
> Because the project taps every conceivable skill and students need all kinds of grammatical structures and vocabulary, I felt that this project would fit into any curriculum at any time after the first year. One doesn't need to abandon grammar work, one just builds it in as part of the project. The students recognize the need for a certain structure and thus become more powerfully motivated to learn it. There is nothing more gratifying than when students want to know meanings of words or how something is expressed in the target language. (Maurer 1991, 17)

As in the Salem project many foreign language classes in Europe and elsewhere have pursued the idea of opening the walls and thus connecting their classrooms to communities of target language users either within the dominant L1 culture (native Germans living in American cities, American communities in Germany, international schools, places where foreign tourists gather, etc.) or to communities in the target culture (partner schools, cities, etc.) (cf. Carter & Thomas 1986, Edelhoff & Liebau 1988, Legutke & Thomas 1991 with survey). One major issue raised by projects of the Salem type is the question of whether such cooperative and diversified forms of learning which seem very successful in terms of maximizing learning oportunities, can be replicated within the constraints of the average classroom where the staple diet consists of working with text books and other forms of packaged learning materials. Furthermore, opportunities for encounter projects of this type are limited because they depend on the availability of target language communities to be researched for language in action.

The following report, however, presents a classroom using similar learner-controlled modes of learning in an expanded classroom on the basis of printed and audio-visual texts. Being basically task driven, this text project, as I would call it, offers stimulating scenarios within the classroom itself and thus provides a great variety of opportunities for both learners and the teacher to engage in the negotiation of meaning through the decoding and creating of texts.

4. The classroom as a workshop and a stage: "Small Town Talk"

Jennifer Burke, a teacher from Wenatchee, Washington reports on how she and her third-year German students have redesigned their German classroom by means of an ongoing simulation in which learners designed an imaginary small German town and created a whole range of characters who live in this town, love and hate each other, have jobs (legal and illegal ones), etc. Since it is impossible to describe this rather complex endeavor in detail here I will only mention some of its key phases and prominent features. If you desire furthers details, please read Burke's report (Burke & Legutke 1992).

First, there was a teacher-guided *introductory phase of identity formation*. Using several authentic sources as text input learners developed an imaginary personality which s/he would assume for the duration of the simulation. The new identity could be a person of any age, education, background, status and profession. Learners prepared a detailed written life-script and an oral presentation. Students then dressed up as their characters and orally introduced themselves to the rest of the class. These presentations were videotaped for future reference and the students were given a chart on which to record the names, ages, professions, hobbies and idiosyncrasies of their fellow "city dwellers".

The next phase was jointly *"locating" the imaginary town on a German map* putting it into a specific geographical and socio-political context. Since this particular high school has had a school-to-school exchange program with a small town in southern Germany, this region was chosen as the context. Resource materials included several maps, a set of third and fourth grade German geography books from the partner region and the book, *A Short History of German Place Names*.

Once the students had assumed their identities and placed and named the town, they entered a phase of *dramatic interplay between the town's people*. Using the information they had recorded of each other on their charts the learners prepared three detailed scenarios involving their characters and at least two others. In one scenario, for example, Günther Reich, the town's richest man, gave his daughter, Claudia, a new car. Claudia immediately invited her boyfriend, Heinrich Hinrichter, an unemployed school dropout, to go out and allowed him to drive. Heinrich drove carelessly and much too fast, and inadvertently hit and killed the dog belonging to Klaus Schmidt, the high school history teacher.

Other learners, for example, represented a story teller, an old lady, who offered special readings of German fairy tales, and a professor of poetry who specialized in German teenage love poems.

The dramatic scenarios were followed by a *phase of intensive letter writing*. In the Computer Lab, using word-processing programs and the local school network Public Mail, learners wrote letters to one another as their characters and sent them via electronic mail. These letters responded to the situations depicted in the scenarios which had previously been presented in class. For example, Heinrich Hinrichter wrote a letter to Klaus Schmidt, apologizing for killing his dog, and offering to do yard work in order to make up for his carelessness. Klaus Schmidt, who felt lost and alone without his dog, wrote a letter to Dr. Wilfried Kopfverdrehung, the psychiatrist, explaining his situation and requesting an appointment. Students answered any letters they received. The teacher notes here in her report:

> In this phase I circulated among the students, answering questions in German not only about grammar, structure and vocabulary, but about computers and the computers' programs. I often called on the knowledge of my student computer experts to help me in the technology field. Here the process of the activity itself allowed for further communication in German. In order to complete the task the learners needed to communicate constantly on how to do it. In regards to the computer this was challenging since computer vocabulary in German was new both to the students and to me. During this phase I was able to offer the learners a great deal of individual help and encouragement and I enjoyed my role as facilitator and editor. (Burke & Legutke 1992, 73)

There were two *longer phases involving research in small groups* using the three textbooks (German 1, 2, 3), a lot of tourist information, and resource material available in the classroom and the school library. I will comment here only on the final phase, which, taking again the format of a simulation, focused on the creation of the basic tenants of the town. For this purpose learners were divided into four groups. The first group, the museum curators, were responsible for creating a fictitious history of the city which fit together closely with the overall history of Germany. The second group, the city commissioners, created a complete city map and developed a set of laws by which the citizens were to abide. The third group, the Chamber of Commerce, was responsible for an explanation of the city's traditions and festivals and the development of a travel brochure for prospective tourists. The fourth group, the media and press, prepared a newspaper and/or video news program covering the happenings in the city. The learners worked in the classroom, in the library and in the computer lab. There was a great deal of inter as well as intra group work as the learners determined what direction other groups were taking with their portion of the project work. Students were very directed in their work and the teacher served mostly as a facilitator, research provider and editor during this phase. At the conclusion of this activity the groups presented their final projects to the class and answered any questions which their fellow learners posed. The teacher concludes: "I was impressed with the quality of the students' work and by their incredible imaginations and creativity," (Burke & Legutke 1992, 74).

Evaluating the overall experience, the teacher summarizes that she was pleased with the results of the project

> though the process was not without problems. It was difficult to give up my role as "teacher" and to become the facilitator, research provider, moderator and editor. I sometimes felt I was no longer in control of the content of my class and I struggled with some of the students' wild ideas and flights of imagination. . . . But the positives far outweighed the negatives. Students had improved their skills in many areas. . . . They found the variety of activities, the group work and

the chance to pursue individual interests stimulating, and enjoyed the opportunity to work outside the classroom in the computer lab and library. (Burke & Legutke 1992, 74)

Burke's approach towards redesigning her language classroom is by no means unique. It could be supplemented by similar accounts from Anchorage, Alaska, where Jo Sanders has run one of the strongest German programs in the USA entirely along such project lines (Sanders 1991). There is also a lot of overlap with the work done by Leni Dam and Gert Gabrielsen in Denmark on learner autonomy in comprehensive schools at all levels of foreign language development (Dam 1982, 1986, 1994, Dam & Gabrielsen 1988). Similar attempts are reported from Portugal and Holland, and are, no doubt, under way in many other parts of the world. Even in seemingly more rigid, highly evaluative contexts, such as Germany and Austria, these expanded language classrooms are emerging (Legutke 1993). With my last vignette I will return to Germany, to a grammar school in a small town in the north.

5. Transatlantic connections via the information super highway

The following report will be short because the 8th grade English classroom in question has all the design features of the previous ones: it starts from and depends on the textbook, it is project oriented, and thus relies on cooperative tasks and partly autonomous groups of learners, it has clearly defined phases of skill acquisition and training, it is product-oriented in the sense that the learners produce a variety of texts, and it has a strong intercultural component. The only difference is that it is connected via the information super highway to schools around the globe, among them schools in other parts of Germany, in Sweden, in England and in the USA. This difference is important because it authenticates the intercultural domain. The computer not only serves as a writing tool but also in conjunction with a modem and a telephone line as a powerful means of communication with target language communities.

I am not interested here in the technology which is simple and straight forward, neither am I interested in the communication system of the Internet, which is easy to access at low costs. My interest is in the educational framework within which the computer is used – and this framework is almost identical with the ones underlying the other two projects. Let's take a brief look:

The English teacher, Reinhard Donath, is one of the pioneers in Germany promoting the integration of electronic mail into mainstream English classrooms. His teaching is based on the mandatory textbook which – in the 8th grade volume – concentrates on the USA. The obligatory unit on modern technology presents the well-known science fiction short story "All the fun they had" by Isaac Asimov. The following is a short summary of the text:

> School has been replaced by computer networks, the teacher by the home computer. When children find a book in the year 2157 they can't believe that one could learn from printed pages and from a person who could never be smart enough to adjust to each learner. When the mechanical teacher called the protagonist to begin with her arithmetic lesson ". . . she was thinking about how the kids must have loved it in the old days. She was thinking about how much fun they had."

This short story provided the base for a five-week project called "The Perfect School" which involved, in addition to the German class, two 8th grade classes from the Bronx in New York City and one 9th grade class from Sweden.

In the *first week* all classes *got in touch with each other* exchanging letters via e-mail. Snail-mail (regular post) addresses were included for those who might be interested in embarking on a private pen-pal adventure. All classes read Isaac Asimov's short story.

The *second week* focused on "The Perfect School". Students created their utopian school with detailed descriptions and exchanged their texts via e-mail and even several drawings and blue prints by fax.

The *third week* was devoted to *school reality*. Students exchanged information on what schools looked like at present including a description of rooms, buildings, neighborhood but also curriculum, special programs, equipment, media, etc.

The *fourth week* concentrated on what students thought about *realistic changes* which could be realized without causing any major problems. Again plans were drawn up, explained and exchanged.

In the *last week* each group selected the most interesting texts from the projects, edited and illustrated them and turned them into a *reader or brochure*. Copies were exchanged via airmail with class-pictures, etc. During the last week the German students also wrote their *mandatory test*.

Reviewing the project, the teacher remarks that introducing the students to word processing skills, text editing and e-mail techniques only took one lesson in the computer lab. Like Burke in Wenatchee he could rely entirely on students' prior knowledge, and the students in fact did most of the instruction themselves in small groups – in the target language.

A lot of the texts arriving from the Bronx yielded surprises and necessitated a fair amount of follow-up work and required the readjustment of established ways of thinking about the partners. For example, the students could not believe that the following message originated from the Bronx:

> My neighborhood is alright, I have fun around where I live. I like it more in the summer, because it is warm and people are kind. I have lots of friends in my block. The only thing you got to take care of, is when you cross the street . . . (Donath 1994, 7)

This was incompatible with the students' view of life in this part of New York City which should be governed, they thought, by violence, crime and dilapidated crack houses.

The lessons alternated between the classroom and the computer lab or took place in both facilities simultaneously. There was plenty of writing, text editing, decision making and a lot of pretty lively debate. Quite a number of messages were difficult to decode because of teenage vernacular, shortened syntax and most of all strange or unknown concepts and values underlying American school life. The teacher summarizes:

> The English classroom had suddenly become diversified and looked rather different. Nevertheless, my students learned a lot. They were even willing to repeat the use of the will-future and the conditional in conjunction with writing and decoding e-mail texts. (Donath 1994, 6)

This classroom in Germany is by no means unique. The Goethe Institutes in San Francisco, Seattle and New York have launched a major campaign to link German and American classrooms via e-mail. More than a hundred schools are already participating, among them the schools from Salem and Wenatchee I talked about. German students in the UK can log on via Campus 2000 to the computers at the Goethe Institute's London office and obtain information on Germany or participate in school-to-school projects. In the most recent one, several groups of UK German classes were engaged in collaboratively writing a short story. The beginning of this "Almost never-ending story" was provided by a well-know German writer.

6. Design Features: the foreign language classroom as workshop for learning and as communication center

The three classroom projects sketched here differ and account for the uniqueness of learners, teachers and contexts. Nevertheless they raise important issues for our debate about the shape of the foreign language classroom. In spite of their differences these local experiments have a set of common and interesting design features which deserve more detailed treatment. For the time being I will briefly gloss over the following aspects: built-in-review, joint planning and organization, resources, text production and presentation, learners as teachers.

Built-in review: At regular intervals, so writes Burke, "the learners stepped out of their roles and became once again second language learners," (Burke & Legutke 1992, 72). These regular review phases led to several "Focus on Language" days which were spent with intensive drill and practice sessions on aspects of grammar, functional use of language, analysis of different text types and writing practice as well as review of vocabulary. Whereas all grammar revision was taught by the teacher, most of the vocabulary work was led by the students who all collaborated in building a vocab data base classified according to the various characters, scenarios, and semantic fields (e.g. the city map). Review work also enclosed all written works which were meant for publication. The group tried to stick to the iron rule: No publication before review. Similar rules apply to the text production of the other two classrooms.

Review phases were closely related to and often concerned with *planning and organization*, which had to do with setting time lines, agreeing on work plans and selecting appropriate learning tasks. The organizational challenge facing the teacher here was to identify the learning tasks and to arrive at a way of putting them together in a causally transparent sequence. It was as if the tasks were pieces of a syllabus jigsaw which could only be completed in a particular sequence.

Furthermore, all three projects were *task-driven*, i.e. the sequencing of the tasks and their relation to one another depended on the main objective of each phase, a central task, which we can refer to as a target task: conducting an interview with a native speaker visiting the class, designing a map of the imaginary town, writing a blue print for an ideal school. Once a target task had been clarified and understood it seemed no longer difficult for the learners to accept sequences of controlled exercises, they even came up with their own suggestion for training communication skills, as Burke reports.

Resources: In each case the textbook proved to be an invaluable and the most important resource for both the language training and dimensions of content. Within the framework of the target task, the textbook received an unexpected appreciation in Burke's classroom because even the volumes of the first and the second year were constantly used by the learners and the teacher. She also points out, however, that the textbook did not suffice nor did the resources offered by the school library. When she carried out the project for the first time, additional resource materials were not sufficiently available:

> Learner demands for information for their 'research' reports often exceeded the resources I had available in the classroom. This was frustrating both for me and the learners. (Burke & Legutke 1992, 74).

For this reason, the teacher began to build a base of materials that she thought would be useful for a similar project in the following year. Building the resource base was greatly supported by the regular exchange program with Germany. In addition to these materials, the teacher is now making use of what is offered via the Internet by the Goethe Institute and other providers in the field of German Studies.

Text production and presentation was a further prominent feature of the three classrooms. In Burke's case, for instance, all texts in German that the teacher and the learners deemed relevant were printed, copied, quite often illustrated and eventually bound in a book for each student to take home. In the end, the book contained the biographies of the town's people, birth and wedding announcements, obituaries, some of the scenarios, the letters and the replies, tales told by the story teller, teenage love poems, the town's history, its laws, cuttings from its newspaper, the town's map and so forth. In Donath's classroom, the students not only exchanged their bio-data via electronic mail but also developed blue prints of an ideal school, wrote commentaries on each other's suggestions and shared their interpretations of the short story.

These learner texts are not produced essentially for the teacher to assess the learner's success or failure in mastering the input. Rather, they are conceived and produced by learners for their own benefit to communicate their own meaning. They are not principally targets for the teacher's need to assess progress but are seen as valid contributions to a mutual process of creating meaning and making sense of the world. For this reason, each classroom in question included display areas for posters but also the extensive use of audio-visual media and, in the last two cases, the computer as text writing and editing tool, and, of course, as a means of communication. The display of learner text also relied on the availability of more traditional graphic materials such as colored pens, large cards, scissors and pins.

Learners as teachers: A constant and important feature of work done in projects of this nature is that sub-groups focus on related but separate areas of the project theme. It is an effective division of labor. However, everyone needs to share the insights gained by each sub-group and this is achieved through presentations. This required learners to learn how to give presentations. In doing so, they had to design tasks themselves, prepare content and information materials, and direct phases of skill training. However, it is not only in the relationships between groups and the whole class that such work requires teaching skills, learners also had to take over the roles of helper, facilitator, and demonstrator within the small group – in short, they had to function as teachers.

Based on Breen's and Candlin's seminal article in 1980, I have suggested five metaphors which can help to conceptualize the dimensions of the language classroom represented by the above-mentioned endeavors (cf. Legutke 1993, 323). No matter how prominent the overall task and theme focus may be, the classroom remains a *training ground* for the mastery of immediate and future language use. In this role it is mainly concerned with the determinate aspects of language (functional language use, grammar, phonology, syntax etc.). It is governed by rules and conventions and directed towards internalization, habitualization and the development of learning routines. "Focus on Language" sessions or even days may therefore include the whole range of established language learning tasks, even giving/writing dictations and going through traditional pattern drills.

In addition, classrooms can be conceptualized as *observatories* from which both teachers and learners explore aspects of the target culture by means of different media. They gather "data" which are brought back into the classroom. Data are derived from direct and mediated encounters. Furthermore, the classroom is best characterized as a *laboratory* in which both, teachers and learners carry out "experiments and research". From this point of view classroom activities include hypothesizing, planning, carrying out plans, evaluating and systematizing. The "research" focuses on language, language-in-culture and learning.

The fourth metaphor denotes classrooms as *studios for text production*. We can identify these texts as both written and spoken, encompassing all possible types of texts (ranging from diary entries to poems, from dramatic performances to contributions in discussions). Finally, language classrooms can be seen as *communication centers* where teachers and learners communicate about language and culture, about learning and learning to learn, about meaning and learning to mean.

There is no doubt that the classrooms mentioned above substantially increase the learners' scope of action for the use of the target language. Learners not only decode authentic texts, they also produce texts; they plan and proceed independently of teacher control in several phases and collaboratively seek answers to questions and puzzles interesting to them; they act in a multiplicity of roles, such as managers, researchers, providers of input, as peer teachers, and, of course, as trainees in basic language skills. It is also evident that the physical confines of the classroom are changed and thus substantially expanded: walls become display areas and are, at the same time, opened up to include the school library, the media center and the computer lab, but also the community beyond the school yard, and even communities in the target cultures.

7. Implementing change: Teachers as Learners

Will Martina and her friends have a chance to learn in an expanded and redesigned classroom with open walls, connected to target language communities in the immediate environment and in L2 cultures via the information super highway? Will she and her friends have a chance to write a never-ending story with peers in Seattle, Tel Aviv and Giessen, will she discuss her vision of a perfect school with peers in the Bronx? Her chances may not be too good given the structure of her school and the pace of school reform in her community. Yet, I am sure many other students will have this chance. As I have shown with Howard Thomas, the process of redesigning has been under way for some time. The emergence of learning arrangements which I have presented above and which indicate a substantial transformation of the traditional teacher-fronted transmission classroom can be found and observed in many parts of the world even in the evaluative contexts of school settings (Legutke and Thomas 1991). What is most encouraging is the fact that such ventures are not restricted to advanced groups of learners but embrace all levels of learning. A wealth of innovative ideas could be gained from recent foreign language programs in the elementary school.

It is an important task of our profession to take these experimental projects into account and evaluate the contribution they might have to make towards shaping future language classrooms for the benefit of learners. This can be achieved by drawing more rigorously and more systematically on what teachers have to say about implementing change in their classrooms. Above all, we must not make the mistake of thinking that because their reports are context specific they have no value for teachers in general. Rather, we must recognize that if space is given to teachers and learners to discover who they are, local solutions, faithful to a particular context, will inevitably emerge.

If we return once again to the three vignettes, "Beyond Classroom Walls", "Small Town Talk", and "Transatlantic Connections", we can clearly recognize a number of challenges teachers working in such classrooms are faced with: First and foremost it is the challenge of dealing with the unpredictability and complexity which the environment and the learners' actions imply. Instead of simplifying what is to be approached and learned, as we have been trained to do in school settings, particularly in foreign language classrooms, teachers are called upon to maintain the complexity and help learners to approach and understand concepts and phenomena in the multiple complex environments in which they are found. Yet, fostering such approaches does not *supersede* the necessity to focus on the detail, the structure; there remains a need for training, for teaching in the classical sense of transmission on the basis of reduction and simplification.

A further challenge for the teacher has to do with the fact that simple dichotomies do not work: juxtaposing learner-centeredness to teacher-centeredness, learner autonomy to teacher direction is too simple. Redesigning the language classroom is not an all-or-nothing concept, where everything is new and the old is dismissed. Instead the question is how the various old and newly emerging facets fit together, how the design features and their related roles and actions interplay: the training ground and the studio for text production, the communication center and the research laboratory.

Consider Burke's remark that she often felt she was no longer in control of the lessons' content. In an interview a year after her third project of this kind, which had covered a whole school year including an exchange visit to Germany, she added:

> Whereas in the past I was always concerned with whether my students learned what I taught them, I am now more concerned with teaching them what they are learning. My question always is: How can my teaching support their learning? I guess I am more of a learner now than a teacher. (Author's data)

To enable, support and validate such teacher learning is one of our profession's crucial tasks. Teachers need their own appropriate space for professional learning, where they can explore their own practice, and where they can reflect upon it in order to strengthen and develop its positive features. It should be pointed out here that the two American teachers of German have been part of an ongoing initiative of professional development where they have learned how to research their own classrooms and share their findings within a network of teachers. They have achieved this through working as peer trainers and through writing about their attempts at innovating their classrooms (cf. Legutke 1994). There is no doubt that such learning could neither happen in isolation, nor in the established forms of inservice teacher training separated from the school context and a support group of colleagues. Redesigning the language classroom impinges and relies upon the make-up of a school as a whole, its professional as well as its physical setting and its educational goals.

8. Works cited

Allwright, D./Bailey, K. 1991: *Focus on the Language Classroom. An Introduction to Classroom Research for Language Teachers*. Cambridge: Cambridge University Press.

Breen, M. 1985: The social context for language learning – a neglected situation? *Studies in Second Language Acquisition* 7: 135-158.

Breen, M./Candlin, C. 1980: The essentials of a communicative curriculum in language teaching. *Applied Linguistics* 1: 89-112.

Burke, J./Legutke, M. 1992: "Kleinstadtgespräche". A project on intercultural learning and understanding through GAPP exchange. *Die Unterrichtspraxis. Teaching German* 25: 71-78.

Candlin, C. 1984: Syllabus design as critical process. Brumfit, C. (ed.): *General English Syllabus Design*. Oxford: Pergamon, 29-46. (ELT Documents 118)

Carter, G./Thomas H.1986: 'Dear Brown Eyes'. Experiential learning in a project-oriented approach. *ELT Journal* 40: 196-204.

Clarke, M. 1994: The dysfunctions of the theory/practice discourse. *TESOL Quarterly* 28: 9-26.

Dam, L. 1982: *Beginning English. An Experiment in Learning and Teaching*. Copenhagen: Danmarks Laererhojskole. (mimeo)

Dam, L. 1983: *Intermediate English. An Experiment in Learning and Teaching*. Copenhagen: Karlsunde Skole. (mimeo)

Dam, L. 1988: Developing autonomy in schools. Why and how. *The Language Teacher* 1/2: 22-32.

Dam, L. 1994: How do we recognize an autonomous classroom? *Die Neueren Sprachen* 93: 503-527.

Dam, L./Gabrielsen, G. 1988: Developing learner autonomy in a school context. A six-year experiment beginning in the learners' first year of English. Holec, H. (ed.): 1988: S. 19-30.

Donath, R. 1991: Pancake and Pommes. Electronic-mail-Projekte Ostfriesland-USA. *Der fremdsprachliche Unterricht* 25/4: 30-32.

Donath, R. 1994: Opening the classroom. Electronic mail im Englischunterricht. *RAAbits Englisch* 10/1994: 1-12.

Edelhoff, C./Liebau, E. 1988: *Über die Grenze. Praktisches Lernen im fremdsprachlichen Unterricht.* Weinheim: Beltz.

Edge, J./Richards, K. (eds.) 1993: *Teachers Develop Teachers Research. Papers on Classroom Research and Teacher Development.*. Oxford: Heinemann.

Holec, H. (ed.) 1988: *Autonomy and Self-Directed Learning: Present Fields of Application.* Strasbourg: Council of Europe.

Howatt, A. 1984: *A History of English Language Teaching.* Oxford: Oxford University Press.

Kramsch, C. 1991: The order of discourse in language teaching. In: Freed, B.: *Foreign Language Acquisition Research and the Classroom.* Lexington, Mass.: D. C. Heath, 191-218.

Legutke, M. (ed.) 1991: *German for the Learner-Centered Classroom. Reports from Teachers for Teachers.* Olympia, WA.: Superintendent of Public Instruction.

Legutke, M. 1993: Room to talk. Experiential learning in the foreign language classroom. *Die Neueren Sprachen* 92: 306-331.

Legutke, M. 1994: Teachers as researchers and teacher trainers. An inservice project for German in the Pacific Northwest. *Die Unterrichtspraxis. Teaching German* 27: 56-76.

Legutke, M./Thomas, H. 1991: *Process and Experience in the Language Classroom.* Harlow: Longman.

Maurer, R. 1991: "Deutsche Spuren in Salem". A project with 3rd and 4th year high school students. Legutke, M. (ed.) 1991: 16-30.

Pennycook, A.1989: The concept of method, interested knowledge, and the politics of language teaching. *TESOL Quarterly* 23: 589-618.

Sanders, J. 1991: The German class as family unit. Legutke, M. (ed.) 1991: 44-58.

Stenhouse, L. 1975: *An Introduction to Curriculum Research and Development.* London: Heinemann.

van Lier, L. 1988: *The Classroom and the Language Learner. Ethnography and Second-Language Classroom Research.* Harlow: Longman.

HANS-PETER HASSELBACH

Do The Right Thing in the EFL-Classroom:
On the Responsibility of Thinking and Teaching Deconstructively

> *Now, what I want is, Facts. Teach these*
> *boys and girls nothing but Facts.*
> *(Charles Dickens, HARD TIMES)*
> *I'll teach you differences.*
> *(William Shakespeare, KING LEAR)*

A specter is haunting cultural studies and literary theory, the specter of deconstruction. But is deconstruction really dead? Or just "dead in literature departments today" (Nealon 1992, 1266)? Was it ever alive and well, or just "busy dying" (Leitch 1983, 262)? What does it mean to be in THE WAKE OF DECONSTRUCTION (Johnson 1994) or to think AFTER DERRIDA (Royle 1995)? And why bother with deconstruction at all?

Too many questions to answer within the scope of a single essay. And even though one could say of the specter what Groucho Marx said about sex: it is going to stay with us for a while, I sense a continuing determination to misrepresent, to misread, or not to read at all the deconstructive writings of such theorists as Jacques Derrida and others; what is more, there seems to be a reluctance to explore deconstruction's potential for what is at stake today in the hermeneutic project of *understanding foreign texts* or in the political and ethical task of promoting *intercultural understanding*.

I

Consequently, my argumentation will head in two directions at once: outlining what *takes place* in Derridian deconstruction and tackling some common misconceptions as well as studying deconstruction at 'work' and identifying the tentative perspectives *inscribed* in it as "a sort of pragmatics" (Derrida 1988, 159 n.16).

It is here, "at the intersection of a pragmatics and a grammatology" (Derrida 1984a, 27), which can account for the transfer from one context to another through the "*possibility* of transgression (which) is always inscribed in speech acts (oral or written)" (Derrida 1988, 133), that there is a chance for deconstruction and a *new* pragmatism to meet. A chance of opening up a new space for intervention and negotiation not only within the institutionalized areas of academic discourse, but also in such public discourses as the politics of multiculturalism and the future of education. The transdisciplinary force of deconstruction as "a kind of pragmatism" (Haverkamp 1995, 7) may thus eventually contribute to a new and more responsible STRUCTURAL TRANSFORMATION OF THE PUBLIC SPHERE (Jürgen Habermas).

Even if my choice today is limited to film as a point of departure and example of the "translativity of deconstruction" (Derrida 1995a, 28), the following discourse is no 'property' of this particular field of investigation that can be safely kept within its limits, but may cross borders at any time to join a different context, e.g. politics, ethics, law or pedagogy. Given the possibility of transgression, deconstruction can and does infect any (con)text, any *foreign body*, at any time. As a consequence thereof, a proliferation of contexts and a dissemination of voices can be found in Derrida's writings, a patchwork and polyphony of heterogeneous perspectives at play – but without access to a privileged position outside the play, a transcendental foundation of knowledge or a final revelation of truth. Moreover, since no domain of application (master-narrative) or language of investigation (meta-language) can claim priority beyond strategic reasons bound to the contingency and singularity of a determinate historical situation[1], no *will*, *choice* or *decision* whatsoever escapes the performative contamination of difference and otherness and pleads innocent or 'not guilty'.

(Enter Ghost)

Although addressing the spectral presence of deconstruction in the field of American Studies in a more or less scholarly voice – "Thou art a scholar; speak to it, Horatio" (HAMLET 1:1, 42) -, (as if such an apotropaic gesture could keep the ghosts away), I occasionally venture a more interruptive, *double-handed* (Derrida 1982, 31 ff.) style of (ghost-)writing, if only to better demonstrate the performative and disruptive force of deconstruction and its creative momentum. After all, deconstruction is meant to be *staged* rather than *applied* if we follow Derrida's advice: "I don't believe that deconstruction can be formalized" (Derrida 1993, 226).

This is also one of the reasons why this essay only marginally touches upon questions of teaching methods or learning strategies (although the teaching process would certainly merit deconstructive attention, as Derrida himself has asserted), displacing[2] and deferring such issues to other contexts and future events.

The more urgent motives for writing this essay derive from an anxiety about THE FUTURE OF OUR EDUCATIONAL INSTITUTIONS (Friedrich Nietzsche) in an increasingly complex environment and the concomitant task of rethinking and redefining basic educational goals and pedagogical concepts to meet our responsibility as teachers and to respond to the needs of our students in a world where "the time is out of joint".

Remembering John Dewey who said back in 1940: "The sum of the matter is that the times are out of joint, and that teachers cannot escape, even if they would, some responsibility for a share in putting them right" (Dewey 1940, 301), we might update our reponsibility with the words of a contemporary critic, Edward Said:

> The major task, then, is to match the new economic and sociopolitical dislocations and configurations of our time with the startling realities of human interdependence on a world scale. If the Japanese, East European, Islamic, and Western instances express anything in common, it is that a new critical consciousness is needed, and this can be achieved only by revised attitudes to education. (...)
>
> The fact is, we are mixed in with one another in ways that most national systems of education have not dreamed of. To match knowledge in the arts and sciences with these integrative realities is, I believe, the intellectual and cultural challenge of the moment. (Said 1993, 330-31)

---

[1] Lothar Bredella voices a popular but untenable proposition: "... und in der Form des Dekonstruktivismus besagt er (der Relativismus), daß sich jede Bedeutung von Zeichen auch einer vorläufigen Festlegung entzieht". Cf. Bredella 1994c, 13.

[2] Cf. Hasselbach (1986) for a teaching unit on postmodern literature in the EFL-classroom.

Arguing that deconstruction has a way of "tirelessly reminding us of disjointment itself" (Derrida 1995a, 14) and proposing that Derrida's work has to do with what he refers to as "a new *affirmation*, and new ways of taking responsibility" Derrida 1983, 15), I intend with the following remarks to open up first perspectives and will offer some – necessarily preliminary and rather sketchy – suggestions of how to introduce deconstructive thinking, "a new critical consciousness", to advanced learners in the EFL-classroom.

II

Take the title, for example.

Who is the sender of the message: "*DO THE RIGHT THING* in the EFL-classroom?" To whom is this message addressed? What kind of speech act is it? Which word is to be stressed in this phrase? What is the title referring to, what is its meaning?

We cannot deal with these questions in a single, straight, direct or correct way, i.e. we cannot *do* the right thing, nor can we *not do* the right thing, we can't do the *right* thing, nor can we do *not the right* thing, and above all we can't even *choose* to do or not to do it.

The title, although framing this essay and supposedly providing a certain direction, being its *head* and *first* to come (*principle*), is always in excess of itself, remains undecidable and unreadable, an unreadability (de Man 1979, 205) produced by the interference of two incompatible frameworks and distinct value systems: reference and judgment. Already divided at its origin and differing from itself as both constative statement and performative speech act, haunted and structured by the fact that it can be repeated in all kinds of ways, the title – as principle – will never get around to *doing* what it *says*. Simultaneously asserting and denying the authority of its own rhetorical mode, signifying in more than one way at the same time, enacting a logic of *différance* (Derrida 1982, 1 ff.) rather than a logic of binary oppositions, our title unsettles any simple and straightforward notions of reference and context, of intention and meaning right from the beginning.

In fact, the title 'itself' has been under deconstruction *right* from the beginning and will in turn have deconstructed any notion of a right *beginning*: "The staging of a title, a first sentence, an epigraph, a pretext, a preface, a single germ, will never make a beginning. It *was* indefinitely dispersed". (Derrida 1981, 19) In the beginning there will have been deconstruction. The story (and the law) of deconstruction, in a nutshell.

III

Where to begin?

Derrida's answer is as simple as it is enigmatic:

> We must begin *wherever we are* and the thought of the trace has already taught us that it was impossible to justify a point of departure absolutely. *Wherever we are*: in a text where we already believe ourselves to be. (Derrida 1976, 162)

But having thus begun, we already find ourselves in the midst of traces of Derridian writing, already within a text or texts traversing our own. In beginning *Wherever we are*, we have precisely not begun at the beginning; "everything had *already* begun" (Bennington 1993, 19), because nothing is exempt from the effects of textuality and the law of mutual contamination.

First Take: Derrida on Text
When confronted with radical new information, the women in Toni Morrison's novel BELOVED "fell into three groups: those that believed the worst; those that believed none of it; and those, like Ella, who thought it through" (Morrison 1987, 255). Regarding the concept of text, few critics of Derridian deconstruction have followed Ella's example.

Contrary to what the often quoted and infamous statement that "there is nothing outside the text" (Derrida 1976, 163) might imply at first sight, deconstruction is by no means unhistorical or solely bound to textual analysis of literature. In fact, if we understand this sentence to mean that there is nothing outside context, that no text can account for a logic of its own contextualization and command a temporal closure of its application, we will come to a totally different conclusion: "deconstruction insofar as it insists on the necessary non-coincidence of the present with itself, is in fact the most historical of discourses imaginable" (Bennington 1987, 17).

Deconstruction's work is not limited to rhetorical readings of literary texts, because it "dislocates the borders, the framing of texts, everything which should preserve their immanence and make possible an internal reading or merely reading in the classical sense of the term" (Derrida 1990, 86), nor content to show in an endless, monotonous, Johnny-one-note fashion how meaning in literary texts is at once *differential* and *deferred*, the product of an interminable freeplay of signifiers within language: "It is totally false to suggest that deconstruction is a suspension of reference. (...) The critique of logocentrism is above all else the search for the *other* and the *other of language*" (Derrida 1984 b, 123).

Second Take: Derrida on Method
Taking up once again Derrida's proposition that "we must begin *wherever we are*", I want to raise the question of the tools to be employed in performing deconstruction. But here Derrida is quick to point out that "... with this word I refer neither to specific texts nor to specific authors, and above all not to this formation which disciplines the process and effect of deconstruction into *a* theory or *a* critical method called deconstructionism or deconstructionisms" (Derrida 1990, 83). As there is no limit to the scope and the area of deconstructive activities, there is no given set of methods to be simply appropriated and applied. Speaking of the folly of *doing* deconstruction as if it were fully under our control, Derrida issues the following warning: "For a deconstructive operation *possibility* would rather be the danger, the danger of becoming an available set of rule-governed procedures, methods, accessible approaches". (Derrida 1992a, 328).

Deconstruction happens. No rules to be followed and no protocols to be observed, no contexts to be demarcated and no results to be anticipated. The reasons that "deconstruction is not a method and cannot be transformed into one" (Derrida 1991, 273) are to be found in Derrida's claim that deconstruction is never single (Derrida 1988, 141), but always multiple, more than one language, an exercise in double takes, and his contention that it never comes into its own and can never be one's *own*: "Deconstruction does not exist somewhere, pure, proper, self-identical, outside of its inscriptions in conflictual and differentiated contexts; it *is* only what it does and what is done with it, there where it takes place" (Derrida 1988, 141). Deconstruction doesn't have a time of its own. From a teacher's point of view, deconstruction does not provide recipes for HOW TO DO THINGS WITH TEXTS (Abrams 1978), although it encourages and initiates all kinds of learner-oriented activities and innovative attempts *to do things with words*, initiating creative strategies of playful invention and critical intervention, of performance and negotiation[3]: "*Good* literary criticism, the only worthwhile kind, implies an act, a literary signature or counter-signature, an inventive experience of language, *in* language, an inscription of the act of reading in the field of the text that is read. This text never lets itself be completely *objectified*" (Derrida 1992a, 52).

Yet despite Derrida's caution and reluctance as to the general applicability of deconstructive moves in distinctive and changing contexts, taking issue with both notions of *general* and *applicability*, a growing number of critics have been busy identifying recurring features in his writings and adopting them as palpable patterns (recognizable and calculable) of deconstructive criticism; an operation referred to by Derrida as deconstructionism(s) (Derrida 1990, 83).

Among the more serious and thoughtful attempts, from both a critical and a pedagogical point of view, I would single out the works of Barbara Johnson (literature), Gregory L. Ulmer (media) and Gayatri Spivak (cultural politics).[4] Differing from each other only in contextual emphasis and strategic inventiveness, all three succeed in developing a highly original approach to translating general concerns of deconstruction into singular objectives and of finding an idiomatic voice of their own. Moreover, they can successfully dismiss the prejudice "that there is no transition from the word to the world" (Bredella 1994, 172). In fact, it was Barbara Johnson who was among the first to contend that the task for deconstructive criticism today must be to "transfer the analysis of difference ... out of the realm of linguistic universality or deconstructive allegory and into contexts in which difference is very much at issue in the 'real world'" (Johnson 1987, 2). But it is very clearly in the work of Gayatri Spivak that we find the most vigorous attempt to reinscribe gender, race, class and national differences into the deconstructive 'project' and thus to redefine its political and ethical responsibility.

Third Take: Derrida on Ethics and Politics
With a slight shift of emphasis, I take up Derrida's statement "We must begin *wherever we are*", one more time.

"We *must* begin": there is obligation. Obligation happens. The notion of responsibility, "the indispensable notion of 'responsibility'" (Derrida 1984 b, 121), of responsive-ness, goes right to the heart of the deconstructive 'project', and the argument is that deconstruction arises as a response to *the claim of the other*.

Responding to the call of the other involves a *double gesture* (Derrida 1982, 329): not only of responding *to* a principle, but of assuming responsibility *for* it, of holding it up for examination and seeing what it excludes. Any intelligible text must belong to the order of *the same* (reason; logic; identity; understanding), and no text can exclude from itself *the other* (the unconscious; the paradoxical; the difference; the noise). Deriving from Saussure's conclusion that in language there are no positive terms, *only differences*, that language is a *differential* network of meaning:

> Signs function, then, not through their intrinsic value, but through their relative position (Saussure 1974, 118),

deconstruction has been concerned to show the mutual contamination and necessary complicity of binary terms: how meaning arises because a *trace* of the *one* always already inhabits *the other*, revealing a difference *within* that opens up to a difference *between* entities.

---

[3] Since deconstruction is not a specific "method", all kinds of teaching strategies seem to be compatible, but it certainly asks for a more experimental, innovative and creative learning environment. Cf. Legutke/Thomas (1991) for ideas and suggestions.

[4] See the literature given in the bibliography.

We may realize here an ethical analogue to Derrida's defense of the underprivileged terms in binary systems (writing, supplement, margins, etc.), as it has been elaborated first in Gayatri Spivak's admirable 'Translator's Preface' to Derrida's OF GRAMMATOLOGY:

> His method ... is reversal and displacement. It is not enough "simply to *neutralize* the binary oppositions of metaphysics."
> We must recognize that, within the familiar philosophical oppositions, there is always "a violent hierarchy. One of the two terms controls the other (axiologically, logically, etc.), holds the superior position. To deconstruct the opposition is first ... to overthrow ... the hierarchy." (...) To fight violence with violence. (...) But in the next phase of deconstruction, this reversal must be displaced, the winning term put under erasure. The critic must make room for "the irruptive emergence of a new 'concept', a concept which no longer allows itself to be understood in terms of the previous regime (system of oppositions)." (Spivak 1976, lxxvi-lxxvii)

By noting that "an opposition of metaphysical concepts ... is never the face-to-face of two terms, but a hierarchy and an order of subordination" (Derrida 1982, 329), an implicit ethical and political agenda of deconstruction becomes visible. In trying to unsettle and displace the binary hierarchies that function to perpetuate historically contingent social and political hierarchies as well as to reinforce conceptual ways of thinking (*either-or* patterns), deconstruction wants to create an open space which is tolerant of difference, otherness, and ambiguity.

In stressing *open space*, Derrida points beyond a binary logic, beyond good and evil, and even beyond the possibility of synthesis, thinking a *between* that "remains *heterogeneous* both to the dialectic and to the calculable" (Derrida 1988, 116). The implications of this gesture are elaborated as follows:

> In accordance with what is only ostensibly a paradox, *this particular* undecidable opens the field of decision or of decidability. It calls for decision in the order of ethical-political responsibility. It is even its necessary condition. A decision can only come into being in a space that exceeds the calculable program that would destroy all responsibility by transforming it into a programmable effect of determinate causes. There can be no moral or political responsibility without this trial and this passage by way of the undecidable. Even if a decision seems to take only a second and not to be preceded by any deliberation, it is structured by this *experience and experiment of the undecidable*. (Derrida 1988, 116)

At the critical moment of decision, there are no rules to follow. More precisely, there are no rules to follow in deciding which rules to follow. It is the effect of undecidability to render all totalization, calculability, and self-presence impossible; there is no return *home* to original self-identity or self-transparency, nor ascension to a *predella* of ideal communicability or comprehensive understanding.

Being under the obligation to act, this means suspending action momentarily, in order to resituate and reinscribe it otherwise. What Gayatri Spivak calls 'strategic essentialism' and what Stuart Hall refers to as 'the fictional necessity of arbitrary closure', of 'putting a period to the sentence', are crucial to any politics of deconstruction (Shohat/Stam 1994, 342 ff.). Derrida is careful to explain that whenever we contextualize, it is impossible to remain neutral, that it is never a question of "whether a politics is implied (it always is), but which politics is implied ..." (Derrida 1988, 136). As Barbara Johnson stated in a recent interview:

> (...), Terry Eagleton says things like 'Undecidability won't tell us what to do about the boat people.' But just saying *that* won't either. Theoretical statements, whether about decision or about undecidability, are all equally detached from any *particular* intervention. (Johnson 1994, 84)

Stanley Fish, though reasoning from a more pragmatic background, comes to a similar conclusion:

> (...); but as I have argued elsewhere no politics follows from the answer to this or any other theoretical question, except the politics that belongs to the arena in which the question has been asked; in any other arena one's theoretical stance is irrelevant or, at most, only *contingently* to the point. (Fish 1989, 220)

By being careful and rigorous about this discrepancy between theory and practice, we are in the position to dismiss any charges of irrationalism, relativism or political quietism levelled against Derrida's work. Moreover, undecidability also marks "the nonethical opening of ethics" (Derrida 1976, 140), revealing the split origin of morality as of immorality in any genealogy of morals. Whereas hermeneutics tries to effect a fusion of horizons between the same and the other, always interested in assimilating the other, deconstruction asks for recognition and respect of difference within sameness. As Rodolphe Gasché emphasizes, the challenge of deconstruction is the paradoxical necessity of taking the other as the other, *other* than me, and not just: the other *me*; it is "how to distinguish without judging and deciding; in other words how to do justice to what requires recognition on the basis of its singularity" (Gasché 1991, 1118).

If we can think this paradox – and deconstruction may well be seen as *"the experience of the impossible"* (Derrida 1992b, 200) -, can we also live by it?

IV

"Can we all get along?" (Rodney King)

It is a question of the future, the question of the future itself, the question of a response and of a responsibility for tomorrow:

> We all can get along. We've just got to, just got to. We're all stuck here for awhile. Let's try to work it out. Let's try to work it out. (Rodney King 1992, 3)

By identifying a condition that is at once ontologically and socially 'out of joint', Rodney King's reference to being stuck opens up a deconstructive space of its own: a response to America and responsibility for America.

As it turns out, "America" today is the place where the politics, poetics, and pedagogics of responsibility meet. It is also the place where we confront the tension between difference and profound otherness. In fact, Jacques Derrida has risked the following hypothesis: "America would be the proper name of deconstruction in progress. (...) America *is* deconstruction" (Derrida 1986, 18) – only to abandon this *hypothesis* a few sentences later:

> Let us say instead: deconstruction and America are two open sets which intersect partially according to an allegorico-metonymic figure. In this fiction of truth, "America" would be the title of a new novel on the history of deconstruction and the deconstruction of history. (Derrida, ibid.)

(Concerning this intersection, we may mention in passing what Hawthorne noted in 1862 and what recently was dug up by Werner Sollors: that the MAYFLOWER, having landed the Pilgrims on the rocks of New England, on its next voyage transported a cargo of slaves across the Atlantic.) (Sollors 1993, 296)

The Rodney King verdict and the uprisings that followed raised compelling questions about the cultural, economic, and political dimensions of racial conflicts in American society and contributed to "an increasing awareness of the heterogeneity, the tensions, and differences inherent in American culture" (Lenz 1993, 50). And deconstruction finds itself at the heart of such 'tensions':

> It is a question of assuming these tensions, of *living* them as much as of *understanding* them. (...) ..., in my eyes it is above all else a question of trying to understand them, of interpreting them, so as to respond to them in the most responsible fashion possible. (Derrida 1995 b, 413)

It is in this context that postmodernism and multiculturalism, which seem to make strange bedfellows, have emerged as powerful expressions of new conceptual systems. In stressing *difference* and *otherness*, both movements are aligned with and fostered by deconstruction's antimetaphysical, anti-essentialist, and anti-foundationalist way of thinking. While postmodernism rejects the totalizing force of master-narratives that would homogenize the diversity of cultural experiences into a single and generalized myth such as *American-ness*:

> the decentered perspective, the marginal and ... the ex-centric ... take on new significance in the light of the implied recognition that our culture is not really the homogeneous monolith (that is middle class, male, heterosexual, white, western) we might have assumed. The concept of alienated otherness ... gives way ... to that of differences, that is to the assertion of, not centralized sameness, but of decentralized community – another postmodern paradox (Hutcheon 1988, 12),

multiculturalism recognizes that the homogeneity of the past resulted as much from silencing as from assimilating minority voices, downplaying their contributions and denying the legitimacy of competing visions through selective processes of mythmaking and exclusion: "definitions belonged to the definer – not the defined." (Morrison 1987, 190)

As a result of this struggle to define America, or in the words of Hortense Spillers: "Who has the right to claim America?" (Spillers 1991, 1), we may not only notice a 'disuniting' (Schlesinger 1991) and 'fraying' (Hughes 1992) of contemporary American society, but can also observe a raging cultural war and a vituperative clash of ideologies over how to envision America and what it means to be an American:

> Presently in America a war is being fought. Forget about guns, planes, and bombs, the weapons from now on will be the newspapers, magazines, TV shows, radio, and *film*. (...) At stake is the way to control the way people think or not think. (...) (Spike Lee & Ralph Wiley 1992, xiii)

Let's move on then to a discussion of Spike Lee's film DO THE RIGHT THING, a film that not only *stages* multicultural conflicts of ethnic self-representation, but also *enacts* a visual and narrative strategy of deconstructive thinking: a strategy of *resistance* which "will insist that (the thinking of) responsibility is also (a thinking of) contamination" (Spivak 1994, 23). In this respect we can agree with Lothar Bredella's contention that "understanding of the other is an ethical act" (Bredella 1994b, 304).

V

- So finally you are ready to start writing about this film?
- Who is speaking? (Another voice. Another call. Another ghost.)
- I mean, are you sure you have been doing the right thing so far?
- Hopefully more than once.
- After all, your title promised something more.
- Maybe, but a title is always (only) a promise. Like a letter. It may go astray, be delayed, or even get lost – never reaching its destination.
- Are you trying to say that from the beginning you never really intended to

- write about DO THE RIGHT THING?

But this precisely has been the subject of my writing all the time. Around and about response and responsibility, foreign bodies and property rights, frames and titles, difference and otherness, justice and decision, mutual contamination and permanent border crossing, ...This will have been my subject all along. Moving like a ghost, a borderline creature, an insider as well as an outsider, employing doubles (not only Karl and Groucho, Martin Luther and Rodney) and practicing double writing.

VI

In foreign language teaching, it is more advisable to get students to study particular, local cultural situations and conflicts, before inviting them to form generalizations and create theories.

For this purpose, Spike Lee's film DO THE RIGHT THING, produced in 1989, seems ideal. Having received a wide spectrum of public interest and critical attention[5], the film offers various scenes which portray believable events and cast light on the attitudes, life-styles and daily conflicts of the people involved, "exploring the unacknowledged diversity and the jarring and underappreciated contradictions of black life" (Dyson 1993, 23).

Following the classical Aristotelian categories of tragedy, i.e. the unity of time (one day and one night), place (a predominantly black neighborhood in Brooklyn) and action (the 'heating up'of racial tensions during a hot New York summer day, ending in a final outburst of violence), the film not only provides a highly dramatic and illustrative account of the *boiling cauldron* syndrome in interracial relations, but also facilitates an exemplary and concrete classroom access to the complex issue of multiculturalism in the USA today.

Moreover, avoiding ethnic stereotyping and ideological guilt projections (Mitchell 1990, 895 ff. and Mitchell 1991, 596), rather opting for *double* and even *triple* truths, the film DO THE RIGHT THING seems well suited to promote intercultural understanding in terms of intellectual openness, political pluralism and social tolerance between whites and different people of color.

The central conflict in the film's narrative structure is Buggin Out's demand that Sal, the Italian owner of the neighborhood pizzeria, "put some brothers on the wall!" Buggin Out's argument, one of self-representation, can easily be translated into a larger demand for African-American self-determination. What is at issue in the film is a conflict between private ground and public space, or property and turf (Italian pizzeria vs. Black neighborhood), between higher abstract law and group-norm loyalty, the ethical and eventually political question: Is it right to sacrifice the loyalty to one's own ethnic group for the sake of universal principles (love, peace, brotherhood)?

> It is in the electric intersection of these two competing and at times contradictory claims, of black cultural neonationalism and black humanism, that Lee's art takes place. (Dyson 1993, 24 – See also Ostendorf 1992 and Taylor 1992)

Mirroring Huck Finn's moral dilemma here, "an American paradigm of moral decision-making" (Doyle 1990, 30), and referring to more recent African-American examples (Martin Luther King vs. Malcolm X), the quintessential question of the film would be: Did Mookie do the right thing? On the one hand, Mookie starts the rampage by throwing a garbage-can into the

---

[5] I have greatly profited from Berndt Ostendorf's (1992) and W.J.T. Mitchell's studies on the film; but see also Kellner (1995) and Doyle (1990) for suggestive comments.

window of Sal's pizzeria; on the other hand, by channeling the aggression of the mob towards the destruction of Sal's property, Mookie may have saved Sal's life.

On the one hand ...on the other hand ...

Spike Lee plays with both hands and does not provide any clear-cut solution in the film, but deconstructs all dogmatic *either-or* positions and conventional stereotypes, stressing instead ambivalence and difference in and between the people shown in the film, e.g.:
- *Radio Raheem's* emblematic LOVE and HATE brass knuckles;
- *Da Mayor*: privately the most successful person in the film (saving a boy's life and successfully courting Mother Sister), but also a drunkard and a kind of Uncle Tom;
- *Pino*: although pictured very stereotypically as a racist (wearing a 'white' shirt in contrast to the 'black' one of his more amiable brother, Vito), he admits that he admires three black men (Magic Johnson, Michael Jordan, and Prince), because they are no 'niggers', they are 'different';
- *Koreans*: although despising the Blacks, they identify with them when necessary ("Me no white. Me black.");
- *Corner Men*: although hating the Koreans, they are nevertheless buying there ("Its' Miller time. Let me go give these Koreans s'more business.");
- *Smiley*: although mentally retarded, he is the one who keeps up contact with black political leaders, Martin Luther King and Malcolm X;
- *Mookie*: he is a real "go-between" who has to be reminded by Buggin Out: "Stay black!"

What this short character survey has suggested in terms of differences within and between people, effects of a necessary hybridity and impurity, can easily be extended to a discussion of the film's overall design (Mitchell 1990 and 1991; Ostendorf 1992b; Kellner 1995), its production process (Jones and Lee 1990) and audience reception (Merelman 1995).

Promoting group-loyalty on the one hand, DO THE RIGHT THING alerts us to the aspect of ethnocentric myopia on the other, preventing us from the "*purity* of any single reading" (Mitchell 1991, 605). Instead of ever wishing to know the *real* thing, to have the *one-and-only* solution to questions of ethnicity, Spike Lee's film suggests activities of boundary crossing and change of perspective as important first steps towards mutual recognition and understanding.

And that's the triple truth, Ruth.

VII

> The very condition of a deconstruction may be at work, in the work, *within* the system to be deconstructed; it may *already* be located there, already at work ... participating in the construction of what it at the same time threatens to deconstruct. One might then be inclined to reach this conclusion: deconstruction is not an operation that supervenes *afterwards,* from the outside, one fine day; it is always already at work in the work. (...) Since the disruptive force of deconstruction is always already contained within the architecture of the work, all one would finally have to do to be able to deconstruct, given this *always already*, is to do memory work. (Derrida 1986, 73)

DO THE RIGHT THING most certainly is a work of *mémoires*, of mourning and of re-membering, and by trying to do memory work we may come across "the moment that is undecidable in terms of the text's apparent system of meaning, the moment in the text that seems to transgress its own system of values" (Spivak 1976, xlix). Two ghosts haunt this film, Martin Luther King and Malcolm X:

King and Malcolm. Both men died for the love of their people, but had different strategies for realizing freedom. Why not end the film with an appropriate quote from each? In the end, justice will prevail one way or the other. There are two paths to that. The way of King, or the way of Malcolm. (Lee and Lewis 1990, 20)

And both paths intersect, like a fork, in the person of Smiley, the stutterer. He is the X-centric who moves from the margins to the center of the action, the one who eventually sets fire to Sal's pizzeria and pins, in the very conflagrational moment, one of his Malcolm/Martin pictures on the burning Wall of Fame. May I risk at this point the following hypothesis: X signs this film.

In a first step the binary opposition Malcolm-King is unsettled, the hier-archy of a KING displaced by an unknown "X" that, in a second move, is put under erasure, crossed (XXX) out. What remains now, left in ruins, is a reinscription of the X, the letter CHI – a chiasmus and a crossroads, a chasm that opens up and has to be crossed, a chimera of fear and dream. Two (life)lines, each of which will intersect and interlace with the other, forming the X of a chiasmatic dialogue that anagrammatically (another figure for the X) reads: RACE or CARE.

Having dismantled and X-rayed some of the structures of DO THE RIGHT THING, we have come across an internal division (X) that genuinely threatens to collapse the whole structure from within. The film harbors an unresolvable contradiction, a moment of undecidability and transgression, that is mirrored in a *mise en abîme* from the beginning (title) to the end (quotations of Malcolm and King). Consider, for example, the final encounter between Sal and Mookie on 'the day after'. How are we to read this scene? Suggested seems to be a kind of game, with Mookie 'kicking'a tin can and Sal 'pitching'dollar notes. And, in fact, since the very first pictures of the film we have encountered scenes of *gaming*. A game takes place a-teleologically, it has no *telos* beyond its enactment; rules and reasons to play the game are strictly immanent, they belong to the game as such. No principles are involved that would govern the game from the 'outside' or from 'above', providing guidelines how to do the right thing. It is all *just gaming*.

VIII

Let me conclude this essay with some rather hasty remarks concerning deconstruction and teaching. As Jacques Derrida has stated:

> ..., if deconstruction *is* of some interest, it must have effects on teaching at all levels. I would say this without hesitation. But from this point to another step, a constructing step, I couldn't really speculate. (Derrida 1987, 14)

I hope that my argumentation has been able to outline some perspectives and provide a first framework for "a constructing step" in this direction. Necessarily incomplete, I would nevertheless like to recall and re-emphasize some strategies of deconstructive interventions:

1. The questioning of binary codings.
   Probably the most comprehensive work in this area has been done by analysts of colonialism such as Edward Said or Homi K. Bhabha, rethinking the "imaginary geography" (Occident/Orient) of Western Ethnocentrism. But also in fields like gender studies (male/female), race (black/white, non-Jew/Jew) and culture studies (high/low) we find important research opportunities of political and ethical consequence.
2. Developing "negative capability".

Learning to cope with uncertainty and indeterminacy, suspending premature judgments and allowing greater thoughtfulness with respect to an always increasing complexity of our life-world.
3. Accepting impurity, hybridity, and contamination.
Having analyzed the mutual implication and necessary complicity of binary terms can lead to a critique of the scapegoat-mechanism, a mechanism that generates purity for an in-group by projecting all corruption and pollution onto an out-group.
4. Understanding deconstruction as "phronesis".
What DO THE RIGHT THING shows rigorously is that questions of identity and difference are always a function of a specific historical and interlocutionary situation, and the answers, matters of strategy rather than truth.
5. Thinking "the between" in negotiating differences.
There are many attempts at the moment to bring out the signification of the "place between", to develop strategies and examples for "thinking in between": tertium datur (but without synthesis).
6. Doing things creatively and imaginatively.
Encourage students to liberate themselves from habits of thought by emphasizing the performative force of critical thinking: "bringing into being new meanings and new subjectivities, seeking to articulate not only what is but 'what never has been'... *doing* something beyond restating already existent ideas and views" (Modleski 1989, 14).

To heed the call of the other, to respond and be responsive, is thus the imperative of thinking and teaching deconstructively, to think and teach *otherwise*.

Works cited

Abrams, M.H. (1978): How To Do Things With Texts. In: *Partisan Review* 44, 566-588.
Bennington, Geoffrey (1987): Demanding History. In: Derek Attridge/Geoff Bennington/Robert Young (eds.), *Poststructuralism and the Question of History*. Cambridge: Cambridge University Press.
----- /Derrida, Jacques (1993): *Jacques Derrida*. Chicago and London: University of Chicago Press.
Bhabba, Homi K. (1990): Nation and Narration. London: Routledge.
Bredella, Lothar (1994): John Dewey's Art as Experience. Between the Aesthetics of Self-Creation and the Ethics of Deconstruction. In: *REAL* 10, 169-200.
----- (1994b): Intercultural Understanding Between Relativism, Ethnocentrism and Universalism. In: Günther Blaicher/Brigitte Glaser (eds.), *Anglistentag 1993 Eichstätt*.. Proceedings, 287-306.
----- (1994c): Einleitung. In: Lothar Bredella/Günter H. Lenz (ed.), *Der amerikanische Dokumentarfilm: Herausforderungen für die Didaktik*. Tübingen: Narr, 7-22.
Derrida, Jacques (1976): *Of Grammatology*. Baltimore: Johns Hopkins University Press.
----- (1981): *Dissemination* . Chicago: University of Chicago Press.
----- (1982): *Margins of Philosophy*. Chicago: University of Chicago Press.
----- (1983): The Principle of Reason: The University in the Eyes of ist Pupils. In: *Diacritics* 13:3, 3-20.
----- (1984a): My Chances/Mes Chances: A rendezvous with Some Epicurean Stereophonies. In: Joseph H. Smith/William Kerrigan (eds.), *Taking Chances: Derrida, Psychoanalysis, and Literature* . Baltimore: Johns Hopkins University Press, 1-32.
----- (1984b): Jacques Derrida (Interview). In: Richard Kearney, *Dialogues With Contemporary Continental Thinkers :* The Phenomenological Heritage. Manchester: Manchester University Press, 105-126.
----- (1986): *Memoires for Paul de Man* . New York: Columbia University Press.
----- (1987): Jacques Derrida (Interview). In: Imre Salusinszky (ed.), *Criticism in Society*. New York and London: Methuen, 9-24.
----- (1988): *Limited Inc.* 2nd. ed. Evanston: Northwestern U Press.
----- (1990): Some Statements and Truisms About Neologisms, Newisms, Postisms, Parasitisms, and other Small Seismisms. In: David Carroll (ed.), *The States of "Theory"*. New York: Columbia U Pr, 63-93.

----- (1991): *Between the Blinds.* A Derrida Reader. Ed. by Peggy Kamuf. New York et a.: Harvester Wheatsheaf.
----- (1992a): *Acts of Literature.* Ed. by Derek Attridge. London/New York: Routledge.
----- (1992b): Afterw:rds: or, at least, less than a letter about a letter less. In: Nicholas Royle (ed.), *Afterwords.* Tampere, Finland: Outside Books, 197-203.
----- (1993): Politics and Friendship: An Interview with Jacques Derrida. In: E. Ann Kaplan/Michael Sprinker (eds.), *The Althusserian Legacy.* London/New York: Verso, 183-231.
----- (1995a): The Time Is Out Of Joint. In: Anselm Haverkamp (ed.), *Deconstruction Is/In America.* New York: New York U P, 14-38.
----- (1995b): *Points..., Interviews 1974-1994.* Ed. by Elisabeth Weber. Stanford: Stanford U P.
Dewey, John (1940): *Education Today.* New York: Free Press.
Doyle, James (1990): Huck and Mookie. In: *Reconstruction* 1:2, 29-37.
Dyson, Michael Eric (1993): *Reflecting Black.* Minneapolis/London.
Fish, Stanley (1989): Reply. In: *PMLA* 104:2, 219-221.
Gasché, Rodolphe (1991): On Critique, Hypercriticism, and Deconstruction. In: *Cardozo Law Review* 13, 1115-1132.
Hasselbach, Hans-Peter (1986): Teaching Kurt Vonnegut's "Slaughterhouse 5". In: Michael Legutke (1986), 71-109.
Haverkamp, Anselm (1995): Deconstruction is/as Neopragmatism? In: ibid. (ed.), *Deconstruction Is/In America.* New York: New York U P, 1-13.
Hughes, Robert (1992): The Fraying of America. In: *TIME* (February 3), 44-49.
Hutcheon, Linda (1988): *A Poetics of Postmodernism: History, Theory, Fiction.* New York: Routledge.
Johnson, Barbara (1985): Teaching Deconstructively. In: G. Douglas Atkins and Michael L. Johnson (eds.), *Writing and Reading Differently.* Lawrence, Ks.: U of Kansas P, 140-148.
----- (1980): *The Critical Difference.* Baltimore/London: Johns Hopkins U P.
----- (1987): *A World of Difference.* Baltimore/London: Johns Hopkins U P.
----- (ed.) (1993): *Freedom and Interpretation.* New York: Basic Books.
----- (1994): *The Wake of Deconstruction.* Oxford: Blackwell.
Kellner, Douglas (1995): *Media Culture.* London/New York: Routledge.
King, Rodney (1992): Rodney King's Statement. In: *Los Angeles Times* (May 2), 3.
Lee, Spike and Jones, Lisa (1990): *Do the Right Thing.* New York: Simon and Schuster.
----- and Wiley, Ralph (1992): *By Any Means Necessary.* New York: Hyperion.
Legutke, Michael (ed.) (1986): *American Studies in the Language Classroom: Intercultural Learning and Task-based Approaches.* Fuldatal: HILF.
----- /Thomas, Howard (1991): *Process and Experience in the Language Classroom.* Harlow: Longman.
Leitch, Vincent B. (1983): *Deconstructive Criticism: An Advanced Introduction.* New York: Columbia U P.
Lenz, Günter H. (1993): Multicultural Critique and the New American Studies. In: Hans Bak (ed.), *Multiculturalism and the Canon of American Culture.* Amsterdam: VU University Press, 27-56.
de Man, Paul (1979): *Allegories of Reading.* New Haven, Conn: Yale U P.
Merelman, Richard M. (1995): *Representing Black Culture.* New York/London: Routledge.
Mitchell, W.J.T. (1990): The Violence of Public Art: "Do the Right Thing". In: *Critical Inquiry* 16, 880-898.
----- (1991): Seeing "Do the Right Thing". In: *Critical Inquiry* 17, 596-608.
Modleski, Tania (1989): Some Functions of Feminist Film Criticism; or, The Scandal of the Mute Body. In: *October* 49, 3-24.
Morrison, Toni (1987): *Beloved.* London: Chatto & Windus.
Nealon, Jeffrey T. (1992): The Discipline of Deconstruction. In: *PMLA* 107:5, 1266-1279.
Ostendorf, Berndt (1992): PC Or Do the Right Thing. In: *American Studies/Amerikastudien* 37:4, 661-668.
----- (1992): *The Costs of Multiculturalism.* Working Paper No.50. Berlin: John-F.-Kennedy-Institut.
Royle, Nicholas (1995): *After Derrida.* Manchester/New York: Manchester U P.
Said, Edward W. (1993): *Culture and Imperialism.* New York: Knopf.
Saussure, Ferdinand de (1974): *Course in General Linguistics.* London: Fontana.
Schlesinger, Arthur J. (1991): *The Disuniting of America.* Knoxville,Tenn.: Whittle.
Shohat, Ella/Stam, Robert (eds.) (1994): *Unthinking Eurocentrism.* London/NewYork: Routledge.
Sollors, Werner (1993): Of Plymouth Rock and Jamestown and Ellis Island – Or, Ethnic Literature and some Redefinitions of "America". In: Hans Bak (1993), 272-311.

Spillers, Hortense J. (ed.) (1991): *Comparative American Identities:* Race, Sex, and Nationality in the Modern Text. New York/London: Routledge.
Spivak, Gayatri S. (1976): Translator's Preface. In: Derrida (1976), ix-lxxxvii.
----- (1987): *In Other Worlds* . New York: Methuen.
----- (1994): Responsibility. In: *boundary 2* , 21:3, 19-64.
----- (1994a): *Outside in the Teaching Machine* . New York: Routledge.
Taylor, Charles (1992): *Multiculturalism and the "Politics of Recognition"*. Princeton: Princeton U P.
Ulmer, Gregory L. (1985): *Applied Grammatology.* Post(e)-Pedagogy from Jacques Derrida to Joseph Beuys. Baltimore/London: Johns Hopkins U P.
----- (1989): *Teletheory*. Grammatology in the Age of Video. New York/ London: Routledge.
----- (1994): *Heuretics*. The Logic of Invention. Baltimore/London: Johns Hopkins U P.

HOWARD DE LEEUW

The Role of Texts in the FLES Classroom

1. Overview

Foreign language learning in the elementary school (FLES) is being implemented more and more throughout Europe and North America. This increased prominence has resulted in an increase in the research focusing on FLES programs and the training of FLES teachers.

Since the primary focus of many FLES programs is on developing oral skills in the target language, with a secondary emphasis on listening skills (cf. Bludau 1993: 78f.), texts are often introduced only insofar as they support these aims. For example, the text of a song might be taught to third and fourth graders through repetition, but the text itself may never actually be given to the students in written form. In describing English as a foreign language in the German elementary school Gundi Gompf defines the role of reading and writing as being of marginal significance (Gompf 1989: 367), although in a more recent article, she seems to have downplayed this distinction (cf. Gompf & Karbe 1995: 440f.). The de-emphasizing of reading and writing in FLES, or more specifically, the written form of words (in German, "das Schriftbild"), seems to have led to a misconception among some educators, particularly in Germany, that presenting younger learners with the target language in written form will only create confusion and interference. However, Hans-Eberhard Piepho, in his book *Englisch in der Grundschule* (1992), attempts to dispel this myth when he writes:

> Oft wird die stabilisierende und gedächtnisförderliche Wirkung des Schriftbildes unterschätzt. Nach allen Untersuchungen, die ich kenne, hat das Schriftbild keine schädlichen Rückwirkungen auf etwa die Rechtschreibung oder die Aussprache der Primarschüler, im Gegenteil. Für einzelne Schüler/innen sind sogar Schreibaufgaben motivierend und machbar, vor allem wenn es dabei um Modelltexte, Anschauungsmaterial, Haftzettel, Erinnerungsmuster usw. geht. Das Schriftbild ist für viele ein nützliches Anschauungsmuster. (71)

Despite these insights, most of the discussion on the use of texts, particularly literary texts, as a medium for introducing learners to aspects of the target language or the target culture has centered around older learners, leaving the realm of foreign language learning at the elementary school level rather neglected. Therefore, in this paper I will be addressing the question: What role do texts play in the FLES classroom? In an attempt to answer this question, four functions of a text will be presented: the text as story medium, as script, as reading and writing tool, and as student product. Examples will be drawn from FLES curricula as well as from observations made in vastly different contexts: a third-grade German class in an American elementary school in Germany, a fourth-grade English class in a German elementary school, and a fifth-grade German class at an elementary school in Prague in the Czech Republic.

2. Text as Story Medium

One of the text types most often used with young children is the text that tells a story. Many educators have argued passionately for the use of stories in elementary education. Kieran Egan has written several volumes devoted to the story, which he sees as a cornerstone to a child's thinking and perception of the world. More importantly, however, the story unleashes a child's fantasy and imagination within a well-defined context. Egan writes:

> Very generally we may say that young children's experiences of the world is such that they have very little sense of the limits, the boundaries, the contexts in which much of their experience is meaningful. And they have an urge to make sense of their experience, asking endless questions, eager to learn. The story is the linguistic unit, that, as it were, brings its boundaries with it. Within the story, as within in the game, the world is limited, the context is created and given and so the events of a story can be grasped and their meaning understood more readily than can the events in the less hospitable, imprecisely bounded world. (1988: 100)

The story not only provides children with a clearly-marked avenue on which to travel through a world of fantasy, but it is also a familiar format for dealing with material taught in the schools. Egan's focus is not foreign language teaching, but teaching in general, even providing suggestions for structuring a mathematics lesson along story lines (cf. Egan 1992: 120ff.). For Egan, the form of a story is familiar to both children and adults alike, making it accessible to all ages:

> The content of young children's stories is often different in important ways from that which typically engages adults. But the form of the story seems universal: it has a beginning which sets up an expectation, a middle that complicates it, and an ending that satisfies or resolves it. (1988: 96)

The medium of the text, especially the literary text, plays an essential role in bringing the story into the foreign language classroom.

In her book, *Story as Vehicle* (1990), Edie Garvey addresses foreign and second language teachers directly. Her experiences teaching English as a foreign language (EFL) to young learners during the time when a structural approach was abandoned and zealously replaced by the communicative approach, led her to consider how the strengths of both approaches could best be integrated. She found that the story provided a solution. She is not only advocating the use of stories to supplement the FLES classroom, but, similar to Egan, views the story as "a methodology for pulling everything else together" (Garvey 1990: 19). Garvey writes:

> I see story as being helpful in all varieties of the EFL situation. It helps to contextualise the items of the syllabus/course, offering a field of learning which is meaningful, interesting and motivating, while at the same time it covers the English work that has to be done. It can also give cohesion to the work. Above all it brings a more informal, lively and communicative component to what at times can be a highly structured and often tedious programme. The structure would still be there but so would the other side of the language equation, giving the balance of the eclectic approach. (26)

What both Egan and Garvey describe can be summed up as the "story approach", which has received attention in recent years among foreign language researchers, although the transfer to the classroom has been very slow. In an article by Angelika Kubanek-German, which provides an insightful overview of the story approach and its relevance for the German elementary school context, a possible reason is given for the less than enthusiastic reaction of many teachers to this approach:

> Für den Bereich Grundschul-Fremdsprachen in Deutschland ist die *story approach* insofern innovativ, als bisher die Orientierung am *language syllabus* – bewußt oder widerwillig – maßgeblich war und im Zusammenhang mit Geschichten oft Schwierigkeiten der Verwendung stärker betont wurden als ihr Potential. (1992: 13)

The point must be made that a story approach does not automatically assume the implementation of texts nor the teaching of reading or writing in a FLES program. On the other hand, working with texts need not take place exclusively along the lines of the story approach. However, when one recognizes the value and appropriateness of stories in early foreign language learning, then it is only natural to introduce texts in order to provide a basis upon which further learning activities can develop.

There are relatively few materials available for English in the elementary school in Germany which are organized along the story approach. However, many of the short texts provided with existing teaching materials as well as units organized around themes allow for certain elements of the story approach to be implemented. In *Kooky 1* (1993), the familiar fairy tale *Goldilocks and the Three Bears* is introduced toward the end of the first year and provides a variety of links to relevant teaching material, such as size (big chair, middle-sized chair, little chair) and familial relationships (Daddy Bear, Mummy Bear, Baby Bear), while also providing the opportunity for a dramatic presentation of the story.

The curriculum *Unser Baumhaus* (1994), designed for German in the American elementary school as part of the Goethe Institute's *Projekt Sprachbrücke*, is an attempt to combine a content-based approach to FLES with a strong narrative component (for a brief description of this project, cf. De Leeuw 1993). The daily lives of three children, Axel, Paul Pauli, and Uschi, are portrayed throughout the lessons, accompanied by the use of short dialogues or texts and dramatic illustrations. The story of Axel and his two friends progresses throughout the year and is interspersed with content-based lessons, which are then reflected in the story line. A lesson from *Unser Baumhaus* will form the basis of the next section on the text as script.

3. Text as Script

Although it was mentioned earlier that children in FLES programs are often deprived of target language texts in written form, it is not my intent to suggest that young learners should always be given such texts in this form. Just as a text can serve the function of telling a story without actually being read by the children, a text can also serve as a script for a dramatic presentation of a scene or story. The following is a text from *Unser Baumhaus* which is intended for precisely that purpose. The text is a review story at the end of the first unit and is accompanied by seven illustrations on overhead transparencies. In a sense, the illustrations tell the story with the use of the text. The opening illustration (see Figure 1) as well as the text are provided below, including comments to the teacher:

Figure 1: The Muffi Story, *Unser Baumhaus*

Das ist Muffi. Hier wohnt Muffi. Das Haus ist schön. [Add other structures that are shown in the picture.]
Muffi: Ja, mein Haus ist schön! Tschüß, ich muß in die Schule. Auf Wiedersehen!
Der Himmel ist schwarz; der Wind bläst und bläst und bläst.
Bumm, Krach! ... das Fenster ist kaputt; die Tür ist kaputt; das Dach ist kaputt. Armer Muffi!
Da kommt Muffi: O, mein Haus, die Tür ist kaputt, das Fenster ist kaputt, das Dach ist kaputt, oje, oje.
Da kommt Rolfi: Was ist denn los, Muffi?
Muffi: O mein Haus, die Tür ist kaputt, das Fenster ist kaputt, das Dach ist kaputt, oje, oje.
[Act sad, then excited, as an idea occurs to you.]
Kannst du mir mal helfen?
Rolfi: Na klar.
Ritsche ratsche! Ritsche ratsche! [sawing motion]
Bumm, bumm, bumm! Bumm, bumm, bumm! [hammering motion]
[Repeat motions several times.]
Fertig!
Muffi: Das Haus ist nicht mehr kaputt! Das Fenster ist nicht mehr kaputt. Die Tür ist nicht mehr kaputt. Das Dach ist nicht mehr kaputt. Danke, Rolfi, danke!
Muffi ist nicht mehr traurig; Muffi ist wieder froh.

(Muffi Zusatzgeschichte, *Unser Baumhaus* 1994: 23)

The text is simple, but also allows for elaboration on the part of the teacher and learners. It is necessary, however, for the teacher to draw upon a cohesive written text, since the children learn the text through repetition and must hear the same phrases each time, rather than approximate phrases chosen randomly by the teacher every time the story is told.

While the text provides a number of entry points for language activities, I would like to describe a lesson observed at the Kaiserslautern American Elementary School. This particular third grade class was in its fifth week of first-year German instruction, and met twice a week for 50 minutes at a time. The children had already worked with the Muffi story for two previous lessons. During this lesson, the teacher introduced the story by placing the illustrated color transparencies on the overhead projector in sequence. For each transparency, the children recited the corresponding lines of the story in unison as the teacher pointed to various objects in the scene. After the class had recited the story together twice, the children were divided up into eight groups of three. The groups were each given a photocopied picture of a different scene from the story and the teacher instructed the groups to say as much in German as they could among themselves regarding the picture. Every few minutes, the pictures were exchanged among the groups so that each group had the opportunity to recall and produce language relevant to each scene of the story. The next phase of the lesson involved the children in taking on various roles of the story, which was then acted out in the middle of the room under the close direction of the teacher.

Although the text only involves two characters, it includes many roles and dramatic elements. Not only were children chosen to play Muffi and Rolfi, but also the walls, windows, door and roof of Muffi's house, as well as the sun, the wind, clouds and trees. The actual presentation included such things as: children standing on chairs, holding their arms up to form the roof; other children, who played the wind, walking around the house and making blowing noises; when the words "bumm, krach!" came up, the children would clap loudly to imitate claps of thunder, after which children playing the roof or trees, etc., would fall to the ground. All participants recited the narration of the story together, although Muffi and Rolfi usually recited their lines alone. The children seemed to fully grasp the various emotions portrayed in the story, which reflect Egan's three phases of story mentioned earlier: "a beginning which sets up an expectation, a middle that complicates it, and an ending that satisfies or resolves it" (Egan 1988: 96). But the text also served to introduce and reinforce useful expressions in the target language, not the least of which was "Kannst du mir mal helfen?" which had already been transformed into a routine phrase used by the teacher to ask children to turn on or off the lights, open or close the window, etc. Other expressions, such as "Fertig!" and "oje, oje" also seemed to be popular with the children.

The text as script allows for children to be exposed to the same language in a variety of situations, thereby contributing to their retention of the language. The text is not only told by the teacher or played from an audio cassette, it can also be supported through the use of illustrations and physical movements of the children as they act out the scenes. The culmination of working with a text as script is the dramatic performance by the children, which requires use of the target language at different levels, that is, those playing major roles must use more language than those acting as props, such as trees or windows. However, all the children participate in the performance and all essentially learn to tell a short story in the target language, even within the first few months of a FLES program. In addition, the script sets the stage for creating a collaborative product which takes on its own unique shape for each group of learners, with the teacher serving as stage director.

4. Text as Reading and Writing Tool

In many of the FLES classrooms that I have observed, there is limited use of written texts, that is, students are not given a text they can literally put their hands on, but listen to texts read aloud by the teacher or played from a cassette. Songs are often taught through the use of imitation and repetition, where students rarely see the text of what they are singing. Teacher handbooks often make clear that reading and writing should not be given much emphasis, particularly in the first year, which in Germany usually refers to the third grade. In *Here We Go, Teil 1, Handbuch für den Unterricht* (1991), for example, one reads:

> Lesen und Schreiben sind bei der ersten mündlichen Begegnungen mit der Fremdsprache im 3. Schuljahr keine eigenständigen Fertigkeiten. Aber sie sind, in begrenztem Umfang eingesetzt, Gedächtnisstütze und Lernhilfe. (22)

The first-year student book for *Kooky* contains more written language than other textbooks, including the texts of seven songs, however the teacher handbook makes clear: "aus didaktischen Gründen [wird] das Schriftbild nur sehr sparsam verwendet" (*Kooky 1, Handbuch für den Unterricht* 1993: 10). It is not my desire to suggest that the pendulum must swing in the other direction, that young learners need to be reading and writing in the target language within the first few weeks of third grade. As a matter of fact, there can be a tendency for some teachers to pursue an emphasis on the written word because it provides a more familiar method for introducing material. In other words, rather than demonstrating a concept in the target language through a process involving actions and other means, it might seem easier to simply label that concept with a word which can be written on the board. However, this could lead to the faulty conclusion that the children have actually learned the word merely by having seen it. Rather than providing a short cut in the process between input and output, the written label, when used by itself, can be more of a short circuit in the connection between the receptive and expressive phases of language production.

When referring to the text as a reading and writing tool, I mean that children should have the opportunity to explore how the target language is written and how those written words are read or pronounced. To spend even half of the first year in a FLES program without providing this opportunity for children on a regular basis is to neglect an area for which these young learners are particularly open and curious. As Piepho wrote in connection with the many English words German children are confronted with outside of the classroom everyday: "Kinder im Grundschulalter sind in der Regel hellwach für ihre Umgebung und neugierig auf alles Neue" (1992: 31). This aspect became evident during my own research into German children's perspectives on English as a foreign language, where many of the children responded in one-on-one interviews that they particularly liked learning English because of the new and different words, something I categorized as "der Reiz der *fremden* Sprache" (De Leeuw 1995: 354).

The following anecdotal experience, which took place while I was observing one of my students during her teaching practicum in an elementary school in Hesse, will further illustrate this point and will clarify the notion of text as reading and writing tool. The student-teacher had chosen the song "Five little men in a flying saucer" from *Kooky 2*, which she introduced to her fourth graders with the use of the accompanying overhead transparency. She had written the text of the song on the board, which she later explained was done more for herself than for her students. The text of the song is provided below:

1. Five little men in a flying saucer flew round the earth one day. They looked left and right but one didn't like the sight, so one man flew away.
2. Four little men ...

3. Three little men ...
4. Two little men ...
5. One little man in a flying saucer flew round the earth one day. He looked up and down, then he saw our town and said, "Well, I might just stay."

(Kooky 2, Handbuch für den Unterricht 1993: 69)

The lesson itself went relatively well, due in part to the clever way the song was recorded on cassette, including various outer space sound effects which seemed to thrill the children and maintain their interest. But the crucial moment in the lesson came toward the end when the student-teacher passed out a photocopy of the transparency and instructed the children to color it. There was an immediate rebellion among the children, who loudly complained about having to color yet another handout, when what they really wanted to do was to copy down the text of the song from the board. This came as a surprise to the student-teacher, the regular classroom teacher, who was also in the room, and myself as observer. Yet, the almost unanimous wishes of the class are understandable: they were fourth graders who were solid readers in their native language, but who, because their English language skills were not as developed, were being asked to do something that was perhaps more appropriate for kindergartners or first graders. Their clear preference, which was to have a copy of the text of "Five little men in a flying saucer", represented a natural progression from having been introduced to the song and having greatly enjoyed singing it to being able to write down the words as a written record of the song. In the act of copying the song from the board into their notebooks, the children had practice in reading and writing English words. The text itself served as a tool in this process rather than the end result, since the children were not composing the text themselves or having to read a text which was completely new to them.

In a sense, what happened in the classroom on that day is related to what has been observed by many as a disparity between what is taught by teachers and what is learned by learners, which David Nunan describes as follows: "[T]here is a mismatch between the pedagogical agenda of the teacher and that of the learner. While the teacher is busily teaching one thing, the learner is very often focusing on something else" (Nunan 1995: 135). In this particular case, the learners were not only interested in the sound of the words, but also in the look of the words and in writing down those words themselves. It is precisely this aspect that is often missing in FLES classrooms, yet it is in no way a new concept. Already in 1979, Virginia Allen, in her contribution to the book *Teaching Foreign Languages to the Very Young*, wrote of the importance of decoding as a skill to be taught in the FLES classroom. She writes:

> Rhymes, games, songs and stories continue to be enjoyed through the next phase of instruction, but now a new skill is introduced: decoding. During this decoding (or word attack) phase, the pupils' attention is drawn to the *look* of words and larger units which they have already learnt to say. [...]
> During the decoding stage, many words from the student's expanding oral vocabulary are printed for him by the teacher, further illustrating the look of words which are regularly spelled. (55-57)

Allen's description of decoding finds resonance with Helena Curtain and Carol Ann Pesola, whose book, *Languages and Children: Making the Match* (1994), is one of the standard works outlining the teaching of foreign languages in the elementary school. Although Curtain and Pesola do not go into great detail about how to incorporate texts into the FLES classroom, the following statement clearly illustrates the important function literacy skills serve in this context:

> In elementary school foreign language classrooms in which language use has been determined by the communication needs of the immediate environment, literacy skills will develop with the same emphasis: Reading will be a natural reinforcement of the spoken word, presented and nurtured as a form of communication. The kind of delay in reading in the target language that has sometimes been suggested for the FLES program – up to several years, according to some sources – does not seem to be compatible with the lessons learned from immersion programs. This emphasis on integration of oral and written language is also reflective of the holistic approach to language arts found in primary school programs in the native language. (87)

Although the focus of this section is on the text as reading and writing tool, through contact with texts which leads to an increased familiarity with the way words look, children's oral skills are further supported and developed. As Egan writes, in refutation of a common misconception on this subject with regard to first language learning:

> Nothing of what we know about literacy and orality at present, however, entails the conclusion that we must keep children from reading and writing in order to encourage further developments of orality. (1988: 126)

Even the two FLES movements in Germany, which are often at odds with one another: an exploratory approach ("Begegnungssprachenkonzept") and a full-fledged FLES program ("Systematischer Fremdsprachenunterricht") (cf. Doyé 1993: 57ff.), could find common ground within this aspect of the use of texts. Children are allowed to have contact with and to explore the look and sound of words in the target language. This contact supports a variety of learning goals and, as mentioned in regard to Germany, many children are already confronted with English (and other languages) outside the classroom on a daily basis.

5. Text as Student Product

Another function of the text in the FLES classroom is that of student product. A text need not only remain on the pages of a story book or teacher handbook, nor does it need to serve only as a series of sentences to be copied down by the students, but the text can also be the result of student input and effort, which can then lead to the creation of a product in the target language. The dramatic presentation of the Muffi story was a type of student product, which did not remain confined to that particular classroom, but was performed by the children for other classes as well. The opportunities for creating student products involving texts are numerous. One example would be to have children reconstruct stories in their own words or dictate words and phrases as a class to the teacher, who writes them on the board and guides the class in creating a cohesive text (cf. Allen 1979: 58-59), something which can also be done on the basis of pictures alone (cf. Early 1991: 248f.). Andrew Wright, in his book *Story Telling with Children* (1995), suggests having each child speak a section of a story onto cassette tape, thereby cooperatively constructing an audio text which can be referred back to again and again (22).

I would like to focus briefly on one particular example of a text as student product. This text was obtained during a week of observations made recently at the Mikulandská Street Elementary School in Prague. This particular school has a special emphasis on languages, with English, German, or French being offered as of the third grade, and a second language as of the fifth grade. This specific student product was the result of an exercise in the book *Das Deutschmobil 2* (1991). All three books in the series are used as part of the German program at the school and the series introduces reading and writing from the very beginning. Under the heading "Das passierte 1625 an der Ostsee, als es noch Piraten gab" (34) is a series of nine pairs of sentences, which the children are to use to write a story. For example, the first pair is

"Es wurde März. / Die Piraten segelten nach Flensburg." The children are then to formulate the two sentences as one, following the example: "Als es März wurde, segelten die Piraten nach Flensburg." The aim of the exercise is for students to practice the use of "als" and to pay attention to verb placement, rather than to compose an original text. Yet one positive aspect of the activity is that the nine pairs of sentences are related to one another, forming a cohesive text which follows a chronological sequence of events. This particular fifth grade class did not simply write the exercise in their notebooks, but wrote out the text on paper and then proceeded to age the paper by burning the edges. Some students even applied a wax seal at the bottom. Figure 2 is a reproduction of one student product, with the full text, as it appears on the paper, provided next to the picture.

Although the example is derived from a grammar exercise, it demonstrates how such an exercise can lead to a coherent text, which, in turn, offers additional possibilities for the students. This particular student changed the perspective of "die Flensburger" to "wir", evident in part by the only mistake in the text, which is in the line "versteckten wir sich [uns] im Wald". The book provided the sentence: "Die Flensburger versteckten sich im Wald." My purpose in providing this example of text as student product is to illustrate how even a very simple exercise can be turned into something creative, where children are engaging in reading and writing in the target language, while, at the same time, producing something that reflects the actual content of the text, in this case, a document that looks as if it could have come from the era when pirates roamed the seas.

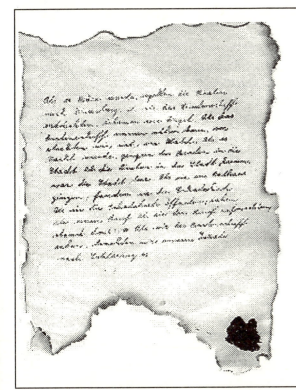

Als es März wurde, segelten die Piraten nach Flensburg. Als wir das Piratenschiff entdeckten, bekamen wir Angst. Als das Piratenschiff immer näher kam, versteckten wir sich im Wald. Als es Nacht wurde, gingen die Piraten in die Stadt. Als die Piraten in die Stadt kamen, war die Stadt leer. Als sie ins Rathaus gingen, fanden sie die Schatzkiste. Als sie die Schatzkiste öffneten, sahen sie einen Brief. Als sie den Brief aufmachten, stand dort: "Als wir das Piratenschiff sahen, brachten wir unseren Schatz nach Schleswig."

Figure 2: Student Product of Pirate Text from Fifth Grade Class in the Mikulandská Street Elementary School, Prague.

The school in Prague also has a computer room, where German students type in short texts that they have composed themselves. Even the beginning German students use the computers for copying texts from the book and doing other homework assignments. The integration of the computer with reading and writing in the target language provides yet another avenue for creating products which incorporate a variety of skills, thereby enhancing the learning potential of the children. The sixth and seventh graders even produced a German-Czech dictionary for the third volume of *Das Deutschmobil*, which the publisher decided to produce professionally (*Deutsch-Tschechisches Wörterbuch zum Lehrwerk: Das Deutschmobil 3*. Praha: Scientia, 1994).

6. A Response to Texts in FLES

Four functions of texts in the FLES classroom have been presented: the text as story medium, as script, as reading and writing tool, and as student product. It is important to recognize that there are some significant differences between older and younger foreign language learners and these differences influence what can and cannot be done with texts in the classroom. Although I have been using the term "text" in the broadest sense, the question remains whether or not young learners can experience similar benefits with simple texts that older learners can experience with literary texts. Michael Long writes: "Teaching of literature to non-native speakers should seek to develop responses" (1986: 42), but can such a goal be applied to FLES? What would Lothar Bredella have to say with regard to texts in the FLES classroom? In describing how a learner-centered and task-based approach ("schüleraktivierende Methoden") formed the basis for several curricula which Bredella also took part in developing, he writes:

> In diesem Zusammenhang haben literarische Texte eine exemplarische Rolle gespielt, weil an ihnen besonders deutlich werden kann, daß das Verstehen nicht ein Ablesen von Bedeutungen ist, sondern eine Interaktion zwischen Text und Leser darstellt. (Bredella 1989: 170)

Do the functions of text described in the preceding sections offer the possibility for interaction between the text and the reader, even though the texts themselves are not literary in the purest sense? Certainly the teacher in a FLES classroom bears much of the responsibility for creating an environment in which children can interact with the text. For example, in the case of the Muffi story, a dramatic presentation can also be viewed as an interpretation of the text by the children. The text on pirates in Flensburg could be used to help children understand the structure of a text as well as some of the mechanics of writing, which could overlap with what they are learning about writing in their native language. The song "Five little men in a flying saucer" leaves open the potential for children to discuss why the last little man, who "saw our town and said 'Well, I might just stay'", would be interested in staying in the children's town. How could the children describe their town to an alien or any other outsider in the target language? How would the children react if a little man in a flying saucer were to land in their backyard? This could even lead to a discussion of children's attitudes toward outsiders. Curtain and Pesola, drawing on research from Piaget and others, write: "The age of ten is a crucial time in the development of attitudes toward nations and groups perceived as 'other'." (1994: 4), and Egan writes: "Stories have the power to enable us to feel with others. We can see the world through others' eyes, through their emotional responses to events" (1988: 124). Both of these notions suggest that the combination of age and text in FLES could contribute to the teaching of intercultural understanding, something which would be yet another means of applying what Bredella has contributed to the field of foreign language teaching and learning over the years.

If the potential of texts for young foreign language learners is to be fully realized, the various functions of texts presented here as well as additional ones need to be explored through further research, both inside and outside of the FLES classroom.

References

Allen, Virginia F. (1979). "If reading – how?" In Reinhold Freudenstein (Ed.), *Teaching Foreign Languages to the Very Young* (53-60). Oxford: Pergamon.

Bludau, Michael. (1993). "Der frühbeginnende Fremdsprachenunterricht in den Ländern der Bundesrepublik Deutschland". *Neusprachliche Mitteilungen aus Wissenschaft und Praxis, 46*(2), 74-85.

Bredella, Lothar. (1989). "Die Einsicht in literarische Verstehensprozesse als Voraussetzung für die Entwicklung schüleraktivierender Methoden". In Eberhard Kleinschmidt (Ed.), *Fremdsprachenunterricht zwischen Sprachenpolitik und Praxis. Festschrift für Herbert Christ zum 60. Geburtstag* (170-179). Tübingen: Gunter Narr.

Curtain, Helena & Pesola, Carol Ann. (1994). *Languages and Children: Making the Match* (2nd ed.). White Plains, NY: Longman.

Das Deutschmobil, Lehrbuch 2. (1991). München: Klett.

De Leeuw, Howard. (1993). "*Unser Baumhaus.* German Across the Ocean. A Report". *Die Unterrichtspraxis / Teaching German, 2,* 206-210.

De Leeuw, Howard. (1995). "Englisch in der Grundschule. Was sagen Schüler dazu?" *Praxis des neusprachlichen Unterrichts* 42(4), 353-363.

Doyé, Peter. (1993). "Fremdsprachenerziehung in der Grundschule". *Zeitschrift für Fremdsprachenforschung,* 4(1), 48-90.

Early, Margaret. (1991). "Using wordless picture books to promote second language learning". *ELT Journal* 45(3), 245-251.

Egan, Kieran. (1988). *Primary Understanding.* London: Routledge.

Egan, Kieran. (1992). *Imagination in Teaching and Learning.* London: Routledge.

Garvie, Edie. (1990). *Story as Vehicle.* Clevedon: Multilingual Matters.

Gompf, Gundi. (1989). "Erwerb von Fremdsprachen im Vorschul- und Primarschulalter". In Karl-Richard Bausch et al. (eds.), *Handbuch Fremdsprachenunterricht* (364-368). Tübingen: Francke.

Gompf, Gundi & Karbe, Ursula. (1995). "Erwerb von Fremdsprachen im Vorschul- und Primarschulalter". In Karl-Richard Bausch et al. (eds.), *Handbuch Fremdsprachenunterricht* (3rd ed.) (436-442). Tübingen: Francke.

Here We Go, Teil 1 & 2. Handbuch für den Unterricht. (1991). Stuttgart: Klett.

Kooky 1 & 2. Handbuch für den Unterricht. (1993). Berlin: Cornelsen.

Kubanek-German, Angelika. (1992). "Geschichten und narrative Prinzipien". *Der fremdsprachliche Unterricht, Englisch* 26(5), 11-17.

Long, Michael N. (1986). "A Feeling for Language: The multiple values of teaching literature". In C.J. Brumfit & R.A. Carter (eds.), *Literature and Language Teaching* (42-59). Oxford: Oxford University Press.

Nunan, David. (1995). "Closing the Gap Between Learning and Instruction". *TESOL Quarterly, 29*(1), 133-158.

Piepho, Hans-Eberhard. (1992). *Englisch in der Grundschule.* Bochum: Kamp.

Unser Baumhaus. (1994). München: Goethe-Institut.

Wright, Andrew. (1995). *Storytelling With Children.* Oxford: Oxford University Press.

CHRISTOPH EDELHOFF

Kommunikative Grundlagen des Englischunterrichts[1]

1. Einleitung:
Englisch als Kommunikationsmittel im eigenen Lande, in Europa und in der Einen Welt

Mir ist die Aufgabe gestellt, wesentliche Fundamente der Curriculumentwicklung in unserem Fach, wie wir sie seit zwei Jahrzehnten teilen und mitteilen, zu erläutern. Die Erörterung sagt wenig über ihre Realität in der Unterrichtspraxis aus, läßt aber etwas über Absichten und Entwicklungen erkennen, die seit Beginn der kommunikativen Bewegung in den frühen 70er Jahren bestimmend sind. Zieht man Bilanz, so entdeckt man man eine ganze Reihe von Grundsätzen, die inzwischen nicht mehr umstritten sind.

Zur Zeit der sogenannten curricularen Lehrpläne in Bayern (und anderswo) war das noch anders, als Begriffe, die mit den Buchstaben 'kom' anfingen, dort verpönt waren; 'Kommunikation' hätte ja mit 'Kommunismus' verwechselt werden können. Da hat sich deutlich etwas bewegt, denn Englisch wird inzwischen als Kommunikationsmittel überall anerkannt. Das also ist nicht mehr das Problem. Jetzt geht es vielmehr darum zu klären, was man darunter versteht und ob es mehr ist als das seinerzeit diffamierte 'Würstchenbuden-' oder *phrasebook*-Englisch, ein eher banaler Ausschnitt aus der Fremdsprache, der mit Bildung oder gar höherer Bildung wenig zu tun hat.

Wir haben gelernt, daß bei der Bestimmung des Gebrauchsradius von Englisch als Kommunikationsmittel nicht nur das Vereinigte Königreich oder Nordamerika die Bezugsregionen sind, sondern zu allererst Fremdsprachenkenntnisse zum Regeln von alltäglichen Beziehungen mit Menschen, die die deutsche Sprache nicht kennen, *im eigenen Land* vonnöten sind.

Dabei geht es für junge Menschen zunächst nicht vordringlich um Verständigungsbedarf im späteren Beruf und in der Wirtschaft, sondern um Freizeit und freie Gesellung, besonders in der Jugendbegegnung in internationaler Mobilität, wie sie jeden Sommer auf Bahnen, Fähren und Straßen abläuft und keine direkte utilitaristische Zweckrichtung hat, neuerdings auch – und zunehmend – in elektronisch vermittelter Kommunikation.

Man kann also nicht vorschnell sagen, daß Jugendliche, die in Koblenz auf dem Bahnhof mit irgendeinem Mädchen aus irgendeinem Lande Englisch sprechen, sich so verhalten, weil sie einmal beruflich damit vorwärtskommen werden. Es geht um die elementaren Regelungen persönlicher Bedürfnisse.

Das eigene Land ist die Bundesrepublik Deutschland in der Mitte Europas, die mit 80 Millionen Einwohnern von vielen ihren Nachbarn als bedrohlich empfunden wird, und wo die vorhandenen Fremdsprachenkenntnisse der Bevölkerung noch immer nicht ausreichen, um kommunikativer Gastgeber eines *host country* und Durchgangslandes für viele Reisende und

---

[1] Überarbeitetes Referat zur Einleitung der 33. Arbeitstagung der Bundesarbeitsgemeinschaft Englisch an Gesamtschulen zum Thema "Profile des Curriculums" vom 14.-18.11.1994 in der Reinhardswaldschule.

Flüchtlinge zu sein. Allein in diesem Felde haben wir noch eine enorme Aufgabe vor uns, die nicht nur in den neuen Bundesländern besteht, wo der Nachholbedarf an Englisch besonders groß ist, sondern auch im westlichen Deutschland.

Diese Zielsetzung scheint mit einem Konzept der Mehrsprachigkeit und Diversifizierung im Konflikt zu stehen, das in Europa politisch und intellektuell, von den Eliten und auch von uns propagiert wird. Wir dürfen nicht akzeptieren, daß Englisch in seiner Erstposition so erdrückend wird, daß Nachbarschaftssprachen wie Niederländisch, Dänisch, Polnisch und Französisch oder große europäische Verkehrssprachen wie Französisch, Italienisch und Spanisch, oder aber auch Erschließungssprachen wie Latein und Französisch nicht gelernt werden – ganz zu schweigen von slawischen Sprachen, die einen gleichen Anspruch haben.

Der Mehrsprachigkeitsansatz erfordert ein neues Denken, das erst in Umrissen erscheint und von uns in curriculare Überlegungen einbezogen werden muß. Wir können in Zukunft nicht mehr gleichsam nur einen Ausschnitt des Kuchens verwalten, der unverändert bleibt, sondern müssen über neue Formen von Englischunterricht und -kursen in kürzeren Abschnitten und kompakten Formen nachdenken, über Epochen, Projekte, zeitversetzte Abschnitte und als Service für andere Fächer und Inhalte.

Englisch in Europa, der zweite Schwerpunkt, den ich hier nenne, ist nicht nur *lingua franca* in Nord-West-Europa, wie wir es seit Kindertagen gewöhnt sind, sondern auch sprachlich-kommunikatives Verkehrsmittel in und mit Süd-und Südosteuropa sowie den Ländern Ost- und Ostmitteleuropas. Es geht in der Tat um das ganze Europa.

Wir müssen uns freilich davor hüten, daß uns diese gesamteuropäische Orientierung nicht nach außen abschließt und wir als *fortress Europe* erfahren werden, als eine sich abkapselnde, verbarrikadierte Burg des Reichtums gegenüber der Armut im Süden und im Osten.

Wir wollen schließlich, daß Europa Teil der *Einen Welt* ist, für die Englisch als Vehikel zur Verständigung dient. Es geht um die Verständigung mit Menschen aus allen Erdteilen: aus Afrika, Asien und Südamerika. Selbst für die deutsche Spracharbeit mit Asylflüchtlingen aus fernen Ländern brauchen wir den Rückgriff auf das gemeinsam verstandene und gesprochene Englisch.

Mit der Flut elektronisch gestützter Kommunikation brechen derzeit überall Dämme. *The Global Village* und *The Global Classroom* sind angesichts konkreter E-Mail- und Internet-Projekte keine Phantasien mehr. Ohne Englisch läuft da nichts.

Wir lehren und lernen Englisch als Kommunikationsmittel im eigenen Lande, in Europa und in der Einen Welt und haben es mit einem großen Erziehungs- und Bildungsprogramm zu tun. Diesem Programm entsprechen und dienen Prinzipien, die wir in unserer Entwicklung für kommunikativen Fremdsprachenunterricht an verschiedenen Stellen haben ausfüllen helfen. Eigentlich sind sie alle nicht linguistisch-fremdsprachenspezifisch, sondern grundlegende pädagogische Prinzipien.

Sie beziehen sich in gleicher Weise auf eine fortschrittliche Entwicklung unseres Schulfaches, der Pragmatik oder der kommunikativen Schule, und ebenso auf die Erziehungs-, Gesellschafts- und Sozialwissenschaften, die Psychologie und die Politischen Wissenschaften. Sie sind damit ein fachüberschreitender Beitrag des Faches zur inneren Schulreform, und wir verstehen unsere Arbeit deshalb bewußt als Schulentwicklung.

2. Prinzipien
2.1 Dialog

Vom Verstehen zum Äußern und Mitteilen:
Sprachrezeption und das Ganze der Sprachsituation
Sprachproduktion und die Ausschnitte: skills

Das Dialogprinzip steht am Anfang, und wir beziehen uns dabei auf Philosophen und Pädagogen, die Dialog und Begegnung als Erziehungsprinzipien formuliert haben, wie Otto-Friedrich Bollnow oder Martin Buber. Es sind Lehrer, die Dialog nicht als kybernetische Verkümmerung von Sender und Empfänger verstehen – eine Entwicklung, die uns in unserem Fach lange Zeit Glaubwürdigkeit gekostet hat – sondern als ganzheitliche Begegnung von Menschen mit Sinn, Herz und Verstand.

An dieser Stelle zeige ich bei Fortbildungsveranstaltungen gern das Bild vom Turmbau zu Babel und erzähle die Geschichte aus Genesis, wie die Volksgruppe durch das Land zieht und beschließt, an einer bestimmten Stelle eine Stadt und einen Turm zu bauen; und wie Gott dazwischenfährt, weil sie ihm zu mächtig wurden. Aber merkwürdigerweise schickt er ihnen kein Erdbeben, womit er in dieser Weltregion den Spuk leicht hätte beenden können, sondern gibt ihnen verschiedene Sprachen, so daß sie sich nicht mehr verstehen. Nach dieser Geschichte dienen Sprachen dazu, daß man sich nicht versteht und nicht kooperieren kann. Der gemeinsam zu bauende Turm bleibt ein Torso.

Menschen identifizieren sich kulturell und sprachlich und sagen zu den anderen: Ihr gehört nicht dazu, du bist fremd, du sprichst eine andere Sprache. Das gilt schon im eigenen Lande zwischen jung und alt, arm und reich, ungebildet und gebildet, Frauen und Männern, rechtgläubig und ungläubig, *inside* und *outside* – und wieviel mehr gegenüber Menschen anderer Völker, Staaten und Kulturen.

Dialog ist das bewußte Prinzip, Fremdheit zu überwinden und Distanz abzubauen, obwohl Distanz eine eher normale menschliche Erfahrung ist. Man grenzt sich gegenüber anderen ab, weil man sich – ausgesprochen oder unausgesprochen – für besser hält.

In unserem Fach entspricht diesem Ansatz die aktive Entwicklung von Verstehenskompetenz als bewußte Abkehr von einer bloßen Rekonstruktion von Texten, wie sie als immerwährender Rest der (selbst verschuldeten) lateinischen Gefangenschaft des modernen Fremdsprachenunterrichts vorhanden ist.

Verstehen ist immer auf das Ganze der fremden Sprache gerichtet. Sprachrezeption ist aktive Tätigkeit, um Sprache zum Verstehen und Äußern zu benutzen. Verstehen heißt Hören, Hören-Sehen und Lesen; dazu gehören kommunikative Arbeitstechniken, um zunächst global, häufig selektiv und – seltener – detailliert zu verstehen.

Dazu muß man Strategien und Methoden erlernen, um – wenn man allein und ohne Unterricht ist – nicht verständnislos gegenüber einer fremdsprachlichen Anforderung zu bleiben: einem Text in der Zeitung, im Buch, auf dem Bildschirm oder den Äußerungen in einer Begegnungssituation, bei einem Hörereignis im Radio, einer Hör-Seh-Anforderung im Fernsehen, im Haus, auf der Straße und auf der Bahn. Man kann nicht alle einzelnen Wörter und sprachlichen Strukturen erlernen und zur Verfügung haben, sondern man muß wissen, wie man versteht, obwohl man eigentlich nicht versteht.

Während sich nun Sprache zum Verstehen immer auf das Ganze richtet, so stellt Sprache zum Äußern und Mitteilen immer einen Ausschnitt dar, den man gerade aktiv lernen kann, d.h. einen reduzierten Code: in unserem Falle deutsches Englisch, ein 9.-Schuljahr-Englisch, ein deutsches Englischlehrer-Englisch usw., also eine Varietät des Englischen, die übrigens eine

Varietät des internationalen Englisch ist, welches Menschen aus anderen Ländern teilen. Nach Hans-Eberhard Piepho kommt es darauf an, mit dem Wenigen, was man hat, so viel wie möglich zu tun (was er den *King-Faruk-effect in language teaching* nannte).

Verstehen zu lehren und zu lernen, heißt, mit unvorhersehbaren Verstehensanlässen fertig zu werden, Äußern und Mitteilen dagegen, mit den wenigen Sprachmitteln, die man aktiv beherrscht, kompetent in Sprachhandlungen zu sein, die den Alltag erschließen und bewältigen helfen.

Natürlich hängt Sprache zum Verstehen mit Sprache zum Äußern und Mitteilen zusammen, jedoch nicht in einem 1:1-Verhältnis wie in einer phraseologischen Sprachlehre. Man muß immer unendlich mehr verstehen können als man aktiv mündlich und schriftlich verwenden kann. Der Zusammenhang besteht darin, daß es keine Sprachäußerung ohne Verstehen gibt. Der Dialog verbindet Verstehen und Äußern/Mitteilen und hat Verständigung zum Ziel, d.h. Verstehen, Sich-verständlich machen und Verstandenwerden. Verständigung ist ein Prozeß und ein Produkt zugleich. Deshalb ist das Prinzip des Dialoges keineswegs nur auf Mündlichkeit beschränkt, sondern heißt Auseinandersetzung und Begegnung in direkter, textlicher und symbolischer Form, was im übrigen auch Literatur einschließt.

Diese Grundsätze haben eine neue *Skills*-Diskussion bewirkt, die eine Flut von unterrichtspraktischen und lehrerbildenden Publikationen ausgelöst hat. Es geht nicht allein um Hören – Sprechen – Lesen – Schreiben, "und in dieser Reihenfolge", wie ich es noch in meiner Ausbildung lernen mußte, sondern um das Erlernen einzelner und verbundener *Skills*, von *awareness raising* über *comprehension*, *speaking* und *writing* zu *integrated skills* und *study skills* in Organisationsformen der *exercises, activities, tasks* und *projects*.

Anfangs haben wir versucht, das Übungsgeschehen in Phasen (A: *Comprehension*; B: *Implanting Skills*; C: *Developing Skills*; D: *Using Skills*) und in Phasen-übergreifenden *Chains* zu erfassen, noch beeinflußt von der Prager Schule und der deutschen Tradition von Formalstufen des Unterrichts. Die linearen Abfolgen haben den Blick auf die Interdependenz der Fertigkeitsbereiche und die Ganzheitlichkeit verstellt, und wir mußten uns für neue Übungsformen und Aspekte (z.B. *opening the field of awareness* oder *advanced organizer*), Textsorten und Kommunikationstätigkeiten (z.B. *creative writing* oder *storytelling*) öffnen. Bei einer neuen Gliederung der sprachlich-kommunikativen Fertigkeiten treten Lernprinzipien wie *creativity, autonomy, exploration* und *insight* hinzu und werden auf Unterrichtsprinzipien *(How to teach: Authenticity, Literature, Drama, Story, Poetry, Grammar, Vocabulary, Discourse* und *Project)* in einer Einteilung nach Schwierigkeitsgraden *(grading)* bezogen.

2.2 Interkulturelles Lernen

Das Eigene und das Fremde
Multikulturalität (im eigenen Lande und environment; im fremden Lande; in den Beziehungen)
Englisch als 'Lingua Franca'

Es ist schon angesprochen worden, daß Verstehen und Äußern/Mitteilen im Dialog *per definitionem* nur interkulturelles Lernen sein kann, weil es um das Verhältnis vom Eigenen zum Fremden und zum Eigenen zurück geht. Bereits die eigene Gruppe – selbst die eigene Familie – ist multikulturell, wenn wir Kultur als die Kennung der Eigentlichkeit von Menschen verstehen, auf der Straße, in einem Ortsteil, in unseren Schulen. Wir müssen also definieren, worin das Interkulturelle im eigenen Land als Grundlage für alles Lernen (also auch für Fremdsprachenlernen) besteht, welche interkulturellen Gegebenheiten und Bedingungen im Land der Zielsprache berücksichtigt werden müssen und wie dann kommunikative Beziehungen zwischen diesen allen lernend aufgebaut werden können. Das sind neue Perspektiven mit konkreten Konsequenzen für den Fremdsprachenunterricht, so daß es mit einem 'reinen', gleichsam losgelösten linguistischen und kommunikativen Training nicht getan ist.

Hier ist auch die *lingua-franca*-Diskussion einzuordnen. Eine europäische und Welt-Gemeinsprache versetzt die Menschen in die Lage, sich über nationale und Sprachgrenzen hinweg miteinander in Beziehung zu setzen. Die Dialogpartner verlassen beide ihre gewohnte (mutter)sprachlich-kulturelle Umgebung und begegnen sich im Idiom einer anderen Sprache. Freilich bleibt diese, das Englische, auch die Sprache eines großen europäischen Nachbarn, dessen Geschichte und Kultur auf das engste mit der eigenen verbunden ist. Interkulturalität erfährt hierdurch eine weitere Beziehungsschwierigkeit.

Dennoch ermöglicht diese Analyse auch eine optimistische und konstruktive Deutung: Englisch kann für Beziehungen zu aller Welt benutzt werden, sei es für die Arbeit mit *Amnesty International* oder in einem *E-Mail*-Projekt mit indischen Schulen. Die Chance besteht, daß Englisch nicht mehr zur Förderung neo-kolonialer Herrschaft – ein Aspekt, den es für einen Inder immer noch hat – sondern als Medium konstruktiver Beziehungen benutzt wird.

Das setzt voraus, daß wir unsere Naivität (und latente Voreingenommenheit) überwinden und das fremde Kommunikationsmittel in seiner Wirkung auf die Partner gewaltfrei, herrschaftsfrei und liebevoll erlernen und benutzen. Interkulturelles Lernen hat für den Gebrauch der englischen Sprache als Gemeinsprache das Ziel, ein Gefühl der Unterlegenheit und Gefangenschaft überwinden zu helfen.

2.3 Authentizität

Texte, Sachverhalte
Die Lernenden als sie selbst
Authentische Lehr- und Lernsituationen

Das dritte Prinzip ist leichter und weniger philosophisch zu klären. Authentizität als Prinzip heißt: die Dinge selbst und nicht ihre Repräsentation. Der Fremdsprachenunterricht hat ganz wesentlich mit Repräsentationen und ständiger Simulation zu tun. Wir bilden ständig Dinge ab (bestenfalls in 'virtueller' Kommunikation, wie neuerdings gesagt wird), aber wir hätten eigentlich die Aufgabe, die reale Sache und Begegnung zu befördern. Inzwischen ist dieses leichter geworden, weil sich Menschen in internationalen Bezügen immer häufiger begegnen und ihre Zeugnisse und Texte immer direkter und zugänglicher zur Verfügung stehen.

Zum ersten: Authentizität von Texten heißt nicht automatisch, daß schulische Texte als beliebige Sprachdokumente gleichsam in *Victoria Street Station* vom Fußboden aufgelesen oder als Wasch- und Pflegeanleitung aus dem Kleidungsstück im Londoner Warenhaus abgeschnitten werden sollten, sozusagen nach England riechend, sondern Authentizität muß immer in Beziehung zum Lerner gebracht werden. Es gibt Texte, die müssen für Unterricht eingerichtet ('bearbeitet') sein, so wie auch Journalisten Texte bearbeiten und für ihre Leser zurechtmachen. Texte als Anlässe zum Verstehen und Äußern/Mitteilen müssen für diesen Zweck geeignet sein – und das ist eine pädagogische Forderung. Gleichzeitig muß der Unterricht stets die Ablösung von der schulischen Situation im Auge haben und fördern: selbständiger Umgang mit Text und Information ist das Ziel. Hans-Eberhard Piepho redet deshalb von "recherchierten" Texten; es geht dabei um Edition, d.h. um das Einrichten von Dokumenten für den Zweck, daß Schüler authentische Texte selbst erschließen lernen.

Dazu gehört zum zweiten Authentizität der Sachverhalte. Angesichts der oftmals unglaublichen Inhalte unserer Lehrbücher, die eine Realität abbilden, wie wir sie gerne hätten, ist es von größter Bedeutung, daß wir auf authentische Fakten und Sachverhalte abzielen, die vielschichtig, plural und unterschiedlich interpretierbar sein müssen. Wir müssen die Situation überwinden, wo Lehrmaterialien ein bestimmtes Englandbild transportieren.

Der erste Satz im Englischbuch meiner Mutter im Jahre 1920 lautete *"What a splendid dinner, oysters, trout and duck."* Das war genau das richtige für die 11-12jährigen höheren Töchter im Lyzeum der ostdeutschen Provinzstadt.

> So sind sie, die Engländer – *splendid*. Die Landedelleute kommen von der Entenjagd. Draußen erste Septembernebel über dem Moor und Nieselregen, die Männer treten ein ins stattliche *Manor House* mit ihren kurzen Lederstiefeln und den schützenden gewachsten Jacken; Hunde und Knechte laufen in den Stall, die Jagdbeute wird in die Küche gebracht; das offene Feuer flackert und wärmt im Kamin, Scotch und Sherry dienen als *pre-dinner drinks* für die lässig-förmliche Gesellschaft im *small talk*. Man vereint sich mit den Damen in festlicher Kleidung zum Dinner...

Ein erster Satz und gehaltvoller landeskundlicher Assoziationsrahmen für höhere Töchter im Deutschland der Nachkaiserzeit: linguistisch ideal ohne Verb, phonetisch leicht und ohne den schwierigsten englischen Laut, das böse '*th*', der freilich auch der häufigste englische Laut ist. Die nominale Struktur kommt dem Deutschen sehr entgegen, landeskundlich und interkulturell ist die Situation stimmig. Das ist es, was die obere Mittelschicht erwarten kann, ein Englandbild des *splendid dinner – splendid*, das scheint ohnehin ein Wort zu sein, das für vieles gilt...

Das heutige Englandbild ist sympathischer geworden, aber es bleibt oft nicht weniger klischeehaft, ob es nun um das '*English Breakfast*', dieses beliebteste landeskundliche Thema deutscher Schulen, in der heilen Familie oder um das immerwährende unverstehbare *Cricket* geht. Lehrwerkfiguren agieren wie *puppets on a string* und führen an Schauplätzen englischer Bedeutung die Basisgrammatik vor.

Wenigstens die Sachverhalte müssen stimmen und im Leben überprüfbar sein, denn die Schülerinnen und Schüler von heute werden es herauskriegen. Da hat sich etwas geändert: Sie brauchen die Lehrer oder das Lehrbuch nicht mehr als alleinige Informationsquellen. Sie merken, was gelogen ist. Da wird es dringend Zeit, daß wir die Materialien überprüfen.

Es gibt, zum dritten, einen Authentizitätsbegriff, der pädagogisch gewendet fragt: Wer sind die Lernenden, was sind ihre Bedürfnisse und Lernmöglichkeiten? Nicht als Imitatoren von gestelzten Kinderdialogen in Lehrwerken, sondern als sie selbst in einer aktuellen und zukünftigen Wirklichkeit. Das hat dann zur Folge, daß auch die Lehr- und Lernsituationen authentisch sein müssen.

Wir müssen Schluß machen mit diesen entfremdenden Prozessen, wie z.B. einen Dialog lesen, auswendig lernen, hersagen und vorspielen – "Kinder spielen doch so gern" – und einen Text abschreiben, den niemand wieder liest, Geschriebenes ohne Funktion. Die Lehr- und Lernsituationen müssen authentisch werden, d.h. Selbstfindung und Selbstbildung in Gruppe und Schule fördern.

2.4 Handlungsorientierung

Lernen mit Herz, Kopf und Hand
Praktisches Lernen: "Über die Grenze"
"How to do things with words": Activities, Tasks, Projects

Das vierte Prinzip ist uns in jüngerer Zeit noch bedeutsamer geworden, nämlich die allseits pädagogisch geforderte Handlungsorientierung auch für den Fremdsprachenunterricht zu formulieren, wie z.B. schon früh im *Airport*-Projekt, als die Schülerinnen und Schüler des 6. Jahrgangs der Gesamtschule Stierstadt bei Frankfurt mit ihren Lehrern Michael Legutke und Wolfgang Thiel im Projekttag auf den Rhein-Main-Flughafen in Frankfurt gingen, Fluggäste, Piloten und Passanten aus aller Welt in englischer Sprache interviewten und darüber zu Hause berichteten, alles wohl vorbereitet und im Detail ausgewertet.

Handlungsorientierung ist praktisches Lernen, ein Begriff, der von der Erziehungswissenschaft neu ins Spiel gebracht worden ist und bei Pestalozzis Lernen mit Herz, Kopf und Hand, Wagenscheins exemplarischem Lernen und John Deweys Erfahrungsbegriff anknüpft.

In den fremden Sprachen, haben wir formuliert, ist das Anlaß, über die Grenze zu gehen: über die Grenze des normalen Unterrichts, aus dem Schulhaus heraus über die Grenze der Schule, über den eigenen Schatten zu springen und Sichtwechsel einzuleiten, über nationale Grenzen zu gehen, mit Sprache etwas zu tun und Sprache mit Konsequenz einzusetzen, keineswegs nur utilitaristisch, sondern auch sozial und ästhetisch-künstlerisch. Neben den Kontakten mit und ohne Reisen (mit Reisen: Klassenreisen, Partnerschaftsbesuche mit *town games*, Spurensuchen und Tandem-Projekten; ohne Reisen: Korrespondenzen, *pen pals* – neuerdings auch *key pals* – E-Mail-Projekte, internationale Zeitungsprojekte) gehört auch das Spiel, Hörspiel und Theaterspiel sowie das *storytelling* dazu, eine lebendige Lyrikarbeit, Song und Musical. Praktisches Lernen ist also keineswegs nur Lernen in der blauen Jacke, sondern heißt Anwendung, Lernen mit Sinn, Ziel und Ergebnis. In den fremden Sprachen ist das mit den bereits erwähnten Prinzipien eng verbunden, dem Dialogprinzip, dem interkulturellen Lernen und dem Prinzip der Authentizität. Handlungsorientierung nach dem Motto *"How to do things with words"* ist demnach eine Konkretisierung und Konsequenz der anderen Prinzipien.

Die jüngeren methodischen Entwicklungen sind dem gefolgt: Weg von dem isolierten, reproduktiven *exercise* (so nötig Memorisieren und Trainieren ist), hin zu *activities, tasks* und *projects*. Es geht um sinnvolle Lernaufgaben, die, in der Formulierung von Otfried Börner, *"authentic, meaningful and challenging"* sein müssen. Sie bündeln sich in Projekten – wiederum ein Begriff, der aus der allgemeinen Erziehungslehre und Schulpädagogik kommt und Bezüge und Anforderungen aufweist, die weit über unser eigenes Fach hinausgehen. Hier liegt nach wie vor ein großer Entwicklungsbedarf unseres Curriculums.

2.5 Schülerorientierung

Lebensweltlichkeit
Arbeits- und Übungsformen
Sozialformen und Differenzierung

Alle genannten Prinzipien sind im letzten Prinzip vereinigt, denn die hauptsächliche Orientierung des fachlichen und pädagogischen Handelns muß den Lernenden, ihrer Lebensweltlichkeit und Zukunftsorientierung gelten. Unsere Schülerinnen und Schüler sind nicht unbeschriebene Blätter, sondern bringen ihre Kultur, ihre Einstellungen und Werte, ihre Sozialisation, ihre

Lernfähigkeit und ihr Lernen mit in den Unterricht. Lebensweltlichkeiten und ihre gesellschaftlichen Bedingungen können durch Schule kaum verändert, wohl aber durch Erfahrungslernen und Begegnung mit dem Fremden bereichert und qualifiziert werden.

Im Zusammentreffen mit DDR-Bürgern nach der Wende von 1989 haben wir zum Beispiel lernen müssen, daß westliche Lebensweltlichkeit nicht sozusagen automatisch und selbstverständlich übertragen werden kann. Nichts wäre ein besseres Anschauungsbeispiel in Deutschland, um zu illustrieren, daß die Lebensweltlichkeiten von Kindern und Jugendlichen unterschiedlich sind – nicht nur zwischen arm und reich, zwischen Ruhrgebiet und Hamburg, Bayern und Preußen, sondern auch in Hinsicht auf kulturelle, ethnische, religiöse und politische Traditionen, die geprägt haben und prägen. Unterricht soll auf diese Herausforderung mit Individualisierung und Differenzierung antworten, legt aber doch immer wieder gleiche Maße an.

Wie können die vorhandenen Unterschiede generell beschrieben werden? Was soll für alle gelten? Wie müssen Lehrpläne und Qualifikationen, die alle für alle gültig sind, aussehen? Welches sind die roten Fäden, die verallgemeinert werden können?

Auch die Arbeits- und Übungsformen müssen der Schülerorientierung verpflichtet sein. Es gibt Arbeits- und Übungsformen, die in manchen Regionen mit manchen Schülerinnen und Schülern und ihren Prägungen nicht erfolgreich sind. Und es gibt Lernerdispositionen und *learner styles*, für die sich bestimmte Arbeits- und Übungsformen anbieten, für andere wiederum nicht. Noch immer aber sind Methoden und Unterrichtsrezepte im Schwange, die alle Lernenden im Gleichschritt auf eine mittlere Linie zwingen, die einen herab, die anderen herauf.

Denn schließlich sind auch die Sozialformen und die Organisation der Differenzierung dem Prinzip der Schülerorientierung unterzuordnen. Es gibt Anlässe, wo Schüler mit ihresgleichen besser lernen können, und solche, wo Heterogenität Vorteile bringt. Aber wo sind die Schüler mit gleichen Lernständen, gleicher Lernhöhe, gleichen Lerndispositionen und Lernfähigkeiten? Viele der beschriebenen Ziele und Zwecke des Fremdsprachenunterrichts bedürfen der heterogenen Schülergruppe. Das pädagogische Geheimnis scheint in der Balance zu liegen, nicht im Dogma.

In modernen deutschen Lehrplänen ist hierzu wenig zu finden, in anderen Ländern jedoch mehr. Die Dänen sind uns in ihrer *Folkeskole* weit voraus und auch diejenigen, die mit Heterogenität täglich leben müssen wie in Australien, wo Einwanderer aus aller Welt Englisch in kürzester Zeit lernen müssen, damit sie ihre Rechte und Pflichten als Bürger wahrnehmen können. Dort geht man mit Heterogenität produktiv um, weil sie nicht zum Selektionsinstrument gemacht werden soll. An dieser Stelle scheiden sich ohnehin die Geister, ob nämlich Lernende, die eine bestimmte Lernleistung nicht vollbringen oder aber besser meistern, später in der Gesellschaft einen niederen oder höheren Rang einnehmen sollen.

3. Abschließende Bemerkung

Diese Prinzipien haben keinen ausschließlichen Charakter und mögen von anderen in anderen Systematiken anders gefaßt werden. Eine allgemeine Durchsetzung und Implimentation werden noch lange auf sich warten lassen, aber allerorten gibt es immer mehr Beispiele für ihre Konkretisierung, die es lohnend erscheinen lassen, einen Beitrag zur inneren Schulreform auch vom Fremdsprachenunterricht zu erwarten.

Bibliographie

Bach, G., Timm, Johannes-Peter (Hg.) 1989: *Englischunterricht. Grundlagen und Methoden einer handlungsorientierten Unterrichtspraxis.* Tübingen: Francke (UTB).

Börner, O. 1995: *Schüler- und Handlungsorientierung im Englischunterricht der Sekundarstufe I.* In: Brusch, Stiller (Hg.) 1995. S. 31-38.

Bredella, L., Legutke, M. (Hg.) 1985: *Schüleraktivierende Methoden im Fremdsprachenunterricht Englisch.* Bochum: Kamp.

Brusch, W., Kahl, P.W. (Hg.) 1991: *Europa, die sprachliche Herausforderung. Die Rolle des Fremdsprachenlernens bei der Verwirklichung einer multikultturellen Gesellschaft.* Berlin: Cornelsen.

Brusch, W., Stiller, H. (Hg.) 1995: *Lust auf Sprachen: Schlüssel zu Europa – Tor zur Welt (Beiträge zum Internationalen Fremdsprachenkongreß Hamburg 1994).* Hamburg: Petersen.

Bundesarbeitsgemeinschaft Englisch an Gesamtschulen (Edelhoff, Ch., Hg.) 1978: *Kommunikativer Englischunterricht. Prinzipien und Übungstypologie.* München: Langenscheidt-Longman.

Bundesarbeitsgemeinschaft Englisch an Gesamtschulen (Edelhoff, Ch., Börner, O. Hg.) 1996: *Kommunikativer Englischunterricht. Prinzipien und Übungstypologie. Neue Ausgabe.* München: Langenscheidt-Longman.

Bundesarbeitsgemeinschaft Französisch an Gesamtschulen 1985: *Schülerorientierung im Französischunterricht.* Fuldatal: Hessisches Institut für Lehrerfortbildung (Druckschrift Nr. 1794).

Edelhoff, Ch. 1983. *Internationalität und interkulturelle Ziele des Fremdsprachenunterrichts in Europa.* In: Arabin, L., Kilian, V. (Hg.): *Deutsch in der Weiterbildung; Orientieren, Verstehen, Verständigen.* München: Lexica Verlag, Max Hueber Verlag, S. 75-92.

Edelhoff, Ch. (Hg.) 1985: *Authentische Texte im Deutschunterricht, Einführung und Unterrichtsmodelle.* München: Hueber.

Edelhoff, Ch. 1988: *Lehrerfortbildung. Wege zur Handlungskompetenz des Lehrers.* In: Bach, G., Timm, J. P. (Hg.) 1989. S. 229-244.

Edelhoff, Ch., Candlin, C.N. 1982: *Challenges. Teacher's Guide.* Harlow: Longman.

Edelhoff, Ch., Candlin, C.N. (Hg.) 1989: *Verstehen und Verständigung. Festschrift zum 60. Geburtstag von Hans-Eberhard Piepho.* Bochum: Kamp.

Edelhoff, Ch., Liebau, E. (Hg.) 1988: *Über die Grenze. Praktisches Lernen im fremdsprachlichen Unterricht.* Weinheim: Beltz.

Fachverband Moderne Fremdsprachen (Prof. Dr. H. Christ, Universität, Karl-Glöckner-Str. 21 G, 35394: Gießen) 1992. *Schüleraustausch. Eine didaktische und organisatorische Handreichung.*

Finkenstaedt, T., Schröder, K. 1992: *Sprachen im Europa von morgen.* München: Langenscheidt.

Grebing, R. 1991. *Grenzenloses Sprachenlernen. Festschrift für Reinhold Freudenstein.* Berlin: Cornelsen und Oxford University Press.

Grewer, U., Krüger, M., Neuner, G. 1981: *Übungstypologie zum kommunikativen Deutschunterricht.* München: Langenscheidt.

Hänsel, D., Müller, H. (Hg.) 1988: *Das Projektbuch Sekundarstufe.* Weinheim, Basel: Beltz.

Hessisches Institut für Bildungsplanung und Schulentwicklung (HIBS, Bodenstedtstr. 7, Wiesbaden): *Spielräume – Aktivitäten innerhalb und außerhalb des Unterrichts, Empfehlungen für die Arbeit mit den Rahmenrichtlinien Neue Sprachen Sek. I.* Wiesbaden 1986 (und Diesterweg- Verlag, Frankfurt).

Irvine, M. 1994: *Write around the world. Electronic learning circles and real communication in the foreign language classroom.* Florenz: Reporter Publications.

Jensen, B. B., Nielsen, M., Stenstrup, E. 1992: *Die Folkeskole: Visionen und Konsequenzen. Eine fachlich pädagogische Zusammenfassung der abschließenden Evaluationsberichte.* Kopenhagen: Entwicklungsrat der Folkeskole.

Jones, B. 1984/1987:: *Using Authentic Resources in Teaching French.* Centre for Information and Language Teaching and Research (Regent's College, Inner Circle, GB-London NW1).

Keysers, R. B., Gross, D. R., Jung, M. 1988: *Projektbezogener Schüleraustausch im Rahmen von Schulpartnerschaften.* Nouveaux Cahiers d'Allemand, revue de linguistique et de didactique. No 6, 1988/4. ANCA/ADEAF (c/o CRDP, 99 rue de Metz, F-54000 Nancy).

Klafki, W. 1993: *Allgemeinbildung heute – Grundzüge internationaler Erziehung.* In: Pädagogisches Forum. Schneider: Baltmannsweiler. S. 21-28.

Landesinstitut für Schule und Weiterbildung 1991ff.: *Lernen für Europa. Informationen zu Projekten des sprachlichen und interkulturellen Lernens.* Band 1 (1991), Band 2 (1992), Band 3(1992), Band 4 (1993). Soest: LIW (Paradieser Weg 64, 59494 Soest).

Legutke, M. 1988: *Lebendiger Englischunterricht. Kommunikative Aufgaben und Projekte für schüleraktiven Fremdsprachenunterricht.* Bochum: Kamp.

Legutke, M., Thiel, W. 1983: *Airport. Ein Projekt für den Englischunterricht in der Jahrgangsstufe 6.* Köln, Wiesbaden, Grünwald: Westdeutscher Rundfunk, Hessisches Institut für Bildungsplanung und Schulentwicklung und Institut für Film und Bild in Wissenschaft und Unterricht.

Legutke, M., Thomas, H. 1991: *Process and Experience in the Language Classroom.* Harlow: Longman.

Mares, C. (ed.) o.J.: *Our Europe. Environmental awareness and language development through school exchanges.* Keep Britain Tidy Group Schools Research Project. Brighton Polytechnic.

Müller, B.-D. (Hg.)1989: *Anders lernen im Fremdsprachenunterricht. Experimente aus der Praxis.* München: Langenscheidt.

Niemiec, P. 1995: *Das Medium aus der Dose. Computermailboxen und ihre Möglichkeiten.* In: Medium. Heft 1/1995. S. 31-35.

Nunan, D. 1989: *Designing Tasks for the Communicative Classroom.* Cambridge et al.: Cambridge University Press.

Piepho, H.E. 1989: *Verstehen durch interkulturelle Verständigung. Eine Rede über das Fremdsein des Vertrauten und das Vertrautsein des Fremden.* Internationaler Arbeitskreis Sonnenberg, Braunschweig.

Quirk, R., Widdowson, H.G. (ed) 1985: *English in the world. Teaching and learning the language and literatures.* Cambridge: Cambridge University Press.

Reiske, H., Reiske, R. (Hg.) 1990: *Sprachen für die Eine Welt. Sprachliche Weiterbildung an den Volkshochschulen in Hessen.* Frankfurt/M.: Hessischer Volkshochschulverband (Winterbachstr. 38, Frankfurt/M.)

Thürmann, E., Otten, E. 1993: *"Fremdsprachenunterricht, Landeskunde und interkulturelles Lernen."* In: Landesinstitut für Schule und Weiterbildung (Hg.): Lernen für Europa. Informationen zu Projekten des sprachlichen und interkulturellen Lernens. Heft 4/2 1993, S. 9-21.

Valdes, J.M. (ed.) 1986: *Culture Bound. Bridging the cultural gap in language teaching.* Cambridge University Press.

Van Essen, A., Burkart, E.I. (eds.) 1992: *Homage to W.R. Lee. Essays in English as a foreign or second language.* Berlin, New York: Foris Publications.

Westhoff, G.J. 1987: *Didaktik des Leseverstehens, Strategien des voraussagenden Lesens mit Übungsprogrammen.* München: Hueber.

Wetzstein, T.A., Dahm, H., Steinmetz, L. 1995: *Im Datennnetz. Zwischen Individual- und Massenkommunikation.* In: Medien praktisch. Heft 3/1995. S. 48-54.

Wicke, R.E. 1986: *Interkulturelles Lernen und Schüleraustausch mit Großbritannien.* Fuldatal: Hessisches Institut für Lehrerfortbildung (Druckschrift Nr. 1936).

Wicke, R.E. 1993: *Aktive Schüler lernen besser. Ein Handbuch aus der Praxis für die Praxis.*

Wicke, R.E. 1995: *Kontakte knüpfen. Fernstudieneinheit 9.* München: Langenscheidt.

FRANZ-JOSEPH MEISSNER

Multikulturalität, Multilateralität, Eurokulturalität – Orientierungen für einen europäischen Fremdsprachenunterricht

> *... tous les progrès s'y révèlent et s'y manifestent à la fois, les uns amenant les autres : chute des animosités internationales, effacement des frontières sur la carte et des préjugés dans les cœurs, tendance à l'unité, adoucissement des mœurs, élévation du niveau de l'enseignement (...), domination des langues (...)*[1]

Die von Victor Hugo am 31. August 1849 in der Eröffnungsrede des Pariser Friedenskongresses entworfene Vision einer Europäischen Union enthält im Kern einen Auftrag an den heutigen Fremdsprachenunterricht. Er betrifft die Lernziele: Verstehen und Verständnis sowie Akzeptanz der europäischen Nachbarn sowie des Fremden überhaupt, Abbau xenophober Neigungen, Grundlegung einer breiten individuellen Mehrsprachigkeit und – soweit möglich – Vertrautheit mit den Nachbarkulturen als Teil einer umfassenden und mehrschichtigen europäischen Identität.

Demokratisch legitimierte Macht beruht auf Meinung – und Meinung auch auf Sprache und Sprach(en)kenntnis

Von welch kaum zu überschätzender Tragweite das Wirken des Fremdsprachenunterrichts – natürlich nicht nur des schulischen – bzw. der individuellen Mehrsprachigkeit für das Schicksal der Europäischen Union sein wird, läßt sich dann unschwer erkennen, wenn man sich mit dem Klassiker der amerikanischen Verfassungslehre, dem *Federalist*, daran erinnert, daß in Demokratien Macht letztlich auf Konsens und Akzeptanz, d.h. in jedem Fall auf Meinung beruht, die ja nie sprach(en)unabhängig entstehen kann. Die Meinungen der Privaten bilden in Gestalt der *volonté de tous* die Grundlagen, aus denen sich über demokratisch kontrollierte Wahlen gefiltert die Formierung des politischen Handlungswillens, der *volonté générale*, ergibt. Meinungen entstehen in Abhängigkeit von Perzeptionen und in der Auseinandersetzung mit bestimmten Themen; fast immer sind Interessen berührt – die eigenen und die der anderen. Meinungen sind daher, wie noch zu erläutern sein wird, hochgradig national-kulturell fixiert und schon deshalb interkulturell divergent. Die bislang erfolgreiche Methode der politischen Praxis, Europa zunächst als Wirtschaftseinheit zu konstruieren, ging mit der Erkenntnis einher, daß paneuropäische Wirtschaftsverflechtungen übernationale Interessensnetze schaffen und

---

[1] Victor Hugo, *Oeuvres complètes*. Edition chronologique sous la direction de J. Massin. Paris 1968, II: 1843-1851. 219.

nationale Bedenken gegen die Einigungstendenzen neutralisieren. Der Ansatz reicht offensichtlich für die Bildung einer politisch hinreichenden Akzeptanz bzw. eines übernationalen Konsenses, wie er für die Entstehung eines europäischen politischen Handlungswillens unabdingbar ist, nicht aus. Die Diskussion um den Maastrichter Vertrag steht nicht zuletzt in diesem Spannungsfeld.

Wenn der Europäische Gedanke auf Dauer in der europäischen Bevölkerung verankert werden soll, dann muß die Entstehung von europäischer Meinungsbildung, Konsens- und Akzeptanzmustern in die Analyse und Praxis der europäischen Vereinigungsproblematik einbezogen werden, und zwar auf allen Ebenen einschließlich der der Sprachen. Da die europäische Demokratie nicht auf den Rückhalt durch die Bürger verzichten kann, enthält dies einen Auftrag an das Erziehungswesen und schon wegen der Vielsprachigkeit der Union an den Fremdsprachenunterricht.

Die Entstehung von Meinungen ist nämlich zutiefst an Sprachen gebunden, die immer auch Ausdruck von kollektiven Erfahrungen, vielleicht gar 'Weltsichten' sind. Ihre Zeichen transportieren implizit und explizit Wissen und Wertungen und sind doch zugleich von diesen selbst schon geprägt. So lenken sie unsere Wahrnehmung, konstituieren unsere intellektuelle und affektive Sensibilität und stellen uns selbst weitgehend das Medium, mit dessen Hilfe wir neue Themen angehen. Sprache ist einer jener Faktoren, die Themen gestalten. Mehrsprachigkeit befreit aus dieser Abhängigkeit von der Muttersprache. Es ist nicht gleichgültig, in welcher Sprache Meinungsbildung geschieht: Stets wird ein Thema durch ein von Sprache X oder Y bereitgestelltes Prisma begriffen, das die aufgenommene Information kulturspezifisch bricht und in einer neuen Strukturation der weiteren mentalen Verarbeitung zuleitet. Die so entstehenden Verschiebungen betreffen nicht zuletzt die konnotativen und emotiven Vernetzungen innerhalb der einzelnen Sprachen und ihrer kulturellen Wertesysteme (Meißner 1996).

Dies ist für die Europäische Union deshalb von entscheidender Brisanz, weil sie die einzige Demokratie der Geschichte ist, in der die meisten Bürger die Sprache der meisten Mitbürger *nicht* verstehen. Dem stehen die Erfahrungen innerhalb der nationalen Räume gegenüber. Von den Nationen sagt Karl W. Deutsch: "Mitgliedschaft in einem Volk besteht wesentlich in einer weitgehenden Komplementarität der gesellschaftlichen Kommunikation. Sie besteht in der Fähigkeit, wirksamer zu kommunizieren, und zwar über eine Vielzahl von Gegenständen (...) als mit Außenstehenden." (bei Winkler 1978: 27)

Nur die Mehrsprachigkeit erlaubt Sinnrekonstruktion aus den mehrschichtigen, vor allem mentalen Erlebnisperspektiven der Nachbarn.

Europäische 'Binnenfremdheiten' sind Angriffspunkte nationalistischer Agitation

Europäern begegnet Fremdheit traditionell in Gestalt des europäischen Nachbarn. – Auf Unbekanntes reagieren Menschen seit ihren Anfängen mit Angst und Neugierde. Verzerrende Perzeptions- und unangemessene Reaktionsweisen gegenüber sozialen Fremdheiten sind in ganz unterschiedlicher Ausprägung belegbar. Schülerreaktionen (und nicht nur sie) zeigen eine naiv instinktive Ablehnung des Fremden, im folgenden Fall französischer und deutscher Szenerien: "They (Primarschüler im Urteil ihrer Lehrer) haven't any idea at all. They think the French eat frogs and snails all day. (...) They think the Germans are Nazis and run about in uniforms giving Hitler salutes because they got it of comics. They don't associate them with any human qualities whatsoever and it all has to be knocked out of them. They really have enormous prejudices against French and German people." (Byram, Esarte-Sarries & Taylor 1991: 306)

Neben den von den Pädagogen genannten äußeren Gründen – Medieneinfluß, *comic*-Klischees, in den Familien virulente, gleichwohl antiquierte Fremd- und Feindbilder – führen naturgemäß zu auf die Eigengruppe bezogenen Solidaritäten (schon Hofstätter 1957) zur negativen Stereotypisierung konkreter und fiktiver Fremd- und Andersheit. Gegen derlei Mechanik zu wappnen ist Aufgabe der alle Schulfächer umgreifenden Friedenspädagogik. Dem schulischen Fremdsprachenunterricht fällt in diesem Zusammenhang allerdings eine besondere Rolle zu, da nur er die Begegnung mit dem Fremden im sprachlichen Medium des Fremden selbst erlaubt. Das Lernziel des interkulturellen Verstehens läßt sich daher besonders im Fremdsprachenunterricht ansteuern:

> Intercultural understanding (...) implies that we become aware of the underlying value system of the foreign culture and learn to understand why people in the foreign culture act as they do. This further implies that we resist the tendency to perceive and interpret the opinions and behaviour of other people by using our own cultural frame of reference. We must learn to practise suspension of our own beliefs and to reconstruct the value system of the foreign culture. (Bredella 1986: 5)

Offene oder kaschierte Wir-Solidaritäten sind immer dann 'ausnutzbar', wenn es um Abgrenzungen geht und wenn Zielgruppen aus welchen Gründen auch immer aufs Korn genommen werden (sollen). Dabei spielt der reale kulturelle oder gar ethnische Abstand zu einer 'Gegengruppe' ebenso wenig eine das auslösende Moment überschreitende Rolle wie deren reale Eigenschaften oder eine reale Begebenheit. Es zählt bei allen nicht wegzuleugnenden ethnischen, religiösen und nationalen Unterschieden zwischen Menschen verschiedener Kulturen (Prinz 1994) letztlich sehr oft eine *vermeintliche* und *gewollte* Unterschiedlichkeit zwischen Merkmalen der Eigen- und der Fremdgruppe. Nach Ausweis der Psychologie steuern individuelle Anpassungsmechanismen an konventionalisierte Perzeptions-, Wertungs- und Verhaltensschemata oder kurz Skripts der eigenen Gruppe ein Verhalten, das sich politologisch auf der Ebene der Wirkung als negative Integration beschreiben läßt: Man schließt sich zusammen, weil man einen gemeinsamen Gegner auszumachen glaubt. Verunsicherungen, Ängste, eventuell Aggressionen entstehen, wenn Menschen das ihnen vertraute Skript nicht fortsetzen können und ein fremdes, ihnen selbst unbekanntes Skript das Eigene, Vertraute und subjektiv Bewährte in Frage stellt. Derlei Irritationen bestehen abgemildert selbst zwischen unterschiedlichen Landsmannschaften. Anders als im deutsch-französischen Kontrast sind zwischen ihnen dank einer gemeinsamen Sprache jedoch Divergenzen verbalisierbar, d.h. in Bezug auf das vertraute Skript, ähnlich wie neue Bedeutungen 'aushandelbar'.

Propaganda und Agitation dürfen schon deshalb einigermaßen auf die Wirkung der negativen Integration qua Affektmanipulation[2] hoffen, weil Menschen seit jeher den Hang zur Wir- und seit der Epoche der Nationalismen die eingeübte Pflicht zur Staatssolidarität in sich tragen. Reduktivistische Fremdbilder sowie die Bildung und Verbreitung manipulativer Heteroklischees verbinden sich indes in der Regel mit handfesten Interessen, mit Vorteilen und Nachteilen im ökonomischen Wettbewerb, mit sich national gebenden Lobbyismen und politischen Profilierungswünschen, mit dem Werben um Wählerstimmen usf. Welch immenses internationales und interkulturelles Entfremdungs-, Manipulations- und Konfliktpotential sich hiermit in Zeiten eines sich weltweit mehr und mehr verdichtenden Informations- und Beziehungsge-

---

[2] Vgl. auch: Nicklas & Ostermann (1975: 190): "So lassen sich Feindbilder zu manipulativen Zwecken im Sinne der bestehenden Herrschaftsstrukturen einsetzen, etwa indem sie von außenpolitischen Konflikten ablenken. Der designierte Feind soll das Aggressionspotential aufnehmen, das sonst den Herrschaftsanspruch der Herrschenden in Frage stellen könnte. (...) Es wäre nötig, daß in der Erziehung Immunisierungsstrategien gegen solche Affektmanipulationen entwickelt würden."

flechts auftut, das den einzelnen Gesellschaften immer weniger Rückzugsräume läßt, liegt auf der Hand. Wer die Formulierungen nationaler Wirtschaftsinteressen innerhalb der Europäischen Union liest, bemerkt, daß diese Mechanik binneneuropäisch solange weiterlebt, wie die Union die entscheidende Souveränität bei den Staaten hält und wie Themen deshalb international und intereuropäisch divergent behandelt werden.

Der Europäischen Demokratie fehlt eine gemeinsame, allen Bürgern eigene Sprache, die Grundvoraussetzung für eine gemeinsame Öffentlichkeit. Daher besteht binneneuropäisch die Gefahr, bequeme Heteroklischees an die Stelle sachlicher Analyse zu setzen, welche gar zu einer schmerzhaften Revision der eigenen Position führen könnte[3]. So wie es auch immer Tendenzen gibt, den eigenen Vorteil in der Begrenztheit vertrauter nationaler Schemen zu erkennen.

Divergenzen der nationalen öffentlichen Meinungen bergen erheblichen binneneuropäischen Sprengstoff, denn sie führen zu unterschiedlichen Konkretisierungen der politischen Korrektheit und zu dem dieser innewohnenden kulturellen Gewaltpotential (Galtung 1993). Sie stellen letztlich die Union in Frage, wenn innerhalb der Bevölkerungen die übernational strittigen Fragen allein auf dem Boden einer jeweils eigenen nationalen Erfahrung und historisch gewachsenen Konsensstruktur oder Wir-Solidarität verstanden, empfunden und bewertet werden. Wer die Interpretation der die deutsch-französischen Paralleldiskussionen der letzten zwanzig Jahre steuernden Schlüssel-, Identifikations-, Kampf-, Integrationsbegriffe, Tabu-, Reiz- und Schlagwörter, kurz: Hochwertwörter, betrachtet, kommt nicht umhin festzustellen, daß nach wie vor die Dinge des Nachbarn durch die eigene Interessens- und / oder Klischeebrille gese-

---

[3] Hierzu der Journalist Klaus Harpprecht in der Wochenzeitschrift *Die Zeit* (15. Sept. 1995, S. 3) in einer nahezu karikatural überzeichnenden Darstellung:
"Die Franzosen, klagen zum anderen die Nachbarn hinterm Rhein, begegneten den Ängsten der Menschheit mit schneidender Arroganz. Sie fuhrwerkten mit ihren atomaren Waffen, als hätten sie nicht bemerkt, daß der Kalte Krieg vor einem halben Jahrzehnt mangels Feinden in sich zusammengesunken sei. Ihre nationalen Ziele verfolgten sie mit egoistischer Härte, und bis heute hätten sie das ABC des Umweltschutzes nicht begriffen.
An der Seine fragen die Journalisten und Philosophen mit indigniertem Hüsteln, ob es den Deutschen anstünde, als Fähnleinführer der Weltmoral auf den Plan zu treten. Die Protestbataillone der Nachbarn marschierten mit solch bitterer Entschlossenheit für den Frieden, als zögen sie in den Krieg. Für Mururoa sei ihnen kein Opfer zuviel.
Frankreich, respondiert der rechtsrheinische Chorus, führe sich noch immer auf wie eine Kolonialmacht – siehe den Aufstand des polynesischen Jungproletariats in Tahiti.
Die Deutschen, klagen André Glucksmann und viele andere, demonstrierten am liebsten für die Fauna und die Flora – oder gegen Konflikte, die hinten weit in der Türkei und in der Welt ausgetragen würden, in sicherer Entfernung von den eigenen Grenzen: in Vietnam und Nicaragua. Für Bosnien aber wagten sie sich nicht auf die Straße – sowenig wie sie einst bereit gewesen seien, sich für ihre Brüder und Schwestern hinter dem deutsch-deutschen Zaun ins Zeug zu werfen. Sie hätten gegen die amerikanische Pershing, nicht gegen die sowjetische SS20 aufbegehrt.
Da fahren die Finger deutscherseits voller Zorn in die Höhe, und die Fäuste ballen sich in den Taschen. Ob sich keine Seele in Frankreich mehr erinnere (...)
Die Antwort ist grimmig: Die Deutschen seien zu keiner Wandlung fähig, denn ihnen gerate alles zum weltanschaulichen Auftrag, was bei den Franzosen spontane Regung, vielleicht auch Mode, Laune, Spielerei sei. Die Großväter schwarzweißrot oder braun, die Eltern rot, die Kinder grün: allesamt vom gleichen Eiferertum vorangetrieben, jener brachialen Gutwilligkeit..."

hen und kolportiert werden[4]. Und es gibt keinen Grund anzunehmen, daß dies in anderen Partnerkonstellationen nicht so wäre. Das betrifft gewiß die Fakten, aber vor allem das Gesagte und Nicht-Gesagte bzw. das Wie-Gesagte. Es betrifft zudem weniger die öffiziöse Rede der Politik als vielmehr veröffentlichte bzw. öffentliche Meinung.

Nationale Stile, mit Informationen umzugehen, lenken deren mentale Einordnung und Verarbeitung. Es sei daran erinnert, daß intereuropäisch keinerlei Informations- und Sprachenhygiene besteht. Während in offenen und pluralen Gesellschaften politische Sprachstile innerhalb eines nationalen Kommunikationsraumes durch den Meinungskampf, der ja auch stets ein Kampf um Wörter ist[5], relativiert werden, ist dies im europäischen Rahmen weitaus weniger der Fall. Es erfolgt daher auch keine wirkliche 'Korrektur' und Überprüfung der Begriffe durch eine kritische und plurale Öffentlichkeit. Aufgabe einer übernationalen Sprachenhygiene wäre es, darauf zu achten, daß 'Übersetzungen', Stile und die ihnen folgenden Diskussionen so geführt werden, daß dies extensional und intensional sowie frei von versteckten Xenophobien dem begriffsbildenden Kontext einer Ausgangssprache entspricht. Ein solches für die Europäische Union sehr relevantes Institut setzt eine weite Verbreitung der Mehrsprachigkeit, d.h. die sprachenteilige europäische Gesellschaft, voraus.

Teilnahme an fremden Themenrepertoires durchbricht eigennationale Perzeptionsbegrenzung – Mehrsprachigkeit als Grundlage europäischer Sinn- und Erfahrungsrekonstruktionen

Die explosive Mechanik interkulturellen 'Unverstehens' ist solange agitatorisch ausbeutbar, wie Reflexe und Attitüden gegenüber Angehörigen anderer Kulturen im jeweiligen nationalen Meinungsrahmen *kalkulierbar* funktionieren. Interkulturelle Reaktionen werden erst in dem Maße reflektorisch, differenziert und im Sinne der Agitation schwer voraussehbar, wie Menschen interkulturell konfliktuelle Sachverhalte aus unterschiedlichen regionalen, nationalen und gruppenspezifischen Erfahrungsperspektiven, vor allem auch aus denen der Betroffenen, polykausal sowie polyreferentiell verstehen und analysieren können. Dies schließt in jedem Falle die affektive Erfahrungsebene ein. Die erste Vorbedingung für die Losbindung der Urteilsbildung von eigennationaler Vorstrukturiertheit ist die Teilnahme an *unterschiedlichen* Informationsnetzen, und zwar nicht allein an jenen der eigenen Kultur und Sprache; so vielfältig diese auch sein mögen. Akzeptiert man Luhmanns (1981) Definition der Kultur als ein gemeinsames Repertoire von repräsentativen Themen und Erfahrungen, welche in einer gesellschaftlichen Entität frequent behandelt werden, so wird deutlich, daß unterschiedliche binneneuropäische Einschätzungen nicht zuletzt aus den jeweiligen national homogenen, im europäischen Vergleich aber heterogenen und heterogen thematisierten Erfahrungen rühren.

Eine Sekundärteilhabe an fremdkultureller Meinungsbildung z.B. dank Übersetzung oder Fernsehberichterstattung in der Eigensprache usw. erlaubt nur eingeschränkt interkulturelle Erfahrungsrekonstruktion. Einschlägige Forschungen zu Entlehnungsprozessen machen regelmäßig quantitative Asymmetrien und qualitative Umformungen aus, d.h. Adaptationen der Transferinhalte durch die Aufnahmekultur (Meißner 1995). Transferinhalte werden als weitgehend neue, aus ihren ausgangskulturellen Verknüpfungen gelöste designativ und konnotativ

---

[4] Klaus Robra: «Nationalisiert – verstaatlicht – vergesellschaftet? Ein Übersetzungsproblem mit politischer Brisanz». *Dokumente* 1982, 167-169. W.-E. Schede: «Was Mitterrand am 8. Mai wirklich sagte». *Frankfurter Allgemeine Zeitung*, 12.6.1995, 12.

[5] Martin Greiffenhagen (Hrsg.): *Kampf um Wörter: Politische Begriffe im Meinungsstreit*. München / Wien: Carl Hanser 1980.

konnotativ bzw. affektiv wirkende Informationsstrukturen an das eigenkulturelle Skript 'geklebt' bzw. in dieses eingepaßt. Hiervon zeugen schon nationale Fremdbilder ('das' deutsche # englische # amerikanische # usw. Frankreichbild). – Daß die eigenkulturelle Wahrnehmungsspezifität die mentalen Verarbeitungsprozesse der Information steuert, wird auf der Produktebene der Sprache vielfältig sichtbar, so in der Art und Weise von Kulturvergleichen, von Sprachbildern und Sprachstilen (Spillner 1996). – Hinzu kommt, daß eindeutig binnenkulturelle Themen in den Medien interkulturell allgemein zeitversetzt und überhaupt nur punktuell rezipiert werden (Kanyarukiga 1987, Ménudier 1987)[6].

Da Übersetzungen unweigerlich um das in Sprache geronnene kollektive Bewußtsein abstrahieren, bietet allein die breite Kenntnis fremder Sprachen, ihrer Referenzkulturen und des in ihnen gängigen Themenrepertoires den unmittelbaren Nachvollzug der zu bestimmten nationalen Meinungen führenden Perzeptions- und Wertmuster.

Die Lernziele interkulturelle Diskursfähigkeit und 'ethnosoziokulturelle Kompetenz'

Repräsentative zwischennationale Meinungsdivergenzen sind nicht allein als Folgen unterschiedlicher *Interessen* begreifbar: Die nationale Agitation knüpft stets an ein Substrat von Erfahrungen, Urteilen und Vorurteilen an. Es wird von geschichtlich gewachsenen, national unterschiedlichen, im kollektiven Gedächtnis abgelegten Erfahrungen und Wertungen gebildet. Im interkulturellen Vergleich geraten so tiefenstrukturelle Unterschiede in den Blick, die den Umgang der einzelnen Kulturen mit bestimmten Themenkomplexen erklären. "... ein Mensch erlangt interkulturelle Diskurskompetenz, wenn er fähig ist, die Oberflächenstrukturen einer Kultur, ihre Realisationen und Institutionen zu verstehen, d.h. wenn er in der Lage ist, eine Kultur als ein systematisches Ganzes zu begreifen." (Einhoff 1993: 7) Das Lernziel bedarf zu seiner Operationalisierung einer multifaktoriellen Fähigkeit, deren Inhalte Gegenstand unterschiedlicher Disziplinen sind, nämlich von Landeswissenschaft, Psycholinguistik, Semiotik, Pragmalinguistik, Soziologie und "Auditologie", verstanden als Wissenschaft von dem zukünftig Notwendigen (Raasch 1995).

Die folgende Synopse veranschaulicht dies für Frankreich, die USA und Deutschland am Beispiel der in diesen Ländern völlig unterschiedlich bewerteten militärischen Interventionsbereitschaft im Rahmen von UN-Einsätzen. Sie macht zugleich die Vorteile für das interkulturelle Verstehen deutlich, welche sich mit mehrseitigen Kulturvergleichen (Multilateralität) verbinden.

'Komparatistische' Unterrichtsverfahren sind insofern und dann lernerorientiert, als sie bzw. wenn sie deren Inferenzpotential nutzen. Komparatistische Verfahren sind wichtige Bausteine für die Mehrsprachigkeitsdidaktik (Meißner 1995). Mehrteiliges Vergleichen relativiert die

---

[6] Warum ist dies so? Werden Themen aus einer Kultur-1 (K1) in die Sprache einer Kultur-2 (K2) transferiert, so wirken deren eigene sprachliche Konventionalisierungen als Filter, das in der Regel einerseits konnotative und affektive Schemata der K1 weitgehend ausspart und andererseits quasi in jedem Falle solche der K2 der kommunikativen Botschaft beimengt. Da sich zwischen Sprachen und ihren Wortschätzen letztlich keine Intersynonymie im strengen Sinne feststellen läßt (Schaeder 1990), ist auch jede durch 'Übersetzung' vermittelte Meinungsbildung zielsprachlich bzw. zielkulturell geprägt und deshalb interkulturell divergent. Die Kunst des Übersetzers besteht gerade darin, die zwischen Texten unterschiedlicher Sprachen ein und derselben Botschaft liegende Fremdheit zu entkräften – einem übersetzten Text darf man seine fremdsprachige Herkunft nicht anmerken. Der Vorwurf des *traduttore traditore* findet sich dann bestätigt, wenn die Übersetzung die ursprüngliche Intentionalität eines Textes verschleiert. Und es gibt stets viele Gründe, weshalb solche 'Fehlübersetzungen' bestimmten Gruppeninteressen höchst willkommen sind ...

Wirkung eigenkultureller Schemen, es befreit aus mono- oder bikulturell begrenzter Perspektivität.

Von der Tiefen- zur Oberflächenstruktur im trinationalen Vergleich

USA	FRANKREICH	DEUTSCHLAND
historische Erfahrung / Reaktion ↓	*historische Erfahrung / Reaktion* ↓	*historische Erfahrung / Reaktion* ↓
geringes Rüstungsniveau zwischen 1930 und 1938	geringes Rüstungsniveau zwischen 1930 und 1937 als Ausdruck einer im ganzen eher friedfertigen Politik	Hochrüstung nach 1933; NS-Ideologie verdeckt in der veröffentlichten Meinung konkurrierende Erklärungsweisen und Wertsysteme
Münchener Abkommen: Unfähigkeit zur unmittelbaren militärischen Reaktion auf den deutschen Überfall auf die Tschechoslowakei	Münchener Abkommen: Bruch der französischen Garantie gegenüber der Tschechoslowakei mit der Folge des Traumas, die Tschechoslowakei 'verraten' zu haben Trauma der militärischen Niederlage Frankreichs; wie zuvor die Bürger der Tschechoslowakei an Nazideutschland, so wurden nach 1941 die eigenen Bürger jüdischen Glaubens 'verraten' und in die Todeslager geliefert De Gaulle macht die Erfahrung der Abhängigkeit von den USA und Großbritannien. Seine spätere Politik wird von Mißtrauen gegenüber den USA und England geprägt sein[7]	Münchener Abkommen: politischer und militärischer Triumph Nazideutschlands, Überfall auf Polen, Eröffnung des Weltkrieges, Organisation des Holocaust. Dominanz einer extrem nationalistischen und rassistischen Staatslehre
Aufrüstung und Eintritt der USA in den Krieg gegen Deutschland im Namen der Demokratie ideologische Verurteilung NS-Deutschlands als antidemokratisch und rassistisch und antihumanitär Bestätigung der USA als Stiftung, welche global und tendenziell die Gründungsziele der USA (Menschenrechte, Wohlstand usw.) realisiert Schon 1871 schreibt Walt Whitman: "I shall use America and Democracy as convertible terms." (Meißner 1990: 165)	Beginn der Résistance zunehmende ideologische Verurteilung NS-Deutschlands als antidemokratisch und rassistisch (= barbarisch); ideologische Begründung der Résistance mit an 'France' gebundenen Humanitäts- = Demokratie-Idealen	Ausweitung des Krieges der militärischen Niederlage des 'Dritten Reiches' geht die propagandistische voraus weltweite Perhorreszierung Deutschlands infolge seiner Verbrechen gegen die Menschlichkeit

---

[7] Vgl. den bezeichnenden Titel von Dorothy Shipley White: *Seeds of Discord. De Gaulle, Free France and the Allies.* New York: Syracuse University Press 1964.

Democracy-Ideal	*République*-Ideal ideologische Anknüpfung an die *Révolution* von 1789, 1848, an die *Commune* von 1871, an die Allianz des Ersten Weltkrieges innerhalb der *démocraties (occidentales)*; der Gegensatz zwischen kommunistischer und freiheitlicher Demokratie war nach dem Überfall NS-Deutschlands auf die UdSSR von Stalin abgemildert worden	Erschütterung bzw. gewaltsame Zerstörung des NS-Wertesystem durch die Siegermächte nach 1945 Eigenkulpabilisierung / "Vergangenheitsbewältigung"-

(Beginn des Kalten Krieges)

schwache Friedensbewegung; amerikanische Armee wird generell nicht in Frage gestellt; internationale Einsätze im Rahmen der UN ideologisch unumstritten	schwache Friedensbewegung; Entwicklung der *force de frappe*, französische Armee wird nicht in Frage gestellt; internationale Einsätze im Rahmen der UN ideologisch unumstritten; 'Omaha-Beach'-Feierlichkeiten anläßlich der Libération Frankreichs (dt. 'Invasion' sic) der französische Historiker H. Amouroux kommentiert über Wochen hinweg Sendungen, die die Befreiung Frankreichs zum Inhalt haben	relativ starke Friedensbewegung; Skepsis gegenüber der Bundeswehr seit Theodor Heuss internationale Einsätze im Rahmen der UN ideologisch äußerst umstritten 'Kompensatorisch' nehmen Bundeswehrtruppen am 14. Juli in Paris am Defilé auf den Champs-Elysée teil
zur großen *Bicentennial*-Feier in New York lädt der amerikanische Präsident den französischen Präsidenten ein, den deutschen Kanzler oder den Bundespräsidenten aber nicht; Teil des Programms ist die Teilnahme an einem Feuerwerk, das auf der Insel der Freiheitsstatue (einem französischen Geschenk) veranstaltet wird[8], im Zusammenhang mit dem *Bicentennial* wird der Sieg der atlantischen Republiken zugunsten der Demokratie zelebriert	zur gleichen Zeit erfolgt eine sehr intensive Berichterstattung über das wiedervereinigte und daher größer gewordene Deutschland	
	vielleicht in Anlehnung an die unwissentlich in Deutschland mit Häme gebrauchte pseudofranzösische Formel der *'Grande Nation'* benutzt z.B. die Zeitung *Libération* die Schreibung *Grossdeutschland* 'das große (= vereinigte) Deutsch-	in der deutschen Presse besteht eine Tendenz, den westdeutschen Begriff der *Schutzmacht* (Berlin) durch *Besatzungsmacht* oder *Siegermächte* zu ersetzen[9], obwohl doch in Berlin nicht die Besatzungsmächte verabschiedet werden,

---

[8] Vgl. hierzu das Gedicht 'The New Colossus' von Emma Lazarus [Zit. bei Henry Steele Commager: *Living Ideas in America,* New York 1964 (2nd. ed. enlarged)], das augenfällig vom Bild der Freiheitsgöttin inspiriert ist:
Here, at our sea-washed, sunset gates shall stand
A mighty woman with a torch, whose flame
Is the imprisoned lightning, and her name
Mother of Exiles. From her bleaking hand
Glows world-wide welcome; her mild eyes command
the air-bridged harbor that twin cities frame.
"Keep, ancient lands, your storied pomp!" cries she
with silent lips. "Give me your tired, your poor,
Your huddled masses yearning to breathe free,
(...)
Send these, the homeless, tempest-tost to me
I lift my lamp beside the golden door."

[9] F.-J. Meißner: «Apropos 'Siegermächte'». *Frankfurter Allgemeine Zeitung* 18.4.1990, 14.

land', welche die Erinnerung an eine Zeit wachruft, in der man in Frankreich die deutschen Formeln *Grossdeutschland, Gross-Berlin, Gross-Paris* nur zu gut kannte...

sondern die "Freunde" der Berliner (so zahlreiche deutsche Politiker)

Das von Lothar Bredella formulierte Lernziel des interkulturellen Verstehens hebt auf Erfahrungen und Attitüden ab, die fest im kollektiven Bewußtsein eines Volkes und in seinen Konventionen wurzeln. Deren epistemologisch und doxometrisch skizzierbare Merkmale müssen in ihrem Kernbestand als Komponenten der nativ-sprachlichen bzw. -kulturellen Kompetenz begriffen werden. Eine scharfe Trennung zwischen Sprach- und Weltwissen ist nicht möglich. Auf den mit dieser Kompetenz verbundenen Wissens- und Fertigkeitstypus anspielend, spricht eine Gruppe französischer Forscher von der ethnosoziokulturellen Kompetenz: "La compétence ethnosocioculturelle peut être considérée comme le cœur, le 'noyau dur' d'une compétence de communication qui (...) résiste le plus fort à un enseignement: d'une part, les matériels proposés dans la perspective d'un accès à la culture étrangère ne prennent qu'accessoirement en compte ce qui est l'essence même de l'ethnosocioculture, c'est-à-dire un ensemble composite de traits constitutifs d'imaginaires collectifs, (...) il s'agit là d'une composante de la compétence de communication (...), cette composante-là n'étant par nature accessible qu'au travers de connivences (implicites) fondamentalement endogènes." (Boyer 1995: 41) Optimistischer und zugleich bescheidener umreißt Marcus Reinfried (1995: 56) unter Bezugnahme auf Anna Wierzbicka (1984: 117 und 216) die Kernbestände eines zielkulturellen Minimalwissens: "Trotzdem erscheint ein intersubjektiv ungefähr festlegbares Minimum an alltagsbezogenem Konzeptwissen zu bestehen, unterhalb dessen das Verstehen scheitert, ein Maximum an alltagsbezogenem Konzeptwissen, oberhalb dessen das Spezialwissen beginnt, und eine Zone zwischen Konzeptminimum und Konzeptmaximum, aus der die Informanten unterschiedliche Bedeutungsbestandteile als noch dem Alltagswissen zugehörig auswählen." Der Inhalt des Konzeptwissens ist also nicht identisch mit dem enzyklopädisch möglichen Faktenwissen über eine Gesellschaft. Es besteht vielmehr aus dem Bild, das sich das zielkollektive Bewußtsein von einer Sache, einem Thema, einer Kultur macht. Für die Fremdheitsdidaktik etwa im Englischunterricht heißt dies konkret: Es ist nicht nur wichtig, die statistische 'Realität' der USA zu vermitteln, sondern auch, wie diese Realität von den unterschiedlichen Großgruppen der Amerikaner konzeptualisiert und empfunden wird. Das so entstehende Sammelsurium von subjektiven Eindrücken, Meinungen, Äußerungen, Klischees usw. fordert in einem zweiten Schritt die Überprüfung durch das Quantifizierbare und durch die landeswissenschaftliche Analyse. Politische Bildung umfaßt – interkulturell gefaßt – immer das zielkulturelle Eigenbild als auch den relevanten zielkulturellen Faktenbestand: Sodann erfolgt das Vergleichen mit dem eigenkulturell Vergleichbaren.

Die Beschreibung von nationalen Tiefenstrukturen, Konzept- und Faktenwissen läßt indes zwei Merkmale unbeachtet: Erstens entstanden die nationalen Kulturen der abendländisch-atlantischen Koiné nicht voneinander losgelöst. So sind alle Europäer ausnahmslos Träger von Mischkulturen. Analog zu Mario Wandruszkas Begriff der 'inneren Mehrsprachigkeit' (1979) läßt sich durchaus von einer 'inneren Multikulturalität' sprechen. Zweitens läßt sich die kulturelle Prägung von Individuen keineswegs allein aufgrund ihrer originär nationalen Kultur begreifen, vielmehr repräsentieren ihre individuellen Gedächtnisinhalte die Summe der ihnen unbewußt oder bewußt, binnen-, interkulturell und multikulturell zugewachsenen Erfahrungen (Halbwachs 1945). Das kollektive Gedächtnis ist zwar kulturgemeinschaftlich determiniert, doch ist seine Konkretion stets individuell. So sind wir über unsere eigengesellschaftliche

Multikulturalität hinausgehend in dem Maße von mehreren Kulturen und den vielfältigen Formen des Zwischen-den-Kulturen-Liegenden geprägt, wie wir an mehreren Kulturen Anteil nehmen (Bredella 1994). Wir sind auf kulturelles Transzendieren angelegt, darauf, mit der Welt, die wir ergreifen, uns auch Fremdes anzueignen. Wilhelm von Humboldts Formel von der "Verknüpfung unseres Ichs mit der Welt"(W. v. Humboldt 1964: 6) meint für unsere Zeit neu gelesen die Verknüpfung unseres Ichs mit den Tiefenstrukturen der Nachbarkulturen.

Transkulturelle Kommunikationsfähigkeit und multilaterales Vergleichen
Die angeführte Beobachtung erklärt neben der Rolle sprachlicher Konventionen und der Fähigkeit, zielkulturelle Themen- und Wissensrepertoires mit korrespondierenden Erscheinungen der eigenen Kultur zu vergleichen (Christ, H. 1994), die Wichtigkeit des Lernzieles der transkulturellen Kommunikationsfähigkeit (Baumgratz et al. 1982). Gisela Baumgratz-Gangl (1990) beschreibt diese als die Bereitschaft, sich auf Fremd- und Andersheiten einzulassen. Es geht ihr weniger um das *verstehende* Erfassen breiter Wissensbestände konkreter Zielkulturen als vielmehr um das Bemühen, das Fremde nach Möglichkeit verstehen, es in seiner Eigenheit und Andersartigkeit aber auch 'unverstanden' ertragen und respektieren zu wollen. In der Tat sind fremde Kulturen ja viel zu zahlreich, als daß ein einzelner Mensch mehr als einige ganz wenige von ihnen nur einigermaßen kompetent deuten könnte; gleichwohl muß er mit vielen nahen und fernen Fremdheiten umgehen. Gesteuerte Fremdheitserfahrung in der Art, wie sie nur der an eine fremde Sprache bzw. an fremde Sprachen geknüpfte Unterricht erbringen kann, muß demnach in besonderer Weise auf Exemplarität abheben. Bei der Analyse des Lernziels ist zu berücksichtigen, daß sich Fremdheitserfahrungen – wie jede Form der zwischenmenschlichen Beziehung – mit dem Risiko von Enttäuschungen und Frustrationen verbinden. Transkulturelle Kommunikationskompetenz hat sich daher gerade unter schwierigen Bedingungen zu bewähren, und dies gelingt um so eher, wenn die Fähigkeit zur Selbstanalyse vorliegt. Sie korreliert u.a. mit der Frage, wie wir als Fremde auf Fremde wirken... Kein schlechter Ort entsprechenden Übens sind Sprachenklassen: "The language class is an appropriate place in which to talk about the culture. The language becomes meaningful in its culture." (Byram et al. 1993: 308) Und gerade dies fordert zum weiteren Vergleich heraus. Dies gilt um so mehr, desto stärker die Lerngruppe selbst Ort multikultureller Begegnungen wird (vgl. Christ, I. 1996).

Die Aktualität des Lernzielkomplexes erklärt sich schon aus der in Europas Klassen überall greifbaren Multikulturalität. Seine Nähe zu dem Verfassungsauftrag des Artikels 1(2)GG ist augenfällig[10]. Die Verfassungspflicht zum Respekt vor fremden Kulturen und ihren bei uns lebenden Menschen konkretisiert sich im Unterricht real u.a. darin, daß deren Themen und Erfahrungen nicht per se als *quantité négligeable* aus dem Unterricht ausgeblendet werden. Der Multikulturalität der Lernergruppen begegnet dem entsprechend der Fremdsprachenunterricht mit der Multilateralität der Inhalts- bzw. Kulturbezüge, welche die heterokulturellen Erfahrungen und Prägungen der Lerner aufnehmen und verarbeiten. So entstehen Wir-Erlebnisse, in welchen unterschiedliche Kulturen, getragen durch die Persönlichkeiten der Lehrenden und Lernenden, ihre divergenten Erfahrungen und Wertungen auf einen Gegenstand der Zielkultur projizieren. Gerade weil Beobachtungen dafür sprechen, daß Unterricht im Unterschied zu seinen bereits hochgradig multikulturellen Lernkontexten selbst noch viel zu sehr die Züge einer monolingualen und monokulturellen Institution trägt (Gogolin 1994), sollte gerade der

---
[10] "Das deutsche Volk bekennt sich (...) zu den unveräußerlichen Menschenrechten als Grundlage jeder menschlichen Gemeinschaft, des Friedens und der Gerechtigkeit in der Welt."

Fremdsprachenunterricht auf allen Stufen das vorhandene multikulturell begründete Inferierungspotential der Lernenden nutzen.

'Eurokulturalität' als Richtziel

Das Grundgesetz stellt das öffentliche Schulwesen in die Verantwortung des Staates, damit seine Stiftungsziele im Unterricht und über diesen hinaus in der Jugend wirksam werden. Wenn es erklärter Wille Deutschlands ist, in einer hier nicht zu erörternden Form Teil eines europäischen Bundesstaates zu werden, so fallen dem Erziehungswesen europäische Zielvorgaben zu (Janssen & Sander 1986). In vergleichbaren Zusammenhängen war mehrfach und in strittiger Weise von der Stiftung eines 'europäischen Bewußtseins', einer 'europäischen Identität' oder von ähnlichem die Rede (vgl. Abou, 1992). Albert Raasch benutzt in einem französischen Beitrag – auf die besonderen Möglichkeiten des Fremdsprachenunterrichts abhebend und sehr behutsam formulierend – den Begriff der 'Intrakulturalität' (*intraculturalité*). Er bezeichnet damit die höchste Stufe einer interkulturellen Erziehung: "Une dernière étape, allant au-delà de l'interculturalité, consisterait à créer une nouvelle culturalité commune, d'une qualité différente par rapport aux cultures des partenaires, où la culturalité de chacun s'intègre dans une culturalité commune que j'appellerais «intraculturalité», de laquelle chacun se sent responsable et qui devient un bien commun, ce qui n'exclut pas que chacun garde les spécificités culturelles qui lui sont chères." (Raasch 1995: 74) Die europäische Sprachen- und Kulturenvielfalt erklärt indes, daß europäische Intrakulturalität – Eurokulturalität – aus der intensiven Beschäftigung mit mindestens drei Referenzkulturen und ihrer Sprachen erwachsen muß. Sie bilden die Grundlage für eine weiter fassende rezeptive Mehrsprachigkeit. Mehrsprachigkeit in allen ihren Varianten baut Brücken zwischen den Bürgern der Europäischen Union.

Bibliographie

Abou, Sélim (1992): "Pour une identité européenne". In: *Dorion & al.* 248-255.
Baumgratz-Gangl, Gisela (1990): *Persönlichkeitsentwicklung und Fremdsprachenerwerb. Transnationale Kommunikationsfähigkeit im Französischunterricht.* Paderborn: Schöningh.
Baumgratz, Gisela/Norbert Becker/Manfred Bock/Herbert Christ & al. (1982): "Stuttgarter Thesen zur Rolle der Landeskunde im Französischunterricht". *Zielsprache Französisch 14*, 183-186.
Bausch, Karl-Richard/Herbert Christ/Hans-Jürgen Krumm (Hrsg.) (1994): *Interkulturelles Lernen im Fremdsprachenunterricht. Arbeitspapiere der 14. Frühjahrskonferenz zur Erforschung des Fremdsprachenunterrichts.* (Giessener Beiträge zur Fremdsprachendidaktik), Tübingen: Narr.
Boyer, Henri (1995): "De la compétence ethnosocioculturelle". *Le français dans le monde 272*, 41-44.
Bredella, Lothar (1986): "Intercultural Understanding – a threatening of liberating experience". In: Michael Legutke, (ed.): *American Studies in the Language Classroom. Intercultural Learning and Taskbased Approaches.* Fuldatal/Kassel: American Studies: Media Center, Gießen: Hessisches Institut für Lehrerfortbildung, 5 ff.
Bredella, Lothar (1994): "Interkulturelles Lernen zwischen Objektivismus und Relativismus". In: *Bausch, Christ & Krumm*, 31-30.
Byram, Michael/Veronica Esarte-Sarries/Susan Taylor (1993): *Cultural Studies and Language Learning. A Research Report.* (Multilingual Matters 63). Clevedon/Phil.
Christ, Herbert (1994): "Fremdverstehen als Bedingung der Möglichkeit interkulturellen Lernens". In: *Bausch, Christ & Krumm*, 31-42.
Christ, Ingeborg (1996): "Europa im Klassenzimmer". *französisch heute* (im Druck).
Dorion, Gilles/Franz-Joseph Meißner/János Riesz/Ulf Wielandt (éds.) (1992): *Le français aujourd'hui – une langue à comprendre – französisch heute. Mélanges offerts à Jürgen Olbert.* Frankfurt a.M.: Diesterweg.
Einhoff, Jürgen (1993): "Interkulturelles Lernen und Systemtheorie – eine Standortbestimmung". *Neusprachliche Mitteilungen 46*, 6-13.

Galtung, Johan (1993): "Kulturelle Gewalt. Zur direkten und strukturellen Gewalt tritt die kulturelle Gewalt". *Zeitschrift für Kulturaustausch* 4, 473-487.

Gogolin, Ingrid (1994): "Allgemeine sprachliche Bildung als Bildung zur Mehrsprachigkeit". In: *Bausch, Christ & Krumm*, 73-84.

Halbwachs, Maurice (1945): *Das kollektive Gedächtnis*. Mit einem Geleitwort zur deutschen Ausgabe von Heinz Maus, Frankfurt a.M.: Fischer 1991 (postum).

Hofstätter, Peter R. (1957): *Gruppendynamik. Kritik der Massenpsychologie*. Hamburg: rororo.

Humboldt, Wilhelm von: *Theorie der Bildung des Menschen* (1793). In: *Bildung des Menschen in Schule und Universität*. besorgt und eingeleitet von Karl Püllen. Heidelberg: Quelle & Meyer 1964, 6.

Janssen, Bernd & Sander, Wolfgang (Hrsg.) (1986): *Europa in der Schule*. Bonn: Europa Union Verlag.

Kanyarukiga, Christina (1987): *Frankreich im deutschen Fernsehen seit 1963*. In: Robert-Bosch-Stiftung (Hrsg.), II.

Luhmann, Niklas (1981): "Die Unwahrscheinlichkeit der Kommunikation". In: *Soziologische Aufklärung III: Soziales System, Gesellschaft, Organisation*. Opladen: Westdeutscher Verlag.

Lüsebrink, Hans-Jürgen/Rolf Reichardt (Hrsg.) (1996): *Kulturtransfer im Epochenumbruch. Deutschland/Frankreich 1770-1815*. Leipzig: Universitätsverlag (im Druck).

Meißner, Franz-Joseph (1990): *Demokratie. Entstehung und Verbreitung eines internationalen Hochwertwortes mit besonderer Berücksichtigung der Romania*. Stuttgart: Steiner.

Meißner, Franz-Joseph (1995): "Umrisse der Mehrprachigkeitsdidaktik". In: Lothar Bredella (Hrsg.): *Verstehen und Verständigung durch Sprachenlernen*. Akten des 15. Kongresses für Fremdsprachendidaktik der Deutschen Gesellschaft für Fremdsprachenforschung, Gießen 4.-6.10.1993. Bochum: Brockmeyer, 173-187.

Meißner, Franz-Joseph (1996a): "Kulturtransfer und Epochenumbruch im Wortschatz am Beispiel des internationalen Hochwertwortes Demokratie". In: Lüsebrink & Reichardt (im Druck).

Meißner, Franz-Joseph (1996b): "Konnotationen in fremden Sprachen und die Didaktik des Fremdverstehens". In: Lothar Bredella & Herbert Christ (Hrsg.): *Begegnungen mit dem Fremden* (Giessener Beiträge zur Fremdsprachendidaktik) (im Druck).

Ménudier, Henri (1987): "L'Allemagne à la télévision française depuis 1963"- In: Robert-Bosch-Stiftung (Hrsg.), I.

Nicklas, Hans/Änne Ostermann (1975): "Kann man zum Frieden erziehen?" In: Gerhard Heck & Manfred Schurig (Hrsg.): *Friedenspädagogik. Theorien, Ansätze und bildungspolitische Vorgaben einer Erziehung zum Frieden (1945-1985)*. Darmstadt: Wiss. Buchgesellschaft, 186-194.

Prinz, Manfred (1994): "Warum Grenzen und Abgrenzungen zwischen Kulturen unabdingbar sind. Koordination für Wahrnehmung und Umgang mit Fremden". *Babylonia*, 6-11.

Raasch, Albert (1992a): "Die Sprachen und die Entwicklung eines europäischen Bewußtseins". *Neusprachliche Mitteilungen*, 226-236.

Raasch, Albert (1992b): "Konnotationen und interkulturelle Diskurskompetenz oder: Der TGV ... einmal anders". In: Dorion et al. (éds.), 68-77.

Raasch, Albert (1995): "Interculturalité – linguistiquement parlant". *Zielsprache Französisch* 24, 73-78.

Reinfried, Marcus (1995): "Psycholinguistische Überlegungen zu einer sprachbezogenen Landeskunde". In: Lothar Bredella & Herbert Christ (Hrsg.): *Didaktik des Fremdverstehens* (Giessener Beiträge zur Fremdsprachendidaktik). Tübingen: Narr, 51-67.

Robert-Bosch-Stiftung (1987): *L'image du voisin. Une comparaison franco-allemande. Das Bild vom Nachbarn*. Gerlingen: Maisch + Queck 1987, 2 Bde.

Schaeder, Burkhard (1990): "Versuch einer theoretischen Grundlegung der Internationalismenforschung". In: Peter Braun, Burkhard Schaeder & Johannes Volmert: *Internationalismen, Studien zur interlingualen Lexikologie und Lexikographie*. Tübingen: Niemeyer, 34-46.

Spillner, Bernd (1996): "Methoden des interkulturellen Sprachvergleichs: Kontrastive Linguistik, Paralleltextanalyse, Übersetzungsvergleich". In: Lüsebrink & Reichardt (im Druck).

Wandruszka, Mario (1979): *Die Mehrsprachigkeit des Menschen*. München: Hueber.

Wierzbicka, Anna (1985): *Lexicography and Conceptual Analysis*. Ann Arbor: Karoma.

Winkler, Heinrich August (1978): "Der Nationalismus und seine Funktionen". In: Ders. (Hrsg.): *Nationalismus*. Königstein/Ts.: Verlagsgruppe Athenäum, Hain, Scriptor, 5-46.

FRIEDERIKE KLIPPEL

Historische Skizzen zum Funktionswandel des Lehrbuchs für den Englischunterricht

1. Das Lehrbuch im heutigen Englischunterricht

Besucht man heute unangemeldet den Englischunterricht einer beliebigen Schulklasse der Sekundarstufe I, so wird man in der Regel feststellen, daß zumindest ein Teil der Englischstunde mit dem Englischlehrwerk bestritten wird. Anhand des Schülerbuches werden Texte und grammatische Strukturen erarbeitet, mit Hilfe des *Workbook* wird – oftmals auch als Hausaufgabe – das Gelernte gefestigt. Die Englischlehrerin oder der Englischlehrer haben sich bei ihrer Stundenplanung meist an den Vorschlägen des Lehrerhandbuches zum Lehrwerk orientiert. Vielleicht setzen sie sogar die zur Lehrbuchlektion gehörige Folie oder Kassette ein.

Wie man sieht, besitzt ein modernes Englisch-Lehrwerk viele Elemente. Zusätzlich zu den immer vorhandenen Grundelementen – Schülerbuch, Lehrerhandbuch und Arbeitsheft – gibt es eine breite Palette visueller und auditiver Medien, weiterhin Zusatzlesestoffe, Tests, neuerdings sogar Computerprogramme zur Vokabel- oder Grammatikarbeit. Ein solches Lehrwerk ist ein aufeinander aufbauendes, ein vielfältig vernetztes System, das Sprachmaterial und methodische Empfehlungen für eine große Anzahl von Lernsituationen im Englischunterricht bereitstellt.

Man braucht sich deshalb auch nicht zu wundern, wenn das Lehrwerk heute weitgehend das faktische Curriculum für den Englischunterricht in der Sekundarstufe I darstellt. Nur wenige Lehrkräfte verlassen den sicheren Hafen des Lehrwerks mit seinen thematischen und methodischen Ankerplätzen regelmäßig oder für längere Zeit. Für die meisten Schülerinnen und Schüler ist das Englischlernen in der Schule daher untrennbar mit dem Lehrbuch verknüpft. Gespräche mit Studenten haben gezeigt, daß sie sich noch nach Jahren an einzelne Lehrbuchfiguren und deren Erlebnisse, aber auch an bestimmte besonders motivierende oder besonders langweilige Übungsformen oder Themen erinnern.

Der geschilderte Zustand wirft zahlreiche Fragen auf, die von der englischen Fachdidaktik zu beantworten sind, so z. B. die Frage nach den Vor- und Nachteilen der dominierenden Rolle des Lehrbuchs für das Unterrichten der Fremdsprache auf der einen oder für die individuellen Sprachlernprozesse der Unterrichteten auf der anderen Seite. Auch ist zu fragen, ob eine solche Dominanz des Lehrbuchs vielleicht gerade für den Fremdsprachenunterricht charakteristisch ist und ob sie sich daher in der Geschichte des Faches zurückverfolgen läßt. Es ist also zu untersuchen, welche Funktionen das Lehrbuch im Fremdsprachenunterricht früherer Zeiten erfüllt hat, wie sich Lehrbuchaufbau, -inhalte und -gestaltung im Verlauf der Entwicklung verändert haben und wie Lehrende und Lernende mit dem Buch umgegangen sind.

Um noch einmal unter diesem Gesichtspunkt auf die gegenwärtige Situation zurückzukommen: Im heutigen Englischunterricht ist das Lehrbuch tragendes Medium sowohl für die Unterrichtsinhalte als auch für die Wege ihrer Vermittlung. In der Phase des grundlegenden Fremdsprachenlernens, d.h. in den ersten vier bis fünf Jahren des Fremdsprachenunterrichts, sind Lehrerinnen und Lehrer vor allem Ausführende und Nachvollziehende dessen, was das Experten-Team der Lehrbuchautoren vorgedacht und vorgeschrieben hat. Dahinter steht die Überzeugung, daß Lehrwerke (auch als Verkörperung der offiziellen Lehrpläne) den gegenwärtig erreichten Erkenntnisstand der Fremdsprachendidaktik und Sprachlehrforschung reflektieren, daß sie quasi den idealen *blueprint* für einen erfolgreichen Englischunterricht darstellen. Nur sehr wenige Englischlehrende trauen es sich zu, das von den Experten erarbeitete Lehrwerk zugunsten eigener stofflicher und methodischer Ideen beiseite zu legen.

2. Englischlernen im 18. Jahrhundert

Der Blick in das 18. Jahrhundert zeigt, daß Englischlernen in Deutschland und die damals dazu verwendeten Lehr- und Lernmaterialien grundlegend anders waren. So gab es vereinzelt Englischunterricht an Schulen und Universitäten und dazu Bücher für Unterricht und Selbststudium. Über die Art des Unterrichts wissen wir nur wenig, damalige Lehr- und Lernmaterialien jedoch können wir mit heutigen vergleichen. Englischlernen betraf andere Personengruppen als heute, es stützte sich auf andere Lehrzusammenhänge und Lernerfahrungen, verfolgte andere Ziele und benutzte andere Methoden.

Ich möchte im folgenden die Entwicklung des Lehrmaterials für den Englischunterricht in drei großen Etappen skizzieren: zunächst die Ausgangslage in der ersten Hälfte des 18. Jahrhunderts, sodann den Wandel vom *Gesamtlernbuch* zum *mehrteiligen Lehrbuchverbund* im letzten Drittel des 18. und dem ersten Drittel des 19. Jahrhunderts, schließlich den Weg zum *gestuften, schulformspezifischen Lehrwerk* im Verlauf des 19. Jahrhunderts. In jedem Zeitabschnitt sollen vor allem Sprachlehrbücher des Englischen, aber auch Lesebücher, d.h. die beiden Hauptformen fremdsprachlicher Lehrbücher, berücksichtigt werden. Der Funktionswandel betrifft beide Lehrbucharten, wenn auch in unterschiedlichem Ausmaß.

Vor rund 250 Jahren, um die Mitte des 18. Jahrhunderts, d.h. zu der Zeit, als Fielding, Richardson und Smollett in England Romane schrieben, als Samuel Johnson an seinem Wörterbuch arbeitete, das 1755 erschien, wuchs in Deutschland allmählich das Interesse an England, an englischen Schriften und englischer Literatur, doch waren die Möglichkeiten des Kontakts mit englischer Sprache und Kultur relativ gering. Englische Bücher waren in Deutschland im 18. Jahrhundert nur schwer erhältlich (so Fabian 1985, 180), wenngleich auf den Leipziger Buchmessen englische Schriften durchaus vertreten waren. Das Interesse an englischen Büchern erstreckte sich nicht nur auf die schöne Literatur, sondern auch auf theologische, philosophische und technische Schriften sowie die englischen Zeitschriften. Der Grammatiker Thomas Lediard schrieb schon 1725, daß die englische Sprache "die Türe und der Schlüssel zu anderen Wissenschaften" sei (zitiert nach Schröder 1982, 119).

Interesse am Erlernen der englischen Sprache zeigten in erster Linie gebildete Männer und Frauen, die englische Bücher im Original lesen wollten, oder die, was seltener war, sich auf Reisen nach England vorbereiteten. An erster Stelle der fremdsprachlichen Fertigkeiten, die man damals erwerben wollte, stand also das Leseverstehen. Es folgte das Schreiben, damit man korrespondieren konnte, und das Sprechen, was vor allem für einen Englandaufenthalt notwendig war. Wo und wie aber lernte man damals Englisch Lesen, Schreiben und Sprechen? In der Regel nicht in der Schule, denn vor etwa 1770 gab es an nur wenigen Gymnasien Englischunterricht, so z.B. 1721 in Zittau (Schröder 1982, 95), 1755 in Göttingen (Aehle 1938, 39; weitere Belege in Klippel 1994, 458).

Eine weitere Möglichkeit, Englisch zu lernen, bestand darin, Privatunterricht bei einem Sprachmeister zu nehmen. So erhielten beispielsweise Johann Wolfgang von Goethe und seine

Schwester einige Wochen lang Englischunterricht durch einen Sprachmeister (vgl. Inbar 1980, 16), der später an der Universität Jena Lektor war und ein Englischlehrbuch veröffentlichte. An etwa der Hälfte aller Universitäten waren gegen Ende des 18. Jahrhunderts Sprachmeister des Englischen tätig (vgl. Finkenstaedt 1983, 21). Der Fremdsprachenunterricht dieser Sprachmeister stand – wie etwa der Unterricht beim Fechtmeister oder der beim Tanzmeister – den Hörern aller Fakultäten offen, mußte aber bezahlt werden. Es ist aufschlußreich, daß Fremdsprachenlernen, soweit es die lebenden Sprachen betraf, ähnlich wie die praktische Ausbildung im Tanzen oder Fechten eingeschätzt wurde. Dementsprechend gering war auch das Ansehen dieser Sprachmeister. Ähnlich stand es um die Unterweisung in der englischen Sprache an den Ritterakademien (dazu Aehle 1938).

Abgesehen davon blieb nur das Selbststudium. Viele begannen sofort mit der Lektüre des englischen Buches, das sie im Original lesen wollten, und versuchten, den Text mit Hilfe eines Wörterbuchs und eventuell einer Grammatik zu entschlüsseln. Da es sich in der Regel um erwachsene Lernende handelte, die als gebildete Bürger schon andere Fremdsprachen beherrschten, mag dieses Vorgehen etwas weniger aussichtslos gewesen sein, als wir es uns heute vorstellen. Doch war es zweifellos eine sehr mühsame Art des Spracherwerbs. Ein wenig einfacher war die Methode, das fremdsprachliche Werk parallel zu einer deutschen Übersetzung zu lesen, ein Verfahren, das aber erst dann möglich wurde, als Übersetzungen verfügbar waren. Durch die Übersetzung ersparte man sich das langwierige Nachschlagen der unbekannten Wörter.

Hilfsmittel für das Selbststudium waren Lehrbücher, die mindestens die grammatischen Regeln und ein zweisprachiges Grundvokabular enthielten. Die erfolgreichste englische Sprachlehre für Deutsche aus dem 18. Jahrhundert war Johann Königs "Der getreue Englische Wegweiser", der zuerst 1706 erschien und bis zum Beginn des 19. Jahrhunderts 12 weitere Auflagen erlebte (Schröder 1975, 146). Eine Reihe der in der zweiten Hälfte des 18. Jahrhunderts veröffentlichten Lehrbücher beziehen sich auf König (z.B. Prager 1764, Sammer 1783). "Der getreue Englische Wegweiser" enthält, wie es das zweisprachige Titelblatt verkündet:

" I. Eine neue und nützliche Grammatik.
 II. Ein reiches und wohleingerichtetes Wörter-Buch.
 III. Englische Redens-Arten.
 IV. Auserlesene Englische Sprüch-Wörter.
 V. Gemeine Gespräche.
 VI. Einen Wegweiser durch Londen [sic], von den Curiositäten, so in und bey Londen zu sehen sind.
 VII. Einige Anweisungen zum Brief-Schreiben;
 VIII. Nebst etlichen Fabeln Aesopi, und
 IX. Einer Tabelle für Engelländer, Teutsch lesen zu lernen." (König 1755)

Somit war der "Wegweiser" ein Gesamtlehrbuch oder -lernbuch, das alles lieferte, was ein Autodidakt brauchte, der sich die Anfangsgründe des Englischen aneignen wollte.

Für das selbständige Sprachenlernen hatte eine solche Sprachlehre drei Funktionen: erstens war sie Zusammenstellung von Regeln und Beispielen sowie von Kurztexten, Redensarten und Gesprächen und sollte in individueller Manier durchgearbeitet werden; zweitens waren der grammatische und der lexikalische Teil als lektürebegleitendes Nachschlagewerk zu benutzen; drittens boten die Texte Informationen über die Zielkultur, in Königs Buch über London. Natürlich konnte der "Wegweiser" auch die Grundlage des Englischunterrichts mit einem Lehrer bilden, für den das Buch die zu erklärenden Regeln zusammenstellte und Texte zum Lesen und Übersetzen lieferte. Dennoch waren die Englischlehrbücher in der ersten Hälfte des

18. Jahrhunderts also eher *Lern-* und Nachschlagebücher, weniger häufig *Lehr*bücher. Der Aufbau und die durchgehend zweisprachige Ausführung des Buches von König beweisen, daß diese Sprachlehre nicht als Grundlage für einen progressiv fortschreitenden Unterricht mit einem Lehrer konzipiert ist. Insofern steuerte ein Lehrbuch die individuellen Lernprozesse nicht in ihrem Ablauf; es war damit weniger dominant für das Sprachenlernen als heutige Lehrwerke.

In der ersten Hälfte des 18. Jahrhunderts gab es nicht nur den Lehrbuchtyp Sprachlehre, sondern auch Textsammlungen. Die "English Miscellanies" des Göttinger Lektors und späteren Professors John Tompson sind das erfolgreichste Lehrbuch dieser Art vor 1770. Zwischen 1737 und 1766 erscheinen bei Vandenhoek vier Auflagen des Werkes, das Tompson seinem eigenen Sprachunterricht an der Universität zugrunde legt. Ebenso wie man Johann Königs Lehrbuch als Gesamtlernbuch bezeichnen kann, so mag man auch die "English Miscellanies" zur Gattung "Gesamtanthologie" rechnen. Tompsons Werk ist eine Anthologie vermischten Inhalts, die Beispiele theologischer, philosophischer, politischer und literarischer Texte enthält – "out of the most approved authors in the English tongue" (Tompson 1766, Titel). Der Zweck des Buches ist dennoch das Sprachenlernen: "... chiefly intended for the Advantage of such as are willing to apply themselves to the learning of this usefull Language" (Tompson 1766, Titel). Sprachlernen wurde im Verständnis der damaligen Zeit durch die Begegnung mit allgemein anerkannten, guten Originalwerken sehr gefördert (vgl. Finkenstaedt 1992).

3. Vom Gesamtlernbuch zum Lehrbuchverbund

Im letzten Drittel des 18. und im ersten Drittel des 19. Jahrhunderts setzte ein tiefgreifender Wandel ein, der sich in mehrfacher Hinsicht für das Englischlernen auswirkte. Zum ersten veränderten sich die Voraussetzungen für das Sprachenlernen insofern, als ein Aufschwung in Lesefertigkeit und Leseinteressen zu verzeichnen war (vgl. Klippel 1994, 258 ff). Zum zweiten entstand in den letzten beiden Jahrzehnten des Jahrhunderts eine Welle des Interesses an England, an englischer Literatur, Kultur und Wirtschaft, die – so charakterisiert es der Historiker Michael Maurer (1987) – Züge der Anglophilie trug. Bernhard Fabian hat zudem darauf hingewiesen, daß das Englische für den Gelehrten zu Beginn des Jahrhunderts entbehrlich, zum Ende des Jahrhunderts jedoch unerläßlich gewesen sei (Fabian 1985, 178).

In der Zeit von etwa 1770 bis 1840 nahmen Englischlernen und Englischunterricht weiter zu. So expandierte der private Sektor, vor allem jedoch begann sich der Englischunterricht allmählich in die Schulen zu verlagern. Dadurch entstand eine erhöhte Nachfrage nach zielgruppenspezifischen Lehr- und Lernmaterialien. Folglich stieg auch die Zahl der Englischlehrbücher ab dem letzten Drittel des 18. Jahrhunderts sprunghaft an, wie ein Blick in die Lehrbuchbibliographie von Konrad Schröder (1975, XVf.) zeigt. An den Universitäten und Schulen, den Gymnasien, Handelsschulen, Philanthropinen und Ritterakademien wurde immer häufiger Englischunterricht angeboten, wenngleich das Englische als lebende Fremdsprache weiterhin hinter dem Französischen rangierte. Die wichtigsten Fremdsprachen blieben an den sog. Gelehrtenschulen das Lateinische und Griechische. Lediglich an den im 19. Jahrhundert zahlenmäßig stark zunehmenden Realschulen spielten die neueren Fremdsprachen eine tragende Rolle. In jener Zeit veränderten sich Sprachlehren und Lesebücher in Funktion und Inhalt. Dieser Wandel läßt sich an zwei Prozessen darstellen: einer Differenzierung und einer Didaktisierung der Lehrbücher.

Zunächst zur Differenzierung, die vor allem das Lehrbuchangebot als Ganzes betraf. Sie zeigt sich zunächst in der Herausbildung neuer Lehrbuchtypen. An die Stelle der vorher üblichen Gesamtlehrbücher, wie dem von Johann König, traten nun Einzellehrbücher, die die

Funktionen der einzelnen Teile erfüllten. Verfaßte ein Autor mehrere Einzellehrbücher, so konnte daraus ein mehrteiliges Lehrwerk entstehen. Der Helmstedter Lektor und spätere Ordinarius an der Universität Marburg, Friedrich Theodor Kühne, veröffentlichte zwischen 1791 und 1822 neun Englischlehrbücher mit unterschiedlicher Zielsetzung, und zwar eine Sprachlehre, ein Lesebuch, zwei Übungsbücher, ein Gesprächsbuch, eine Aussprachelehre, eine Sammlung kaufmännischer Briefe, eine Textausgabe des "Vicar of Wakefield" sowie ein Aussprachewörterbuch. Mit diesem Sortiment konnten die meisten Lernsituationen für den Englischunterricht in der Schule, an der Universität und beim Privatunterricht bedient werden. In Marburg, wo Kühne ab 1810 lehrte, hat er nachweislich die englische Sprache unterrichtet und dabei vermutlich seine eigenen Bücher benutzt. Frühe Englischlehrwerke, wenn man diesen Verbund von Einzelbüchern so nennen will, waren also additiv in horizontaler Sicht. Sie bestanden aus parallel zu benutzenden Bänden mit unterschiedlicher inhaltlicher Zielsetzung.

Auch für die Textsammlungen begann ein Prozeß der Differenzierung, der Prototypen für die noch heute üblichen Lesebücher im Fremdsprachenunterricht schuf. Tompsons Anthologie wirkte in diesem Prozeß insofern stimulierend, als sie andere Autoren motivierte, Textsammlungen zu erstellen, die besser auf ihre Lehrbedürfnisse ausgerichtet waren. Im Jahre 1779 veröffentlichte Johann Jacob Dusch, seit 1760 Sprachlehrer, Professor und später auch Rektor am Altonaer Christianeum (vgl. Schröder 1989, 46 ff.) seine zweibändige Anthologie "The Student's Miscellany: A New Select Collection of Various Pieces in Prose and Verse for Instruction and Entertainment..." in direkter Nachfolge und Abgrenzung zu Tompson. Im Vorwort setzt sich Dusch mit der literarischen, thematischen und didaktischen Qualität der "English Miscellanies" auseinander und betont, daß er im Hinblick auf diese Gesichtspunkte bewußt anders entschieden habe: Literarische und sprachliche Qualität der Texte sei wichtig, damit das Buch unterhaltend und belehrend wirken kann; eine didaktisch sinnvolle Anordnung, die vom Leichten zum Schweren fortschreite und besonders den Anfängern das Lernen erleichtere, sei für eine Textsammlung notwendig; der Grundsatz der Abwechslung bei Texten, Stil und Themen müsse gewahrt werden; schließlich sollte "The Student's Miscellany" nicht nur Sprachbeispiele zum Lesen und Übersetzen, sondern auch eine "Skizze von der schönen Litteratur der Engländer" liefern (vgl. Dusch 1779, Vorwort). Es ist gerade dieser letzte Gesichtspunkt, der den Übergang von der unspezifischen Anthologie zum literarischen Lesebuch kennzeichnet. Diese Tradition, einen Überblick über die englische Literatur mit Hilfe einer Auswahl repräsentativer Texte zu erreichen, wird mit dem vierbändigen Literatur-Lesebuch von Nolte und Ideler (1793 ff.) fortgesetzt; im 19. Jahrhundert folgt als herausragende und äußerst langlebige Textsammlung "The British Classical Authors" von Ludwig Herrig (1849), die bis weit in das zwanzigste Jahrhundert neu bearbeitet und immer wieder aufgelegt wird.

Eine zweite Textsammlung der Zeit verkörpert den Schritt zur zielgruppenspezifischen Anthologie, die Sprachkönnen und Fachwissen gleichermaßen fördern möchte. In Christoph Daniel Ebelings "Vermischte Aufsätze in englischer Prose hauptsächlich zum Besten derer, welche diese Sprache in Rücksicht auf bürgerliche Geschäfte lernen wollen" (4. Aufl. 1784) stehen Nutzen und Verständlichkeit im Mittelpunkt. Ebelings Schüler an der Hamburger Handelsakademie benötigten Muster zum Briefeschreiben und informative Texte, die ihnen als "Ungelehrte" (Ebeling 1784, Vorrede) zugänglich waren. Der Autor wollte zudem solche Texte liefern, die einen Bezug zur späteren Berufstätigkeit seiner Zöglinge hatten, und nahm daher Schilderungen zu Geographie, Handel und Wirtschaft in seinen Band auf. Ebelings Lesebuch steht somit am Beginn der Veröffentlichung landeskundlich und fachlich ausgerichteter Textsammlungen für den Englischunterricht mit bestimmten Schülergruppen. Auch diese Tradition besteht.– mit Unterbrechungen im 19. Jahrhundert – bis heute fort.

Ein dritter, heute ebenfalls noch üblicher Lesebuchtyp entstand ebenfalls bereits am Ende des 18. Jahrhunderts, das Sprachlern-Lesebuch (z. B. Gedike 1797). Damit ist eine Textsammlung gemeint, die in erster Linie zusammenhängende Beispiele für den Sprach- und Grammatikunterricht bereitstellt. In unseren heutigen Lehrbüchern sind Texte häufig gleichermaßen funktional für Grammatik- oder Wortschatzerwerb vorgesehen. Moderne Lehrbuchtexte sind jedoch speziell für diese Zwecke konstruiert oder zumindest adaptiert worden, um den zu lernenden Sprachstoff möglichst häufig auftreten zu lassen. Die Sprachlern-Lesebücher des ausgehenden 18. und des 19. Jahrhunderts griffen auf authentische Kurztexte wie Anekdoten, Fabeln oder Beschreibungen sowie auf Textauszüge zurück; stark didaktisierte Texte in Lesebüchern begannen erst um die Mitte des 19. Jahrhunderts populär zu werden. Zuvor beschränkte man sich auf eine gezielte Auswahl, auf didaktische Bearbeitung durch Annotationen und auf eine progressionsbezogene Anordnung.

Hierin zeigt sich der zweite wichtige Prozeß der Lehrbuchentwicklung von etwa 1770 bis 1840, die fortschreitende Didaktisierung. Mit der Verlagerung des Englischlernens in den Bereich der Schule und der allmählichen Herausbildung eines vertikal gegliederten Schulwesens mit einer genaueren Bestimmung einzelner Schultypen entstand die Notwendigkeit, die Lehrbücher den jeweiligen Schulzielen und Schülerpopulationen anzupassen. Zwar richteten sich die meisten Lehrbücher auch in der ersten Hälfte des 19. Jahrhunderts an Autodidakten, an Lernende in Schulen und im Privatunterricht gleichermaßen, doch waren bereits vor 1840 auch Englischlehrbücher für bestimmte Schultypen, z.B. für höhere Töchterschulen, für Real- und Bürgerschulen und für Gymnasien erhältlich. Wenn auch die Unterschiede der so ausgerichteten Werke relativ gering waren, so zeigt sich an der Zuordnung jedoch das keimende Bewußtsein dafür, daß sich Unterrichtsmaterialien an den Zielen bestimmter Schulformen und damit an den Lernbedürfnissen von bestimmten Schülerpopulationen orientieren müßten. Der Schritt zu ausschließlich schulformspezifischen Lehrbüchern vollzog sich jedoch erst im letzten Drittel des 19. Jahrhunderts.

Viel stärker noch zeigte sich die Didaktisierung, die den Funktionswandel der Lehrbücher um die Wende vom 18. zum 19. Jahrhundert bestimmte, im Aufbau und in der inneren Gestaltung der Lehrbücher. Die für den Individual- oder Selbstunterricht konzipierte Sprachlehre von Johann König war nicht als Lehrgang gedacht, sondern als Nachschlagewerk oder als Lernbuch mit verschiedenen Lernbereichen. Gesichtspunkte wie Lernschwierigkeit oder Lernzusammenhang spielten für König daher keine Rolle. Der Benutzer seiner Sprachlehre griff sich das heraus, was er gerade benötigte. Für den Schulunterricht taugte dieses Verfahren kaum. Vielmehr mußte der Lehrer überlegen, in welcher Reihenfolge er, ohne seine Schüler zu überfordern, Grammatik und Texte durchnehmen wollte. Gegen Ende des 18. Jahrhunderts begann auch im Fremdsprachenunterricht das allgemein bekannte pädagogische Prinzip, vom Leichten zum Schweren fortzuschreiten, eine Rolle zu spielen. Zuerst wurde es lediglich in den Lehrbuchvorworten erwähnt. Seine praktische Umsetzung gelang den Lehrbuchautoren in dieser Zeit allerdings nur punktuell, am ehesten mit Texten, die nach ihrer Länge angeordnet wurden, oder aber mit Übungen. Die Grammatik, die bis weit ins 19. Jahrhundert in Form der lateinischen Wortklassengrammatik dargeboten wurde, sperrte sich gegen einen progressiven Aufbau. Eine wesentliche Neuerung war im ersten Drittel des 19. Jahrhunderts jedoch die Übernahme des Seidenstückerschen Kursaufbaus für Englischlehrbücher. Dabei blieb zwar die Wortklassengrammatik weitgehend unangetastet, doch setzte Seidenstücker (1795) der dort verlangten deduktiven Erarbeitung der grammatischen Regeln einen induktiven Elementarkurs voran, in dem alle wesentlichen Grammatikbereiche den Schülern in Beispielsätzen vorgestellt wurden, ehe sie mit den Regeln begannen. Dadurch ergab sich eine Stufung in Anfänger- und

Fortgeschrittenenkurs; der Gesamtlehrgang erhielt einen progressiven Charakter, wenn auch im Einzelnen nicht nach Schwierigkeit gestuft wurde.

Die Lehrbuchverfasser dieser Zeit stellten noch in einem dritten Bereich verstärkt didaktische Überlegungen an, nämlich dem der Übung. Während die Lehrbücher des 18. Jahrhunderts den Lernenden grammatische Regeln, Glossare und Texte ohne didaktischen Apparat bereitgestellt hatten, setzte sich um die Wende zum 19. Jahrhundert die Ansicht durch, daß man in einer Sprachlehre auch Anleitung und Gelegenheit zur Anwendung der Regeln schaffen müsse. Die "Erfindung" der speziell für einzelne Grammatikkapitel konstruierten Übungssätze zum Übersetzen in die Fremdsprache geht auf Johann Valentin Meidinger zurück. Er löste damit eine Entwicklung aus, die wir heute vor allem negativ beurteilen, weil sie zu den kontextlosen, bisweilen unsinnigen Einzelsätzen führte, die mehr als ein Jahrhundert lang die Fremdsprachenlehrbücher füllten. Im 19. Jahrhundert wurde das Übungsangebot langsam differenzierter. Zudem entstanden separate Übungsbücher, die jedoch weiterhin vor allem das Übersetzen verlangten.

4. Die Entstehung des Lehrwerkkonzepts

In der dritten Phase von etwa 1830 bis 1900 vollzog sich die Etablierung des Englischen als Schulfach. Es liegt auf der Hand, daß diese Entwicklung sich auf die Lehrbücher auswirkte, und zwar in quantitativer und qualitativer Hinsicht.

Zunächst ein Blick auf das Wachsen des Lehrbuchangebots: In Preußen, dessen Schulentwicklung bisher am besten erforscht ist, wurde Englisch 1832 fakultatives Schulfach an Real- und Bürgerschulen, 1859 verbindliches Fach an dieser Schulart und schließlich 1901 verbindliches Gymnasialfach. Die Zahl der Realschulen stieg im 19. Jahrhundert sprunghaft an, so daß mit der wachsenden Zahl von Schülern, die Englisch lernten, auch immer mehr Englischlehrer und Englischbücher gebraucht wurden. Die Lehrbuchproduktion explodierte förmlich: War das Lehrbuch von Johann König mit elf Auflagen noch die erfolgreichste Sprachlehre des 18. Jahrhunderts, so erlebte beispielsweise das Lehrbuch von Heinrich Plate, das 1850 in erster Auflage erschien, bis 1920 95 Auflagen! Insgesamt zählt man rund ein Dutzend Englischlehrbücher, die mehr als zwanzig Auflagen erreichten (vgl. Klippel 1994, 402 ff.).

Betrachtet man die Lehrbuchproduktion des 19. Jahrhunderts, so fällt auf, daß eine außerordentlich große Zahl unterschiedlicher Lehrbücher gleichzeitig auf dem Markt war. Die Lehrbuchvielfalt war, obwohl das Fach vorwiegend an Realschulen, aber – abgesehen von wenigen Ausnahmen – nicht an Gymnasien und Volksschulen unterrichtet wurde, wesentlich größer als heutzutage, wo Englisch allgemeines Pflichtfach ist. Neben den Lehrbüchern mit hoher Auflage waren sehr viele weitere Lehrbücher im Angebot, die oftmals nur an wenigen Schulen Verwendung fanden. Dieser Zustand erklärt sich daraus, daß die Verfasser der Englischlehrbücher der damaligen Zeit in der Mehrzahl selbst als Englischlehrer tätig waren. Sie schrieben sich also ihre Lehrbücher für den eigenen Unterricht. Oftmals äußerten sie sich darüber hinaus in Schulprogrammen zu wissenschaftlichen und didaktischen Fragestellungen ihres Faches. Damit waren sie als Englisch-Experten schriftstellerisch und methodisch handelnd aktiv, sie beschäftigten sich also mit ihrem Fach in Theorie und Praxis.

Die fortschreitende Etablierung des Englischen als Pflicht- oder Wahlfach an bestimmten Schulformen zog staatliche Regelungen nach sich, die eine gewisse Einheitlichkeit der Unterrichtsinhalte, der Prüfungsanforderungen und Abschlüsse gewährleisteten (s. Christ/Rang 1985). Das führte zu einer genaueren Ausrichtung der Englischlehrbücher auf diese Lehrpläne und somit zu einer größeren Übereinstimmung innerhalb der für eine Schulart produzierten

Lehrbücher. Insofern gibt es eine Diversifikation des Gesamtangebots, gleichzeitig aber auch eine inhaltliche und methodische Angleichung innerhalb einzelner Lehrbuchkategorien.

Als eigene Kategorie begannen sich die Schulbücher um die Mitte des 19. Jahrhunderts von den Selbstlernbüchern und den wissenschaftlichen Grammatiken zu trennen. Bis zu diesem Zeitpunkt waren englische Grammatiken auch immer Sprachlehren gewesen und für den Unterricht gedacht. Einige von ihnen konnten dennoch durchaus Anspruch auf wissenschaftliche Behandlung ihres Stoffes erheben, wie beispielsweise die Grammatiken von Karl Franz Christian Wagner (1819 und 1822) oder von Jacob Heussi (1846). Ab Mitte des 19. Jahrhunderts erhielten die fortgeschrittenen Englischlernenden in den Schulen nun nicht mehr irgendeine Grammatik, sondern eine Schulgrammatik, die weniger ausführlich war als wissenschaftliche Grammatiken. So gab auch Wagner 1843 eine Kurzfassung seiner großen Grammatik speziell für Schulzwecke heraus.

In der zweiten Hälfte des 19. Jahrhunderts wurde es üblich, mehrere aufeinander aufbauende Lehrbücher zu einem Kurs zu verknüpfen und diesen durch zusätzliche Bände, wie z.B. ein Übungsbuch, eine Grammatik und evtl. ein Lesebuch zu ergänzen. Damit entstand eine Mischform aus progressivem Kurs mit Zusatzmaterialien. Das noch heute gültige Grundmuster eines mehrteiligen Englischlehrwerks war damit vor gut hundert Jahren etabliert. Gegen Ende des 19. Jahrhunderts ging man dazu über, von einem solchen Lehrwerk Parallelausgaben für unterschiedliche Schultypen herzustellen. Auch dies ist ein noch heute gebräuchliches Verfahren.

Die Vereinheitlichung der Lehrbücher bezog sich sowohl auf die Bestandteile eines Lehrwerksystems, die sprachlichen Inhalte und ihre Anordnung als auch auf bestimmte methodische Vorgaben. So begann das Elementarbuch, d.h. das Buch für die Anfänger, mit einem Aussprachelehrgang, dem eine Hinführung zur englischen Sprache mit Hilfe einfachster Sätze zum Alltagsleben folgte. Ein Blick in moderne Lehrbücher zeigt, daß diese Idee des Anknüpfens am Alltagsleben der Lernenden weiterhin befolgt wird. In der zweiten Hälfte des 19. Jahrhunderts ist das Prinzip des Fortschreitens vom Leichten zum Schweren in Englischbüchern bereits verwirklicht. Ebenso bemühten sich die Verfasser, regelmäßige Wiederholungen einzubauen. 1870 schrieb Hermann Behn-Eschenburg, einer der ersten Professoren für Englisch und selbst Lehrbuchautor:

> Auf wenig Gebieten hat sich in den letzten 15 Jahren eine solche geistige Regsamkeit und ein solcher Fortschritt gezeigt, als auf dem der englischen Grammatik und der Methodik des englischen Sprachunterrichts. Die verbreitetsten Schulbücher für den ersten Unterricht im Englischen sind in den leitenden Grundsätzen allmählich zu ziemlicher Übereinstimmung gelangt: eine weise Beschränkung in den Regeln, eine fortlaufende Verbindung der Regeln mit englischen Lesestücken, die sie angewendet zeigen, und mit Übungen zum Übersetzen aus dem Deutschen ins Englische, die zu ihrer Anwendung nötigen, ist ihnen gemeinsam, ebenso auch das Bestreben, den nötigen Wortvorrat in methodischer Reihenfolge der verschiedenen Lebens- und Anschauungskreise mitzuteilen. Diese Grundsätze empfehlen sich so sehr von selbst, daß es nicht nötig ist, noch weiter zu erörtern, weshalb auch ich sie in Anwendung gebracht habe. (1895, Vorwort zur 1. Aufl. 1870, S. III.)

Die struktur- und funktionsmäßigen Unterschiede zu heutigen Lehrbüchern waren nicht mehr sehr groß. Zwar gab es noch keine ausführlichen Lehrerhandbücher und natürlich noch keine technischen Medien. Doch war der Gedanke, visuelle Hilfen in den Unterricht einzubauen und Bilder didaktisch zu nutzen, keineswegs eine Erfindung unseres Jahrhunderts. Bereits 1872 hatten die Gebrüder Lehmann ein visuell orientiertes handlungsbezogenes Englischlehrwerk veröffentlicht.

Für die Lesebücher bedeutete der Prozeß der Vereinheitlichung eine zunehmende Konzentration auf bestimmte Themen in den Texten zum Sprachlernen sowie auf bestimmte Autoren und Werke in den literarischen Lesebüchern. Gefördert wurde dieser Prozeß durch eine Lehrplangestaltung, die immer genauere Stoffpläne vorlegte. Wie der sich herausbildende Kanon der Texte und Autoren genau aussah und welche Verknüpfungen zwischen der Rezeption der englischen Literatur in Deutschland und der Berücksichtigung einzelner Werke und Schriftsteller in Lesebüchern oder Textausgaben bestand, muß noch erforscht werden.

5. Fazit

Die Veränderungen der Englischlehrbücher zwischen dem Ende des 18. und dem des 19. Jahrhunderts waren, wie ich zu zeigen versucht habe, viel grundlegender als die der letzten 100 Jahre. Seit der neusprachlichen Reformbewegung am Ende des 19. Jahrhunderts wurde das erreichte Grundmuster eines progressiv fortschreitenden Kurses, der Grammatik, Übungen und Texte in Lektionen miteinander verknüpft und durch Zusatzmaterialien ergänzt wird, lediglich verfeinert und weiter ausgebaut. Das bedeutete auch den Abschied vom Lehrer als Allein-Autor eines Lehrwerks. Schon gegen Ende des 19. Jahrhunderts wurde ein Englischlehrbuch fast immer von zwei Autoren verfaßt. Experten-Teams übernahmen in der Folgezeit weitgehend die Aufgaben der Materialerstellung, die für die Englischlehrer der Pionierzeit ganz selbstverständlich dazugehört hatten. Lehrerhandbücher wurden dann notwendig, als die Mehrheit der Englisch-Lehrenden keinen Kontakt mehr mit der didaktischen Aufbereitung des Lehrstoffes hatte. Insofern bedeutete die Professionalisierung der Lehrbuchproduktion in unserem Jahrhundert gleichzeitig eine Einschränkung der Handlungsmöglichkeiten der einzelnen Lehrkraft.

Der Prozeß der Vereinheitlichung der Lehrbücher hat heute – am Ende des 20. Jahrhunderts – einen erschreckend hohen Grad erreicht. Einer stetigen Differenzierung der englischsprachigen Welt, einer Rehabilitierung der englischen Sprachvarietäten und einer Auffächerung der Verwendungskontexte des Englischen steht im deutschen Schulwesen ein erstarrtes Konzept der inhaltlichen und methodischen Gestaltung von Englischunterricht gegenüber, das vor allem durch zwei Lehrwerksysteme geprägt ist. Nimmt man die Forderungen nach Flexibilisierung und Individualisierung des Lernens ernst, so müßte das nächste Jahrhundert auch für den schulischen Fremdsprachenunterricht eine Renaissance des Lern- und Nachschlagebuches und der wachsenden Vielfalt auf dem Sprachlehrbuch-Markt bringen.

Bibliographie

Aehle, Wilhelm (1938): *Die Anfänge des Unterrichts in der englischen Sprache, besonders auf den Ritterakademien.* Hamburg.

Behn-Eschenburg, Hermann (1895): *Elementarbuch der englischen Sprache für Mittelschulen, Sekundarschulen etc.* 6. Aufl. Zürich (1. Aufl. 1870).

Christ, Herbert/Hans-Joachim Rang (Hg.) (1985): *Fremdsprachenunterricht unter staatlicher Verwaltung 1700 bis 1945. Eine Dokumentation amtlicher Richtlinien und Verordnungen.* Tübingen: Narr.

Dusch, Johann Jacob (1779): *The Student's Miscellany. A New Select Collection of Various Pieces in Prose and Verse, for Instruction and Entertainment in General. Chiefly for the Use of Students at Colleges and Universities.* 2 Bände. Flensburg 1779 und 1780.

Ebeling, Christoph Daniel (1784): *Vermischte Aufsätze in englischer Prose hauptsächlich zum Besten derer welche diese Sprache in Rücksicht auf bürgerliche Geschäfte lernen wollen.* 4. Aufl. Hamburg.

Fabian, Bernhard (1985): Englisch als neue Fremdsprache des 18. Jahrhunderts. In: Dieter Kimpel (Hg.): *Mehrsprachigkeit in der deutschen Aufklärung.* Hamburg, S. 178-196.

Finkenstaedt, Thomas (1983): *Kleine Geschichte der Anglistik in Deutschland.* Darmstadt: Wissenschaftliche Buchgesellschaft.

Finkenstaedt, Thomas (1992): Auf der Suche nach dem Göttinger Ordinarius des Englischen, John Tompson (1697-1768). In: Konrad Schröder (Hg.): *Fremdsprachenunterricht 1500-1800.* Wiesbaden: Harrassowitz, S. 57-74.

Gedike, Friedrich (1797): *Englisches Lesebuch für Anfänger nebst Wörterbuch und Sprachlehre.* 2. Aufl. Berlin.

Herrig, Ludwig (1849): *The British Classical Authors. Select Specimens of the National Literature of England from G. Chaucer to the Present Time. Poetry and Prose.* Braunschweig 1852.

Heussi, Jacob (1846): *Grammatik der englischen Sprache. Mit Berücksichtigung der neueren Forschungen auf dem Gebiete der allgemeinen Grammatik.* Berlin.

Inbar, Eva Maria (1980): Zum Englischstudium im Deutschland des XVIII. Jahrhunderts. In: *Arcadia. 15. Jg.*, S. 14-28.

Klippel, Friederike (1994): *Englischlernen im 18. und 19. Jahrhundert. Die Geschichte der Lehrbücher und Unterrichtsmethoden.* Münster: Nodus.

König, Johann (1755): *Der getreue Englische Wegweiser, oder kurtze, doch gründliche Anleitung zur Englischen Sprache für die Teutschen.* 6. Aufl. Leipzig (1. Aufl. 1706).

Kühne, Friedrich Theodor (1815): *Kurzgefaßte englische Sprachlehre nebst einem Lesebuche in welchem zum Besten der Anfänger auf die Regeln dieser Sprachlehre durchgehends hingewiesen wird.* Hannover.

Lehmann, Ignaz/Ernst Lehmann (1872): *Lehr- und Lesebuch der Englischen Sprache nach der Anschauungs-Methode mit Bildern. I. Stufe: Die directe Anschauung.* Mannheim 1872.

Maurer, Michael (1987): *Aufklärung und Anglophilie in Deutschland.* Göttingen.

Nolte, Johann Wilhelm Heinrich/Ludwig Ideler (1793): *Handbuch der Englischen Sprache und Literatur oder Auswahl interessanter chronologisch geordneter Stücke aus den klassischen englischen Prosaisten und Dichtern. Nebst Nachrichten von den Verfassern und ihren Werken.* Prosaischer Teil. Berlin.

Plate, Heinrich (1850): *Methodisch-geordneter Lehrgang zur leichten und gründlichen Erlernung der englischen Sprache.* 1. Theil. Hannover.

Prager, Johann Christian (1764): *Englische Grammatik oder leichte und gründliche Anleitung zur Erlernung der Englischen Sprache.* Coburg.

Sammer, Rudolph (1783): *Kurzgefaßte Englische Sprachlehre den Deutschen zur erleichterten und gründlichen Erlernung dieser Sprache herausgegeben und mit kritischen Anmerkungen erläutert.* Wien.

Schröder, Konrad (1969): *Die Entwicklung des Englischunterrichts an den deutschsprachigen Universitäten bis zum Jahre 1850.* Ratingen.

Schröder, Konrad (1975): *Lehrwerke für den Englischunterricht im deutschsprachigen Raum 1665-1900.* Darmstadt.

Schröder, Konrad (1982): *Linguarum Recentium Annales. Der Unterricht in den modernen europäischen Sprachen im deutschsprachigen Raum. Band 2: 1701-1740.* Augsburg.

Schröder, Konrad (1989): *Biographisches und bibliographisches Lexikon der Fremdsprachenlehrer des deutschsprachigen Raumes. Spätmittelalter bis 1800. Band 2: D bis H.* Augsburg.

Seidenstücker, Johann Heinrich Philipp (1795): Lateinische Stilübungen auf Schulen. In: Ders.: *Aufsätze pädagogischen und philologischen Inhalts.* Helmstedt, S. 1-37.

Tompson, John (1737): *English Miscellanies.* Göttingen; 2. Aufl. in 2 Bänden 1746 (3. Aufl. 1755; 4. Aufl. 1766).

Wagner, Karl Franz Christian (1819): *Neue vollständige und auf die möglichste Erleichterung des Unterrichts abzweckende Englische Sprachlehre für die Deutschen. Erster oder Theoretischer Theil.* Braunschweig.

Wagner, Karl Franz Christian (1822): *Neue vollständige und auf die möglichste Erleichterung des Unterrichts abzweckende Englische Sprachlehre für die Deutschen. Zweiter oder Praktischer Theil, welcher Uebungen über die einzelnen Regeln enthält.* Braunschweig.

Wagner, Karl Franz Christian (1843): *Theoretisch-praktische Schulgrammatik der Englischen Sprache für jüngere Anfänger.* Braunschweig.

WERNER DELANOY

Die Relevanz der englischsprachigen Literaturpädagogik für die fremdsprachliche Literaturdidaktik

1. Englischsprachige Literaturpädagogik und fremdsprachliche Literaturdidaktik

In ihrer internationalen Dimension fehlt es der Literaturdidaktik an Kommunikation innerhalb der eigenen Disziplin. Eine der Hauptursachen für dieses Kommunikationsproblem liegt in der unterschiedlichen institutionellen Entwicklung literaturdidaktischer Forschung und Modellbildung in verschiedenen Ländern und Kulturräumen. Vergleicht man etwa den deutschsprachigen mit dem englischsprachigen Kulturraum, so zeigt sich, daß von einer Literaturdidaktik als selbständiger akademischer Disziplin nur im deutschen Sprachraum die Rede sein kann. Speziell in Deutschland hat sich die Literaturdidaktik in Zusammenarbeit mit der Literaturwissenschaft, den Erziehungswissenschaften und der jeweiligen Fachdidaktik als eine fächerübergreifende Disziplin entwickelt, ohne ihre akademische Eigenständigkeit zu verlieren. In englischsprachigen Ländern kann die Literaturdidaktik auf keinen vergleichbaren Status verweisen. Sie wurde vielmehr einzelnen Disziplinen untergeordnet und hat entweder in der rezeptionsorientierten (amerikanischen) Literaturwissenschaft, in der Pädagogik, in der Angewandten Linguistik oder im sehr kommerzialisierten ELT-Bereich ihren Platz gefunden.

Als Folge dieser unterschiedlichen Entwicklung ist es bisher nicht gelungen, die gemeinsamen Interessen und die jeweils spezifischen Stärken der verschiedenen Literaturdidaktiken im Rahmen eines internationalen Fachdialogs zu diskutieren. Der folgende Beitrag will, wenn auch in bescheidenem Maße, zu einem internationalen Dialog zwischen den einzelnen Literaturdidaktiken anregen. Ich wende mich dabei einer Gruppe von Literaturdidaktiker und Literaturdidaktikerinnen zu, die m.E. mehr Aufmerksamkeit verdient, als ihr bisher sowohl im eigenen Kulturraum als auch in deutschsprachigen Ländern zuteil wurde. Es handelt sich dabei um die englischsprachige Literaturpädagogik, deren Relevanz für die fremdsprachliche Literaturdidaktik (für das Fach Englisch) ich näher beleuchten möchte.

1.1 Englischsprachige Literaturpädadogik

Mit der englischsprachigen Literaturpädagogik meine ich die Arbeiten jener Literaturdidaktiker und Literaturdidaktikerinnen, die im englischen Kulturraum (GB, USA, Kanada & Australien) im universitären Bereich an Pädagogikinstituten (*Schools of Education, Colleges of Education, Departments of English Education*, etc.) tätig sind. Die englischsprachige Literaturpädagogik hat sich in ihrer Forschung und Modellbildung vor allem mit den Problemen muttersprachlichen Literaturunterrichts auseinandergesetzt. Konkret geht es ihr um die Beschäftigung mit muttersprachlichem Literaturunterricht von seinen Anfängen im Leseunterricht der Volksschule bis hin zum tertiären Bildungsbereich.

Daß sich die englischsprachige Literaturpädagogik an pädagogischen Instituten etabliert hat liegt vor allem an den spezifischen institutionellen Rahmenbedingungen, die ihr zum Entwikkeln ihrer Interessen zur Verfügung standen. Lehrerbildung erfolgt etwa im britischen Bildungswesen häufig nach dem Abschluß eines Fachstudiums, wobei die fachdidaktische Aus- und Weiterbildung nicht von den Fachdisziplinen weiterbetreut wird, sondern Aufgabe der *Colleges of Education* bzw. der *Schools of Education* ist. An amerikanischen Universitäten ist zwar die didaktische Ausbildung Teil des universitären Fachstudiums, doch werden auch hier die didaktischen Lehrveranstaltungen in der Regel von den *Colleges of Education* und nicht von den philologischen Instituten angeboten. Diese institutionelle Trennung hat entscheidend dazu beigetragen, daß die philologischen Institute (sowohl im englischsprachigen Raum als auch in einem internationalen Kontext) die englischsprachige Literaturpädagogik bisher kaum bzw. als eine fachfremde Disziplin wahrgenommen haben.

Die Bezeichnung 'englischsprachige *Literaturpädagogik*' wurde gewählt, um die institutionelle Zugehörigkeit dieser Gruppe von Literaturdidaktiker und Literaturdidaktikerinnen hervorzuheben. Hier gilt es allerdings anzumerken, daß die Gruppe sich selbst anders, nämlich als nicht näher bestimmter Teil der Leserforschung (*reader response research*) definiert hat. Ich möchte dennoch am Begriff der *Literaturpädagogik* festhalten, wenn auch dadurch die rezeptionsorientierte Ausrichtung dieser Arbeiten nicht zum Ausdruck kommt. Doch erscheint mir die Bezeichnung *Leserforschung* als zu allgemein gehalten, da sie die literaturdidaktische Komponente dieser Arbeiten nicht erwähnt. Weiters soll der Begriff *Literaturpädagogik* dazu beitragen, diese spezifische Literaturdidaktik von anderen Ansätzen in der Leserforschung in englischsprachigen Ländern abzugrenzen. So gibt es etwa im englischsprachigen Raum auch außerhalb pädagogischer Institute eine für literaturdidaktische Fragen relevante Leserforschung (z.B.: die Arbeiten von Bleich, Fish und Holland). Diese Arbeiten wurden allerdings in einem anderen institutionellen Rahmen, d.h. im Bereich institutionell anerkannter literaturwissenschaftlicher Forschung, entwickelt.

Schließlich soll die gewählte Bezeichnung dieser Literaturdidaktik einen eigenen Namen geben, um ihre Selbständigkeit innerhalb literaturdidaktischer Forschung und gegenüber der institutionell anerkannten Literaturwissenschaft zum Ausdruck zu bringen. Die englischsprachige Literaturpädagogik hat m.E. bisher nicht selbstbewußt genug auf die Eigenständigkeit der eigenen Arbeit verwiesen. Dies trifft sogar für Michael Benton zu, den ich zu den wichtigsten Vertretern der englischsprachigen Literaturpädagogik zähle. Er spricht davon, daß die Leistung der eigenen Disziplin bisher vor allem darin bestanden hat, die Erkenntnisse der leserorientierten Literaturwissenschaft in eine schülerorientierte Praxis des Literaturunterrichts zu übersetzen (vgl. Benton, 1993, 5-6). Bentons Aussage impliziert eine übergeordnete Literaturwissenschaft, an der sich die Literaturdidaktik orientiert. Literaturwissenschaft leistet demnach die wesentliche Theoriearbeit, während die Literaturdidaktik für die praktische Umsetzung dieser Modelle zuständig ist. Diese Auffassung widerspricht allerdings den tatsächlichen Leistungen der englischsprachigen Literaturpädagogik, die in ihrer Theoriearbeit, Modellbildung, Empirie, Kanon- und Methodendiskussion, etc. sehr wohl einen eigenständigen Weg gegangen ist. Sie widerspricht auch dem Selbstverständnis der Literaturdidaktik im deutschsprachigen Raum. In Deutschland hat etwa Bredella bereits 1976 die Eigenständigkeit der Literaturdidaktik als akademische Disziplin sowohl innerhalb der Literaturwissenschaft als auch in einem fächerübergreifenden Sinn überzeugend begründen können (Bredella, 1976, 14-20).

1.2 Die Relevanz der englischsprachigen Literaturpädagogik für die fremdsprachliche Literaturdidaktik

Ähnlich der Situation in Deutschland wurde die jüngere literaturpädagogische Forschung auch im englischsprachigen Raum auf der Grundlage rezeptionsorientierter Ansätze begründet. In beiden Kulturkreisen fällt die Formationsphase der Literaturdidaktik bzw. Literaturpädagogik in die 60er und 70er Jahre. Im englischsprachigen Raum gingen die zentralen Impulse von der empirischen Leserforschung in den U.S.A. (z.B.: Purves & Rippere, 1968; Squire, 1964), von der britischen Rezeptionspsychologie (z.B.: Britton, 1954; Harding, 1962), von der Kinderleserforschung (z.B.: Fisher, 1964) und von der Rezeptionsästhetik und Literaturdidaktik Marie Louise Rosenblatts (1970 & 1978) aus. Ich möchte mich in der Folge vor allem auf die Diskussion jener Publikationen beschränken, die in den letzten 15 Jahren erschienen sind. Zum einen wurde die Diskussion davor zum Teil an anderer Stelle ausführlich dokumentiert (zur empirischen literaturdidaktischen Leserforschung in den U.S.A. vgl. etwa: Klemenz-Belgardt, 1982). Zum anderen sind speziell seit der zweiten Hälfte der 70er Jahre Arbeiten entstanden, die m.E. für die aktuellen Probleme literaturdidaktischer Forschung von besonderer Bedeutung sind. Ich möchte mich hierbei vor allem drei Problembereichen zuwenden, nämlich (1) dem Prinzip der Schülerorientierung im Literaturunterricht, (2) den Möglichkeiten empirischer Forschung in der Literaturdidaktik und (3) dem Problem der Integration von Rezeptionsästhetik und Ideologiekritik.

Zu diesen Problembereichen liegen in der englischsprachigen Literaturpädagogik Beiträge vor, die m.E. die Fachdiskussion in der fremdsprachlichen Literaturdidaktik bereichern können. Die englischsprachige Literaturpädagogik hat sich darum bemüht, einer schülerorientierten Praxis des Literaturunterrichts den Weg zu bereiten. Das Prinzip der Schülerorientierung zählt auch zu den zentralen Anliegen der fremdsprachlichen Literaturdidaktik. Hier bietet sich schon in Anbetracht der ähnlichen Interessenslage ein Vergleich dieser beiden Literaturdidaktiken an. Weiters hat die englischsprachige Literaturpädagogik ihre Vorstellungen von schülerorientiertem Literaturunterricht auf der Grundlage empirischer Leserforschung entwickelt bzw. überprüft. In ihrer empirischen Forschung hat sie sich u.a. an den Methoden und Modellen der Aktions- und Lehrerforschung orientiert. Diese enge Verbindung von Forschung und Lehre hat im englischsprachigen Kulturraum vor allem in der Pädagogik bereits Tradition. Von dieser Tradition kann auch die fremdsprachliche Literaturdidaktik profitieren, zumal sie damit begonnen hat, sich mit dieser Form empirischer Forschung verstärkt auseinanderzusetzen. Schließlich finden sich in der englischsprachigen Literaturpädagogik speziell in den letzten Jahren wiederholt Arbeiten, in denen Versuche unternommen wurden, rezeptionsästhetische und ideologiekritische Positionen miteinander zu verbinden. Die fremdsprachliche Literaturdidaktik hat in ihrer Modellbildung zwar der Rezeptionsästhetik einen hohen Stellenwert beigemessen, ideologiekritischen Positionen bisher allerdings wenig Beachtung geschenkt. Hier bietet sich der fremdsprachlichen Literaturdidaktik über die Auseinandersetzung mit der Diskussion in der englischsprachigen Literaturpädagogik die Möglichkeit, den eigenen Standpunkt im Interesse einer verstärkten Berücksichtigung ideologiekritischer Theoreme zu überdenken.

2. Schülerorientierung und ästhetisches Erfahrungslernen

Die englischsprachige Literaturpädagogik hat ihr Konzept schülerorientierten Literaturunterrichts auf der Grundlage von Rosenblatts Lesetheorie entwickelt (vgl. etwa die Arbeiten von: Benton & Fox, 1985; Benton et al., 1988; Corcoran, 1987; Hayhoe & Dias, 1988; Many & Wiseman, 1992; Zarillo & Cox, 1992)."Rosenblatt geht davon aus, daß ästhetische Bedeutungen in der Interaktion zwischen Text und Leser/in in einem sich entwickelnden Verstehensprozeß geschaffen werden. Ästhetische Erfahrung ist demnach untrennbar mit dem jeweiligen Leseakt verbunden. Dies hat für den Literaturunterricht die Konsequenz, daß er notwendigerweise schülerorientiert auszurichten ist, damit die Lerner selbst ästhetische Bedeutungen schaffen bzw. ästhetische Erfahrungen machen können. Voraussetzung für das Machen ästhetischer Erfahrungen ist laut Rosenblatt, daß bei der Lektüre eine ästhetische Lektürehaltung (*aesthetic stance*) dem Text gegenüber eingenommen wird. Rosenblatt sieht die Besonderheit einer ästhetischen Lektürehaltung im gelockerten Situationsbezug ästhetischer Kommunikation. Eine ästhetische Lektürehaltung impliziert, daß sich die Leser/innen mit ihrer Gesamtpersönlichkeit auf ihre Interaktion mit dem ästhetischen Text einlassen und ihre Aufmerksamkeit auf die affektiven und kognitiven Reaktionen lenken, die in ihnen vom ästhetischen Text ausgelöst werden (vgl. Rosenblatt, 1978, 22 ff.).

Ein interaktiver Ansatz, das Prinzip der Schülerorientierung und das Entwickeln einer ästhetischen Lesehaltung zählen auch zu den zentralen Anliegen der fremdsprachlichen Literaturdidaktik (vgl. z.B.: Bredella, 1980; Bredella & Legutke, 1985; Schier, 1989). Weiters gehen die hermeneutisch-rezeptionsästhetisch ausgerichteten Ansätze sowohl in der englischsprachigen Literaturpädagogik als auch in der fremdsprachlichen Literaturdidaktik von einem Textbegriff aus, demnach ästhetische Texte sich einem glatten Verstehen verweigern und ihre Leser/innen dazu anregen, ihr Selbst- und Weltverständnis zu überdenken. Ästhetische Texte sowie eine ästhetische Lektüre dieser Texte stellen somit u.U. beträchtliche Verstehensanforderungen an ihre Rezipienten und Rezipientinnen. Beide Literaturdidaktiken haben sich aus diesem Grunde mit Strategien beschäftigt, die Lerner bei einer ästhetischen Lektüre bzw. bei der Bewältigung von Texten, die das Schülervorverständnis herausfordern können, unterstützen sollen. Dabei hat sich die englischsprachige Literaturpädagogik vor allem an Rosenblatts Unterscheidung zwischen *Evokation* und *Respons* orientiert.

2.1 Evokation und Respons

Rosenblatt unterscheidet bei ästhetischer Rezeption zwischen zwei Lektürestadien, der *Evokations*- und der *Responsphase*. Mit Evokation meint Rosenblatt die vielfältigen Lesereaktionen (sie spricht von einem "stream of feelings, attitudes and ideas"), die in der Interaktion zwischen Text und Leser/in entstehen (Rosenblatt, 1978, 48). Bei einer ästhetischen Lektüre betrifft die Evokation jene Lektürephasen, in denen der/die Leser/in sich noch im Prozeß der Sinnkonstitution befindet. Die Rezipienten und Rezipientinnen wenden sich dabei ihren Lesereaktionen zu, um die Relevanz der Interaktionsangebote eines bestimmten Texts für die eigene Lebenswelt zu reflektieren. Sobald dieser Prozeß abgeschlossen ist, haben die Leser/innen die Responsphase erreicht. Sie haben den Text nun aktualisiert und ihre ästhetische Auseinandersetzung mit dem Text zu einem (vorläufigen) Ende gebracht. Für Rosenblatt betrifft demnach eine ästhetische Textlektüre vor allem die Evokationsphase. Gemäß dieser Position hat Literaturunterricht die Lerner daher an erster Stelle bei der Evokation von Texten zu unterstützen, damit sie die Interaktionsangebote ästhetischer Texte aufnehmen und sich auf das Abenteuer der Sinnsuche einlassen können. Dies bedeutet nicht, daß der Responsphase keine Bedeutung beigemessen wird. Doch ist die Responsphase insofern von sekundärer Bedeutung, als ihr die Evokation von Texten zuvorgeht.

Hier sei ergänzend angemerkt, daß Rosenblatt mit *Responsphase* jene Stadien der Leseentwicklung meint, die auf das Herstellen eines ersten Sinnzusammenhangs folgen. Die literaturdidaktische Arbeit in der Responsphase betrifft daher das Weiterentwickeln des Erstverstehens literarischer Texte. Sie dient vor allem dem weiteren Ausbau der analytischen Fähigkeiten der Lerner beim Umgang mit Literatur und bei der Reflexion der Bedeutung literarischer Texte für die eigene Lebenswelt.

Die literaturdidaktische Bedeutung der Unterscheidung zwischen Evokation und Respons liegt vor allem darin, daß Lernern bei der Auseinandersetzung mit ästhetischen Texten zunächst ausreichend Gelegenheit gegeben werden muß, den ästhetischen Text zu evozieren. Würde zu rasch eine distanzierte, das Gesamtverstehen betreffende Reaktion zum Text verlangt werden, wäre es den Lernern u.U. nicht möglich, eine eigene Beziehung zum Text aufzubauen. So sieht etwa der australische Literaturpädagoge Bill Corcoran ein grundsätzliches Problem des Literaturunterrichts in der Schule darin, daß den Lernern in der Regel zu wenig Raum für das Festhalten und Artikulieren noch unfertiger Lesereaktionen zur Verfügung steht, während umgekehrt häufig zu früh Stellungnahmen verlangt werden, zu denen die Lerner erst nach Erreichen eines bereits relativ weit entwickelten Textverstehens in der Lage sind (vgl. Corcoran, 1987, 59-60). Corcorans Standpunkt hat wichtige Implikationen für die Konzeption von Aufgabenstellungen sowie für die Gesprächskultur im Literaturunterricht. Es gilt demnach, Aufgabenstellungen zu entwickeln, die den Prozeß der Sinnsuche in den Vordergrund rücken. Wird dieser Prozeß selbst zum Gegenstand von Rezeptionsgesprächen, so ist nach Gesprächsformen zu suchen, die auf die gedanklichen Operationen während der Evokationsphase abgestimmt sind.

2.2 Lesen und Sprechen über Literatur im Evokationsprozeß

Die englische Literaturpädagogik hat eine Reihe von Unterrichtsaktivitäten entwickelt, die darauf achten, ästhetische Verstehensprozesse und die sprachliche sowie gedankliche Entwicklung der Lerner während der Evokationsphase aufeinander abzustimmen. Ich möchte dieses didaktische Interesse in der Folge anhand eines konkreten Unterrichtsbeispiels zur Lektüre von Gedichten veranschaulichen. Diese Unterrichtsaktivität geht auf die britischen Literaturpädagogen Michael und Peter Benton (1986, Bd. 4, 61-63) zurück.

> *Activity (1): Make notes about a poem*
> Individually, read through the poem at least twice. Having finished your reading, jot down the feelings and ideas this poem has evoked in you. Your jottings might be about mental pictures you have during the reading, memories or associations this text brings to mind, any puzzling bits, the overall feeling the poem gives you, and so forth. Mind, you are only asked to make notes, i.e. there is no need to make elaborate statements.
> *Activity (2): Compare notes in groups*

Die hier vorgestellte Aktivität dient der Evokation von Gedichten. Sie will die Lerner zu einer Mehrfachlektüre von Gedichten und zur Auseinandersetzung mit den eigenen Lesereaktionen anregen, ohne sie beim Prozeß der Sinnsuche zu überfordern. Es wird daher versucht, evokationsunterstützende Rahmenbedingungen bei der Lektüre von Gedichten zu schaffen. So werden bei dieser Aufgabenstellung keine Verstehensleistungen verlangt, die über die gedanklichen Operationen (z.B.: Assoziationen, mentale Bilder) während der Evokationsphase hinausgehen. Zudem wird eine Form der Versprachlichung der gemachten Leseerfahrungen vorgeschlagen, die dem noch unfertigen Textverstehen (notizenhaftes Festhalten der Leseeindrücke) entgegenkommt. Schließlich werden auch im Rezeptionsgespräch (*activity 2*) weder ein entwickeltes Textverstehen noch elaborierte Stellungnahmen verlangt. Das Rezeptionsgespräch dient dem Vergleich der Leseerfahrungen auf der Basis der gemachten Notizen. Die Lerner können daher über den gegenseitigen Austausch ihrer Evokationserfahrungen ihre Sinnsuche im Gruppengespräch fortsetzen.

Bei fremdsprachlicher Lektüre fallen der Evokationsphase und dem Problem der Versprachlichung von Leseeindrücken besondere Bedeutung zu. Bei fremdsprachlicher Rezeption ist zu bedenken, daß in Anbetracht der gesteigerten Verstehensschwierigkeiten die Evokationsphase bzw. die Sinnsuche u.U. ungleich mehr Zeit in Anspruch nehmen als bei muttersprachlicher Lektüre. Wird die Sinnsuche selbst zum Gegenstand des Rezeptionsgesprächs, so müssen Möglichkeiten zur Artikulation von Leseeindrücken geschaffen werden, bei denen die Lerner weder in ihrem Denken noch in ihren (fremd)sprachlichen Fähigkeiten überfordert werden. Dabei ist selbstverständlich auf die begrenzten fremdsprachlichen Fähigkeiten der Lerner zu achten, die die Artikulation von Leseeindrücken zusätzlich behindern können. In diesem Zusammenhang erscheint mir etwa das Festhalten von Lesereaktionen mittels Notizen, wie es von Benton & Benton angeregt wird, als ein brauchbarer Weg, um die Lerner bei ihrer gedanklichen und (fremd)sprachlichen Entwicklung im Literaturunterricht zu unterstützen, zumal ein noch unfertiges, tentatives Verstehen mit Hilfe einer noch rudimentären, unfertigen Sprache zum Ausdruck gebracht werden kann.

Dieser Problembereich ist auch von der fremdsprachlichen Literaturdidaktik wiederholt angesprochen worden. So sieht Bredella wesentliche Ziele des fremdsprachlichen Literaturunterrichts darin, "... daß Schüler lernen, auf das zu achten, was Texte in ihnen an Tätigkeiten, Gedanken, Gefühlen und Stellungnahmen auslösen, und daß sie lernen, diese zu artikulieren" (Bredella, 1987, 237). Hunfeld etwa weist auf die Notwendigkeit hin, ästhetisches Verstehen und Rezeptionsgespräche miteinander in Einklang zu bringen. Er spricht davon, daß ästhetische Lektüre nach "verzögertem Lesen" verlangt und Gespräche über Literatur daher im Sinne eines "verzögerten Äußerns" geführt werden sollen (Hunfeld, 1990, 71).

Beide Literaturdidaktiken haben bisher bei ihren Vorschlägen für die Unterrichtspraxis sehr anregende Unterrichtsbeispiele vorgestellt, die Möglichkeiten aufzeigen, wie ästhetisches Verstehen und ein Sprechen über ästhetische Erfahrungsprozesse aufeinander abgestimmt werden können (vgl. etwa: Benton & Fox, 1985; Bredella, 1984). Beide haben zudem elaborierte Verstehenstheorien entwickelt, die eine genauere Bestimmung ästhetischer Verstehensprozesse erlauben (z.B.: Benton, 1992; Bredella, 1980). Dabei verfügt die fremdsprachliche Literaturdidaktik insbesonders mit Bredellas Verstehenstheorie über ein hoch entwickeltes Modell, das die mentalen Operationen beim (fremdsprachlichen) Verstehen literarischer Texte erfaßbar macht. Die englische Literaturpädagogik kann auf kein vergleichbar umfassendes Verstehensmodell verweisen. Sie hat allerdings m.E. noch deutlicher als die fremdsprachliche Literaturdidaktik einzelne Lektürephasen im Evokationsprozeß unterschieden, wodurch eine differenzierte Planung von Lernprozessen bei ästhetischem Erfahrungslernen zusätzlich erleichtert werden kann. Auf eine dieser Unterscheidungen möchte ich in der Folge näher eingehen.

2.3 Die Unterscheidung von Lesephasen während der Evokation ästhetischer Texte

Es handelt sich dabei um ein sehr einfaches, aber m.E. dennoch wichtiges Lektüremodell, das Benton & Fox (1985) zur Unterscheidung verschiedener Lektürephasen bei der Evokation narrativer Texte dient. Benton & Fox (1985) unterscheiden zwischen vier Rezeptionsphasen. Zunächst fühlen sich Leser/innen von einem Text angesprochen (*feeling like reading*). In der Folge beginnen sie mit der Textrezeption und versuchen dabei, erste Beziehungen zu einem Text aufzubauen (*getting into the story*). In dieser Phase ist noch nicht sicher, ob der Text auch weitergelesen wird. Die Leser/innen prüfen vielmehr, ob sie sich auf die Geschichte einlassen wollen. Diese Phase ist dann abgeschlossen, wenn der/die Leser/in in die Geschichte "eintaucht" (*lost in the book*). Benton & Fox sprechen von einem Sich-Verlieren und meinen damit, daß die Rezipienten und Rezipientinnen in eine vom ästhetischen Text vorstrukturierte *sekundäre Welt* (*secondary world*) eintreten und im Sinne ästhetischer Distanz ihre Beziehungen zur primären Welt lockern. Ohne näher auf die Implikationen dieser Begriffswahl eingehen zu wollen erscheint mir die von Benton & Fox gewählte Bezeichnung (*lost in the text*) als nicht unproblematisch, zumal der Eindruck entstehen mag, daß ästhetisches Lesen hier als emotionales Überwältigtwerden verstanden wird. Damit würde man den beiden britischen Literaturpädagogen allerdings Unrecht tun, da sie im Sinne ästhetischer Distanz sehr wohl auch das reflektierende Moment ästhetischer Erfahrung mitberücksichtigen. Die letzte Lektürephase bezeichnen Benton & Fox als *sense of an ending*. Hier beginnt sich für die Rezipienten und Rezipientinnen bereits ein bestimmtes Ende abzuzeichnen, das vom Text bestätigt aber auch widerlegt werden kann.

Diese Unterscheidung von Rezeptionsphasen wurde, wie bereits erwähnt, im Hinblick auf narrative Texte entwickelt. Speziell die ersten drei Lektürephasen können allerdings in leicht modifizierter Form auch auf die Lektüre anderer ästhetischer Textgattungen bezogen werden. Werden etwa die Bezeichnungen *getting into the story* und *lost in the book* in einem erweiterten Sinn als *getting into the text* und als *lost in the text* verstanden, so bezeichnen sie zusammen mit *feeling like reading* wichtige Stadien beim Herstellen von Beziehungen zu ästhetischen Texten verschiedenster Art. *Feeling like reading* betrifft demnach ein erstes Leseinteresse, das zur eigentlichen Rezeption motiviert. Mit *getting into the text* sind jene Lektüreprozesse gemeint, wo mit der eigentlichen Lektüre begonnen wird bzw. wo die Leser/innen versuchen, einen Einstieg in den Text zu finden. In dieser Phase ist noch nicht entschieden, ob sich die Rezipienten und Rezipientinnen auch wirklich auf eine ästhetische Lektüre einlassen wollen. Dies ist erst dann erreicht, wenn die Leser/innen in die vom Text angelegte sekundäre Welt eingetreten sind (*lost in the book*). Die letzte Phase (*sense of an ending*) ist nur bedingt auf andere literarische Gattungen übertragbar. Für Benton & Fox bringt sie den linearen Lektüreverlauf bei der Rezeption narrativer Texte zum Ausdruck, wobei sie mit Linearität meinen, daß die Leser/innen narrativer Texte im Evokationsprozeß besonders daran interessiert sind, den Ausgang der Geschichte zu erfahren. Gemäß ihrer Position spielt ein endgerichtetes Lesen etwa bei der Lektüre von Gedichten keine vorrangige Bedeutung. Die Gedichtlektüre wird von Benton & Fox als verstärkt zirkulärer Leseprozeß verstanden, wobei sich die Leser/innen im Gedicht vor- und zurückbewegen, um im wiederholten Rekurs auf die eigenen Lesereaktionen einen Sinnzusammenhang herzustellen.

Diese Unterscheidung einzelner Rezeptionsphasen erscheint mir aus mehrerlei Gründen als bedeutsam für den fremdsprachlichen Literaturunterricht. Zum einen erleichtert das Modell das Identifizieren von neuralgischen Punkten im Lektüreprozeß, wo wichtige Leserentscheidungen getroffen werden, die über das Fortsetzen der Textrezeption entscheiden. Eine besonders kritische Phase liegt sicherlich zu Beginn der eigentlichen Textrezeption, wo die Leser/innen noch auf der Suche nach einem Weg sind, der den Einstieg in die ästhetische Textlektüre möglich macht (*getting into the story*). Dies wird etwa durch die Ergebnisse von Heuermann & Hühns (1982) Studie zu Unterschieden zwischen fremdsprachlicher und muttersprachlicher Rezeption bestätigt. Diese Studie zeigt, daß Verstehensprobleme in dieser Lektürephase bei fremdsprachlicher Lektüre ungleich häufiger auftreten und zudem ungleich stärker die Motivation für die weitere Textrezeption negativ beeinflussen können. Zum anderen kann das Modell Lehrer und Lehrerinnen dabei unterstützen, etwaige Hilfestellungen auf spezifische Phasen im Lektüreprozeß abzustimmen. So sind etwa Hilfestellungen, die den Einstieg in den Text sowie den Übergang vom Einstieg zum Einnehmen einer ästhetischen Lektürehaltung erleichtern sollen, mit großer Sorgfalt vorzubereiten. Einerseits gilt es, potentiellen Verstehensbarrieren zu begegnen, die eine ästhetische Textlektüre massiv behindern können. Andererseits darf der Text in seiner Anlage nicht zu sehr vorweggenommen werden, da das Eintreten in die sekundäre Welt gemäß der Position von Benton & Fox bereits erfolgt, bevor die vom Text angelegte Welt klare Konturen angenommen hat und bevor sich ein Ende abzuzeichnen beginnt.

Unterschiedliche Lektürephasen spielen auch in der fremdsprachlichen Literaturdidaktik eine wichtige Rolle. Ich denke hier vor allem an die Diskussion zur Bedeutung vorverständnisaktivierender Methoden bei ästhetischem Erfahrungslernen, wobei anhand konkreter Unterrichtsbeispiele didaktische Interventionen in unterschiedlichen Lektürestadien vorgestellt wurden (vgl. etwa: Bredella, 1984). Mir ist bisher in der fremdsprachlichen Literaturdidaktik allerdings noch kein Verstehensmodell begegnet, das solche Stadien bzw. Phasen explizit bezeichnet. Solche Modelle hätten m.E. den Vorteil, daß mit ihrer Hilfe die bisher geleistete Arbeit im Hinblick auf einzelne Lektürephasen präzisiert werden könnte. Weiters kann die empirische Leserforschung in der fremdsprachlichen Literaturdidaktik von solchen Modellen profitieren. Ich habe zuvor kurz auf Heuermann und Hühns empirische Arbeit verwiesen. Heuermann & Hühn kommen dabei zum Ergebnis, daß abgesehen von den besonders kritischen Anfangsphasen keine markanten Unterschiede zwischen fremdsprachlicher und muttersprachlicher Rezeption vorliegen. Ich möchte dieses Ergebnis in Frage stellen. Einerseits gehen Heuermann & Hühn von einer zu engen Textbasis aus (zwei Kurzgeschichten), um zu so allgemeinen Schlußfolgerungen gelangen zu können. Andererseits ist ihr Erhebungsinstrument nur teilweise dazu in der Lage, Unterschiede bei verschiedenen Lesephasen ausfindig zu machen. So würde ich etwa Heuermann & Hühn die Hypothese entgegenhalten, daß in Anbetracht der gesteigerten Verstehensschwierigkeiten auch nach dem Einstieg in die sekundäre Welt bei fremdsprachlicher Lektüre ungleich massivere Verstehensprobleme auftreten können. Es erscheint mir daher als eine lohnenswerte Aufgabe, die von Heuermann & Hühn begonnene Arbeit auf der Grundlage von Erhebungsinstrumenten fortzusetzen, die ein genaueres Erfassen möglicher Unterschiede zwischen fremdsprachlicher und muttersprachlicher Rezeption im Hinblick auf verschiedene Lektürephasen erlauben.

3. Schülerorientierung und empirische Leserforschung

In der englischsprachigen Literaturpädagogik steht schülerorientierter Literaturunterrcht in einem engen Zusammenhang mit empirischer Leserforschung. Zum einen stützt sich die englischsprachige Literaturpädagogik bei ihrer Modellbildung auf eine Reihe von groß angelegten empirischen Arbeiten zum Leseverhalten und zur Leseentwicklung von Junglesern. Zum anderen hat sich die englischsprachige Literaturpädagogik an den Methoden und Modellen der Aktions- und Lehrerforschung orientiert. In beiden Bereichen besteht in der fremdsprachlichen Literaturdidaktik m.E. Nachholbedarf. Liegen auch wichtige empirische Arbeiten zu den Besonderheiten fremdsprachlicher Rezeption (Heuermann & Hühn, 1982), zur Praxis fremdsprachlichen Literaturunterrichts in den Schulen (Benz, 1990) und zu Gesprächsformen beim Umgang mit Literatur (Brusch, 1986) vor, so fehlt es der fremdsprachlichen Literaturdidaktik noch an jener breiten empirischen Basis, auf deren Grundlage die englische Literaturpädagogik ihre schülerorientierten Modelle entwickelt und überprüft hat."

3.1 Empirische Grundlagenforschung

Mit Grundlagenforschung meine ich in der Literaturdidaktik all jene empirischen Arbeiten, die zu repräsentativen bzw. verstärkt allgemein gültigen Ergebnissen kommen wollen. Es handelt sich hier in der Regel um größer angelegte Studien. Die englischsprachige Literaturpädagogik hat sich in diesem Zusammenhang intensiv mit der Leseentwicklung junger Menschen auseinandergesetzt. Zum einen hat sie die Ergebnisse der Jungleserforschung in ihre Theoriebildung miteinbezogen, um das Entwickeln von Lernprogression im Literaturunterricht auf bestimmte Entwicklungsstadien junger Lerner abstimmen zu können (vgl. etwa: Applebee, 1978; Protherough, 1983). Zum anderen wurde in empirischen Studien der Frage nachgegangen, wie der Literaturunterricht in der Praxis sich zur Leseentwicklung junger Menschen verhält (Benton, 1986). Schließlich sind verschiedene methodische Zugänge miteinander verglichen worden, um deren Auswirkungen auf die Rezeption ästhetischer Texte zu erforschen (vgl. etwa Many & Wiseman, 1992).

Die Untersuchungen zur Leseentwicklung zeigen altersspezifische Unterschiede sowohl bei den Leseinteressen als auch bei den Verstehenskompetenzen junger Leser. Hier gilt es anzumerken, daß in früheren Studien vor allem auf der Grundlage des entwicklungspsychologischen Modells von Piaget argumentiert wurde (vgl. etwa Applebee, 1978). In diesen Studien findet sich die Vorstellung, daß die Leseentwicklung junger Menschen im Sinne einer Abfolge voneinander abgrenzbarer Entwicklungsstadien verläuft. Im Rahmen dieser Entwicklung wird, vereinfacht ausgedrückt, ein erlebnisorientierter Zugang zu Texten von einem verstärkt analytischen und distanzierten Textumgang abgelöst. Spätere Arbeiten haben dieses Modell in zweierlei Hinsicht in Frage gestellt. Zum einen verweisen sie darauf, daß bereits sehr junge Leser über analytische und kritische Kompetenzen verfügen und daß daher möglichst früh mit einem altersgemäßen Entwickeln solcher Kompetenzen begonnen werden sollte (vgl. Evans, 1992, 3-4). Zum anderen wird zwar weiterhin an der Entwicklung von einem stärker erlebnisorientierten zu einem zunehmend distanzierten Leseverhalten festgehalten. Der Vorstellung, daß hier eine Phase eine andere ablöst, wird allerdings entgegengehalten, daß der erlebnisorientierte Zugang auf allen Entwicklungsstufen eine wichtige Voraussetzung für das Entwickeln distanzierterer Zugänge bleibt (vgl. Protherough, 1983 & 1987; Thomson, 1987).

Dieses Ergebnis findet sich auch bei Peter Benton bzw. durch seine empirische Forschung bestätigt. Benton ist der Frage nachgegangen, wie sich der Literaturunterricht in der Praxis zur Leseentwicklung junger Menschen verhält (Benton, 1986). Seine Untersuchung zum Umgang mit Gedichten im Literaturunterricht ergab, daß die Schule häufig den Bezug zum Lerner verliert, sobald sie einen erlebnisorientierten durch einen analytischen Umgang mit Gedichten zu ersetzen versucht. Die Ursache für diese Entwicklung liegt gemäß seiner Ergebnisse vor allem darin, daß erlebnisorientierte Methoden, die den Evokationsprozeß in den Vordergrund rücken, nicht weiterhin verwendet, sondern relativ abrupt durch analytische Verfahren ersetzt werden. Schließlich wird die Bedeutung evozierenden Lesens bei ästhetischer Lektüre auch von Untersuchungen bestätigt, bei denen verschiedene Methoden miteinander verglichen wurden (Many & Wiseman, 1992). Im Rahmen der Untersuchung von Many & Wiseman wurden Methoden, die der Evokation im Sinne Rosenblatts dienen, mit Aufgabenstellungen verglichen, die einen analytischen Zugang ohne direkten Leserbezug in den Vordergrund rücken. Diese Studie kommt zum Ergebnis, daß vor allem erstere Methoden einer Auseinandersetzung mit literarischen Texten den Weg bereiten, die von den Lernern motivational positiv besetzt wird, ein hohes Maß persönlichen Angesprochenseins erlaubt und zur Reflexion der eigenen Lebenswelt anregen kann.

3.2. Aktions- und Lehrerforschung

Der englischsprachigen Literaturpädagogik ist es mit Hilfe der empirischen Grundlagenforschung gelungen, wichtige Einblicke in die Leseentwicklung von Schüler und Schülerinnen, in die Praxis des Literaturunterrichts an Schulen und in die Vor- und Nachteile bestimmter didaktischer Methoden zu gewinnen. Empirische Grundlagenforschung richtet die Aufmerksamkeit auf größere Zusammenhänge und allgemeine Tendenzen. Sie reicht allerdings nicht aus, um die jeweils spezifischen Probleme in der Praxis des Literaturunterrichts zu erfassen und zu bearbeiten. Die englischsprachige Literaturpädagogik hat sich in ihrer empirischen Forschung auch dieser lokalen Dimension mit Hilfe der Aktions- und Lehrerforschung zugewandt.

Aktions- und Lehrerforschung beruht auf einer engen Verbindung zwischen Lehre und Forschung. Sie stützt sich auf Fallstudien, wobei die Lehrer und Lehrerinnen häufig selbst als Forscher und Forscherinnen auftreten. Diese Doppelfunktion kann nur unter der Bedingung funktionieren, daß Lehre und Forschung einander nicht im Wege stehen, d.h., daß die Forschung Lehrer und Lehrerinnen nicht zu sehr von der Lehre wegführt und umgekehrt Lehre an ein beständiges Erforschen des (eigenen) Unterrichts gekoppelt ist. Dieses Zusammenspiel von Forschung und Lehre hat dazu geführt, daß eine Reihe von Unterrichtsmethoden entworfen wurden, die einerseits der Lektüre von Texten dienen, andererseits aber auch als Erhebungsinstrument zur Erforschung von Lernerrezeptionen verwendet werden können.

Aufgaben, wie sie anhand des Unterrichtsbeispiels im Abschnitt 2.2. vorgestellt wurden, eignen sich sehr gut für diese Form der Forschung. Die Notizen der Lerner zum eigenen Lektüreprozeß erlauben Einblicke in das Leseverhalten der Schüler und Schülerinnen, sodaß die Lehrer und Lehrerinnen über die Reflexion der Lernerreaktionen weitere Lernschritte auf die spezifischen Interessen und Probleme der jeweiligen Lernergruppe abstimmen können. Die englischsprachige Literaturpädagogik hat in diesem Zusammenhang eine Reihe von Erhebungsmethoden entwickelt, die gleichzeitig der Textlektüre dienen. Dazu zählen etwa das bereits angesprochene notizenhafte Festhalten von Leseeindrücken (Benton et. al., 1988) oder das *symbolic representation interview* (Enciso, 1992, 78), wobei die Lerner ihre Lesereaktionen vor allem mit Hilfe von Bildern zum Ausdruck bringen.

Besondere Aufmerksamkeit verdient m.E. das von den amerikanischen Literaturpädagogen Nelms und Zancanella entwickelte *reading interview* (Nelms & Zancanella, 1990, 46 ff.). Dieses *Leseinterview* umfaßt acht verschiedene Erhebungsmethoden, mit deren Hilfe die Lerner Leserprofile von sich selbst erstellen können. Dieses Leseinterview ist im Sinne handlungsorientierten Literaturunterrichts konzipiert und beinhaltet zum einen Aufgabenstellungen zur Lektüre von Gedichten und Kurzgeschichten. Zu diesen Aufgabenstellungen zählen u.a. die zuvor vorgestellte Aktivität zur Lektüre von Gedichten sowie eine Aktivität, die auf der Grundlage der von Benton & Fox unterschiedenen Lesephasen dem Erfassen von Lektüreprozessen bei der Rezeption narrativer Texte dient. Zum anderen werden die Lerner in der Form von Partnerinterviews dazu eingeladen, ihre Lesegeschichte zu rekonstruieren. Das *Leseinterview* entspricht in seiner Konzeption in etwa einer einsemestrigen, zweistündigen unversitären Lehrveranstaltung, in deren Verlauf Lehrer und Studierende sich gemeinsam forschend mit den Leseinteressen, Rezeptionsproblemen und Leseentwicklungen der Lerner auseinandersetzen.

Wie Nelms & Zancanella haben sich auch andere Vertreter/innen der englischsprachigen Literaturpädagogik mit Hilfe der Aktionsforschung dem Erforschen von Leseentwicklungen im Literaturunterricht zugewandt. Das bevorzugte Erhebungsinstrument ist in diesem Zusammenhang das Lesetagebuch bzw. *reading log* (vgl. dazu: Benton & Fox, 1985, 122 ff.; Corcoran, 1987, 63; Thomson, 1987, 254). Zum Erstellen von Tagebüchern möchte ich vor allem auf die Anregungen von Benton & Benton (1990, 80 ff.) verweisen.

Die Aktions- und Lehrerforschung wurde bisher von der fremdsprachlichen Literturdidaktik kaum berücksichtigt. Erst in den letzten Jahren finden sich Arbeiten, die auf Modelle und Methoden der Handlungsforschung Bezug nehmen. Ich denke hier an meine eigenen Fallstudien (z.B.: Delanoy, 1994) und an einen Vortrag von Liesel Hermes. Hermes hat bei der Göttinger Fachtagung 1995 ihre Erfahrungen mit Lesetagebüchern im fremdsprachlichen Literaturunterricht vorgestellt (Hermes, 1995). Schließlich liegen m.E. vor allem im kommunikativen Fremdsprachenunterricht Ansätze vor, von denen wichtige Impulse für die Aktionsforschung im Bereich der fremdsprachlichen Literaturdidaktik ausgehen können. Ich denke hier vor allem an die Überlegungen von Legutke & Thomas (1991) zum Entwickeln von Kompetenzen, die Lehrern, Lehrerinnen und Lernern zur gemeinsamen Evaluation des Fremdsprachenunterrichts dienen. Dieses Konzept entspricht im Bereich der englischsprachigen Literaturpädagogik der Vorstellung des gemeinsamen Forschens im Unterricht (vgl. dazu auch: Benton et al., 1988, 220).

4. Rezeptionsästhetik und Ideologiekritik

Die englischsprachige Literaturpädagogik zeichnet sich durch ihre Offenheit für eine Reihe unterschiedlicher rezeptionstheoretischer Ansätze aus. Michael Benton beschreibt das von der englischsprachigen Literaturpädagogik vertretene Konzept der Leserforschung wie folgt:

> "It is inclusive in respect of other strands of contemporary literary theory. It is able to accommodate aspects of, say, narratology or feminist theory within its framework as allies in the effort to elucidate the interaction between text and reader which is its focus of concern" (Benton & Brumfit, 1993, 3).

Diese 'Einschließlichkeit' (*inclusiveness*) ist in den Literaturwissenschaften (dazu zähle ich im Sinne Bredellas auch die Literaturdidaktik) keineswegs eine Selbstverständlichkeit. Im Gegenteil, in den letzten beiden Jahrzehnten hat speziell das Aufkommen ideologiekritischer und poststrukturalistischer Positionen in den Literaturwissenschaften die Tendenz zur Frontenbildung weiter verstärkt. Auch in der fremdsprachlichen Literaturdidaktik findet sich m.E. nicht jene Vielfalt an Ansätzen, die innerhalb der englischsprachigen Literaturpädagogik nachgewiesen werden kann. In der fremdsprachlichen Literaturdidaktik wurde bisher vor allem auf der Grundlage hermeneutisch-rezeptionsästhetisch ausgerichteter Ansätze argumentiert. Es wurden zwar auch semiotische Theorien (z.B.: Barthes, Eco, Greimas) bei der Theorie- und Modellbildung berücksichtigt (vgl. Donnerstag, 1989), doch ist m.E. bisher die ideologiekritische Dimension zu kurz gekommen. Dem sei allerdings ergänzend hinzugefügt, daß mit Bredellas Theorie der Literaturdidaktik sehr wohl bereits ein Rahmen geschaffen wurde, der eine Auseinandersetzung zwischen hermeneutischen und ideologiekritischen Positionen bei literaturdidaktischer Forschung vorsieht (vgl. Bredella, 1976, 133).

Rezeptionsästhetisch-hermeneutisch und ideologiekritisch-poststrukturalistisch ausgerichtete Positionen haben sich für unterschiedliche Zugänge zu ästhetischen Texten stark gemacht, die ich an anderer Stelle als *Verstehen* und *Widerstehen* (*resistant readings*) genauer vorgestellt habe (Delanoy, im Druck). Mit *Verstehen* bzw. *verstehendem Lesen* ist gemeint, daß sich die Leser/innen im Rahmen einer ästhetisch motivierten Lektüre auf die Interaktionsangebote ästhetischer Texte einlassen, um deren Relevanz für die eigene Lebenswelt zu erfahren. Ein *Widerstehen* dient dem Infragestellen ästhetischer Texte und Lektüre, um die ideologischen und politischen Implikationen ästhetischer Kommunikation erfassen zu können. Hermeneutisch-rezeptionsästhetisch ausgerichtete Ansätze haben sich vor allem mit den Bedingungen und Möglichkeiten verstehenden Lesens beschäftigt. Zu den Charakteristika dieser Ansätze zählen eine grundsätzlich positive Bewertung ästhetischer Texte und ästhetischen Lesens sowie ein vorrangiges Interesse am Leserindividuum. Die Relevanz widerstehender Lektüre wurde vor allem aus ideologiekritischer Sicht thematisiert. Bei ideologiekritischen Ansätzen liegt gegenüber ästhetischen Texten und einer ästhetisch motivierten Lektüre eine ambivalente Haltung vor. Zwar wird literarischen Texten und einer ästhetisch motivierten Lektüre potentiell eine kritische Dimension im Sinne ästhetischer Distanz zugesprochen, doch wird gleichzeitig darauf verwiesen, daß das Eintreten in sekundäre Welten zu einer "fesselnden" Lektüre führen kann, die kritischer Reflexion u. U. entgegenwirkt (vgl. Bogdan, 1990, 65). *Widerstehen* bezeichnet demnach die Fähigkeit, sich gegen die möglichen Vereinnahmungsstrategien ästhetischer Texte und Lektüreformen im Interesse gesellschaftskritischer Reflexion zu wehren. Weiters gilt das Interesse ideologiekritischer Ansätze weniger dem Leserindividuum, sondern vielmehr den kulturellen Determinanten, denen Leser/innen bei der Lektüre von literarischen Texten ausgesetzt sind.

Der englischsprachigen Literaturpädagogik ist es gelungen, Voraussetzungen für eine dialogische Auseinandersetzung zwischen den beiden Standpunkten zu schaffen. Dazu hat sicherlich beigetragen, daß Vertreter/innen beider Ansätze Modelle entwickelt haben, von denen aus ein Brückenschlag zum jeweils anderen möglich war. Rosenblatts rezeptionsästhetischer Standpunkt hat sich zwar in erster Linie dem Leserindividuum zugewandt, doch beinhaltet ihre Position auch Verweise auf die kontextuellen Einflüsse, die bei ästhetischer Lektüre zu berücksichtigen sind. Rosenblatt hat Lesen u.a. "as an event involving a particular individual and a particular text, happening at a particular time, under particular circumstances, in a particular social and cultural setting ..." bezeichnet (Rosenblatt, 1978, 20). Dies kann etwa im Sinne ideologiekritischer und poststrukturalistischer Ansätze auch als Verweis auf bestimmte "diskursive Formationen" ausgelegt werden, die die Auseinandersetzung mit ästhetischen Texten beeinflussen.

Von einem ideologiekritischen Standpunkt ausgehend hat die amerikanische radikale Pädagogik (*radical pedagogy*) beim Aufeinanderbeziehen hermeneutisch-rezeptionsästhetischer und ideologiekritischer Positionen eine wichtige Vermittlerrolle gespielt. Ich denke hier vor allem an die Arbeiten von Henry Giroux, auf deren Grundlage sich Vertreter/innen der englischsprachigen Literaturpädagogik mit ideologiekritischen und poststrukturalistischen Theoremen auseinandergesetzt haben (z.B.: Corcoran, 1990). Giroux hat eine ideologiekritische Pädagogik entwickelt, die wesentliche Anliegen verschiedener ideologiekritischer und poststrukturalistischer Ansätze berücksichtigt. Allerdings hält er im Gegensatz zu den Ansätzen von z.B. Bourdieu, Derrida oder Foucault an der Bedeutung des Individuums sowie individuellen Verstehens fest (Giroux, 1983, 90 & 138). Die Position von Giroux zielt somit auf keinen radikalen Bruch mit rezeptionsästhetischen, hermeneutischen Positionen. Vielmehr geht es ihm um ein verstärktes Ausbilden jener Verstehenskompetenzen, die das Erfassen von gesellschaftspolitischen Faktoren erlauben, die das Individuum in seinem Denken, Handeln und Fühlen beeinflussen.

Schließlich wurde von Vertreter/innen beider Standpunkte an der Bedeutung ästhetischer Lektüre festgehalten, wobei ein verstehendes, ästhetisches Lesen bzw. die Evokation ästhetischer Texte als eine wesentliche Voraussetzung für weitere Lernschritte betrachtet wird, die u.a. dem (Weiter)entwickeln ideologiekritischer Kompetenzen dienen können (vgl. Bogdan, 1990; Thomson, 1987). Es wird demnach weiterhin von Methoden ausgegangen, die den Lernern das Einbringen und die Reflexion eigener Lesereaktionen auf der Basis einer ästhetisch motivierten Lektüre erlauben. Allerdings werden diese Reaktionen in verstärktem Maße auf ihr

Potential für eine widerstehende Lektüre beleuchtet. Weiters werden die Schülerrezeptionen in ihrer sozio-kulturellen Dimension diskutiert, um etwa unreflektierte geschlechts- oder rassenspezifische Interessen erfahrbar zu machen, die im Rezeptionsverhalten der Lerner zum Ausdruck kommen (vgl. Naidoo, 1992).

Abschließend sei festgehalten, daß in der englischsprachigen Literaturpädagogik die literaturdidaktische Diskussion durch das verstärkte Miteinbeziehen ideologiekritischer Theoreme sehr bereichert wurde. Das Bemühen um das Herstellen dialogischer Beziehungen hat m.E. beide Positionen dabei unterstützen können, eigene Stärken und Grenzen im Interesse einer Standpunkterweiterung zu reflektieren. So steht am Ende meines Beitrags eine Aufforderung zum literaturdidaktischen Dialog. Ich möchte mit dieser Aufforderung eine Tradition innerhalb der fremdsprachlichen Literaturdidaktik fortsetzen (vgl. Bredella, 1976; Weber, 1978). Der weitere Ausbau dialogischer Beziehungen zwischen verschiedenen Ansätzen und zwischen den unterschiedlichen Literaturdidaktiken erscheint mir als eine elementare Voraussetzung für die Weiterentwicklung literaturdidaktischer Forschung sowohl im Bereich der fremdsprachlichen Literaturdidaktik als auch in ihrer internationalen Dimension.

Danksagung

Die Vorarbeiten für diesen Beitrag wurden während eines Forschungsaufenthalts an der *School of Education* an der Universität in Southampton (GB) geleistet. Ich möchte hiermit der Forschungskommission an der Universität Klagenfurt herzlich dafür danken, daß sie mir diesen Forschungsaufenthalt ermöglicht hat. Weiters gilt mein Dank Michael Benton und Christopher Brumfit, die mich in Southampton bei meiner Arbeit unterstützt haben, sowie Heinz Tschachler für seinen kritischen Kommentar zum Manuskript.

Bibliographie

Applebee, Arthur (1978): *The child's concept of story: Ages two to seventeen.* Chicago: Chicago University Press.
Benton, Michael (1992): *Secondary worlds: Literature teaching and the visual arts.* Buckingham & Philadelphia: Open University Press.
Benton, Michael (1993): Reader response criticism in children's literature. In: Centre for language in education, University of Southampton (Hg.): *Occasional Papers, 15,* 1-42.
Benton, Michael/Peter Benton (1986): *Touchstones,* Bd. 1-4. London & Sydney: Hodder & Stoughton.
Benton, Michael/John Teasey/Ray Bell/Keith Hurst (1988): *Young readers responding to poems.* London & New York: Routledge.
Benton, Michael/Peter Benton (1990): *Examining poetry.* London & Sydney: Hodder & Stoughton.
Benton, Michael/Christopher Brumfit (1993): English literature in a world context. In: Christopher Brumfit & Michael Benton (Hg.), *Teaching literature: A world perspective.* London & Basingstoke: Macmillan, S. 1-7.
Benton, Peter (1986): *Pupil, teacher, poem.* London & Sydney: Hodder & Stoughton.
Benz, Norbert (1990): *Der Schüler als Leser im fremdsprachlichen Literaturunterricht.* Tübingen: Narr.
Bogdan, Deanne (1990): Feminism, Romanticism and the New Literacy in response journals. In: *Hayhoe & Parker,* S. 62-72.
Bredella, Lothar (1976): *Einführung in die Literaturdidaktik.* Stuttgart: Kohlhammer.
Bredella, Lothar (1980): *Das Verstehen literarischer Texte.* Stuttgart: Kohlhammer.
Bredella, Lothar (1984): Lebendiges Lernen im Literaturunterricht: Vorverständnisaktivierende Methoden und Selbsterfahrung bei der Interpretation literarischer Texte. In: Michael Schratz (Hg.), *Englischunterricht im Gespräch: Probleme und Praxishilfen.* Bochum: Kamp.
Bredella, Lothar (1987): Die Struktur schüleraktivierender Methoden: Überlegungen zum Entwurf einer prozeßorientierten Literaturdidaktik. In: *Praxis des Neusprachlichen Unterrichts,* 3, S. 233-248.

Bredella, Lothar/Michael Legutke (Hg.) (1985): *Schüleraktivierende Methoden im Fremdsprachenunterricht Englisch*. Bochum: Kamp.
Britton, James N. (1954): Evidence of improvement in poetic judgement. In: *British Journal of Psychology, 45*, S. 196-208. Dt. Übers. (Empirische Untersuchungen zur Verbesserung der literarischen Urteilsfähigkeit) in: *Heuermann et al. (1975)*, S. 174-191.
Brusch, Wilfried (1986): *Text und Gespräch in der fremdsprachlichen Erziehung*. Hamburg: ELT Verlag.
Corcoran, Bill (1987): *Teachers creating readers*. In: Corcoran & Evans, S. 41-74.
Corcoran, Bill (1990): Reading, re-reading, resistance: Versions of reader-response. In: *Hayhoe & Parker*, S. 132-146.
Corcoran, Bill/Emrys Evans (Hg.) (1987): *Readers, texts, teachers*. Milton Keynes: Open University Press.
Delanoy, Werner (1994): "The way up to heaven (?)": The study of literature and the role of the contextual environment in ESL text interpretation. In: *Literatur in Wissenschaft und Unterricht*, 1, S. 13-26.
Delanoy, Werner (im Druck): Verstehen und Widerstehen im (fremdsprachlichen) Literaturunterricht. In: Delanoy, Werner/Helga Moser-Rabenstein/Werner Wintersteiner (Hg.), *Lesarten: Literaturunterricht im interdisziplinären Vergleich*. Innsbruck: Österreichischer Studien Verlag, S. 48-66.
Dias, Patrick/Michael Hayhoe (Hg.) (1988): *Developing response to poetry*. Milton Keynes & Philadelphia: Open University Press.
Donnerstag, Jürgen (1989): *Rezeptionstheorie und Literaturdidaktik: Literarische Lesestrategien und rock lyrics im Englischunterricht*. Essen: Die blaue Eule.
Enciso, Patricia (1992): Creating the story world: A case study of a young reader's engagement strategies and stances. In: *Many & Cox*, S. 75-102.
Evans, Emrys (1987): Readers recreating texts. In: *Corcoran & Evans*, S. 23-40.
Evans, Emrys (1992): Introduction. In: Emrys Evans (Hg.), *Young readers, new readings*. Hull: Hull University Press, S. 1-13.
Fisher, Margery (1964): *Intent upon reading*. London: Brockhampton Press.
Giroux, Henry A. (1983): *Theory and resistance in education: A pedagogy for the opposition*. Massachusetts: Bergin & Garvey.
Harding, David W. (1962): Psychological processes in the reading of fiction. In: *British Journal of Aesthetics*, 2, S. 133-147. Dt. Übers. (Psychologische Prozesse beim Lesen fiktionaler Texte) in: *Heuermann et al. (1975)*, S. 72-88.
Hayhoe, Michael/Stephen Parker (Hg.) (1990): *Reading and response*. Milton Keynes & Philadelphia: Open University Press.
Hermes, Liesel (1995): *Learning Logs als Instrument der Selbstkontrolle und als Evaluation in literaturwissenschaftlichen Proseminaren*. Vortrag gehalten im Rahmen der 6. Göttinger Fachtagung zum Thema: Fremdsprachenausbildung an der Universität: Der Text im Fremdsprachenunterricht, 2.3.-4.3.1995.
Heuermann, Hartmut/Peter Hühn/Brigitte Röttger (Hg.) (1975): *Literarische Rezeption*. Paderborn: Schöningh.
Heuermann, Hartmut/Peter Hühn (1982): *Fremdsprachige vs. muttersprachige Rezeption: Eine empirische Analyse text- und leserspezifischer Unterschiede*. Tübingen: Narr.
Hunfeld, Hans (1990): *Literatur als Sprachlehre: Ansätze eines hermeneutisch orientierten Fremdsprachenunterrichts*. Berlin & München: Langenscheidt.
Klemenz-Belgarth, Edith (1982): *Amerikanische Leserforschung*. Tübingen: Narr.
Legutke, Michael/Howard Thomas (1991): *Process and experience in the language classroom*. London: Longman.
Many, Joyce/Carole Cox (Hg.) (1992): *Reader stance and literary understanding: Exploring the theories, research and practice*. Norwood: Ablex Publishing Corporation.
Many, Joyce/Donna L. Wiseman (1992): Analyzing versus experiencing: The effects of teaching approaches on students' responses. In: *Many & Cox*, S. 250-276.
Naidoo, Beverley (1992): *Through whose eyes? Exploring racism: Reader, text and context*. London: Trentham.
Nelms, Ben/Don Zancanella (1990): The experience of literature and the study of literature: The teacher-educator's experience. In: *Hayhoe & Parker*, S. 34-48.
Protherough, Robert (1983): *Developing response to fiction*. Milton Keynes: Open University Press.
Protherough, Robert (1987): The stories that readers tell. In: *Corcoran & Evans*, S. 75-92.

Purves, Alan C./Victoria Rippere (1968): *Elements of writing about a literary work*. Research Report No. 9. Champaign, Illinois: NCTE. Dt. Übers. (Elemente der Antwort auf Literatur) in: Dehn, Wilhelm (Hg.) (1974): *Ästhetische Erfahrung und literarisches Lernen*. Frankfurt: Fischer, S. 189-218.

Rosenblatt, Marie L. (1970): *Literature as exploration*. London: Heinemann.

Rosenblatt, Marie L. (1978): *The reader, the text, the poem: The transactional theory of the literary work*. Carbondale: Southern Illinois University Press.

Rosenblatt, Marie L. (1985): Transaction versus interaction – a terminological rescue operation. In: *Research in the teaching of English*, 1, S. 96-107.

Schier, Jürgen (1989): *Schülerorientierung als Leitprinzip des fremdsprachlichen Literaturunterrichts*. Frankfurt/M.: Peter Lang.

Squire, James R. (1964): *The responses of adolescents while reading four short stories*. Research Report No. 2. Champaign, Illinois: NCTE.

Thomson, Jack (1987): *Understanding teenagers reading. Reading processes and the teaching of literature*. Melbourne: Methuen Australia.

Weber, Hans (Hg.) (1978): *Aufforderungen zum literaturdidaktischen Dialog: Kolloquium zum englischen Literaturunterricht*. Paderborn: Schöningh.

Zarillo, James/Cox, Carole (1992): Efferent and aesthetic teaching. In: *Many & Cox*, S. 235-249.

HANS-CHRISTOPH RAMM

Interplay of Minds. Shakespeares Hamlet und King Lear
Eine leserorientierte Deutung

1. Paradigmenwechsel
In den vergangenen zwei Jahrzehnten ist das Interesse der Fremdsprachendidaktik, Literaturwissenschaft und des Theaters an der produktiven Offenheit des dramatischen und poetischen Werkes William Shakespeares auffallend gestiegen. Robert Weimann hat bereits 1967 in seinem auch in englischer Übersetzung vorliegenden Buch *Shakespeare und die Tradition des Volkstheaters* die kommunikative Beziehung zwischen den Theaterstücken Shakespeares und seinem Publikum herausgearbeitet. In genanntem Buch betont Weimann die Verknüpfungen zwischen Theaterproduktion, Sprache, kulturellen Gehalten und Zuschauerrezeption als Organisationselementen der dramatischen Kunst Shakespeares. Die Textgeschichte gibt ihm dabei recht, lagen doch die Stücke in den Händen der Schauspieler. Weimann setzt sich mit den Gehalten der Dramen und den ihnen inkorporierten Elementen des im elisabethanischen Zeitalters hochentwickelten Volkstheaters auseinander. Dadurch stößt er auf die in den Stücken Shakespeares zum Vorschein kommende Legitimationskrise des Königtums und auf die Sinn- und Ordnungskrise der frühneuzeitlichen Moderne in England:

> " (...) the sensibilities and receptivity of the audience and the consciousness and artistry of the drama where (...) mutually influential (...). To understand verbal artistry as an element in the total function of the Shakespearean stage, dramatic speech must be considered both as a process between actors and audiences and as a vision of society, as an integral part of the history of the nation that Shakespeare's theater both reflected and helped to create."
> (Weimann 1987:XII; Weimann 1988)

Der Paradigmenwechsel, der die Texte Shakespeares dem kulturellen Zugriff des durch die Aufklärung geprägten bürgerlichen Bildungstheaters entzieht, wurde in den folgenden beiden Jahrzehnten von Autoren ausgearbeitet, wie sie J. R. Brown (1992), M. Coyle (1992) und K. Ryan (1993) in ihren Anthologien präsentieren. Auch K. Reichert (1985) und D. Mehl (1983) zählen hierzu. Die Autoren sehen Shakespeares Stücke nicht als geschlossene Texteinheiten mit kohärentem Weltbild, sondern lassen die Dramen zu dem werden, was sie zu Shakespeares Zeit waren: soziale Theaterereignisse, Unterhaltung, kulturpolitische Kritik am legitimierten Gotteskönigtum, Inbegriff Fortunas, Plädoyer für den Reichtum menschlicher Möglichkeiten. Der Paradigmenwechsel thematisiert Shakespeares Texte als Skripte, die den dialogisch-kommunikativen Charakter der Stücke in der textgeschichtlich und bühnenpraktisch gewachsenen Beziehung zwischen der dramatischen Sprache Shakespeares, den Zuschauern und den daraus folgenden auf die Stücke zurückwirkenden visionären Zeitdiagnosen ansiedeln. Mit Hilfe der leserorientierten Literaturtheorie Lothar Bredellas läßt sich dieser Paradigmenwechsel in die Unterrichtspraxis umsetzen. Im folgenden wird am Beispiel der didaktisch noch kaum erschlossenen Tragödien *HAMLET* und *KING LEAR* skizziert, wie man mit Schülern der Sekundarstufe II diese Stücke aufgrund ihrer produktiven Offenheit erschließen kann. Dieser Versuch soll die Ausführungen des von R. Ahrens herausgegebenen dreibändigen Werkes *Shakespeare. Didaktisches Handbuch* (1982), die didaktischen Artikel, die in den Jahrbüchern der Deutschen Shakespeare-Gesellschaft erscheinen und die von R. Gibson ab 1992 herausgegebene Reihe *Cambridge School Shakespeare* in bezug auf Verstehensmöglichkeiten heutiger Rezipienten ergänzen. L. Bredellas Theorie bietet für den folgenden Versuch eine praxiserprobte Grundlage. *HAMLET* und *KING LEAR* wurden in verschiedenen Englischleistungskursen getrennt voneinander behandelt.[1] Die von R. Gibson in der oben angegebenen Reihe edierten Bände *HAMLET* und *KING LEAR* lagen noch nicht vor. Es ergeben sich differente Zugänge, deren Anliegen es ist zu zeigen, daß Shakespeares Dramen die Grundidee der Moderne, die Suche nach adäquaten Formen der Gesellschaftlichkeit freier Individuen, zum Vorschein bringen. Die Suche wird gestaltet durch widersprüchliche Erfahrungen, die die individuellen Bühnenfiguren miteinander machen. Sich auf diese Erfahrungen einzulassen heißt, die paradoxen Situationen beider Tragödien mitzuinszenieren und eigene Vorstellungen aufs Spiel zu setzen. Der im Titel genannte Begriff *interplay of minds* bezeichnet diese Herausforderung. Die Bühnenfiguren entwerfen Deutungen ihrer Welt und handeln entsprechend mit- und gegeneinander. Die Leser deuten diese Entwürfe – und dies divergent –, wohl wissend, daß die Bühnenfiguren sie nicht wahrnehmen können. Diese Deutungstextur, durch das von L. Bredella entwickelte interaktive Paradigma sowie durch die produktive Offenheit der Shakespearestücke ermöglicht, wird im folgenden als *interplay of minds* entfaltet.

2. Subjektive Selbstbehauptung in der Frühmoderne

Shakespeares Theaterstücke waren gesellschaftliche Ereignisse. Heute werden sie zu Theaterereignissen, die ihre Intensität aus ihrer kulturkritischen Mimesis entwickeln:

> " (...) in one vital respect (...) the Shakespearean theater precedes the very premises upon which the recent critique of the classical modes of mimesis and representation are based. As soon as we look at the actual forms and functions of mimesis in the plays themselves (and 'Hamlet' here can serve only as a paradigm), Shakespeare's theater appears to sustain a multiplicity of social and cultural functions in the light of which principles of homogeneity, 'closure', and authority in representation are constantly undermined and subverted." (Weimann 1993:276)

Robert Weimann bezieht sich hier auf den Auftritt der Schauspieler im *HAMLET* (III,2), insbesondere auf Hamlets Rede, verallgemeinert aber das Mimesiskonzept in bezug auf alle Bühnenstücke Shakespeares. Er zeigt, daß die elisabethanische Bühne, insbesondere die Shakespeares, keine höhere Wirklichkeit in ungebrochener Repräsentanz darstellte. Vielmehr habe Shakespeare, gegen die aristotelische Einheit des Ortes, der Zeit und der Handlung, eine Beziehung des Darstellenden zum Dargestellten als für die Zuschauer nachprüfbare Illusionsbildung

---

[1] Empfehlenswerte Ausgaben sind: Davies (Hg. *HAMLET* 1988) und Hunter (Hg. *KING LEAR* 1972) sowie parallel dazu: Klein (dt. *HAMLET* 1984) und Borgmeier (dt. *KING LEAR* 1992). Die Bearbeitungszeit betrug je Stück, bei 5 bzw.6 Wochenstunden, ca. 5-7 Wochen. Siehe ferner: Rüdiger Ahrens (Hg.) (1982): *Shakespeare.Didaktisches Handbuch (Bände 1-3)*. München: Fink, Rex Gibson (Hg.) (1992 ff): *Cambridge School Shakespeare*. Cambridge: Cambridge University Press, Werner Habicht/Günter Klotz (Hg) (1986 ff): *Shakespeare Jahrbuch*. Bochum: Kamp, John Russel Brown (Hg.) (1992): *Studying Shakespeare*. London: Macmillan, Susan Leach (1992): *Shakespeare in the Classroom*. Buckingham: Open University Press, Peter Reynolds (1991): *Practical Approaches to Teaching Shakespeare*. Oxford: Oxford University Press.

auf die Bühne gebracht. Daraus läßt sich in bezug auf Rezipienten folgern, daß die Wirkung dieses poetischen Verfahrens darin besteht, den Zuschauern – in vielen der Soliloquies zum Beispiel –, immer mitzuteilen, hier werde Illusion produziert. Shakespeare bringt also, folgt man R. Weimann, die Gefühle, Einstellungen, Aspekte der Subjektivität der Zuschauer mit ins Spiel und ruft bei ihnen den Eindruck hervor, daß man der Handlung mitinszenierend und gleichzeitig um ihre Illusion wissend folgen kann. In diesem reflektiert direkten Zuschauerbezug liegt das moderne Moment des Shakespearschen Theaters und die Chance einer didaktischen Erschließung seiner Aktualität.

Die Zentren der Stücke bilden sich aus der dialektischen Grundstruktur des frühneuzeitlichen Menschen. Dieser erfährt sich vor dem Hintergrund einer aufgelösten mittelalterlichen Ordnung als ortlos, in ständiger Bewegung und Gefahr. Er befindet sich immer auf der Suche nach Quellen der Selbsterhaltung und Sinn. Pico, Ficino, Bruno und Machiavelli haben dieses Menschenbild, wenn auch in unterschiedlicher Akzentuierung, formuliert. An die Stelle der mittelalterlichen Determiniertheit des Menschen durch ihm äußere Autoritäten tritt der wandlungsfähige, sein Geschick planende Mensch, der die durch den Verlust der göttlichen Transparenz entstandene Ordnung als Bedrohung ansieht. In den Shakespearestücken, fünfzig Jahre vor Hobbes auf der Bühne zu sehen, wird der Mensch durch die Todesdrohungen des jeweils anderen, durch Todesfurcht, zum Überleben und zur Selbstbehauptung gezwungen. Frühneuzeitliche Subjektivität begehrt auf gegen einen als nicht mehr sinnbezogen erfahrenen Tod. Diese Umorientierung, die Gottvertrauen durch Selbstvertrauen ersetzt, läßt menschliche Eigenschaften wie praktische Klugheit, Wagemut, Anpassungsfähigkeit, das Erfassen des jähen Moments entstehen (Reichert 1985:137)[2]. In Shakespeares Dramen bilden diese Eigenschaften die produktiven Momente der wesentlichen Themen: die Herauslösung der Individualität aus traditionalen Bindungen, die Emphase des menschlichen Willens, die Planbarkeit menschlichen Handelns gegen die Launen Fortunas, das unaufhörliche In-Bewegung-Sein des Menschen, seine riskierte Freiheit als Neubestimmung subjektiver Selbstbehauptung. Diese Zentren der Shakespearestücke sind die dramatischen Energiequellen der Geschichten, die sie erzählen und im Moment der Illusionsbrechung authentisch erscheinen lassen. Shakespeare zeigt in seinen Dramen, daß die Selbstbestimmung des Menschen in seiner Fähigkeit liegt, vor einer hintergründig wirkenden Schicksalsbestimmtheit seine Lebensgeschichte selbst zu bestimmen. Die Mehrdeutigkeit der Bühnenfiguren läßt sich in die frühneuzeitliche Paradoxie fassen, daß sie die Freiheit haben, sich so zu entscheiden, wie es ihnen bestimmt ist. Die Mehrdeutigkeit entsteht durch das erwähnte poetische Verfahren, das K. Reichert als Merkmal des Kopernikanischen der Shakespearetexte bezeichnet. Shakespeare schneidet – so Reichert – unterschiedliche Sinn- und Symbolsysteme ineinander, wodurch inkohärente Szenenfolgen entstehen, deren Anschluß an das Vorausgegangene oder das Folgende nicht notwendig ist. Shakespeare schreibt also nicht programmatisch, sondern nach dem Prinzip der Relationalität. Die Szenen bauen in einer Mischung von Gegensätzen aufeinander auf, deren Relativität ihnen selbst inhärent ist. Sie sind auf dialektische Vermittlung angelegt. (Reichert 1985:128,115,170,183). Dieses poetische Verfahren läßt die Differenz des Menschen zum Kosmos als Differenz der Individuen untereinander erscheinen und bringt in den gleitenden Bildvorstellungen einen kontingen-

---

[2] Siehe ferner, ders., a.a.O., S. 42, 115 sowie: Hans Ebeling (Hg.) (1976): *Subjektivität und Selbsterhaltung. Beiträge zur Diagnose der Moderne.* Frankfurt/M: Suhrkamp, Reinhart Herzog/Reinhart Koselleck (Hg.) (1987): *Epochenschwelle und Epochenbewußtsein.* München: Fink, Reinhart Koselleck (1979): *Vergangene Zukunft. Zur Semantik geschichtlicher Zeiten.* Frankfurt/M: Suhrkamp, Herfried Münkler (1990): *Machiavelli. Die Begründung des politischen Denkens der Neuzeit aus der Krise der Republik Florenz.* München: Fischer.

ten Weltzusammenhang auf die Bühne, der die Ortlosigkeit des neuzeitlichen Menschen im Illusionsbruch szenisch plausibel werden läßt. Die Sinnkrise der elisabethanischen Umbruchzeit prägt die Traumlogik der Stücke. An die Stelle eines Weltmittelpunktes wird die Vielfalt der Welten ins Spiel gebracht, in denen die Mehrdeutigkeit der Figuren aus der Spannung zwischen Abhängigkeit und Individuation, hintergründiger Schicksalsfügung und aktiver Lebensgestaltung entsteht. So werden Bilder gegen die Determiniertheit, in deren Schatten sie stehen, entworfen. Fortuna, die zum Inbegriff der Renaissance und des frühneuzeitlichen England wurde, erscheint als Bild des Wandels, der Wechselhaftigkeit, des Zufalls und des Nicht-Planbaren, als mythische Grundfigur der Stücke Shakespeares, *"beständig nur in dem einen, unbeständig zu sein."* (Reichert 1985:129,63)

3. *Hamlet* und *King Lear*, Paradoxien

Wie kann man die kulturellen Implikationen der frühneuzeitlichen Subjektivität, die sich in Shakespeares *HAMLET* und *KING LEAR* äußern, mit Jugendlichen so erarbeiten, daß sie sie verstehen und sich mit ihnen auseinandersetzen lernen? Sieht man mit L. Bredella Verstehen als Anstrengung an, die Andersheit des Anderen, die Fremdheit einer anderen Kultur in der Differenz zur eigenen Erfahrung zu erarbeiten, so daß im Verstehen Unterschiede nicht aufgehoben, sondern sichtbar und thematisch werden, dann ergeben sich Zugänge zu der Fortunakonzeption der Dramen Shakespeares. Bredella hat die Theorie des interaktiven Paradigmas entwickelt, durch das Leser, Text und Leser in ein Deutungsverhältnis treten, dessen Zentrum als Dynamik der *creative responses* zu beschreiben ist. Diese entfalten sich aus der Fähigkeit der Rezipienten, auf die Perspektiven der Mitglieder der Lerngruppe und auf die durch die Dramenfiguren evozierten reflektiert einzugehen. Shakespeares *HAMLET* und *KING LEAR* lassen Anfangsgestalten einer modernen Subjektivität im *"Dementi externer Bindungen"* (Henrich 1976:114; Münkler, 1990), mithin in der Neubestimmung einer sich ihrer selbst bewußt werdenden Subjektivität erschließen. (Frank 1993) Entsprechend der Fortunakonzeption weist dieser Prozeß zurück auf eine untergehende Weltordnung und voraus auf die später von Kant formulierte Unverfügbarkeit der Person. Die frühneuzeitliche Paradoxie, die in der Spannung zwischen Autonomie und Bindung, Selbstbewußtwerdung und Selbsterhaltung sichtbar wird, (Buck 1976) gestaltet Shakespeare als komplexes und transformierbares Autoritätsverhältnis:

> "A belief in the need for authority is dyed deep into the fabric of Shakespeare's plays. But so also is a total distrust of authority. It is from this paradox that the mystical concept of kingship arises." (Edwards 1987:47)[3]

Das von P. Edwards benannte *mystical concept of kingship* setzt sich aus der Wandlungsfähigkeit der Figuren, der nicht-planbaren Überblendung der Sinnsysteme in den einzelnen Szenen und dem Illusionsbruch, den die Stücke zur Darstellung bringen, zusammen. Heutige Schüler der Sekundarstufe II können in dieser Transformationsmetaphorik eigene Sozialisations- und Gesellschaftserfahrungen, die Spannungsfelder von Liebe, Gewalt, Identitätsbildung und Tod wiedererkennen. Sie entnehmen Shakespeares Tragödien nicht nur Inhalte, sondern sie bilden, über *creative responses* Bedeutungen, indem sie durch die Figurenwelt der Dramen zu Deutungen evoziert werden:

> " (...) literarische Texte erschließen sich nur, indem wir sie lesen und erfahren, was sie in uns hervorrufen." (Bredella 1985a:61)

---

[3] Weitere ausgewählte Literaturangaben zu Shakespeare, siehe Bibliographie.

Indem wir Shakespeares Dramen lesen, nehmen wir sie nicht unmittelbar, sondern *"durch bestimmte Vorerfahrungen vermittelt"* (Bredella 1985a:79) wahr. Das didaktische Interesse konzentriert sich deshalb auf die im *HAMLET* und im *KING LEAR* zur Sprache kommenden Autoritätsbeziehungen als wechselseitig subjektive Deutungsverhältnisse (Sennett 1993), erschließt über die Interaktionsfigur der Konfliktaustragung graduell die Überblendung der Sinnsysteme, damit den Deutungshorizont der Stücke und richtet sich auf die dilemmatische Struktur der beiden Tragödien. Diese Struktur bewegt, über antagonistische Perspektiven, die Polaritäten in und zwischen den Bühnenfiguren und damit die *Paradoxien des tragischen Konzepts*: Hamlet wird die ihm gestellte Aufgabe nicht lösen, Lear hält seinen Irrtum für Wahrheit. In beiden Tragödien werden, durch die Sichtweisen der Figuren, radikal entgegengesetzte Sinnhorizonte zur Vision einer instabilen Welt, die den Figuren entgleitet. Da die Sozialisations- und Gesellschaftserfahrungen sowie die Ambivalenzen der Spätadoleszenz die Empfänglichkeit heutiger Rezipienten für dilemmatische Erfahrungen erhöhen, liegen hier Analogieerfahrungen vor (Buck 1989), die zum *point of entry* einer Erschließung des *HAMLET* und *KING LEAR* werden.

Beide Tragödien beginnen mit der Evokation paradoxer Ereignisse. Im *HAMLET* besteht die Paradoxie im mehrfach widersprüchlichen Auftritt und Auftrag einer Geistererscheinung, die dem ungefähr 20jährigen Prinzen und Thronfolger Hamlet als Erscheinung des Geistes seines Vaters, des ehemaligen Königs der Dänen, vorkommt. Hamlet ist irritiert und zieht zunächst einmal den zugleich heidnischen und christlichen Auftrag des Geistes sowie die Erscheinung selbst in Zweifel. Gäbe es nicht Augenzeugen, die diese Erscheinung aus differenten Perspektiven wahrnehmen – die Wachsoldaten sind abergläubisch, Horatio sieht sie aus protestantischer Sicht, Hamlet ist skeptisch, die Zuschauer sind neugierig und gespannt –, könnte man von einer *Wahrnehmungstäuschung* des Protagonisten sprechen. Man kann hierin auch ein Zeigen des Stückes auf die Machinationen und Selbstwidersprüchlichkeiten der Illusionsbildung sehen; womit die Ausgangsposition des 1. Aktes zu einem provozierenden Gesprächsangebot für Zuschauer und Leser wird.

Die gesamte Tragödie *HAMLET* wird durchzogen durch die Deutung eines Ereignisses aus unterschiedlichen Perspektiven. *HAMLET* entwickelt die Frage nach der Legitimation des Königtums: (1.) Der Geist stellt eine wiederkehrende Zurücknahme einer historisch überholten kriegerischen Form der Usurpation dar. (2.) Claudius steht für die gewaltsam-intrigante Beseitigung dieser Herrschaftsform. Er agiert staatsmännisch nach außen und innen, kombiniert Kriegsführung und Intrigen. (3.) Hamlet setzt Intrigen an die Stelle der Kriegshandlungen und versucht eine eher intellektuelle Überwindung dieser neuen Herrschaftsform. Dieser Versuch scheitert und Hamlet regrediert zum Usurpator alten Stils. (4.) Die Schauspieltruppe, das höfische Zeremoniell sowie Hamlet bündeln diese Perspektiven in III,2 zur Frage nach der Legitimität und der Repräsentanz königlicher Herrschaft. (5.) Fortinbras läßt die Diskrepanz zwischen Repräsentation und Herrschaftskritik aufscheinen, er kann ein neuer Usurpator werden. (6.) Die Zuschauer und Leser sehen die Entwicklung dieses Geschichtsmodells als Umschlag einer Herrschaftsform in die andere und damit die Auflösung einer linear-statischen Weltzeit in eine dynamisch spiralförmige Entwicklung des Weltgeschehens. So jedenfalls *kann man* den *HAMLET* aufgrund der polyperspektivisch angelegten Figurenkonstellationen *verstehen*. In diesem Modell überblenden sich Claudius, Hamlet, Fortinbras zu mehrdeutig ineinander verschränkten Figuren, die, jede gegen die andere, auf dem Wege zu einer willensstarken und identitätssuchenden Subjektivität – als Herrscher – sind.

Strukturell ähnlich bauen sich die Szenen des *KING LEAR* auf. Die Tragödie spielt in keltisch-vorchristlicher Zeit. Mehrdeutig wie der auf das elisabethanische England zielende Zeitbezug sind auch die Protagonisten, insbesondere Lear. Zweiundachtzigjährig teilt er sein Reich in einer öffentlich veranstalteten Liebesprobe unter seinen drei Töchtern auf. Er erzwingt von Goneril und Regan Liebesgeständnisse, verstößt Cordelia, seine jüngste Tochter, sein Lieblingskind, weil sie eine geheuchelte Antwort verweigert. Des Reiches verweist er auch Kent, einen seiner getreuesten Gefolgsleute. Kent versuchte Cordelias Anliegen zu klären. Allein die Learfigur ruft eine Reihe von Fragen hervor, die in bezug auf ihre Individualität nicht beantwortet werden können. Die irritierenden Widersprüche und Selbstwidersprüche zwischen dem Potentaten und seinen Töchtern werden erst erschließbar, wenn man ihre Sichtweisen aufeinander und die Kents auf diese Variationen von Dreierkonstellationen zu Ausgangspunkten der Deutung macht. Später wird Edgar/Poor Tom eine Position gegenüber den Vätern Lear und Gloucester einnehmen, die die verantwortungsbewußt-gehorsame Sichtweise Kents durch eine Mischung aus Mitgefühl und Dämonie ergänzt. Edgar weist erneut auf die Illusionsbildung der Ereignisse – der Sturz Gloucesters von den Klippen, den es nur in Gloucesters Phantasie gibt – hin.

Jeder der Protagonisten in *beiden Tragödien* wechselt Rollen und Perspektiven, so daß die Relativität des Arrangements der Szenen durch die Relativität der Perspektiven der Hauptfiguren und ihrer Handlungsalternativen entsteht. Im Zentrum des *HAMLET* und des *KING LEAR* steht nicht die Faktizität des Mordes am König von Dänemark bzw. die der Reichsverteilung durch Lear. Im Zentrum steht der Prozeß der wechselseitigen Wahrnehmung der Protagonisten, die Deutung der Handlungen der jeweils anderen Figur aus egoistischer oder verantwortungsbewußter Sicht sowie das Verstehen eines jeweiligen Ereignisses aus differenten Perspektiven. Die Handlung dieser Dramen wird durch die Interessenunterschiede der Protagonisten, die dadurch bewirkten Wandlungen oder Überblendungen der Weltbilder, die notwendig erscheinenden Umschläge des einen Sinnhorizonts in den anderen vorangetrieben. Es entstehen vieldeutige, zur produktiven Auseinandersetzung anregende Universen. E. A. J. Honigmann formuliert dies in bezug auf die Bühnenfiguren und die von ihnen jeweils umdefinierten Situationen:

"Shakespeare's characters are also life-like in being presented to us from many points of view, which we have to piece together." (Honigmann 1992:126)

Die Protagonisten gehen von lebensweltlich unterschiedlichen Voraussetzungen aus. Zwischen ihnen kommt es zur *Interaktionsbeziehung der Konfliktaustragung* um die Ressourcen Macht, Besitz und gesellschaftliche Anerkennung. Da sie die Situationen, in denen sie sich befinden, selbst definieren, entsteht im *HAMLET* ein auf informeller Kommunikationsbasis aufgebautes Spitzelsystem, in dem sich die Sinnsysteme *alte hierarchische Feudalordnung* und *neue auf Gleichberechtigung pochende frühbürgerliche Ordnung* überblenden (Fietz 1989). Es entwickelt sich ein differenzierter Machiavellismus der Figuren, dessen Bandbreite von Hamlets Taktik der *antic disposition* bis zu Claudius Mordanschlägen reicht. Fortuna wird in diesem Stück zur politischen Variablen der Kalkulation auf den eigenen Vorteil (Münkler 1990) und zur unvorhersehbaren Schicksalsmacht, die das Deutungsverhältnis zwischen den Vertretern der alten und der neuen Weltordnung als transformationsfähig bestimmt. Auch im *KING LEAR* überblenden sich die Sinnsysteme *alte* und *neue Weltordnung*, wobei als negativ-impulsgebendes Vermittlungsmoment ein drittes Sinnangebot, die Welt der äußeren und inneren Natur (Heide, Sturm, Wahnsinn, Dämonen), hinzukommt. Vom 3. Akt des Dramas an werden Kalkül, Verzweiflung und Wahnsinn zu *den* Quellen der Figurenbeziehungen des *KING LEAR*, die sie von Anfang an sind. So wird, stets erneut, die Widersinnigkeit menschlichen Handelns zum Sinnhorizont dieser Tragödie und zum impulsgebenden Moment der Inversionsstruktur dieses

Dramas. Die Überblendung der Sinnsysteme führt in *beiden Tragödien* zu paradoxen Schlüssen. Hamlet regrediert zum gnadenlosen Mörder und nimmt damit seine schrittweise Herauslösung aus traditionalen Bindungen zurück. Faszinierend wird er dadurch, daß er die Regression zum Thema der Geschichte macht, die Horatio den folgenden Generationen erzählen soll. Damit wird Brechts Diktum fragwürdig, daß Shakespeare den Untergang des Feudalismus zur Tragödie werden läßt. Lear erkennt seinen Irrtum und kann bei allen Wandlungen, die er durchlaufen hat, jetzt nichts mehr bewirken. Zwar gewinnt er seine verstoßene Tochter wieder, muß aber ihrem und seinem Tod ins Auge sehen. Seine durch den Wahnsinn gewachsene menschliche Größe kann menschlich und politisch nicht mehr eingebracht werden. Seine Welt geht mit ihm unter.

Am Ende beider Stücke kommt es zu alternativen Schlußmöglichkeiten (*HAMLET*, IV / *LEAR*, V, 3) und zu anregend offenen Dramenschlüssen. In diesen wird Usurpation gegen den unermeßlichen Reichtum menschlicher Möglichkeiten – man erinnert sich an Montaignes Essais – abgesetzt. Usurpation aber bleibt als Negation menschlicher Freiheit im Blick.

4. Der Verstehensprozeß

Die zentralen Konflikte im *HAMLET* und im *KING LEAR* ergeben sich aus der Überblendung der Sinnsysteme und der mit ihnen gegebenen deutungsdifferenten Perspektiven. Durch sie entstehen die bipolaren Spannungen in und zwischen den Bühnenfiguren, die als Dynamik zwischen Distanz und Nähe, Abgrenzung und Versöhnung, Verschiedenheit und Ähnlichkeit zu bezeichnen sind. Kontingente Augenblicke lassen sich immer dann ausmachen, wenn der Sinn, den eine Figur ihren Handlungen gibt, den Handlungssinn einer anderen unvorhergesehenerweise durchkreuzt. Dies ruft eine Umdeutung der jeweiligen Situationen hervor. Es entsteht ein variatives Situationsmuster, das durch die folgenden *Erschließungsfragen* durchschaubar wird: *Welchen Sinn geben die Figuren ihren Handlungen? Welche Interessen und Taktiken verfolgen sie? Wie nehmen sich die Figuren wahr? Wie werden sie von den anderen wahrgenommen? Wie wollen sie wahrgenommen werden? Dominieren egozentrische oder partnerbezogene Absichten? Was wissen die Bühnenfiguren voneinander? Was wissen wir über sie und ihre alternativen Handlungsmöglichkeiten?*

Diese Fragen werden den Schülern *nicht direkt* gestellt. Vielmehr bilden sie für den Unterrichtenden ein lernzielorientiertes methodisches Instrument zur Anregung leserbezogener Aktivitäten (*creative responses*). Sichtbar werden (1.) die subjektiven Spielräume, die das Autoritätsverhältnis im *HAMLET* und im *KING LEAR* transformieren, (2.) der differenzierte Machiavellismus der Protagonisten, der dadurch entsteht, daß die eine Bühnenfigur sich aus der machiavellistischen Perspektive der jeweils anderen sieht und sich dagegen abgrenzt – hier liegt ein wichtiges Moment der Selbsterhaltung frühmoderner Subjektivität –, (3.) die Deutungsvielfalt der Protagonisten und die nicht-normative Struktur der Situationen, die sie entwickeln, (4.) die Interaktionsbeziehung der Figuren als Konfliktaustragung, durch die sich die Auflösung des mittelalterlichen Substanzdenkens in die Kontingenzerfahrungen der frühen Neuzeit vollzieht, (5.) der Illusionsbruch als Teil der variativen Struktur der Tragödien, (6.) das ihnen zugrundeliegende Fortunakonzept als dilemmatisch strukturierte Kulturkritik (Tragödie) der frühen Neuzeit. Das Erschließen und Verstehen der Tragödien *HAMLET* und *KING LEAR* läßt sich auf diese Weise mit L. Bredellas leserorientierten Theorie als *Interaktion* bestimmen,

" (...) in der der Text durch die Tätigkeiten und Reaktionen des Lesers konkretisiert wird."
(Bredella 1985a:80)

Die entsprechenden Aufgaben stehen in Zusammenhang mit den *Erschließungsfragen* und unterstützen die sinnbildenden Fähigkeiten der Rezipienten. Wichtig werden dabei Methoden, die das Vorverständnis der Leser aktivieren, damit sie ihre Erwartungen an die beiden Tragödien artikulieren können und um sie neugierig und kreativ werden zu lassen. In dieser *Responsestruktur* werden die Implikationen der Kulturkritik Shakespeares von den Rezipienten wiedererkannt und kritisch beleuchtet. Die besondere Gestalt dieser Texte tritt in ihren Blick:

> "Zunächst einmal müssen sich die Schüler mit dem literarischen Text auseinandersetzen. In der 'creative response' kommt (...) auch eine Interpretation des Textes zum Ausdruck. In einem weiteren Schritt kann die 'creative response' auf den Text zurückbezogen,und es können Gemeinsamkeiten und Unterschiede zwischen ihnen hervorgehoben werden." (Bredella, 1985a:75)

Die Verstehenskategorie der *creative response* bewirkt die schöpferische Nutzung möglicher und verfügbarer Interpretations- und Handlungsressourcen. Sie bestimmt das Zusammenspiel zwischen Text und Lesern, sie ruft die mitdeutende Phantasie in bezug auf literarische Figuren und ihr Verhalten sowie auf einzelne Aussage- bzw. Satzstrukturen und Metaphern hervor, sie bewirkt den Diskurs und die Aktivitäten der Mitglieder der Lerngruppe. Verstehen ist also nicht bloße Wissensvermittlung sondern ein kreativer Prozeß der Selbstbewußtwerdung:

> "Indem (...) die Lernenden an der Sinnbildung beteiligt sind, wird die Frage der bloßen Wissensvermittlung zu einer der Bildung, bei der es darum geht, wie das Subjekt durch das, was es lernt und versteht, verändert wird.(...) Verstehen des Anderen (impliziert) immer auch Selbstreflexion und ein differenziertes Selbstverständnis." (Bredella 1994:83; Frank 1993)

In dieser intersubjektivitätstheoretischen Perspektive (Honneth 1992) ist die normative Idee einer spätmodernen autonomen Persönlichkeit mitgedacht. Bredella sieht den Verstehensprozeß als grundsätzlich unabschließbar an, weil Subjekte beim Verstehen an der Sinnbildung beteiligt sind. Daraus folgert er, daß *"durch das Verstehen die Andersheit des Anderen nicht zerstört, sondern überhaupt erst erfahrbar"* wird.(Bredella 1994:103)

Die Erschließung des *HAMLET* und des *KING LEAR* läßt sich demgemäß durch folgende Methoden, die in Auswahl vorgestellt werden, in Gang setzen:
1. Aufbau der Lesererwartungen über die Aktivierung des Vorverständnisses.
2. Spielerischer Umgang mit bestimmten Textstellen.
3. Umsetzung ausgewählter Szenen in szenische Darstellungen.
4. Erfragen der Figurenkonstellationen und ihrer Selbst- und Fremdbilder.
5. Selbständige Auswahl von Textstellen.
6. Auseinandersetzung mit schwierigen Textstellen.
7. Entwurf alternativer Handlungen und Befragen ihrer Konsequenzen.
8. Heranziehung von visuellem Material, Collagen, Film zum Vergleich.
9. Herstellen eigenen audio-visuellen Materials.
10. Textstellen übernehmen, auf andere Situationen oder eigene Erfahrungen anwenden.

(Bredella 1985a:54-82)

In bezug auf Shakespeares *HAMLET* und *KING LEAR* lassen sich diese Methoden in ein *drei-phasiges* Verstehensmodell einbinden, in dessen Zentrum die Leser und ihre *creative responses* stehen. Diese *drei Phasen* kann man so bezeichnen:

(1.) *Vorverständnisübungen* zum Thema Subjektivitäts- und Autoritätsvorstellungen heutiger Jugendlicher (*Diagramme 1,2*).

(2.) *Rekonstruktion* des literarischen Textes. Hier geht es in Rückbezug auf die erste Phase und in bezug auf den Text/das Script um eine in *Schwerpunkten* dynamisierte Textauseinander-

setzung. Shakespeares Tragödien setzen die Autoritätsvorstellungen heutiger Jugendlicher und ihre Subjektivität als nicht-selbstverständliche Unverfügbarkeit aufs Spiel.
(3.) *Reflexion* auf den Verstehensprozeß insgesamt. Ein rückblickender Vergleich nochmals ausgewählter Textstellen, eine Auswahl noch nicht besprochener Szenen, Reflexion des Verlaufs des Verstehensprozesses, Fragen, die historische Dokumente und die Sekundärliteratur aufwerfen, eine Theaterproduktion ausgewählter und neuzusammengestellter Szenen sind zentral. Die drei Phasen greifen ständig ineinander. Sie sind *nicht* so deutlich wie hier voneinander *zu trennen. (Diagramm 3)*

Die *Vernetzung der Phasen* geschieht durch Rückgriffe und Vorgriffe auf Materialien und Aktivitäten, durch ein Journal, das in Loseblattfolge die Aktivitäten des Verstehensprozesses des *HAMLET* und des *KING LEAR* protokolliert sowie durch audio-visuelles Material[4], das diese beiden Tragödien in unterschiedlichen Versionen präsentiert. Unterrichtserfahrungen haben gezeigt, daß die Leserhypothesen, die in der Vorverständnisphase gebildet werden, dem Verstehensprozeß nicht äußerlich bleiben. Vielmehr ist die *Vorverständnisphase integraler Bestandteil des Verstehensprozesses insgesamt, da Verstehen sich immer auf Grund schon gemachter Erfahrungen vollzieht.* (Bredella 1980; Buck 1989; Frank 1993)

5. Creative responses
5.1 Vorverstehensphase

In der *ersten Phase* des Verstehensprozesses aktivieren die *pre-reading activities* lebensweltliche Erfahrungen der Rezipienten in bezug auf widersprüchliche Sozialisations- und Gesellschafterfahrungen. Über das Angebot *dilemmatischer Situationen* kommen diffuse Autoritäts- und Subjektivitätserfahrungen zur Sprache, die vor dem Hintergrund einer pluralistischen Lebenswelt mit U. Beck(1986) den solipsistischen, mit S. Benhabib (1995), A. Honneth (1992), H. Joas (1989) und L. Bredella (1994, 1995) hingegen den reflektiert dialogischen Charakter spätmoderner Subjekterfahrung thematisieren. Letzterer ist immer zuerst am konkreten Anderen und dann am konkreten Allgemeinen interessiert. Mit S. Benhabib läßt sich dieser auf wechselseitigem Verständnis – nicht unbedingt auf Konsens – aufbauende Subjektcharakter des ausgehenden 20. Jahrhunderts so beschreiben:

> "Zu wissen, wie man eine bestehende zwischenmenschliche Beziehung aufrechterhält, bedeutet zu wissen, was es heißt, ein Ich zu sein, zu wissen, daß Ich für Dich ein anderer bin und daß Du ebenso ein Ich bist für dich selbst und ein anderer für Mich. Hegel nennt diese Struktur 'Anerkennung'. Kommunikative Handlungen sind Handlungen, durch die wir solche zwischenmenschlichen Beziehungen aufrechterhalten und durch die wir die Umkehrbarkeit der Perspektiven, die zum Wesen 'erwachsener' Beziehungen gehören, in die Praxis umsetzen. Die Entwicklung dieser Fähigkeit, die Perspektiven umzukehren und uns den moralischen Gesichtspunkt zu eigen zu machen, sind eng miteinander verknüpft." (Benhabib 1995:71)[5]

---

[4] Empfehlenswerte Audio-Cassetten im Vergleich sind: *HAMLET*, Harper Collins Audio Books (Paul Scofield), *HAMLET*, Random Century Audiobooks (Kenneth Branagh), *KING LEAR*, Harper Collins Audio Books (Paul Scofield) und *KING LEAR*, Random House Audiobooks (John Gielgud). Empfehlenswerte Video-Cassetten im Vergleich sind:
HAMLET, BBC-Version von 1980, *HAMLET*, Laurence Olivier, 1980, *KING LEAR*, BBC-Version von 1988, *KING LEAR*, Laurence Olivier, 1983.

[5] Diese Relativierung des Universalisierungsgrundsatzes durchzieht Benhabibs Buch; Lothar Bredella 1994, a.a.O., Axel Honneth (1992): *Kampf um Anerkennung. Zur moralischen Grammatik sozialer Konflikte.* Frankfurt/M: Suhrkamp, Hans Joas (1989): *Praktische Intersubjektivität. Die Entwicklung des Werkes von*

In dieser kritischen Meadrezeption, die zugleich eine bewußte Schwächung des von Habermas vetretenen Universalisierungsgrundsatzes mitdenkt, tritt der konkrete Andere in seiner Subjektivität und Individualität an erster Stelle in den Blick. Dies schließt eine Ausdehnung des Blicks auf größere Kollektive und die Menschheit keineswegs aus, beugt aber einem vorschnellen Abstrahieren von der Situation, in der sich der konkrete Andere befindet, vor. Erarbeitet man mit Rezipienten der Sekundarstufe II, in Hinblick auf die Erschließung der beiden Shakespearetragödien, dilemmatische Situationen, so kommt die Diffusion ihrer Autoritäts- und Subjekterfahrungen in der Überschneidung je konkreter eigener Lebenserfahrungen zum Ausdruck. Über diese Schnittpunkte werden Auseinandersetzungen initiiert, die das Autoritätsverhältnis als Deutungsbeziehung und damit durch Ablösungsprozesse transformierbar aufzeigen. Über allgemeine familienbezogene Situationen lassen sich *Leser-* und *Arbeitshypothesen* bilden, die während der Erschließung der beiden Tragödien modifiziert werden.

Es folgen Beispiele, die auf beide Tragödien bezogen werden können [6] : *Fathers and Daughters / Fathers and Sons*

Diese 'pre-reading activites' thematisieren familiäre dilemmatische Situationen. Sie sollen *differierende Perspektiven und Erwartungshaltungen* zum Ausdruck bringen.

Today relationships between fathers, daughters and sons are full of mixed messages and contradictions.

Consider the following patterns of interaction: *acceptance and rejection / fear and hope / gratitude and surrender*. Apply them to the following situations and to *HAMLET / KING LEAR*, Act I (pair or group activities).

(a) Nancy is a woman who has returned to law school after twenty years as a performer and political activist. When she does her assignments for school she realizes that she wastes an enormous amount of time and energy trying to do each assignment perfectly. She remembers her father, who was a truck driver with a great sense of humour. He treated his first daughter like a son.

Another student, Ann, acts smart, cute and coy when she is together with her boy-friend or with other students. Her father always wanted her to be 'his little girl'.

Compare these two young women and their lifestyles. Imagine a situation where both women become involved in conflicts. What would the solutions be? How could Nancy and Ann develop feelings of self-assurance and self-confidence?

(b) Father is the boss in the Miller family. Mother assumes a peacemaking position regarding her own and her daughter's relationship with him. Work out possible patterns of conflict. What would the daughter say to her father if she were not his child but a good friend of the family?

Jean who is 18 now learns in her relationship with her father that she is something other than a 'mother' / 'little girl'. She begins to explore who she could possibly be.

(c) Jerry, 18, and David, 13, live together with their father who is a single parent. Jerry complains that his father has been so critical of him all those years. David likes doing simple things with his father and enjoys being with him.

What do you think about these three sons and two fathers? Work out dialogues or scenes.

G. H. Mead. Frankfurt/M: Suhrkamp, Hans Joas (1992): *Die Kreativität des Handelns*. Frankfurt/M: Suhrkamp.

[6] Weitere Beispiele sowie Diagramme habe ich in dem Vortrag "Vaterbilder in Shakespeares Tragödien *HAMLET* und *KING LEAR*" im Sprachlehrzentrum der Georg-August-Universität Göttingen, am 3.März 1995, zur Diskussion gestellt.

Zur Verdeutlichung der *Dilemmastruktur* wurde von den Rezipienten und dem Unterrichtenden ein *Diagramm* (*Diagramm 1*) entworfen, das anhand eines Beispiels einen *Interessenkonflikt als Interaktionsbeziehung* zwischen Vater und Sohn zeigt. Ein weiteres im Unterricht entstandenes *Diagramm* (*Diagramm 2*) zeigt den adoleszenten Ablösungsprozeß als Erfahrungsveränderung für Eltern und Jugendliche auf. Beide Diagramme sowie *ein drittes* zur Dialektik und Perspektivenumkehr des Autoritätsverhältnisses in der Sozialisation (Ramm 1995) konnten als *weitgefaßte Arbeitshypothesen* für die Erschließung des *HAMLET* und des *KING LEAR* verwendet werden. Während der Vorverstehensphase haben die Rezipienten Zeit, sich in die jeweilige Tragödie einzulesen.

5.2 Rekonstruktionsphase
Ein zweiter Annäherungsschritt an die beiden Tragödien bestand in der Durchführung von *starters*, die szenisches Material aus den Stücken zu leserbezogenen Aktivitäten werden ließ. Auch hier handelt es sich um *hermeneutische Vorgriffe*. Aufgrund des *inneren Zusammenhanges von Erfahrungen, Lernen und Texterschließung, in dem Erfahrung Grund und Anfang jeden Verstehens ist*, sollte man sich Zeit für diese Aktivitäten nehmen. Desto eher verstehen die Rezipienten, eigenständig und sicher mit *HAMLET* und *KING LEAR* umzugehen. *Diagramm 4* (Hamlet-Geist) zeigt[7], wie unterschiedlichste Einstellungen aktiviert werden können. Man kann dieses Arbeitsblatt an den Anfang oder an das Ende der Rekonstruktionsphase setzen. Kommen noch Vergleiche mit den Video- und Filmversionen dieser Szenen hinzu (s. *Fn 4*), so wird, am Beispiel *HAMLET*, die Selbstwidersprüchlichkeit der Geistererscheinung und Hamlets Reaktion, die aus Sicht der Rezipienten von Unterwerfung bis zum Zweifel gegenüber dem Geist und Hamlets Identität reicht, vollends deutlich. Diese *activity* wird zu einer weiterführenden, provozierenden Deutungsvorgabe. Eine ähnliche Wirkung kann durch die didaktische Erschließung des 1. Aktes des *KING LEAR* erzielt werden (s. *Fn 7*).

5.3 Reflexionsphase
Schwerpunkte der Reflexionsphase sowie ihr Stellenwert im Verstehensprozeß wurden oben beschrieben. Unterrichtspraktisch haben sich außerdem folgende Situationen bewährt: – Die Rezipienten stellen eine VIP-Parade der Protagonisten vor und verleihen Preise. (Impuls: *Heroes and Fools don't like each other*). – Ereignisse um die *dumb-show* (*HAMLET*) / in der Gerichtsszene auf der Heide (*KING LEAR*) werden in Ergänzung nicht anwesender Bühnenfiguren gespielt (Verwendung der JOURNALE).- Akt IV (*HAMLET*) und Akt V,3 (*KING LEAR*) deuten alternative Lösungen zu den tatsächlichen Schlüssen der Tragödien an.

6. Abschließende Bemerkung
Die produktive Offenheit des *HAMLET* und des *KING LEAR* läßt sich mit Hilfe der leserorientierten Literaturtheorie L. Bredellas von jugendlichen Rezipienten erarbeiten. Verstehbar wird die frühneuzeitliche Paradoxie, die darin zum Ausdruck kommt, daß die Bühnenfiguren so

---

[7] Weitere Beispiele, besonders zu den *starters*, in: Hans-Christoph Ramm (1991) : Unterrichtserfahrungen mit Shakespeares *HAMLET* im Englischleistungskurs. In: Neusprachliche Mitteilungen aus Wissenschaft und Praxis, Heft 4/1991, S. 227-233; Hans-Christoph Ramm (1995): 'Lear's shadow'. Zugänge zu Shakespeares Drama *KING LEAR* im Englischunterricht der Sekundarstufe II. In: Neusprachliche Mitteilungen aus Wissenschaft und Praxis, Heft 4/1995, S. 228-234.

handeln wie es ihnen bestimmt zu sein scheint. Die in beiden Tragödien zum Vorschein kommende Fortunakonzeption ist Ausdruck einer dilemmatischen Subjekterfahrung, die sich im Prozeß der Herauslösung aus traditionalen Bindungen befindet und darin selbstbewußt und gewissenlos, praktisch klug und durchsetzungsfähig erscheint. Das von Machiavelli gezeichnete Bild des Subjekts, das in Fortuna eine politische Variable sieht, durch die alles, was sich dem menschlichen Zugriff entzieht, auf den Begriff zu bringen ist, (Münkler 1990:302-311) wird in Shakespeares Dramen zur Metapher, die das Launische, Wandlungsfähige und Willkürliche menschlicher Beziehungen in die Dialektik von Abhängigkeit und Individuation verwandelt. (Reichert 1985) Shakespeares poetisches Verfahren läßt die Kontingenzerfahrung der frühen Neuzeit im Illusionsbruch seiner Stücke plausibel werden.

Hier liegt die Gemeinsamkeit zu und die Differenz zwischen den historisch entfernten Epochen *frühe Neuzeit* und *Postmoderne*. Die Gemeinsamkeit kommt in der durch Kontingenz bewirkten Dynamisierung zwischenmenschlicher Erfahrungen und dem aus ihr folgenden variativen Situationsmuster, das die Tragödien vorstellen sowie im humanen Entwurf einer zu befreienden Individualität zum Ausdruck. Die Differenz liegt im Fortunakonzept, das an die Stelle einer im elisabethanischen Zeitalter noch nicht formulierten Gesellschafts- und Staatstheorie tritt. Dieses Konzept bringt die Dialektik von Abhängigkeit und Individuation vor dem Hintergrund einer indirekt wirkenden Schicksalsmacht zum Ausdruck. Diese wirkt in den Shakespearestücken nicht – wie heute – als gesellschaftlich partikularisierte Erfahrung, sondern als mythischer Sinnhorizont des Menschen. Es ist diese Differenz, die heutige Rezipienten und Theaterleute fasziniert. Durch die von L. Bredella entwickelte Methode der *creative responses* läßt sie sich erarbeiten. Spätmoderne Subjekterfahrung spiegelt sich als fremde in der frühneuzeitlichen. Eine längst vergangene Zeit wird, über die Erschließung der dilemmatischen Struktur der Tragödien und der darin zum Vorschein kommenden tragischen Vision einer sich selbst entgleitenden Welt, in brisanter Weise aktuell. Sie bewirkt über die *hermeneutische Erfahrung* einen Horizontwandel und wird zum Gesprächs- und Theaterstoff. So ging beispielsweise Steven Berkoff, der 1979 *HAMLET* zu einem unerhörten europäischen Theaterereignis machte, mit seinen Schauspielern von der Erfahrung aus: "*Let the play speak for itself (...).*"(Berkoff 1989:198) Daß das Stück auf seine Realisierung wartet, sagt auch die leserorientierte Literaturtheorie Bredellas. Am Beispiel der Ophelia – und dies darf für *HAMLET* und *KING LEAR* gelten – führt Berkoff aus:

> "How we experimented with Ophelia! We wanted to avoid (...) the clichés (...). We had to see the madness from her point of view and not make her look dotty. It's too easy and unsympathetic. We must look through her eyes; it is the world that is mad when you are (...). We must make the world mad in Ophelia's eyes." (Berkoff 1989:176-177)

Rezipienten haben ein Gespür für dieses reflektierte *interplay of minds*; diesen den Illusionsbruch mitproduzierenden Blick.

7. Bibliographie

Ahrens, Rüdiger (Hg.) (1982): *Shakespeare. Didaktisches Handbuch* (Bände 1-3). München: Fink.
Beck, Ulrich (1986): *Risikogesellschaft. Auf dem Weg in eine andere Moderne*. Frankfurt/M: Suhrkamp.
Benhabib, Seyla (1995): *Selbst im Kontext. Gender Studies*. Frankfurt/M: Suhrkamp.
Steven Berkoff (1989): *I AM HAMLET*. London: Faber.
Borgmeier, Raimund (1992): *William Shakespeare : KING LEAR/KÖNIG LEAR*. Übersetzt von Raimund Borgmeier, Barbara Puschmann-Nalenz et al. Reclam: Stuttgart.
Bredella, Lothar (1980): *Das Verstehen literarischer Texte*. Stuttgart: Kohlhammer.

Bredella, Lothar (1981): Wozu Literatur in Schule und Hochschule? In: *Englisch Amerikanische Studien*, Heft 1, S. 31-49.

Bredella, Lothar (Hg.) (1984): *Die USA in Unterricht und Forschung*. Bochum: Kamp.

Bredella, Lothar (1985 a): Lesererfahrungen im Unterricht. Kognitive und affektive Reaktionen bei der Lektüre literarischer Texte. In: Lothar Bredella/Michael Legutke (Hg.): *Schüleraktivierende Methoden im Fremdsprachenunterricht*. Bochum: Kamp, S. 54-82.

Bredella, Lothar (Hg.) (1985 b): *Das Verstehen einer paradoxen Epoche in Schule und Hochschule. The American 1920s*. Bochum: Kamp.

Bredella, Lothar (1990): Leserorientierte Literaturtheorie und Literaturunterricht. In:Albert-Reiner Glaap (Hg.): *Anglistik heute. Perspektiven für die Lehrerfortbildung*. Frankfurt/M : Scriptor, S.167-198.

Bredella, Lothar (1994): Der amerikanische Dokumentarfilm: Zugang zur amerikanischen Wirklichkeit. In: Lothar Bredella /Günter H. Lenz (Hg.): *Der amerikanische Dokumentarfilm: Herausforderungen für die Didaktik*. Tübingen: Narr, S.81-107.

Bredella, Lothar (1995): Einleitung: Verstehen und Verständigung als Grundbegriffe und Zielvorstellungen des Fremdsprachenlehrens und – lernens? In: Lothar Bredella (Hg.): *Verstehen und Verständigung durch Sprachenlernen?* Bochum: Brockmeyer, S.1-34.

Brown, John Russel (Hg.)(1992): *Studying Shakespeare*. London: Macmillan.

Buck, Günther (1976): Selbsterhaltung und Historizität. In: Hans Ebeling (Hg.): *Subjektivität und Selbsterhaltung*. Frankfurt/M:Suhrkamp, S.208-302.

Buck, Günther (1989): *Lernen und Erfahrung*. Darmstadt: Wissenschaftliche Buchgesellschaft.

Coyle, Martin (Hg.) (1992): *William Shakespeare: HAMLET*. London: Macmillan.

Davies, B. (Hg.)(1988): *The Alexander Shakespeare. HAMLET*. London: Collins.

Damon, William (1977): *The Social World of the Child*. San Francisco: Jossey-Boss.

Dean, Leonard, F. (Hg.)(1967): *Shakespeare. Modern Essays in Criticism*. London: Oxford University Press.

Drakakis, Johan (Hg.)(1992): *Shakespearean Tragedy*. London: Longman.

Ebeling, Hans (Hg.)(1976): *Subjektivität und Selbsterhaltung. Beiträge zur Diagnose der Moderne*. Frankfurt/M: Suhrkamp.

Eckensberger, Lutz (1986): Handlung, Konflikt, Reflexion: Zur Dialektik von Struktur und Inhalt im moralischen Urteil. In:Wolfgang Edelstein/Gertrud Nunner-Winkler(Hg.): *Zur Bestimmung der Moral*. Frankfurt/M: Suhrkamp, S.409-442.

Edwards, Philip (1987): *Shakespeare. A Writer's Progress*. Oxford: Oxford University Press.

Fietz, Lothar (1989): 'Thou, Nature, Art My Goddess' – Der Aufklärer als Bösewicht im Drama der Shakespeare-Zeit. In: Jochen Schmidt (Hg.): *Aufklärung und Gegenaufklärung in der europäischen Literatur, Philosophie und Politik von der Antike bis zur Gegenwart*. Darmstadt: Wissenschaftliche Buchgesellschaft, S.184-205.

Frank, Manfred (1993): Fragmente einer Geschichte der Selbstbewußtseins-Theorie von Kant bis Sartre. In: Manfred Frank (Hg.): *Selbstbewußtseinstheorien von Fichte bis Sartre*. Frankfurt:Suhrkamp,S.413-599.

Frye, Northrop (1986): *On Shakespeare*. New Haven : Yale University Press.

Gibson, Rex (Hg.) (1992ff): *Cambridge School Shakespeare*. Cambridge: Cambridge University Press.

Habicht, Werner / Günter Klotz (Hg.) (1986ff): *Shakespeare Jahrbuch*. Bochum: Kamp.

Henrich, Dieter (1976): Die Grundstruktur der modernen Philosophie. Mit einer Nachschrift: über Selbstbewußtsein und Selbsterhaltung. In: Hans Ebeling (Hg.): *Subjektivität und Selbsterhaltung*. Frankfurt/M: Suhrkamp,S.97-143.

Herzog, Reinhart / Reinhart Koselleck (Hg.) (1987): *Epochenschwelle und Epochenbewußtsein*. München: Fink

E. A. J. Honigmann (1992): Impressions of 'Character'. In: John Russel Brown (Hg.): *Studying Shakespeare*. London: Macmillan,S.123-135.

Honneth, Axel (1992): *Kampf um Anerkennung. Zur moralischen Grammatik sozialer Konflikte*. Frankfurt/M : Suhrkamp.

Hunter, G. K. (Hg.)(1972): *William Shakespeare: KING LEAR*. London: Penguin.

Hurrelmann, Klaus (1993): *Einführung in die Sozialisationstheorie. Über den Zusammenhang von Sozialstruktur und Persönlichkeit*. Weinheim: Beltz.

Joas, Hans (1989): *Praktische Intersubjektivität. Die Entwicklung des Werkes von G. H. Mead*. Frankfurt/M: Suhrkamp.

Joas, Hans (1992): *Die Kreativität des Handelns*. Frankfurt/M: Suhrkamp.

Klein, Holger (1984): *William Shakespeare: HAMLET, Bd.1: Einführung, Text, Übersetzung, Textvarianten*. Stuttgart: Reclam.
Koselleck, Reinhart (1979): *Vergangene Zukunft. Zur Semantik geschichtlicher Zeiten*. Frankfurt/M: Suhrkamp.
Kott, Jan (1983): *Shakespeare Our Contemporary*. Bristol: Methuen.
Leach, Susan (1992): *Shakespeare in the Classroom*. Buckingham: Open University Press.
Mangan, Michael (1991): *Shakespear's Tragedies*. London: Longman.
Mehl, Dieter (1983): *Die Tragödien Shakespeares*. Berlin: Schmidt.
Münkler, Herfried (1990): *Machiavelli. Die Begründung des politischen Denkens der Neuzeit aus der Krise der Republik Florenz*. München: Fischer.
Ramm, Hans-Christoph (1991): Unterrichtserfahrungen mit Shakespeares HAMLET im Englischleistungskurs. In: *Neusprachliche Mitteilungen aus Wissenschaft und Praxis*, Heft 4/1991, S.227-233.
Ramm, Hans-Christoph (1995): 'Lear's shadow'. Zugänge zu Shakespeares Drama KING LEAR im Englischunterricht der Sekundarstufe II. In: *Neusprachliche Mitteilungen aus Wissenschaft und Praxis*, Heft 4/1995, S. 228-234.
Reichert, Klaus (1985): *Fortuna oder die Beständigkeit des Wechsels*. Frankfurt/M: Suhrkamp.
Reynolds, Peter (1991): *Practical Approaches to Teaching Shakespeare*. Oxford: Oxford University Press.
Ryan, Kiernan (Hg.) (1993): *William Shakespeare : KING LEAR*. London: Macmillan.
Scull, Charles (Hg.) (1992): *Fathers, Sons, And Daughters*. Los Angeles: Tarcher.
Sennett, Richard (1993): *Authority*. New York: Faber.
Suerbaum, Ulrich (1989): *Das elisabethanische Zeitalter*. Stuttgart: Reclam.
Weimann, Robert (1987): *Shakespeare and the Popular Tradition in the Theater. Studies in the Social Dimension of Dramatic Form and Function*. Baltimore: Johns Hopkins University Press.
Weimann, Robert (1988): *Shakespeare und die Macht der Mimesis*. Berlin: Aufbau.
Weimann, Robert (1993): Mimesis in HAMLET. In: Patricia Parker/Geoffrey Hartmann (ed.): *Shakespeare and the Question of Theory*. New York: Routledge, S.275-291.
Wells, Stanley (Hg.) (1992): *The Cambridge Companion to Shakespeare Studies*. Cambridge: Cambridge University Press.
Wilson, John Dover (1990): *What happens in HAMLET*. Cambridge: Cambridge University Press.

Diagramm 1 (ein Beispiel aus der 1.Phase des Verstehensprozesses)

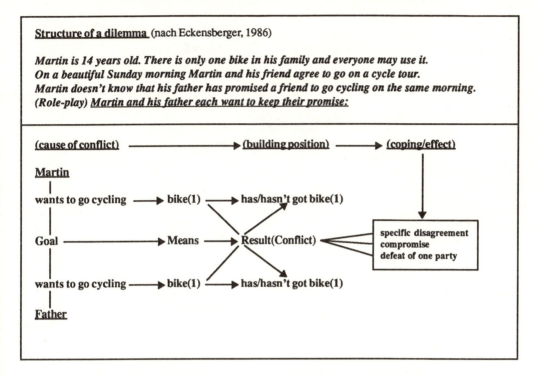

Diagramm 2 (ein Beispiel aus der 1.Phases des Verstehensprozesses)

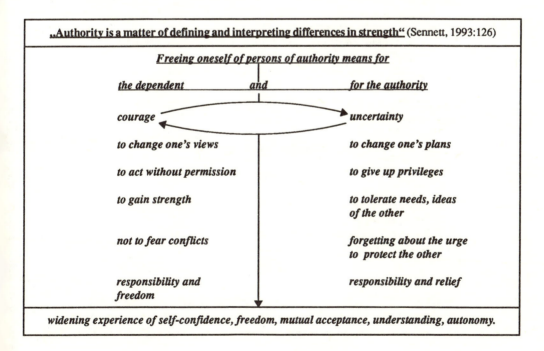

Diagramm 3: HAMLET / KING LEAR (2./3.Phase des Verstehensprozesses)

2.Phase(1)   HAMLET   KING LEAR

Plenum/CREATIVE RESPONSES

I,5	Hamlet-Geist	I,1	Liebesprobe
I,2	Staatszene	I,4	Lear-Goneril-Regan
III,3	Hamlet-Claudius	III,16	Gerichtsszene/Heide

1. *Wechselseitige Deutung der Situationen durch die Figuren, welchen Sinn geben sie ihren Handlungen?*
2. *Ablehnungsbindungen, Rückgriff auf (1.Phase)*

---

(2)   *Gruppe 1*   *Gruppe 2*   *Gruppe 3*
HAMLET, I - III   KING LEAR, I - II,III,6
ausgewählte Szenen/*CREATIVE RESPONSES*

Loyalitätskonflikte   Protagonisten aus Sicht des   Väter-Söhne/
                              Hofes   Töchter-Freunde

AUSWERTUNG

Audio-Visuelle Träger, deren *unterschiedliche Interpretationen*

---

(3)   *Gruppe 1*   *Gruppe 2*   *Gruppe 3*
HAMLET,I-III   KING LEAR, I - II,III,6

Individualitätsformen   Autoritätsformen   Dilemmata/Lösungswege

---

3.Phase(1)   *CREATIVE RESPONSES /AUSWERTUNG/ REFLEXION*
1. *Vergleich der Deutungen, Schüler, audio-visuelles Material*
2. *Negative Gegenseitigkeit der Figuren*
3. *Ablehnungsbindung - Lösungswege - Aktivitäten*
4. *Rückgriff auf (1.Phase), Überlegungen zu dem bisherigen Vorgehen*

---

(2)   *Gruppe 1*   *Gruppe 2*   *Gruppe 3*
HAMLET, IV-V   KING LEAR, (III), IV-V
ausgewählte Szenen /*CREATIVE RESPONSES*

AUSWERTUNG

1. *Intrigen, Machtkampf, Dramenende*
2. *Plot / Doppelplot*
3. *Hero's fall - Tragedy-Authority-heroes-bonds of rejection-subjectivity?*
4. *Politik - Wahnsinn - Menschenwürde ?*

Audio-Visuelle Träger

---

(3)   *Soliloquies (dialogisch)/auswertende Rückgriffe/historisch-kulturelle Fragen/ Theaterkritiken/Journal/eigene Aufführung zusammengestellter Szenen*

Diagramm 4   (Beispiel aus der 2./3.Phase des Verstehensprozesses)

HAMLET   (I.5.l.23-190) / (III.3) / (III.4.l.38-100,140-218)

You, some young actors and a producer discuss the first scenes of Shakespeare's play **Hamlet**.
You prepare for the role of Hamlet. The group agrees upon your proposal to develop an understanding of Hamlet's situation by giving answers to parts of the Ghost's speech without previous preparation and without knowing the text very well.

Ghost	Hamlet
If thou didst ever thy dear father love, Revenge his foul and most unnatural murder.	
But howsomever thou pursues this act....	
If thou hast nature in thee	
bear it not, Let not the royal bed of Denmark be A couch for luxury and damned incest.	
Taint not thy mind	
nor let thy mother aught- leave her to heaven.	
Remember me!!	

Nächster Schritt : Vor III,2 (Dumb-Show) : *Hamlet and Horatio talk about Hamlet's task, its preconditions, contradictions and consequences.*

Dann:
III, 3 / III,4 (Auszug) /**Rückbezug** : Vorverstehensphase (structure of a dilemma/tragic events)

RAINER E. WICKE

Es ist anders hier...

Alternative Formen der Textrezeption am Beispiel von Gedichten

Martin: "Wie heißt der Mann, der uns heute abend besuchen kommt?"
Julia: "Lothar Nutella !!!"
    (Martin und Julia Wicke in freudiger Erwartung des Besuches von Lothar Bredella im Haus des Fachberaters in Edmonton/Alberta – Kanada im Winter 1989 in der Hoffnung auf die Bereicherung des Kinderfrühstücks durch das Mitbringen einer bekannten Haselnußcreme, deren Name dem des Besuchers nicht unähnlich war.)

Lothar Bredellas Besuch in Kanada im Jahre 1989, als er einer Einladung des Goethe Instituts Vancouver folgte und sich bereit erklärte, sowohl in British Columbia als auch in Alberta Veranstaltungen zum Thema "Literatur im Fremdsprachenunterricht" anzubieten, war bereits Ende der siebziger/Anfang der achtziger Jahre unsere gemeinsame mehrjährige Zusammenarbeit im sogenannten "Encounters – Arbeitskreis Gießen" vorausgegangen, in welchem die inzwischen schon lange im Englischunterricht der Oberstufe in der Bundesrepublik Verwendung findenden Materialien entwickelt wurden.[1] Nach langjähriger Tätigkeit als Englischlehrer im hessischen Schuldienst hatte ich mich von dem Bundesverwaltungsamt – Zentralstelle für das Auslandsschulwesen – überzeugen lassen, daß man die als Lehrerfortbildner im Fachbereich Englisch des Hessischen Instituts für Lehrerfortbildung gemachten Erfahrungen durchaus auf Deutsch-als-Fremdsprache übertragen konnte, und mit meiner Ausreise brach unser Kontakt für einige Zeit ab.

    Auch als Fachberater in Alberta hatte ich jedoch schnell festgestellt, daß sich viele der Dinge, die wir in Gießen bei der Erstellung von "Confidence", dem ersten Band der Encounters-Reihe, ausführlich diskutiert, zu Papier gebracht und auch in eigenen Unterrichtsstunden in der Jahrgangsstufe 11 der reformierten Oberstufe einer praktischen Überprüfung unterzogen hatten, auch im Deutsch-als-Fremdsprache-Unterricht umsetzen liessen.

    Es war jedoch in Edmonton, daß Lothar Bredella in seinem Vortrag "Theoretical Principles for the Teaching of Literature in a Communicative Context" ausführlicher auf die Behandlung von Gedichten einging und dem Zuhörer erneut Anstöße für die weitere Beschäftigung mit alternativen Methoden der Textrezeption gab.

    Seit dieser Zeit habe ich im Rahmen des Unterrichts an kanadischen High Schools und in Workshops und Seminaren der Lehrerfortbildung im In- und Ausland viele dieser Ideen umset-

---

[1] Vergleiche: Bredella, Lothar und andere: Confidence, *Encounters*: Materialien für die Sekundarstufe II, Bochum, 1984.

zen, modifizieren und erweitern können. Daher muß auch der im folgenden beschriebene Versuch des Einsatzes von Gedichten in einer Fortbildungsveranstaltung in diesem Zusammenhang gesehen werden.

Vorbemerkungen:
Das Bundesverwaltungsamt – Zentralstelle für das Auslandsschulwesen – vermittelt schon seit mehreren Jahren sogenannte Programmlehrkräfte an Schulen in der Türkei.[2] Im Gegensatz zu den beamteten und von ihrem jeweiligen Bundesland beurlaubten Auslandsdienstlehrkräften unterrichten die Programmlehrer in der Türkei nicht nur an den Deutschen Schulen, sondern auch an einheimischen öffentlichen Schulen, an denen sie im deutschsprachigen Fachunterricht und natürlich auch im Deutsch-als-Fremdsprache-Unterricht eingesetzt werden.

Die Zentralstelle für das Auslandsschulwesen bereitet diese Lehrer in besonderen Einweisungsveranstaltungen, die in der Bundesrepublik stattfinden und in Vorbereitungslehrgängen, die in der Türkei gemeinsam mit dem zuständigen Fachberater/Koordinator durchgeführt werden, auf ihre Tätigkeit vor.[3] Die im folgenden beschriebenen Möglichkeiten des Einsatzes von Gedichten im DaF-Unterricht der Sekundarstufe I wurden während eines solchen Vorbereitungslehrgangs in der Nähe von Izmir im September 1994 erarbeitet.

Der interaktive Ansatz Lothar Bredellas im Literaturunterricht
Literarische Texte sind schon immer ein fester Bestandteil des Fremdsprachenunterrichts gewesen, und eine Vielzahl von Ganzschriften, z.B. Romane, Kurzgeschichten und Gedichte, wurden regelmäßig nach den neuesten Erkenntnissen und jeweils gültigen Zielsetzungen der Fremdsprachendidaktik unterrichtet. Über einen beträchtlich langen Zeitraum hatte der literarische Text meist jedoch einen fast ausschließlich philologischen und kulturästhetischen Wert, und zahlreiche Lerner fühlten sich keineswegs betroffen von den Inhalten eines solchen Unterrichts. Selten wurde die Rolle der Literatur im Fremdsprachenunterricht so ausführlich diskutiert, wie es in den letzten zehn bis fünfzehn Jahren der Fall war. Zu dieser Diskussion hat Lothar Bredella maßgeblich beigetragen, indem er besondere Ansprüche an die Behandlung literarischer Texte stellte. Der ausschließlich sprachtheoretischen und formalästhetischen Sprachanalyse erteilte er eine Absage; vielmehr sah er eine große Bedeutung in dem Stellenwert der "Interaktion zwischen Text und Leser":

> I think as teachers we should approach literature in such a way that we provide all the support we can to intensify the interaction between text and reader, guidance and creativity.[4]

Diese notwendige Interaktion zwischen Text und Leser, die ihn zur kreativen Sprachproduktion anleitet, kann im Fremdsprachenunterricht jedoch nur dann erreicht und gefördert werden,

---

[2] Bei den Programmlehrkräften handelt es sich in der Regel um nicht beamtete Lehrer, die im Rahmen von (mehreren) Einjahresverträgen auf Antrag der türkischen Erziehungsbehörden an einheimischen Schulen Unterricht in deutscher Sprache erteilen.

[3] Vergleiche: Vorbereitung, Fortbildung und Betreuung von DaF – Lehrern durch das Bundesverwaltungsamt – Zentralstelle für das Auslandsschulwesen, in: *Deutsch lernen, Zeitschrift für den Sprachunterricht mit ausländischen Arbeitnehmern*, 1/94, Mainz, 1994, S. 48-53.

[4] Lothar Bredella: Theoretical Principles For The Teaching of Literature In A Communicative Context, in: *Focus on German(y), Cross – Cultural Aspects of Second Language Education*, compiled by Rainer E. Wicke, German Language Consultant, Publications Alberta Education, Edmonton, Alberta/Canada, Spring 1990, p.81.

wenn der unterrichtende Lehrer – durch die Bereitstellung eines entsprechenden Aufgaben- und Übungskataloges – dafür sorgt, daß alle am Unterricht teilnehmenden Schüler sich betroffen fühlen und daß ihnen eine Reihe von Bearbeitungstechniken und -hinweisen gegeben werden, die sie kreativ und individuell umsetzen können.[5]

Im folgenden soll anhand zweier Gedichte aufgezeigt werden, wie diese Forderung nach der intensiven Auseinandersetzung des Lesers mit dem Text in die tägliche Unterrichtspraxis umgesetzt werden kann. Zwar fand der Unterrichtsversuch zunächst ausschließlich in dem erwähnten Vorbereitungslehrgang für Programmlehrkräfte in der Türkei statt – die Übertragbarkeit auf den Unterricht in der Sekundarstufe I ist jedoch offensichtlich. Ein Schwerpunkt der hier beschriebenen Textinterpretation liegt eindeutig darauf, daß die Leser angeleitet werden, "über den Text hinauszugehen" und ihre eigenen Vorerfahrungen einzubringen.[6]

"Es ist anders hier" und "Porträt" – Gedichte ausländischer Mitbewohner in der Bundesrepublik im DaF-Unterricht

Für den Tagesordnungspunkt "Literatur im DaF-Unterricht" des oben erwähnten Vorbereitungslehrgangs in Izmir wurden bewußt zwei Gedichte ausgewählt, die sich mit der sogenannten "Ausländerproblematik" in Deutschland befassen. Dies erschien insofern wichtig, da nach der Wiedervereinigung Deutschlands Ausschreitungen rechtsradikaler Randgruppen gegenüber ausländischen Mitbewohnern im In- und Ausland große Bestürzung hervorriefen und entsprechende Reaktionen dringend geboten waren. Der moderne Deutsch-als-Fremdsprache-Unterricht kann – im Rahmen der Vermittlung eines realistischen Landeskundebildes – keineswegs darauf verzichten, aktuelle Themen und Probleme in die tägliche Unterrichtsarbeit zu integrieren. Daher wurden der Materialsammlung *Wir und die anderen* die Gedichte *Es ist anders hier* und *Porträt* entnommen.[7] Beide Gedichte wurden von ausländischen Mitbewohnern in der Bundesrepublik verfaßt – der Verfasser von *Es ist anders hier* ist Halit Ünal, ein Türke, während das zweite Gedicht, *Porträt*, von Adel Karasholi, einem in Leipzig lebenden Iraker, geschrieben wurde.

Es wurden bewußt zwei Texte für diese Lehrergruppe ausgewählt, um ein arbeitsteiliges Verfahren im DaF-Unterricht zu konkretisieren, in dem sich verschiedene Gruppen mit unterschiedlichen Texten befassen und im Anschluß ihre Erfahrungen austauschen.

Es ist anders hier erschien insofern gut geeignet, da in diesem Gedicht das Leben in der Türkei mit dem in der Bundesrepublik verglichen wird. Ein junger Türke, der offensichtlich aus Anatolien nach Deutschland gezogen ist, schreibt an das Mädchen Hatice und schildert ihm seine Eindrücke von diesem Land, das er offensichtlich zum ersten Mal erlebt.

Adel Karasholi wählt einen etwas anderen Ansatz. Sein Gedicht *Porträt* hält der bundesdeutschen und vielleicht auch internationalen Bürokratie rücksichtslos den Spiegel vor, als einer Institution, die das Individuum nicht achtet und in zahlreichen Bestimmungen erstarrt, die die menschliche Regung unmöglich werden lassen.

---

[5] Rainer E. Wicke: *Aktive Schüler Lernen Besser, Ein Handbuch aus der Praxis für die Praxis*, München, 1993, S. 54.

[6] Lothar Bredella: Lesen als gelenktes Schaffen, Literarische Texte im Fremdsprachenunterricht, in: *Die Unterrichtspraxis*, American Association of Teachers of German, Cherry Hill, N.J., USA, Nr. 2/ 1987, S. 166.

[7] Rainer E. Wicke: *Wir und die anderen, Literatur zur Ausländerproblematik im DaF-Unterricht*, München, 1993.

Der Einsatz von Bildern zur Einstimmung auf die Textarbeit

Im traditionellen fremdsprachlichen Literaturunterricht wurde erfahrungsgemäß häufig mit der Lektüre eines Textes sofort nach dessen Aushändigung begonnen, ohne daß daran gedacht wurde, daß Verstehen und Interpretieren auch schon *vor* dem Beginn des Lesens einsetzen kann. Im Anschluß an die Textarbeit erhielten die Schüler dann anhand eines Fragenkataloges Gelegenheit, ihr Textverständnis zu überprüfen.

Aber der Titel eines Buches oder eines Gedichtes enthält bereits wertvolle Informationen, die dem Leser erste Hinweise auf die zu erwartende Handlung geben können.[8] Die sofortige Aushändigung eines Textes verspielt die Chance der Antizipation der Inhalte durch die Schüler, die schon aufgrund der scheinbar belanglosen Überschrift in der Fremdsprache explorativ tätig sein können.

Dies läßt sich auch auf die Verwendung von textbegleitenden Illustrationen ausdehnen, die ebenfalls für die Antizipation von Inhalten genutzt werden können – allerdings müssen diese zunächst aus dem Zusammenhang genommen und isoliert präsentiert werden. (Fotokopie oder Folie).

Daher erhielten die an dem Vorbereitungslehrgang teilnehmenden Lehrer zunächst die folgenden Illustrationen ohne jegliche Zusatzinformation und Autorenangabe zur Bearbeitung in unterschiedlichen Arbeitsgruppen:

---

[8] Rainer E. Wicke: Die Aufgabe als Verstehenshilfe im Umgang mit literarischen Texten – Lernerzentrierte Übungs- und Aufgabentypen, in: *Fremdsprache Deutsch, Heft 11, Literatur im DaF- Unterricht*, München, 1994, S. 40-41.

Der Arbeitsauftrag sah vor, daß die Teilnehmer sich über die möglichen Inhalte des dazugehörigen – bisher unbekannten – Gedichtes einigen und einen entsprechenden Titel vorschlagen sollten. Für diese Arbeitsphase wurden zehn bis fünfzehn Minuten veranschlagt. Hier sollten die Vorerfahrungen der Teilnehmer bewußt im Sinne Lothar Bredellas eingebracht werden:

> Zum kreativen Verstehen gehört, daß man viel von sich als Leser einbringt, und daher müssen unsere Methoden so ausgerichtet sein, daß sie das Vorverständnis, die Imagination und das Kombinationsvermögen der Leser aktivieren.[9]

Während der engagierten Diskussion in den einzelnen Gruppen stand der Seminarleiter als Berater und Helfer zur Verfügung. Da es sich bei der Illustration zu *Es ist anders* jedoch offensichtlich um den Gegensatz Stadt – Land und bei dem Bild zu *Porträt* um eine Büroszene handelt, stießen die Teilnehmer kaum auf Verständnisschwierigkeiten.

Für die Bilder zu *Es ist anders hier* wurde von einer Gruppe der Titel *Hier und dort* vorgeschlagen. Als möglicher Inhalt wurde der Umzug eines Anatoli vom Land in eine Großstadt, z.B. nach Istanbul oder Ankara, skizziert. Auf alle Fälle einigten sich die Mitglieder der Arbeitsgruppe darauf, daß in dem dazugehörigen Text ein Kontrast beschrieben wurde.

Die anderen Gruppe, die sich mit der Illustration zu *Porträt* befaßt hatte, führte aus, daß Illustration und Text einwandfrei mit dem Titel *Der Bürokrat* versehen werden müßten. Inhaltlich wurden dem Gedicht ironische Aussagen über Vorschriften und Bestimmungen in einer Behörde zugeordnet.

Das Textpuzzle als Alternative zur traditionellen Lektüre

Im Anschluß an die Bearbeitung der Bilder erhielt jede der Gruppen einen Briefumschlag mit den auseinandergeschnittenen Strophen eines der Gedichte. Die beiden Titel wurden erneut bewußt weggelassen. Um die Texte entsprechend rekonstruieren zu können, war die ausführliche Lektüre der einzelnen Segmente notwendig. Auf Vorschlag des Seminarleiters erhielt jedes

---

[9] Lothar Bredella: *Das kreative Moment beim Verstehen literarischer Texte*, Vortrag vor der Rahmenrichtlinien – Fachgruppe Neue Sprachen des Landes Hessen, Gießen, 6.11.86.

Gruppenmitglied einen der Textabschnitte, den es anschließend vorlas. Gemeinsam versuchte man nun, den Sinn zu erschließen bzw. den Originalzusammenhang zu rekonstruieren. Um die Interdependenz der einzelnen Abschnitte genauer erarbeiten zu können, konnte es nicht genügen, die einzelnen Teile zu überfliegen – vielmehr war hier eine genaue und detaillierte Lektüre notwendig.

Die Teilnehmer des Vorbereitungslehrgangs diskutierten die Inhalte ausführlich und begründeten anschließend, warum ihnen eine gewisse Reihenfolge logisch erschien.

Am Ende der Arbeitsphase präsentierten die Gruppen ihre Ergebnisse an einer Wand und lasen den gesamten Text laut vor. Gleichzeitig schilderten sie den Verlauf ihrer Diskussion und begründeten, warum man sich für diese Reihenfolge entschieden hatte.

Erneut wurden die Lehrer aufgefordert, ihre Titelfindung zu überprüfen und gegebenenfalls neue Titel vorzuschlagen. Während eine Gruppe sich jetzt für den Titel "Es ist ganz anders hier, Hatice" entschied, blieb eine andere bei dem vorgeschlagenen "Der Bürokrat".

Wie erwartet stellten die Gruppen die Texte – bis auf wenige Ausnahmen – fast originalgetreu zusammen.

Nach der Präsentation der Gruppenarbeitsergnisse wurde den Teilnehmern der gesamte Text (ohne Titel und Autoren) ausgehändigt:

> Es ist anders hier, Hatice,
> ganz anders.
> Blumen sind überall in den Gassen,
> Rosen, Tulpen, Hyazinthen,
> Autos, Züge, Autobusse,
> Fabriken, Straßen, Lkws gibt es hier
> und Schulen, Schulen, Schulen ...
>
> Es ist anders hier, Hatice,
> ganz anders.
> Es gibt keine Sonne am Himmel.
> Es ist stets wolkig und trüb.
> Felder, Gärten und Wiesen,
> Ochsen und Ochsenkarren
> und unseren schwarzen Esel, den wir dem
> Holzpflug anspannten, gibt es hier nicht.
>
> Es ist anders hier, Hatice,
> ganz anders.
> Die Hähne krähen nicht wie unsere.
> Die Hunde bellen auch nicht, wie wir es gewohnt sind,
> und die Menschen sprechen unsere Sprache nicht.
>
> Ganz anders ist es hier, Hatice,
> ganz anders.
> Frauen verstecken sich nicht vor Männern.
> Die Bräute ehren nicht Vater und Mutter.
>
> Nein, nein, nein,
> anders ist es hier,
> geliebte Hatice,
> anders...

Er ist freundlich
Zu seinen Nachbarn
Er kann laut lachen
Aus Verlegenheit
Er trinkt gern
Raucht nicht
Er besitzt ein Auto
Eine Frau
Ein Eigenheim
Und zwei Kinder

Vor der Tür zu seinem Büro
Tritt er sich gründlich ab
Schuhe und Seele

Hinter seinem Schreibtisch
Hört er die Klagen an
Mit Bedauern

Zwischen den Schultern
Wächst ihm plötzlich
Ein Stempel

Erneut wurden die Lehrer gebeten gebeten, ihre Titelvorschläge zu überdenken. Im Anschluß daran wurden die beiden Titel *Es ist anders hier* und *Porträt* den beiden Gedichten zugeordnet.

Alternativen der Textarbeit mit den beiden Gedichten

Aufgrund der detaillierten und gründlichen Lektüre innerhalb der beschriebenen Aufgabenstellungen bereitete die Interpretation der beiden Gedichte den Arbeitsgruppen kaum Schwierigkeiten. Als zusätzliche Anleitung für die Interpretation erhielten die Teilnehmer den Auftrag festzustellen, *wer* in den Gedichten *mit* oder *zu wem* spricht. Darüber hinaus sollten sie Vermutungen anstellen, von wem die Gedichte wohl verfaßt wurden.

Die Vermutung, daß *Es ist anders hier* von einem ausländischen Mitbewohner in der Bundesrepublik verfaßt wurde, lag nahe, da der Kontrast Deutschland – Türkei aus der Sicht eines türkischen jungen Mannes geschildert wurde, während die Nationalität des Verfassers von *Porträt* kaum so leicht erraten werden konnte. Interessant war, daß die Teilnehmer – nachdem Informationen zu den beiden Autoren gegeben worden waren – den in *Porträt* geschilderten Bürokraten sofort mit den Ausländerbehörden in der Bundesrepublik in Verbindung brachten.

Im weiteren Verlauf des Lehrgangs wurden den Teilnehmern, die nach diesem Vorbereitungslehrgang ihre unterrichtspraktische Tätigkeit an den einzelnen Schulen in der Türkei aufnehmen sollten, alternative Bearbeitungsvorschläge zu den beiden Gedichten vorgeschlagen, von denen hier einige Beispiele präsentiert werden sollen. Dabei kam es dem Seminarleiter nicht allein darauf an, die Lehrer zum Nachvollzug der Einheit im eigenen Unterricht zu ermutigen, vielmehr sollten sie durch die Beispiele dazu angeregt werden, bei der Behandlung anderer literarischer Texte ebenfalls motivierende Aufgaben und Übungen dieser Art zu erstellen.

Es ist offensichtlich, daß die in der erwähnten Anthologie *Wir und die anderen* enthaltenen Aufgaben und Übungen zu den beiden Gedichten aus Platzgründen nicht vollständig aufgezählt werden können, daher wird im folgenden auf die textbegleitenden und verständnissichernden Aufgaben, die die Lerner zur Auswertung der Inhalte ermuntern, verzichtet. Der Schwerpunkt der Präsentation liegt hier auf den Übungen, die die Rezipienten zum "über den Text hinausgehen" ermutigen und sie zur kreativen Eigenarbeit anleiten sollen:

So können die Lerner z.B. herausfinden, was der Erzähler in *Es ist anders hier* denkt:

Aussage:	Gedanken:
Blumen sind hier überall in den Gassen.	Diese Blumen sehen schön aus. Bei uns sieht man nur Blumen auf den Feldern. Hier haben die Leute sogar Blumen in den Gärten und Fenstern.
Autos, Züge, Autobusse, Fabriken, Straßen, Lkws.. und Schulen...	Das ist ja ein furchtbarer Verkehr. Überall sind Menschen und...

Offensichtlich ist der Aufenthalt in Deutschland für Halit Ünal mit Heimweh verbunden, daher bietet sich in diesem Zusammenhang auch die folgende Aufgabe an:

> Warst du schon einmal im Ausland? Schreibe einem Freund, was anders / gleich war und was dir besonders / gar nicht gefallen hat:

> *Liebe(r)...*
>
> *Seit... bin ich schon hier in... Es gefällt mir..., aber ich muß Dir sagen, es ist doch alles ganz anders, als bei uns. Zum Beispiel die Häuser und Straßen...*

Zu *Porträt* lassen sich die folgenden Aufgaben exemplarisch anführen, die ebenfalls zur phantasievollen Interpretation "zwischen den Zeilen" anregen:

Gruppenarbeit:
a) Denkt euch eine Szene in der Familie des Mannes aus: Wie verhält er sich zum Beispiel beim Spielen mit seinen Kindern oder wenn er Nachbarn zu Gast hat?
b) Adel Karasholi ist Ausländer. Stellt euch vor, ein Ausländer spricht mit dem Mann in seinem Büro? Wie verhält er sich dort?
Denkt euch eine kurze Szene aus und spielt sie vor.

Die drei hier ausführlich geschilderten Aufgaben knüpfen einerseits direkt an die Vorerfahrungen der Lerner an; andererseits fordern sie die Lerner zur Auseinandersetzung mit der inhaltlichen Thematik in anderen Zusammenhängen auf. Gerade dieser Aspekt ist jedoch bei dem Erwerb einer sogenannten "literarischen Kompetenz" äußerst wichtig, da das Aufgaben- und Übungsangebot motivierend und schülerzentriert sein muß, um den Lernern das Experimentieren in der fremden Sprache zu ermöglichen.

Fazit

Der von Lothar Bredella propagierte Ansatz der "Interaktion zwischen Text und Leser" hat inzwischen seinen festen Stellenwert in der Fremdsprachendidaktik. Es gibt schon eine Reihe von Unterrichtsversuchen – sowohl im Englischunterricht in der Bundesrepublik als auch im internationalen Deutsch-als-Fremdsprache-Unterricht –, die dies belegen. Mehr noch: Der Ansatz hat inzwischen großen Zuspruch unter den Lehrern gefunden, die sich engagiert und gern auf neue Wege und Methoden bei der Behandlung von Literatur im Fremdsprachenunterricht einlassen. Und wie immer in Lehrerfortbildungsveranstaltungen hat jeder beteiligte Lehrer oder Schüler dazu beigetragen, die ursprüngliche Idee durch das eingebrachte eigene kreative Potential zu erweitern und zu vervollkommnen. So entstehen immer neue Rezepte zur lernerorientierten Textrezeption, die immer wieder Anhänger finden.

Die Reaktion der Teilnehmer des Vorbereitungslehrgangs im Großraum Izmir zeigte ebenfalls, daß die dort beschriebenen Vorschläge oder Teile derselben von den einzelnen Lehrern mit großer Wahrscheinlichkeit in ihren eigenen Unterrichtsstunden verwendet werden, was ebenfalls zu interessanten Ergebnissen führen dürfte.

Martin Seletzky

A Process-Oriented and Learner-Centered Approach to the Teaching of *Landeskunde* in the German-Language Classroom

Introduction

In the twentieth century understanding another culture is no longer a pastime of the favored few or a necessity only for a relatively small number of immigrants, traders or diplomats. It has become, as Bredella has pointed out, a global concern:

> If we want to survive in a world where nations are becoming more and more interdependent, we must learn to solve our problems and conflicts peacefully, and this will only be possible if we understand and respect one another. No nation or culture can exist independently any longer. (Bredella 1988, p. 1)

If this concern is to be met the following questions need to be answered:

> How is intercultural understanding possible? ....What is intercultural understanding? Does it mean that we stress the similarities between cultures and push the differences between them into the background? The destructive effects of cultural differences seem obvious. Considering the pain people have caused each other because of cultural differences we should try to overcome them. But is this realistic or even desirable? Should it not be the task of intercultural understanding to highlight cultural differences instead of trying to ignore or abolish them? (Bredella 1988, p. 1)

To address these issues, Bredella explores and defines the "epistemological difficulties we face when we try to understand" another culture. His line of inquiry complements current work on cognitive processes in intercultural learning and especially acculturation (Acton and Walker de Felix 1986).

This emphasis on cognitive processes differs from approaches that have stressed the knowledge base or the skills learners require to understand and function in another culture. These knowledge based approaches have attempted to supply teachers and students with frameworks of cultural definitions, themes and topics for the teaching of culture.

These frameworks have often successfully reduced the vast complexity of target cultures to more manageable and teachable proportions and helped to define what the truly interculturally competent individual should know and be able to do in order to function in the target culture with a minimum of difficulty.

In most cases these approaches and cultural inventories seem to display at least some of the following characteristics and limitations, which can at times impede rather than foster intercultural understanding:

Special thanks to Kathryn A. Corl, The Ohio State University, for reading and discussing the manuscript and for making numerous suggestions.

1) They predominately rely on information - even when they stress that mere isolated facts are insufficient - to correct misperceptions and misunderstanding. They are often based, as Bredella has argued, on the assumption that "misperceptions and misunderstandings" of another culture can be explained "by lack of knowledge, faulty reasoning and ethnocentrism. The implication of such an explanation is that the correct knowledge of the foreign culture is available. What is problematic is not the understanding of the foreign culture itself, but the people who reject or distort the correct information and are unwilling to give up their stereotypes." (Bredella, p. 15). These approaches do not offer adequate strategies for coping with and accepting real differences between cultures. Not all cultural conflicts are based on misperceptions that can be remedied simply by supplying more reliable information. Some conflicts are more deep-seated and rooted in real cultural differences. For instance, members of a culture with a strong work ethic might take offense to behavior that stresses leisure and social interaction; members of a culture that has a strong puritanical heritage might object to frankness in sexual matters, and a culture that values consensus and politeness might consider directness as selfish and rude.

2) They are usually more interested in differences than similarities. In emphasizing the lack of knowledge as the key element it is implicitly assumed that areas of similarity between two cultures will be assimilated with little or no problem and that they do not require special attention. Students after all do not lack knowledge in these areas. The observation that immersion in a foreign culture can lead to "culture shock" has supported the contention that teaching of the target culture should focus primarily on differences that cause communication breakdowns or misperceptions of the target culture. To this end, a special type of exercise, "Culture Assimilators" (e.g., Seelye, 1974) or "Cross-cultural Mini-Dramas" (Shirer, 1981) was created to help students avoid social blunders and intercultural misunderstandings. One danger in emphasizing the differences between the student's native culture and the target culture is that it can have an alienating effect on the learner. Instead of viewing travel or study abroad as an invitation to an exciting, challenging and potentially rewarding experience, the student is offered a passage through a cultural minefield in which embarrassing and terrible pitfalls await the uninitiated.

3) Most importantly the focus on remedying the lack of knowledge about the target culture also tends to neglect or give less attention to the cognitive and affective processes that create, maintain, motivate or destroy empathy for and understanding of another culture. As Coladarci has put it: "It's nonsense to think that learning about cultural diversity will bring about acceptance or it — the effect can be to increase bias. It's nonsense to think that understanding and acceptance is essentially a cognitive process" (Coladarci, 1976).

4) The last characteristic entails that these approaches almost inevitably give more attention to defining the knowledge about the target culture that is to be imparted than to the preconceptions and predispositions the learner brings along.

5) Most of the cultural frameworks, inventories, or lists of teaching goals are quite extensive and offer little guidance in choosing which topics or themes should receive priority within the two- to four-year course sequence available to most high school instructors.

Our article attempts to describe a process-oriented and learner-centered approach to intercultural learning that takes into account some of the more recent cognitive research, stresses creating empathy and developing understanding and provides a relatively simple organizing scheme to aid educators in selecting and sequencing appropriate cultural content and teaching activities.

A Process-Oriented and Learner-Centered Approach: Emphasizing Similarities

Such an approach begins with a focus on the learner's culture and on the cognitive processes that students use to understand, become interested in, and assimilate the target culture. Whereas the goal of the approaches outlined above is to impart comprehensive cultural information or to help students avoid intercultural disasters, the goal of the process-oriented, learner-centered approach is to enable students to develop and maintain interest in and empathy for the target culture. In this approach, the learners' culture is at least as important as the target culture. Such a change of focus does not negate the need to know what constitutes essential knowledge and information about a target culture, but it does call for a revision and in many cases a rethinking of the curriculum, its content, sequencing, tasks and teaching activities. The process-oriented, learner-centered approach has the following characteristics:

1. **Basis in cognitive learning theory**. According to cognitive learning models, new knowledge is assimilated by appending to or restructuring existing knowledge structures to accommodate new information (Ausubel, Novak & Hanesian 1978; Bredella, 1988; Seletzky, 1989). In turn, what the learner already knows or has experienced guides what is subsequently perceived in the environment and how it is perceived (Neisser, 1976). Within a cognitive framework, cross-cultural learning begins with the activation of the knowledge, preconceptions, and interests that students bring with them to the classroom regarding both the native and target cultures. Students begin with what they already know implicitly or explicitly; they then are encouraged to revise their knowledge and extend it where necessary to include more information and/or additional concepts. An important element of the process of learning about others within this framework is learning about oneself. Because the approach begins with the student, it rules out establishing a predetermined set of cultural items by means of analyzing the target culture, although it does not preclude anticipating at least some of the areas or topics for instruction.

2. **Emphasis on similarities before differences**. Robinson (1988) lucidly spells out the ways in which similarities invite empathy and differences foster alienation. Drawing on research in social psychology, she illustrates how perceptions of self, degree of perceived similarity, and the strength of first impressions affect peoples' frame of reference for perceiving and evaluating others. She discusses how various cognitive biases, such as cue saliency (the tendency for people to remember distinctive features rather than common ones), the propensity for consistency (the tendency to perpetuate initial impressions), and "halo" and "forked-tail" effects (the tendency to view others globally as either "good" or "bad") can contribute to negative stereotyping and the unwillingness to engage in contact with individuals from other cultures. It would seem that teaching strategies aimed at the development of positive attitudes toward other people are especially important during the adolescent years when students are in transition between childhood and adulthood and are themselves struggling with the issues of identification and group affiliation. An approach based on similarities therefore reverses the priorities of the contrastive differences approach, where similarities are largely ignored.

3. **Emphasis on positive and perceived positive elements of a culture.** As discussed above, Robinson points out that initial negative impressions have a lasting effect that tends to color the entire attitude towards a culture. The implication for intercultural teaching is to begin

with similarities and perceived positive elements of the culture before confronting students with differences and aspects of the culture that are likely to be judged negatively or to cause the student to feel that his or her own cultural identity is threatened.

4. **Emphasis on global issues.** An emphasis on the global--global concerns, links to the outside world, and global interdependence--serves as an important and logical intermediate step in the process of helping students develop an understanding of and empathy for other cultures. Students should be made aware of links between their own culture and the target culture, of common issues and global interdependence, and of the relevance of the target culture for their own native culture, so that they will eventually be able to understand themselves in the larger, world context. Proponents of global studies in the social studies area have developed many useful frameworks for developing global awareness (e.g., Tye, 1990). In addition to asking "What do we have to know to understand a foreign culture and function in it?", the global studies approach examines ways in which the target culture or the world at large affects the learners' culture. Calling attention to common issues and concerns creates a sense of solidarity and convinces learners of the relevance of the knowledge they are expected to assimilate. The topics that can be explored range from family history to trade-links and such issues as energy, peace, conflict, population, economic development, ecology, pollution, and urban life.

5. **Emphasis on process**. In a learner-centered approach, the primary emphasis is to help students develop empathy and understanding as well as to help them develop acquisition strategies they will be able to continue on their own, long after their formal instruction is over. As Seelye (1974) stressed: "The modern teacher is more interested in the process of inquiry than in having students memorize disembodied facts." (p. 122). Though there has been some recent and highly debated interest in reverting to an emphasis on the teaching of cultural facts (Hirsch, 1987), process-oriented and more holistic approaches to intercultural understanding are gaining ground. One notable example is *California's Model Curriculum Standards: Grades Nine Through Twelve (1985)*, which includes the following statement: "Knowledge is not simply factual data or skills taught in isolation. It is a body of concepts and processes which enables us to understand our development as citizens in an increasingly diverse and interdependent world."

Process-oriented approaches have already influenced how language is taught and how the learner is viewed (e.g., Galloway, 1990). There is a need, however, to carry over the process-oriented approaches to the teaching of culture. A process emphasis will require a reformulation of activity types and a shift in the role of the instructor from dispenser of information to that of facilitator. The teacher will "assist the student in defining the problem that interests the student" (Seelye, 1974) and help him or her to research it. Activities that generate involvement and empathy and stimulate creativity and problem solving will be preferred over those designed to promote retention of factual material.

6. **Acceptance and understanding of differences**. Although the learner-centered approach begins with similarities and positive aspects of the target culture, students will eventually have to learn to be aware of and deal with differences as well. Stressing commonalities within differences is important if alienation is to be minimized, but ultimately a deeper understanding of another culture should encompass appreciating, or at least coming to terms and coping with, the differences. The differences between cultures offer challenging opportunities for personal growth, for discovering new aspects of life and new solutions. It is important, however, to consider *which* differences, and *when* and *how* they should be introduced to students in a course that spans a period of several months to three or four years.

Balancing Similarities and Differences in Cross-Cultural Learning: A Model

Figure 1 shows one way to approach the problems of *which*, *why*, and *how* in cross-cultural teaching and learning. The model and the sample activities that follow it are specific to the high-school German classroom. The principles, however, can be extended easily to other "cognate" cultures, and with adjustments to accommodate the fact that similarities may be fewer and the level of generality at which they can be found is greater, the model can also be applied to the teaching of "non-cognate" cultures.

At the Core: Similarities and Positive Aspects

Ideally, teaching about a culture (and all multi-cultural education) should begin with similarities, shown at the core of the diagram, and then gradually move outward towards an understanding of or ability to cope with the alienating differences of the target culture. As Robinson (1988) has pointed out, people tend to persevere in their initial impressions, using these impressions to "filter" subsequent experiences. If, as she asserts, similarities create empathy and identification, then it would seem to be advisable to begin with similarities and positive aspects of the target culture if we wish to help students develop a perceptual framework that fosters attitudes of empathy and identification.

Because the notion of "similarity" is relative to a particular group, the cultural material chosen for the early stages of the course and the items introduced at subsequent stages and their sequencing could differ considerably depending upon the learner's culture and the target culture. The shared cultural traditions between the German-speaking countries and the United States create a rich base from which to begin. For example, the many commonalities in value systems, customs, and family life are obvious areas to concentrate on at the beginning of a language course that includes and emphasizes culture.

Expanding with Variations

Differing cultural patterns that still contain a strong common core linking the native and target culture are probably the most useful for teaching culture and language. Activities based on these variations on similarity are familiar enough to sustain the development of empathy, while at the same time they engage the student's interest because of their novelty. An activity that strikes the balance between similarity and difference is suggested by Lafayette (1988):

> You are a 16-year-old girl who has been given money to purchase a complete outfit. However, the clothing must be appropriate to attend Sunday Mass in a small provincial village. Go to your teacher, who is playing the role of the owner of a boutique, and make your purchases.

In all cultures we use clothing to present or conceal aspects of our personality, show our conformity, or demonstrate our noncompliance with conventions of the culture. Students are probably well aware of these commonalities--if not they should be made aware of them. The activity taps into common motives and gives students the opportunity to be actively involved in a process of choosing, problem solving, dealing with conflicts and assuming a new perspective. These complex motives and choices need not be verbalized in the foreign language; they will be there as an undercurrent in such simple phrases as "I'd like to have a pair of jeans", or "I'd like to have a mini-skirt", "What for?", "That won't do!", "But I like it", etc. The concepts and the motivation come from the students' experiences in their own native culture. The most important objective of this activity is to make students aware that in the target culture, people make similar types of choices about appropriate attire for a particular situation. The exact details of the type of clothing, although they may represent differences from the native culture, are secondary.

Working Outward: Attractive or Envied Differences/ Perceived Superiority of Own Culture

Differences between cultures can open the minds of our students to new dimensions of life and experience. The realm of differences between and among cultures offers our students the greatest challenges and opportunities for personal growth.

In working with differences between cultures, it is useful to distinguish between differences that are likely to be perceived as attractive by learners and those that are likely to be perceived as hostile or alienating, and to begin with the differences that are deemed attractive. In considering which differences will be perceived in a positive light, it often seems to be the case that elements that are underrepresented, missing, repressed, or deficient in the native culture are often considered attractive in the target culture. For example, American students in German classes might be intrigued by and favorably disposed toward the absence of speed restrictions on German *Autobahnen*, or to the greater freedoms German young people seem to enjoy in the areas of drinking and sexuality. Less controversial areas that are often found attractive are the social security system, efficient public transportation, the absence of fees at the German university, and the colorful folkloric traditions.

Because not all learners come from exactly the same backgrounds, however, there may be some variation in what seems attractive about the target culture, and the teacher may have to make adjustments in how a given topic should be handled. For example, for some students, permissive drinking laws could be an alienating difference, and therefore the topic of drinking should be dealt with differently and perhaps at a different point in instruction.

An important point to keep in mind when working with attractive or envied differences is that the material should be presented in such a way that the students' sense of pride in their own culture is not threatened or jeopardized. As Ravitch (1989, cited in Becker, 1990), suggests: "Learning about other people does not require us to relinquish our values." Language teachers are sometimes so enamored with the target culture that they may over-sell it and leave students with the impression that the target culture is to be preferred over their native culture; an expectation that may cause resentment on the part of the students.

Alienating Differences

Perhaps the biggest challenge in intercultural education is to equip students with the ability to deal with perceived negative differences in the target culture. Potentially alienating differences could range from everyday behaviors--such as food preferences (e.g., eel or lung soup)--to more complex issues such as differences in the way Germans and Americans use criticism and praise--or finally, to highly emotional concerns such as the events of the holocaust, which continue to cast a negative shadow on the image of Germans and Germany. In the case of issues such as the holocaust, one can and should help students clarify their own values and moral positions, but one should keep in mind that not every difference needs to be, or should be, accepted. In the majority of cases, in which moral issues are not at stake, one can seek to lead the students to understand the functional reasons behind the behavior and therefore come to understand and perhaps even accept it.

Progressing from Similarities to Differences:
Sample Learner-Centered Activities

The following is a sampling of learner-centered cultural learning activities that were designed with the principles of the model in mind. They are appropriate for intermediate high school or for beginning to intermediate college instruction.

Activity #1. Shared Values or "Werte, für die es sich lohnt zu leben"
This information-gap activity is based on a game enjoyed by both American and German young people: Battleship (*Schiffe Versenken*). Each student is given a worksheet with a grid on which are listed a series of values such as "loving and being loved", "eating and drinking well", "having dreams", "having good friends", etc. (see Figure 2). Students form groups of three to five and group members write their names at the head of the columns on the sheet. Under their own names, students mark with an "X" the seven values that they consider to be most important for them personally. After all students have marked their sheets, they take turns trying to determine what others have marked about themselves. Guesses can be formulated as questions or statements, e.g., "Joe, möchtest du gut essen und trinken?" or "Joe, ich glaube, du möchtest gut essen und trinken." The person addressed responds according to what he or she marked on the sheet, e.g., "Ja, Jennifer, du hast recht. Du kennst mich gut." or "Nein, das ist für mich nicht so wichtig." "Nein, Pech gehabt." or "Du spinnst wohl." The student gets a point for each correct guess (*Ja* answer); questioning continues until the preferences of all members have been revealed (or, for a shorter activity, until one player has gained a predetermined number of points). As follow-ups, students could be asked to come to consensus in their small groups about the top eight preferences; they could be asked to use their information to find the person in the room who has the most in common in ranking of preferences, or they could use the information they gained to "advise" group members on jobs or professions, areas in the U.S where they would be most happy, whether, when, or whom they should marry, what kind of house they should live in, etc.

As a final step before introducing the values and preferences that young Germans consider most important, the class compiles a group ranking of their preferences. (A simple show of hands will do.) Following the class rankings, students are presented with actual data from a survey conducted with German youth (Figure 3). Generally, American students will find that their preference rankings are quite similar to those of the Germans.

Activity #2. Among Friends: "*Freunde gefragt*"
This activity embraces a theme common to young people in many cultures--friendships among peers--and is based on a survey and article "Freunde gefragt", published in the German magazine *Stern* (June, 1989). Students are asked to complete a questionnaire derived from the article (see Figure 4) about various aspects of friendship and relationships with others (e.g., Who is the person you can tell anything to? Which characteristics should your friend have? If you see someone you'd like to meet, how do you initiate contact?) Students then interview other students to determine the views of their peers. The results are then compared with those from the *Stern* article (Figure 5).

Further activities derived from the main activity might include having students skim the original article to match sections of the text to the interview questions or to have students write short descriptions of "typical" and "atypical" German youths based on the survey results.

Activity #3. Growing up: Schon gehört? Ermahnungen zu Hause und in der Schule
This activity is based on a theme many young people have in common: admonitions heard from parents and educators. Students create a "chain poem" of admonitions heard since early childhood. The "poem" is created as follows: Each student takes a sheet of paper and writes down the first admonition that comes to mind, e.g., "Bleib endlich ruhig sitzen!" Each paper is then folded backwards so that the first sentence is not visible. The papers are then passed to the next student who adds a different admonition. The process continues until there is no more space on the papers or until students run out of ideas. Students are then given time to revise the "poems" with the help of the instructor, after which they may either share their results or pool their resources in small groups to create a larger, composite poem. The list of sample admonitions, collected from students and workshop participants in the U.S.A. (see Figure 6), can be given to students to augment or correct their own lists. The students read the final versions out loud to the class.

After sharing the student-generated poems, students are given one or all of the poems written by various German authors (see Figure 7). Students compare the issues of childhood expressed in their own poems with those expressed in the German poems, marking the admonitions that are similar or familiar to them and noting any that are not. Students can be asked to come to a conclusion about why parents in both cultures seem to say some of the same kinds of things to their children. They might also be asked to speculate on why such poems are written (e.g, as a critique of authoritarian educational practices) and to look for similar poems or cautionary tales in American literature. Students may want to extend the activity by researching educational and child-rearing practices in Germany and the U.S. to find out whether there are differences in strictness or in basic approaches.

Activity #4. Nach dem Fall der Mauer: Erfinde eine Familie
In this activity students are given the chance to process information about family life in Germany by drawing on their own experiences with family life. The activity revolves around short biographies of members of families living in East or West Germany before and after the opening of the Wall. The passages describe various characteristics of the individuals, such as their age, income, hobbies, dreams and goals, and problems inside and outside the family. In small groups of four to five, students are asked to read one biography and then fill in a chart with information about that person (see Figures 8 and 9). Students then complete the chart, drawing on their own experiences and their knowledge of life in Germany to invent the other members of the family. To enrich the experience, students could clip pictures from German magazines and assemble them into a collage that represents members of their families, their hobbies, workplace, etc.

The families that result from the process will contain some "German" elements, but they will also quite possibly resemble American families or soap-opera and sitcom figures. Teachers should point out any instances of obvious improbabilities (e.g., the mother drives a large Cadillac), however, the inclusion of students' own values and world views is a natural and necessary component of cross-cultural understanding, and should be accepted and encouraged. For intermediate or advanced intermediate courses, the activity can be extended to have students assume the roles of their family members and express their opinions on issues that were relevant at the time of the fall of the Wall, such as debates about schooling--Gymnasium or Gesamtschule, property ownership, pollution, or costs of unification (see Figure 10). This activity familiarizes students with important issues, engages them in problem solving, and encourages them to develop a personal interest in the issues.

Activity #5. Speaking Out: *Trabiland-Stasiland*

This series of activities shows one way of introducing differences in such a way that students can identify and empathize with the people of the culture and at the same time clarify their own values. It deals with the harassment and suppression of personal rights encountered by an East German student, "Johannes", who openly criticized the system by means of a written critique of the "Trabi" automobile. He thereby risked being excluded from higher education opportunities. This topic runs counter to the beliefs of many Americans, and thus it serves as an example of a potentially alienating difference.

At the beginning of this series of activities, the students are first familiarized with the "Trabi" car by means of pictures or slides and are then introduced to "Trabi" jokes, which have a question-and-answer format. Each student draws a slip of paper that contains one half of a "Trabi" joke, either the question or the retort. Students circulate around the room, searching for the person who has the other half of the joke (see Figure 11). After the jokes have all been assembled, explained, and shared with the group, students list the drawbacks of the car and the system that produced it, as reflected in the jokes.

Next the students read the brief essay about the Trabi Johannes wrote for his social studies class (Figure 12). After they read the essay, the students are informed that the social studies teacher forwarded the essay to the principal, who then informed the secret police (Stasi). As a result, Johannes was summoned to an interrogation, knowing that an "offense" of this kind would exclude him from all higher education.

With the help of a worksheet (Figure 13) that suggests some of the things that Johannes might have said at his interrogation, students debate which strategy--either to persevere in his criticism or to try to talk his way out of the situation--Johannes should use. In the final activity, students read the minutes of the actual interrogation (Figure 14) to learn what really happened. They will undoubtedly conclude that the fall of the Wall was the only event that could save Johannes' future.

Conclusion

The activities described above are but some of the many that can be used in a student-centered curriculum where the focus is on using similarities as a point of departure for discussion, clarification of values, and discovery of another culture. The process orientation of this approach moves away from simple presentation of cultural facts and takes into account the cognitive processes that learners use to understand, assimilate, and accommodate information about the target culture.

Appendix

Figure #1

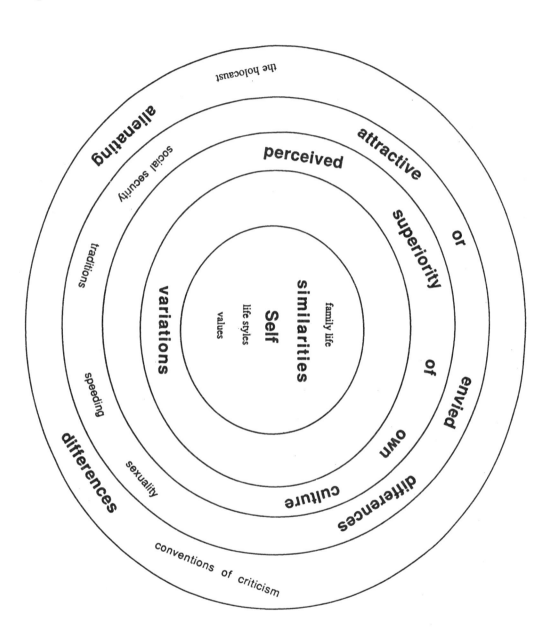

Figure #2 **Werte, für die es sich lohnt zu leben**

1. Bildet Gruppen von drei bis fünf. Schreibt eure Namen in die Spalten.
2. Kreuze in deiner Spalte 7 Werte an, die du für wichtig hältst. Keiner darf deine "Kreuze" sehen !!!
3. Spreche reihum mit Mitgliedern deiner Gruppe:
   "Hans, ich glaube, du möchtest gut essen und trinken."
   "Ja, Sabine, du hast recht, <ich möchte ...>".   (= ein "Treffer" = ein Punkt) oder
   "Nein, Sabine, das ist für mich nicht so wichtig" (= kein "Treffer"): Alle schreiben - zur Kontrolle - eine Null in die Spalte von Hans

Wer zuerst 12 Punkte (oder am Ende die meisten Punkte hat, hat gewonnen.

Werte, für die es sich lohnt zu leben

NAME													
Lieben und geliebt werden													
An meinem Beruf Freude haben													
Die Natur erleben													
Für andere da sein													
Gut essen, gut trinken													
Die Welt sehen, Reisen machen													
Feste Überzeugung vom Sinn des Lebens													
Sport treiben, körperlich fit bleiben													
Träume haben													
Gute Freunde haben													
Beruflichen Erfolg haben													
Viel Geld verdienen													
Immer Neues lernen													
Meine Fähigkeiten entdecken													
Kinder haben													
In Freiheit leben													
Ein Vaterland, Heimat haben													
Schöpferisch sein													
In den Tag hinein leben können													
Sich mit Kunst beschäftigen													
Festen religiösen Glauben haben													

Figure #3

Item	Year	Value
Gute Freunde haben	1985	82
	1981	90
Lieben und Geliebtwerden	1985	71
	1981	81
In Freiheit leben	1985	71
	1981	85
An seinem Beruf Freude haben	1985	68
	1981	68
Die Welt sehen, Reisen machen	1985	59
	1981	79
Sporttreiben, Körperlich fit bleiben	1985	58
	1981	60
Träume haben	1985	58
	1981	55
Beruflichen Erfolg haben	1985	52
	1981	57
Viel Geld verdienen	1985	48
	1981	50
Seine Fähigkeiten entdecken	1985	48
	1981	60
Die Natur erleben	1985	47
	1981	54
Immer Neues lernen	1985	46
	1981	60
Für andere da sein	1985	43
	1981	49
Gut essen, gut trinken	1985	42
	1981	49
Kinder haben	1985	39
	1981	44
Feste Überzeugung v.	1985	38
	1981	44
Ein Vaterland, Heimat	1985	31
	1981	26
Schöpferisch sein	1985	28
	1981	27
In den Tag hineinleben können	1985	22
	1981	29
Sich mit Kunst beschäftigen	1985	14
	1981	18
Festen religiösen Glauben haben	1985	1
	1981	16

Figure #4 and 5

Figure #4

Freunde gefragt

Interviewe fünf Leute in deiner Klasse mit Hilfe des folgenden Fragebogens. Kreuze nur eine Antwort an!

N A M E					
Verbringst du deine Abende am liebsten ... (Kreuze nur eine Antwort an!)					
im Theater oder Konzert?					
zu Hause vorm Fernsehen?					
bei politischen Veranstaltungen?					
bei Freunden und Bekannten?					
im Kino?					
beim Sport?					

Figure #5 STERN, JUNI 1989

FREUNDE GEFRAGT

Bekanntschaft, Liebe, Krisen in der Jugend: Das Kölner "Ifep"-Institut untersuchte für den STERN, wie junge Leute zwischen 14 und 24 Jahren ihre Beziehungen zu Gleichaltrigen sehen

Am liebsten sind sie unter Menschen: Die meisten jungen Leute verbringen den Abend gern mit Freunden und Bekannten. Frauen (70.8 Prozent) noch lieber als Männer (64.2). Nur jeder zehnte fühlt sich zu Hause vorm Fernseher wohler als in Gesellschaft. Bei der Gruppe Zwischen 22 und 24 Jahren wächst der TV-Konsum - Wer vom Beruf stärker in Anspruch genommen wird, ist abends nicht mehr so unternehmungslustig. Ergebnisse des neuen STERN-Jugend-Forums - einer Umfrage des Kölner Instituts für Empirische Psychologie unter etwa tausend Jugendlichen von 15 bis 24 Jahren. Sport liegt bei den jungen Männern noch vor dem Fernsehen. Theater und Popkonzerte rangieren als Freizeit-Vertreib bei etwas über 4 Prozent weit vor dem Kino, das für die Jugend (1.0 bzw 0.6 Prozent) kaum attraktiver ist als politische Veranstaltungen.

Wo verbringst du am liebsten den Abend?

	Männer	Frauen
Bei Freunden und Bekannten	64,2	70,8
Zu Hause vorm Fernseher	11,3	10,4
Beim Sport	12,4	5,2
Im Bett	6,2	7,5
Im Theater, Konzert	4,3	4,5
Im Kino	0,6	1,0
Bei politischen Veranstaltungen	1,0	0,6

Figure #6

Welche Ermahnungen hast du selbst schon gehört? Kreuze sie an!

...	Iß deinen Teller auf!	...	Du verschlabberst ja alles.
...	Jungen weinen nicht.	...	Iß nicht wie ein Schwein!
...	Du bist doch schon ein großes Mädchen.	...	Bleib endlich ruhig sitzen!
...	Wasch dir die Hände, bevor du zu Tisch gehst!	...	Erst denken, dann reden.
...	Geh nicht so spät ins Bett!	...	Red nicht so viel!
...	Mach erst deine Hausaufgaben!	...	Mach nicht soviel Quatsch!
...	Schrei nicht so!	...	Mach's richtig, wenn du es schon machst!
...	Mach nicht so einen Krach!	...	Antworte mir endlich!
...	Sei leise!	...	Was auf den Teller, kommt wird aufgegessen.
...	Schau mit deinen Augen, nicht mit deinen Händen!	...	Sei vorsichtig!
...	Schreibe endlich einen Brief an die Oma und bedanke dich!	...	Paß schön auf!
...		...	Iß dein Gemüse auf!
...	Erst die Arbeit, dann das Vergnügen.	...	Du mußt noch Klavier üben.
...	Mußt du durch die Pfütze laufen!	...	Laß dein Zeug nicht so rumliegen!
...	Sprich nicht mit vollem Mund!	...	Vergiß nicht "bitte" und "danke" zu sagen!
...	Mach die Ohren auf!	...	Sag immer schön Danke!
...	Streit dich doch nicht immer mit deiner Schwester!	...	Beeile Dich!
...		...	Red nicht immer dazwischen!
...	Halte die Hand vor den Mund, wenn du gähnst!	...	Iß alles auf!
...		...	Zieh deinen Schlafanzug an, sonst lachen die Träume dich aus!
...	Halte die Hand vor den Mund, wenn du hustest!	...	Putze endlich deine Nase!
...	Du mußt jetzt endlich ins Bett!	...	Zieh deine Nase nicht immer hoch!
...	Der liebe Gott sieht alles.	...	Du sollst gehorchen.
...	Rülps nicht so!	...	Kinder, die lügen, kriegen rote Nasen.
...	Schmatz nicht so!	...	Schlürf deine Suppe nicht so!
...	Bohr nicht immer in der Nase!	...	Steh gerade!
...	Kau nicht an den Fingernägeln!	...	Wasch deine Hände!
...	Iß langsamer!	...	Iß nicht mit den Händen!
...	Räum dein Zimmer endlich auf!	...	Du bist faul.
...	Schreib schöner!	...	Sag es auf deutsch!
...	Zieh die Schuhe aus, wenn du ins Haus kommst!	...	Benimm dich!
...		...	Trink kein Bier!
...	Putz deine Zähne, sonst fallen sie alle heraus!	...	Du mußt noch staubsaugen!
...		...	Spül das Geschirr!
...	Schleck das Messer nicht ab!	...	Leg es dahin, wo du es her geholt hast!
...	Wozu hast du eine Gabel!	...	Spiel nicht soviel Nintendo!
...	Übung macht den Meister	...	Trag den Müll raus!
...	Ohne Fleiß kein Preis.	...	Füttere die Katze!
...	Hau deine Schwester nicht!	...	Wasch deine Sachen!
...	Putze deine Schuhe gut ab!	...	Wasch den Wagen!
...	Trinke deine Milch aus!	...	Geh einkaufen!
...	Vergiß dein Schulbrot nicht!	...	Du bist ja klitschnaß!
...	Du mußt 36 mal kauen.	...	Mach die Musik nicht so laut!
...	Du darfst nach dem Zähneputzen keine Süßigkeiten essen.	...	Komm nicht so spät nachhause!
...		...	Fahr langsam!
...	Wenn du schielst (und die Uhr schlägt), können die Augen stehenbleiben.	...	Bring nicht so viel Dreck ins Haus!
...		...	Zieh dich warm an!
...	Unterbrich nicht, wenn Erwachsene miteinander reden!	...	Nimm dir Zeit!
...		...	Spiel nicht mit deinem Essen rum!
...		...	Rauch nicht!

... Räum endlich die Spülmaschine aus!	... Füttere den Hund nicht unter dem Tisch!
... Schmeiß nicht alles in der Gegend herum!	... Schaukele nicht mit dem Stuhl!
... Leg es ordentlich zusammen!	... Rupf den Fliegen die Flügel nicht aus
... Mach die Tür richtig zu!	... Pinkele nicht ins Schwimmbad!
... Mach die Post von Mutti und Vati nicht auf	

Figure #7
Kindsein ist süß?

Tu dies! Tu das!
Und dieses laß!
Beeil dich doch!
Heb die Füße hoch!
Sitz nicht so krumm!
Mein Gott, bist du dumm!
Stopf's nicht in dich rein!
Laß das Singen sein!
Du kannst dich nur mopsen!
Du machst mich verrückt!
Nie wird sich gebückt!
Schon wieder 'ne Vier!

Hol doch endlich Bier!
Sau dich nicht so ein!
Das schaffst du allein!
Mach dich nicht so breit!
Hab jetzt keine Zeit!
Laß das Gemecker!
Fall mir nicht auf den Wecker!
Mach die Tür leise zu!
Laß mich in Ruh!

Kindsein ist süß?
Kindsein ist mies!

Susanne Kilian

In: H.-J. Gelberg (ed.): Geh und spiel mit dem Riesen. Verlag Beltz & Gelberg. Weinheim/Berlin/Basel 1971.

Katharina

Katharina, Katharine
schrieb auf einer Schreibmaschine
nachts um zwölf, als alles schlief,
an die Eltern diesen Brief:
   Sagt mir einmal warum dürfen
   große Leute Suppe schlürfen?
   Warum dürfen sie laut gähnen,
   warum stochern sie in Zähnen,
   weshalb dürfen sie in den Ohren
   mit dem kleinen Finger bohren?
   Warum darf ich's aber nicht?
   Warum habe ich die Pflicht,
   einem Musterkind zu gleichen
   Fragezeichen

Hans Manz

In: H.-J. Gelberg (ed.): Die Stadt der Kinder. Gedichte für Kinder in 13 Bezirken. Georg Bitter Verlag. Recklinghausen 1969.

Was ein Kind gesagt bekommt

Der liebe Gott sieht alles.
Man spart für den Fall des Falles.
Die werden nichts, die nichts taugen.
Schmökern ist schlecht für die Augen.
Kohlentragen stärkt die Glieder.
Die schöne Kinderzeit, die kommt nicht wieder.
Man lacht nicht über ein Gebrechen.
Du sollst Erwachsenen nicht widersprechen.
Man greift nicht zuerst in die Schüssel bei Tisch.
Sonntagsspaziergang macht frisch.
Zum Alter ist man ehrerbötig.
Süßigkeiten sind für den Körper nicht nötig.
Kartoffeln sind gesund.
Ein Kind hält den Mund.

Bertolt Brecht

Bertolt Brecht: Gesammelte Werke. Bd. 8. Suhrkamp. Frankfurt a.M. 1965.

Quoted from Rainer Gerdzen, "Erzählanlässe - Erzählaufschlüsse. Erfahrungen aus dem Unterricht in der Sekundarstufe I.", *Der Deutschunterricht*, 2/80, Jahrgang 32. Klett. Stuttgart.

Figure #8

**Nach dem Fall der Mauer:
Die Leute (3)**

1) Lesen Sie die folgende Biographie.
2) Schreiben Sie die Information in das Arbeitsblatt "Erfinde eine Familie". Ist die Person die Mutter, der Vater, die Tochter oder der Sohn? Wenn ein Detail fehlt, erfinden Sie es!
3) Erfinden Sie passende Familienmitglieder! Was für Leute könnten das sein?
4) Die Leute sollten alt genug sein, um politische Meinungen zu haben!

Friedrich Fromme (47) lebt in Ostberlin. Schon vor dem Fall der Mauer hatte er ein eigenes Geschäft und war damit einer der wenigen freien Unternehmer in Ostdeutschland. Er war Eisverkäufer. Er stellte sein eigenes Speiseeis her und verkaufte es von einem kleinen Wagen auf den Straßen Berlins. Er arbeitete nur in den Sommermonaten und verdiente dann durchschnittlich 5000.- Ostmark im Monat. Er liebte seinen Beruf, er konnte mit Leuten reden und abends traf er sich mit Freunden und spielte Skat. Im Winter nahm er seinen "Winterschlaf", wie er es nannte. In dieser Zeit las er, spielte Skat und Schach oder ordnete seine Briefmarkensammlung. Er nahm teil an den Demonstrationen, die zum Fall der Mauer führten. Mit seinen Freunden feierte er die neue Freiheit und die Vereinigung. Jetzt macht er kein eigenes Eis mehr, sondern verkauft das Eis von Langnese, einer großen westdeutschen Eisfabrik. Sein großer Wunsch ist eine eigene Eisdiele. Er fürchtet sich aber vor der westdeutschen Konkurrenz. Die hat viel mehr Geld für eine schöne Ausstattung. Jetzt verdient er mehr als früher, aber manchmal träumt er von seinem Winterschlaf ...

Figure #9 **Erfinde eine Familie**

	Vater	Mutter	Tochter	Sohn	andere
Alter					
Beruf oder Berufswunsch					
Zufriedenheit mit dem Beruf					
Einkommen					
Kleidung					
Hobbies/ Sportarten					
Werte/Träume/ Lebensziele					
Zufriedenheit/ Probleme in der Familie					
Zufriedenheit/ Probleme außerhalb der Familie					
Politische Einstellung					

Figure #10

1. Kosten der Vereinigung

Die Wiedervereinigung wird sehr teuer werden. Es müssen neue Straßen, Telefonsysteme, Wasserleitungen gebaut werden, fast alle Häuser müssen renoviert werden. Es müssen neue Fabriken gebaut werden. Millionen Menschen werden arbeitslos sein. Es müssen Arbeitslosengeld und Renten bezahlt werden. Soll der 'westdeutsche' Steuerzahler das alles bezahlen? Welche Meinung haben Sie dazu in Ihrer Familienrolle (!)?

Welche Sätze hört man eher in 'Ostdeutschland' (Ostdt.), welche in 'Westdeutschland' (Westdt.)? Manchmal geht beides.

	Ost-dt.	West-dt.
"Jetzt sind wir auch mal dran".		
"Wir haben unser ganzes Leben hart gearbeitet, jetzt wollen wir es auch genießen".		
"Wir müssen ihnen helfen, schließlich gehören sie zu uns."		
"Wir haben alles selbst erarbeitet, jetzt sollen die das auch tun".		
"Ich arbeite gern, es hatte aber in der DDR keinen Sinn."		
"Dann arbeiten wir ja nur noch für das Finanzamt."		
"In fünf Jahren haben wir alle etwas davon."		

Figure #11

Trabi-Witze:

- "Was ist ein Trabi?"
  "Eine überdachte Zündkerze!"

- "Was ist ein Trabi auf einem Berg?"
  "Ein Wunder!"

- "Auf der Straße kommt Ihnen ein Scheibenwischerpaar entgegen. Was ist das?"
  "Ein Trabi ohne Extras."

- "Welcher ist der Tag des Trabis?"
  "Der erste April."

- "Warum gibt es in der DDR keine Banküberfälle?"
  "Weil die Täter immer erst 15 Jahre auf ihr Fluchtauto warten müssen."

- "Warum wird der Trabi neuerdings Luther genannt?"
  "Weil Luther einst sagte: 'Hier stehe ich und kann nichts anders.'"

- "Wie verdoppelt man den Wert eines Trabis?"
  "Auftanken."

- "Kürzlich stießen in der Innenstadt von Dresden zwei Trabis zusammen. Es gab zwei Tote und 53 Verletzte. Warum?"
  … "Die Toten waren die beiden Fahrer. Die 53 Verletzten waren Passanten, die sich um die Ersatzteile keilten." (schlugen, prügelten)

- "Ein reicher Amerikaner hat von einem Auto gehört, daß 20 Jahre Lieferzeit hat. 'Das muß ein tolles Auto sein,' denkt er, und bestellt eins. Die Werktätigen der Firma sind ganz stolz auf diese Bestellung, und schicken schon nach drei Tagen ein Auto nach Amerika."
  "Der Amerikaner antwortet erfreut: 'Danke für das Pappmodell. So schnell sind nicht mal unsere Firmen.'"

- "Wie viele Leute braucht man, um einen Trabi zu bauen?"
  "Drei. Einer schneidet, einer faltet, einer klebt."

- "Warum ist der Trabi das leiseste Auto der Welt."
  "Weil man sich beim Fahren mit den Knien die Ohren zuhält"

- "Warum hat der Trabi keinen zweiten Außenspiegel".
  "Dann könnte er nicht mehr gegen den Wind an."

- Fragt ein Kuhfladen einen Trabi: "Was bist du denn?" Der Trabi antwortet, "Ich bin ein Auto". Entgegnet der Kuhfladen: "Wenn du ein Auto bist, dann bin ich eine Pizza".

- "Warum hat der Trabi zwei Auspuffrohre?"
  "Damit man ihn auch als Schubkarre verwenden kann."

- "Warum kann der Trabi nicht jodeln."
  "Weil er nicht den Berg raufkommt".

- "Warum haben die meisten Trabis eine Anhängerkupplung?"
  "Damit man sie zum Trocknen an die Leine hängen kann."

Figure #12

Johannes: Aufsatz
Kein Viertakt-Trabant-- was dann?
Den Viertakt-Trabant soll es nun doch nicht geben. Die DDR-Regierung hat angekündigt, den bisher nur als Testmodell gebauten Trabant mit Golfmotor nicht in Serie produzieren zu lassen. Statt dessen wird mit der Volkswagen Werke-Ag verhandelt, ob man den VW Polo, den kleinsten Volkswagen, in der DDR nachbauen darf. Dies soll ab Mitte der 90er Jahre geschehen. Für den Staat ist das kostengünstiger als die Produktion eines Golfmotor-Trabants. Ob der Lizenz-Polo für den durchschnittlich verdienenden DDR-Bürger auch so schön konstengünstig wird, darf bezweifelt werden. Bei einem neuen Viertakt-Trabant hätte man von einem Preis von über 20.000 Mark ausgehen müssen. Ganz abgesehen davon, daß man für so ein schlechtes, primitives und häßliches Auto nur mit einiger Unverschämtheit einen solch überhöhten Preis verlangen kann, ist der Durchschnittsverdiener in der DDR kaum in der Lage diesen Preis zu bezahlen. Die Wartezeit auf den neuen Trabant wurden im Voraus mit 20 Jahren angegeben. Ein Skandal! In welche Höhen die Lizenz-Polo Preise schießen werden ist noch völlig ungewiß. Ebenso ist es mit den Wartezeiten. Dazu hat sich niemand äußern können oder wollen-- vor den Wahlen nun wirklich kein Wunder.
"Der Einstieg in einen kleinen Volkswagen beginnt bei 13 845 Mark. Dafür gibt es einen praktischen und wendigen Flitzer." (Autobild-Buch 1988). Das ist das Einstiegsmodell für den Polo und VW überhaupt. Man kann annehmen, daß es diesen Wagen als Lizenzprokuktion geben wird. Wahrscheinlich gibt es auch davon die einfachste variante. Schöner und komfortabler als die Ost-Block-Automobil ist der Polo auf jeden Fall.

Figure #13

Der Fall des Schülers Johannes: (Arbeitsblatt)
Johannes wird vom Bezirksschulrat (hat Aufsicht über alle Schulen in Leipzig) zu einem Gespräch eingeladen. Bei dem Gespräch sind der Schuldirektor, der Klassenleiter, und der Schulrat. Was soll Johannes in diesem Gespräch sagen. Wählt fünf Punkte von der folgenden Liste aus. (Schreibt auch eigene Punkte dazu.)
..... Ich wollte nur die Technik des Autos beschreiben.
..... Ich bin gegen die Politik unseres Staates.
..... Das war alles nur Spaß.
..... Ich habe das nur in einer Auto-Zeitschrift gelesen.
..... Ich will mehr Meinungs- und Pressefreiheit.
..... Ich habe das nicht so gemeint.
..... Wir sollten mehr Parteien und echte Demokratie haben.
..... Die Politik der SED (kommunistischen Partei) ist falsch.
... Ich tue es nie wieder.
..... Ich möchte der Regierung durch Kritik helfen.
..... Ich will meinen Aufsatz zurück haben.
..... Wir haben doch Pressefreiheit.
..... Was ist denn so schlimm an dem Aufsatz?
..... Ich habe das nur für meinen Lehrer geschrieben.
 Warum haben Sie das alle gelesen?
... Die Sozialpolitik unseres Staates hilft den Menschen nicht.

Figure #14

Die tatsächlichen Antworten von Johannes waren:

- Ich bin mit der Politik der SED nicht einverstanden.
- Ich will mehr Meinungs- und Pressefreiheit.
- Unsere Zeitschriften lese ich nicht, ich glaube nicht, was darin steht.
- Ich informiere mich über das Fernsehen (BRD) sowie Presseerzeugnisse, z.B. Frankfurter Allgemeine, man bekommt sie nur selten.
- auf die Frage, woher er diese Zeitschriften erhält, antwortet er: das sei doch unbedeutend.
- danach meinte er, daß ja nicht alle Pakete kontrolliert würden und so auch Zeitungen hergelangen und auch nicht alle Briefe von "denen" kontrolliert werden können.
- Andersdenkende müssen viele Schikanen über sich ergehen lassen z.B. ein befreundetes Ehepaar über mehrere Jahre, bevor sie ausreisen dürfen.
- Wir sollten mehr Parteien haben, das wäre echte Demokratie.
- Er wolle keine Linken und Rechten mehr in der Politik.
- Auch die Sozialpolitik unseres Staates ist nur Schein.
- Er ist gegen die Unterstützung von Familien "mit mehreren Kindern", die anderen müssen dann "für Kinderreiche" arbeiten.
- Er möchte seine Mappe zurück, es sei seine Meinung - wenn nicht, dann sollte sie in seinem Beisein verbrannt werden, damit sie nicht in einem Giftschrank landen kann und irgendwann gegen ihn benutzt werden können.
- Wir haben doch Pressefreiheit.
- Johannes wurde mit der Frage konfrontiert, daß es nur ein Für oder Gegen die Politik unseres Staates geben kann. Er entschied sich sofort: er ist gegen die Politik unseres Staates.

References

Acton, William R. and Walker de Felix. 1986. "Acculturation and mind" pp. 20-32, in *Culture Bound*, Joyce Merrill Valdes, ed., Cambridge University Press.

Ausubel, David P., Joseph D. Novak, and Helen Hanesian. 1978. *Educational Psychology: A Cognitive View*. New York: Holt, Rinehart & Winston, Inc.

Becker, James. 1990. "Curriculum Considerations in Global Studies," pp. 67-85 in Kenneth A. Tye, ed., *Global Education: From Thought to Action*. Alexandria, VA: Association for Supervision and Curriculum Development.

Brecht, Bertolt. 1965. *Gesammelte Werke*. Bd. 8. Frankfurt a.M.: Suhrkamp.

Bredella, Lothar. 1988. "How is Intercultural Understanding Possible?" pp, 1-25 in Lothar Bredella, ed., *Perceptions and Misperceptions: The United States and Germany*. Tübingen: Gunter Narr Verlag.

Brooks, Nelson. 1968. "Teaching Culture in the Foreign Language Classroom," *Foreign Language Annals 1*: 204-17.

Coladarci, A. 1976. "Multi-Cultural Education: Some Sense and Nonsense." Speech presented at the World Educators' Conference on Multicultural Education, Honolulu, July 13.

Galloway, Vicki B. and Angela Labarca, 1990. "From Student to Learner: Style, Process and Strategy," pp. 111-58 in Diane W. Birckbichler, ed., *New Perspectives and New Directions in Foreign Language Education*. ACTFL Foreign Language Education Series, Skokie, IL: National Textbook Company.

Gelberg, H.-J. (ed.). 1971. *Geh und spiel mit dem Riesen*. Weinheim/Berlin/Basel: Verlag Beltz.

Gelberg, H.-J. (ed.). 1969. *Die Stadt der Kinder*. Gedichte für Kinder in 13 Bezirken. Recklinghausen: Georg Bitter Verlag.

Gerdzen, Rainer. 1980. "Erzählanlässe – Erzählaufschlüsse. Erfahrungen aus dem Unterricht in der Sekundarstufe I.", *Der Deutschunterricht*, 2/80. Jahrgang 32. Stuttgart: Klett.

Hirsch, Edward D. 1987. *Cultural Literacy: What Every American Needs to Know*. Boston: Houghton Mifflin.

Kramsch, Claire J. 1988. "The Cultural Discourse of Foreign Language Textbooks," pp. 63-88 in *Alan J. Singerman, ed.*

Lafayette, Robert C. 1988. "Integrating the Teaching of Culture into the Foreign Language Classroom," pp. 47-62 in *Alan J. Singermann, ed.*

Neisser, Ulrich. 1976. *Cognition and Reality: Principles and Implications of Cognitive Psychology*. San Francisco: W.H. Freeman & Co.

Nostrand, Howard L., ed., 1967. *Background Data for the Teaching of French*. Seattle, WA: University of Washington.

Omaggio, Alice H. 1986. *Teaching Language in Context*. Boston, MA: Heinle & Heinle.

Robinson, Gail L. Nemetz. 1988. *Crosscultural Understanding*. New York: Prentice Hall.

Seelye, H. Ned. 1974. *Teaching Culture. Strategies for Foreign Languge Educators*. Skokie, IL: National Textbook Company.

Seletzky, Martin. 1989. "Teaching the American Constitution," pp. 37-50 in Christopher N. Candlin, ed., *Verstehen und Verständigung*. Bochum: Verlag Ferdinand Kamp.

Shirer, Robert K. 1981. *Kulturelle Begegnungen. Cross-Cultural Mini-Dramas*. Skokie, IL: National Textbook Company.

Singerman, Alan, ed., 1988. *Toward a New Integration of Language and Culture*. The Northeast Conference Reports. Middlebury, VT: Northeast Conference on the Teaching of Foreign Languages.

Tye, Kenneth A., ed., 1990. *Global Education: From Thought to Action*. Alexandria, VA: Association for Supervision and Curriculum Development.

MICHAEL WENDT

Zum Thema "Fremdheit" in Texten für den spätbeginnenden Spanischunterricht

1. "Fremdheit" aus erkenntnistheoretischer Sicht

Die Frage nach der Bedeutung des Begriffes *fremd* ist immer auch eine erkenntnistheoretische[1]; denn sie impliziert die weitere Frage nach der Erfahrbarkeit des anderen, also dessen, was jenseits unserer je individuellen Vorstellungswelt liegt: Wie fremd bleibt uns die Realität außerhalb unserer eigenen Gedanken und Gefühle *notwendigerweise?*

Seit Platon suchen Philosophen nach jener "Schaltstelle" zwischen unseren Sinnen, deren Unvollkommenheit ihrer Zugehörigkeit zum körperlichen und körperhaften Außenbereich angelastet wird, einerseits und der Seele oder dem Geist andererseits, die durchaus nicht nur im Traum in der Lage scheinen, Vorstellungswelten zu erzeugen. Eine radikale Absage an eine Verbindung zwischen Außen und Innen hat bekanntlich Leibniz in seiner Monadenlehre formuliert: Das Nebeneinander der Individuen wird durch die prästabilisierte Harmonie determiniert. In seinem Leibniz-Buch hat Deleuze (dt. 1995) diesen Ansatz in das Modell eines zweistöckigen Hauses umgeformt, dessen beide Stockwerke sich durch eine Falte (*le pli*) unterscheiden. Der radikale Konstruktivismus räumt immerhin die Möglichkeit der Viabilisierung eigener Wirklichkeitskonstruktionen in einer eigentlich fremden Realität und an den Wirklichkeitskonstruktionen anderer ein (Schmidt 1992). Verschiedene Autoren, die sich im wesentlichen dieser erkenntnistheoretischen Richtung angeschlossen haben, haben die Modellvorstellung der binären Rückmeldung durch eine Zeichen- oder Signaltheorie ersetzt (vgl. Wendt 1994).

Für eine Theorie des Lernens bleibt es wichtig, daß Erfahrbarkeit von ursprünglich Fremdem wenigstens in dem Umfang angenommen werden kann, wie wir uns durch wie auch immer geartete Begegnungen mit ihm verändern; d.h. daß die Makroprozesse Individualisierung und Sozialisierung eine mindestens begrenzte Erfahrbarkeit von anderem und anderen voraussetzen. So gehört es zu den wohl unbestreitbaren frühkindlichen Selbsterfahrungen, daß es andere gibt, die nicht unter die Kategorien ICH und WIR fallen, und daß deren Handlungen wenigstens teilweise durch andere Bezugspunkte orientiert werden als das eigene Handeln. Fremdsein gewinnt unter dieser Prämisse den Aspekt des fremd Gebliebenen, das nicht in die eigene Sozialisation einbezogen wurde. Fremdsein durch unterbliebene Sozialisation kann sich sowohl auf eigene Isolation als auch auf Personen, Sachen und Sachverhalte der näheren und weiteren Umgebung beziehen.

---

[1] Die nachfolgend wiedergegebenen erkenntnistheoretischen und didaktischen Aspekte entsprechen weitgehend den Vorüberlegungen in einem Vortrag über *Fremdheit in Texten für den Französischunterricht*, den ich im Rahmen der Ringvorlesung "Begegnungen mit dem Fremden" am 18. 12. 1995 in Gießen gehalten habe.

Aus diesen Überlegungen gewinnen wir eine Arbeitsdefinition für Fremdheit, in der wir den eher statischen Begriff der 'Inkompatibilität' durch den flexibleren Leihbegriff 'Dissonanz'[2] ersetzen. Fremdheit ist demnach das Empfinden von Dissonanz anläßlich der Begegnung mit Personen, Sachen oder Sachverhalten, durch die im Laufe der eigenen Individuations- und Sozialisationsgeschichte gemachte Erfahrungen andauernd und grundsätzlich in Frage gestellt oder doch wenigstens vorübergehend relativiert werden. In Abhängigkeit von persönlichen Einstellungen, von interindividuellen Handlungsmaximen oder auch vom Grad der Infragestellung kann aus Anlaß der Begegnung mit Fremdem die Bereitschaft entstehen, die Dissonanz durch Suche nach Gemeinsamkeiten und gegebenfalls durch Umstrukturierung eigener Wirklichkeitsentwürfe zu reduzieren, oder aber die Neigung die Oberhand gewinnen, Fremdem aus dem Weg zu gehen bzw. es durch Gewaltanwendung auf Distanz zu halten oder zu unterdrücken. Im Fall eines positiven Verlaufs kann eine an regionalen oder nationalen Handlungsnormen orientierte Sozialisation in Richtung auf eine transnationale Sozialisation überschritten werden.

2. "Fremdheit" aus didaktischer Sicht

Fremdsprachenunterricht hat es zuvörderst mit Fremdheit und Sprache zu tun. Er soll zum Umgang mit eigener Fremdheit, mit Fremden und Fremdem in der Umgebung der Lernenden, im Zielsprachengebiet und in einer telekommunikativ zusammenrückenden Welt befähigen und motivieren. Daß das nicht immer so gesehen wurde, hat kürzlich Schüle aufgezeigt (1995: 78). Die Zielsprache erscheint den Lernenden zunächst überwiegend als noch weitgehend unbekannter Unterrichtsgegenstand; soweit der Unterricht dies zuläßt, kann sie jedoch zu einer alternativen Form des eigenen sprachlichen Handelns werden. An Immigranten ist ein Zusammenhang zwischen Sprachbeherrschung und Akkulturationsbereitschaft mehrfach festgestellt worden (vgl. Kiel 1994: 57).

Ursula Vences hat in einem kürzlich erschienenen Beitrag zu unserem Thema vorgeschlagen, die "Barrieren zum anderen" durch das "gezielte Aufzeigen und Benennen der ständig größer werdenden Ähnlichkeit... zwischen Spanien und Deutschland" abzubauen (1995: 182) und Identifikation und Solidarität nicht durch Negatives zu verhindern (S. 185). Ohne einer einseitigen Kontrast- oder gar Konfliktkunde das Wort reden zu wollen, würde ich diesen Ansatz als bedenklich bezeichnen, weil er, konsequent durchgehalten, Fremdheit dissimuliert, als einer Auseinandersetzung nicht würdig erscheinen läßt.

Die Bereitschaft, sich auf Fremdes einzulassen, ist trotz sicherlich beträchtlicher Abweichungen vom gedachten Mittel ohnehin in unserer Gesellschaft gegenwärtig nicht besonders stark entwickelt. Dem entspricht eine verbreitete betont pragmatische Motivation, Fremdsprachen zu lernen, die das grundständige Englisch und nicht viel anders das späteinsetzende Spanisch weit eher als Verkehrs- und Fachsprachen denn als Kontakt- und Kultursprachen in den Blick nimmt. Diese Tendenz läßt sich z.B. im Berliner *Rahmenplan* für Spanisch auf der Oberstufe (Senatsverwaltung 1991) deutlich ablesen. Ihr ist entgegenzuhalten, daß der Umgang mit Fremdem und die Begegnung mit fremden Kulturen – hier als globale handlungs-

---

[2] Hier sehr viel weiter gefaßt als die 'kognitive Dissonanz', die nach Festinger (1957) ein Reduktionsbestreben und damit Interaktion und Kommunikation innerhalb von Gruppen auslöst. Auch Hermann-Brennecke (1991: 79) verwendet den Begriff 'Dissonanz' vorwiegend in diesem weiteren Sinne. Zur Dissonanztheorie vgl. auch Triandis dt. 1975, S. 119-129.

orientierende Wertkomplexe verstanden[3] – gerade auf der Sekundarstufe II von besonderer Bedeutung für die Persönlichkeitsentwicklung der Schüler ist, weil angenommen werden kann, daß 17- bis 19jährige in verstärktem Maße bereit und fähig sind, die Sozialisation innerhalb der *peer group* zu überschreiten sowie bisherige Wertvorstellungen zu überprüfen und gegebenenfalls zu revidieren (vgl. Muuss 1971, S. 125 f.), wozu der Fremdsprachenunterricht vielfältige Anlässe bereitstellen kann.

Für die Begegnung mit Fremdem bietet der spanischsprachige Teil der Welt eine außerordentliche Fülle von Möglichkeiten. Der Ferienurlauber an der Costa del Sol wird kaum behaupten können, er kenne Spanien. Dies gilt wahrscheinlich für die große Mehrheit der rund 50 Millionen Touristen, die das Land jedes Jahr heimsuchen. Aber auch wer sich durch wiederholte Besuche in Madrid mit dieser kulturträchtigen Metropole und mit einigen ihrer Bewohner angefreundet hat, käme sich in Andalusien, Galicien oder Barcelona nicht nur aus sprachlichen Gründen wie in einem fremden Land vor. Nicht anders ergeht es dem versierten Spanienkenner in Mittel- und Südamerika oder in den Vereinigten Staaten, wo er neben befremdender Aussprache und Besonderheiten vor allem in der Lexis auf höchst ungewohnte Sozialstrukturen trifft. Welche Hoffnungen können sich Lehrwerkautoren, zu deren Standardinventar längst auch Mexiko, Peru und Argentinien gehören, darauf machen, angesichts dieser Vielfalt Wesentliches auszusagen? Besteht nicht eher die Gefahr, daß das bloße Vorführen und eher oberflächliches Kennenlernen von Andersartigem bestehende Vorurteile verfestigen (vgl. auch Vences 1995: 283) und daß unterrichtliche Analysen, die diese Andersartigkeit zu begründen versuchen, sie letztlich in erster Linie bestätigen? Auch authentische Zeugnisse, die – wie z.B. im Handel befindliche Videoaufnahmen von Stierkämpfen oder das erschütternde Versdrama *Yerma* von García Lorca – Kultur- und Sozialgeschehen höchst eindringlich vor Augen führen, vermitteln keinen unmittelbaren Zugang zu diesem; sie könnten nachgerade höchst unerwünschte Reaktionen hervorrufen, wenn nicht zuvor recht umfangreiche sozial- und kulturhistorische Kenntnisse erarbeitet worden sind.

In ihrem gut dokumentierten *ZFF*-Aufsatz von 1991 (S. 71 ff.) hat Hermann-Brennecke recht ausführlich die persönlichkeitsstabilisierende Orientierungsfunktion von Vorurteilen und deren Abhängigkeit von Wertmaßstäben sozialer Gruppen erläutert und begründet. Demzufolge reicht nach ihrer Ansicht "ein bloßer Zuwachs an Sachkenntnissen nicht aus, Vorurteilsbefangenheit zu verringern" (S. 77) und setzt eine Einstellungsänderung voraus, daß Lernende sich persönlich betroffen fühlen (S. 83). Aussichtsreicher im Hinblick auf die Befähigung und die Motivierung zum Umgang mit Fremden als das Vorführen und gegebenenfalls Begründen nicht-erwartungskonformer Sachverhalte und Handlungsweisen scheint mir daher der Versuch, Fremdheit selbst zum Unterrichtsgegenstand zu machen. Hierbei sollen in Texten gestaltete Fremdheitserfahrungen und Formen des Umgangs mit Fremdem die Lernenden herausfordern, ihre eigenen Erfahrungen mit Fremdheit einzubringen und aufzuarbeiten. Dies kann und soll bereits in der lehrwerkbezogenen Phase als auch insbesondere außerhalb und jenseits der Lehrwerksprogression[4] geschehen.

---

[3] Nach Ward H. Goodenough ist Kultur der Wissensvorrat, über den ein Individuum verfügen muß, um innerhalb einer Gemeinschaft sozial akzeptabel handeln zu können (Kamm 1994, S. 318): "Durch Korrektur oder Akzeptanz von Sinnangeboten wird ein Vorrat an sozial geteiltem Wissen erwirtschaftet...", das das Handeln von Individuen motiviert und begrenzt.

[4] Der Berliner *Rahmenplan* (Senatsverwaltung 1991, S. 2, 44) sieht bei Spanischbeginn in Klasse 11 für die ersten zwei Lernjahre Lehrbucharbeit vor sowie im 4. Kurshalbjahr die ergänzende Lektüre leichter Texte. Im 3. und 4. Kurshalbjahr (*ibid.* S. 45) sollen "in erster Linie Sachtexte und fiktionale Texte aus den Bereichen Spanien und Lateinamerika behandelt" werden. Im Mittelpunkt stehen "soziale, politische und wirt-

3. Texte in Lehrwerken

Die eingeführten Anfängerlehrwerke enthalten ein sehr geringes Angebot an geeigneten Texten. Immerhin läßt sich eine sehr allmählich zunehmende Ausrichtung solcher Lehrwerke auf landeskundliche Besonderheiten beobachten.

¡Vamos, amigos! (1978/82) ist von einem spanischen Autor geschrieben, jedoch von einem deutschen Zeichner, der auch Französischlehrwerke illustriert hat, gezeichnet. Die Mehrzahl der 25 Lektionen des 1. Bandes könnten überall auf der Welt angesiedelt werden, wo es Städte, Hotels und Restaurants mit spanischen Namen gibt; je 2 Lektionen sind in Paris (13, 14), Andalusien (19.2, 25) und in Lateinamerika (8, 22) lokalisiert. Die Fremden sind zwei junge deutsche Frauen, Petra und Inés; deren Fremdheitserlebnisse in diesem Nirgendwo sind weitestgehend auf die andere Sprache reduziert, zu deren Erlernung Petra die Verliebtheit ihres spanischen Verehrers Andrés bedenkenlos ausnutzt. Allerdings findet sich in Lektion 16 eine Kontrastierung von deutscher Arbeits- und Planungswut mit spanischer Spontaneität, deren Aussagekraft im zweiten Lektionstext in Frage gestellt wird.

Die Neubearbeitung (1989) von *Eso es I*, des lange Zeit über am weitesten verbreiteten Lehrwerks für spätbeginnenden Spanischunterricht, beginnt mit 18 weitgehend unspezifisch gestalteten Lektionen (vgl. etwa Lektion 13 über die beiden Handelsvertreter aus Barcelona in Santa Fe), bezieht dann aber neben als typisch spanisch geltenden Speisen (z.B. Lektion 15: *gambas, cigalas, calamares, sardinas, tapas* und *paella*) vor allem klimatische, sprach- und bevölkerungsstatistische sowie wirtschaftsgeographische Informationen über *el norte* (ab Lektion 19), *el centro* (L. 22 ff.), *el sur* (L. 29 ff.), *el este* (ab Lektion 34) und Ecuador (L. 43) systematisch ein. Kontakte zwischen Fremden und Einheimischen werden in Lektion 18 dargestellt, bleiben jedoch im Bereich des Unverbindlichen. Die Extremadura wird in der letzten Lektion als Auswanderungsregion aus der Perspektive der Zurückbleibenden dargestellt. Deutschland aus Sicht eines spanischen Arbeitnehmers wird in Lektion 33 thematisiert; die einzigen Unterschiede zur Heimat scheinen aber im Klima und in der unproblematischen Suche nach einem Arbeitsplatz zu bestehen.

In *Encuentros* (1994), das sich im Impressum als Lehrwerk für Spanisch als 3. bzw. späteinsetzende Fremdsprache empfiehlt, spielen Begegnungen von Personen unterschiedlicher Herkunftsgegenden und -länder eine zentrale Rolle. Hierbei stehen die jeweiligen Herkunftssprachen im Vordergrund (vgl. bsd. *unidades* 1, 3, 5, 10), Fremdheitserlebnisse werden als solche wenig deutlich. Sara aus Salamanca (Übungsteil von U 3A), die ein Praktikum in einem Berliner Hotel absolviert, findet die Leute, die Geschäfte, das Ambiente sehr andersartig (*muy distinto*), aber insgesamt sympathisch (*muy maja*). Drei Galicische Schüler, die lange mit ihren Familien in Deutschland gelebt haben (U 5A), beurteilen Santiago und die Schule, die sie nun dort besuchen, als *sobre todo diferentes*, haben aber bereits Freunde gefunden. Neun Schüler aus Ratingen, die eine Woche in Santiago verbringen (U 5C), fühlen sich in den aufnehmenden Familien bereits sehr wohl.

Auch in anderen Lehrwerken für den Anfangsunterricht, in Fortgeschrittenenlehrwerken und in für Lerner verfaßten Zusatzmaterialien sind Texte, in denen das Erleben von Fremdheit deutlich im Mittelpunkt steht, selten. Auf solche "Glücksfälle" werde ich im folgenden Teil dieses Beitrags hinweisen.

---

schaftliche Probleme" (S. 46 f.). Lektüreempfehlungen für den späteinsetzenden Spanischunterricht im Bereich der *cuentos* geben Klink (1995) und Schwerin v. Krosigk (1995).

4. Textvorschläge

Die folgenden Textvorschläge sind nach den hauptsächlichen Erscheinungsformen von Fremdheit gegliedert. Diese Einteilung hat mir als Suchhilfe gedient und ist vielleicht bei der Suche des/der Lesers/in nach weiteren Beispielen von Nutzen. Sie ist jedoch nicht als Empfehlung einer unterrichtlichen Progression zu verstehen.

4.1 Das Leben in einer anderen Welt

Das Gefühl, daß die eigenen Wirklichkeitskonstruktionen mit der Welt, in der wir leben, nicht oder nicht mehr übereinstimmen, ist keinem Heranwachsenden unbekannt, hat in seiner Sozialisation eine wichtige Rolle gespielt. Darin liegt ein möglicher Zugang zu Werken der Literatur, in denen Fremdheit als Dissonanz zwischen der eigenen Gefühls- und Gedankenwelt einerseits und der Gesellschaft andererseits erfahren wird.

Insofern ist der begabte Edelmann *Don Quijote de la Mancha* von Cervantes Saavedra vielleicht der Prototyp des Fremden in dieser Welt. Von den sehr unterschiedlichen Lesarten (vgl. bsd. M. Alonso Hg. 1980, S. XXXI-XLV) weisen mehrere in die Richtung eines Konflikts zwischen einer an Werten vergangener Zeiten orientierten Vorstellungswelt und einer aus dieser Perspektive zur Fremde gewordenen Realität (vgl. u.a. D. Alonso 1970, S. 17). Die drei *salidas*, die den lesenden Junker als *caballero andante* von seiner *aldea* aus in Richtung Osten führen, versinnbildlichen Reisen in eine konstruierte Wirklichkeit, aus der sich eine Fehldeutung der Realität fast zwangsläufig ergeben muß. Diese zerschellt erst am gemeinsamen Bezugspunkt beider Welten, an dem es darum geht, dem Tod ins Auge zu sehen: Unser Held wird *cuerdo* und verabschiedet sich zuerst von der Welt der *detestables libros de caballería*.

Der *Quijote* gilt wohl mit Recht als für Lernende mit Spätbeginn zu schwierig[5]. Selbst die Bearbeitung einzelner Kapitel, die in die *Antología de la literatura española* (Sanchez Polo 1976, S. 99-117) Aufnahme gefunden haben, ist wahrscheinlich zu aufwendig. Dennoch gibt es mehrere Wege, die Kerngedanken dieses Werkes zugänglich zu machen. Da ist zunächst der Film *Don Quijote,* 1975 von Orson Welles begonnen und 1992 unter Leitung von Jesús Franco aus seinem filmischen Nachlaß montiert. In jedem Fall sprachlich erreichbar ist die zweibändige für *Nivel III* adaptierte Version mit Randvokabular und einem Anhang mit Originalauszügen (Cuenot 1995). Wer den Zeitaufwand scheut, greift vielleicht lieber zur Verfilmung der adaptierten Version für das spanische Fernsehen (Gutiérrez Aragón 1995): Weite Teile des sprachlichen Textes sind in die Bilddimension übersetzt; die versprachlichten Auszüge aus der adaptierten Fassung können in den Untertiteln mitgelesen werden. Ebenso auf VHS-Videokassetten zugänglich ist eine sprachlich einfache und sehr deutlich gesprochene Zeichentrick-Version (Delgado 1978/1992), die insofern eine Modernisierung des Stoffes darstellt, als sie in durchaus nachvollziehbarer Weise suggeriert, unser Held tauche so tief in die Welt seiner geliebten Comics ein, daß ihm die Realität als *dibujos animados* erscheinen muß. Zur ersten Einführung in das Romangeschehen dienlich sein können zwei kurze Texte in *Kontakte Spanisch neu* (Halm/Ortiz Blasco 1987, S. 136 f.) und der deutschsprachige *arte*-Dokumentarfilm *Ein Ort in La Mancha* (Bauer/Bauer 1994).

Entschieden weniger komisch als *Don Quijote* sind die meisten "Sonderlinge" unseres Jahrhunderts, die insofern als seine Nachfahren[6] gelten können als auch sie Fremde in dieser Welt

---

[5] Der Berliner *Rahmenplan* (Senatsverwaltung 1991: 17, 34) nennt den Roman nur unter den Wahlinhalten für Grund- und Leistungskurs 13 I bei Spanisch ab Klasse 7 und 9.

[6] Im Handel ist eine "echte" Modernisierung des *Don Quijote* von Richard Musman: *Don Brazazo de la Carretera* liest Kriminalgeschichten und überträgt deren Handlungslogik mit Hilfe eines klapprigen Autos, einer ausgedienten Flinte und seines Gehilfen Sancho Barriga auf zufällig begegnende Alltäglichkeiten. Die

sind, weil sie in einer gänzlich anderen zu leben scheinen. In der sprachlichen Reichweite unserer Adressaten liegt etwa die "Endlosgeschichte" *Descubridor de nada* von Medardo Fraile (1970; Barrero Pérez Hg. 1989: 165-173): Don Rosendo nimmt die Außenwelt wie im Traum wahr, seine Entdeckungsreise führt in seine Innenwelt. In *Me alquilo para soñar* des Kolumbianers García Márquez (1972; 1992, S. 87-95) begegnen wir der Traumdeuterin Frida, die zwar aus ihren Fähigkeiten Gewinn zu ziehen versteht, sich aber dennoch in unserer Welt nicht zurechtfindet; der kunstvolle Aufbau dieses *cuento* wird in einer Handlungskurve deutlich, die wir erhalten, wenn wir die Etappen von Fridas Kindheit bis zu einem Monat nach ihrem Unfall (senkrecht) gegen die Seitenzählung (waagerecht) abtragen.

Wann erscheint der Don Quijote unserer Tage im Konflikt zwischen der virtuellen Welt des Cyberspace und der Realität der Leistungsgesellschaft?

In einem weiteren Sinn gehört in diesen Teil des Beitrags auch die Figur des vernünftigen Einzelnen, der sich plötzlich in eine absurde Welt der Archetypen (S. 145) versetzt fühlt: Antonio Porpetta, reiseerfahrener Poet, hat einen komisch überzeichnenden, in seinen Hauptaussagen aber auch ernst gemeinten *Manual de supervivencia para turistas españoles* verfaßt, der sich spöttisch und durchaus treffend mit der fremden Welt des Massentourismus auseinandersetzt, in der sich jeder unerfahrene Alleinreisende orientierungslos, belästigt, bloßgestellt, ja bedroht vorkommen muß (S. 37): *el choque con una realidad que usted imaginaba mucho más sosegada y gratificante; la crispación, el desaliento, la frustración...* Aus den sprachlich gut zugänglichen Episoden, die durchaus geeignet sind, die Begegnung mit Fremdem und Befremdlichem in einem Bereich zu verdeutlichen, in dem man es kaum vermutet hätte, kann eine Auswahl getroffen werden.

4.2   Besuch einer fremden Stadt

Der nur kurze Besuch in einem fremden Land scheint wie kein anderes Erlebnis geeignet, bestehende Vorurteile zu verstärken. Der Zerrbildcharakter tritt mit besonderer Deutlichkeit hervor, wenn es sich um eine Großstadt handelt, in der die stereotypen Merkmale gehäuft begegnen. Als ein Beispiel für die sehr häufigen Darstellungen clichéverstärkender Impressionen mag der zweite Teil eines Artikels von Bada in *Ecos* (1993, S. 29) gelten: Ein Wald von Warnschildern verrät dem spanischen Autor bereits unmittelbar nach seiner Ankunft am Bahnhof, daß er in Deutschland ist.

Nicht nur erlebte, sondern geradezu erlittene Fremdheit ist ein Lieblingsthema der Tagespresse. So berichtete *El País* am 17. August 1993[7] über einen in Frankreich lebenden Portugiesen, der mit seiner griechischen Frau und zwei Kindern auf der Fahrt in die Heimat in Madrid Halt machte, um das Museo del Prado zu besuchen. Die sprachlich schlicht und in bewährter Pyramidenstruktur gestaltete Leidensgeschichte umfaßt ein aufgebrochenes und ausgeraubtes Auto, eine hohe Geldstrafe für falsches Parken, die der Durchreisende als Ausländer sofort in bar entrichten sollte, was aber nicht möglich war, weil ihm nicht gestattet wurde, zur Bank zu gehen, Prügel von den Polizisten vor den Augen seiner Kinder und eine Nacht im Gefängnis. Solche Berichte, die zum Vergleich mit ähnlichen in der deutschen Presse

---

fünf ersten der acht Abenteuer sind im Präsens, die restlichen drei in den Vergangenheitstempora abgefaßt. Trotz recht genauer Parallelen erreicht diese Folge von Erzählungen ihr Vorbild in keiner Weise. Schüler/innen der 9. Klasse dürften sie unterhaltend finden und sich zum Umschreiben in Sketche anregen lassen; auf der Oberstufe wirken sie wahrscheinlich zu kindisch.

[7]   Der hier besprochene Zeitungsartikel kann wie alle nachfolgend aufgeführten von den Zeitungsverlagen selbst oder vom Autor dieses Beitrags angefordert werden.

herausfordern, legen es nahe, Hemmungslosigkeit und Gewaltbereitschaft gegenüber Ausländern zum Diskussionsthema zu machen.

Eine ganz andere Wirkung geht von dem, einem dritten Lernjahr angemessenen, Gedicht *El forastero* aus, in dem der argentinische Dichter Luis Borges (1979) das Problem der Suche nach der eigenen Identität an den Stätten der Kindheit und Jugend beleuchtet. Nach vielen Jahren, in denen er seine *verdadera vida* im Ausland gelebt hat, kehrt der inzwischen gealterte "Fremde" zu einem Kurzaufenthalt (*en una habitación numerada*) in seine Heimatstadt Buenos Aires zurück, die ihm im Wechselspiel von Erinnerung und Vergessen fremd geworden ist, die ihn nicht mehr anrührt, weil sie ihn und seine Träume nicht mehr widerspiegelt (*ante un espejo/que no volverá a reflejarlo*), die ihn jedoch gleichzeitig hindert, sich woanders heimisch zu fühlen. Wie abhängig, könnten wir fragen, ist unser Identitätsgefühl von dem Ort unserer primären Sozialisation?

4.3 Fremd in einer anderen Region

Durchaus im angesprochenen Zusammenhang gesehen werden kann die Bestimmung des Begriffs *patria*, die der bekannte Kolumnist Alvaro Pombo unter dem Titel *El sentimiento patriótico* in *El Mundo* vom 8. Oktober 1994 (S. 2) versucht hat. Die beiden von ihm herausgestellten partiell antagonistischen Merkmale verdeutlichen den von Luis Borges gestalteten Doppelaspekt: 1) *Las patrias son para cada cual su lugar de instalación.* 2) *El significado de nuestras vidas aparece en los usos de los lugares donde nacemos y de las costumbres que aprendemos.* Einen sentimentalen und in letzter Konsequenz offensiven Umgang mit dem Heimatbegriff kontrastiert er in dem kurzen Artikel mit der vernünftigen Loyalität gegenüber der Verfassung (*patriotismo de la Constitución*) im Sinne Habermas'. Teilte jedermann diese Einstellung, hätte jeder Fremde die Möglichkeit, sehr schnell dem aufnehmenden Land, der aufnehmenden Region gegenüber Heimatgefühle zu entfalten.

In der spanischen Lebenspraxis stehen dem jedoch distanzierende Einstellungen zu den jeweils anderen Regionen und insgesamt zu Madrid entgegen. In spanischen Zeitungen liest man fast täglich über terroristische Aktivitäten der baskischen Separatisten, über katalanische Forderungen nach wirtschaftlichen und politischen Vorrechten und über die unaufhaltsam scheinende Verelendung Andalusiens.

Betroffen sind natürlich in erster Linie die Arbeitsmigranten. So berichtete die Sonntagsbeilage von *El País* am 7. November 1993 unter der Überschrift *Dejar la ría* auf drei ganzen Seiten über andalusische Arbeiter im Baskenland, dessen auf reiche Eisenerzvorkommen gegründeter Wohlstand sie in jungen Jahren zum Verlassen ihrer Herkunftsregion ermutigt hatte. Seit der Stillegung vieler Stahlwerke und dem Anstieg der Arbeitslosigkeit in dieser Region auf 33% sind die Andalusier bei den Einheimischen äußerst unbeliebt. Jedoch die Rückkehr nach Südspanien stellt sich in den meisten Fällen als eine große Enttäuschung heraus: Die Heimat ist ihnen fremd geworden, die Möglichkeiten, einen Arbeitsplatz zu finden, sind eher noch geringer als vor Jahrzehnten, sie sind auch hier nicht willkommen. Es sind jedoch weniger die leicht zu durchschauenden sozioökonomischen Parameter als vielmehr die persönlichen Berichte der von einem doppelten Fremdsein Betroffenen, die diese Zwangslage so nachvollziehbar machen. Für den spätbeginnenden Spanischunterricht empfiehlt es sich, Stellen aus solchen Selbstzeugnissen auszuwählen und mit einer vereinfachten Darstellung der wirtschaftlichen Lage einzuleiten.

4.4 Das Leben in einem fremden Land

Seit der ideologischen, politischen und wirtschaftlichen Ausgrenzung Andersgläubiger durch die Inquisition und der Entdeckung der Neuen Welt (1492) ist Spanien ein Auswanderungsland gewesen. Am meisten betroffen waren die Regionen Extremadura, Andalusien und Galicien. Auch für die sechziger und siebziger Jahre unseres Jahrhunderts läßt sich nochmals ein namhaftes Ansteigen der Auswanderung Arbeitsloser aus Spanien und insbesondere aus den genannten Gegenden verzeichnen.

Die wichtigsten Angaben zu Ab- und Rückwanderung finden sich in einem Lesestück in dem Lehrwerk *Español 2000* (García Fernandez/Sanchez Lobato 1981, 1991, S. 157 f.; vgl. auch Bernitt 1981). Weit anschaulicher und daher nachvollziehbarer ist der in *Temas* (Halm/Ortiz Blasco 1985: 56) wiedergegebene Auszug aus dem fünften Kapitel des 1966 erschienenen Romans *Señas de identidad* von Juan Goytisolo, der selbst aus politischen Gründen 1957 nach Paris emigrierte und das Leben im Exil aus eigener Erfahrung kennt. Die rasch wechselnden Erzählperspektiven machen insbesondere deutlich, daß die andere Kultur und die eigene Situation im fremden Land unter den besonderen Umständen stark verändert wahrgenommen werden können. Auf der Suche nach authentischem Material zum Selbstverständnis, zu den Arbeitsbedingungen und zur Auseinandersetzung mit der Diskriminierung spanischer Arbeitnehmer in Deutschland bin ich auf *DGB Informaciones* gestoßen; persönlich gehaltene Berichte wie *¿Discriminación en vida cotidiana?* (DGB-Bundesvorstand 1994, S. 3) sind meist wenigstens in Auszügen sprachlich zugänglich und bieten eine an Anschaulichkeit kaum zu übertreffende Diskussionsgrundlage.

Spanien ist aber auch schon immer das Ziel sich mehr oder weniger assimilierender Einwanderer gewesen. Westgoten, Juden und Mauren haben ihre Spuren hinterlassen. Knappe Informationen zu der 1445 beginnenden Zuwanderung der Zigeuner vermittelt ein kurzer Text im Anhang von *Kontakte Spanisch neu* (Halm/Ortiz Blasco 1987: 147). Ausführlicher informieren *Gitanos en España* (Schlubach-Rüping/von Usslar 1994) und das Kapitel *Raza 'cale'* in der Textsammlung *Racismo en España* (Lalana Lac 1993, S. 24-49).[8] Einzelne Texte in der letztgenannten Veröffentlichung (z.B. S. 36) stellen persönliche Schicksale so lebensnah dar, daß das Erleben von Fremdheit und Ablehnung nachvollziehbar wird.

Infolge einer zu Beginn der achtziger Jahre einsetzenden Einwanderungswelle leben heute eine knappe halbe Million Ausländer in Spanien; die meisten von ihnen sind aus anderen europäischen Staaten (u.a. aus Osteuropa) zugezogen, die zweitstärkste Gruppe bilden afrikanische Wirtschaftsflüchtlinge (Marokko, Angola, Zaire), gefolgt von Südamerikanern ('*sudacas*'; vgl. Ynzenga 1995, S. 18, 21). Trotz einer Arbeitslosigkeit von 25% im Landesdurchschnitt halten nach einer im Januar 1995 durchgeführten Umfrage "nur" 31, 7 % der Befragten die Zuwanderung für zu stark (*ibid*, S. 20). *Los ultras* und *cabezas rapadas* (vgl. Moral 1993, S. 25 f.) fordern lautstark *trabajo blanco* (*El Mundo*, 13-11-1995). Als wirksamer hat sich der *racismo administrativo* erwiesen: Die spanischen Behörden sind nach Kräften bemüht, den Zuzug durch die schnelle Abschiebung Straffälliger (vgl. Ynzenga 1995, S. 20), durch die zeitliche Begrenzung von Aufenthaltserlaubnissen und Arbeitsgenehmigungen sowie durch eine seit 1992 erhobene Sonderabgabe von jährlich 15.000 Peseten für die Beschäftigung von Ausländern einzudämmen. Zumeist in den neunziger Jahren gebildete Interessenverbände wie die *ATIM (Asociación de Trabajadores Inmigrantes Marroquíes*, die *Asociación Afro-Vasca* (vgl.

---

[8] Zwei weitere Kapitel dieser Sammlung von publizistischen Texten und authentischen Äußerungen (jeweils mit *anotaciones, preguntas sobre el texto* und Übungen zur Lexik und Grammatik) haben nachfolgend angesprochene Themen zum Gegenstand: Kap. 3 (*Los 'moros'*, S. 50-73) ist den Marokkanern, Kap. 4 (*Hispanohablantes*, S. 74-87) den in Spanien lebenden Südamerikanern gewidmet.

El País, 31-10-93, S. 4) und die von García Acosta in Sevilla ins Leben gerufenen Gruppen (Hubenthal/Musel 1995) wenden sich, von der politischen Linken und Gewerkschaften unterstützt, gegen Rassismus, Fremdenfeindlichkeit und soziale Benachteiligung.

Die in Andalusien zahlenstärkste Gruppe illegaler Zuwanderer bilden die Marokkaner (insgesamt 120.000), die nachts in überfüllten Booten an der südspanischen Küste landen. Informationen über diese des Spanischen meist nicht mächtigen *económicos* (Wirtschaftsflüchtlinge) sind vergleichsweise gut zugänglich (Moral 1993; vgl. auch Fußnote 8). Um ihre Lebensumstände und Empfindungen im fremden Land sowie die Behandlung durch dessen Behördenvertreter kennenzulernen, empfiehlt sich eher der Griff zur professionellen Presse als zu didaktischen Zeitschriften. Unter den sieben äußerst lebensnahen Berichten, die die Dokumentation von *El País semanal 215* (Rodrigues 1995) enthält, sind einige, die sich auch sprachlich für unsere Adressatengruppe eignen.

Allgemein bekannt sein dürfte, daß sich in Andalusien nicht nur Madrider, sondern auch Mitteleuropäer ein Heim für die Zeit nach Beendigung ihres Berufslebens geschaffen haben. Zum Kennenlernen der Schwierigkeiten, die ausländischen Pensionären im selbstgewählten spanischen Exil begegnen können, empfiehlt Schwerin von Krosigk (1995, S. 315) die Geschichte *Un país extranjero* in *Una enfermedad moral* von Soledad Puértolas.

4.5 Die Erben des Cristóbal Colón

Auch im späteinsetzenden Spanischunterricht ist Hispanoamerika der gebührende Platz einzuräumen[9]. Unter dem Aspekt des Aufeinanderstoßens sehr verschiedener Kulturen sind in der Hauptsache drei hier nur kurz zu nennende Bereiche zu berücksichtigen: Exil, Abwanderung aus wirtschaftlichen Gründen und Unterdrückung oder Marginalisierung der Ureinwohner.

Ein perspektivenreiches Bild des Schicksals von Schriftstellerinnen, die unter dem politischen Druck von Militärdiktaturen ihre südamerikanische Heimat verlassen, viele Jahre in fremden Ländern gelebt und sich mit der Kultur ihrer neuen Umgebung auseinandergesetzt haben, bietet das neue Buch von Erna Pfeiffer (1995). Allerdings sind die meisten dieser Texte schwieriger als die Kurzerzählungen und Romanauszüge in Europa lebender lateinamerikanischer Autoren, die im Sonderheft von *ila* (1993) zusammengestellt wurden. Die jeweils vorhandene deutsche Version, in einigen Fällen vom Autor selbst verfaßt, erleichtert den Zugang und ermöglicht den Vergleich. Diese Texte wurden nicht für südamerikanische Leser in der Heimat, sondern für Landsleute geschrieben, die ebenfalls in eine andere Sprache und Kultur geworfen wurden (*desterrados*). Besonders hinweisen möchte ich auf den mit dem Titel *Los que lo conocieron en el exilio* versehenen Auszug aus dem in deutsch und spanisch erschienenen Roman "Felipe kommt wieder" (*El hombre que regresaba*) des unter der Pinochet-Diktatur (1973-1988) nach Ostdeutschland ausgewanderten chilenischen Journalisten, Dramaturgen und Schriftstellers Omar Saavedra Santis. Felipe erlebt das Exil als Kälte, gegen die nur die immer wiederkehrende Vorstellung helfen kann, daß man überall Bäume pflanzen kann. Das Eis des Exils wird allerdings erst durch die Wiederbegegnung mit seiner Herkunftskultur gebrochen. In diesen thematischen Umkreis gehört auch die Geschichte des jungen Lucho, der nach dem Militärputsch in Chile mit seiner Familie nach Berlin geflohen ist; Klink (1994) zeigt auf, wie der Roman *No pasó nada* von Antonio Skármeta als Ganzschrift im späteinsetzenden Spanischunterricht behandelt werden kann.

Lateinamerika, über Jahrhunderte ein Einwanderungsgebiet, ist vor allem in unserem Jahrhundert von einer starken Abwanderung aus Süd- und Mittelamerika sowie aus der Karibik

---

[9] Es wird nicht ganz klar, warum Vences (1995: 185) diesen Bereich ausklammert.

nach Spanien und besonders in die Vereinigten Staaten betroffen. Die neuesten Informationen können dem Themenheft *Hispanos en Estados Unidos* von *Español V.O.* (1995) sowie aus *ML-Mundo Latinoamericano* (1995) entnommen werden. Der kurze Text über die illegale Immigration der '*mojados*' in *Kontakte Spanisch neu* (Halm/Ortiz Blasco 1987, S. 153) enthält in der Hauptsache trockene Zahlen. Wir folgen daher gern dem Hinweis von Klink (1995, S. 324) auf die Erzählungen des Kubaners José Antonio Grillo Longoria, der die Anpassungsschwierigkeiten kubanischer Familien an die US-Gesellschaft schildert.

Gewiß ist es anzuerkennen, daß Kolumbien seine Verfassung von 1991 in sieben Sprachen seiner Ureinwohner übersetzen ließ, und es ist unterhaltsam zu erfahren, daß 'Verfassung' in einer dieser Sprachen durch 'Ernährungsbaum für das Leben' auszudrücken ist (*El País* 11-7-1994, S. 23). Gleichzeitig ist jedoch zu fragen, ob eine solche Übersetzung nicht auch als im Dienst eines Zwangsakts der kulturellen Anpassung stehend zu sehen ist. Wie das Beispiel Argentiniens lehrt (vgl. Prioletta/Marchetti 1995), erleiden die *indígenas* Südamerikas noch heute Unterdrückung, Marginalisierung und Verelendung: Sie werden rechtsunmündig gehalten, sanitäre Verhältnisse führen zur Erkrankung an Cholera, Flüsse als ihre natürlichen Nahrungsquellen werden umgeleitet, Landbesitz wird ihnen vorenthalten, sie werden von Behörden aus Nationalparks vertrieben. Wie abgefeimt und menschenverachtend diese Unterdrückung ins Werk gesetzt wird, erzählt besonders eindringlich der Roman *Huasipungo* von Jorge Icaza (1979), der in Ecuador den Rang eines Nationalepos einnimmt, im spätbeginnenden Spanischunterricht aber vor allem aufgrund des sprachlichen Schwierigkeitsgrades keine Berücksichtigung finden kann.

In *Kontakte Spanisch neu* (Halm/Ortiz Blasco 1987, S. 155) findet sich immerhin die durchaus anrührende Klage eines unter der Fremdherrschaft leidenden *indígena*. Das dem Text des Liedes *Preguntan de dónde soy*[10] vorangehende Lesestück (S. 154) thematisiert den Aspekt ¡*Tierra, tierra para los indios!* Er spielt in dem durch Wiederholungen ausdrucksstarken und aufgrund der Reimarmut und der unterschiedlichen Strophenlänge realitätsnah wirkenden Liedtext eine zentrale Rolle. Der Begriff der Heimat (*patria, de dónde ser*) umfaßt die Dimensionen Erde (*tierra, campo verde, suelo*), Geschichte (*mucha sangre hay en el suelo*) und Besitzverhältnisse (*campos de patrón*)[11].

Ein von Luis María Carrero für *nivel 2* geschriebenes Lektüreheft vermittelt eine erste Vorstellung vom Aufeinanderprall der spanischen und der aztekischen Kultur im Zeitalter der Eroberungen. Die authentische und dennoch sprachlich eher leichte, sehr bewegende Kurzgeschichte *El eclipse* von Augusto Monterroso (1981) offenbart bei entsprechender Behandlung wesentliche Unterschiede zwischen der christlichen und der Mayakultur im frühen 16. Jahrhundert und macht dadurch deutlich, in welchem Ausmaß beide Vorstellungswelten einander fremd waren und fremd bleiben mußten.

---

[10] Dieses Lied von J. R. Guevara und Goulou wird von Atahualpa Yupanqui auf der Schallplatte *Camito español* (EMI Odeon S. A. J O 62-81.555, Barcelona) gesungen und ist auch auf der Kassette zum Lehrwerk zugänglich. Ein ganz ähnlicher Text findet sich in *Encuentros* 1 (Amann u.a. 1994), S. 43.

[11] Es läßt sich hier kaum entscheiden, ob mit der spanischen Sprache auch die spanische Metaphorik übernommen wurde oder ob der *indígena* mit den genannten Begriffen eigene Vorstellungen verbindet. Zu Boden, Blut und Mutterschaft in der traditionellen spanischen Heimatdichtung vgl. die Gedichte von Miguel Hernández und Andrés García Madrid in *Poesía española* 1992, S. 40 ff. und 46.

5. El método de la Ranita

Había una vez una ranita azul... In dieser Märchenfabel von Begoña Abaitua (1995) hüpft der kleine blaue Frosch aus dem blauen Teich spontan und neugierig in den gelben Teich der gelben Frösche und erhält dort seine grüne Hautfarbe. Alle blauen und gelben Frösche tun es ihm nach und haben denselben Erfolg. Da sie zudem dieselbe Sprache sprechen, verstehen sie einander nunmehr bestens.

Gefährliche Verharmlosung kultureller und weltanschaulicher Unterschiede, Hinweis, daß letztlich die Einstellung zum jeweils anderen die Grundlage für eine Annäherung bildet, Gleichnis für eine die Eigengruppe überschreitende Sozialisation, nachahmenswertes Vorbild und Aufforderung, den Sprung in die fremde Kultur spontan zu wagen, oder einfach nur Stein des Anstoßes einer Diskussion zum Thema "Fremdheit" im späteinsetzenden Spanischunterricht?

Das Abenteuer der *ranita* könnte einen themenzentrierten Dossier einleiten, der gemäß einer inhaltlichen Schwerpunktsetzung aus einem Teil der vorstehend empfohlenen Texte aus von der/ dem Lehrenden selbst gefundenen Quellen oder Auszügen zusammenzustellen wäre. Das Textangebot sollte so bemessen werden, daß die Lernenden eine ihren Neigungen und ihrem Leistungsstand entsprechende Auswahl treffen können und daß sowohl selbständige Textarbeit als auch Interpretieren durch Textvergleich (vgl. Wendt 1994) möglich bleiben. Schließlich wäre es der Befähigung und Motivierung zum Umgang mit Fremdem und Fremden förderlich, wenn die in der Auseinandersetzung mit unterschiedlichen Texten gewonnenen und anschließend von den Lernenden zusammengetragenen Erfahrungen auf einige der eingangs vorgestellten erkenntnistheoretischen und kulturkundlichen Aspekte bezogen und zu neuen Einsichten synthetisiert werden könnten.

Bibliographie

Abaitua, Begoña (1995): "La ranita". *Ecos de España y Latinoamérica* 7, S. 49.
Alonso, Dámaso (1970): "Prólogo". In: Martín de Riquer, *Aproximación al Quijote*. Madrid: Salvat/Alianza, S. 11-18.
Alonso, Martín (Hg.) (1980): Miguel Cervantes Saavedra: *El Ingenioso Hidalgo Don Quijote de la Mancha*. Madrid: EDAF.
Amann, Klaus A./Sara Marín Barrera/Elvira Osorio Santiago (Hg.) (1994): *Encuentros*. Método de español 1. Lehrwerk für den Spanischunterricht. Berlin: Cornelsen.
Bada, Ricardo (1993): "El folklore alemán." *Ecos de España* 7, S. 29.
Barrero Pérez, Óscar (Hg.) (1989): *El cuento español, 1940-1980*. Selección. Madrid: Ed. Castalia.
Bauer, Evita/Michael Bauer (Regie) (1994): *Ein Ort in La Mancha*. Auf den Spuren von Don Quichote. Arte-Dokumentarfilm.
Béjar Hurtado, Lorenzo (1978/1982): *¡Vamos, amigos! 1*. Curso de español moderno. Berlin/München: Langenscheidt.
Bernitt, Marion (1981): *Die Rückwanderung spanischer Gastarbeiter*. Der Fall Andalusien. Königstein/Ts.: Hanstein.
Borges, Jorge Luis (1979): *Nueva antología personal*. Barcelona: Club Bruguera.
Carrero, Luis María (o.J.): *La ciudad de los dioses*. Madrid: Santillana.
Coenen, Lily/ Carmen Lahuerta (1989): *A usted la palabra*. Groningen: Wolters-Noordhoff.
Cuenot, J. R. (1995): *Don Quijote de la Mancha (I)*. Miguel de Cervantes. Nivel III. Madrid: edelsa. (Lecturas Clásicas Graduadas.)
Deleuze, Gilles (1995): *Die Falte*. Leibniz und der Barock. Dt. V. U. J. Schneider. Frankfurt/M. Suhrkamp.
Delgado, Cruz (Regie) (1978/1992): *Las increíbles aventuras de Don Quijote de la Mancha*. 12 PAL-Videokassetten. Madrid: Salvat. (Dep. Leg. B-5499/92.)

DGB-Bundesvorstand, Abt. Ausländische Arbeitnehmer (Hg.) (1994): *DGB Informaciones*. Hoja informativa de la DGB para trabajadores españoles. Informationsblatt für spanische Arbeitnehmer in der Bundesrepublik Deutschland, Heft 3.
Festinger, Leon (1957): *A theory of cognitive dissonance*. Stanford, Ca.: Stanford University Press.
García Fernandez, Nieves/Jesus Sanchez Lobato (1991): *Español 2000*. Nivel Medio. Madrid: Soc. Gen. Esp. de libr., 11. Aufl.
García Lorca, Federico (1994): *Yerma*. Poema trágico. Madrid: Alianza.
García Márquez, Gabriel (1992): *Doce Cuentos peregrinos*. Bogotá: Ed. Oveja negra.
Goytisolo, Juan (1987): *Señas de identidad*. Barcelona: Seix Baral. 6. Aufl.
Grillo Longoria, José Antonio (1966): *Los patos en el pantano*. La Habana: Ed. Arte y Literatura.
Gutiérrez Aragón, Manuel (Regie) (1995): *Don Quijote de la Mancha (I)*. M. de Cervantes. V. O. subtitulada en español. Extractos de la versión de TVE. Madrid: edelsa. (Dep. Leg. M-10380-95). In PAL, SECAM, NTSC.
Halm, Wolfgang/Caroline Ortiz Blasco (1985): *Temas*. Un curso de español para avanzados. München/Ismaning: Hueber, 2. Aufl.
Halm, Wolfgang/Carolina Ortiz Blasco (1987): *Kontakte Spanisch neu*. Ein Grundkurs für Erwachsene. München/Ismaning: Hueber.
Hermann-Brennecke, Gisela (1991): "Vorurteile: Eine Herausforderung an den Fremdsprachenunterricht." *Zeitschrift für Fremdsprachenforschung* 2/1, S. 64-98.
Hubenthal, Heidrun/Christine Mussel (1995): "Er hat sein Tagewerk vollbracht! Zum Tode von Dalmantino García." *Tranvía* 38 (1995), S. 6-7.
Icaza, Jorge (1979): *Huasipungo*. Barcelona: Plaza y Janes.
(1993) *ila. Zeitschrift der Informationsstelle Lateinamerika* 170: Lateinamerikanische Literatur aus Deutschland. Literatura Latinoamericana de Alemania.
Kamm, Jürgen (1994): "Kognitionen, Konstruktionen, Mentalitäten: Zehn Thesen zur Kulturwissenschaft." *FMF-Mitteilungen der Landesverbände Hessen und Thüringen* 9, S. 26-40.
Kiel, Ewald (1994): "Elemente einer Propädeutik des Fremdsprachenlernens". *Fremdsprachen und Hochschule* 42, S. 51-69.
Kling, Hella (1994): "Die literarische Ganzschrift im Grund- und Leistungskurs Spanisch – am Beispiel des Romans *No pasó nada* von Antonio Skármeta." *Die Neueren Sprachen* 93/2, S. 148-159.
Klink, Hella (1995): "Der *cuento* Lateinamerikas im späteinsetzenden Spanischunterricht der Sekundarstufe II." *Die Neueren Sprachen* 94/3, S. 322-338.
Lalana Lac, Fernando (1993): *Tramontana*. Racismo en España. Temas hispánicos. Stuttgart: Schmetterling.
Masoliver, Joaquín/Ulla Hakanson/Hans L. Beeck (1989): *¡Eso es! I*. Spanisch für Anfänger. Neubearbeitung. Stuttgart: Klett.
Monterroso, Augusto (1981): *Obras completas y otros cuentos*. Barcelona: Seix Barral.
Moral, M. (1993): "Inmigrantes." *Ecos de España* 7, S. 24-28.
Musman, Richard (1969): *Don Brazazo de la Carretera*. Hg. v. Hans Becker. Stuttgart: Klett.
Muuss, Rolf E. (1971): *Adoleszenz*. Eine Einführung in die Theorien zur Psychologie des Jugendalters. Stuttgart: Klett.
Pfeiffer, Erna (1995): *Exiliadas, emigrantes, viajeras*. Encuentros con diez escritoras latinoamericanas. Madrid: Ed. Vervuert/Ed. Gredos.
Plato (1941): *Platons Dialog Politikos oder Vom Staatsmann*. Leipzig: Meiner.
Poesía española a la patria (1992). Barcelona: Ed. Mitre.
Porpetta, Antonio (1990): *Manual de supervivencia para turistas españoles*. Madrid: Ed. Bitacora.
Prioletta, Germaine/Pablo Marchetti (1995): "La población indígena argentina." *Hispanorama* 70, S. 34-36.
Puértolas, Soledad (1988): *Una enfermedad moral*. Barcelona: Anagrama.
Rodríguez, Jesús (1995): "Los vecinos mal tratados: marroquíes." *El País semanal* 215, S. 15-28.
Saavedra Santis, Omar (1987): *Felipe kommt wieder*. Berlin: Aufbau-Verlag.
Sanchez Polo, Carlos (1976): *Antología de la literatura española de la edad media al siglo XIX*. Madrid: Sociedad General Española de Librería.
Schlubach-Rüping, M./C. von Usslar (1994): *Gitanos en España*. Hamburg: Toro.
Schmidt, Siegfried J. (1992): "Medien, Kultur: Medienkultur. Ein konstruktivistisches Gesprächsangebot." In: Siegfried J. Schmidt (Hg.): *Kognition und Gesellschaft*. Der Diskurs des radikalen Konstruktivismus 2. Frankfurt/M.: Suhrkamp, 2. Aufl. S. 425-450.

Schüle, Klaus (1995): "Fremdverstehen im fremdsprachendidaktischen Feld. Einige sozialwissenschaftliche und fremdsprachengeschichtliche Gesichtspunkte." *Neusprachliche Mitteilungen* 48/2, S. 78-86.

Schwerin v. Krosigk, Ulrike (1995): "Neuere *cuentos* aus Spanien für den späteinsetzenden Spanischunterricht – ein Überblick." *Die Neueren Sprachen* 94/3, S. 307-322.

Senatsverwaltung für Schule, Berufsbildung und Sport (Hg.) (1991): *Vorläufiger Rahmenplan für Unterricht und Erziehung in der Berliner Schule. Gymnasiale Oberstufe. Fach Spanisch.* Berlin 1985/87. Nachdruck.

Skármeta, Antonio (1980): *No pasó nada.* Barcelona: Pomaire.

Triandis, Harry C. (1975): *Einstellungen und Einstellungsänderungen.* Dt. V. Bernd Six u. Karl-Heinz Steffens. Weinheim/Basel: Beltz.

Vences, Ursula (1995): "Die Darstellung des anderen im Spanischunterricht. Ein Weg zur Akzeptanz oder zur Ablehnung?" *Praxis* 42/2, S. 182-185.

Welles, Orson (Regie) (1957-1992): *Don Quijote.* España.

Wendt, Michael (1994): "Semantische Intertextualität. Zur Begründung der integrativen Funktion der Textdidaktik." *Fremdsprachen und Hochschule* 40, S. 37-49.

Ynzenga, Rosina (1995): "Sufrir bajo otro cielo." *Ecos de España y Latinoamérica* 6, S. 18-21.

JÜRGEN DONNERSTAG

Gender als Kategorie in einer fremdsprachlichen Literatur- und Kulturdidaktik

0. Vorbemerkung

Wenn man das umfangreiche *Handbuch Fremdsprachenunterricht* (1995) als eine repräsentative Darstellung der deutschen Fremdsprachendidaktik betrachten darf, dann spielt die Geschlechtszugehörigkeit der Lerner keine nennenswerte Rolle. Ganz im Gegensatz zu den Bezugswissenschaften Linguistik, Literaturwissenschaft oder Psychologie haben Fremdsprachendidaktik und auch Sprachlehr- und Sprachlernforschung die Frage nach dem Einfluß der Geschlechtszugehörigkeit auf die Lehr- und Lernprozesse im Fremdsprachenunterricht weitgehend ausgespart. Dies überrascht besonders zu einem Zeitpunkt, in dem es eine deutliche Lernerorientierung in der Fremdsprachendidaktik gibt, die unter Stichwörtern wie partnerschaftliches Lernen (Legutke 1993), Lernerautonomie (Little 1994), offene Lerneinheiten (Rattunde 1995) etc. diskutiert wird.

Im engeren Bereich von fremdsprachlicher Literatur- und Kulturdidaktik spielt die Geschlechtszugehörigkeit der Rezipienten gleichfalls keine große Rolle, obwohl die folgenden Fragen ohne Zweifel von großer didaktischer Relevanz sind: Gibt es geschlechtsspezifische Verstehensformen für fiktionale Texte und sind im Zusammenhang damit die Erwartungshaltungen und das Lehrverhalten von Lehrern und Lehrerinnen verschieden? Gibt es geschlechtsspezifische *conversational styles*, die sowohl im fremdsprachlichen Lerngespräch zu berücksichtigen wären als auch bei den Kriterien der Leistungsbewertung?

Es läge nahe, zumindest für die erste Frage die *gender studies* im Rahmen der Literaturwissenschaft zugrunde zu legen. Ich werde im folgenden in einem ersten Punkt zunächst begründen, warum dieser Bezug nicht als Begründung der *gender*-Kategorie in der Fremdsprachendidaktik dienen sollte. Die Grundlage ist vielmehr in den Prozessen des literarischen Lesens zu suchen, die in einem zweiten Punkt kurz mit einigen psycholinguistischen Thesen zum Textverstehen erläutert werden sollen. In meinem zentralen dritten Punkt werde ich detailliert zur Rolle der Kategorie *gender* im fremdsprachlichen Lerngespräch Stellung nehmen. Der vierte und letzte Punkt schließlich widmet sich dem Kulturkonzept, das im Fremdsprachenunterricht im Rahmen interkultureller Lernziele vermittelt wird, und fragt hier nach den Möglichkeiten einer *gender*-Differenzierung.

1. Wissenschaftsorientierte versus leserorientierte Literaturdidaktik

Es soll einerseits begründet werden, daß die Berücksichtigung der kulturell verfaßten Geschlechtsdifferenz im fremdsprachlichen Literaturunterricht zwar notwendig, aber nicht primär ist, und daß diese Notwendigkeit sich nur am Rande aus der Existenz literaturwissenschaftlicher *gender studies, feminist studies, women's studies* etc. ableiten läßt. Die starke Stellung der Literaturwissenschaft in der Lehrerausbildung führt immer wieder zu dieser Annahme. Ich halte dieses Ableitungskonzept der Literaturdidaktik aus der Literaturwissenschaft nicht nur für die fremdsprachlichen Fächer, sondern bereits für den Deutschunterricht für ungeeignet. Ich nenne zwei Gründe, einen ersten, der sich aus dem gegenwärtigen Stand der Literaturwissenschaft ergibt, und einen zweiten, der sich aus den Gesetzen des literarischen Leseprozesses in der Fremdsprache ergibt.

Die gegenwärtige Literaturwissenschaft ist nach allgemeinem Konsens poly-paradigmatisch und theorieorientiert. Ihre Beschreibungsweisen für Literatur binden sich zunehmend an Theorien, die zunächst gar nichts mit Literatur zu tun haben, wie z.B. die Sprachphilosophie Derridas, die Archäologie Foucaults oder die Psychoanalyse Lacans. Gleichzeitig gilt auch, daß es kein vorherrschendes Paradigma mehr gibt, sondern die Analyseweisen stehen nebeneinander und sind auch nicht mehr vergleichbar. Fluck (1990) hat m.E. sehr richtig beschrieben, daß nicht mehr die intersubjektive Vergleichbarkeit angestrebt wird, sondern die Leseweisen müssen *powerful, dazzling and on the cutting edge* sein. Damit hat die Literaturwissenschaft sich weit vom *common reader* wegbewegt, sie ist auch für die sog. gebildeten Leser und Leserinnen nicht mehr auf der Basis der allgemeinen Sprachkompetenz und des Erfahrungswissens verstehbar. Dies kann man als wissenschaftlichen Fortschritt betrachten, man muß dann aber auch einen erheblichen Wirkungsverlust der Literaturwissenschaft in Kauf nehmen. Gerade für den fremdsprachlichen Literaturunterricht scheint es mir weiterhin besonders bedenklich, daß die gegenwärtige Literaturwissenschaft auf weite Strecken den Zusammenhang ihrer Forschungsobjekte mit der Allgemeinsprache aufgegeben hat. Demgegenüber formuliert Mark Turner (1991) die Bedeutung dieses Zusammenhanges wie folgt:

> Literature is the highest expression of our commonplace conceptual and linguistic capacities. ...Contemporary critical theory fails to connect with the full human world to the extent that it treats objects in literature that can be seen only by means of the theory: in that case, if the theory vanishes, its object vanishes. (4)
>
> These two tacit assumptions – that the common is simple and obvious and that the special is to be analyzed independent of it – rob us of any chance to worry that as analysts of the special we have skipped over the analysis of the common.. These assumptions are deadly. Common language expressing common thought is anything but simple, and its workings are not obvious. Special language expressing special thought is an exploitation of the common and to be analyzed only with respect to it. (14)

Es dürfte auf der Hand liegen, daß die Thematisierung von Literatur in einem fremdsprachlichen Unterricht gerade diese Verbindung mit der Allgemeinsprache suchen muß (vgl. auch Bizup/Kintgen 1993).

Ich folgere daraus, daß eine Ableitung literaturdidaktischer Konzepte aus einer hoch spezialisierten Literaturwissenschaft mit unlösbaren Problemen befrachtet wäre. Dies gilt auch für Ableitungen aus *feminist studies, women's studies, gender studies* etc. in ihren vielfältigen akademischen Ausprägungen, sei es als *liberal feminism, radical feminism, cultural feminism* oder *postmodern feminism*, um eine Differenzierung von Elizabeth Flynn (1995) aufzunehmen. Für einen fremdsprachlichen Literaturunterricht würden sich nicht zuletzt unüberwindliche rein sprachliche Schwierigkeiten bei der Übernahme eines akademischen Feminismus ergeben.

Ein weiterer Aspekt akademischer *gender studies* würde für den Fremdsprachenunterricht spezifische Probleme aufwerfen, und zwar die Tendenz, sich mit einem politischen Aktivismus außerhalb der Hochschulen zu verbinden. Darin unterscheiden *gender studies* sich von anderen Paradigmen innerhalb der Literaturwissenschaft. Für die USA ist unstrittig, was jüngst ein Symposion der *Partisan Review* feststellte:

> America as a national society seems in the last generation or two have arrived at something like a common decision: to use institutions of education – and in particular higher education – as a means for accelerating social change and mobility, redressing injustices, promoting various equalities, and enforcing cultural relativism. In other words, universities have become the contested sites on which certain social ideas are being tested, tried out, or getting a dry run. (Kurzweil/Phillips 1994: 244).

Sind die Erfahrungen mit der Ideologiekritik aus den 70er Jahren so, daß wir sie in modifizierter Form wieder aufleben lassen sollten? Ist die ästhetische Autonomie von Kunst und Literatur nur eine bourgeoise Lüge? Mir scheint die hier beabsichtige Indienstnahme der Literatur unzulässig.

Ein wichtiges Element des Bemühens, über Literatur in die Gesellschaft hineinzuwirken, ist m.E. aber auch für den Fremdsprachenunterricht zu beachten, und zwar die Textwahl. Der Kanon der literarischen Texte im Englischunterricht bedarf einer Revidierung, nicht zuletzt weil die Autorinnen völlig unterrepräsentiert sind. Alle Erhebungen zur Textwahl (zuletzt Hermes 1994) bestätigen die Erfahrung der meisten Hochschulanglisten, daß es einen "Kanon" zu geben scheint, der völlig ohne eine theoretische Begründung auskommen kann. Die immer wieder prominent genannten Autoren und Titel haben ihren Platz im Englischunterricht, weil sie ihn dort schon lange haben und ihre unterrichtliche Rolle über diverse Lehrerhilfen fest umrissen ist. Selbst eine von Lehrern viel gekaufte Publikation wie Nissens *Almanach* (1985; 2. Auflage 1995) verändert hier nichts. Der Kanon besteht aufgrund eines Trägheitsmoments, sind doch die Gründe, die Huxley, Orwell, Golding, Salinger und Hemingway einst zu ihrer Position verhalfen, längst obsolet. Vielleicht sind Kanonfragen im Englischunterricht aber auch deshalb nicht wichtig, weil die Zahl der gelesenen Texte so gering ist, daß eine Balance zwischen Autoren und Autorinnen uninteressant ist. Eine echte Kanondiskussion kann es erst wieder geben, wenn die intensive Interpretationspraxis zu einzelnen wenigen Texten geändert wird in Richtung einer stärker extensiven Lektüre vieler Texte. Es ist leicht zu begründen, daß dies wohl auch den größeren Sprachlerneffekt hätte. Zumindest für den populären Bereich der *short stories* könnte aber sofort eine Veränderung geschaffen werden und der Anteil der Autorinnen könnte steigen. Die zeitgenössische amerikanische Kurzprosa wird sicher bereits zur Hälfte von Autorinnen geschrieben – man vergleiche das neue von J.C. Oates herausgegebene *Oxford Book of American Short Stories* (1993).

Ich komme zu meinem zweiten und wichtigeren Grund, warum dieses von mir hier als Ableitungsmodell bezeichnete Konzept für Literaturunterricht zu verwerfen ist: Es widerspricht dem Prozeßcharakter des literarischen Lesens und vernachlässigt damit die spezifische Form ästhetischer Erfahrung für den Rezipienten. Das Ableitungsmodell geht aus von einem Analyse- bzw. Interpretationsergebnis, das sich aus einer bestimmten Fragestellung ergeben hat. Diese spezifische Lesart des Textes wird dann in ein unterrichtsmethodisch gestaltetes Frage- und Antwortspiel umgesetzt, in dem das bereits feststehende Ergebnis erarbeitet wird. Dieses Ergebnis erweckt den Eindruck, objektiv zu sein. Schüler und Schülerinnen lernen dabei implizit, daß ihre jeweils subjektiven Gedankengänge während des Lesens folgenlos sind, es sei denn, sie passen zu dem objektivierten Endergebnis des Lesens. Der Anspruch auf Objektivität koppelt sich mit dem auf Autorität und Beherrschung des Textes – eine in unserer Gesellschaft deutlich männlich konnotierte Wertvorstellung.

Eine Literaturdidaktik hat m. E. demgegenüber die Aufgabe, den Leseprozeß gegenüber dem Ergebnis zu verteidigen. Sie muß diesen Prozeß thematisieren und damit die Möglichkeit seiner Erweiterung und Vertiefung schaffen. Der *common reader* liest m.E. Literatur gerade wegen des imaginativen Erlebens einer anderen Wirklichkeit. Folglich muß der Literaturunterricht ein Bewußtsein für die Besonderheit des literarischen Lesens schaffen. Nur so wird im Ansatz für Lerner deutlich, daß die Ergebnisse kulturwissenschaftlicher Bemühungen im weitesten Sinne bedingt sind durch ein ganzes Netzwerk von Faktoren, die in das Verstehen eingehen. Zu diesen Faktoren gehört in herausgehobener Weise der sozial positionierte Rezipient mit den entsprechend bedingten Verstehensprägungen. Rezipientenorientierung ist somit zwingend und damit auch die Orientierung auf die Wirkungen der sozialen Geschlechtsdifferenzierung. Hier liegt meines Erachtens die Begründung für die Berücksichtigung dieser kulturellen Differenzierung im unterrichtlichen Lerngespräch.

2. Skizze des fremdsprachlichen Leseprozesses

In einer knappen Form möchte ich skizzieren, wie die kulturell geprägten Verstehenskategorien des Lesers eine wichtige Rolle bei der Bedeutungsbildung spielen. In den Modellen zum Textverstehen, die von der kognitiven Psycholinguistik beeinflußt sind, konkurrieren zwei Varianten. Textverstehen kann zum einen in Parallele zur allgemeinen Informationsverarbeitung gesehen werden. Die wahrgenommenen Daten interagieren hier mit den *schemata*, *scripts* oder *frames* des Wahrnehmenden, werden auf dieser Basis eingeordnet bzw. hinzugefügt. In diesem Modell wahren beide Seiten ihre wechselseitige Unabhängigkeit.

Textverstehen kann aber zum anderen unter dem Vorzeichen eines Konstruktivismus (vgl. Schmidt 1987 und 1992) gesehen werden, d.h. der Verstehende besitzt die Fähigkeit zu einer aktiv gestaltenden Konstruktion hinsichtlich der Daten des Textes. Hier erhält der Verstehende ein Übergewicht gegenüber dem Text. Die gegenwärtige Kognitionsforschung neigt sich zunehmend diesem zweiten Modell zu und in deren Gefolge auch die zwei Forschungsfelder, die für die hier gestellten Fragen nach der Geschlechtsspezifik wichtig sind: die Lerntheorie und die Kulturwissenschaft. Übernimmt man den Gedanken des Konstruktivismus für die Lerntheorie, dann liegt ein entscheidender Nachdruck auf der Bewußtheit der Prozesse, mit denen Erkenntnis, Wissen und Bedeutung aufgebaut werden. Verlängert man diesen Grundgedanken in den Fremdsprachenunterricht hinein, dann ergibt sich bald das Konzept der Lernerautonomie (vgl. Little 1994), d.h. der Herausbildung der Fähigkeit, das eigene Sprachlernen bewußt gestalten zu können, und damit verbunden *language awareness* (vgl. Fairclough 1992) und auch projektorientierte Unterrichtsformen (vgl. Legutke/Thomas 1991), weil in der komplexen fremdsprachlich zu meisternden Situation die konstruktivistischen Zugriffe der Lerner notwendig sind.

Im Hinblick auf das Feld der Kulturwissenschaft macht Hansen (1995: 215) zu Recht darauf aufmerksam, daß ein konstruktivistisches Denken vielen Ansätzen zugrunde liegt, da das Phänomen Kultur gerade im Gegensatz zu Natur als menschliches Konstrukt gefaßt wird, das mit seinen Feldern und Kategorien in alle Bereiche der Weltwahrnehmung und des Weltverstehens hineinreicht. Unabhängig von der Orientierung am interaktionistischen Modell der Informationsverarbeitung oder am stärker konstruktivistischen Modell gilt die Betonung von aktiven Verstehensstrategien, die auf dem deklarativen und prozeduralen Sprachwissen beruhen.

Die prozedurale Komponente umgreift alle interaktionalen Prozesse, die in der Sprachverarbeitung und Sprachproduktion aktiviert werden, während das deklarative Wissen die Speicherung von Wortfeldern und Syntaxregeln umgreift. In beiden Wissensformen liegen kulturelle Prägungen vor. Beim deklarativen Wissen verbinden sich z.B. die Wörter mit kulturell geprägten Konzepten. Bei prozeduralem Wissen, d.h. dem Wissen um Inferieren, Elaborieren, Generalisieren, Abstrahieren, Hypothesenbilden etc. spielt das kulturell geprägte Weltwissen eine entscheidende Rolle. Lassen Sie mich das Inferieren als Beispiel herausgreifen, eine Verstehensoperation, bei der neue semantische Informationen in einem gegebenen Kontext gebildet werden. Die Inferenzen sind zwingend, da vom Textproduzenten mehr oder weniger große Sachbereiche als bekannt vorausgesetzt werden, deren Inferierung dem Text die sonst fehlende Kohärenz verleiht. Aber auch bei so objektiv aussehenden Aufgaben wie dem Bilden einer *summary* spielen die kulturell dominanten Muster für Geschichten eine deutliche Steuerungsrolle (Mills 1994: 27). Generell kann man sagen, daß das prozedurale Wissen muttersprachlich implizit und automatisiert ist.

Das literarische Lesen und Verstehen ist besonders reich an Strategien auf der Basis des prozeduralen Wissens. Dies ist die Folge der häufig beschriebenen Offenheit des literarischen Textes, der nicht durch die pragmatischen Gegebenheiten alltäglichen Sprachgebrauchs eingeschränkt ist. Damit bestehen in der literarischen Rezeption Freiräume, die durch einen hohen Grad an Inferierung überbrückt werden müssen.

3. Geschlechtsspezifische Elemente im literarischen Lesen und im Lerngespräch

Das fremdsprachliche literarische Verstehen hat für den Lerner eine erhöhte Komplexität. Die dargestellte Welt wird in ihrer kulturellen Spezifik über die Kategorien der kulturell different geprägten Rezipienten wahrgenommen und bedarf daher in besonderer Weise einer unterrichtlichen Entfaltung der Verstehensmöglichkeiten. Da sich begründen läßt, daß nicht nur die mündliche Sprachäußerung, sondern ebenso die schriftliche auf Dialog angelegt ist (vgl. Bakhtin 1986: 124ff), ist das Unterrichtsgespräch die richtige Arbeitsform für den Literaturunterricht. Sobald der Leser in die Interaktion mit dem Text eingetreten ist, ist es eine natürliche Reaktion, diesen Dialog in die eigene Lebenswirklichkeit hinein fortzusetzen. Es sollte an dieser Stelle darauf verwiesen werden, daß auch aus ganz anderen Denkweisen heraus dem Dialog eine erkenntnisstiftende Funktion attestiert wird. Auf die Frage, was Kreativität ist und wie sie entsteht, verweist auch der theoretische Informatiker Siefkes (1995) auf den sprachlichen Dialog als Basis.

Dieses Gespräch steht als fremdsprachliches in anderen Bedingungszusammenhängen als das muttersprachliche. Es ist durch eine doppelte Zielsetzung geprägt: Zum einen geht es um das Verstehen des Textes, zum anderen aber um die Formulierung dieses Verstehens in der Fremdsprache. Beide Sprachaktivitäten stehen ihrerseits im Gefüge des allgemeinen Sprachlernprozesses (vgl. Nissen 1994).

In dem als Lerngespräch charakterisierten Literaturunterricht gibt es drei wichtige auf *gender* bezogene Fragen. 1. Richtet sich die Aufmerksamkeit weiblicher und männlicher Leser auf unterschiedliche Elemente im Text und führt dies zu differenten Lesarten? 2. Welches Modell von kulturellen Geschlechtsrollen ist in der Textrezeption und im Unterricht bestimmend? 3. Welche Auswirkungen hat ein möglicherweise geschlechtsdifferentes Gesprächsverhalten auf den Unterricht?

3.1 Männliches und weibliches Lesen

Es ist unstrittig, daß die Vorstellung einer allgemein-menschlichen universalistischen Vorstellung von Rezeption leicht als interessegeleitet verworfen werden kann. Immer dann, wenn der individuelle Leser sich nicht wiederfinden kann, bedarf es der Korrektur: Mit einem Zitat von Adrienne Rich, das Maher/Tetreault (1994) ihrem Buch *The Feminist Classroom* als Motto mitgeben:

> When those who have the power to name and to socially construct reality choose not to see you or hear you, whether you are dark-skinned, old, disabled, female, or speak with a different accent or dialect than theirs, when someone with the authority of a teacher, say, describes the world and you are not in it, there is a moment of psychic disequilibrium, as if you looked into a mirror and saw nothing.

Die schlichte Erwartung, daß es im Leseprozeß zu einer Identifikation mit Charakteren des eigenen Geschlechts kommt, ist nur zum Teil richtig. Das einflußreiche Konzept Fetterlys (1978) vom *resisting reader,* d.h. einer Leserin, die sich gegen die kulturell dominanten Verhaltensmuster im Text sträuben sollte, faßt das Problem eines weiblichen Lesens ziemlich genau. Fetterly sieht die Macht der männlich dominierten Verhaltensnormen als so stark an, daß es für Frauen einer besonderen Anstrengung bedarf, diese Normen zu bezweifeln und ihren universellen Charakter in Frage zu stellen. In der Konsequenz lesen Frauen also häufig auf dem Hintergrund männlich geprägter Verhaltensmuster und übernehmen die entsprechenden Bewertungen von weiblichem Verhalten. Der Verweis auf eine genuine weibliche Erfahrung ist in diesem Kontext wenig hilfreich, da man sich sofort in der Aporie verliert, ob es eine kulturferne Erfahrung geben kann. Empirische Studien, wie sie gelegentlich im amerikanischen Kontext des *college teaching* versucht werden, sind m.E. mit sehr vielen Fragezeichen zu versehen. Die untersuchten Fragestellungen und die entsprechenden Antworten sind verschieden interpretierbar und somit höchst angreifbar. E. Flynn (1986) kommt beispielsweise in ihrer Untersuchung zu dem Ergebnis, daß die Geschlechtssozialisierung das Leseverhalten bestimmt: *Men are aggressive, women are cooperative* – daraus resultiert, daß Männer die schlechteren Leser sind, weil sie sich nicht auf den Text einlassen, sondern sofort versuchen, ihn in ihrem Sinne zu beherrschen. Flynn faßt ein Leseverhalten, das sich nicht zu einer Interpretation zusammenfügt oder das bestimmte Teile des Textes als kontrovers sieht, bereits als Zurückweisung des Textes und damit als Leser-dominant. Ein solches Verhalten macht für sie einen schlechten Leser aus. Die Einwände liegen auf der Hand, da die entsprechenden Zuweisungen strittig sind. Auch Gabriel (1990) stützt ihre Untersuchung auf die Annahme einer differenten psychischen Struktur, die sich aus der unterschiedlichen Erziehung von Mädchen und Jungen gemäß den Analysen von Jean Baker Miller, Nancy Chodorow und Carol Gilligan ergibt: Die männliche Persönlichkeitsstruktur ist geprägt durch eine Negierung von Relationen und Verbindungen und ist damit emphatisch individualistisch, während umgekehrt das weibliche Ich sich zentral in Relation zu anderen sieht. Die Verarbeitung literarischer Texte weist in den genannten Untersuchungen nun deutlich entsprechende Schwerpunktsetzungen auf. Auch Gabriel weist aber ebenso wie Fetterly auf die Möglichkeit einer sog. kulturellen *immasculation* hin, d.h. der Übernahme des kulturell dominanten "männlichen Blickes".

Nicht zuletzt verdeutlichen die Erhebungen die Probleme, die entstehen, wenn die Kategorie *gender* isoliert wird und damit aus ihren Verbindungen mit anderen sozialen Kategorien gerissen wird. Zu dieser grundsätzlichen Problematik wird weiter unten noch etwas zu sagen sein.

3.2 Welches Konzept von *gender* im Unterricht?

Die hier genannten Arbeiten von Flynn und Gabriel legen die Annahme nahe, daß es ein eigenständiges, ja "korrektes" weibliches Lesen gibt. Mit Recht hat z.B. Nina Baym (1990) im Zusammenhang mit D.H. Lawrences *Lady Chatterley's Lover* auf die Folgen einer derartigen Festlegung aufmerksam gemacht. Sie berichtet von einem workshop, in dem der Roman eines durchgehenden Sexismus geziehen wurde, so daß folglich keine Frau an diesem Roman Vergnügen habe könne. Baym kann demgegenüber zeigen, daß eine derartige Einschränkung des weiblichen Lesebewußtseins eine erneute Limitierung, eine Art *silencing* bedeutet, und daß es sehr wohl möglich ist, den Roman als eine Form eines weiblichen Wunschtraums – schließlich richtet der Wildhüter sein Leben ganz auf die Wünsche der Lady Chatterley aus – zu lesen.

Was passiert, wenn kollektive Identitäten festgeschrieben und als Modelle zur Nachahmung verpflichtend werden, wird kritisch im Hinblick auf *American Women's Studies* wie folgt beschrieben:

> Whereas feminists originally argued for a loosening of gender roles, now there is a great pressure from within for conformity. ....In feminist pedagogy, the new valorization of women's modes of communication and interaction has led to the use of sentiment as a tool of coercion. Many feminist classrooms cultivate an insistence on "feeling", which, on examination, turns out to be the traditional split between intellect and emotion recycled, with the former still assigned to men and the latter to women. The characterizations of male and female have not changed; instead, the plus and minus signs associated with each gender have been reversed. (Patai/Koertge 1994: 3).

Dies sind Beobachtungen aus muttersprachlichen und fast ausschließlich weiblichen Kontexten, die nicht vergleichbar sind mit einem Literaturunterricht in der Sekundarstufe II, der als fremdsprachlicher Gesprächsunterricht Bedeutung erarbeiten muß. M.E. sollte das fremdsprachliche Lerngespräch die Definition von *gender roles* offen halten. Ob Geschlechtsidentität nur kulturell konstruiert ist, ob sie doch zumindest einen essentialistischen Kern hat, wird sicher in elementarer Form Teil auch eines fremdsprachlichen Gespräches sein. Es gibt meines Erachtens fruchtbarere Fragen (vgl. auch Pinker 1995: 404ff). Ebenso wird gerade bei Rezipienten, die im Prozeß der eigenen Identitätsbildung stehen, die weitergehende Frage nach dem Verhältnis von einer kollektiven Geschlechtsidentität zu individueller Authentizität auftauchen. Die Betonung kollektiver Identität und der politische Anspruch auf Anerkennung dieser Identität führt notwendigerweise zu einer Beschreibung dessen, worin denn diese Identität besteht. Damit stellt sich für den Einzelnen die Frage, ob die so formulierte kollektive Identität gleichzeitig auch seine ganz persönliche Identität ist. Anthony Appiah (1994) hat dies für sich selber einmal so formuliert:

> But I think we need to go on to the next necessary step, which is to ask whether the identities constructed in this way are ones we - I speak here as someone who counts in America as a gay black man - can be happy with it in the longer run. Demanding respect for people as blacks and as gays requires that there are some scripts that go with being an African-American or having same-sex desires. There will be proper ways of being black and gay, there will be expectations to be met, demands will be made. It is at this point that someone who takes autonomy seriously will ask whether we have not replaced one kind of tyranny with another.(162/163)

Die Frage der individuellen Authentizität stellt sich m.E. im Umkreis der *gender*-Kategorie besonders dann, wenn im Rahmen von männlichem und weiblichem Verhalten die heterosexuelle Norm verletzt wird. Die erworbenen kulturellen Bewertungen bestimmen hier automatisch auch die Reaktionen auf die Abweichung im Text und verdeutlichen nicht zuletzt die enge Verbindung von *gender role* und individuellem Selbstverständnis. Die Figuren mit gleichgeschlechtlichen Interessen müssen sich in der Literatur wie auch in der Wirklichkeit "selbst erfinden", da die vorgegebenen Rollenmuster nicht erfüllbar sind.

M. E. spricht vieles dafür, Konzepte einer dynamischen offenen Identität, die sich dialogisch gebildet hat und sich ebenso verändern kann, vorzuziehen einem Identitätsmodell, das die essentiellen monologischen Faktoren betont (vgl. Bauer 1990).

Eine reine Konzentration auf Fragen der Geschlechtsspezifik neigt ohnehin zu einer falschen Verabsolutierung der Kategorie. Jedweder Bezug auf die kulturelle Verstehenskategorie *gender* muß hingegen die Positionierung dieser Kategorie in einem größeren Umfeld bedenken.

> The positional definition of "Woman" makes her identity relative to a constantly shifting context, to a ...network of elements involving other people, economic conditions, cultural and political institutions and ideologies, and so on. (Alcoff 1988: 412)

Ist dies richtig, so hat sich das Problem der Universalisierung der Geschlechtsspezifik als falsch herausgestellt. *Gender* ist unauflöslich mit anderen sozialen Faktoren verflochten, vor allem mit dem sozialen Klassenstatus und der jeweiligen ethnischen bzw. rassischen Zugehörigkeit. Eine derartige Verflechtung wird naturgemäß in den literarischen Texten zum Thema, in denen die Geschlechterrollen von sozialen Diskriminierungen überlagert sind, wie z.B. in fast allen ethnischen Romanen. Die Romane der Morrison, Walker, Naylor, Angelou bieten vielfältige Beispiele. Die Diskussion eines Romans wie *The Women of Brewster Place* von Gloria Naylor könnte illustrieren, wie der Roman die Beschränkungen schwarzer Frauen immer auch an die gesamtgesellschaftliche ethnisch-rassische Stellung koppelt. *The Women of Brewster Place* versucht der ganz unterschiedlichen Positionierung der einzelnen schwarzen Frauen und ihren unterschiedlichen Identitätskonzepten gerecht zu werden. Soziales Sein und Bewußtsein durchdringen sich. Zieht man die populäre Fernsehfassung hinzu, wird deutlich, daß es in der filmischen Version zu einer Reduzierung allein auf die Frauenrolle kommt.

Das Unterrichtsgespräch, das die kulturelle Einbettung der *gender*-Kategorie zum Thema macht, wird sich sehr bald mit inter-kulturellen Verstehensfragen konfrontiert sehen. Gerade die Texte, die sich mit ethnischer Erfahrung befassen, haben ihren Focus oft in intra-kulturellen Konfliktsituationen, d.h. in Wert- und Normenkonflikten zwischen ethnischer Kultur und allgemein-amerikanischer Kultur, so daß kulturelle Verständigungsprozesse bereits im Text vorliegen und im inter-kulturellen Rezeptionsprozeß gewissermaßen ihre Fortsetzung finden (vgl. Donnerstag 1992). M.E. sind diese beiden Wahrnehmungs- bzw. Verstehensprozesse nicht essentiell verschieden, sondern haben als gemeinsamen Kern die Bereitschaft, differente Normen als berechtigt und möglich anzuerkennen bzw. in einen Dialog mit ihnen einzutreten (vgl. Hüllen 1994). Dieser Dialog ist, wie bereits im Rahmen des Hinweises auf den Konstruktivismus angedeutet, als Feld eines verhandelnden kulturellen Verstehens anzusehen (vgl. Bredella 1992). Ein Unterricht, der mit derartigen kulturellen Verstehenskategorien befaßt ist, scheint mir immer dann erfolgreich, wenn er ein Bewußtsein beim Lerner schafft, daß die jeweils eigenen Kategorien nicht die "natürlichen" sind und die jeweils anderen Abirrungen von dieser Natürlichkeit, sondern daß sie alle kulturell erworben und damit auch veränderbar sind. Damit ist inter-kulturelles Lernen als Erwerb einer nicht besonders exakt beschreibbaren "Offenheit" gegenüber unterschiedlichen Lebensformen gefaßt. Es ist jedoch zu betonen, daß die Grundlage dieser Offenheit in der Suche nach Erklärungen und Begründungen liegt. Ist das inter-kulturelle Lernen damit einem verwaschenen kulturellen Relativismus verpflichtet im Gefolge derzeitiger "multikultureller" Trends? Relativismus heißt, daß die fremden Kulturen generell nicht nur als gleichberechtigt, sondern vor allem als gleich wertvoll angesehen werden. Damit entsteht für den Relativisten der befriedigende Eindruck, tolerant und weltoffen zu sein – gleichzeitig ist er einer arbeitsreichen Verstehensbemühung enthoben (vgl. Talyor 1994: 66ff). Im erzieherischen Bereich ist dieser Relativismus besonders problematisch, weil er den eigentlichen Dialog zwischen den Kulturen verhindert und die Möglichkeit ausschließt, daß die fremde Kultur gegenüber der eigenen erhebliche Defizite aufweisen kann. Ein solches Ergebnis wird in der Regel als beklagenswert eurozentristisch verworfen. Kann inter-kulturelles Verstehen auch eine Zurückweisung des Verstandenen bedeuten? (vgl. diese Frage auch bei Hansen 1995: 192f).

3.3. *Gender* und Gesprächsstile

Welche Unterschiede bestehen zwischen männlichem und weiblichem Sprachverhalten? Auch wenn die von Jespersen in den biologischen Geschlechtsunterschieden gesuchten Gründe nicht mehr akzeptiert werden, finden sich in der Diskurslinguistik einleuchtende Beschreibungen differenten Gesprächsverhaltens. Vor allem Deborah Tannen hat zunächst für das private (Tannen 1990) und jüngst auch für das öffentliche Gesprächsverhalten (Tannen 1994) deutliche Unterschiede markiert: Frauen stellen häufiger Fragen, Männer scheuen Fragen, weil sie ihrer Vorstellung von der eigenen Kompetenz zuwider laufen. Frauen machen indirektere Aussagen und wollen erst "verhandeln", während Männer häufig mit einem "Ich möchte" beginnen. Frauen scheuen es, sprachlich eine Führungsposition zu reklamieren, und suchen erst das Wohlwollen der Gesprächsteilnehmer, Männer haben diese Skrupel nicht etc. Tannen sieht ihre Generalisierungen als Tendenzen im weiblichen und männlichen Sprachgebrauch. Ihre Aussagen werden nicht durch den Nachweis individueller Umkehrungen entwertet, d.h. nachzuweisen, daß sich alle weiblichen Gesprächsmerkmale auch bei Männern finden lassen und umgekehrt (vgl. Bußman 1995), bedeutet keineswegs eine Widerlegung Tannens.

Wie auch bereits im Kontext des literarischen Verstehens angemerkt liegt auch hier das Problem in einer Isolierung der Kategorie *gender*. So läßt sich sofort zeigen, daß die Kategorie *Macht* das weibliche Sprachverhalten in Richtung auf die männlichen Verhaltensformen hin verschiebt. Caryl Churchill hat dies in ihrem Drama *Top Girls* deutlich illustriert.

Die Frage der differenten *conversational styles* sollte im Bewußtsein der Lehrer und Lehrerinnen sein. Es sollte zu einer kritischen Beobachtung des eigenen Verhaltens im Unterricht beitragen und sollte auf die Möglichkeit hinweisen, daß Reaktionen auf Schüleräußerungen etwas mit der Art zu tun haben, mit der sie gemacht werden.

3.4. Zusammenfassung

Abschließend läßt sich sagen, daß die *gender*-Kategorie für die fremdsprachliche Literatur- und Kulturdidaktik Beachtung verdient. Es ist jedoch deutlich, daß es wenig sichere Aussagen hinsichtlich der Wirksamkeit der Kategorie gibt, nicht zuletzt weil die Herauslösung der Geschlechtszugehörigkeit aus dem Verbund mit anderen sozialen Kategorien verzerrte Ergebnisse bringt. Trotzdem ist es notwendig, auf die möglichen Spezifika im Rezeptionsverhalten von Schülern und Schülerinnen zu achten. Es ist gleichfalls notwendig, die mehr oder weniger stark ausgeprägten Differenzen im Gesprächsverhalten zu berücksichtigen im Sinne einer *critical language awareness* und eine entsprechende Haltung zu den möglicherweise geschlechtsspezifischen Bewertungskategorien zu entwickeln. Der Spezifik der Geschlechtdifferenzierung werden diejenigen didaktischen Prinzipien besonders gerecht, die generell ein individuelles, eigenverantwortliches und partnerschaftliches Lernen zum Ziel haben. Vor allem ist hier die Lernerorientierung unter Einschluß von Lernerautonomie zu nennen, die im fremdsprachlichen Lerngespräch in der Regel eine Verbindung zwischen der literarischen Textwelt und dem Erleben und den Verstehenskategorien der Schüler sucht und deren Erweiterung anstrebt. Es macht eine interessante Beobachtung, daß dieses übergeordnete Prinzip dem weiblichen Lesen vielleicht mehr entgegenkommt als dem traditionell männlichen Lesen.

In "Connecting Literature to Students' Lives" (September 1993), Dan Morgan draws attention to an essential but often overlooked purpose of undergraduate literature courses – helping students relate in a personal way to the themes, issues, and characters in the works they read. In suggesting how to accomplish this purpose, Morgan reminds his readers of the crucial role of pedagogy and states that he now judges the effectiveness of his teaching "by whether his students make thoughtful connections to their own lives and concerns" (495).

While applauding Morgan's aims and methods in the literature classroom, I would like to point out that his approach has important foundations in feminist psychology and pedagogy that he does not mention. In teaching undergraduate literature courses, Morgan encourages students "to translate a book's ideas into their own experience" (496). Feminist scholars have called this approach to learning "connected knowing". Drawing on the work pf Carol Gilligan and Nona Lyons, the four coauthors of the influential *Women's Ways of Knowing* ... explain that "connected knowers develop procedures for gaining access to other people's knowledge. At the heart of these procedures is the capacity for empathy." (Mlynarczyk 1994).

4. Kulturelle Differenzierung und Vermittlung eines Amerikabildes

In meinem letzten Punkt möchte ich einige Überlegungen anstellen, wie sich die kulturelle Geschlechtsdifferenz in das Bild von der amerikanischen Kultur einfügt, das der Englischunterricht explizit oder implizit vermittelt. Verallgemeinert ist es die Frage, welche Rolle Differenzierungen z.B. ethnischer, rassischer oder klassenmäßiger Art überhaupt im Kulturbild Amerikas spielen. Wie sind die Kollektivkultur und die Gruppenkulturen zu relationieren?

Entsprechend den inneramerikanischen Entwicklungen hat sicherlich lange ein universalistisches, an der *civil religion* orientiertes Bild mit den Bezugsgrößen Freiheit, Gleichheit und Gerechtigkeit für alle – *regardless of race, creed or national origin* – im Mittelpunkt der kulturellen Darstellung der USA gestanden. Als Grundelemente dieser *civil religion* werden genannt: eine demokratische Verfassung, Freiheit des einzelnen Staatsbürgers, Föderalismus mit dem Wunsch, die Zentralgewalt möglichst gering zu halten, und einem daraus resultierenden Nachdruck auf kleinen und überschaubaren Gemeinwesen, Individualismus und zukunftsorientierter Optimismus aus dem Bewußtsein einer christlichen Fundierung.

Unter diesem universellen Dach hat es aber immer eine Tradition des Dissens gegeben, in der kleine Gruppen auf Abgrenzung nach außen bestanden und auf Befolgung der Gesetze der Gemeinschaft nach innen. Die Wurzeln dieses Dissens liegen in protestantischer Gruppenbildung in Europa. Aufgrund der Machtverhältnisse und der Vorherrschaft der Kirchen weichen diese christlichen Gruppierungen letztlich nach Amerika aus. Schließlich sind die frühen Einwanderer alle dem religiösen Dissens entwachsen mit der für dieses Phänomen typischen Gruppenindividualität: Die Puritaner, Pilgrims, Wiedertäufer, Amish, Mennoniten, Herrenhuter, Quäker, Shaker etc. enden alle nach vielen Umwegen in Amerika. Ihre jeweilige enge Form der Gemeinschaftsbildung bildet die Grundlage der häufig als *grass roots democracy* bezeichneten Lebensform. Wichtig sind in ihr die direkte Erfahrung der christlichen Gnade über sogenannte Heilserlebnisse, einer persönlichen Wiedergeburt und daraus resultierender moralischen Rigorosität. Die Tendenz zur Abkapselung ist angelegt, damit aber auch die Bereitschaft, einen Pluralismus zu akzeptieren.

Die amerikanische Diskussion hat sich unter wechselnden Zeitumständen fast immer um die Frage gedreht, inwieweit der amerikanisch definierte Universalismus verträglich ist mit dem durch die Einwanderung entstehenden ethnischen und kulturellen Pluralismus. Erinnert sei an die heiß diskutierte Frage, ob die Einwanderer chinesischer Herkunft *unmeltable ethnics* seien oder ob der katholische Glaube nicht ein ewiger Fremdkörper bliebe.

Es gibt zur Zeit inneramerikanisch eine deutliche Tendenz, von dem Universalismus älterer Art abzurücken. Dies hat nicht zuletzt etwas mit der Kritik an der Aufklärung und ihrem Vernunftbegriff zu tun, dessen Universalität zunehmend bezweifelt wird. Während die früheren ethnischen Bewegungen wie etwa das *civil rights movement* davon getragen waren, die Werte des amerikanischen Universalismus auch für die schwarze Bevölkerung einzuklagen, gilt für die neueren Bewegungen der Schwarzen, Indianer und Chicanos, daß sie einen derartigen Universalismus verwerfen zugunsten eigenständiger ethnischer Kulturentwürfe (vgl. Ostendorf 1995: 215f). Ähnlich wie die ethnischen Gruppierungen reklamieren auch große Teile der Frauen- und Schwulenbewegung eigene kulturelle Traditionen. Die öffentliche Artikulation dieser Positionen erinnert an die moralische Rigorosität, die Teil der amerikanischen Sozialgeschichte ist. Sie bestimmt die Debatte über Abtreibung zwischen dem *pro-life* der moral majority und dem *pro-choice* ihrer Gegner, sie bestimmt die Debatten um *sexual harassment and child molesting*, um Pornographie, um *gay rights* etc. Feministinnen wie Catherine McKinnon oder Andrea Dworkin und ihre Nemesis Camille Paglia sind doch eigentlich nur in Amerika vorstellbar. Schwule Aktivisten wie *queer nation* oder *Act up* finden in Europa keinen Widerhall. Diese Rigorosität ganz unterschiedlicher Gruppen läßt Amerika als ein äußerst zerrissenes Land erscheinen, dem der Grundkonsens abhanden gekommen ist. Aufgrund der schieren Notwendigkeit, eine heterogene Gesellschaft zusammenzuhalten, ist jedoch kaum anzunehmen, daß der ideologische Konsens der *civil religion* ganz verloren geht. Wahrscheinlicher ist eine über Dissens bewerkstelligte Erweiterung und Neudefinition des Amerikanismus.

Das kulturelle Bild Amerikas, das in Schule und auch Hochschule vermittelt wird, muß eine Balance zwischen nationaler und kollektiver Gruppenidentität suchen. Und hier ist die Frage nach der Rolle der Frauen in der Entwicklung und Geschichte Amerikas zu stellen. Besonders wenn man bedenkt, daß es nur männliche nationale Archetypen zu geben scheint. Auf der Seite der Rezipienten ist mit einer ebensolchen kulturellen Differenzierung zu arbeiten. Für die Bundesrepublik hat Schulze (1992) beispielhafte Differenzierungen vorgenommen. Nicht zuletzt weist die Frage nach den kulturellen Differenzierungen auch auf den oft zu wenig beachteten dynamischen Charakter der Kultur. Neben den langlebigen Grundlinien kultureller Entwicklungen steht gerade in der Gegenwart der wechselseitige Einfluß kultureller Muster über eine deutliche Globalisierung durch die Medien im Zentrum der Aufmerksamkeit. So genannte Hybridisierungen im kulturellen Feld werden zunehmend die Regel und machen Trugschlüsse von einer kulturellen Einheit und Reinheit obsolet.

Mit einem gewissen Abstand – mit vielleicht so etwas wie skeptischer Gelassenheit – läßt sich mit Odo Marquard (1994: 30ff) eine Gesellschaft unter dem Begriffspaar der Einheit und Vielheit diskutieren. Ohne Zweifel beobachten wir zumindest in fast allen westlichen Gesellschaften einen Trend zur Vereinheitlichung ausgelöst durch immer wieder neue Wellen der Modernisierung. Abfällig spricht man von der *macdonaldisation* der Gesellschaft. Diese Standardisierung von Lebensabläufen, von Alltagsphänomenen allgemein ruft ihrerseits jedoch eine Vielheit, eine Aktivierung von ethnischen, religiösen, kulturellen u.ä. Differenzierungen hervor. Im vielleicht zu optimistischen Lichte der Philosophie Marquards erscheinen beide Prozesse als komplementär und beide als notwendig.

Bibliographie:
Alcoff, Linda (1988): Cultural Feminism versus Post-Structuralism: The Identity Crisis in Feminist Theory. *Signs* 13:3, 405-436.
Appiah, K. Anthony (1994): Identity, Authenticity, Survival: Multicultural Societies and Social Reproduction. In: Amy Gutman (ed.): *Multiculturalism*. Princeton: Princeton University Press.

Bakhtin, M. M. (1986): *Speech Genres and Other Late Essays*. Austin: University of Texas Press.
Bauer, Dale M. (1990): The Other "F" Word: The Feminist in the Classroom. *College English* 52:4, 385-396.
Baym, Nina (1990): The Feminist Teacher of Literature: Feminist or Teacher? In: Susan Gabriel/Isaiah Smithson (eds.): *Gender in the Classroom: Power and Pedagogy*. Urbana: University of Illinois Press, 127-139.
Bizup, Joseph/Kintgen, Eugene (1993): The Cognitive Paradigm in Literary Studies. *College English* 55:8, 841-857.
Bleich, David (1995): Collaboration and the Pedagogy of Disclosure. *College English* 57:1, 43-61.
Bredella, Lothar (1992): Towards a Pedagogy of Intercultural Understanding. *Amerikastudien/American Studies* 37, 559-594.
Bredella, Lothar (1994): Intercultural Understanding between Relativism, Ethnocentrism and Universalism: Preliminary Considerations for a Theory of Intercultural Understanding. In: Günther Blaicher/Brigitte Glaser (eds.), *Anglistentag 1993 Eichstätt. Proceedings*. Stuttgart: Niemeyer, 287-306.
Bussmann, Hadumod (1995): Das Genus, die Grammatik und – der Mensch: Geschlechterdifferenz in der Sprachwissenschaft. In: Hadumod Bussmann/Renate Hof (eds.): *Genus. Zur Geschlechterdifferenz in den Kulturwissenschaften*. Stuttgart: Kröner, 114-161.
Chodorow, Nancy (1978): *The Reproduction of Mothering: Psychoanalysis and the Sociology of Gender*. Berkeley: University of California Press.
Donnerstag, Jürgen (1992): Literary Reading and Intercultural Learning – Understanding Ethnic American Fiction in the EFL-Classroom. *Amerikastudien/American Studies* 37:4, 595-611.
Fairclough, Norman (ed.) (1992): *Critical Language Awareness*. London: Longman.
Fetterly, Judith (1978): *The Resisting Reader: A Feminist Approach to American Fiction*. Bloomington.
Fluck, Winfried (1990): The Americanization of Literary Studies. *American Studies International* 28:2.
Flynn, Elizabeth A. (1995): Review: Feminist Theories/ Feminist Composition. *College English*, vol. 57:2, 201-212.
Flynn, Elizabeth A. (1986): Gender and Reading. In Elizabeth A. Flynn/Patrocinio P. Schweickart (eds.): *Gender and Reading*. Baltimore: Johns Hopkins University Press, 267-288.
Gabriel, Susan (1990): Gender, Reading and Writing: Assignments, Expectations, and Responses. In: Susan Gabriel/Isaiah Smithson (eds.) (1990): *Gender in the Classroom: Power and Pedagogy*. Urbana: University of Illinois Press, 127-139.
Gilligan, Carol et al. (1990): *Making Connections: The Relational World of Adolescent Girls at Emma Willard School*. Cambridge: Harvard UP.
Gore, Jennifer (1993): *The Struggle for Pedagogies: Critical and Feminist Discourses as Regimes of Truth*. New York: Routledge.
Hansen, Klaus P. (1995): *Kultur und Kulturwissenschaft*. Tübingen: Francke.
Hermes, Liesel (1994): Lektüreeinsatz im Gymnasium: eine Umfrage. *Neusprachliche Mitteilungen* 47:1, 8-12.
Hüllen, Werner (1992): Interkulturelle Kommunikation – was ist das eigentlich? *Der Fremdsprachliche Unterricht – Englisch*, 8-11.
Kurzweil, E./Phillips, W. (eds.) (1994): *Our Country, Our Culture. The Politics of Political Correctness*. Boston: Partisan Review.
Legutke, Michael (1993): Room to Talk. Experiential Learning in the Foreign Language Classroom. *Die Neueren Sprachen* 92:4, 306-331.
Legutke, Michael/Thomas, H. (1991): *Process and Experience in the Language Classroom*. London: Longman.
Little, David (1994): Learner autonomy: A theoretical construct and its practical application. *Die Neueren Sprachen* 93:5, 430-442.
Maher, Frances A./Tetreault, Mary Kay Thompson (1994): *The Feminist Classroom*. New York: Basic Books.
Marquard, Odo (1994): *Skepsis und Zustimmung. Philosophische Studien*. Stuttgart: Reclam.
McCracken, Nancy M./Appleby, Bruce C. (eds.) (1992): *Gender Issues in the Teaching of English*. Portsmouth: Boynton/Cook-Heinemann.
Mills, Sara (ed.) (1994): *Gendering the Reader*. New York: Harvester.
Morgan, D. (1993): Connecting Literature to Students' Lives. *College English* 55:5, 491-500.
Mlynarczyk, Rebecca (1993): A Comment on "Connecting Literature to Students' Lives". *College English* 55:6, 710-712.
Nissen, Rudolf (1994): *Literaturdidaktik als kommunikative Sprachdidaktik. Am Beispiel der Kurzgeschichte "Neighbors" von Raymond Carver*. Universität Hamburg: Fachbereich Erziehungswissenschaft.

Nissen, Rudolf (1995): *Nissens Neuer Almanach*. Hamburg: Petersen.
Ostendorf, Berndt (1995): Identitätsstiftende Geschichte: Religion und Öffentlichkeit in den USA. *Merkur* 552, 205-216.
Patai, Daphne/Koertge, Noretta (1994): *Professing Feminism: Cautionary Tales from the Strange World of Women's Studies*. New York: Basic Books.
Pinker, Steven (1995): *The Language Instinct. How the Mind Creates Language*. New York: HarperCollins.
Rattunde, Eckhard (ed.) (1995): Themenheft: Offene Lerneinheiten im Fremdsprachenunterricht. *Die Neueren Sprachen* 94:1.
Rubin, Donnalee (1993): *Gender Influences: Reading Student Texts*. Carbondale: Southern Illinois Press.
Schmidt, Siegfried J. (ed.) (1987): *Der Diskurs des Radikalen Konstruktivismus*. Frankfurt: Suhrkamp.
Schmidt, Siegfried J. (ed.) (1992): *Kognition und Gesellschaft. Der Diskurs des Radikalen Konstruktivismus 2*. Frankfurt: Suhrkamp.
Schulze, Gerhard (1992): *Die Erlebnisgesellschaft. Kultursoziologie der Gegenwart*. Frankfurt: Campus.
Siefkes, Dirk (1995): Über die fruchtbare Vervielfältigung der Gedanken beim Reden. Eine ökologische Theorie menschlicher Kommunikation. *Lehre und Forschung* 10, 551-555.
Statham, Anne/Richardson, Laurel/Cook, Judith (1991): *Gender and University Teaching*. Albany: State University of New York Press.
Tannen, Deborah (1994): *Talking from 9 to 5. Women and Men in the Workplace: Language, Sex and Power*. New York: William Morrow.
Tannen, Deborah (1990): *You Just Don't Understand: Women and Men in Conversation*. New York: William Morrow.
Turner, Mark (1991): *Reading Minds*. Princeton: Princeton UP.

GERHARD HOFFMANN

Satire, Humor, and Narrative in the English Novel

1. Introduction

This essay will analyze the function of satire and humor in narrative. Satire and humor are understood as both *attitudes* and as *modes of writing*. The question is how satire and humor hold up under the reduction and fragmentation of traditional meaning, how they are transformed by it and how they interrelate with one another and adjust to the forms of narrative, in other words, how their strategies of moral judgment and sympathetic understanding and their varying foci on time and space, character, and action/event associate and mingle with the forms of narrative representation. The analysis will concentrate on the specificities, functions and transformations of satiric narrative in the nineteenth century. Though satire interrelates with the comic and the grotesque, for lack of space they will enter the argument only where necessary for clarification. The fact that satire in the eighteenth and nineteenth centuries is often rivalled by, indeed subordinated to, the affirmative viewpoint of humor makes it necessary to interrelate the two. The "evil" nature of satire is balanced, as it were, with the "good" nature of humor.

The problem is *how* to relate the satiric and the humoristic modes with one another and with other evaluating perspectives. Traditional definitions of satire often lump the comic and the satiric together into one category, naming as targets of satire the duality of Folly and Vice: "individual and collective villainy, cowardice and hypocrisy,"[1] "vice and folly,"[2] "hypocrisy, vanity and folly,"[3] "folly and vulgarity,"[4] "idiocy and viciousness,"[5] "folly and evil,"[6] "falsehood."[7] The combination of folly and vice as target areas opens up the possibility of subsuming the comic view under the satiric one, as was common after the Renaissance and up to the 18th century; or to subordinate the satiric to the comic, as 19th century theorists, Meredith and Bergson for instance, frequently did.[8] Furthermore, satire may be seen to be subservient to

---

[1] Arthur Melville Clark, *Studies in Literary Modes* (London: Oliver and Boyd, 1958/1964), 36.
[2] ibid., 37.
[3] Leonard Feinberg, *The Satirist: His Temperament, Motivation, and Influence* (New York: The Citadel Press, 1965; 38.
[4] Alvin Kernan, *The Cankered Muse: Satire of the English Renaissance* (New Haven,CT: Yale Univ. Press, 1959), 14.
[5] Alvin Kernan, *The Plot of Satire* (New Haven, CT: Yale Univ. Press, 1971, 4.
[6] Ricardo Quintana, "Saturnal Satire: A Commentary on the Method of Swift," *Studies in the Literature of the Augustan Age*, ed. D.C. Boys (Ann Arbor, MI: Univ. of Michigan Press, 1952), 261.
[7] James Sutherland, *The Art of the Satirist: Essays on the Satire of Augustan England* (Austin, TX: Texas Univ. Press, 1965), 11.
[8] Henri Bergson, *Le rire* (Paris: Alcan, 1900), engl.: "Laughter", *Comedy*, ed. Wylie Sypher (Garden City, NY: Doubleday Anchor, 1956), 61-190. See also Wolfgang Preisendanz, "Zur Relation zwischen Satirischem und Komischem," *Das Komische*, Poetik und Hermeneutik 7, eds. Wolfgang Preisendanz and Rainer Warning (Munich: Fink, 1976), 411-13.

humor, the latter being conceived of as a humanizing and aestheticizing perspective, which might keep satire from becoming mere invective and give it aesthetic form; or it may appear as an intellectual literary form running counter to the emotionally synthesizing effect of humor while maintaining, nevertheless, its ability to include humor by blunting its denunciatory edge.[9] Finally, satire may be eliminated altogether as a literary category, a possibility that Horace had precociously indicated and that Hegel, in fact, had proposed, because its critical stance is too aggressively subjective or too directly related to reality and because its supposedly one-dimensional didacticism runs counter to the growing complexity of literary forms since the Renaissance.[10] The definitions of the perspectives of negativity, or rather, incongruency, as we might call the comic, the humoristic, the satiric and the grotesque, can obviously be more flexible and avoid rigid classifications, when they are related to one another.[11] The following modal distinctions do not start out from genre theories, but attitudes.[12]

2. Satire

Satire is "a Protean term."[13] It is one of the oldest concepts of *genre* and *perspective*, and it can illustrate the change of focus in the definition of literary categories. Philosophy and literary theories since Aristotle have described and analyzed genres, especially tragedy and comedy, and placed satire (in the Greek sense of satyr play) as mediator between the two (Horace). This understanding of satire (satyr) is reflected also in the other, Roman meaning of satire: a mixed poem not necessarily polemic but conglomerate in structure.[14] From the genre a typology of

---

[9] Northrop Frye is perhaps the only one to relate satire to humor on a systematic basis. In *Anatomy of Criticism: Four Essays* (Princeton, NJ: Princeton Univ. Press, 1957), 224 f., he, however, connects satire and humor to a medley of undifferentiated terms: "Two things are essential to satire; one is wit or humor founded on fantasy. Attack without humor [...] forms one of the boundaries of satire. The humor of pure fantasy [forms] the other boundary of satire." See also Don L.F. Nilsen, "Satire – The Necessary and Sufficient Conditions – Some Preliminary Observations," *Studies in Contemporary Satire* 15 (1988), 1-10. Georgina Baum, *Humor und Satire in der bürgerlichen Ästhetik* (Bolen, 1959) is primarily interested in a negative view of capitalism rendered from a Marxian standpoint. See also Paul Lewis, *Comic Effects: Interdisciplinary Approaches to Humor in Literature* (Albany, NY: State Univ. of New York Press, 1989). For the development of "black humor" see *Black Humor: Critical Essays*, ed. Alan R. Pratt (New York: Garland Publishing, 1993) and Patrick O'Neill, *The Comedy of Entropy: Humour/Narrative/Reading* (Toronto: Univ. of Toronto Press, 1990).

[10] Georg Wilhelm Friedrich Hegel, *Aesthetics: Lectures on Fine Art*, trans. T.M. Knox (Oxford, New York: Oxford Univ. Press, 1975), vol. I, 495.

[11] Frye distinguishes four categories: The romantic (or "romance"), the comic, the tragic, and the ironic or satiric. Abstracting them from traditional genres, he calls them "four narrative pregeneric elements of literature," parallels them with the myths of spring, summer, fall and winter, and thus arrives at the recognition of transitions between the categories, so that "comedy blends insensibly into satire at one extreme, and into romance at the other" (*Anatomy of Criticism*, 162).

[12] The terms satire and satiric here are used without differentiation, since satire is commonly understood as the term for the genre as well as the mode of writing.

[13] Robert C. Elliott, "Satire," *Encyclopedia Britannica*, vol. 23 (1989), 182. See also his "The Definition of Satire: A Note on Method," *Yearbook of Comparative and General Literature* 11 (1962), 19-23.

[14] See Jürgen Brummack, "Zu Begriff und Theorie der Satire", *Deutsche Vierteljahresschrift für Literaturwissenschaft und Geistesgeschichte*, 45 (1971), 275-77. It is interesting to note that the placement of satire between tragedy and comedy has continued into the 20th century. Wyndham Lewis, for instance, has said: "Satire, some satire, does undoubtadly stand *halfway* between Tragedy and Comedy. It may be a hybrid of these two, or it may be a *grinning* tragedy, as it were." (Quoted by G. Wagner, *Wyndham Lewis* [London: Routledge & Kegan Paul, 1957], 245.)

"styles" has been abstracted: tragedy – high style; satire – medium style; comedy – low style. The genre of satire developed from Greek and Roman times (in the subgenres of Lucilian and Menippean satire) to the verse satires, character sketches and periodical essays of the 17th and 18th centuries in England. Already in Roman times the quality of "the satiric" was abstracted from the genre of satire. It indicated a dominantly polemic and mocking *attitude* and *literary mode* which had a socializing, didactic purpose in the depiction and indictment of "wrong," norm-violating behavior. Out of this concept grew the modern understanding of satire as an "écriture" (Roland Barthes[15]), a mode of writing which can generate its own genre, as in verse satire, or be combined with or superimposed on other modes of writing, as in narrative.[16]

The satiric mode has been defined variously in terms of the *intention* of the author, the intentionality, i.e., the structure of the *text*, or the judgment of the *reader*. Taking the subjective component, the motives and goals of satiric writers as their starting point, critics have noted that satire is often a matter of "internal, personal, subjective compulsion" and that "the satirist usually writes in order to justify a personal need rather than to reform by moralizing."[17] G. Highet recognizes a deceptive element in satire, which "wishes to expose and criticize and shame human life, but [...] pretends to tell the whole truth and nothing but the truth."[18] Instead of "subjective compulsion" one may stress the truth factor in "true satire" (in contrast to "personal satire") as in the works of Dryden, Dickens and Meredith, the didactic purpose and the efficacy of satire as a moral stance, its ability to influence the reader by juxtaposing the good and the bad. As Dickens wrote in his Preface to *Oliver Twist* (1837-38): "It was my attempt, in my humble and far-distant sphere, to dim the false glitter surrounding something which really did exist, by showing it in its unattractive and repulsive truth."[19]

The intention of the author, however, has to be transformed into the intentionality of the *text*. Most critics between the 1940s and 1960s, as many of their forerunners and successors, have understood satire as a highly moral and rhetorical art. They accordingly have concentrated their interest on the autonomous text and its design, the juxtaposition of good and evil, a

---

[15] Roland Barthes, *Le degré zéro de l'écriture* (Paris: Ed. du Seuil, 1953).

[16] Jürgen Brummack's definition of satire, which sums up the critical consensus up to the 1970s, sees a strong mixture of subjective and objective elements in satire ("aggression," "depending on norms"). For literary satire, Brummack in his extensive review of theories of satire has isolated three elements which appear to be constitutive in almost all cases, though the mixture, of course, can be different: (1) the individual or rather cognitive/emotional quality of aggression (of the satirist/narrative figure, narrator, author); (2) a social didactic function and dependence on norms; and (3) aesthetic mediation. In Brummack's words, "satire is aesthetically socialized aggression." ("Zu Begriff und Theorie der Satire," 282). Cf. also Andreas Mahler, *Moderne Satireforschung und Elisabethanische Verssatire: Texttheorie-Epistemologie-Gattungspoetik* (Munich: Fink, 1992). Bergson, who equates the comic and the satiric, sees satire "midway between art and life" ("Laughter", *Comedy*, ed. Sypher, 170.) For the definition of satire, see also, in addition to the literature already mentioned, Arthur Pollard, *Satire*, The Critical Idiom, 7 (London: Methuen, 1970); *Satire: Modern Essays in Criticism*, ed. Ronald Paulson (Englewood Cliffs, NJ: Prentice-Hall, 1971); *English Satire and the Satiric Tradition*, ed. Claude Rawson (Oxford: Basil Blackwell, 1984); *Comic Relations: Studies in the Comic, Satire and Parody*, eds. Pavel Peter, David Roberts, and Philip Thomson (Frankfurt/M.: Lang, 1985); *Das Komische*, eds. Preisendanz and Warning; and the selections and commentaries in *Satire – That Blasted Art*, eds. John R. Clark and Anna Motto (New York: G.P. Putnam's Sons, 1973).

[17] Feinberg, *The Satirist*, 5, 39. The position that the intention of the writer decides about the text being satire or comedy is taken by Helmbrecht Breinig, *Satire und Roman: Studien zur Theorie des Genrekonflikts und zur satirischen Erzählliteratur der USA von Brackenridge bis Vonnegut* (Tübingen: Narr, 1984); and Roger B. Henkle, *Comedy and Culture: England 1820-1900* (Princeton, NJ: Princeton Univ. Press, 1980), 5.

[18] Gilbert Highet, *The Anatomy of Satire* (Princeton, NJ: Princeton Univ. Press, 1962), 158.

[19] Preface to *Oliver Twist*, eds. John Butt and Kathleen Tillotson (Oxford: Clarendon Press, 1966), lxiv.

pattern with a deformation pole and a value pole, the bipolar design working together with polemical rhetoric to attack vice or folly.[20] This dualism corresponds to Friedrich Schlegel's opposition of reality and the ideal, and to Friedrich Schiller's dictum (whom Schlegel follows) that satire is a mode "confronting deficient reality with the highest reality of the ideal."[21] Such bipolarity makes satire a unifying design, but also produces tension. The satiric perspective demands wholeness, wholeness of social order and wholeness of character. Yet it reveals the divergence of appearance and being, of what should be and what is. In other words, it tends toward closure but culminates in ambiguities and openendedness. The comic mode would become one of the tools writers used to overcome this difficulty and achieve closure.[22]

Postmodern deconstructive theory has emphasized the ambivalence of the satiric mode. The analyses of satire witness the general challenge to traditional categories since the 1960s, the dismissal of the modern unifying formal design in art, the doubt in the referentiality of language and the abandonment of clearcut borderlines between reality and fiction, and even the substitution of the concept of author by the notion of intertextuality. Values are rethought in terms of ideology, the boundaries between good and bad have been defused, and the demand for respect for the other dissolves opposites. Interdisciplinary cultural studies lead to a multiplicity of viewpoints in the study of satire, including socioeconomic and anthropological aspects. New analyses move satire "somewhat away from moral centrality"[23] and emphasize the complexity and ambiguity of the important satiric texts. The new work about satire that is directed especially towards individual authors and texts has decentralized the genre concepts and accentuated the rambling variety, the ribald ridicule, the playful spirit, the unruly character and arbitrary form, the deliberate exaggeration and the penchant for fantastic narrative, for paradox and multivoiced discourse, in short the openendedness and irresolution of satire; and it has demanded the resituating of satire in history. Though the reference to the historical specificity of satire, its comprehensive range, its variousness in intention, form and tone has widened our understanding of satire as genre and mode, it has not led to a new theoretical consensus, but rather to a questioning of the possibility of a theoretical concept of satire. Alastair Fowler re-

---

[20] See Frye, *Anatomy of Criticism*; Kernan, *The Cankered Muse* and *The Plot of Satire*; Robert C. Elliott, *The Power of Satire: Magic, Ritual, Art* (Princeton, NJ: Princeton Univ. Press, 1960); Edward Rosenheim, *Swift and the Satirist's Art* (Chicago, IL: Chicago Univ. Press, 1963); Sheldon Sacks, *Fiction and the Shape of Belief* (Berkeley, CA: California Univ. Press, 1966); Ronald Paulson, *The Fictions of Satire* (Baltimore, MD: Johns Hopkins Univ. Press, 1967), *Satire and the Novel in Eighteenth-Century England* (New Haven, CT: Yale Univ. Press, 1967). See also Edward A. Bloom and Lilian D. Bloom, *Satire's Persuasive Voice* (Ithaca, NY: Cornell Univ. Press, 1972); Allan Ingram, *Intricate Laughter in the Satires of Swift and Pope* (New York: St. Martin's Press, 1986); Leon Guilhamet, *Satire and the Transformation of Genre* (Philadelphia, PA: Univ. of Pennsylvania Press, 1987); David Nokes, *Raillery and Rage: A Study of Eighteenth-Century Satire* (Brighton: Harvester, 1987); Howard Weinbrot, *Alexander Pope and the Traditions of Formal Verse Satire* (Princeton, NJ: Princeton Univ. Press, 1982), *Eighteenth-Century Satire: Essays on Text and Context from Dryden to Peter Pindar* (Princeton, NJ: Princeton Univ. Press, 1988).

[21] Friedrich Schiller, "Naive and Sentimental Poetry," *Two Essays*, trans. Julius Elias (New York: Ungar, 1966), 121.

[22] See also Brian A. Connery and Kirk Combe, "Theorizing Satire: A Retrospective and Introduction," *Theorizing Satire: Essays in Literary Criticism*, eds. Brian A. Connery and Kirk Combe (New York: St.Martin's Press, 1995), 1-15.

[23] Morton, "Introduction," *Satire in the Eighteenth Century*, ed. J.D. Browning (New York: Garland, 1983), 2. See also *English Satire and the Satiric Tradition*, ed. Rawson, v. For Dustin Griffin, *Satire: A Critical Reintroduction* (Lexington, KY: Univ. Press of Kentucky, 1994), 1-35, the moral design is only one element of satire, which in its Menippean form contains complex ironies; see for a similar view Connery's and Combe's introduction to *Theorizing Satire*.

marked that satire is "the most problematic mode to the taxonomist, since it appears never to have corresponded to any kind."[24]

The aesthetics of satire, as that of any other literary mode, reflects the problems inherent in abstracting the meaning-building process in the text. It is determined by the hermeneutic circle. The contradictory procedure that one first has to choose the texts from which to abstract one's theory, and then uses the theory to make generalizations about the texts, makes theoretical concepts problematic, gives them the character of mental constructs. Yet the satiric view as an *attitude*, a perspective towards the world and also a mode of writing has to be defined in an abstraction from the diversity of its manifestations if it is to be understood as a model of meaning among other models of meaning (like the comic, humoristic, etc.) and be set in correlation to narrative, its forms of writing and of making sense. The concept of satire shares its fictitiousness with the other mental categories. Though satire as a category is a theoretical fiction, it has a heuristic function as an explanatory and operational construct with an inherent structure of its own. As such it helps to define social criticism, to analyze its prerequisites, and to isolate a classifying principle. Since satire has traditionally been understood as a highly critical and moral art, the most fruitful way to define it as a literary mode is to go by its code of value judgments, its bipolar structure, the contrasting of "Moral Virtue" and "Vice or Folly," as Dryden, Schiller, Schlegel, Meredith, Bergson and countless others since antique times have noted. It establishes a dialectic frame of reference between deficiency and value, reality and the ideal, criticizer and criticized, optimism and pessimism. The more the moral aspect of satire comes to the fore and the more the mere unreasonableness of behavior steps into the background as a target, the more the objects of satire will appear to be the vices, not the follies of humankind. Mary Claire Randolph's perception in formal verse satire of a design that depends on the opposition of extreme vice and extreme virtue underlines the moral character of satire.[25]

As argued above, the rigidity of such concepts can be broken up by interrelating neighboring meaning models like the comic, the humoristic and the satiric, a procedure that allows for both distinctions and the transitions of borderlines. Since these perspectives of incongruity have a similar (dualistic) structure – albeit a different profile of discrepancy, contradiction and negativity –, they allow for combinations and superimpositions that permit one to grow out of the other and each to be superimposed upon a neighboring one. In relating those modes of perception to each other, two classifying principles are relevant. (1) Significant is the area or horizon that the evaluative perspectives relate to, and the range they mark. In the case of satire the criticism may concern small groups of misguided individuals, larger segments of society, or society in toto, it may assign the responsibility to the people or to deforming social circumstances. Depending on the topical or more general nature of satire and its targets one can speak of "social" and "cosmic" satire.[26] (2) Important are furthermore the degree and nature of disharmony expressed. The profile of negativity is formed by contradictions and dichotomies which depend on the severity of tensions. The criticism may be more or less radical, it may view improvement as probable or not so probable. The critical voice may accordingly be more or less isolated, and the criticized person or group of persons may be able to disregard the

---

[24] Alastair Fowler, *The Kinds of Literature* (Cambridge, Mass. Harvard Univ. Press, 1982), 110.

[25] Mary Claire Randolph, "The Structural Design of Formal Verse Satire," *Philological Quarterly* 21 (1942), 368-84.

[26] John Tilton, in his study of Anthony Burgess, John Barth, and Kurt Vonnegut, has noted that "cosmic satire," can transcend topical social satire. His phrasing in speaking of "a profound and ultimately tragic satiric vision," shows, however, the all to frequent medley of terms that has no heuristic value (John W. Tilton, *Cosmic Satire in the Contemporary Novel* [Lewisburg, PA: Bucknell Univ. Press, 1977]).

criticism or be put on the defensive. There are two fundamentally different resolutions: either harmony can be (re)established at the end, or an abyss of deformation and disorientation may break open and remain without synthesis. The endangerment of the value element in the structure of one model, for instance the comic perspective that judges human behavior from a rational or "natural" viewpoint, puts first a great strain on the comic tension and leads then to the establishment of a different, more radical stance like satire. All this – far from providing simplification – creates variety and complexity in the combination of the narrative and the satiric modes.

Of course, since the text is a communication model, the *reader* plays an important part in defining what are follies and what are vices, what are harmonies and what are disharmonies, and what differentiates topical from cosmic target areas in the satiric mode. Value systems change as do the attitude and mood of the individual reader. At a later date follies may appear to the reader as vices and vices as follies, or both may become indistinguishable. Even if the topicality of the satiric design is recognized by the contemporary reader, the recipient of the text at a later time may transfer the satiric message to various levels of abstraction, to the point where the topic of satire, the historically based deficiencies of contemporary society, is transferred to the level of the typical and finally the universal, and even understood, not as an independent substructure but as an integrated and integrative part of the narrative design where it provides *difference*. From a reader response point of view, one can argue that satire is not primarily seen as a "response to a perceived threat in the world external to the text" but as "an effort to *make* a difference, to create distance, between figures whom the satirist [...] perceives to be insufficiently distinguished. [...] Satire, then, would be that literary form that works to convert an ambiguous relation of identification and division into one of pure division."[27] The satiric act externalizes a difference within the character and makes it a difference between characters.

3. Satire and Narrative

Since the *text* provides the code and the message for the reader, most theorists and critics of satiric narrative (or, for that matter, the comic, and humoristic narrative modes) concentrate on specific forms of conceptualization, textual strategies, description, and narration. The superimposition of satire and narrative in satiric narrative can be viewed in two fundamentally different ways. (1) One can place satire and narrative on separate levels as conflicting forms of aesthetic synthesis; the moralizing didactic traits of satire then stand in opposition to the variability and openness of narrative which champions difference from the norm, resistance to all systems, in short, tolerance.[28] (2) Or, one follows Bakhtin's description of the novel as "multi-generic, multi-styled, mercilessly critical, soberly mocking, reflecting in all its fullness the heteroglossia and multiple voices of a given culture, people and epoch,"[29] and sees satire as one of these "multiple voices of a given culture," which manifest themselves in the novel, in the process not simplifying but complicating it. Narrative and satire then appear to be concepts and strategies on the same level. In that case satire does not only signify a "spirit or tone which expresses

---

[27] Fredric V. Bogel, "The Difference Satire Makes: Reading Swift's Poems," *Theorizing Satire,* eds. Connery and Combe, 43-53, here 45 f.

[28] This is, for instance, the position taken by Breinig, *Satire und Roman.*

[29] Quoted by Randall Craig, *The Tragicomic Novel: Studies in a Fictional Mode from Meredith to Joyce* (Newark, DE: University of Delaware Press, 1989), 12.

itself in many literary genres," as Robert Elliott notes,[30] but can articulate itself as a *subtext* with a conceptual and formal design of its own. This view is taken here.[31] The satiric design is adaptable to narrative because of the immanent tensions discussed above which give it a dramatic and narrative space. During its history, the novel assimilates traditional aesthetic formulae like satire in its attempt to make something new and comprehensive in scope. As Fielding states in *Tom Jones* (1749): "I am, in reality, the Founder of a new Province of Writing, so I am at Liberty to make what laws I please therein."[32] In eighteenth-century England the novel incorporates many of the smaller didactic forms and, as Paulson has emphasized,[33] is tangent to satire in its concern with "reality" and its deficiencies. In the course of events the novel appropriates many of the analytic and didactic aims inherent in satire, and becomes, in Feinberg's phrase, "critical literature."[34] When the satiric mode is an adjunct to the novel, influencing its viewpoints and narrative techniques,[35] it becomes in the process "less one-dimensional and more ambiguous."[36] Satire influences narrative, and the complexity of the narrative changes satire.

In fact, if satire is not seen to be just raw criticism but an aesthetic object, then it is in the novel an aesthetic object in another aesthetic object. The aesthetic object is open to pluralism, is in itself "vacant,"[37] not content-oriented. It is "formal," abstract in its structure, and serves the interrelating of contrasting principles. It sets the stage for the organization of non-aesthetic principles like "good" and "bad," "believing" and "non-believing," "being able" and "not being

---

[30] Elliott, "The Definition of Satire," 19-23.

[31] The opinions are extremely varied. Sacks, *Fiction and the Shape of Belief* most vehemently denies the compatibility of satire and the novel, which he considers two distinct genres which cannot intermingle. Breinig in his *Satire und Roman* concentrates on the genre-conflict between satire and the novel. Paulson in his two books, *The Fictions of Satire* and *Satire and the Novel in Eighteenth-Century England* analyzes the similarities in goal between the novel and satire, which he sees in "realism"; and Frank Palmeri, *Satire in Narrative: Petronius, Swift, Gibbon, Melville, and Pynchon* (Austin, TX: Univ. of Texas Press, 1990) no longer even considers the possibility of a barrier between satire and narrative, thus reflecting the fact that a general definition of genre has proved to be impossible in view of the mixture of a-temporal and historical elements. One can generalize only about the elements which constitute the mode but might be part of other modes as well. See for a differentiation between modes and genres: Klaus W. Hempfer, *Gattungstheorie: Information und Synthese* (Munich: Fink, 1973). See for the postmodern deconstructive view of genre *Postmodern Genres*, ed. Marjorie Perloff (Norman, OK: Oklahoma Univ. Press, 1989).

[32] Henry Fielding, *Tom Jones*, ed. Sheridan Baker (New York: Norton, 1973), 59.

[33] Paulson, *Satire and the Novel in Eighteenth-Century England*.

[34] Feinberg, *The Satirist*, 38.

[35] See Breinig, *Satire und Roman*, 40 f.; Stephen J. Greenblatt, *Three Modern Satirists: Waugh, Orwell and Huxley* (New Haven, CT: Yale Univ. Press, 1965), 57 f.; Ingrid Hantsch, *Semiotik des Erzählens: Studien zum satirischen Roman des 20. Jahrhunderts* (Munich: Fink, 1975), 54; Steven Weisenburger, *Fables of Subversion: Satire and the American Novel 1930-1980* (Athens, GA: The Univ. of Georgia Press, 1995); F. Fitzgerald, "Character Typology in Satiric Short Stories," *Satire Newsletter*, 7 (1970), 100-103; Matthew Hodgart, *Satire* (London: Weidenfeld and Nicolson, 1969); Kernan, *The Plot of Satire*; Maynard Mack, "The Muse of Satire," *Yale Review*, 41 (1951/52), 80-92; Paulson, *Satire and the Novel in Eighteenth-Century England* and *The Fictions of Satire*; Kurt Wölfel, "Epische Welt und satirische Welt: Zur Technik des satirischen Erzählens," *Wirkendes Wort* 10 (1960), 85-98; and various articles from the Sixties and Seventies in the *Satire Newsletter*. See also the works quoted in the notes.

[36] Philip Thomson, "Satire and Nihilism: The Night Watches of Bonaventura," *Comic Relations: Studies in the Comic, Satire and Parody*, 145. See also Peter Thorpe, "Great Satire and the Fragmented Norm," *Satire Newsletter*, Spring 1967, 89-95.

[37] Robert Kalivoda, *Der Marxismus und die moderne geistige Wirklichkeit* (Frankfurt/M., 1970), 29. See also Wolfgang Iser, *The Act of Reading* (Baltimore, MD: Johns Hopkins Univ. Press, 1989), 100 f.

able," but it also blurs their borderlines. Narrative shows the double tendency to seek a controlling form for its ambivalences and yet has to face the unmanageable, unaccountable and contingent in life. Though narrative is characterized by plurality, heterogeneity, openendedness and inclusiveness,[38] there is struggle between this openendedness and a clarifying overview. Satire in narrative is a strategy that serves the clarifying overview. In that sense it is a mode of restriction, it works towards containing tensions and fissures within a system of order and thus tends toward closure. True closure, however, is beyond its reach, first, because the gap between the ideal and the real can never be bridged and, second, because its subversive energy deconstructs all fixities and is supported by the narrative act. The energy and dispersive logic of narrative understood as a registering of deficits in the cognitive, emotional and factual assessment, appraisal, and mastering of reality, subverts all conclusions, renders them fragmentary and equivocal, and thus complicates and makes ambivalent the defining framework of satiric evaluation.

When society and its problems come to dominate the story and the traditional morality in the Victorian novel, satire, through its dialectical structure, integrates social criticism into the aesthetic design of narrative, its pattern of conflict and struggle. It holds up the connection between realism and humanism that Lukács and Robbe-Grillet claim for the realistic novel.[39] At the same time, though satire in the novel ordinarily does not apply its criticism to social abuses and grievances directly, ist criticism is still directed at the external translinguistic reality whose deficiencies were the reason and the motivation for the author's aesthetic presentation of social deformities in the first place. Satire in the novel is thus determined by the dichotomy of mimesis and didaxis; it is located between the poles of presentation and evaluation. Consequently it keeps up a tension between the said and the not said, the aesthetic and the transaesthetic, and marks the fact that any text "is both self-referential and extra-referential,"[40] and that in the so-called realistic novel outer- and innerdirected references are not a matter of either-or, but a question of "mixed conditions,"[41] and "the reconciliation of divergent codes,"[42] of which satire is one. But satire is not restricted to "that fragile sphere we call civilized life"[43] and a universe of "compulsive intelligibility."[44] As suggested above, it has the momentum to take part in the liquidation of old forms of consensus in order to attain new ones for a new kind of "totality," individualism, for instance.

The analyses of satiric strategies have proved that there are no obligatory techniques for satire or, for that matter, the comic mode and the other perspectives of evaluation, but only optional ones,[45] and that there is a wide range of interrelations with narrative strategies of representation. Though there is an unlimited number of ways the satiric mode can be interwoven with the fabric of the novel, satire as a *structural form* has a greater affinity to some narrative forms of expression than to others, and it also exacts its influences on the narrative focus,

---

[38] Jean-Francois Lyotard, *The Postmodern Condition* (Manchester: Manchester Univ. Press, 1984), 18 ff.
[39] Cf. Georg Lukács, *Realism in Our Time* (New York: Harper and Row, 1971), 17-46; Alain Robbe-Grillet, *Essays for a New Novel* (New York: Grove Press, 1965), 49-76.
[40] J. Hillis Miller, "The Fiction of Realism," *Dickens Centennial Essays*, eds. Ada Nisbet and Blake Nevius (Berkeley, CA: Univ. of California Press, 1971), 124.
[41] George Levine, *The Realistic Imagination: English Fiction from Frankenstein to Lady Chatterley* (Chicago, IL: Chicago Univ. Press, 1981), 4.
[42] Elizabeth Deeds Ermarth, *Realism and Consensus in the English Novel* (Princeton, NJ: Princeton Univ. Press, 1983), xii.
[43] Joseph P. Stern, *On Realism* (London: Routledge and Kegan Paul, 1973), 139.
[44] Leo Bersani, "The Subject of Power," *Diacritics* (September 1977), 17.
[45] See Hantsch, *Semiotik des Erzählens*, 54.

which it turns in certain directions. A few general differentiations may suggest trends. In narrative, satire's structure, its complex of elements, has four components: (1) a deformed society (sometimes a disoriented individual), (2) a value or ideal set against this social deformation, (3) a harmonizing or radicalizing of the discrepancies, and (4) a thematic orientation that structures and concentrates the narrative design. There is a strong coherence or consistency in the dialectic structure of the satiric perspective, also in the novel. This means that the dialectical satiric structure continues to exist even if the value pole is defused or remains vacant because of the loss of binding values. A radicalization of the deformation pole and the emptiness of the value pole together, however, translate satire into the grotesque, which retains only the *idea* of a humane world. A few general indications can also be given with respect to narrative techniques. In narrative composition, for instance, satire favors (1) accumulation and repetition, (2) simultaneity and (3) often a circularity of all processes, with a return at the end to the beginning.[46] The novel of the eighteenth and nineteenth centuries has three principles for the combination of aesthetic and ethical orientations: rationality, on which morality is based; history and the axiom of development; and the aesthetic principle of mimesis or representation of reality. The evolving conventions are linearity, narrative coherence and verisimilitude of motives and human interrelations. Satire superimposes repetition, simultaneity and circularity on the linearity, the chronology and the teleological component of the narrative structure; but it is also changed by them.

In the fusion of the satiric mode and the novel, the contrasting positions within the satiric mode, the good and the bad, arouse a pattern of conflicts. Conflict creates energy, and the creative energy of the bipolar design and its potential of conflict leads, even within the so-called "realistic" novel, to exaggeration, fantasizing, and paradox, as well as to an action that typically involves decline, degeneration, loss of potential.[47] It further creates "levelling strategies" – "tolerance of heterogeneous languages and forms of understanding," and subversiveness.[48] In the process of aestheticizing the satiric mode the satirist may, however, dispense with exaggeration and hyperbole and use a technique of understatement to emphasize through *irony* a sense of disparity. While a *structuralist* approach to satire in narrative stresses the fundamental oppositions inherent in the (deep) structure of satire (though the surface structure may only insinuate the value pole or leave it to the reader to fill it in),[49] a *poststructuralist* approach will accentuate the deconstructive energy of satire, its penchant for irresolution, interminability, even chaos, its potential for resistance to cultural and political pressures. In Foucault's terms, satire becomes both an instrument of *power* and *resistance*.[50] The ethical and aesthetic range and function of the satiric mode in the novel of the eighteenth and nineteenth centuries is heightened by the fact that it both confirms (human values) and subverts or negates

---

[46] See also Kernan, *The Cankered Muse*, 30 f., 73 f., passim; *The Plot of Satire*, passim.

[47] See Michael Seidel, *Satire Inheritance: Rabelais to Sterne* (Princeton, NJ: Princeton Univ. Press, 1979).

[48] Palmeri, *Satire in Narrative*, 12. – John Snyder, *Prospects of Power: Tragedy, Satire, the Essay, and the Theory of Genre* (Lexington, KY: Univ. Press of Kentucky, 1991), emphasizes a narrower understanding of satire as "straight and narrow critique" (113) with "targets" (121) denounced with reason and rhetoric.

[49] See, for instance, Jörg Schönert, "'Wir Negativen' – Das Rollenbewußtsein des Satirikers Kurt Tucholsky in der ersten Phase der Weimarer Republik," *Kurt Tucholsky: Sieben Beiträge zu Werk und Wirkung*, ed. Irmgard Ackermann (München: Text + Kritik, 1981), 46-88, who differentiates various structural levels in the textual system and places the contrast of norm and antinorm in the deep structure of satirical texts.

[50] See Michel Foucault, *The Use of Pleasure* (New York: Vintage Books, 1990).

(aberrations, fixities, corruptions, etc.). The tensions created by these oppositions are often considered, for instance by Dryden, as that which makes satire *art*.[51]

4. Satire's Targets: The Narratability of Hypocrisy, Sameness, and the "System"

The discussion of the interrelation of satire and narrative in the novel can be concreticized. Satire's targets in the Victorian novel are, generally speaking, *hypocrisy*, *sameness*, and the "*system*." With the prominent role of satire in the mid-Victorian novel, the questions of how narratable these targets are and how the satiric subtext is integrated into narrative arise. The doubleness of *hypocrisy* offers the solution. Pretense, the hiding of vices and deficiencies behind an innocent façade, provides the dynamic incongruity that is the basis for satiric narrative. Narrative and satire combine in the unravelling of the mystery plot. Narrative controls the process of revelation, satire the mode of distinguishing and evaluating that which is corrupt beneath the surface. Satire thus becomes narratable through its potential of *differentiation*, of exposing and demystifying sham and fraud. The transference of the satiric act into a process of time gives it an action- and plot-generating potential, which is important for Dickens, perhaps even more so for Thackeray in *Vanity Fair* (1847-48); and it provides the basis for the narrative satiric design in George Meredith's *The Egoist* (1879).

Hypocrisy and its "dramatizing" potential gain further emphasis by the fact that moral pretense performed for the purpose of social integration and betterment is considered a widespread, perhaps the most common and broadly corrupting vice by the nineteenth century English novelists. Victorian bourgeois society with its high regard for respectability seems to call forth hypocrisy by deferring unconditionally to the virtually universal belief in the value of material success and social standing. Society itself thus corrupts, as it were, the moral system based on the equality of surface and depth, behavior and inner belief by focusing on mere appearance, not being. Not only Fielding indicates that hypocrisy is the key target for satire;[52] Thackeray, too, notes, with a good deal of cynicism, "the moral world [...] has, perhaps, no particular objection to vice, but an insuperable repugnance to hearing vice called its proper name."[53] Taine in his *History of English Literature* says with regard to Dickens: "The first-fruit of English society is hypocrisy. It ripens here under the double breath of religion and morality [...] This vice is therefore English."[54]

The Victorian novel's insistence on hypocrisy as the quintessential vice of English society has two important consequences for the role of the satiric mode in narrative. (1) Satiric narrative avoids assigning guilt exclusively to the individual. Humanitarian reasons hinder the Victorian authors from castigating the single character who is complex, who deserves sympathetic understanding, and who, furthermore, is always part of the "conditions," to use a word that George Eliot favors. Satire thus must be "social" or "generalizing" satire. Edward George Lytton remarks in *Pelham* (1828) that he "did not wish to be an individual satirist."[55] George Meredith asserts the abstract target of satire: "You share the sublime of wrath, that would not

---

[51] See for the definition of satire as art Mack, "The Muse of Satire," 80-92; Elliott, *The Power of Satire*; George Test, *Satire: Spirit and Art* (Tampa, FL: Univ. of South Florida Press, 1991).
[52] Henry Fielding, "Preface," *Joseph Andrews* (London: Heinemann, 1903), 21 ff.
[53] Quoted by Frances Theresa Russell, *Satire in the Victorian Novel* (New York: Russell & Russell, 1964), 251.
[54] Hippolyte Taine, *History of English Literature* (New York, 1879).
[55] Quoted by Russell, *Satire in the Victorian Novel*, 177.

have hurt the foolish, but merely demonstrate their foolishness."[56] And George Eliot says in a letter: "We may satirize character and qualities in the abstract without injury to one moral nature, but persons hardly ever."[57] Individual persons are reserved for the comic and humorous modes of representation. Because of the wide social implications of hypocrisy the target area of satire must be extended beyond the individual person and his or her vice; and yet at the same time it must be exemplified by the individual character. The continuous moving to and fro between individualization and generalization allows a shifting of responsibility from the individual personality to the environment and back to the person, thus leaving the full accountability of the individual for his doings undecided. Hypocrisy being the general game in society at large, it infects the state and its institutions, like the school system and the law courts, political parties, social groups, various professions, conventions like mercenary marriage, and contemporary movements of various kinds which become satire's targets. Satire is the novel's tool for the indictment of society and the negation of vice both in the abstract and the concrete via the differentiation between good and evil.

(2) Since deception lies at the heart of all follies like vanity, affectation, and false sentiment, the borderline between follies and vices is wide open. Thus, Aristophanes, Ben Jonson, Fielding, or, for that matter, Dickens, Thackeray, and Meredith are able to combine the satiric and comic perspectives easily in the ridiculing exposure of deception. Aristophanes, Jonson, and Fielding mostly understand the comic in Aristotle's terms as "innocuous, unexpected incongruity," but the Victorian authors also see it in Bergson's terms which combine the comic and satiric into ridicule and attack on "mechanical inelasticity."[58] Pancks in Dickens's *Little Dorrit* (1855-57), for instance, enunciates the mechanized work-ethics of urban society with savage irony: "Keep me always at it, and I'll keep you always at it, you keep somebody else always at it. There you are with the Whole Duty of Man in a commercial country."[59]

Behind the deceptive façade of social life its seeming diversity turns into mechanical *sameness*. "Mechanical" and "mechanizing" indeed become the catchwords that can combine and integrate, on the one hand, the traditional satiric target, *hypocrisy* – a society-induced phenomenon for which man and woman, as it seemed, would ultimately have to take full responsibility – and, on the other, the anonymous pressures of a *system* of bureaucracy and production that has obviously become independent from individual and social will and is at least partly responsible for the sameness of life. Meredith in *The Egoist* speaks of "the malady of sameness, our modern malady;"[60] and Dickens makes sameness a malaise of city life and satirizes it in his typical way by paralleling various "fantastic" exaggerations expressive of a stifling network of oppressive social factors. Coketown in *Hard Times* (1854)

> contained several large streets all very like one another and many small streets still more like one another, inhabited by people equally like one another, who all went in and out at the same hours, with the same sound upon the same pavements, to do the same work, and to whom every day was the same as yesterday and tomorrow, and every year the counterpart of the last and the next.[61]

The bureaucratic system appears to produce lifeless mechanical procedures which make the human being into a mere object of undirected activity and deadening indifference. Both hypoc-

---

[56] George Meredith, "An Essay on Comedy," *Comedy*, ed. Sypher, 3-57, here, 49.
[57] Quoted by Russell, *Satire in the Victorian Novel*, 177.
[58] Henri Bergson, "Laughter," *Comedy*, ed. Sypher, 67.
[59] Charles Dickens, *Little Dorrit* (London: Oxford Univ. Press, 1953), 160.
[60] Meredith, *The Egoist* (London: Constable & Company Ltd., 1915), 2.
[61] Charles Dickens, *Hard Times* (London: Oxford Univ. Press, 1959), 22.

risy for the sake of respectability in society and the forced submission to the bureaucratic system enforce the mechanized behavior that culminates in the *reification* of man and woman. The satiric mode has here both an *epistemological* and an *ethical* function, epistemological insofar as it establishes the *truth*, the *difference* between appearance and being, and ethical because it sets against the enforced norm of *mechanical sameness*, the antinorm, the value of *organic diversity*. Bergson made the opposition of the mechanical and the organic the basis of his definition of the comic mode (which is equated with satire).

The social system is attacked in satire because it itself disintegrates. In fact, the social, economic, and cultural areas develop their own different value systems that no longer necessarily cohere in the patterns of social communication nor within the character of the individual.[62] Actually one might argue that the demand for and illusion of integrative social wholeness (in addition to the claim to respectability and the need to comply with the bureaucratic system) is another, third source of the all-pervasive hypocrisy. With the separation of the various spheres of society, each develops its own concept and ideal of character. The autonomous, morally integrated person is left to be the ideal of culture in its "defense of the enhancement or the fulfillment of the self,"[63] while the well-adapted and conventional, unproblematic and easily functioning person with his or her mechanical reactions becomes the "ideal" of respectable society and the economic sector and thus the precondition to social and material success. The resulting dualism serves both the satiric design that creates difference and the narrative design that produces conflict.

It is not truth – the deconstruction of falseness, the epistemological aim, as it were, of satire in Victorian fiction – that is responsible for the problematic nature of satire in the nineteenth-century novel, but *justice*, which is the moral measuring rod for vice and deception. Justice is founded on a modified liberal stance and includes humorous understanding. Justice embraces rational values like honesty, wisdom derived from experience, and a sense of proportion, energized and directed by what Meredith in his "Ode to the Comic Spirit" called the "Sword of Common Sense." But justice also caters to the individual, his or her freedom from social oppression. Retaining the Western premise of individual wholeness and character's identity as a human ideal, satire makes the substantial and integral version of personality its value pole and becomes subversive. It indicts with growing Juvenalian vigor the reduced one-dimensional figure, placing it on the deformation pole as part of the paradigm of "corrupted society," of what Saintsbury called "the corruptions of the times."[64]

Thus, in the nineteenth century novel not only satire's target, the area of social deformation, widens and changes, but also satire's value pole. The equilibrium between individual and society becoming increasingly impaired,[65] the new kind of social satire changes sides, as it were, and takes on an almost antisocial stance, choosing the *autonomous self* as its value, just as humor does. The necessity to choose the individual over society as value pole initiates the final stage of the successful (and necessary) symbiosis of satire and the novel. Satire needs the

---

[62] See Max Weber, *The Protestant Ethic and the Spirit of Capitalism*, transl. Talcott Parsons (New York: Charles Scribner, 1958), passim.

[63] Daniel Bell, *The Coming of Post-Industrial Society: A Venture in Social Forecasting*, (New York: Basic Books, 1976), 12.

[64] Cf. George Saintsbury in his *Evolution of the English Novel*, 120: "From Horace and Persius downward there have been two satiric manners: – one that of the easy well-bred or would be well-bred man of the world who suspends everything on the adunc nose and occasionally scratches with still more adunc nose, the other that of the indignant moralist reproving the corruptions of the times."

[65] See Leo Bersani, *A Future for Astyanax: Character and Desire in Literature* (London: Marion Boyars, 1978).

novel, because the value it has come to side with, the personality of the individual (whose concept includes development and growth), is too complex for satire alone to represent. Only the novel can depict the complexities of personal conflict and individual maturation which demand from the reader an attitude of empathetic understanding and *identification* rather than of distance or aggressive indictment. The novel (and its humorous stance towards the individual), on the other hand, needs satire for establishing *difference*. The critical representation of social reality and the endangerment of the individual indeed creates a *thematic center* for the novel. The satiric impulse comes to the fore whenever social and economic conditions deprive the individual even of the possibility of integration and active self-assertion. Satire thus lays a protective (and disillusioning) framework for the interactions of individuals with one another in the course of their self-realization. But satire has an important rival in its evaluation of the discrepancy between the ideal and the real.

5. Satire and Humor

In the eighteenth and the beginning of the nineteenth centuries, satire comes to be defined not only in relation to the comic mode, to wit, and laughter, but increasingly to humor, good humor being expressive of good nature. Humor becomes the overall synthesis of sympathetic feeling; its attitude of understanding is the "good" norm against which the critical, "unforgiving" stance of satire has to justify itself.[66] The word humor comes from Latin; it means "moisture," "fluid." It was used for the designation of the four body fluids – choler (bile), melancholy, phlegm, and blood – which in an ideal disposition should be evenly distributed in the body, resulting in a balance. The humor concept was applied to psychological states and described specific character types distinguished by the dominance of one of the fluids. Thus one could differentiate between choleric, melancholic, phlegmatic, and sanguine characters. Humors were "unnatural" and as such the satirist's targets. Ben Jonson wrote satiric comedies of humor-types. In a further transference of meaning, humor could also refer to a passing mood; this meaning of the word contradicted the original meaning, which designated a person fixed by a predominant humor. A humorous "mood" or disposition came to mean a rather unstable and abnormal condition of the mind, but it was also connected to good nature, individualism and English liberalism. Humor thus allows many definitions. Swift writes, "What Humor is, not all the Tribe/ Of Logick-mongers can describe;"[67] Henry Fielding remarks in 1752, "of all kinds of Writing there is none on which [...] Variety of Opinions is so common as in those of Humour, as perhaps there is no word in our language of which Men have in general so vague and indeterminate an Idea."[68] It is the role of emotion in humor that makes it difficult to define. Yet the account of three developments that are important for the conceptual change of humor in the eighteenth century may bring us nearer to a concept of humor.

(1) Satire in the eighteenth century – in spite of the fact that Dr. Johnson was a noted satirist – became defensive, since it had to be distinguished from malice and ill nature. Humor was now placed in relation to a number of notions that Addison and Steele had already promoted in the *Spectator* and *Tatler* and that were meant to temper the aggressiveness of satiric wit, namely innocent cheerfulness and mirth. Humor became a sign of general amiability and serenity, of the *benevolence* of the heart. Though the term humorist was first employed to designate

---

[66] See Claude Rawson, *Satire and Sentiment: 1660-1830* (Cambridge: Cambridge Univ. Press, 1994).
[67] *Poems of Jonathan Swift*, ed. Harold Williams (Oxford: Clarendon Aess, 1937), vol. I, 215 f.
[68] Henry Fielding, *Covent-Garden Journal*, ed. Gerard Edward Jensen (New Haven, CT: Yale Univ. Press, 1915), vol. I, 249, No. 19.

an eccentric person, the accent generally passed from the objective to the subjective pole. In Harry Levin's words: "As the focus of humor is shifted from actor to spectator, from the individual whose oddities are noted to the writer who is taking note, a more sympathetic relation seems to develop between the two. Ridicule gives way to empathy."[69] Humor in a character or a writer was ascribed a positive, balancing quality "between ill-humored religion and ill-natured wit."[70]

(2) From a national and sociological point of view, the variety and abundance of "humourists," of odd types, appeared expressive of the variety and commercial expansiveness of English (middle class) life, of the "security of person and property, and a freedom of opinion,"[71] allowing every individual the liberty to be different from the conventional and traditional and cultivate his or her particular humors. As Thomas Davies said in 1777: "At length Commerce, and her Companion Freedom ushered into the world their genuine offspring, True Humour. To these she owed both and when they expire, it will require no great sagacity to prophesy that she will follow her parents to the same grave."[72] Humor thus acquired the character and importance of a *national tradition* to the extent that Collins in his ode "The Manners," could boast "O *Humour*, Thou whose Name is known/ To *Britain's* favor'd Isle alone."[73] As such, it received nourishment from three distinct sources: (a) untutored nature in all her enchanting diversity; (b) human good nature in all its variety; (c) and the English social conditions, which left space for a natural variety of character often expressed in the propensity of the English to entertain their personal hobby-horses. Hazlitt noted that "the reign of George II was, in a word, the age of *hobby-horses*."[74] How vital the supremacy of humor was in the 19th century can be documented by numerous quotes from the period: John Stuart Mill insisted that free range should be allowed to all kinds of characters and "that the eccentricity in a society is proportional to genius, originality, mental vigor, and moral courage."[75] Leslie Stephen wrote in 1876, "a fashion has sprung up of late years of regarding the sense of humour as one of the cardinal virtues."[76] These and other tributes to humor attest to the correctness of Howard Mumford Jones' claim that, "the nineteenth century has actually given more first-rate humourists to English literature than any other century."[77]

(3) Hobbes's theory of superiority as the origin of laughter made the latter the expression of contempt, malice and complacent pride, and aligned it with ridicule and satire.[78] By the third quarter of the eighteenth century this notion had been replaced by a concept of amiable, thera-

---

[69] Harry Levin, "Introduction," *Veins of Humor*, ed. Harry Levin (Cambridge, Mass: Harvard Univ. Press, 1972), 15.
[70] Stuart M. Tave, *The Amiable Humorist: A Study in the Comic Theory and Criticism of the 18th and Early 19th Centuries* (Chicago, IL: Univ. of Chicago Press, 1960), 43.
[71] William Hazlitt, *Comic Writers* (1819), *Works*, vol. VI, 121 f.; quoted by Tave, *The Amiable Humorist*, 97.
[72] Thomas Davies, *A Genuine Narrative of the Life and Theatrical Transactions of Mr. John Henderson* (1777), quoted by Tave, *The Amiable Humorist*, 96.
[73] William Collins, "The Manners. An Ode," *The Poems of Thomas Gray, William Collins, Oliver Goldsmith*, ed. Roger Lonsdale (London: Longmans, 1969), 474.
[74] Hazlitt, *Comic Writers*, vol. VI, 122.
[75] Quoted by Tave, *The Amiable Humorist*, 96.
[76] Leslie Stephen, "Humour," *Cornhill Magazine*, 33 (1876), 318.
[77] Howard Mumford Jones, "The Comic Spirit and Victorian Sanity," *The Reinterpretation of Victorian Literature*, ed. Joseph E. Baker (Princeton, NJ: Princeton Univ. Press, 1950), 30.
[78] In *Human Nature*, Hobbes speaks of laughter as the "*sudden glory* arising from some sudden *conception* of some *eminency* in ourselves, by *comparison* with the *infirmity* of others, or with our own formerly." (*The English Works of Thomas Hobbes*, ed. Sir William Molesworth [London: John Bohn, 1839] repr. 1962), vol. IV, 45.

peutic laughter that rendered it a natural, free and pure expression of open-minded humanity. It is the perception of incongruity in a situation or (harmless) affectation in a character that rouses pleasant and good-natured laughter in which "the person that laughs is pleas'd, and nobody offended."[79] *Incongruity* is now the key word, the basis of both the comic and the humorous, distinguishing them from mere ridicule of infirmities and the "overstraining of wit."[80] Humor could be coupled with the ridiculous or, as some critics prefered, with the ludicrous, to create a *double perspective*, provided nothing important and decent and no natural deficits were the objects of derision. The larger category of humor, then, provides understanding and commiseration, sympathy and personal liking of the odd and peculiar. The double perspective of incongruity and understanding, of the comic and the humorous, creates a further ingredient, *play*, which eliminates the fixity of positions and mediates between opposites. The focus here is not on difference in value, as in satire, but rather on the sameness of the human condition. And yet, the concept of humor contains both difference and sameness. It accepts, even cherishes, difference in *people* (not in values as in satire) and can do so because of the sameness of the *human lot*, which includes the incongruous but not the mechanical sameness of society as in satire. Insofar as play, according to Schiller, frees the individual from the rigidities of social function, one might say that humor, both in the sense of a humorous character and a humorous attitude, in gaining distance from strict value judgments and asserting nature's plenitude in humankind, gains space both for the object and the subject of humor. Humor, like satire, is an attitude in the life world. It is therefore also open to interdisciplinary approaches that take into account psychological, sociological, philosophical, and literary perspectives.[81]

The modelling of the comic by the humorous in the novel is exemplified by Sterne's *Tristram Shandy* (1760-67). Both the comic and the humorous are here intertwined by focusing on the small details and their incongruencies, on "the occurrences of [...] life," the "nonsensical *minutiae*,"[82] which in their particularity and disparity make up the truth of the character. Though these particulars in their lack of rational coherence are material for the comic mode, they also show the hand of nature, its nonrationalizable plenitude and its divine spirit. In his novel, Sterne gives a *comic* staging to many of his scenes of incongruity only to react *humorously*, that is, benevolently, to their discrepancies. Uncle Toby, of course, is the most remarkable prototype of a whimsical and odd but good-natured and amiable humorous character, whose excessiveness in good will, benevolent emotions, and extravagant love for his hobbyhorse, make him a lovable original. But his innocence and simplicity make him also strange, incongruous, and comically defective, judged by the standards of the world. He and the other characters are made use of to establish a large variety of incongruous comic situations, for instance, in the depiction of Uncle Toby's "crazy" hobby-horse games, which reproduce in detail and miniature past and contemporary battle-scenes and cities in dead earnest on the bowling green in the garden under passionate discussions with Corporal Trim. Sterne's handling of the comic mode cuts two ways. He exhibits the difference between the great and the small as well as the equality of the two, and thereby deflates the important events of the world by, in his own

---

[79] Alexander Forbes, Baron Pitsligo, *Essays: Moral and Philosophical* (1734), quoted by Tave, *The Amiable Humorist*, 72.
[80] *Spectator*, No. 333; quoted by Tave, *The Amiable Humorist*, 62.
[81] Paul Lewis, *Comic Effects*, argues that contemporary "humorology" has opened humor study for multi-disciplinary study.
[82] Laurence Sterne, "St. Peter's Character," *The Sermons of Mr Yorick*, vol. II, *The Works and Life of Laurence Sterne* (New York: J. F. Taylor & Company, 1904), 167; "Shakespeare Head" (Oxford, 1927), 60.

words, "describing silly and trifling events with the circumstantial pomp of great ones."[83] Into the same category of "silly and trifling events" fits the "infinitude of oddities"[84] ascribed to Mr. Shandy and exemplified in incidents like his aimless running to and fro from table to door and back. Tristram's whimsical digressions and incoherences also ironize cohesiveness in the narrative method and make the narrator himself an oddity. Tristram, the narrator, speaks out of just such a comic situation of incongruity overformed by his self-reflexivity and the humorous attitude of the "implicit author" towards the narrator. The means employed here are the "ironies at work among character, [narrator], author, and reader" – the implicit author being "expressed by the total form,"[85] including narrator and structure. The walk Uncle Toby and Mr. Shandy take down the stairs, talking to one another, lasts from chapter 9 to 14. The narrator fills the space with digressions only to take up the thread of action in chapter 14 exactly at the point he left it in chapter 9 with the two men moving down the stairs talking. Here the narrative humor *plays* with the comic opposition between the represented situation – both men walking down the stairs talking – and the manner or length of its representation by the narrator.

6. Humor as Philosophical Attitude

The German Romantic philosophers and aestheticians gave humor a philosophical dimension. Friedrich Schlegel made both humor and satire *universal* stances by positioning them between the ideal and the real.

> There is a poetry, whose one and all is the relationship between the ideal and the real, and which according to the analogy of the philosophical art language should be called transcendental poetry. It begins as satire with the absolute difference between the ideal and the real, it hovers as elegy [and Schlegel in fragment 305 added humor] in the middle, and ends as idyll with the absolute identity of both.[86]

For the comparison between satire and humor, which needs common criteria and a common terminology, this is a productive constellation of ideas. It opens the possibility of distinguishing satire and humor as attitudes towards the incongruous and defective, and at the same time allows for the fact that in practice there are transitions and changes from one attitude to another with blurred borderlines. If satire is understood as the radical rupture between reality and ideal (following Schiller), and humor appears as a mediation between the two, Schlegel's third category, the idyll, marking the "identity" between ideal and the real, indicates the evasion of tension and the superfluousness of both satire and humor. And yet idyll and satire are forced into an interrelation in the 19th century novel. The "idyll" characterizes one final position the value pole of satire takes in the nineteenth century novel, its emigration to a place of refuge at the edge of civilization, the pleasant scene of natural domestic life expressive of the "ethics of stillness,"[87] as, for instance, in Dickens's *Bleak House* (1852-53).

The elevation of humor makes its relationship to the comic controversial. K.W.F. Solger excludes from art the comic and its material, i.e., "oddness," "whose impropriety for art" he

---

[83] Laurence Sterne, *The Letters of Laurence Sterne to His Most Intimate Friends*, vol. I, *The Works and Life*, 184.
[84] Laurence Sterne, *Tristram Shandy*, ed. James Aiken Work (New York: Odyssey Press, 1940), 382.
[85] Wayne C. Booth, *The Rhetoric of Fiction* (Chicago, IL.: Univ. of Chicago Press, 1961), 74.
[86] Friedrich Schlegel, Fragment 238, *Literarische Notizen 1797-1801*, ed. Hans Eichner (Frankfurt/M.: Ullstein, 1980).
[87] The term is Leo Bersani's. See his *A Future for Astyanax*.

expounds in his *Erwin. Four Conversations about the Beautiful and Art.*[88] For him, "in humor the most temporal and the most sensuous often receive the whole power and meaning of the divine."[89] Jean Paul Richter, "the German Sterne,"[90] basing his theory of humor largely on English practice in the eighteenth century, re-aligned the humorous with the comic stance, making – in contrast to Schlegel – humor an innerworldly phenomenon. According to Jean Paul, there is a "contrasting of the finite with the finite."[91] The humorist expands the *immanent* (comic) contrast into *infinity*, into infinite equality of all phenomena and opts in humor for acceptance as opposed to (satiric) rebellion. Jean Paul, in fact, speaks of a "world humor." Humor, satire and wit are for him forms, or, in our sense, remodelling perspectivizations of the comic. With Jean Paul, as with Sterne, the totalizing function of humor, which remains within the finite, includes the immanent contrast between the narrator and his role, his play with his function. Reflection on and refraction of narration can be part of the narrative process under the signum of humor.

Jean Paul's humor and humor concept, in spite of their being placed within the realm of the finite, have a *universalizing* effect. They show, in Coleridge's term, "humanistic universality." Remarks by Coleridge, DeQuincey and Carlyle suggest that this kind of philosophic expansion of humor found a sympathetic response in England. Carlyle, who even more so than Coleridge connects humor with genius, places Jean Paul within a literary world tradition of humor, and thus gives evidence that the narrative humor of the eighteenth century English masters of the novel, Fielding, Smollett, and Sterne, can be placed within the wider philosophic range of the Romantic concept of humor. For Thomas Carlyle, Jean Paul's humor

> [...] is vast, irregular; often perhaps overstrained and extravagant; yet fundamentally it is genuine humour, the humour of Cervantes and Sterne, and product not of Contempt but Love, not of superficial distortion of natural forms, but of deep and playful sympathy with all forms. It springs not less from the heart than from the head; its result is not laughter, but something far kindlier and better [...] the balm which a generous spirit pours over the wounds of life, and which none but a generous spirit can give forth. Such a humour is compatible with tenderest and sublimest feelings, or rather it is incompatible with the want of them.[92]

Hegel's theory of humor is a reaction against this onesidedness of humor's claim to totality. He turns against the subjectivity of romantic humor, in which he sees a false kind of "originality" and "arbitrariness." Subjective humor for him is the excessive form of an "expressionistic attitude,"[93] demonstrating the exhibitionism of only particularist subjectivity. Against the substanceless unreconciled subjectivity he sets the "objective humor" which engages in the wealth and the objective actuality of the concrete world.

One can surely debate whether the presentation of the object in a "subjective reflex" is "objective" humor or only a slightly modified subjective version. But important is the fact that though the romantic notions of subjectivity and essentiality play an important role in Hegel's definition of humor, he emphasizes in his humor concept the aspect of *alienation*. In a time of rupture between the "legal and necessary, on the one hand, and living individuality on the

---

[88] K.W.F. Solger, *Erwin. Vier Gespräche über das Schöne und die Kunst* (Berlin: In der Realschulbuchhandlung, 1815), vol. II, 227.
[89] Solger, *Erwin. Vier Gespräche*, vol. II, 228.
[90] See Tave, *The Amiable Humorist*, 174.
[91] Jean Paul, *Vorschule der Ästhetik*, Werke, vol. V (Munich: Hanser, 1963), § 31, 124.
[92] Quoted by Levin, "Introduction," *Veins of Humor*, 15.
[93] Hegel, *Aesthetics*, vol. I, 296.

other,"[94] the human being has to deal "with alienated objects lying outside his own sphere wherein he is master."[95] In their mutual "exclusion from one another both worlds stand in essential relationship and constitute concrete reality only in virtue of this interconnection, and the representation of this reality affords the content of the Ideal."[96] Hegel's rejection of "subjective" humor and his emphasis on "objective" humor, i.e., the necessity for the subjective consciousness to step out from itself in a process of alienation and to experience the "other" in order to find itself, makes the concept of humor dynamic, gives it the tension between the subjective and the objective dimensions of experience necessary for the portrayal of rupture in the sympathetic bond among individuals, and between the individual and society. It opens the concept up for ambiguity, inner strain, doubt, which brings it potentially closer to satire, though Hegel does not consider satire art, since in his view satire lacks synthesis, while it is the task of art to constitute the harmonizing balance of the subjective and the objective.

7. The Rivalry Between Humor and Satire and their Exhaustion in the Novel

Cervantes' Don Quixote, seen as both ridiculous and lovable, was the progenitor of the benevolent humorous character (functioning, interestingly enough, at the same time, as satire on Utopianism, a double quality that the humorous in the nineteenth century novel mostly lacks). Fielding's Parson Adams, Sterne's Uncle Toby and also Dickens's Samuel Pickwick were the most famous of the "humourists" in the English novel. The representation of these humorous characters exhibits a certain balance of the "objective" and "subjective" components, which according to Hegel need to be integrated into the humorous perspective. Their treatment includes, in Carlyle's terms, head and heart. Yet this balance is not an anthropological constant. Though Dr. Johnson was wrong when he said, "Nothing odd will do long. *Tristram Shandy* did not last,"[97] he indicated the strain that might result from a change in social circumstances, and in the concepts of nature and mankind, from a growing instability of order. The balance between the "objective" (alienating) and "subjective" (empathetic and integrating) components of humor in the nineteenth century is ruptured by the fact that the incongruity of the narrative situation had its origin no longer in mere vain affectation that ould be easily ridiculed without causing pain and questioning social standards, but was generated, as discussed above, by *hypocrisy* and its disguise of egoism, i.e., the affectations resulting from the effort to hide vices or basic uncontrollable social incongruities, and thus by the moral deficit of a money-oriented society.

Humor in the Victorian novel shows how right Hegel was in warning against overemphasizing the subjective aspect of humor, though Hegel's argument, of course, was placed on a higher level of abstraction. The concrete basis of humor in the English novel of the nineteenth century is the comic character or situation, and its danger is an overdose of *sentiment*. The comprehensive emotional appeal of humor increases its subjectivity; and it leads to a mixture of humor and *pathos*, recognizable in Sterne and Jean Paul.[98] The fact that Leigh Hunt feels called

---

[94] Ibid., 190.
[95] Ibid., 261.
[96] Ibid., 246.
[97] James Boswell, *The Life of Johnson*, ed. G. B. Hill, rev. L. F. Powell (Oxford: Clarendon Press, 1934-50), vol. II, 449.
[98] See Samuel Taylor Coleridge: "Humour and pathos are generally found together." "Wit and Humour," *Miscellaneous Criticism*, ed. Thomas Middleton Raynor (Cambridge, Mass., 1936), 113.

upon to speak, with a shift of emphasis, of "the humorous pathetic," indicates the possibility of accentuating the emotional over the comic element and thus of endangering the equilibrium among what Fielding called "the three difficult Ingredients" of humor, "the amiable, the ridiculous, and natural."[99] When pathos aligns itself with humor or becomes the dominant mode, without at the same time balancing itself with a comic or self-reflexive touch, it takes away humor's *playfulness* which provides for a certain aesthetic distance. Humor then turns to gratuitous emotionalism, a careless sentimentalism, that in its love for "feeling," real or imagined, all too easily dissolves the tension between the real and ideal, a situation that modernism would clearly reject.

The counter-strategy is satiric irony. Satire castigates sentimental humor, thus again reversing the dominance relationship between the two. Jane Austen is an early case in point. In *Sense and Sensibility* (1811) she uses irony as a satiric tool for rebuking sentimentality, the excess of sentiment cherished for its own sake without regard for facts. Marianne, being disappointed by her imagined romance,

> would have thought herself very inexcusable had she been able to sleep at all the first night after parting from Willoughby. She would have been ashamed to look her family in the face the next morning, had she not risen from her bed in more need of repose than when she lay down in it.[100]

Trollope in *The Warden* (1855) generalizes the argument and turns it against the humanitarian novel of his day[101] in an ironical celebration of Mr. Sentiment:

> Of all reformers, Mr. Sentiment is the most powerful. It is incredible the number of evil practices he has put down: it is to be feared he will soon lack subjects, and that when he has made the working classes comfortable, and got bitter beer put into proper-sized pint bottles, there will be nothing left for him to do. Mr. Sentiment is certainly a very powerful man, and perhaps not the less so that his good poor people are so very good; his hard rich people so very hard, and the genuinely honest so very honest.[102]

Not only sentimentalism, but also humor's lack of intellectual clarity and moral responsibility is criticized. Matthew Arnold, for instance, noted the degeneration of humor into "Doing as one likes;"[103] Goethe remarked that "One cannot have a sense of humour unless one be without conscience or responsibility."[104] And for Meredith, whose "An Essay on Comedy" (1878) indicates a shift away from sentimentalism and the "malady of sameness" towards a more sophisticated, differentiating attitude which again foregrounds wit and satire, humor is deficient because it has no "idea". It is "a rosy, sometimes a larmoyant, geniality [...] with a singular attraction for thickheadedness [...] If you laugh all round [the comic subject], tumble him, roll him about, deal him a smack, and drop a tear on him, own his likeness to you, and yours to your neighbour, spare him as little as you shun, pity him as much as you expose, it is a spirit of

---

[99] Preface to the 2nd edition of Sarah Fielding *The Adventures of David Simple* (Oxford: Oxford Univ. Press, 1973), 7.
[100] Jane Austen, *Sense and Sensibility* (London: J.M. Dent & Sons, 1962), 69.
[101] See also Thomas Love Peacock about "pink sentimentalism"; he says of Miss Damaretta Pinmoney: "She had cultivated a great deal of theoretical romance – in taste, not in feeling – an important distinction – which enabled her to be most liberally sentimental in words, without at all influencing her actions." (*Melincourt* [London: Dent, 1891], 22 f.).
[102] Anthony Trollope, *The Warden* (London: Oxford Univ. Press, 1952), 206.
[103] Quoted by Tave, *The Amiable Humorist*, 97.
[104] Quoted by Harold Nicolson, *The English Sense of Humour and Other Essays* (London: Constable, 1956), 47.

Humor that is moving you."[105] In *Beauchamp's Career* (1876), Meredith, too, relates the excess of sentiment to the neglect of intellection and makes the lack of mental clarity partly responsible for the evils of society. "It is not too much to say that a domination of the Intellect in England would at once and entirely alter the face of the country."[106]

As the rift between reality and the ideal grows wider, the strain between satire and humor intensifies as well. Sympathetic humor, dissolving the boundaries, and corrective satire, endorsing them, start a new round of rivalry. Their relationship depends on the optimistic or pessimistic view of man and society, the dominance of individualizing empathy and fusion of opposites or the statement of difference and the generalizing moral judgment. The shift in emphasis toward seriousness, intellectual analysis, and self-reflexiveness, which dissolves or at least strains the light-hearted union of ridicule and humorous pathos, is clearly visible in Dickens and Mark Twain. The early critics find in Dickens's *Pickwick Papers* (1836-37) "exuberant humour – and that mastery of the pathetic which, though it seems opposed to the gift of humour, is often found in conjunction with it."[107] They praise "the exquisite humor, the wit, heartiness, sympathy with all things good and beautiful in human nature,"[108] a harmonious mixture painfully missed in his later works. Dickens is called upon to return to the "old natural, humorous, graphic pathetic way;" when confronted with the social deformations in *Little Dorrit* "we sit down and weep when we remember thee, O *Pickwick!*"[109]

This nostalgia is indicative of the fact that satire has again come to the fore as a fully emancipated player. If humor enters the stage, both stand side by side without a convincing synthesis, since their sense of difference, the difference of "oddities" and the difference between good and bad, scarcely allows for easy union. And yet they become indissolubly interdependent, just as satire and the idyll do, the latter of which, as mentioned above, comes to fill satire's value pole, reducing ethics to an "ethics of stillness". In the works of the late Dickens, starting with *Dombey and Son* (1847-48) and *Bleak House*, satire dominates, and humor is restricted to a sub-role. Humor and its emotional energy in a late stage, as it were, come to occupy the value pole of the analytic satiric design in its presentation of deformities. Humor is now the desperate and fictitious attempt to display confidence where no confidence is due, and to humanize the relationship to one's fellow humans, while the person (narrator) with humor, however, knows full well that (s)he is being victimized in the process. For Freud, writing about jokes and implicitly about the comic, the comic avoids the potential "linkage of the moment" to "displeasure" and changes it through "abreaction" into pleasure.[110] "It signifies not only the triumph of the ego, but also of the pleasure principle"[111] over the reality principle, the provocations of reality. Humor, whose place is the superego, is the instance that allows this abreaction by acting like a "father" to the "ego child." Freud sees in the humorous leniency of the super-

---

[105] Meredith, "An Essay on Comedy," *Comedy*, ed. Sypher 42.

[106] Quoted by Russell, *Satire in the Victorian Novel*, 224.

[107] *Edinburgh Review*, 68 (1838), 13.

[108] *National Magazine*, December, 1837.

[109] "Remonstrance with Dickens," *Blackwood's Edinburgh Magazine*, 81 (1857), 503, 497. See George H. Ford, *Dickens and His Readers: Aspects of Novel-Criticism since 1836* (Princeton, NJ: Princeton Univ. Press, 1955), 3, 84 f., 173.

[110] Sigmund Freud, *Beyond the Pleasure Principle* (New York: Bantam Books, 1959), 217. See also Freud, "Humour," *The Standard Edition of the Complete Psychological Works of Sigmund Freud* (London: Hogarth Press and the Institute of Psychoanalysis, 1961), vol. XXI. For Jacques Lacan, humor is "the transference into the comic mode of the very function of the superego" (J. Lacan, *Ecrits* [Paris: Éd. du Seuil, 1966]).

[111] Freud, "Humour," vol. XXI, 162 f.

ego a way "to retain comic pleasure for oneself in spite of the generation of disturbing or embarrassing feelings."[112] It seems that in the English (and, for that matter, the American) novel humor can no longer fulfill this function of the father who allows the pleasure principle to gain ground against the reality principle.

Such erosion, however, does not only apply to humor. Satire, too, runs into a crisis in the second part of the nineteenth century. The rift between reality and ideal, society and a humanizing ethical system, widens immensely at the end of the nineteenth century. Thus an alternative to civilization has to be found. The deformation pole of satire in the Nature Novel of a Hardy, Conrad, or D.H. Lawrence, is left to itself since it appears to be beyond hope, and the value pole is "evacuated" and newly restructured by giving a new central role to nature apart from and in contrast to civilization. If satire focuses on the modern city, it becomes finally radicalized in modernism as "total satire." A novel like Sinclair Lewis' *Babbitt* (1922) leaves no doubt that the "Standardized American" cannot break out because he has internalized both social limitations and pressures to the degree that even the desire to break away is preprogrammed and thus manipulated and defused. The last possible, no longer even moral, weapon against the functionalism and mechanism of society is thus abandoned, namely the variability and variety of *Life* in the social community and the freedom of the individual to develop as the spirit moves him or her. This is why modernism with Conrad, Fitzgerald, Dos Passos, Faulkner and Nathanael West turns satire into the grotesque, which radicalizes the discrepancies by registering the radical, logical, and ethical contradictions that lie in the fact that humans are inhumanely deformed by humans, and that an ideal no longer exists beyond the hopeless one of human dignity and freedom in terms of utopia.

The modern novel does not have much use for humor either. If it does apply a humorous attitude to the discrepancies of the world, as in Joyce's *Ulysses* (1922), humor serves to accentuate the human freedom that total satire and the grotesque deny, not, however, in "reality," but via the imagination that dominates the fictional world in art. Joyce calls *Ulysses* "fundamentally a humorous work."[113] He is – with the exception of Faulkner – more or less the only modernist who allows humor to play a major role in the novel. Yet their humor includes alienation and is constantly challenged by the merely comic, the incongruities that point forward to Beckett's "Laugh that laughs ... at that which is unhappy."[114]

---

[112] Sigmund Freud, *Der Witz und seine Beziehung zum Unbewußten* (1905), *Psychologische Schriften*, Freud-Studienausgabe, vol. IV, eds. A. Mitscherlich et al. (Frankfurt/M.: Fischer, 1969-75), 212 ("um die Lust trotz der sie störenden peinlichen Affekte zu gewinnen"
[113] Quoted by Craig, *The Tragicomic Muse*, 37.
[114] Samuel Beckett, *Watt* (New York: Grove Press, 1959), 48.

HERBERT GRABES

The Subtle Art of Variation: the New Aesthetic

I

Critics and theorists who deal with contemporary art and literature tend to overestimate the newness of the new. This is particularly the case when they like what they speak or write about: they want their audience to share their own excitement over the most recent manifestations of artistic creativity. In view of this, the big claims I am making in the following remarks may appear exaggerated or at least incautious. Perhaps they are; yet even for those who deem the substantiating evidence too slight they may still have some heuristic value. Writers still keep on writing, after all, and painters keep on painting, so that further evidence or counter-evidence will soon be available. At least my theses will provide an angle from which to observe what is happening. Here they are, in unguarded brevity:

1. In retrospect, the literature and art of earlier postmodernism – from the early Sixties to the mid-Seventies – appears to be still essentially informed by modernist avant-garde aesthetics. Even where it tends to be anti-modernist rather than hyper-modernist, it is largely determined by what it is turning against. It is thus *post*modernist only in the sense of being the next avant-garde after the previous modernist ones, and not yet in the sense of having quite left behind the basic assumptions of modernist aesthetics.
2. During the last two decades, however, in what might be termed a second phase of postmodernism, there has evolved a new aesthetic, a new stance in aesthetic production and reception, that in an essential way seems closer to a pre-modernist and even pre-modern sensibility than to anything else. It is no longer determined by the desire for radical innovation that had held sway since the eighteenth-century cult of the genius, but by a renewed predilection for the subtle art of variation – an aesthetic stance predominant in European literature and art for centuries before the advent of the modern.

II

As to my first thesis, it obviously needs some substantiating, because it seems to rob early postmodernism of much of its revolutionary quality within the field of aesthetics. From the point of view of early postmodern theory, this quality consists foremost in the negation of the further existence of such a separate field at all: in the abolishing of the so-called modernist autonomy of the aesthetic, founded on the assumed singularity, wholeness and specific signifying of the work of art. The deconstructionist dissolving of text into textuality, of the written into a continuous process of writing, left no room for clear textual boundaries and wholeness; the ensuing awareness of an all-pervasive intertextuality precluded any genuine singularity; and the conviction of an essential indeterminacy of meaning in all textuality swallowed up the ambiguity held to be specific to the literary work of art. Thus, it became all but impossible to further claim any special status for literature as art; the indiscriminate application of the deconstructionist reading method to literary, philosophical and other referential texts bears witness to this. Theorists who were aware of what was getting lost still tried to make space for the special status of literary art within this levelling conceptual frame and critical praxis. Thus, Paul de Man maintained that "A literary text simultaneously asserts and denies the authority of its own rhetorical mode," hence that "Poetic writing is the most advanced and refined mode of deconstruction."[1]

Such attempts were, however, the exception rather than the rule; fortunately, they were also unnecessary. Although in certain parts of the American academy it became fashionable for a while to read philosophy – that is to say, "theory" – as literature rather than to read literature, writers continued to write novels, poems, and plays; publishers continued to disseminate them on a grand scale; people continued to look for them in special sections within book stores, to buy them and even, by preference, to read them. If according to Auden "poetry makes nothing happen,"[2] it seems no less difficult for theory to make the disappearance of literature happen. Nor was it any different within other realms of the aesthetic. Though the end of art – above all of "high art" – was proclaimed, artists continued to produce, galleries and museums to display their products, and specimens of pop or "low" art soon reached fabulous prices on the market.

All this is not to say, however, that the aesthetic was left untouched by the new theoretical insights and the more general change of taste. On the contrary. Writers and artists tried to bear witness to the new thought about art *within* art, thus deconstructively evading their own obsolescence by demonstrating it. This made for a major thrust in innovation, powerful enough to create a new phase of artistic production and thus doing much to substantiate the theoretical claim that we had entered a new epoch, postmodernism.

Yet, like the concurrent theory, earlier postmodern literature and art was still largely determined by what it tried to overtop or contradict. The outstanding effect of visual pop art with its beautification of mass consumer goods and reliance on the images of advertising, of pop poetry with its pop music song structures, and of the new novels using the structures and clichés of genre literature, lay in the debunking of the norms of modernist high art. One need only mention Claes Oldenburg's "Two Cheeseburgers with Everything" or Andy Warhol's "Brillo Box," the texts of the Liverpool Poets and novels such as Richard Brautigan's *Trout Fishing in America* or Donald Barthelme's *Snow White* to see what I mean. Yet it also has to be seen that the ironizing and parodistic inclusion of the trivial in the art world had already happened within modernism itself, especially in the "works" of Duchamps and the writings of the Surrealists. Thus, the erasure of the boundaries of art in the pop movement was both anti- and hypermodernist at the same time.

On closer observation this proves also to be the case with another marked trend in earlier postmodern art, the move from stable structures to processes. It became manifest in the "happenings," "events" and "performances" of visual artists and in the weakening of prescribed textual sequentiality. From Allan Kaprow's "18 Happenings in 6 Parts" and the "events" of the Fluxus-artists, above all Joseph Beuys, to the "actions" of Chris Burden, Vito Acconci and Hermann Nitsch in the early Seventies, the most obvious artistic intention was to replace the manifest, objectified artwork by ephemeral processes. In literary art, the equivalent consisted in setting the reader free of the prescribed textual sequentiality inherent in the book as object. In Vladimir Nabokov's *Pale Fire*, Michel Butor's *Boomerang* and Julio Cortázar's *Rayuela* (or

---

[1] Paul de Man, *Allegories of Reading* (New Haven: Yale UP, 1979) 17.
[2] "In Memory of William Butler Yeats," *W.H. Auden: A Selection by the Author* (Harmondsworth: Penguin Books, 1958) 67.

Hopscotch) the different parts of the book are so arranged that they can be read in a multiple sequence; in B.S. Johnson's *The Unfortunates*, the 27 chapters of a biography are delivered loosely in a box to be arranged at random; and Mark Saporta in his *Composition No.1* went so far as to present a bunch of unnumbered pages. All this was quite clearly directed against the apotheosis of the wholeness and integrity of the work of art allegedly prevailing in modernism.

Yet again, it must not be forgotten that it was above all the *events* they staged in Zurich, Cologne, Berlin and Paris – with the Paris International Surrealist Exhibition 1938 as a highlight – that had made the scandalous reputation of the Dada and Surrealist artists. And it was already one of the main efforts of major modernist writers to free the reader from the fixity of linear sequentiality by fragmentation and collage-like structures, from James Joyce's *Ulysses* to his *Finnegans Wake*, T.S. Eliot's *The Waste Land* to his *Four Quartets*, and in works like Djuna Barnes' *Rhyder*, John Dos Passos' trilogy *USA* or William Faulkner's *The Sound and the Fury*. Thus the strong, early postmodernist emphasis on the processual can also be seen as being hypermodernist, as a radicalization of an aesthetic stance already inherent in modernism.

At least to some extent this is also true for a third major feature of earlier postmodern art and literature, the highlighting of chance and the wilfully arbitrary that corresponds to the theoretical celebration of indeterminacy. It became provocatively prominent in the assemblages and "environments" of pop artists like Claes Oldenburg and James Rosenquist, in the happenings, "events" and "actions" of the performance artists already mentioned, and in many of the virtual "works" of conceptual art. Within the domain of literature, planning and chance became indistinguishable in the works of Pynchon and the later Nabokov, and chance and arbitrariness seem to reign supreme in novels like Brautigan's *Trout Fishing in America*, Barth's *Lost in the Funhouse*, and Coover's *Pricksongs & Descants*. The iterated self-reflexive authorial intervention in these and other metafictional works foregrounded the arbitrariness of the presented by constantly reducing it to the status of merely one of many possibilities.

It seems that early postmodernist art in this epitome of the arbitrary was perhaps most antimodernist, because from early Expressionism in the first decade of this century to American Abstract Expressionism in the Fifties and early Sixties, from Joyce's *Portrait of the Artist* and Virginia Woolf's *To the Lighthouse* to the works of Sartre and Beckett, one can observe a constant endeavour to transcend the arbitrariness of the phenomenal and make visible some basic structures of the outer and inner world. There is, of course, again the exception of Dadaism with its flaunting of the arbitrary, but it has to be noted that Dadaism soon moved on into Surrealism, within which even the most glaringly arbitrary was interpreted as a logical expression of the unconscious.

Finally, what has already been mentioned as one of the most prominent features of early postmodernism is the craving for ideas, for theory. An artistic equivalent to this can be seen in Concept Art or Idea Art, in which "the work of art need not even be made; the creative act can consist of a proposal for a work."[3] Instead of a visible work of art we get written instructions, plans, maps or model photographs with which to set our own imagination to work. A similar degree of withdrawal into virtuality was obviously not available to literary artists, unless one considers the metaphor-ridden writings of theorists like Derrida to be virtual literature. This seems to be anti-modernist in the way of an inversion: whereas in modernism art tended to be philosophical (just think of Joyce's *Ulysses*, Thomas Mann's *Magic Mountain* and Eliot's *Four*

---

[3] Harold Rosenberg, "Art and Words," *he New Yorker* 29 March 1969, quoted from *Idea Art*, ed. Gregory Babcock (New York: Dutton, 1973) 157.

Quartets), in early postmodernism, theoretical writing tended to become quasi-literary. And it is obvious that in such an inversion the later remains bound up with the earlier.

Apart from this, it should be noted that from the work of the early Expressionists, Cubists and abstract painters, from Gertrude Stein's *Tender Buttons*, Joyce's *Ulysses* and Eliot's *Waste Land* onwards, to postmodern performance art, conceptual art and metafiction, both modernist and early postmodernist art and literature have in common the fact that they are heavily dependent on theory, that they presuppose a theoretical frame on the part of the recipient to unfold their full potential.

How much they have in common becomes even clearer when one realizes that in both modernist and early postmodernist aesthetics the same things are despised or at least held to be second-rate: realistic representation, and any emphasis on emotion. In visual art this led to the near-exclusion of figural painting and a 'cool' stance, in literature to a strong bias against linear narrative structures, especially when this was in the service of the presentation of character development, and a forestalling, through irony and parody, of any stronger emotional engagement.

All in all, there are sufficient reasons to say that, in the realm of the aesthetic, early postmodernism turns out to be a self-reflexive last avant-garde phase of modernism rather than a genuine alternative to it. There was still the hegemony of a new stylistic and conceptual stance that made everything that came before look dated.

III

The decisive change in the field – and now I am turning to my second thesis – did not occur until the later Seventies and early Eighties, in the second phase of postmodernity. In visual art the most conspicuous single phenomenon was the return of emotionally charged figural painting in the work of the German "Neue Wilde" (or neo-Fauvists). Yet there was also a return to figural painting in the United States, for instance, with David Pearlstein's studio nudes and Eric Fischl's realistic renderings of dream-like scenes. The figural also saw a come-back within the revival of the art of photography, above all in the work of Cindy Sherman and William Wegmann. Besides this, there were quite a few revivals of more recent trends, like "Neo-Geo," "Neo-Abstract" or "Neo-Conceptualism," the ironic combination of various historical styles in the paintings of the Italian "Transavanguardia" and in American painters like Schnabel and Salle. Also noteworthy is the return of decorative art, which had long been deprecated, in the American *Pattern & Decoration* movement.

What is most important in the present context is that in every case we encounter not only a general awareness of the tradition, but also a deliberate reworking of an already existing style – no matter whether it is postmodern, modernist, modern, or even pre-modern – or a tension-laden combination of several such styles. What we have thus been getting within the last two decades is an art of variation rather than radical alterity; consequently, there has not been one dominant new style but a muliplicity of competing ones.

A similar multiplicity can be observed in the field of literature. Though notable specimens of self-reflexive fiction in the vein of earlier postmodernism were still to appear – such as Gilbert Sorrentino's *Mulligan Stew*, Don DeLillo's *The Names*, Robert Coover's *Gerald's Party* or Joseph McElroy's *Women and Men* – there was an unmistakable return to realistic conventions of writing. This became most visible in the United States, where postmodern experiments had spread much wider than in Britain.

In the Seventies, novels on the Vietnam war like Robert Stone's *Dog Soldiers* and Tim O'Brien's *Going After Cacciato* or Michael Herr's New Journalism in *Despatches* already indicated a return to realistic narration in conjunction with a shift from more individual to political and social topics. Yet the major change was to happen in the Eighties with the so-called "dirty realism" of authors like Raymond Carver (*What We Talk About When We Talk About Love*; *Cathedral*), Jayne Ann Phillips (*Machine Dreams*), Bobbie Ann Mason (*In Country*) and Richard Ford (*The Sportswriter*; *Rock Springs*); with the revival of the socially oriented big city novel in Jay McInerney's *Bright Lights, Big City*, Paul Auster's *New York Trilogy* and Tom Wolfe's *The Bonfire of Vanities*; and with what Jerome Klinkowitz has called the "new novel of American manners," works like Thomas McGuane's *Nobody's Angel* or *Something to Be Desired*, Dan Wakefield's *Selling Out*, Richard Yates' *Young Hearts Crying* or Ann Beattie's *Love Always*. Especially Carver in his short stories and Frederick Barthelme in novels like *Moon Deluxe* and *Second Marriage* were able to demonstrate by a new minimalism that the artistic potential of realistic writing was by no means exhausted.

The shift towards an aesthetic of subtle variation could be experienced also in prominent attempts at challenging the revived realistic conventions from the inside. Thus, in Paul Auster's *New York Trilogy* and E.L. Doctorow's *World's Fair*, but also in Britain in such works as Julian Barnes's *Flaubert's Parrot*, the existence of a historical reality "out there" is affirmed, yet again and again made indeterminate in its particular shape by a highlighting of the unreliability of our approaches to it. And a similarly effective way of casting doubt on the reliability of the presented can be found in the obvious use of clichés and filmic techniques in Walter Abish's *How German Is It* or in Thomas Pynchon's shaping of "reality" (like the multiple worlds of television) in *Vineland*.

Beyond variation of the manner of presentation there is also, of course, the possibility of varying well-known themes and plots, as Robert Nye says in his reworkings of the old Faust-story:

> There is always another version ... after you've told everything you think you know in as many different ways as you can, there will still be something that you've not told, and another way of telling it.[4]

That this is so, Nye had already demonstrated in his novels *Falstaff* and *Merlin*, and whoever wants to experience the aesthetic delight resulting from an imaginative retelling of old stories should just go and read John Barth's *The Last Voyage of Somebody the Sailor*.

The turn to a new aesthetic of subtle variation can, however, be most powerfully demonstrated by pointing to the omnipresence of imaginative extensions and ironic subversions of the conventions of so-called genre literature. The preferred genres here are Science Fiction, Gothic and Horror Fiction and the Detective Novel, yet Fantasy, Romance and Punk Fiction have also been used as foils. Owing to the popularity of this strategy of attaining new effects by modification of cliché structures and stylistic conventions I can only be very selective in giving examples, concentrating, of course, on works that bear witness to the aesthetic potential which variations on the formulaic can release.

Perhaps most worthy of mention are works by writers who have created so-called interface-fiction that looks and feels like cyberpunk Science Fiction but actually presents a world that is already very much our own: Don DeLillo's *White Noise*, Christine Brooke-Rose's *Xorandor*, or Russell Hoban's *The Medusa Frequency*. What also belongs here is the use of the conventions of Science Fiction by women writers like Joanna Russ (in *The Female Man*), Margaret

---

[4] Robert Nye, *Faust* (London: Hamilton, 1980) 166.

Atwood (in *A Handmaid's Tale*) and Kathy Acker (*The Empire of the Senseless*) in order to present the implications of gender roles in a utopian setting. And finally it should be mentioned that regular Science Fiction writers like Samuel Delany (*Stars in My Pockets Like Grains of Sand*) and William Gibson (*Neuromancer*) have been able to transcend by far the cliché character of the genre by the inclusion of elements of modernist and postmodernist narrative.

As to the renovation of Gothic fiction, this has to be seen in the context of the enormous popularity of the genre of horror fiction, horror writers and horror films since the Seventies. It began with the bestsellers *The Other* by Tom Tyron and *The Exorcist* by Peter Blatty, and since the late Seventies a whole legion of authors has specialized in the genre, with Stephen King, who authored every fourth book printed in the USA in 1987, as the uncrowned king indeed. And in the same year there were no fewer than 105 horror films produced for the cinema, not counting the numberless videos and popular horror TV series, and film titles like *Jaws*, *Alien*, *The Shining*, *The Silence of the Lambs* and *The Evil Dead* as well as names of directors like Steven Spielberg, David Cronenberg or David Lynch may remind us that it was by no means only trash that was produced. This broad exploitation of the thrill deriving from a mixture of anxiety and desire might testify to a return of emotion, yet it has to be noted that one of the most prominent and disturbing features of mass horror fiction and more sophisticated versions alike is the 'cool' distance that is kept even in the presentation of the most hair-raising events. In Ian McEwan's *The Cement Garden* or *The Comfort of Strangers*, for instance, these events are recounted in the same way as everyday routines, in William Trevor's *The Children of Dynmouth* black humor takes care of the distancing, and in Graham Swift's *Waterland*, Peter Ackroyd's *Hawksmoor* and Nigel Williams's *Witchcraft* it is the combination with other genres that does the trick. As with Science Fiction, the horror-genre has also been frequently used by women writers for feminist purposes, as, for instance, in Margaret Atwood's *Lady Oracle*, Ann Rice's *Interview with the Vampire*, Angela Carter's *The Passion of New Eve*, Rachel Ingall's *Mrs. Caliban* and Joyce Carol Oates' *A Bloodsmoor Romance*.

Peter Ackroyd's *Hawksmoor* can also – along with Robert Coover's *Gerald's Party* – be cited as a prime example of the imaginative subversion of the ever-popular genre of detective fiction. If this is, however, less new because detective novel structures can also be found in earlier postmodern works, for example in Thomas Pynchon's *The Crying of Lot 49* and in *V*, the revival of romance, another evergreen genre of mass literature, in books like Umberto Eco's *The Name of the Rose* (with its allusions to the medieval *The Romance of the Rose*) and John Barth's *Sabbatical: A Romance*, certainly is.

Often the aesthetic effect of subtle variation is also achieved by a sophisticated combination of the conventions of several genres of mass literature. Well known specimens are Richard Brautigan's *The Hawkline Monster* and again Peter Ackroyd's *Hawksmoor*, but also the feminist blending of Science Fiction and horror fiction in Ursula Le Guin's *The Left Hand of Darkness*, Marge Piercy's *Woman on the Edge of Time* or Sally Miller Gearhart's *The Wanderground*.

Speaking of variation through combination, a particularly successful variety in the last two decades has been the integration of oral styles into the conventions of realistic writings and the accompanying inclusion of the magic world views of non-Western cultural traditions by ethnic writers. This has a lot to do, of course, with the heightened awareness of multiculturalism, not only in the USA but also in Britain. Yet beyond the social and political aspect the kind of hybridity thus achieved possesses a powerful aesthetic appeal that accounts for the broad success of books like Salman Rushdie's *Midnight's Children*, Toni Morrison's *Song of Solomon* and *Beloved* and Alice Walker's *The Color Purple*. Of course, the phenomenon was not really new

– one only has to think of the novels written in the Sixties by V.S. Naipaul, Chinua Achebe or Wole Soyinka – yet it was not before the late Seventies and Eighties that not only emigrants from second and third world countries but also members of ethnic minority groups succeeded in creating major literary works, both by providing access to alternative world pictures and sets of values, and by transforming the traditional conventions of writing in English. Again a few better known examples must suffice here; Louise Erdrich's *Love Medicine* and *The Beet Queen* (Native American), Maxine Hong Kingston's *The Woman Warrior* and *China Men* (Chinese American), Toshio Mori's *The Chauvinist and Other Stories* (Japanese American) and Richard Rodriguez's *Hunger of Memory* (Chicano). What also belongs in this context are books by authors from the former colonies like Jean Rhys's *Wide Sargasso Sea* or J.M. Coetzee's *Foe* that have been much discussed from the perspective of postcolonial intertextuality. And it makes, indeed, for a fascinating combination when a West Indian author like Derek Walcott – who teaches English literature in Boston – takes the Homeric epic as a generic foil for his Caribbean epic *Omeros*.

The last example makes me aware of the fact that I have so far been trying to demonstrate the major recent change in aesthetic sensibility by referring exclusively to the novel and the short story. This is not only unfair but also unduly weakens my argument, because the same essential change can also be observed in poetry and drama. As Marjorie Perloff has pointed out,

> Postmodernism in poetry ... begins in the urge to return the material so rigidly excluded – political, ethical, historical, philosophical – to the domain of poetry, which is to say that the Romantic lyric, the poem as expression of a moment of absolute insight, of emotion crystallized into timeless patterns, gives way to a poetry that can, once again, accommodate narrative and didacticism, the serious and the comic, verse and prose.[5]

And as I cannot accommodate even a sketchy survey of the extremely variegated poetic production of the last two decades, I would just like to draw attention to the fact that, indeed, kinds of poetry have come back that were held to be outdated for a long time: narrative poetry in the grand style, as in Edward Dorn's *Slinger*, or in a condensed ballad style, as in James Fenton's *Out of Danger*, and even epic poetry, as in the ethnopoet Howard Norman's *The Wishing Bone Cycle* or in Derek Walcott's *Omeros*. What is more important, however, is that these revived old poetic forms have not replaced the confessional type of Romantic poetry Perloff refers to, but coexist with this type and even with the revival of radical modernist experiments with language à la Gertrude Stein in the so-called L-A-N-G-U-A-G-E poets.

In drama, what has happened in Britain within the last two decades has been called a "reconventionalization"[6]. What is termed thus is the revival of extremely variegated conventions: of the medieval passion play (in Howard Barker's *A Passion in Six Days* and *The Last Supper*; in Tony Harrison's *The Passion*; and in Howard Brenton's *Greenland*); of Jacobean revenge tragedy (Peter Flannery's *Singer*), of Restoration comedy (Edward Bond's *Restoration*); of older gangster films (David Hare's *Knuckle* and Kenneth Brannagh's *Public Enemy*); and of Boulevard comedy (in Peter Shaffer's *Lettice and Lovage*). This can be seen as a deliberate turn away from the previous phase in which British theatre was much under the influence of Brecht and Artaud. The imaginative recycling of the traditional and even the cliché-ridden in

---

[5] Marjorie Perloff, *The Dance of the Intellect: Studies in the Poetry of the Pound Tradition* (Cambridge: Cambridge UP, 1985) 180.

[6] Peter Paul Schnierer, *Rekonventionalisierung im englischen Drama 1980-1990* (Tübingen: Niemeyer, 1994).

any case means a rejection of the aesthetics of radical innovation dominant for two centuries. And it is the loading of the traditional with contemporary themes and values that makes for the attractiveness of the new art of variation.

In American drama, which cannot look back on such a long tradition, this kind of reworking takes the shape of what has been called "new realism," a renovation of the mainstream dramatic convention prevailing in the USA until the end of the Fifties. The unquestioned master of this new realism is David Mamet, who in plays like *American Buffalo* and *Glengarry Glen Ross* achieved a new quality of mimesis in the prevalence of "cross talk," the pseudo-dialogue of egoistical individuals in a society in which success means to be best at cheating others. Yet also dramatists like David Rabe (with *Streamers* and *Hurlyburly*) and Lanford Wilson (with *The Fifth of July, Talley's Folly*, and *Talley and Son*) did much to make stage realism interesting again. And even Sam Shepard, who in his earlier work was quite far away from realism, in his later plays like *Curse of the Starving Class, True West* and *Fool for Love* made more and more use of it. Even more important, however, is the fact that more successful women playwrights like Wendy Wasserstein (*Uncommon Women and Others; The Heidi Chronicles*), Marsha Norman (*'Night Mother*) and Tina Howe (*Painting Churches; Coastal Disturbances*) relied as much on the renovative resources of the realistic convention as the younger writers of ethnic drama. For African American drama one could name here August Wilson (*Joe Turner's Come and Gone; The Piano Lesson*) and Charles Fuller (*A Soldier's Play; Sally; Prince*), for Chinese American drama Frank Chin (*The Year of the Dragon*) and David Henry Hwang (*FOB; Family Devotions; The House of Sleeping Beauties*).

IV

We thus find a new art of variation that neither avoids nor hides the use of the well-known in all major genres. And this in my opinion signals the most incisive change in the aesthetics of art since the beginning of Romanticism. It constitutes no less than the total abandonment of the "anxiety of influence," the desperate search for the radically new that according to Harold Bloom has dominated poets from the Romantic period to postmodernism.[7]

Although there is also a use of the tradition in the modernist and early postmodernist kind of intertextuality, that is, in (mostly ironic) allusion and quotation, parody and collage, there it is always subservient to the overriding intention of making the difference between the new work and everything already existing appear as large and conspicuous as possible. In contrast to this, during the last two decades – as in pre-modern (that is, pre-Romantic times) – artists and writers have created mere variants of the well-known without any fear of appearing to be epigonous, derivative or even plagiaristic. When, therefore, I speak of the "subtle" art of variation, it is to point out that the art of variation works with differences that are much less radical than those to be found in the avant-garde art of alterity, and sometimes even minimal. In a historical perspective, this means a revival of an aesthetics of art that was prevalent in Europe from the Renaissance of the 12th century until the late 18th century. I cannot here go into the details of the history of the concept of imitation, but during that long period it always implied the notion of closely following the great examples and masters of the past, above all of classical antiquity. The most innovative period, therefore, saw itself first and foremost as a period of revival, a "re-naissance." And it is most interesting to see that we again find today the same types of artistic creativity that were predominant in that period: a variation of one particular

---

[7] Harold Bloom, *The Anxiety of Influence: A Theory of Poetry* (New York: Oxford UP, 1973) 10-11.

well-known genre and/or theme, and a combination of familiar genres and themes that previously had been kept separate. The main historical difference thus lies in the fact that present-day writers, after two centuries of radical innovation, can draw on a much wider range of the already given, including the experiments of the earlier postmodernists.

What we now encounter is, therefore, a phase of new artistic plenitude, of a virtually unlimited abundance of yet unrealized possibilities, both in terms of mere variation and of the combination of the pre-existent. It looks as if the poststructuralist theoretical awareness of the inescapability of intertextuality is being turned into a creative artistic practice. And it should be noted that this need not mean a reduction of the critical potential of art and literature. The fact that a seemingly reliable manner of representation like the realistic mode can be endlessly modified, and the experience that genre formulas and styles suffer a severe loss of reliability by being brought into hybrid combinations, sufficiently invalidate any unfounded ontological claims of representation. So much so, indeed, that the overt reflexivity of earlier metafiction even seems in retrospect to be somewhat crude.

On the part of the recipients, such a major change in the aesthetics of artistic production obviously calls for an equivalent change of aesthetic sensibility. Instead of trying to see how to gradually cope with the radical alterity encountered in the avant-gardist work of art (that is, how to familiarize the strange), the reader now must conversely try to discover what is different within the seemingly familiar presented via the art of variation: that is, to discern difference within apparent sameness. And this is by no means an easier task. Viewers and readers must be sufficiently familiar with the existing conventions to notice even less conspicuous changes inherent in the variations or to recognize which well-known formulas and features are superadded upon or played off against another in unusual combinations. And they need also first to develop a keen sense of the particular aesthetic delight inherent in the discovery of subtle differences within a recognition of the already familiar. Intellectually, such a reorientation goes well together with the focus on difference in recent theoretical discourse. As the aesthetic stance is, however, also a matter of acquired taste, and as our taste has been shaped by modernist and early postmodernist avant-garde art and literature, which fostered the expectation of radical alterity and invalidated mere variation, it will take some time before viewers and readers – and especially critics – have fully caught up with artists and writers. For a while we will, therefore, have to live with concerned outcries against the waning of genuine creativity in an age of total commodification and with devolutionist mumblings about the end of true art under the hegemony of the secondary. Yet instead of being hampered by the concept of radical innovation in a by now obsolete aesthetic, let us look for the more subtle differences the new art of variation has to offer.

Bibliographie:

Auden, W.H (1958): *W.H. Auden: A Selection by the Author*. Harmondsworth: Penguin Books.
Bloom, Harold (1973): *The Anxiety of Influence: A Theory of Poetry*. New York: Oxford University Press.
de Man, Paul (1979): *Allegories of Reading*. New Haven: Yale University Press.
Nye, Robert (1980): *Faust*. London: Hamilton.
Perloff, Marjorie (1985): *The Dance of the Intellect: Studies in the Poetry of the Pound Tradition*. Cambridge: Cambridge University Press.
Rosenberg, Harold (1969): "Art and Words". *The New Yorker* 29 March 1969. Quoted from: Babock, Gregory (ed.) (1973): Idea Art. New York: Dutton, 157.
Schnierer, Peter Paul (1994): *Rekonventionalisierung im englischen Drama 1980-1990*. Tübingen: Niemeyer.

GÜNTER H. LENZ

Transnational American Studies: Conceptualizing Multicultural Identities and Communities – Some Notes

I

Since the 1980s, debates on multiculturalism and minority discourses have played a crucial role both in the general public and in academia in the United States. In recent years, the issues have also been taken up, though in a more subdued manner, in Germany. As a German scholar who has taught American Studies at German universities for more than two decades, I have had to realize, however, that the same terms that travelled from the United States to Germany have taken on different meanings, reacting to a different social and cultural situation. The current controversies over the meanings of "multiculturalism" have revealed the strikingly different and conflicting understanding of the foundations and the boundaries of Western nation states and cultures and of their ways of recognizing, accepting or incorporating other cultures. The question is – if I may propose a schematic, idealizing opposition – if they define their "own" culture in clear contradistinction to "other" cultures and try to "keep them out," allowing only for selective acculturation by individuals and granting of citizenship, or if they conceive of their own culture as always having been constituted in a "multicultural" and "intercultural" manner. A country such as Germany has traditionally defined its national culture as more or less homogeneous and – in contradistinction, however, to other European countries such as France – based the right to citizenship on *ius sanguinis*, on descent. Therefore, the impact of successive waves of millions of foreign workers and people seeking asylum during the last decades as well as the repercussions of the common labor market of the European Community have forced Germans – in spite of strong opposition not exclusively from conservative quarters – to challenge and hopefully to reject this closed concept of culture and fully acknowledge the reality of having become an "immigrant country" and of having to face the problems of a "multicultural" society.

Even though the political as well as the theoretical issues of *multiculturalism in the United States* often have polemically been rephrased in terms of "inside" vs. "outside," in terms of "core culture" vs. "fragmentation," or as an instance of fashionable "postmodern" commodification, in its controversial and multi-faceted positionalities and strategies American multicultural discourse has offered, and continues to offer, challenging ways of reconceptualizing the social construction of the culture concept and its political implications in Germany. American multicultural critique, in its most productive and provocative forms, i.e. forms of critical multiculturalism beyond liberal pluralism as well as beyond ethnic absolutism and essentializing interest politics, is motivated by an *open* concept of culture – the right to citizenship essentially being based on *ius soli*, on the country of birth and/or extended residence – that attempts to account for the *inherent* diversity and complexity of what is called "American culture," or American cultures in the plural, which in its, or their, dynamics is, or are, *intercultural* and *transnational*. Multicultural critique in this sense can also help Germans to recognize that "German culture" is not only becoming increasingly "multicultural" and "intercultural," but that it has always been much less stable and homogeneous and much more heterogeneous and internally differentiated by various dimensions of multiculturality than adherents of the German closed culture concept have been willing to realize. American Studies in Germany can play an important role in mediating multicultural discourse in the postmodern and post-Fordist United States and the revisionary critical discourse on the meanings and the social and political role of culture in a reunited Germany and an expanding European Community.

However, if we take the historical context of this "mediating" role of American Studies in Germany seriously, we will realize that it asks us to give up the traditional "comparative" approach to the study of cultures that compares two or more separate (closed) units according to general or common criteria. We will also have to question the Eurocentric way of thinking that starts from the premise of a self-contained meaningful entity called Europe, or the West, and then analyzes other cultures in relationship to this Western frame of reference. Let me just indicate two historical case studies that explore the interactions of European and American constructions of the public representation of culture and that can make us aware of their mutual implications in constructions of the non-Western world: first, the European invention of "Europe" and the "West" at the beginning of the "modern age," and, second, the "Americanization" of Western European countries after World War II.

First, the Enlightenment "project of modernity" (Habermas) has not only been blind to its inherent racism, but in its conception and realization it has been dependent on "othering" cultures outside Europe as exotic, inferior, or primitive. The very "idea of Europe," as Cornel West has argued, was based on colonialism, on conquering cultures in other parts of the world, on enslaving and eliminating their populations and exploiting their resources. Therefore, "our" idea of Europe is inherently heterogeneous, hybrid, and intercultural. "Europe is always already multicultural; after Napoleon, multinational..."[1] "Imperial concerns" have been "constitutively significant to the culture of the modern West," and modernist culture cannot be understood without recognizing the "external pressures on Western society and culture" by the processes of "decolonization, resistance culture, and the literature of opposition to imperialism." (Edward W. Said)[2] These processes of "othering" were reproduced within the cultural practices of Europe, of the West themselves. The cultures of the nation states that have developed over the centuries have always been implicated in "other" cultures by drawing and redrawing boundaries, by defining and redefining external (as well as internal) differences, not only among the various European cultures, but also – through slave-trade, commerce, colonialism – in the cultures of other continents. In important ways, as Paul Gilroy has shown, the concept and the repercussions of "race" have been at the very heart of English (or British) culture and discourse: "[R]acial slavery was integral to western civilisation and... the master/mistress/slave relationship... foundational to both black critiques and affirmations of modernity."[3]

Moving to my second case study, the debate about the "Americanization" of 20th century or post-World War II Europe has to be seen not only as the question of the influence of U.S. American (mass and consumer) culture on traditional European cultures. Nor is it a process that has worked in the same way in the various European countries. Obviously, in important

---

[1] Cornel West, "Beyond Eurocentrism and Multiculturalism," in *Beyond Eurocentrism and Multiculturalism, vol. 2: Prophetic Reflections* (Monroe, ME: Common Ground Press, 1992), 115-144; 121, cf. 115, 118, 120.

[2] Edward W. Said, *Culture and Imperialism* (New York: Alfred A. Knopf, 1993), pp. 66, 188, 243.

[3] Paul Gilroy, *The Black Atlantic: Modernity and Double Consciousness* (Cambridge, MA: Harvard University Press, 1993), p. x.

ways West Germany is a special case with the "democratic re-education programs" designed for its population. Yet at a closer look we discover that many of the post-war cultural phenomena and new developments which we as Europeans immediately tend to isolate and define as living proof of "Americanization" must be understood as results of – often belated – processes of social and economic modernization that have characterized, in different ways, industrialized and post-industrial societies and cultures all over the (Western or Western-dominated) world. By identifying these transformations and their often unwanted social and cultural consequences as results of a kind of culturally imperialist "Americanization," Europeans constructed them as outside influences, "othered" them as not being part of their "genuine" cultural and social heritage and identity which they vainly attempted to hold onto or to reinvent as some kind of "imagined community" and home.

II

Cultural Studies in the United States often have failed to respond in a critical and productive manner to the more recent crucial revisions of the understanding of culture (or cultures in the plural) in postmodern and postcolonial anthropology and minority discourses (in the wider sense of Abdul JanMohamed and David Lloyd) which ask us to conceive of cultural critique as inherently multicultural and intercultural, as being continuously, and discontinuously, de- and reconstructed in (politically charged) *processes* of the formation of identities (or identifications) and communities. Multi*cultural*, in this sense, is *not* identical with multi-*ethnic*.

If some theoretically sophisticated and politically committed critics ask us to move "beyond multiculturalism," they usually refer to versions of multiculturalism based on a plurality of "ethnic groups" characterized by common descent and essentializing interest politics. The intellectually most demanding of these critiques, David A. Hollinger's *Postethnic America: Beyond Multiculturalism* (1995), offers the vision of a cosmopolitan, postethnic perspective that explicitly recognizes and acknowledges multiple identities, internal diversity, and emphasizes voluntary affiliations over group identities by descent. Hollinger knows that the nation-state is under attack, but he finds anthropologist Arjun Appadurai's notion of "postnationality" premature and counters it with his version of a postethnic "civil nationality," of a plurality of "publics nested within a larger public that is the larger polity of the United States." Hollinger's vision of a "postethnic America" in several places acknowledges the multiplicity of differently constituted "we's," of overlapping and conflicting communities and voluntary affiliations, which would lead to a fundamental revision of the constitution of what he calls "ethno-racial blocks." In his strong effort to save – in a revised form – the (postethnic) Euro-American nation-state, however, he may still be too Eurocentric and monological in his arguments.[4]

A critical multiculturalism explicitly addresses the interrelationships among *various, often conflicting dimensions* of difference (differentiation) in a culture, such as gender, race, ethnicity, class, religion, language, or age. Also, the use of the term "intercultural" has to be carefully distinguished from the traditional notion of a "comparative" study of cultures as more or less independent and stable units. Instead, cultures reproduce, represent, and transform within themselves multiple axes or fault-lines of difference and transcultural interactions. An intercultural approach, in this sense, attempts to articulate the inherent hybridity and self-difference of cultures and these transcultural interactions in a dialogic manner from different perspectives.

---

[4] David A. Hollinger, *Postethnic America: Beyond Multiculturalism* (New York: Basic Books, 1995), pp. 106, 108, 155.

This project of multi- and intercultural critique in the United States as a counterdiscourse is defining an understanding of American society and culture alternative to the traditional or common models of a nation of nations, a melting-pot, cultural pluralism, as well as of fragmentation vs. synthesis or center vs. periphery. This alternative model re-conceives the notions of multiple identities as subject-positions or identifications and explores the potential of forms of communities without stable membership or common territory and of new, changing coalition politics and social movements in their specific historical locations.

In feminist theory, these multicultural identities are powerfully evoked and described by Teresa de Lauretis as "ec-centric subjects," as historically specific discursive positions organized around several axes of "difference" or "power differentials." "Identity" or "identification" is defined as "a locus of multiple and various positions, which are made available in the social field by historical processes and which one may come to assume subjectively and discursively in the form of political consciousness." For de Lauretis, in the same way, "community" is inherently unstable and contextual, the product of collective work and struggle. In her view, *these* notions and visions of identity and community in feminist theory are the result of the interventions of "women of color" and of lesbian critics that have situated feminist critique in a "postcolonial mode."[5] Identity and community in her argument are understood as critical positionalities, *not* as the privileging of some essentialist lesbian or race and gender experience, but as sites of discourse and points of articulation of resistance and agency.

We can find similar reflections on multicultural identities and communities in this sense in recent African-American cultural critique, which has moved beyond the concentration on working out specific and unique forms of "vernacular criticism" or "native theory" competing with poststructuralism and beyond the notion of a race-based black community. In the United States, the work of Hazel Carby, Cornel West, Bell Hooks, and, particularly in more recent years, of Houston Baker, Jr., or Henry Louis Gates, Jr. comes to mind. In his defense of a critical multiculturalism that overcomes a "culturalist" reductionism and the commitment to a notion of a "stable" identity, of primordial "cultural authenticity," and any kind of essentialist "identity politics," but is informed by a revisionary conception of "racial difference," Henry Louis Gates, Jr. emphasizes its "anti-utopian" pluralism, rejecting "final solutions of all sorts." Gates does not give up the vision of a society that recognizes the various, competing, and radically contingent dimensions of cultural difference, especially the effects of the social construction of "race" and its complex interrelationships with culture, but he can describe this kind of "multicultural" society only in "negative" terms as a place of "constrained disagreement" (Alasdair MacIntyre). This vision "lets us remember that identities are always in dialogue, that they exist... only in relation to one another, and that they are, like everything else, sites of contest and negotiation."[6] In her essay, "The Multicultural Wars" (1992), Hazel Carby also addresses the political uses of a depoliticized notion of "multiculturalism" (as a "code word" for "race") and attacks the mindless celebration of "difference" as expression of essentialist "cultural group identities" or as a reinforcement of existing frameworks of ghettoization and segregation in society. She poses several important questions: "[D]o existing power relations remain intact and unchallenged by this discourse [of difference]?... Is the emphasis on cultural diversity making invisible the politics of race in this increasingly segregated nation, and is the language of cultural diversity a convenient substitute for the political action needed to desegre-

---

[5] Teresa de Lauretis, "Eccentric Subjects: Feminist Theory and Historical Consciousness," *Feminist Studies* 16 (Spring 1990), 115-50; 116, 131-39.

[6] Henry Louis Gates, Jr., "Beyond the Culture Wars: Identities in Dialogue," *Profession 93* (New York: Modern Language Association, 1994), 6-11; 7, 11.

gate?" To her, a politics of difference must acknowledge that *all* people, not just members of minorities, are "racialized subjects" in our political imagination, and it must argue in terms of "structures of inequality and exploitation," of power, not of concepts of individual identity or of exclusionary discourses of difference, such as "women of color."[7]

But I think it is no accident that the most elaborate and penetrating work in this vein has been written by black critics in Britain such as Stuart Hall, Paul Gilroy, or Kobena Mercer.[8] They articulate black identities in the context of what Paul Gilroy calls the transnational, intercultural "black Atlantic" and focus in their discussions of new social movements (in Britain) on the formation and the strategies of a "black" political movement that transcends the traditional definitions of "race" and seeks to unite minority people from Africa, the Carribean, as well as Asia in an oppositional coalition. I will return to some of this work later in the essay.

Now, what is crucial is to realize that these notions of multicultural identities and communities do *not* only apply to minorities and underprivileged groups, but – in many different ways – are *also* characteristic for American society at large. Cultural identities in the modern and postmodern world always are "multicultural," they are never complete and unified, do not exist as something to be recovered and reclaimed, but are characterized by process, discontinuity, self-difference and constituted and reconstituted in the historical discourse of culture. And, this is a second implication, they take us beyond the boundaries of United States national culture into the decentered and multicentered analysis of transnational and intercultural relations.

Situating multicultural critique in this sense means recognizing the processes of globalization, of a developing "world system" (Immanuel Wallerstein) of a post-Fordist economy or of "post-modernization" (Gayatri Spivak), which have had deep social and cultural repercussions but which are always combined with a resurgence and rearticulation of localisms. In spite of the increasing presence of new electronic media and communication networks we do not simply find an all-pervasive sameness all over the world, but the economic processes of globalization assert themselves through multiple strategies of differentiation, of producing and appropriating differences. But they also have activated *resistances* and provide the basis for a *new* "politics of difference" which challenges and potentially subverts the drive toward conformity and globalized capitalism.[9] *Postcolonialism*, obviously, is a concept that attempts to situate and define these developments in a world-wide historical political frame (context) of imperialism (Said) and to elaborate their complex, ambivalent consequences in societies and cultures.

In cultural terms, we could describe these complex and highly conflictual interactions of globalization and new "localisms" as the project of a critical, multicultural *postmodernism* that reached its crucial stage only with the full and wide-ranging manifestations of the different minority discourses and that attempts to reconstruct and remap the new dynamics of cultures of difference and their interrelationships, as they have developed particularly since World War II.

---

[7] Hazel V. Carby, "The Multicultural Wars," in Gina Dent, ed., *Black Popular Culture* (Seattle: Bay Press, 1992), pp. 187-199; 190, 193, 194. Cf. Cornel West's highly suggestive essay, "The New Cultural Politics of Difference," *October* no. 53 (Summer 1990), 93-109.

[8] We should not forget, however, that Hazel Carby was affiliated to the Birmingham Centre for Contemporary Cultural Studies for quite some time.

[9] See Arjun Appadurai, "Disjuncture and Difference in the Global Cultural Economy," *Public Culture* 2 (Spring 1990), 1-24, and "Global Ethnoscapes: Notes and Queries for a Transnational Anthropology," in Richard G. Fox, ed., *Recapturing Anthropology: Working in the Present* (Santa Fe, NM: School of American Research Press, 1991), pp. 191-210; and Stuart Hall, "The Local and the Global," in Anthony D. King, ed., *Culture, Globalization, and the World System: Contemporary Conditions for the Representation of Identity* (London: Macmillan, 1991), p. 19-39.

Now, which concepts and theoretical projects do we have to enable us to analyze these transnational processes that explore and reflect these contacts, conflicts, and interactions of cultures on the global as well as on the local scene? How can we conceive of cultural differences without reducing them to our ethnocentric standards and positionings *and* without reifying other cultures in their pure "otherness"? How can we analyze cultures, e.g. American culture, in their complex dynamics as negotiating multiple dimensions and positionalities of difference in their representations of identities and communities? How can we envision a form of (multi-/inter)cultural critique as a historically situated discourse that reads the heterogeneity, impurity, and hybridity of all cultures as political effects of the global intercultural interconnectedness of Western and non-Western cultures in a post-colonial world?

III

The first concept is the project of *cultural translation*, of *the translational*, of processes of translation and retranslation from one culture to another culture with a signifying difference at the crossings of cultures (Henry Louis Gates, Jr., Houston Baker, Jr., Homi K. Bhabha). In his theory of postcolonial discourse, Homi Bhabha defines culture as "a strategy of survival... both transnational and translational," constructed and enunciated in processes of the transfer and the transformation of complex forms of signification. Culture is "transnational because contemporary postcolonial discourses are rooted in specific histories of cultural displacement, whether they are the 'middle passage' of slavery and indenture, the 'voyage out' of the civilizing mission, the fraught accomodation of Third World migration to the West after the Second World War, or the traffic of economic and political refugees within and outside the Third World. Culture is translational because such spatial histories of displacement – now accompanied by the territorial ambitions of 'global' media technologies – make the question of how culture signifies, or what is signified by *culture*, a rather complex issue. It becomes crucial to distinguish between the semblance and similitude of the symbols across diverse cultural experiences - literature, art, music, ritual, life, death – and the social specificity of each of these productions of meaning as they circulate as signs within the specific contextual locations and social systems of value."[10] The theory of "cultural translation" is a position questioned by "Third World" feminist critics who insist on the "untranslatability" of "third world" experiences into the "first world."[11] The challenge is to "translate" "other" cultures without appropriating and domesticating their otherness in the framework of the dominating, ethnocentric discourse nor in a reductive manner renouncing the need for intercultural understanding and communication by identifying these efforts as inherently impossible or "violent."[12] As cultures are never homogeneous or unified, but always "impure" and heterogeneous, they are always "self-different" and permeated by "other" cultures. A hermeneutics of intercultural understanding and translation does not look for a (dis)solution of cultural differences, but sets out to recognize,

---

[10] Homi K. Bhabha, "Postcolonial Criticism," in Stephen Greenblatt, Giles Gunn, eds., *Redrawing the Boundaries: The Transformation of English and American Literary Studies* (New York: Modern Language Association, 1992), pp. 437-65; 438.

[11] Cf., e.g., Rey Chow, *Writing Diaspora: Tactics of Intervention in Contemporary Cultural Studies* (Bloomington: Indiana University Press, 1993), p. 38.

[12] For a powerful analysis of the debate about the "impossibility" of intercultural understanding see the essay by Lothar Bredella, "Multiculturalism between Assimilation and Segregation: The Debate on Multicultural Curricula in the United States and Germany," in Günter H. Lenz, Klaus J. Milich, eds., *American Studies in Germany: European Contexts and Intercultural Relations* (Frankfurt/Main: Campus, New York: St. Martin's Press, 1995), pp. 226-61; 245-53.

dramatize, and negotiate the asymmetries, ambivalences, and mutual blind spots in inter- (and intra-)cultural encounters in historical contexts of often unequal power relationships and articulates the transformative potential in these encounters of cultural difference and otherness in open-ended, dialogical, multi-focal critical discourses.

A second concept is *transculturation* as a process, in Mary Louise Pratt's words, "how subordinated and marginal groups select and invent from materials transmitted to them by a dominant or metropolitan culture."[13] Put differently, transculturation is "a phenomenon of the contact zone" which Pratt defined in an earlier essay as "social spaces where cultures meet, clash, and grapple with each other, often in contexts of highly asymmetrical relations of power, such as colonialism, slavery, or their aftermath as they are lived out in many parts of the world today."[14] The processes of transculturation are reconstructed from conflicting perspectives, not seen as processes of acculturation and deculturation projected from the perspective of the white metropolis, but primarily as the results of the active, transformative, self-asserting responses of colonized or "subaltern" peoples.

Closely related to transculturation is the notion of *border cultures*, the production of cultural meanings where cultures clash and get transformed and continuously reconstituted (Gloria Anzaldúa, Alfred Arteaga). In these critical approaches speaking of "border crossings" and the "revision and transcendence of boundaries" does not indicate an adherence to fashionable tropes of transgressive rhetorics, but relates to material referents in geographical, social, and cultural locations and to processes of historical change where discourses have been produced and are being recreated in multiple interactions.

If the first three concepts address processes of the construction (de- and reconstruction) of meanings in encounters between cultures and of the articulation and the understanding of cultural difference and otherness, the following three critical notions elaborate the dimensions and implications of intercultural differences and intracultural self-difference as they constitute and reconstitute multiple, plurivocal cultural identities and communities.

Mestizaje (Gloria Anzaldúa) envisions a plurivocal, performative notion of identity, or identification and agency, that subverts all versions of essentialism and suspends the quest for a "real-life" *fusion* of multiple differences in a new synthesis (or *raza*). In her book *Borderlands/La Frontera: The New Mestiza* (1987), Anzaldúa explores, in a complex collage and interplay of different discourses, genres, and linguistic codes, the destructive consequences, but also the cross-fertilization and revitalization of languages and assertions of identity and community at the juncture of cultures at the United States-Mexican border and dramatizes these processes in a project of a "new *mestiza/mestizaje* consciousness" of a "shifting and multiple identity and integrity." For Anzaldúa, the new *mestiza* consciousness has to negotiate *and sustain* different languages, cultural resources, and subjective positionalities and projects of non-stable, non-essentialized communities in situations of an unequal distribution of power.[15]

Cultural hybridity is a term elaborated in Homi K. Bhabha's analysis of (post)colonial discourse. The colonial encounter has not only "silenced" the *colonized* other cultures and enforced various kinds of double-consciousness and "hybrid" discourses, but has also split the *colonizer's* discourse in its very substance. What is crucial to Bhabha's understanding of the

---

[13] Mary Louise Pratt, *Imperial Eyes: Travel Writing and Transculturation* (London, New York: Routledge, 1992), p. 6.
[14] Mary Louise Pratt, "Arts of the Contact Zone," *Profession 91* (New York: Modern Language Association, 1992), 34.
[15] Gloria Anzaldúa, *Borderlands/La Frontera: The New Mestiza* (San Francisco: aunt lute books, 1987), Preface and pp. 3-5, 22, 54-59, 63, 67, 77-91, 194-95.

term is that "hybridity is never simply a question of the admixture of pre-given identities or essences. Hybridity is the perplexity of the living as it interrupts the representation of the fullness of life; it is an instance of iteration, in minority discourse, of the time of the arbitrary sign – the 'minus in the origin' – through which all forms of cultural meaning are open to translation because their enunciation resists totalization."[16] Or, in another essay on the "ambivalence of hybridity" in (post)colonial discourse, Bhabha strongly argues that "colonial hybridity is not a *problem* of genealogy or identity between two *different* cultures which can then be resolved as an issue of cultural relativism. Hybridity is a *problematic* of colonial representation and individuation that reverses the effects of the colonialist disavowal, so that other 'denied' knowledges enter upon the dominant discourse and estrange the basis of its authority – its rules of recognition."[17] In some ways, Bhabha's postcolonial theory can be read as an answer to Gayatri Spivak's question "Can the Subaltern Speak?" – the subaltern, the colonized have always already spoken in the colonizer's discourse, but this affirmative answer is, of course, only a partial and highly controversial one. *Hybridity* is also theorized in Nestor Canclini's studies of Latin American *culturas híbridas* as the negotiation, articulation, and rearticulation of cultural heterogeneity.

The concept of *creolization,* is used by Swedish anthropologist Ulf Hannerz in his social theory of contemporary complex societies and their cultures, drawing on the linguistic analysis of creolizing languages, in order to describe global processes of the interactions of the cosmopolitan and the local, of the center (or core) and the periphery, a world culture, marked by a reassertion and an organization of diversity rather than by a total homogenization and a replication of uniformity. Creole or creolizing cultures are the product of "multidimensional cultural encounters," of the confluence and the tensions of widely separate, heterogeneous historical currents which produce "hybridizing webs of meaning" in center-periphery relationships that increasingly allow "the periphery to talk back." Creolizing cultures are open-ended, complex, "a network of perspectives, or... an ongoing debate" that has more and more become characteristic of *all* contemporary, postmodern societies.[18]

IV

Let me, finally, discuss a concept in more detail that has been taken up and debated from different perspectives in recent years and has activated a powerful analytical potential in the context of our problematic, the notion of *diaspora* or of "*diasporic* cultures," "identities," and "communities." James Clifford has offered a penetrating account of the implications of the diaspora concept which he defines against (1) the norms of nation-states and (2) the claims of indigenous "tribal" peoples. He points out that diaspora is not a term only to be applied to the Jewish people, to Armenians, or some other selected migrant peoples which have lost their

---

[16] Homi K. Bhabha, "DissemiNation: Time, Narrative, and the Margins of the Modern Nation," in Bhabha, ed., *Nation and Narration* (London, New York, 1990), pp. 291-322; 314.

[17] Homi K. Bhabha, "Signs Taken for Wonders: Questions of Ambivalence and Authority under a Tree Outside Delhi, May 1817," *Critical Inquiry* 12 (Autumn 1985), 144-65; 156. Reprinted in Bhabha's *The Location of Culture* (London, New York, 1994), ch. 6.

[18] Ulf Hannerz, *Cultural Complexity: Studies in the Social Organization of Meaning* (New York: Columbia University Press, 1992), pp. 261-67. Cf. the earlier essay "The World in Creolisation," *Africa* 57 (1987), 546-59.

homelands, but that "in the late 20th century, all or most communities have diasporic dimensions (moments, tactics, practices, articulations)."[19]

"Diasporas are the exemplary communities of the transnational moment," Khachig Tölölyan writes as the editor in the first issue of the new journal *Diaspora: A Journal of Transnational Studies*, not "epiphenomena of the nation-state or global capitalism."[20] Diaspora communities can be of different kinds and need not pursue the quest for a return to the original "homeland" in a literal way. On the contrary, we should add, in our postcolonial times the return to a "homeland" and the (re-)establishing of a "pure" nation-state of "one's own people" would only result in new displacements, in the production by power and violence of new diasporic experiences for other peoples. Clifford argues that "diasporic language appears to be replacing, or at least supplementing, minority discourse," as the transnational connections and interrelations "break the binary relation of *minority* communities with *majority* societies – a dependency that structures projects of both assimilation and resistance." He concludes: "Diaspora discourses reflect the sense of being part of an ongoing transnational network that includes the homeland, not as something simply left behind, but as a place of attachment in a contrapuntal modernity."[21] Clifford sides with Daniel and Jonathan Boyarin who argue that for Jews the "homeland" should not be identified with a specific place or state that brings the diasporic "exile" to its final end, but that it is to be held onto as a utopian perspective that keeps Jewish diasporic identity and culture alive and in process, as "cultures are not preserved" – as the Boyarins argue – "by being protected from 'mixing' but probably can only continue to exist as a product of such mixing. Culture, as well as identities, are constantly being remade."[22] Diasporic cultures are constituted by experiences of displacement and discrimination, but also contain a strong utopian dimension and dynamic of a struggle for emancipation and political and social equality. They articulate, Clifford writes, "alternative public spheres, interpretive communities where critical alternatives (both traditional and emergent) can be expressed."[23] In a similar vein, Stuart Hall, in his essay "Cultural Identity and Diaspora" (1990), defines the diaspora experience, drawing on his own biography of a childhood and adolescence in Jamaica and his adult life in England, "not by essence or purity, but by the recognition of a necessary heterogeneity and diversity, by a conception of 'identity' which lives with and through, not despite, difference; by *hybridity*. Diaspora identities are those which are constantly producing and reproducing themselves anew, through transformation and difference."[24] The political implications of the modern and postmodern diaspora experience and tradition and their role in a "politics of representation" (Stuart Hall) are further explored by Cornel West who develops strategies of a "demystificatory criticism" (what he call "prophetic criticism") that got its decisive push by the "powerful critiques and constructive explorations of Black diaspora women (i.e., Toni Morrison)" and that tries to "construct more multivalent and multidimensional re-

---

[19] James Clifford, "Diasporas," *Cultural Anthropology* 9 (1994), 302-38; 310.
[20] Khachig Tölölyan, "The Nation-State and Its Others: In Lieu of a Preface," *Diaspora* 1,1 (1991), 3-7; 5. Clifford, "Diasporas," 302.
[21] Clifford, "Diasporas," 311.
[22] Daniel Boyarin and Jonathan Boyarin, "Diasporas: Generation and the Ground of Jewish Identity," *Critical Inquiry* 19 (Summer 1993), 693-725; 721. For another careful discussion of these issues cf. William Safran, "Diasporas in Modern Societies: Myths of Homeland and Return," *Diaspora* 1 (Spring 1991), 83-99.
[23] Clifford, "Diasporas," 315.
[24] Stuart Hall, "Cultural Identity and Diaspora," in Jonathan Rutherford, ed., *Identity: Community, Culture, Difference* (London: Lawrence and Wishart, 1990), pp. 222-237; 235. Cf. his essay "Old and New Identities, Old and New Ethnicities," in Anthony D. King, ed., *Culture, Globalization, and the World System*, pp. 41-68.

sponses that articulate the complexity and diversity of Black practices in the modern and postmodern world."[25]

A powerful use of this notion of diaspora and diasporic cultures is Paul Gilroy's work, particularly his recent book: *The Black Atlantic: Modernity and Double Consciousness* (1993). Gilroy conceives of the black Atlantic as a multi-centered intercultural and transnational formation, as a "counterculture of modernity." He attempts "to rethink modernity via the history of the black Atlantic and the African diaspora into the western hemisphere," which reveals the "internality of blacks to the West," and to show that "racial slavery was integral to western civilization" and that "the master/mistress/slave relationship ... is foundational to both black critiques and affirmations of modernity." The book explores "the special relationship between 'race,' culture, nationality, and ethnicity which have a bearing on the (post-colonial) histories and political cultures of Britain's black citizens." It also introduces a second perspective, de-centering the common positionality and perspective of black *America*, of African-*Americans* (and destroying any notion of the essential black subject) by pursuing manifold crossings, travels, explorations, interconnections, experiences of exile of African-American writers, intellectuals, and musicians. But Gilroy also acknowledges the importance of these African-Americans in conceiving a "global, coalitional politics in which anti-imperialism and anti-racism might be seen to interact if not to fuse." In showing "how the politics of location and the politics of identity get inscribed in analyses of black culture," he expounds the "fundamental antinomy of diaspora blacks," drawing on Amiri Baraka's understanding of black music in all its forms as the "changing same", which he regards as the crucial test-case of hybridization of the black counterculture of modernity.[26]

In Richard Wright's later work the black American is seen as a *central* symbol in the psychological, cultural, and political system of the modern West as a whole.[27] If this politics of transfiguration reveals "the hidden internal fissures in the concept of modernity," this means that the common "periodisation of the modern and the postmodern (may have) to be drastically rethought."[28] In the final part of *The Black Atlantic*, Gilroy complements his *spatial* focus on the diaspora concept with a vision of "diaspora *temporality* and *historicity*, *memory* and *narrativity* that are the articulating principles of the black political countercultures that grew inside modernity in a distinctive relationship of antagonistic indebtedness."[29] In a penetrating analysis of the transfigurations of black music at the crossroads of a global cultural network or forcefield and of several recent African-American novels dealing explicity with history, historiography, memory and remembrance of the middle passage, slavery, and its aftermath, Gilroy reaches the conclusion that the black Atlantic has been constituted by all these cultural practices as a "non-traditional tradition, an irreducibly modern, ex-centric, unstable, and asymmetrical cultural ensemble that cannot be apprehended through the manichean logic of binary coding." His study of the black diaspora "explodes the dualistic structure which puts Africa, authenticity, purity, and origin in crude opposition to the Americas, hybridity, creolization and rootlessness" and offers an alternative reading of what is often called from a Western perspective "postmodern" culture.[30]

---

[25] Cornel West, "The New Cultural Politics of Difference," 104-105.
[26] Paul Gilroy, *The Black Atlantic*, pp. 3-5, 17-18, 30, cf. 36.
[27] Gilroy, *The Black Atlantic*, pp. 159, cf. 162, 173, 175, 186.
[28] Gilroy, *The Black Atlantic*, pp. 38, 42, cf. 45-46, 49, 70, 197 – middle passage!
[29] Gilroy, *The Black Atlantic*, p. 191, my italics.
[30] Gilroy, *The Black Atlantic*, pp. 198-99.

Both Gilroy and Clifford are well aware of the fact that their more general use of the concept of "diaspora" is a critical appropriation of its original meaning in describing the specific Jewish experience, and Gilroy explicitly expresses his commitment to improving the relations between the Jewish and the black diasporas. But they also make clear that the diaspora concept has always been, and will remain, a controversial one and that it can have very different implications in different contexts for various transnational cultures. If "diaspora" traditionally highlights the spatial and historical dispersion of a people experienced and perceived as one, the postmodern and post-Fordist notion of "diasporic cultures and communities" must carefully avoid a covert re-production and re-affirmation of an ethnically homogeneous, quasi-organic culture concept as if it were suspended in space and time until the "return home" in the future, but must articulate instead the dimensions and perspectives of intra- and intercultural diversity and hybridity. As diasporic cultures – as well as cultures of hybridity, *mestizaje*, or creolization – are *not per se* "oppositional" or "subversive," but are "fundamentally ambivalent," as Clifford puts it, their reconstructions, their representations, their critical discourses will always be contested and open to conflicting interpretations and political positionings. Kobena Mercer's political critique of Gilroy's vision of a black "populist modernism" and his own use of the concept of "diasporas" as "materially produced" in his book *Welcome to the Jungle: New Positions in Black Cultural Studies* (1994)[31] or Rey Chow's political-ideological critique of the "lures of diaspora" for "Third World" intellectuals in her book *Writing Diaspora: Tactics of Intervention in Contemporary Cultural Studies* (1993) and her insistence on the social, political, material situatedness of diasporic knowledges and cultural studies are cogent cases in point. Both Mercer and Chow more strongly re-emphasize and re-articulate, in a very critical manner, the minority discourse perspective.

The critical debate about the use of "diaspora" or "diasporic cultures" highlights two important insights which we should also apply to the other critical concepts and discourses mentioned above. If "diaspora" is really historicized and contextualized in our critical discourse, it cannot and should not be turned into the "master trope" or new "master discourse" for the analysis of modern and postmodern identities and communities. None of the concepts or theoretical discourses can provide the code that explains everything. There cannot be a unifying theory of globalizing, transnational, and interculturally connected societies and cultures. In his important study *Cultural Complexity: Studies in the Social Organization of Meaning* (1992), Ulf Hannerz has provided a *"formal* sociology of cultural process" and a challenging multi-dimensional and multi-perspectival model of the forms and sites of contemporary creolizing cultures and their cultural flows in the interplay between world culture and the national cultures of the periphery and the processes of transculturation they produce.[32] He also addresses the difficult questions of the – often highly disparate and conflictual - transnational interrelationships between cultural asymmetries and economic and political asymmetries in the world system and their repercussions on the production and social organization of meaning in a postmodern, creolizing world beyond the old world-system of center-periphery. "In creole cultures, as I see them, as systems of meaning and expression mapped onto structures of social relations, there is also a continuous spectrum of interacting forms, along which the various contributing historical sources of the culture are differentially visible and active."[33] Hannerz'

---

[31] Kobena Mercer, *Welcome to the Jungle: New Positions in Black Cultural Studies* (New York, London: Routledge, 1994), p. 247.
[32] Ulf Hannerz, *Cultural Complexity: Studies in the Social Organization of Meaning* (New York: Columbia University Press, 1992), p. 55, my italics.
[33] Hannerz, *Cultural Complexity*, p. 264.

analytical approach transcends the limitations of the modernization and world system theories, but as his emphasis is on historical differences, on hybridity, internal divisions, and structural asymmetries, he realizes that these multiple differences and interactions cannot be "generalized" in a kind of overarching global cultural theory, but take on different historical forms and meanings. Near the conclusion of his book he writes: "The asymmetries of cultural flow within market and state frameworks, taking their places within the spectrum, have different points of origin and different reach. Movements arise at different points, at different times. In relation to this, there is a built-in political economy of culture, as social power and material resources are matched with the spectrum of cultural forms."[34]

Nor are the different concepts and theoretical perspectives basically identical. They overlap in many ways, as we have seen, but they should not be turned into metaphors and used more or less interchangeably. Each of them highlights and articulates some important dimensions and problems of contemporary societies and the complex intercultural and intracultural dynamics of difference and otherness of their cultures that can help us, from different positionalities, to work out and to pursue transnational, intercultural (American) Culture Studies.

---

[34] Hannerz, *Cultural Complexity*, p. 265.

ALBERT-REINER GLAAP

Warum englische Komödien Deutschen oft so fremd sind

Ayckbourns Bühnenstücke in Theaterrezensionen

In der Kirche St. Giles-in-the-Fields, in London, fand ein Gedächtnisgottesdienst zu Ehren des verstorbenen John Osborne statt. Am Eingang waren auf einem ohne Kenntnis des Rektors angebrachten Schild die Namen von vier Personen zu lesen, denen der Besuch des Gottesdienstes untersagt wurde: "Fu Manchu", das ist der Spitzname, den Osborne Sir Peter Hall, dem früheren Leiter der Royal Shakespeare Company und des National Theatre, gegeben hatte; "The Bard of Hay on Wye", womit der Dramatiker Arnold Wesker gemeint war, der in Hay on Wye lebt; Albert Finney, der Schauspieler, mit dem sich Osborne wegen der Tantiemen für sein Drehbuch zu dem Film *Tom Jones* zerstritten hatte, und Nicholas de Jongh, der für viele ein allzu selbstgefälliger Kritiker ist. Einige Teilnehmer des Gedächtnisgottesdienstes machten ihrem Ärger über diesen Vorfall Luft; sie fanden die Maßnahme ganz und gar "unchristlich". Lord Gowrie, der Vorsitzende des Arts Council, reagierte wiederum auf die Kritik in einem Brief an die *Times* mit den Worten: "Wer sagt denn eigentlich, daß der Allmächtige Gott keinen Sinn für Humor hat?" (vgl. Heilpern 1995: 169).

Humor als ein Stück nationaler Identität

Was hat es mit dieser Art Sinn für Humor auf sich? Was macht ihn zum *English sense of humour*? Meist ist er von Ironie und Sarkasmus geprägt. Sein Auftreten ist unaufdringlich, er verzieht keine Miene, kommt auf leisen Sohlen daher. Wer in sein Geheimnis nicht eingeweiht ist, ist schnell mit abqualifizierenden Bemerkungen bei der Hand. Man muß wissen, daß die Engländer von den feinen Nuancen ihrer Klassengesellschaft geradezu besessen sind, die sich in ihrem Humor spiegeln. Evelyn Waugh und die Mitfords haben Karriere damit gemacht, daß sie diese Nuancen beobachteten. Auf der Skala des englischen Humors gibt es den Humor der englischen *music hall* und der *stand-up comedians* wie Frankie Howard und Max Miller. Da gibt es ferner den Humor der lüsternen Ansichtskarten an den Zeitungsständen englischer Seebäder. Aber am anderen Ende der Skala entdeckt man den verbalen Gag, den unterschwellig zündenden Einzeiler, das subtile Wortspiel: allesamt charakteristische Merkmale des *English sense of humour*, der im alltäglichen Miteinander der Menschen seinen Ursprung hat. Besonders in schweren Zeiten fand der Mut der Engländer meist auf humorvolle Weise seinen Ausdruck. Bei den ersten Bombenangriffen im Jahre 1940 wurde ein Warenhaus zerstört. Am folgenden Tag hing über dem Eingang ein Schild: "Wieder geöffnet, in erweiterten Geschäftsräumen."

Witze über Blondinen und Ostfriesen, die man sich hierzulande in Kneipen erzählt und die nach lautem Auflachen weitere Witze ähnlicher Art provozieren, sind dem englischen Humor reichlich fern. Der entlockt eher verständnisvolles Lächeln als lautes Lachen. Er betont die

Gemeinsamkeiten zwischen den Menschen; nicht das, was sie unterscheidet. Auf der Insel hält man wohl mehr als sonstwo von Santayanas bekanntem Bonmot: "Everything in nature is comic in its existence." Angelsächsischer Humor heißt auch "Neben sich stehen"!

Daß der sogenannte englische Humor in anderen Kulturen häufig auf Unverständnis stößt, hat seine Ursache nicht allein in der englischen Sprache, deren Facetten gerade bei Aphorismen und Witzen Ausländern oft verborgen bleiben und nur selten in anderen Sprachen getreu abbildbar sind. Humor entspringt der jeweiligen Kultur und deren Tradition; er spiegelt auch ein Stück nationaler Identität. Die komplexe besondere Beziehung zwischen den USA und Großbritannien zeigt, daß es trotz einer gemeinsamen Sprache Einigendes und Trennendes gibt. "We're like a split personality of cultural opposites", formulierte John Heilpern (1995: 164), für den als Theaterkritiker, wie nicht anders zu erwarten, besonders die verschiedenen Konzepte von Theater- und Medienkultur signifikante Unterschiede zwischen den USA und Großbritannien erkennen lassen. Er verweist auf Stephen Daldry vom Londoner Royal Court Theatre, der für seine jüngst so erfolgreiche "Hitchcockian production of J.B. Priestley's 1946 warhorse, *An Inspector Calls*" zwar einen Tony Award am Broadway erhielt, aber doch regelmäßig Probleme mit den amerikanischen Zollbeamten hatte. "Every time I went through customs, I was stopped", so wird Daldry von Heilpern zitiert,

> I'd tell them I worked in theater. They'd research my bags as if I were involved in some illicit pornographic activity. I've given up now. I say I work in movies. No problem! 'Welcome to the USA! Good luck!' (Heilpern 1995: 164).

Comedy – a straight play with a sense of humour

Der Humor als ein Stück nationaler Identität hat seinen besonderen Ausdruck im englischen Theater und in englischen Bühnenstücken gefunden. Heute, mehr denn je, machen Komödien und Farcen einen hohen Prozentsatz der neugeschriebenen Stücke aus, und es ist bezeichnend, daß mehr und mehr Dramatiker dazu übergegangen sind, ihren Produktionen den Untertitel "A Play" zu geben. Alan Ayckbourn, der am häufigsten gespielte zeitgenössische Bühnenautor, erklärte nach einer, wie er fand, bis zum Überdruß geführten Diskussion darüber, wo denn die Grenzen zwischen Farce und Komödie zu ziehen sind: "Henceforth, they will all be plays. I will have others to brand and pigeon-hole them if they want to" (Kalson 1993: 11). Seine Stücke werfen wie die anderer Autoren ein Auge auf die *condition humaine*, nur daß sie es witzig und satirisch tun. "Comedies" sind für Ayckbourn "straight plays with a sense of humour, often saying much the same thing only more enjoyably and therefore to a wider audience" (Kalson 1933: 11).

Die Komödie muß darauf gerichtet sein, die "richtige" Qualität des Lachens zu bewirken, die Ayckbourn "laughter of recognition" nennt. Ihre Figuren sind Alltagsmenschen, die in Situationen geraten, wie sie jedem Zuschauer aus eigener Erfahrung bekannt sind. Man identifiziert sich – zumindest streckenweise – mit diesen Menschen, lacht mit ihnen, amüsiert sich köstlich und ist am Ende doch heilfroh, daß man nicht in ihrer Haut steckt. "Laughter of recognition *with* a character" ist für Ayckbourn entscheidender als "laughter of recognition *at* a character" (vgl. Glaap 1993: 349). Nicht nur die Zuschauer sollen über die Charaktere lachen, weil sie in ihnen wohl vertraute Menschen oder gar eigene Eigenschaften entdecken; der Autor selbst möchte mit ihnen lachen, wenn sie eigene Schwächen und eigenes Versagen erkennen und doch nicht resignieren. Ayckbourn berichtet gern mit Augenzwinkern von jener Zuschauerin, die ihm nach der Aufführung eines seiner Stücke gestand, daß sie nicht gelacht hätte, wenn sie gewußt hätte, worüber sie lachte. Englische Komödien haben mehr als eine Dimension; hinter dem Aspekt der Unterhaltung steckt etwas!

Den Menschen mit trockenem Humor Ernsthaftes zu sagen und Tiefe mit Leichtigkeit zu verbinden – dieses seltsame Unterfangen vermag die deutsche Seele offenbar nur schwer nachzuvollziehen. "Was halten Sie vom deutschen Humor?", wurde Peter Ustinov gefragt. Seine Antwort: "Von was?" (Fricke 1989: 100). Wie gut, so möchte man anfügen, daß es den englischen Humor gibt. Das Nürnberger Schauspiel schrieb vor einigen Jahren einen Stückewettbewerb aus. Die eingesandten Komödien waren an einer Hand abzuzählen (Fricke 1989: 100). Man muß nach England fahren, um auf diesem Gebiet Neues zu entdecken. Dort gibt es nicht nur Musicals, zu denen allabendlich Touristen per Bus gekarrt oder Wochenendreisende per *package deal* eingeflogen werden. Dort ist der Nährboden für sozialkritische Komödien, in denen sich in der Freude am Komischen die Freude darüber spiegelt, daß wir trotz Niederlagen und Rückschlägen weitermachen können. Wir kriegen eins drauf, rutschen aus, fallen hin, aber irgendwie schaffen wir es doch, wieder aufzustehen, uns selbst zu erneuern und Hoffnung zu schöpfen. So gesehen ist – wie gelegentlich formuliert wird – der Geist der Komödie der Geist der Auferstehung.

Ayckbourns Komödien auf deutschen Bühnen und in der Kritik

Warum aber spielen zeitgenössische Komödien hierzulande eine – wenn überhaupt – nur untergeordnete Rolle? Kaum mehr werden im Englischunterricht an unseren Gymnasien englische Komödien gelesen. Universitäre Lehrveranstaltungen zu dieser Kategorie von Bühnenstücken sind dünn gesät. In einer jüngst erschienenen Dissertation zum Ort als konstitutivem Prinzip im modernen englischen Drama (Hüllen 1995) werden zwar Repräsentanten des Theaters des Absurden sowie des psychologischen und politischen Dramas berücksichtigt, Komödien aber ausgeblendet (John Osbornes *The Entertainer* wird von der Verfasserin [Hüllen 1995: 17] dem politischen Drama zugerechnet), wiewohl doch gerade in diesem Genre dem sichtbaren wie unsichtbaren Ort und deren Funktionen eine besonders große Bedeutung zukommt. Man denke an die Ortskonzeption als konstitutives Prinzip in Michael Frayns und Alan Ayckbourns Bühnenstücken, von denen hier stellvertretend nur *Noises Off* und *Look Look* bzw. *The Norman Conquests* und *Time of My Life* genannt seien.

Was nun Aufführungen englischer Komödien an deutschsprachigen Theatern betrifft, so fragt sich, warum – vor allem angesichts der geringen Zahl bedeutsamer zeitgenössischer deutschsprachiger Komödien – von dem reichhaltigen englischen Angebot in unseren Tagen nicht weitaus mehr Gebrauch gemacht wird. Gewiß, *Noises Off* wurde unter dem Titel *Der nackte Wahnsinn* an zahlreichen deutschsprachigen Bühnen mit großem Erfolg inszeniert und einige von Ayckbourns Komödien fanden an deutschen Theatern ihr Publikum, so *Season's Greetings* (Bochum), *Henceforward* (Berlin), *A Small Family Business* (Stuttgart und München), *Time of My Life* und jüngst *Wildest Dreams* (Osnabrück), um nur stellvertretend diese zu nennen, von denen einige dann auch den Weg zu anderen deutschsprachigen Theatern fanden. Über mangelndes Interesse am Import solcher Stücke seitens der Dramaturgen und Regisseure zu klagen, dafür gibt es keinen Grund. Bühnenmanuskripte in deutscher Übersetzung liegen vor. Sie werden angefordert, gelesen, häufig in Produktionen umgesetzt, aber häufiger – mit Blick auf die Erwartungshaltung des Stammpublikums oder die zu ahnende Kritik einflußreicher Theaterkritiker – ad acta gelegt. Nein, es ist nicht mangelndes Interesse, das englische Komödien auf deutschen Bühnen so oft stranden läßt, es steckt mehr dahinter. Die Elle, an der gemessen wird, ist – natürlich – ein deutsches Metermaß. Die Zuschauer gehen – natürlich –

von ihrem durch deutsche Bühnenstücke geprägten Vorverständnis aus. Und die Theaterkritiker?

Bereits die Überschriften von Rezensionen verschiedener deutschsprachiger Aufführungen englischer Komödien lassen interessante Rückschlüsse zu. Bewußt wird hier auf drei (der inzwischen fast fünfzig) Komödien von Alan Ayckbourn Bezug genommen, weil sich an diesem Autor nach wie vor die Geister scheiden.

Als Ayckbourn zu Beginn des Jahres 1988 mit seiner eigenen Theatertruppe aus Scarborough *Henceforward* in einigen deutschen Theatern aufführte, erschienen im deutschen Blätterwald u.a. Rezensionen mit den folgenden Überschriften:
1) "Worüber haben wir gelacht?" (*AZ*, München, 4.2.1988)
2) "Nackter Terror und Gefühlsleere" (*Morgenpost*, Hamburg, 29.1.1988)
3) "Mensch, Maschine, Maschine Mensch" (*Süddeutsche Zeitung*, 4.2.1988)
4) "Englische Gäste glänzen im Malersaal" (*Hamburger Abendblatt*, 29.1.1988)
5) "So richtig englisch" (*taz*, Hamburg, 29.1.1988)
6) "Der Love Song aus dem Labor" (*Die Welt*, Hamburg, 1.2.1988)

Inszenierungen von *Schöne Bescherungen* (*Season's Greetings*) in Bochum, Augsburg, Hannover, Celle und Pforzheim fanden in Überschriften von Rezensionen u.a. folgendes Echo:
7) "Scheinheiligabend" (*Frankfurter Allgemeine Zeitung*, 28.12.1987)
8) "Der Messias auf der Schmierseife" (*Stuttgarter Zeitung*, 21.12.1987)
9) "Kleinbürgerliches Lachtheater" (*Süddeutsche Zeitung*, 29.12.1987)
10) "Muß Ayckbourn sein?" (*Augsburger Allgemeine*, 28.5.1984)
11) "Nur scheinbar eine leichte Kost" (*Süddeutsche Zeitung*, 2./3.6.1984)
12) "Der blutige Ernst des Endes versandet im Oberflächenspaß" (*Neue Presse*, Hannover, 2.1.1984)
13) "Groteske: Unterhaltung mit Garantieschein" (*Badische Neueste Nachrichten*, 7.11.1984)

Ayckbourns dunkle Komödie *A Small Family Business* (1987 im Londoner National Theatre uraufgeführt) wurde an verschiedenen deutschen Theatern unter dem Titel *Familiengeschäfte* inszeniert:
14) "Die Komödie will keine sein" (*TZ*, München, 11.10.1988)
15) "Wo ist die Sau im Bürger?" (*AZ*, München, 11.10.1988)
16) "Zwischen Grauen und Lachen" (*Münchner Merkur*, 11.10.1988)
17) "Saubermann Jack wechselt die Moral wie das Hemd" (*Die Welt*, 28.3.1988)
18) "Die Farce verspielt" (*Süddeutsche Zeitung*, 7.4.1988)
19) "Langweilige Abwicklung" (*Aachener Nachrichten*, 21.1.1988)
20) "Kriminelles in der guten Stube" (*Aachener Volkszeitung*, 21.1.1991)

Einige Überschriften sind bloße Anspielungen auf den Inhalt des jeweiligen Stücks – direkt (wie 3, 6, 16) oder indirekt (2, 7, 17, 20), andere nehmen kritisch Bezug auf die komödienspezifische Komponente (wie in 1, 9, 13, 14, 18). Wiederum andere heben auf den spezifisch englischen oder auktorialen Aspekt der Aufführung ab (4, 5, 10). Genaueren Aufschluß über die Einstellungen der Rezensenten zu den Ayckbourn-Komödien geben einige der Details in den Rezensionen selbst. Da heißt es einerseits zu Alan Ayckbourn: "Ernst und Spaß weiß er in seinen Stücken so raffiniert auszubalancieren, daß sie nie ihre Leichtigkeit verlieren und doch nicht in die Klamotte abgleiten" (2). *Henceforward* zeige, daß "die Ökonomie seines (d.h. Ayckbourns) Witzes seine große Stärke" ist. "Ayckbourn macht auch aus schlechten Witzen gute Komödien" (3). Andererseits fragt ein Rezensent "Muß Ayckbourn sein?" (10), und er selbst antwortet so:

Der Humor als eine besonders schöne Übung des Tiefsinns wird nicht mehr gehandhabt. Wo bleibt die große Komödie unserer Tage? [...] Alan Ayckbourn liefert sie nicht, schon gar nicht mit diesen zwei Akten von Heiligabend, 19.30 Uhr, bis 27. Dezember, 5.15 Uhr, dargebotenen Bescherungen. Er bewegt sich auf den leichten Socken des Boulevards (10).

Eine Inszenierung von *Familiengeschäfte* bedachte ein Rezensent mit folgenden Worten:

Es ließe sich – will man den Ayckbourn wohlwollend lesen – immerhin ein hektischer Affentanz von Komödie daraus inszenieren: immer schneller, immer fiebriger auf dem dünnen Eis der bürgerlichen Existenz tanzend. Regisseur Marco Andersen (der doch könnte) mißtraut dem schnellen Effekt, kommt über der Suche nach Sinn und Tiefe ins Lahmen und endet peinlich wie die Sonntagspredigt mit dem warnenden Spot auf die böse Drogensucht. (14)

Der Erfolg oder Mißerfolg einer Inszenierung hängt immer von der "Interpretation" des Stükkes durch Regisseur und Schauspieler, von der Aufnahme seitens der Zuschauer und von der Kritik der Presse ab. Das ist bei Ayckbourns Komödien nicht anders. Doch hier zeigt sich eine deutliche Unsicherheit in der Einschätzung dessen, was englische Komödien und was insbesondere deren führende Repräsentanten, wie Alan Ayckbourn, mit ihren Komödien sagen und erreichen wollen. Da liest man in Rezensionen von Aufführungen der Komödie *Schöne Bescherungen*:

- Ayckbourn nennt seine "Schönen Bescherungen" zwar eine Komödie, greift auch manchmal zu Mitteln des guten Boulevard-Theaters, bewegt sich aber durchaus nicht in einer "heilen Welt". (*Süddeutsche Zeitung*, 2./3. 6.1984)
- Alan Ayckbourn liebt die Andeutungen, deshalb werden seine Komödien für geistreich gehalten. Seine Stücke zielen diskret unter die Gürtellinie, und dem Effekt des "Habe verstanden" verdanken sie ihren immensen Erfolg. (*Allgemeine Zeitung*, Mainz, 3.1.1984)

In der Lüneburger Landeszeitung heißt es zur Produktion von *Schöne Bescherungen*:

... eine Weihnachts-Komödie. Nicht eine der leichten Sorte, die mit Pointen kalauert, sondern ein schmerzhaft komisches Stück, wahrhaftig und wirklichkeitsnah. Das Publikum kringelt sich förmlich vor Amüsement, doch es lacht in einen Spiegel hinein, der eigene Unzulänglichkeiten entlarvt.

Das "Fremde" in englischen Komödien

Die Überschriften der Rezensionen, erst recht diese selbst, zeigen, daß und in welchem Ausmaß englische Komödien hierzulande als "fremd" empfunden werden. Die Textvorlagen sind fremd, und manche Inszenierungen tragen das ihre dazu bei, daß die Fremdheit noch verstärkt wird. Wer das Fremde versteht, erfährt den Spiegeleffekt des Wiedererkennens von Eigenerfahrungen. Wer es nicht erkennt, kann über das lachen, was an der Oberfläche geschieht, weswegen er oder sie womöglich auch gekommen ist, oder zieht enttäuscht davon. Die Rezensenten versuchen – stellvertretend für wirkliche oder potentielle Theaterbesucher – das Fremde in diesen Komödien aufzuspüren, zu verstehen und zu erklären.

Was solchem Bemühen häufig im Wege steht, ist das Denken in Alternativen, Vorurteilen und Vergleichen, die für Wegweiser gehalten werden, aber sehr schnell auf falsche Fährten führen. So wird Ayckbourn vorschnell für den "Molière der Middle Class", "den englischen Neil Simon", den "Ibsen von Scarborough", den "neuen Noel Coward" gehalten und ebenso schnell als "Marotteur", "Mr. Light Ent(ertainment)" oder "Lohnschreiber des gehobenen Boulevards" abgestempelt. Derartige Alternativen führen zu Gradmessern: Ist Ayckbourn so gut wie Noel Coward? Ist er komisch, und wenn ja so komisch wie X, Y oder Z? Eine vorbehaltlose Auseinandersetzung mit ihm und seinen Stücken ist so kaum möglich.

Was man an englischen Komödien als fremd empfindet, wird flugs eben als "englisch" oder "typisch englisch" bezeichnet und damit als das "Andere", das kaum zugänglich ist, etikettiert. So liest man in den Rezensionen: "Das sehr englische Boulevardstück, das Alan Ayckbourn – schon 1980 – geschrieben hat, [...]" oder "Englische Satire kam gut an" und "Die Szene ist so künstlich, so laborhaft, wie man sie vom angelsächsischen Unterhaltungstheater her kennt. Hier treten keine Menschen auf, sondern Versatzstücke". Oder: "So richtig englisch". Was das eigentlich Englische ist, wird aber nicht erklärt, allenfalls in verschwommenen Anhängseln angedeutet. Was Deutsche für "typisch englisch" halten, läßt sich seit geraumer Zeit am Silvesterabend in den meisten Wohnstuben feststellen, wenn zum x-ten Male das zum europäischen Erfolg gewordene *Dinner for One* über den Fernsehschirm flimmert. Dieser Cabaret-Sketch ist den meisten Engländern gar nicht bekannt. Die BBC hat ihn nicht gesendet; sie hat den in Deutschland so bewunderten "Artisten" Freddie Frinton, der kein Schauspieler war, nicht geliebt. (Dunkhase 1985: 8) Und von in die Jahre gekommenen Damen in England, die sich nach der Zeit des British Empire zurücksehnen, wird *Dinner for One* gar als unerträglicher Angriff auf die damals so geschätzte Institution des Butler angesehen. Ein interessantes Phänomen: Ein Cabaret-Sketch mit einem Akteur, der alles haßte, was deutsch war, ist ein in Deutschland allseits beliebtes englisches Unterhaltungsstück – vermutlich deshalb, weil es inzwischen hierzulande nicht zuletzt dank Peter Frankenfeld und Heinz Dunkhase zu einer Tradition geworden ist (vgl. Dunkhase 1985: 8) und dazu auch von jedem, der kein Englisch kann, sofort verstanden wird.

Daß englische Komödien Deutschen oft so fremd sind, hat vor allem seine Ursache darin, daß die Koexistenz von *serious* und *entertaining* in ein und demselben Stück nach wie vor für ein deutsches Publikum eine Verstehensbarriere darstellt. Zwischen Problemstücken und Unterhaltungsstücken wird streng geschieden. Beides zusammen geht nicht. Das Gros der Theaterbesucher will entweder Stücke, die ihnen nach einer anstrengenden Arbeitswoche Unterhaltung, nichts anderes und nicht mehr, bieten ("Haben wir gelacht!") oder solche, die allgemeine und aktuelle Fragestellungen thematisieren und problematisieren. Daß Stücke der ersten Kategorie heutzutage in Boulevard-Theatern zur Aufführung kommen, hat dem Ruf der Komödie geschadet. "Only serious work is deemed worthy of performance at the major theatres [in Germany], and comedy is not deemed worthy of being serious", stellte der junge englische Dramatiker Tim Firth bei einem Deutschlandbesuch anläßlich der deutschen Erstaufführung seines Stückes *Vier Männer im Nebel* fest (vgl. Firth 1995).

Englische Komödien leben jedoch von der Koexistenz komischer und ernster Elemente. Ayckbourns erklärtes Ziel ist es, die Zuschauer so zu unterhalten, daß sie zwei bis drei Stunden auf ihren Sitzen ausharren, ohne sich zu langweilen (Glaap 1991: 8). Dabei dürfe es allerdings nicht bleiben; wenn man die Tünche der Unterhaltung abkratzt, müsse zum Vorschein kommen, was die Menschen bedrängt und bedrückt. In englischen Komödien werden die Zuschauer lachend zum Nachdenken gebracht, die Schärfe des Witzes öffnet ihnen die Augen. Daß dies in deutschen Theatern oft nicht verstanden wird, hat der bereits erwähnte Tim Firth erfahren. Er berichtet, wie nach der Hamburger Aufführung von *Vier Männer im Nebel* eine erzürnte fünfzigjährige Frau auf ihn zukommt, zur Bühne zeigt und losschreit: "Vot is ziss? *Vot is ziss* play? First is comedy, den is tragedy, goes comedy, tragedy, comedy, tragedy. *Vot* von is it?" Und Firth berichtet weiter:

This is no joke – she's backed up by a whole hit-squad of elderly, seasoned theatre-goers, all furious at their own confusion. I desperately want to say something pithy about hoping it was both, but in panic my German vocabulary evaporates (Firth 1995).

Schwierigkeiten, bei dem Bemühen, englische Komödien für das zu halten, was sie sind, haben nicht nur die Zuschauer, sondern auch die Regie und die Kritik. Nicht selten, so scheint es, genieren sich Regisseure an Städtischen Bühnen und Staatstheatern vor dem Boulevardeffekt und gründeln tiefer als dem Text recht sein kann. In anderen Häusern gleiten Inszenierungen, die meinen, daß sie der Erwartungshaltung deutscher Theaterbesucher nur dadurch Rechnung tragen können, daß sie burleske und farcenhafte Elemente überbetonen, leicht in Klamotten ab. So bewegen sich denn bei uns besonders englische Komödien zwischen der Scylla dessen, was das Theater beim Publikum erreichen will, und der Charybdis dessen, was, wie Theaterleute meinen, das Publikum erwartet. Das Theater hat eben eine künstlerische und eine kommerzielle Seite. Im Hinterkopf steckt immer auch das Besucherpotential, der "Silbersee im Zuschauerraum". Wie lassen sich Zuschauer gewinnen? In welche Nischen kann man stoßen?

Ein Denken in Kategorien eines Entweder – Oder, eines So oder So erschwert den Umgang mit englischen Komödien, deren "intelligente Unterhaltung" eine lange Tradition hat. Ayckbourn vermeidet jede Andeutung tieferer Bedeutungen. Er will nicht zu jenen gehören, die sozusagen als "Wanderprediger mit ernsten Botschaften durch die Lande ziehen" (Glaap 1991: 8). Und doch sind seine Komödien handfeste Zeitkritik. Die verletzendste Frage aber, die man ihm stellen kann, ist: Würden Sie gerne einmal ein ernstes Stück schreiben? Fein säuberlich zwischen seinen (früheren) *funny plays* und den (späteren) *darker comedies*, die die Kritiker eher für *serious plays* halten, zu unterscheiden, "das sei doch wohl so, als ob jemand glaube feststellen zu müssen, *Hamlet* sei nicht so spaßig wie *Much Ado About Nothing* und viel ernster als *All's Well That Ends Well*" (Glaap 1993: 346). Wie (scheinbar) leichte Komödien englischer Autoren von den einen als seichte Konversationsstücke mißverstanden, von den anderen aber nachdrücklich als Komödien mit Tiefen oder gar Abgründen interpretiert werden, läßt sich schon den Überschriften deutscher Rezensionen englischer sogenannter Boulevardstücke entnehmen: "Herzhafter Muskelkater", "Lachbombe perfekt gezündet", "Hoffnungslos komisch", "Viel Spaß aus England", daneben aber auch: "Nur scheinbar eine leichte Kost", "Das Morbide hat auch Komik", "Theater das betroffen macht".

Die Gemüter erregen sich bereits am Detail, wenn es darum geht zu bestimmen, ob und was komisch an einer englischen Komödie ist. Zur Illustration mag ein Beispiel genügen. In *Schöne Bescherungen* (Akt I, Szene 3) haben sich am Ende des Heiligabend, gegen Mitternacht, alle zurückgezogen. Nur Phyllis, eine alkoholsüchtige, liebesbedürftige Hausfrau, und Clive, ein Schriftsteller, der von außen in die Familie eingedrungen ist, sind zurückgeblieben.

> **Clive:** Look, everyone does seem to have gone to bed except us...
> **Phyllis:** You see, what I am dying to ask you is, if your were a homosexual, do you think it would make a difference to the way you wrote?
> **Clive:** You mean, would I hold the pen slightly differently? (He laughs)
> **Phyllis:** No, I don't understand. You're a very difficult man to get through to, do you know that? Are you a shy person? (Ayckbourn 1982: 45)

Dieses Zitat wurde von Peter von Becker in einem Artikel der Zeitschrift *Theater Heute*, unter Bezugnahme auf kritische Einwände in *Die Zeit* und in der *Süddeutschen Zeitung*, näher betrachtet (von Becker 1988). In den beiden genannten Zeitungen war die Bemerkung des Schriftstellers "You mean, would I hold the pen slightly differently?" (auf deutsch übrigens: "Du meinst, ob ich den Füller andersrum halten würde?") als ein Beweis dafür herangezogen worden, daß Ayckbourn "zotig sei und sich auf Kosten von Frauen oder gar gesellschaftlichen Minderheiten belustige". Von Becker entgegnet, daß er diese Bemerkung

> gar nicht anzüglich [findet]. Sondern sehr komisch und richtig. Eine absurde Frage wird durch eine schlagfertige, mit den Phantasien und Vorurteilen des Fragestellers spielende Antwort ihrer Absurdität überführt (von Becker 1988).

Peter von Becker macht in seinem lesenswerten Artikel an weiteren Beispielen deutlich, wie Vorurteile und mangelnde Erfahrung mit englischen Gesellschaftskomödien zu Mißverstehen oder gar harscher Kritik führen. In englischen Rezensionen zu Aufführungen von *Season's Greetings* an Londoner Theatern ist die Frage "Komödie – ja oder nein? Und wenn nein, was dann?" kein Thema. Hier wird trotz berechtigter Kritik an Schwächen, die das Stück fraglos in einigen Details aufweist, die geglückte Synthese von Ernst und Spaß besonders betont oder fast schon wie eine Selbstverständlichkeit beiläufig erwähnt. "New plot: same formula. Comedy with all the Ayckbourn angst" heißt es in *City Limits* (Steve Haywood). Charles Spencer schreibt im *Standard*:

> As in all Ayckbourn's zest work, this jaundiced view of the festive season contains beautifully developed scenes which leave the observer quite helpless with laughter. But the underlying mood is black and bitter, for what the play neatly offers is a cool analysis of the many ways in which people make each other miserable (Spencer 1982).

Und Michael Billington, der Theaterkritiker des *Guardian*, bemerkt:

> It is the play's skill in making us laugh while showing the hell under the holly and ivy that marks it out as one of Ayckbourn's best (Billington 1982).

Ende (hoffentlich) offen

Warum sich Deutsche an englischen Komödien sozusagen leicht einen Bruch heben, liegt vor allem am Vorverständnis der Theaterbesucher und zum Teil auch der Theaterleute selbst – einem Vorverständnis, das durch die in Deutschland traditionell übliche strikte Trennung zwischen ernsten (sprich: problemträchtigen) Stücken und solchen, die vorwiegend entspannende Unterhaltung bieten, gesteuert wird. Daraus erwächst offensichtlich ein Denken in Alternativen, das sich kaum der Mühe unterzieht, das eigentlich "Englische" zu verstehen; man nimmt es eben lieber als das Fremde, das Andere hin und nennt es dann "typisch englisch", was allzu oft eine gewollte Distanz provoziert: Rühr' nicht dran, es ist uns nicht nur fremd, sondern wesensfremd (alien!). Wir können es gar nicht verstehen.

Witzige Wortspiele und versteckte Andeutungen in englischen Komödien reizen deutsche Theaterbesucher kaum zum Lachen. Nur in wenigen deutschen Inszenierungen kommt der *English sense of humour* "rüber". Versucht man diesen *sense of humour* durch Verlangsamung des Sprechtempos verständlicher zu machen, dann verschenkt man die Komödie; versucht man ihn durch pfiffige Regieeinfälle und Gags expliziter zu machen, dann wird allzu leicht boulevardesker Klamauk daraus; kehrt man die fraglos in diesen Stücken implizit angelegte Gesellschaftskritik zu sehr nach außen, dann riecht das Ganze nach gesuchtem Tiefgang – frei nach Hugo von Hofmannsthal, dem folgender Ausspruch nachgesagt wird: "Man muß das Tiefe verstehen. – Wo? An der Oberfläche."

Zeitgenössische englische Komödien zu verstehen und auf der Bühne verständlich zu machen, ist offenbar schwierig. Die Finger von ihnen zu lassen, wäre aber ein allzu bequemer *easy way out*. Wie es gelingen kann, fremde Texte zu verstehen und wie sich Textverstehen durch

Interaktion zwischen Leser und Text vollzieht, hat der immer wieder gezeigt, dem diese Festschrift gewidmet ist.

Zeitgenössischen englischen Komödien unverstellt zu begegnen und sie als das zu nehmen, was sie sind, lohnt. Zum einen sind sie zeitkritische Dokumente, und man kann nur immer wieder auf das hinweisen, was der in diesem Aufsatz schon erwähnte Sir Peter Hall in der *Sunday Times* vom 1. Juni 1986 über Alan Ayckbourn schrieb:

> In 100 years' time, when he's been forgiven for being successful, people will read his plays as an accurate reflection of English life in the 1960s, '70s and '80s. They represent a very important social document (Glaap 1993: 345).

Zum anderen verraten ihre Ironie, ihre Heiterkeit und ihr Humor viel von englischer Lebensart und Lebenseinstellung. Und – um den jungen englischen Dramatiker Tim Firth noch einmal sprechen zu lassen -:

> A theatrical culture which devalues comedy naturally provides no incentive for young writers to explore and discover its potential. In England the best serious plays I've seen for the past two years have all been comedies. Dammit. That's what I wanted to say to that woman in the theatre (Firth 1995).

Bibliographie

Ayckbourn, Alan (1982): *Season's Greetings. A Play.* London: Samuel French.

Becker, Peter von (1988): Ein Exorzismus – warum? Zum Aufstand deutscher Theaterkritiker gegen Alan Ayckbourn. In: *Theater Heute* 2/88, S. 10.

Billington, Michael (1982): Seasons Greetings (Review). In: *London Theatre Record* (January 28 – February 10), S. 45.

Dunkhase, Heinz (1985): Zum Geleit. In: Nautilus/Nemo Press (Hg.), *Dinner for One.* Hamburg, S. 7-9.

Firth, Tim (1995): Ways of making them laugh. In: *Daily Telegraph,* 13 October.

Fricke, Peter (1989): Ayckbourn – ein Klassiker der Zukunft. In: Albert-Reiner Glaap (Hg.), *Alan Ayckbourn. Denkwürdiges und Merkwürdiges zum fünfzigsten Geburtstag.* Reinbek bei Hamburg: Rowohlt Theater Verlag, S. 94-100.

Glaap, Albert-Reiner (1991): Nur Entertainment oder mehr? Alan Ayckbourns Bühnenstücke. In: Nationaltheater Mannheim (Hg.), *Schöne Bescherungen* (Programmheft). Mannheim, S. 3-14.

Glaap, Albert-Reiner (1993): Ayckbourn, Frayn and all: Zur Entwicklung der englischen Komödie in den siebziger und achtziger Jahren. In: Klaus Peter Müller (Hg.), *Englisches Theater der Gegenwart. Geschichte(n) und Strukturen.* Tübingen: Narr, S. 341-363.

Heilpern, John (1995). Empire of the Stage. In: *Vanity Fair,* November 1995. London: Condé Nast Publications Ltd., S. 160-215.

Hüllen, Bettina (1995): *Hier und dort. Der Ort als konstitutives Prinzip im modernen englischen Drama.* Frankfurt am Main: Peter Lang.

Kalson, Albert E. (1993): *Laughter in the Dark. The Plays of Alan Ayckbourn.* Cranbury, New Jersey: Associated University Presses – London: Associated University Presses – Mississauga, Ontario: Associated University Presses.

Nautilus/Nemo Press (Hg.) (1985): *Dinner for One. Freddie Frinton, Miss Sophie und der 90. Geburtstag.* Hamburg.

Spencer, Charles (1982): Season's Greetings (Review). In: *London Theatre Record* (January 28 – February 10), S. 46.

PAUL MONACO

Intercultural understanding in the age of television

In 1992 I was invited to speak at the French Institute for Advanced Studies in Commerce in Dunkerque. Taking an open approach to my topic, "Hollywood In The World," I quickly found myself debating with a student in the audience. The point of departure for our debate was her antagonism toward the "Euro-Disney" theme park that was opening at the time outside Paris. The young woman maintained that this entertainment center, modeled on the highly successful Disneylands in Anaheim, California and Orlando, Florida, was one more dreadful example of American "cultural imperialism."

When I asked her to explain just what she feared and what was the "danger" posed by "Euro-Disney," she responded that it was a case of "your [the U.S.'s] attempt to impose upon me [and all the other people around the globe who aren't citizens of the U.S.] your vision of the world." Her claim was not at all surprising. Still, it conveys an ambitious and stunning idea, even if it's a familiar one. At heart, it summarizes a fundamental view of culture, along with a deeply-felt resentment about its contemporary development. And, I could not refrain from being peevish. Here was a young and energetic defender of French culture and civilization frightened by a "vision of the world" advanced by a talking mouse!!!

It turned out that her real fear was that "Euro-Disney" would result in her – and her fellow countrymen – becoming "Americanized." By comparison, I asked her, if she bought and drove a Mercedes-Benz would she be scared of becoming "Germanized?" Or if I buy and drink a bottle of *DOM PERIGNON* champagne, are my mind, body, soul, and spirit threatened with becoming French?

Her concerns, of course, are echoed around the globe. That echo reflects. in turn, an essentially traditional view of culture that I find entirely outmoded on the eve of the 21st century. The view of culture I'm talking about might be described as essentially "European," which would be correct insofar as the basic concept of the modern nation state being the embodiment of a people's culture is an idea with its intellectual origins in European thought. Within Europe there has always been a hesitation toward endorsing this view wholeheartedly. Even when language is designated the primary cultural determinant, it is recognized that much of the appeal in all art and culture transcends such delineation. Although we have become too sophisticated to talk about the "universal" appeal of certain works, we still recognize the power of many of the appeals to an audience which are shared broadly.

As new technologies, new elaborations on the ideas of democracy and popular sovereignty, and demographic shifts have appeared, the nature of culture has transformed. Culture today must be said to consist of an intricate matrix of behaviors, habits, and artifacts-objects, works, and performances. "Commodities" is an alternate term for artifacts, but it carries baggage that provokes both caution and resentment. That resentment reflects what can only be called the "everyday Marxism" of many critics of culture. They distrust the market system of production and exchange.

When culture's commodification *is* acknowledged, it is done so only in a strictly begrudging manner that would have us believe that the discovery of this fact is of interest only insofar as it fuels our revelation of the mendacious and the nefarious nature of capitalist and corporate undermining of genuine and authentic culture. Hence, our discourse on matters cultural is predicated on a contempt for "popular culture" that seems to know no bounds. And we end up treating the pervasive cultural technology of our times, television, as if it were some dreadful and unwelcome invasion upon the natural and expected development of culture and society.

Even when contemporary culture *is* recognized as a series of "product choices" amidst a vast array of "leisure" possibilities, convoluted arguments are dredged up to explain that culture can't really a matter of product choices, in the normal sense of the term, at all! Take, for example, the claim by Jacques Attali, an advisor to longtime French President Francois Mitterand. Attali maintains that while most product choices normally are correctly thought to be individual, what he calls "cultural products" such as movies or music or TV-programs (or "theme parks," I suppose) can only be thought of correctly as being consumed *collectively*. For Attali, who also is President of the European Bank for Reconstruction and Development (EBRD), it is imperative that we recognize that "...cultural products, by their nature, are not produced for exclusive use by the singular consumer."[1] This statement has a persuasive ring rhetorically, but just what does such a claim mean?

Going to a movie, buying a particular recording of music, attending a specific opera, going to a play, watching a program on TV, or reading a certain novel are all individual choices. These individual choices are magnified because a significant number of people make the same choice, either at the same time or within a relatively brief period of time. But this is no different than my buying a bottle of *DOM PERIGNON*, or, for that matter, a Mercedes-Benz. Lots of other people buy a similar bottle of champagne, or auto, and while they may not do so all at precisely the same time, e.g., 8:00 p.m. on Tuesday evening, March 14, 1995, the way people go to a specific concert or watch a particular program on TV, this temporal difference is inconsequential. Individual choices of what we consume and when we consume it have greater social and cultural significance only by being duplicated and replicated time-and-again.

What registers collectively is still selected and consumed individually or in small groups (couples and family members tend to make decisions together about discretionary expenditures for leisure and culture). Confusion on this matter is one of the several points of misunderstanding about culture being widely perpetuated on the end of the 21st century. Technology plus rising affluence translates into choice. This equation used to be talked of derisively as the most apparent encapsulation of "The American Way of Life." In the meantime, while such talk was going on, a number of other nations began to outperform the economy of the United States and, in the wake of their rising wealth, woke up to a similar cultural situation. This is a global phenomenon that belongs to the "Age of Television," and, in fact, contributes mightily to defining and describing that age!

When it comes to television itself this equation obviously prevails. People everywhere want TV, and once they have it today's viewers want more choices of what to watch. During the 1980s and 1990s no country has successfully halted some degree of privatization of TV broadcasting. Nearly everywhere the monopoly over television transmission formerly held by public

---

[1] Jacques Attali, "Hollywood vs. Europe: The Next Round," *The Journal of the Writers Guild of America* (West), April. 1993, pp. 26, 27.

entities has ended or eroded.² The pace of these changes varies from nation-to-nation, but the direction of the change is steady, certain, and common. So, by the way, is the proliferation of VCRs. This much is clear: no matter what the local mentality and cultural cocoon in which a society is wrapped, individuals everywhere want more choices on the TV-dial and more personal control over their own televiewing. But if personal choice is in the ascendant, then cultural choice is on the rise, and if cultural pluralism is genuine – as I'm arguing that it is – why is the mass media and popular entertainment globally so disproportionately dominated by productions from a single country, the United States? For it is clear that movies, television, and popular music from the United States constitutes a global popular culture for which there is no viable competition anywhere in sight.

The model for the popularity of American television forms and popular music appears to many observers to be a logical extension of Hollywood's longtime domination of the international market for movies. Television's initial period of development in the industrial world dates to the twenty years immediately following the Second World War, so TV's beginnings appear to parallel the two decades of relatively unchallenged United States economic, political, and military supremacy through the mid-1960s. Yet, the real era of global television came later, and dates only from the mid-1970s.

"Hollywood" has dominated motion picture production worldwide since shortly after the end of the First World War. This was accomplished through several forms of business ingenuity, based upon setting up local subsidiaries of Hollywood firms in many countries, and controlling distribution of films for exhibition. It is understandable that critics in countries outside the U.S. have looked askance at this domination of nearly the entire market for a single product – the theatrical motion picture. And, it is understandable that these critics have attributed Hollywood's popularity to the sheer power of its economic apparatus and business practices. But such criticism provides no real explanation of the global popularity of Hollywood movies, except on the basis of some crude articulation of a theory of sheer economic determinism. For many, many years, beginning in the 1920s all kinds of attempts have been made by all sorts of nations to prevent or limit the importation of Hollywood movies through quota laws or similar types of tariffs, controls, and similar limitations on trade.³ In addition, though in a somewhat less ambitious and thorough-going manner, programs providing governmental subsidies to native filmmakers have abounded. Yet, universally, all of these measures taken by governments to prevent the import of Hollywood movies and to promote local feature film production have failed. Nowhere have Hollywood movies been held back effectively for long. Nowhere has a film production industry been supported to the extent that it can compete globally with Hollywood.

TV, at first glance, appears to have been an entirely different matter altogether. Television has been introduced everywhere as a broadcast system meant to serve viewers within the boundaries of a particular nation. The licensing of broadcast channels was subject to a power wielded solely by national governments. Nearly everywhere TV-production was a matter of public policy in which production funds were collected from taxes that viewers paid for their ownership of a television set. For a long period of time it seemed reasonable for interpreters of Hollywood's worldwide domination of motion picture production and distribution to fault

---

[2] See, Hevre Michel & Anne-Laure Angoulvent, Paris: Presses Universitaire de France, 1992, *Les télévisions en Europe*; also, June Colbert, "Poland to Peru: Adventures in Privatization," *Television quarterly*, v. 27, no. 29, 1994, pp. 49, 50.

[3] Paul Monaco, New York/Amsterdam: Elsevier Scientific Publ. Co., 1976, *Cinema & Society: France & Germany during the 1920s*, see especially chapters one and two.

American cultural imperialism. But this accusation begs two questions about contemporary global culture and its widespread popularity. The first is: 1) Who makes people around the world go to Hollywood movies or watch American TV? The second is even more vexing: 2) Why has television globally developed in such common ways everywhere?

There is no credibility, after all, in speaking about distinct national television – German, Japanese, Israeli, Argentinean, or Taiwanese – except at the rudimentary level of language. But while TV worldwide may speak in different tongues, its pictures, structures, and formats are remarkably similar. There are, of course, the many TV-series from the U.S. that are popular worldwide. These certainly look very much akin to the Hollywood domination of the big screens in movie theaters globally. And it seems a case of a dominant, rich producer nation exporting to others who are economically incapable of producing a competing product. But, how then, is the popularity of native-produced programming that copies American models – like versions of *The Price is right*, *Wheel of Fortune*, and *The Dating Game* – to be explained?[4]

Television news looks increasingly similar everywhere. The readers of the news we see on the little screen are photogenic – attractive in some commonplace way. News stories themselves are reported tersely. The text is accompanied by graphic pictures edited into short, pithy sequences. The sports differ, but athletic competitions of all sorts are telecast everywhere with experts and past stars providing descriptions of the action and incidental commentary. Interview shows everywhere tend to be much the same. Dramas and comedies which work well on TV present characters who we understand quickly and easily, presented in situations that are quickly comprehended by a mass audience. Critics refer to all this as popular culture's descent to appealing to "the lowest common denominator."[5] A more balanced assessment would be that common forms have common cultural appeal today. This is not the result of one dominant country, the United States, exercising its cultural hegemony. Rather, it is that models that first appeared in the U.S. – and which were most quickly advanced and mastered there – have been taken over and duplicated by television producers around the world. The reality behind this is not even necessarily a matter of direct commercial profits to American interests. A news program on German or Japanese cable produced on a model of reporting, camera work, or editing that was pioneered in the U.S. doesn't mean there are profits in it for any American. *SAT 1* doesn't put a check in the mail to *ABC* when it happens that one of it newscasts looks like it could have been produced in New York or L.A.. When an Italian or Filipino TV game-show looks like one of the scores of American version, past or present, there are not automatic residual payments to some addled American who dreamt the idea in the first place, perhaps twenty or thirty years ago.

Nonetheless, critical doubts linger that what I am describing still is a case of that nasty phenomenon called *Americanization* rearing its ugly red, white, and blue head. All our standard, established, and traditional models of culture are "national" and "literary." The technologies, communications, and economic changes of the past twenty years, however, have completely outstripped these models for understanding culture. Two decades ago, even in the capitals of western Europe, it was still tough to find a good hamburger or to wear blue jeans to the opera. All that has changed! But, by the same token, twenty years ago you couldn't have found imported beers and wines in a small town in the American West, like Bozeman, Montana. If

---

[4] 4. Michael Logan, "WHEEL OF FORTUNE Sends in The Clones," *TV Guide*, October 26 - November, 1, 1991, p. 15.

[5] William Bennet, New York/London: Simon & Schuster, 1994, *The index of leading cultural indicators*, see, for example, p. 106, quoting Hillary Rodham Clinton on TV appealing to the lowest common denominator.

you live in Paris, France or Giessen, Germany, you never have to go to McDonald's. If you live in Bozeman, Montana or Los Angeles, California, you never have to buy a bottle of wine from France or a six-pack of Dortmunder Union beer. But these options are now so available, not only in these places, but practically anywhere in the world, that no one really gives much thought to them anymore. We can choose to drive a *BMW*, drink only *Beaujolais Villages* from France, wear Italian shoes and gloves, trousers made in Spain, and a shirt made in Sri Lanka, while we watch a videotape of a Hollywood movie played on a *VCR* manufactured in Korea and shown on the screen of a TV-set manufactured in Singapore. We not only can do this – we all do!

In 1992, after my lecture in Dunkerque I visited Paris for several days. In the French capital, I took an afternoon to visit the "Père Lachaise Cemetery" in the Northeastern part of the city. Along with many common citizens, "Père Lachaise" is the final resting place of important thinkers, artists, philosophers, and politicians, from Moliere to Emile Zola, Louis Pasteur to Gertrude Stein, Guillaume Appollinaire to Talleyrand, Jean-Auguste Ingres to Georges Seurat, Georges Meliès to Simone Signoret, and Oscar Wilde. The cemetery is physically large. In one corner of it is the infamous wall where leftist communards were executed in 1871, when their uprising was suppressed at the end of the Franco-Prussian War. But among all its historic spots and the remains of so many luminaries, only one grave site in all of "Père Lachaise" cemetery is inundated steadily by visitors! Their numbers require constant police guards; normally, at least two officers are stationed there. You get an immediate sense of the special nature of this grave the first time you spot some of the graffiti pointing the way to it. Written in various languages – some of them non-western – the extent of the graffiti itself underscores the size of the crowds heading to this one grave. It is that of the American musician of the rock group "The Doors," who died in a Paris hotel in 1972 of a drug overdose – Jim Morrison.

The popularity of this constant pilgrimage to Jim Morrison's tomb is *not* a direct function of either capitalist exploitation or cultural colonialism! No one has a concession at the Morrison tomb! Profiteering record companies are not peddling CDs and cassettes in the shadow of his grave marker. There are no golden arches to be seen in the middle of "Père Lachaise" urging the weary mourner to down a "Big Mac." Nor do red-and-white logos bid that we quaff the ubiquitous "Coca-Cola" after a trudge up the incline from the cemetery entrance to the "Lizard King's" grave. The visitors to Jim Morrison's grave are there because of a widely-shared interest among them for paying their respects to this tragic hero of rock music and the golden age of youth culture that fleetingly appeared at the end of the 1960s.

The visitors to Morrison's tomb have little interest in the other "Père Lachaise" graves. What is going on here is the adulation of a popular musician, whose image has long outlasted his career and his original popularity. Viewed alongside the indifference toward visiting the graves of so many great figures of letters, the arts, sciences, and politics what I am describing flies in the face of traditional attitudes and values about civilization and culture. At the same time, this adulation of Jim Morrison also flies in the face of much common wisdom that holds that the shared passion for popular culture is the result of an equation based on the finely-tuned exploitation of sounds, images, stories, personalities, and types – solely for direct economic gain. Private entrepreneurs haven't tapped into the late Jim M.'s resting place. The French government hasn't yet started to charge admission either to the cemetery or his grave.

Then, too, the lock that popular culture itself has on its audiences sometimes proves to be slippery and problematic. "Euro-Disney", which my antagonist in Dunkerque feared so much has not fared well. The marketplace has been remarkably unkind to "Mickey."[6] Perhaps, the reasons for this poor performance are complex and challenging. Perhaps, they are quite simple. The weather in North Central France, for example, *is* much less amenable to hauling your kids around a theme park than is the weather in Anaheim, California or Orlando, Florida. The simple presence in the world of a particular form of popular culture does not insure its commercial viability and success.

As the cultural historian Norman Cantor has observed, in the late 1960s history reached a turning point – but didn't turn![7] What seemed to the rising tide of counter-cultural radicalism didn't transform society. The economics, politics, institutions, lifestyles, and mores of "the establishment" were shaken but didn't topple. Leftist, socialistic alternatives did not prevail. By the close of the twentieth century, they, in fact, are relegated to the ashheap of history. The entertainment industry, built largely on movies, popular music, TV, and a number of spin-offs and ancillary enterprises, did! What the late-1960s produced was an enormous and continually growing global market for images, sounds, fashions, personalities, and lifestyles, especially among younger people. The similarities in what appeals worldwide, and the consistency of this market for "cultural goods" everywhere, once modernization takes hold, is undeniable. This globalization and leveling of culture is widely and deeply resented by critics who – quite broadly, and by no means in a strict political sense – can be called both "Left" and "Right." In the "Age of Television" the Leftist critique of wide-spread popular culture is based on a classic critique of capitalist economic mechanisms, the presumed resulting manipulation of the marketplace and taste, and the assumed victimization of audiences who are helpless when confronting this juggernaut of exploitation. The Left ascribes such nasty business, by historical habit, to the ideological flaws of capitalism and free-market theory. Although the "Cold War" proper has ended, the web of contempt, hostility, and suspicion toward the capitalist corruption and cooptation of culture globally – based upon evil American interests – remains strong.

By contrast, the Right criticizes widespread, common, popular culture because it is loose and self-indulgent, undermines authority and tradition, and casts historic notions of the good, the beautiful, and the true into disarray. The Right holds the "Americanization" of global culture in contempt, not because of the economics upon which this triumph is based, but because the results constitute a debasement of time-honored artifacts, practices, and values.

These two modes of cultural criticism that I'm calling "Left" and "Right" frequently merge and overlap. A critic of the media in the United States who we identify as being on the "Christian Right" can sound just as vehement toward the cultural barbarism and exploitativeness of Hollywood movies and TV as did any Communist in Eastern Europe during the Cold War. Some Leftist French intellectuals try to keep American movies and TV off both the big and little screens in their country with as much zeal as do Islamic fundamentalists in Iran.

Television presents forms and contents in its programming that appeal broadly, even universally. At the same time that TV has spread globally, so has the rise of popular sovereignty spread worldwide.[8] In *The End of History and the last Man*, published in 1991, Francis Fukuyama manages to identify clearly the staggering rise of liberal democracy, around the world. He dates this transformation as beginning on the Iberian peninsula, in the mid-1970s, with the death of Franco in Spain and the demise of Salazar in Portugal. This age of extraordinary democratization has spread globally, toppling non-democratic states and systems of both

---

[6] "Euro-Disney '93: $ 901 Million Loss," *New York Times*, November 11, 1993, p. D4; also, Jolie Solomon, "Mickey's Trip To Trouble," *Newsweek*, February 14, 1994, pp. 34-37.

[7] Norman Cantor, New York/Berne: Peter Lang Publishing, *Twentieth Century Culture*, 1988, p. 257.

[8] John Naisbitt, New York: William Morrow & Co., 1994, *The global paradox*, p. 151.

the far Left and the far Right: in the Philipines, South Africa, Nicaragua, Haiti, theSoviet Union and all its client states in Eastern Europe, and so on. There are four times (4X) as many democracies in the world today, in 1996, as there were twenty years ago.[9] In this regard, one of the broadly admired touchstones of the collective cultural consciousness, George Orwell's novel *1984*, remains great fiction but flops completely as prophecy. The actual, chronological year 1984 stands smack in the middle of this long, staggering period of unprecedented democratization worldwide.

As a child, growing up in the U.S. right after the Second World War, I would hear comments that made me wonder if Germans, or Japanese, or Italians were culturally suited for democracy. As a teenager I believed that Russians likely never would live under a democracy because they didn't want to. If they didn't have a Czar, then they'd have a Stalin, and if not a Stalin at least a Brezhnev and a Party apparatus. Much of my life I've thought that Latin American countries were destined to suffer under despotism, as a kind of fact of nature. Much in the same way, I spent years convinced that the Union of South Africa could never develop shared democratic governance for whites and blacks without bloodshed and a terrible civil war. Today a majority of the world's governments fulfill the basic requirements of a democracy: a system of universal adult suffrage (one person, one vote), the permitting of multiparties and contested elections, and the constitutional (or similar) protection of fundamental, individual rights. This development has coincided chronologically with a period, that for lack of any better overarching term might be called "The Age of Television." TV may not cause liberty, but its global rise has certainly accompanied freedom.

The single inextricable and compelling question that we must ask of culture is to what extent it maximizes human freedom and choice. The fact that much of today's culture seems to us not to be at all about the higher ambitions of the human spirit does not mean that the culture as a whole abandons their pursuit. For 2,500 years democratic ideas have inspired much. In the last twenty years democratic ideas have triumphed in unprecedented fashion. But democracy's promises never have included refinement or sophistication. Good taste does not define good civic judgment or courage.

In an age in which electronic transmission is revolutionizing culture as we know it, it would be unfortunate to mistake the prevailing common tastes as either less, or more, than they are. The differences that must be cherished, and respected, between humans are not necessarily national ones. Nor are the differences between humans obliterated because cultural tastes become common to a large extent. If there is an end to history, then I believe that its resolution is likely more homely and commonplace than either Marx or Hegel predicted. The fact that culture becomes popular... The fact that these popular forms proliferate globally... The fact that they had to come from somewhere so that we mistakenly label them as belonging to the national culture from which they originate... All of these facts point not to the decline of taste and sensitivity that we must look upon in regret, but, rather, the rise of a democratic spirit that for the first time in history is spreading worldwide.

---

[9] John Naisbitt, New York: William Morrow & Co., 1994, *The global paradox*, p. 151.

PETER FREESE

Bernard Malamud's *Black Is My Favorite Color*, or The Hazards of Multiculturalism and the Limits of Intercultural Understanding

On 18 July 1963 Bernard Malamud, by then the well-known author of such prize-winning novels and short-story collections as *The Assistant* and *The Magic Barrel*, published his story "Black Is My Favorite Color" in *The Reporter*, and in the same year included it in his second collection, *Idiots First*. When, twenty years later, he put together a selection of his favorite stories as *The Stories of Bernard Malamud*, he included "Black Is My Favorite Color," with one significant name change,[1] and thus indicated that he thought highly of it. Meanwhile, the story has been anthologized several times and is even available in two annotated editions for the German EFL-classroom,[2] but it has not yet received the critical scrutiny it deserves, and its renewed topicality in the context of the ongoing multiculturalism controversy has remained unnoticed.

Bernard Malamud was born in 1914 and grew up in Brooklyn as the son of poor Jewish immigrants from Russia, who eked out a meager living in their little grocery store, and he later taught for a year at the Harlem Evening High School. Thus, he knew from personal experience about the problems and paradoxes of Jewish-Black relationships in New York, an issue which Leonard Kriegel recently called "*the* New York subject," adding that it is so complicated that "the more written about, the more shrouded in nuance and accusation, the less real"[3] it becomes. When 'mainstream' America stereotyped the Jew as the representative of intellectual

---

[1] In the earlier versions, the cleaning woman's name is Charity Sweetness, while in *The Stories of Bernard Malamud* it is changed to Charity Quietness.
[2] The EFL-editions are Gisela Pira, ed., *Black is My Favorite Color: Three American Short Stories by Contemporary Authors* (Frankfurt: Diesterweg, 1973); and Peter Freese, ed., *Growing up in a Multicultural Society: Nine American Short Stories* (München: Langenscheidt-Longman, 1994). All quotations are from the latter edition, with line numbers in brackets in the text.
[3] Leonard Kriegel, "Imaginary Others: Blacks and Jews in New York," *Partisan Review*, 60, 4 (1993), 576. - For more details see, e.g., Robert G. Weisbord and Arthur Stein, *Bittersweet Encounter: The Afro-American and the American Jew* (Westport, Conn.: Negro Universities Press, 1970), which offers a helpful survey of Jewish-Black relations from "Early Sporadic Encounters" (chapter 1) to "The New York School Crisis and Its Aftermath" (chapter 8); Hasia R. Diner, *In the Almost Promised Land: American Jews and Blacks, 1915 - 1935* (Westport, Conn.: Greenwood Press, 1977), which provides an informative picture of the attempts made by the leaders of American Jewry "to link their names and their fate in American society with blacks"; Shlomo Katz, ed., *Negro and Jew: An Encounter in America - A Symposium Compiled by 'Midstream' Magazine* (New York and London: Macmillan, 1967), which collects a number of essays on the complex theme; and *Black Anti-Semitism and Jewish Racism*, with an introduction by Nat Hentoff (New York: Schocken, 1979), which assembles nine essays, among them James Baldwin's "Negroes Are Anti-Semitic Because They're Anti-White" and Norman Podhoretz' controversial "My Negro Problem - And Ours."

power and the Black as the embodiment of sexual violence, both were located at opposite ends of the scale but, being equally denounced as outsiders and 'others,' they were thrown into an uneasy alliance. But whereas the rejected Jew could find solace in belonging to the chosen people or decide to join a mainstream for which skin color was more important than religious difference, the degraded African American remained lastingly stigmatized by his ineradicable black skin, and consequently the curious alliance between these two minorities could hardly hold. In the days of slavery, devout black Christians, all of whose favorite hymns and Biblical stories came from the Old Testament, identified with the Jews and thought of themselves as their successors, in bondage to brutal slavemasters and yearning for a black Moses to lead them out of their Egyptian captivity. But their latter-day descendants in the black inner-city ghettoes discarded such an identification and adopted the dominant notion that the hateful Jewish 'Christ-killers' were to be abhorred. This, of course, had to do with the socio-economic conditions of ghetto-life, for under-class Blacks in the inner cities all too often experienced the Jew as the greedy 'slumlord' to whom they paid an unduly high rent for their dilapidated tenements, as the corner-store grocer from whom they bought their overpriced food and who heartlessly denied them credit, as the avaricious pawnbroker whom they shamefacedly entrusted with their family jewels, or as the haughty high-school teacher who informed them that their delinquent children were once more playing hookey. Consequently, they began to see in the Jew the agent of oppression and hated him as 'the Man,' the representative of an exploitative system and the greedy accomplice of Mr. Charlie. On the other hand, of course, it was Jews who, with their long socialist traditions, frequently headed the fight for justice and equality, risked their lives in Civil Rights marches down South, and courageously worked for an improvement of ghetto conditions. These contradictions that define the symbiotic dependency between Jews and Blacks were even further complicated when the arrival of the Black Muslim movement added the reverberations of ancient Jewish-Arab hostility to the complex conundrum.

Thus, the relationship between Blacks and Jews in the dysfunctional New York 'melting pot' has always been beset with mutual stereotypes and contradictory emotions, and this is why literary attempts at exploring this relationship as well as expository attempts at explaining it are legion. James Baldwin, for example, in his famous essay about "The Harlem Ghetto," convincingly shows how the two ethnic minorities are caught in the web of mutually harbored hostile projections and how their antagonism helps the majority to rule by means of *divide et impera*:

> The Jew has been taught - and, too often, accepts - the legend of Negro inferiority; and the Negro, on the other hand, has found nothing in his experience with Jews to counteract the legend of Semitic greed. Here the American white Gentile has two legends serving him at once: he has divided these minorities and he rules.[4]

It is against this charged background that Malamud's repeated attempts at probing the depths of Jewish-Black antagonism have to be read. When in the fantastic story "Angel Levine," an allegorical variation of the Biblical trial of Job, a suffering Jewish tailor is not only confronted with Black Jews in Harlem but also expected to acknowledge a black man as an angel from God, he faces a task that seems unrealizable; and when in the pessimistic meta-novel *The Tenants* an intellectual Jewish author and a revolutionary black apprentice writer attempt to coexist in an otherwise empty tenement block due for demolition, their doomed reenactment of the Robinson-Friday constellation explodes into a visionary closing scene, in which Jew and Black

---

[4] James Baldwin, "The Harlem Ghetto," in his *Notes of a Native Son* (London: Corgi Books, 1965), p. 57.

maim and kill each other in an apocalyptic outburst of hatred and violence. "Black Is My Favorite Color," then, which was published in the very year in which Martin Luther King was jailed in Birmingham and Medgar Evers shot to death in Jackson, is one of Malamud's several fictional explorations of the chances and limits of what, in today's fashionable jargon, is called 'multicultural' co-existence. When, in the 1975 *Paris Review* interview, Daniel Stern asked him about the sources for his texts "about blacks," Malamud answered:

> Experience and books. I lived on the edge of a black neighborhood in Brooklyn when I was a boy. I played with blacks in the Flatbush Boys Club. I had a friend - Buster; we used to go to his house every so often. I swiped dimes so we could go to the movies together on a couple of Saturday afternoons. After I was married I taught for a year in a black evening high school in Harlem. The short stories derive from that period. I also read black fiction and history.[5]

Here it becomes obvious that not only the Buster of "Black Is My Favorite Color" but also several of the protagonist's childhood experiences are Malamud's own and that the story, which dares confront the loaded issue of Jewish-Black relations, has strong autobiographical roots.

*****

On the surface, "Black Is My Favorite Color" deals with the abortive love relationship between a middle-aged Jewish liquor store owner named Nathan aka Nat Lime and an attractive black widow named Ornita Harris. In spite of the two lovers' best intentions, this relationship is cruelly thwarted by the social circumstances of Harlem that make intermarriage between members of the two hostile ethnic groups simply impossible. In so far Sol Liptzin is right when he says that Nat must finally accept the impossibility of marrying Ornita because "the Negroes, though themselves an underprivileged minority, are already poisoned by a diabolical image of the Jew,"[6] and Marc Ratner is equally right when he points out that Nat misjudges his chances because he clings to his "naive belief that his acts of kindness can counter centuries of degradation."[7] Both comments refer to important elements of the story, but they overlook its decisive aspect, namely, the narrative point of view. "Black Is My Favority Color" deals not only with a particular social reality, but it also explores, on a more fundamental level, the limitations of human understanding. Therefore Malamud's real concerns are not with ontology - the social obstacles to multicultural togetherness - but with epistemology - the individual shortcomings of intercultural understanding.

"Black Is My Favorite Color" is told retrospectively by the protagonist himself. Since he uses the confessional mode and takes the directly addressed reader into his confidence, Nat comes across as an honest and well-intentioned man who deserves sympathy and pity. His believability is enhanced by the fact that he readily concedes his own shortcomings - he admits "a daily growing bald spot on the back of [his] head" and grants that he "could lose frankly fifteen pounds" (14ff.) - and convincingly states his good intentions - "I'm the kind of a man when I think of love I'm thinking of marriage" (227f.). Consequently, most readers are inclined to empathize with the poor man and pity him as a kind of urban shlemiel, a hapless victim of ad-

---

[5] Daniel Stern, "The Art of Fiction: Bernard Malamud," *Paris Review*, 61 (Spring 1975), 40-64; here quoted from the reprint in George Plimpton, ed., *Writers at Work, Sixth Series* (New York: Viking Penguin, 1984), p. 66.
[6] Sol Liptzin, *The Jew in American Literature* (New York: Bloch, 1966), p. 227.
[7] Marc L. Ratner, "Style and Humanity in Malamud's Fiction," *Massachusetts Review*, 5 (1964), 679.

verse social circumstances.[8] On closer scrutiny, however, such an assessment proves utterly wrong, and Nat turns out to be the creator of his own misfortunes, with both his behavior as the 'hero' and his language as the narrator of the story betraying his intellectual limitations and his emotional immaturity and exposing him as a philistine who is not so much victimized by outward circumstances as by the racist prejudices which he unwittingly harbors.

Malamud's deceitfully simple story unfolds within a circular frame that situates Nat's retrospectively narrated experiences within his present condition, and the 'inset story' consists mainly of two associatively linked parts, namely, Nat's lengthy reminiscence about a formative childhood experience with the black boy Buster more than thirty years ago, and the story proper about the painful end of his love affair with Ornita about two years ago. The tale opens with three intriguingly enigmatic sentences which only gradually reveal their implications in the subsequent text:

> Charity Quietness sits in the toilet eating her two hard-boiled eggs while I'm having my ham sandwich and coffee in the kitchen. That's how it goes, only don't get the idea of ghettoes. If there's a ghetto I'm the one that's in it. (1-4)

This laconic opening not only evokes a genuinely Malamudian scene, but it also announces the tale's central concerns, namely, the ultimate loneliness of human individuals and the frustrating impossibility of communication across ethnically defined dividing lines. Moreover, the ironically appropriate name of Nat's cleaning woman insinuates that true 'charity' might be the very quality that is missing from this bungling hypocrite's life.

Nat Lime, a "forty-four"-year-old Jewish bachelor (44), who is obviously less a doer than an observer and whose loneliness makes him garrulous, complains in colloquial and sometimes slangy English, which is not always grammatically correct and frequently betrays a Yiddish inflection, that not even his black cleaning woman "from Father Divine" (5)[9] likes him sufficiently to share a meal with him. Nat's opening sentences not only betray his self-pity - "If there's a ghetto I'm the one that's in it." (4) -, but they also reveal that he is lamenting about a situation he does not fully understand. Although his "ham sandwich" (2) seems to signal that he has given up on kosher food, Nat certainly knows that orthodox Jews carefully separate cooking utensils and china for dairy and for meat products, but he seems deplorably unaware of the long history of carefully separated plates and cutlery for Whites and Blacks[10] and of the

---

[8] I have taught the story to diverse audiences of high-school pupils, university students and teachers-in-service, and initially almost all of them took Nat's side and empathized with the 'poor man.'

[9] The passing mentioning of Father Divine (1882 - 1965), the itinerant garden worker George Baker from Georgia who, around 1919, proclaimed himself God and started his non-denominational and interracial Peace Movement, not only refers to the important social work that the Peace Movement did for poor Blacks in Harlem, but it also implicitly evokes the event which greatly contributed to Father Divine's sudden success and which can be understood as an ironical refraction of the story's theme. In 1931, Father Divine and eighty of his followers were arrested on a disorderly conduct charge, and the black preacher was sentenced to a prison term. Four days later the sentencing judge dropped dead of a heart attack, and when Father Divine was informed about this, he is reported to have said "I hated to do it."

[10] Grace Halsell, a white Washington journalist, who changed the color of her skin and went to Harlem and the South to experience what it means to be a black woman, had this to tell about her work as a maid for a Southern lady as late as 1969: "For my lunch, she puts a piece of bologna on two slices of white bread, places this on a paper plate, and says I should sit on a kitchen stool 'and open yourself a Coke.' She has everything designed so that my lips or hands will not contaminate any of her china or glassware, that nothing I touch will in turn be touched by her lips or her hands. She goes to the dining room to eat her lunch, making clear that she and I both know my place." (*Soul Sister* [Greenwich, Conn.: Fawcett Crest, no date], p. 156).

ongoing sit-ins in segregated diners in the South. Thus he does not realize that to Charity his invitation "to sit down at the kitchen table with me and eat her lunch" (12f.) is a demand to which she can only react by retiring to the toilet. What is worse, however, is that Nat does not evaluate his experience in terms of Charity's individual reaction but, rushing to the precipitate self-pitying generalization "It's my fate with colored people" (15), betrays instead his predilection for thinking in terms of groups. Although Nat complains that not only Charity but also many other Blacks constantly rebuff his well-meaning approaches, he nevertheless insists that "black is still [his] favorite color" (25). Thereby he reveals that he harbors prejudices not *against* but, on the contrary, *in favor of* Blacks. Since Nat grew up in a neighborhood with black people and now owns a flourishing liquor store on Eighth Avenue in Harlem, he seems quite convincing when he claims that his being "drawn to" (31) Blacks is not just some fanciful notion but the result of his extensive knowledge of "Negro people" (29). Then, however, he confesses:

> At this time of my life I should have one or two good colored friends, but the fault isn't necessarily mine. If they knew what was in my heart toward them, but how can you tell that to anybody nowadays? I've tried more than once but the language of the heart either is a dead language or else nobody understands the way you speak it. Very few. What I'm saying is this, personally for me there's only one human color and that's the color of blood. I like a black person if not because he's black, then because I'm white. It comes to the same thing. If I wasn't white my first choice would be black. I'm satisfied to be white because I have no other choice. Anyway, I got an eye for color. I appreciate. Who wants everybody to be the same? Maybe it's like some kind of a talent. Nat Lime might be a liquor dealer in Harlem, but once in the jungle in New Guinea, in the Second World War, I got the idea, when I shot at a running Jap and missed him, that I had some kind of a talent, though maybe it's the kind where you have a good idea now and then, but in the end what do they come to? After all, it's a strange world. (31-48)

In this masterfully executed exercise in unwitting linguistic self-revelation, Malamud makes a well-meaning middle-class Jew unknowingly betray the clichés and stereotypes that dominate his muddled thinking and shows that Nat is a totally unreliable narrator who does not at all understand his own predicament. Nat's cliché-ridden reference to "the language of the heart" and his despairing admission that "it's a strange world," which is of course nothing but an empty euphemism for not understanding what is going on, frame his obtuse ramblings about color. First he asserts that for him there is only one human color, namely "the color of blood," which is of course red, but immediately afterwards he contradicts himself by discussing human beings in terms of black and white. His confession that "I like a black person if not because he's black, then because I'm white. It comes to the same thing. If I wasn't white my first choice would be black. I'm satisfied to be white because I have no other choice." is a fabulous example of illogicality and obtuseness. And his statement that he acquired his "talent" for appreciating human differences while shooting at "a running Jap," reveals an outrageous lack of sensitivity both through its absurd self-contradictoriness and through its language, "Jap" being a derogatory term for one of the 'others' whom Nat professes to appreciate. Recognizing these unwitting admissions of intellectual limitation and having grave doubts about the emotional maturity of a forty-four-year-old bachelor who dutifully lives together with his mother till her death and still refers to her as "Mama" (9), the attentive reader recognizes even before the beginning of the story proper that it is the obtuse Nat himself who is responsible for his predicament and that thus what he deplores as his "fate with colored people" (23f.) is entirely of his own making.

Nat's detailed childhood reminiscences, which are triggered off by Charity Quietness' bewildered rejection of his friendship, present not only an earlier, and once more insufficiently understood, example of his repeated failures at inter-ethnic communication, but they also provide the reader with a history of New York Jews *in nuce*. Nat reports that, "in the days before La Guardia" (111f.), he grew up "in the Williamsburg section of Brooklyn" (50f.) in a "not-so-hot neighborhood full of pushcarts" (52f.) with a block of "Negro houses" (53); that his father, "a cutter" (55), had to give up work because of arthritis in his hands; that his tireless mother had to take over earning a living for the family and started selling "paper bags from a secondhand pushcart on Ellery Street" (58); and that the family was so poor that "nobody ate chicken unless we were sick, or the chicken was" (59f.). In the years before Fiorello Henry La Guardia began his successful three terms as mayor of New York City from 1934 to 1945, Williamsburg, which is today the center of the ultra-orthodox Hasidim, was mainly populated by Jewish, Italian and Polish immigrants. Most of the Jews who, like the Limes, moved to Brooklyn after having first lived in the Lower East Side in "Manhattan" (71), worked in the garment industry, with the men cutting cloth[11] and risking the occupational disease of arthritis and the women and children sewing piece-work in the infamous sweat-shops. The proverbial 'pushcart' identified the aggressive Jewish peddler, who began by selling every imaginable item from a vendor's tray, progressed to a pushcart and then a horse-drawn wagon, and finally managed, like Malamud's parents, to buy or rent a corner-store. The energetic and overbearing *yiddische momma* did whatever she could for her family and ritually treated her closely guarded children to some costly chicken broth as the folk medicine against all minor sicknesses. And the joke about eating chicken only when somebody was sick or the chicken was constituted one of the standard items of the vaudeville circuit.[12]

In the ethnic 'melting pot' of Williamsburg, little Nat Lime, at the impressionable age of "ten" (74), makes his "first acquaintance with a lot of black people" (60f.) and quickly realizes that they are even worse off than his own family. As a grown-up, he reminisces, in a revealing mixture of Yiddish syntax, a borrowed black salutation, and a pompous cliché: "I think I thought, brother, if there can be like this, what can't there be? I mean I caught an early idea what life was about." (61ff.) And this comment reveals both a smug sense of superiority with regard to the Blacks as the poverty-ridden 'others' and an almost voyeuristic feeling of muted envy as to the adventurousness and complexity of their existence.

Thinking back to the near-by squalid "block of colored houses" (80), Nat not only remembers his fear of the sinister black quarter but also his jealousy of the "parties at night [when] everybody had a good time" (86) with "music and laughing" (88), and he fondly recalls "the young girls, with their pretty dresses and ribbons in their hair" (88f.). Even as a child, then, Nat fell prey to typifying Blacks as 'having fun,' as being able to enjoy life in the here and now, and as possessing an uninhibited attitude towards sensuality; and the ethnic stereotypes acquired by the studious little Jewish boy, so closely supervised by his overbearing mother and so helplessly envious of the more relaxed life of his black neighbors, are still cherished by the grown-up man. But even as a boy - and here comes the next cliché about the stereotypical Black's lack of self-control and inability to 'hold his liquor' - Nat knew that after the joyous parties "came

---

[11] Therefore, the annotation in the Diesterweg-edition, p. 38, of *cutter* as "a person that cuts glass or diamonds or stone" is factually wrong.

[12] See, e.g., Irving Howe, with the assistance of Kenneth Libo, *World of Our Fathers* (New York and London: Harcourt Brace Jovanovich, 1976), which investigates the European background of Jewish immigrants and their passage, their living conditions in the East Side, and their move from the ghetto into the 'mainstream' in fascinating and meticulously documented detail.

drinking and fights" (91), not harmless fisticuffs but murderous fights with cutting instruments like "chisel[s]" (95) and "switch knives" (108) and with the blood flowing copiously. In retrospect Nat comments, in another all-embracing but totally empty phrase, that as a child he could not stand the violence but was "scared of the human race" (120). Ironically enough, however, Nat's memories do not make him reflect on the fact that he is earning his living by providing his black customers with the very liquor the consequences of which he finds so deplorable. His moral outrage, then, reveals a hypocrite's double moral, since he is now comfortably living off his black customers' need to escape from an unbearable world into the dreams brought by intoxication.[13]

Motivated by a mixture of envy and guilt, Nat befriends a black boy of his age named Buster, whom, without knowing it, he probably admires because of his manly independence and quiet self-containment,[14] thereby following an urge which Norman Podhoretz, in his controversial essay "My Negro Problem - And Ours," describes as follows:

> What counted for me about Negro kids of my own age was that they were "bad boys." There were plenty of bad boys among the whites [...] but the Negroes were *really* bad, bad in a way that beckoned to one, and made one feel inadequate. [...] *We* rarely played hookey, or got into serious trouble in school, for all our streetcorner bravado; *they* were defiant, forever staying out (to do what delicious things?), forever making disturbances in class and in the halls, forever being sent to the principal and returning uncowed. But most important of all, they were tough; beautifully, enviably tough, not giving a damn for anyone or anything. [...] This is what I saw and envied and feared in the Negro.[15]

Looking back upon why he picked Buster, Nat comes close to an important insight - "Maybe because I had no others then" (69f.) -, but he immediately buries such painful recognition under the empty, and once more de-individualizing, cliché that "also I liked his type" (71). Treating Buster to "Hershey chocolate bars" (128) and his "best Nick Carter and Merriwell books" (129),[16] Nat also invites him to several film matinees. But in spite of Nat's efforts, the fraternizing Jew and the taciturn Black never get to be friends, and the retrospective narrator is on the verge of a decisive insight when he comments "Maybe because it was a one-way proposition - from me to him" (126f.). Even as a child, Nat has a patronizing attitude, and since he always gives but never takes, his friendship humiliates the receiver and thus awakens his aversion.[17] Thus it is only logical that one day, when they come home from the movies,

---

[13] Lenora E. Berson, *The Negroes and the Jews* (New York: Random House, 1971), p. 257, states that "of all the enterprises that have exploited the poor, none has encouraged more atrocious social fallout than the liquor trade, which includes alcoholism, sexual promiscuity, family instability, violence, brutality, and the improvident use of limited funds."

[14] When Buster's drunken father is dumped into a paddy wagon, with his nose spouting blood, Buster, "who did everything alone" (71), is "watching without any expression in his eyes" (121).

[15] Norman Podhoretz, *Doings and Undoings* (New York: Farar, Straus and Giroux, 1964), pp. 363f.

[16] These references contribute further to the story's cultural context. Nick Carter was a fictional detective, probably based on the historical Allan Pinkerton, who was both a character in, and the pen name of, 1,076 dime novels published by Street & Smith from 1886 onwards. These books sold more than four million copies and later also served as models for radio plays and movies. Frank Merriwell, the hero of more than 500 adventure stories published between 1856 and 1915 by Street & Smith in *Tip Top Weekly* and of a film serial begun in 1936, was an athletic Yale graduate and an adventurer who went out West to take on outlaws and Indians, who travelled around the world and occasionally visited England where he helped Scotland Yard to defeat international smugglers, and who worked as an undercover agent for the U.S. police.

[17] In his well-known story "Take Pity," in which a character proudly declares "charity we are not needing," Malamud uses the linguistic ambiguity of the title to make the crucial point that, in order to be more than

Buster unexpectedly hits Nat in the mouth and, when asked for an explanation, declares: "Because you a Jew bastard. Take your Jew movies and your Jew candy and shove them up your Jew ass." (145f.) It is not only ten-year-old Nat, then, who harbors popular stereotypes about Blacks, but also behind little Buster's inarticulate rejection lurks the black image of Semitic hatefulness, which comes in handy when one needs to extricate oneself from a humiliating situation. Thus, the two boys' exchange of racial hetero-stereotypes illustrates the deplorable fact that in the dysfunctional 'melting pot' even children act out mutually inherited notions of ethnic hostility without understanding them. But Nat's totally inadequate comment on Buster's violent rejection of his attempts at making friends - "I thought to myself how was I to know he didn't like the movies. When I was a man I thought, you can't force it." (148f.) - shows most dramatically that as a child he did not at all understand the implications of his violent inter-ethnic encounter and that as a man looking back upon what might have been a lasting revelation he once more takes recourse to a meaningless cliché.

After his recollections about his abortive attempts at finding a black childhood friend, Nat moves by way of association to the story proper, his love affair with a black woman. Since, at the very beginning of his tale, he has passingly referred to the fact that "Ornita left" (13), all suspense as to the outcome of this affair is defused, and the reader can concentrate on its unfolding. Nat meets "Mrs. Ornita Harris" (150) at a bus stop "in the end of November" (153), where he attempts a well-worn amorous advance by picking up "her green glove" (152). For readers conversant with Malamud's recurring seasonal symbolism, these very details predict failure, for although Ornita's glove is hopefully "green," the encounter cannot come to fruition since it occurs in the sterile month of November, and it is only because of its resumption "in the spring" (175) that it will allow for further developments.[18] But there is another, and more difficult obstacle, for Ornita coldly rebuffs Nat by saying that she does not "like white men trying to do [her] favors" (159f.), thus seeing their meeting not as that of two individuals but as the doomed encounter between the representatives of two hostile groups. A week later, Ornita accidentally comes into Nat's store to buy whisky and grudgingly accepts the "discount" (165) he offers her. Whether the fact that here a Jew expresses his interest in a woman by means of offering her a financial gain is another hidden allusion to the stereotype of Semitic greed, is for the individual reader to decide, but Nat's passing reference to his two "helpers" as to "Jimmy or Mason, both colored" (173f.) is another subtle indication of his thoughtless racism. Although both assistants are grown men, significantly Nat calls them not by their family names but instead reduces them, in accordance with the white racist notion of black 'boys,' to Jimmy and Mason. The same stereotypical devaluation underlies his description of Ornita's outward appearance, which he likes because of her "combination nice legs and a good-sized bosom" (178f.), but which he immediately qualifies in racist terms by observing that "her face was pretty, with big eyes and high cheekbones, but lips a little thick and nose a little broad" (180).

In spite of her 'Negroid' shortcomings, however, Nat remains attracted to Ornita and so, "one night in July" (191), he takes her out for the first time. Wondering about where they might go, he asks himself "Where do you go out with a Negro woman?" (193), once more repeating his fundamental mistake of thinking of a person he wants to befriend not as an individual but as a member of an ethnic group. Predictably, he takes Ornita "to the village" (193f.),

---

the condescending giving of alms which humiliates the receiver, 'taking pity' must always be a mutual activity which comprises both giving and taking.

[18] For details about Malamud's seasonal symbolism see Peter Freese, *Bernard Malamud, 'The Assistant'* (Paderborn: Schöningh, 1983), pp. 51ff.

the artistic enclave of New York where bourgeois standards are suspended, interracial couples are not frowned upon, and "nobody looked at us like we were against the law" (196). But their first outing is a complete failure, and the affair seems to end before it has really begun, with Nat's disconsolate comment "We went in like strangers and we came out like strangers" (201f.) serving as an ominous anticipation of its eventual outcome. "In August" (213), however, the two go out once more, and this time Nat is proud of having carefully prepared for every eventuality. He knows that he cannot take his black *shikse* home to the "small three-room apartment" (188), in which he lives with his mother, who is dying of cancer and has drummed the lesson of his ethnic 'otherness' into her son by telling him time and again that "if you ever forget you are a Jew a goy will remind you" (244). Thus, as a precaution, he has rented "a furnished room" (217) a few days before their date, and this action reveals the man, who considers himself a well-intentioned moralist but makes elaborate preparations for taking his girl-friend to bed on their second date, as a curious cross between a prig and a heel. Nat really manages to take Ornita to bed, and he describes her undressing in a way that betrays both his obsession with colors and his condescending acceptance of Ornita's blackness: "Under her purple dress she wore a black slip, and when she took that off she had white underwear. When she took off the white underwear she was black again. But I know where the next white was, if you want to call it white" (221-224). Nat's otherwise rather cryptic reference to the last stage of this purple-black-white-black-white orgy only makes sense when it is read as an allusion to the greatest of all praises which white racists had for 'Negroes,' when they said about them that they were 'white inside,' meaning that, in spite of their belonging to a biologically inferior race, they managed to show some 'human' traits.[19]

After the consummation of their affair, with Nat now thinking of marriage and even of selling his store and moving to the more 'liberal' San Francisco, where he has seen "white and colored living together" (252f.), he is held up in his store and finds himself in hospital with a severe head wound. Once more adverse social circumstances impinge upon good individual intentions, because the criminals were black men and Ornita feels vicariously responsible for the misdeed of her fellow Blacks. In spite of this setback, however, Nat wooes her with all his might. After the death of his mother, she regularly visits him in his apartment, and to show her that she will be accepted in white society, he even talks a former fellow soldier into inviting him and Ornita for a small party.[20] Slowly Ornita gives up her resistance, but then it comes to the sudden showdown. So far, the two lovers have acted out their inter-ethnic relationship in a kind of social limbo, with Nat always meeting Ornita "in Times Square and sen[ding] her home [to Harlem] in a taxi" (275f.). On the evening of the party, however, there is a taxi strike, and in spite of Ornita's protestations, Nat, ever the polite gentleman, insists on accompanying her home on the subway, because he does not "like a woman walking alone on the streets at that time of the night" (294f.). So he escorts her to her home, but on 115th Street in the middle of black Harlem they are stopped by "three men - maybe they were boys" (299), who wield "six-inch switchblade[s]" (303), denounce Ornita as "black pussy" (321), and revile Nat as a "white son of a bitch" (305) and "a Jew landlord" (312). Nat's dream of a fulfilled Black-Jewish marriage suddenly turns into the Harlem nightmare of Black-Jewish hostility, and Nat, the incompetent bungler who naturally feels called upon to defend the "young lady" (310) he accompa-

---

[19] Iska Alter, in her otherwise perceptive reading of the story in *The Good Man's Dilemma: Social Criticism in the Fiction of Bernard Malamud* (New York: AMS Press, 1981), p. 71, rather helplessly observes about this cryptic sentence that "yet the physical presence of her sexuality is described as white."
[20] The fact that this 'friend' is a "CPA" (286), a Certified Public Accountant, is another revealing bit of local color, since that is a profession which is often considered a typical example of Jewish social climbing.

nies, makes every mistake possible. Trying to calm down the enraged young Blacks, he piously addresses them with "Boys, we're all brothers" (309), pompously informs them that he is "a reliable merchant in the neighborhood" (309f.), and smugly points out that he has "two colored clerks, Mason and Jimmy [to whom he pays] good wages" (316f.). Not only geographically but also linguistically on hostile turf, the man who pretends that he knows and likes Blacks, commits the most awful mistakes he can make by, on the one hand, addressing the three black adolescents as "boys" and thereby reminding them of the white world's century-old denial of black manhood and the respectful title of *Mister* and by, on the other hand, referring to them and him as "brothers," thereby appropriating a black in-group term in a way that cannot but further antagonize the three.[21] Consequently, they react in kind and denounce him, the middle-aged man, as "Jewboy" (319) and slap Ornita for having allowed a white man to know her sexually. In desperation, Nat hits the one who has slapped Ornita, and the next thing he knows is that he is lying in the gutter with a pain in his head and his wallet gone. In accordance with Malamud's penchant for having nature mirror the events of the human world, all this happens in "a terrible winter night, very cold February" (339), and it is of course the end of the affair, because a little later a despairing Ornita rejects Nat's proposal for good.

Nat does not end his jeremiad with this violent encounter, which, in the story's analogous structure, turns out to be an adult variation of his childhood confrontation with Buster and which seems to drive home the fatalistic lesson that even the most well-meaning individuals cannot escape the pressure of their social environment and that the traditional hostility between Blacks and Jews, which is passed on from generation to generation, makes any crossing of the ethnic dividing line impossible. Instead, Nat enhances this message by providing one more illustration of how his good intentions are always thwarted, and once more this event is charged with unspoken implications:

> Once, on Eighth Avenue, a couple of blocks from my store, I saw a blind man with a white cane tapping on the sidewalk. I figured we were going in the same direction so I took his arm.
> "I can tell you're white," he said.
> A heavy colored woman with a full shopping bag rushed after us.
> "Never mind," she said, "I know where he live."
> She pushed me with her shoulder and I hurt my leg on the fire hydrant.
> That's how it is. I give my heart and they kick me in my teeth. (363-372)

Again, this tagged-on anecdote has a point that remains unspoken, because the blind man's assertion that he knows Nat is white can only be explained as an ironically reversed reference to the charged notion of black body-odor. The widespread and demeaning belief that 'niggers stink,' which up to not too long ago even found its shameful expression in special deodorants for African Americans, is here turned around. The blind man, who can neither see Nat nor has heard him talk, obviously 'smells' that he is white, thus driving home the insight that degrading hetero-images work both ways. And once more the allegedly unprejudiced Jew who pretends that, due to his extensive "dealings with Negro people" (29), he knows a lot about Blacks,

---

[21] Herbert Graf, Eike Schönfeld, Christiane Buchner, *Black American English* (Straelen: Straelener Manuskripte Verlag, 2nd rev. ed., 1994), s.v. *man*, observe that 'man' is a "classic form of address, [which] counteracted being addressed by whites as 'boy.'" With regard to *brother* they state that it means "any Black male, often used as a form of address; derived from the traditional Black Church concept of referring to all male members of the church 'family' as 'Brother.' This is correct, but needs to be complemented by another derivation noted by Clarence Major in his *Black Slang: A Dictionary of Afro-American Talk* (London: Routledge and Kegan Paul, 1971), namely, that *blood*, *blood brother* and *brother* are used as terms of address by "one black person to another."

obviously does not understand the implications of the scene and, with his habitual self-pity, merely adduces it as yet another proof of his unearned 'ghettoization.'

Malamud's story ends with Nat's sudden outburst "Charity Quietness - you hear me? - come out of that goddamn toilet!" (373f.), and it is not without painfully ironical significance that the lonely man's uncharitable and loud command is directed against a woman whose name is Charity Quietness. Thus, with its closing sentence, the story returns to its opening scene, making its narrative frame into a formal equivalent of the vicious circle that seems to characterize the narrator's unlucky existence. "Black Is My Favorite Color," then, is a technically accomplished tale and a convincing illustration of the power of inter-ethnic hostility as triggered off by mutual stereotypes which its bearers are frequently neither aware of nor understand, and on this level the story functions as a potent reminder that even for people with the best of intentions the aim of peaceful multicultural existence is difficult or perhaps even impossible to achieve. Or, rephrased with regard to the onomasiological jokes which Malamud loves to play with his characters' names, it demonstrates the futility of the hope that Ornita (Greek: *ornis*), the black 'bird,' can be easily caught on Nathan's 'lime.' On a deeper level, however, Malamud's story is also an incisive exploration of an epistemological fallacy which is not uncommon among the very champions of inter-cultural understanding. Nat Lime's well-meaning but untenable assertion that black is his favorite color is the equivalent of the button worn by German protesters against violent xenophobia that reads "Ich liebe Ausländer." Both statements spring from well-meant and admirable intentions, but both are self-defeating since they conceive of 'others' not as individual fellow humans but as anonymous members of an allegedly homogeneous group. However, we cannot love or hate, respect or despise groups, since our attitudes towards 'others' and the emotions with which we either accept or reject them exist with regard to individuals only and never with regard to such theoretical entities as whole groups. As long as Nat thinks of himself as "a certain white man" (203f.) and of Buster and Ornita not as unique human individuals, but as representatives of "Negro people" (29) or examples of a certain "type" (71), as long as for him Ornita is primarily "a Negro woman" (193) with certain racial features and the envisioned marriage with her a difficult exercise in "white and colored living together" (252), Nat will never be able to overcome the ethnic barriers that separate him from the people he purports to like.

Quite apart from its exploration of a particular case of inter-ethnic friction, "Black Is My Favorite Color" is also, on a more fundamental or 'universal' level, a story about loneliness and the separation of human individuals from each other, and Skaggs is right when she says that, in the course of the story, Nat's inability to communicate with others "begins to resemble a general human predicament" and that "by the end of the story Nat's many references to blackness come metaphorically to stand for any chasm separating men from one another."[22]

*****

For the advanced EFL-classroom in Germany, which at present is fashionably geared to the task of furthering the students' 'intercultural understanding,'[23] Malamud's intriguing little story is a veritable godsend. Short and, at least on the surface, linguistically easily accessible, it deals with two 'minority populations' at the same time and makes the important point that it is not always the strained relation of a particular minority to the hegemonial 'mainstream' that pre-

---

[22] Merrill Maguire Skaggs, "A Complex Black-and-White Matter," in Barbara McKenzie, ed., *The Process of Fiction: Contemporary Stories and Criticism* (New York: Harcourt, Brace & World, 1969), p. 390.

[23] See, e.g., Arno Heller, "Zur Problematik interkultureller Literaturvermittlung im Englischunterricht der Sekundarstufe II," *Der Fremdsprachliche Unterricht*, 26 (1992), 26-30.

vents the proverbial melting pot from functioning, but also the mutual hostility between one minority and another. Daring to explore the charged relation between Jews and Blacks, between one of the most successful and one of the most backward ethnic groups in the United States; using Harlem, New York, as an exemplary scene of disturbed ethnic interaction; providing the Lime family with numerous characteristics that make it representative of Jewish immigrants at large; and - most importantly - exploring the destructive effects of mutually held stereotypes of the 'other,' "Black Is My Favorite Color" is a highly instructive case study of both the genesis and the destructive effects of racial stereotyping. What makes the story go beyond the usual depiction of ethnic friction, however, is the fact that Malamud is not content with a fictional evocation of the deplorable social conditions that prevent peaceful coexistence, but delves beyond the surface of appearances to show that ever so often the problem it not so much what is but what is faultily perceived to be. Nat Lime, the well-meaning bungler, is revealed as the unwitting prisoner of his perception as distorted by stereotypes, and his prejudices in favor of Blacks turn out to be at least as detrimental as are the more widespread prejudices against them. Since Nat, despite his good intentions and his long years of close contact with black neighbors, assistants and customers, has been unable to unlearn his inherited stereotypes and to overcome his detrimental habit of thinking in terms of groups instead of individuals, he provides an eloquent example of the severe difficulties that need to be overcome and the numerous dangers that need to be avoided for effective 'intercultural learning' to happen. Thus Nat's pathetic failure might serve as the necessary warning against the extravagant hopes which some EFL-methodologists have precipitately pinned on the fashionable strategy of teaching foreign languages as a means of 'intercultural' understanding.[24]

---

[24] For a detailed criticism of the newly fashionable goal of foreign-language-teaching in Germany and its insufficiently examined ideological implications see Helmuth Schweitzer, *Der Mythos vom interkulturellen Lernen* (Münster: LIT, 1994).

KLAUS LUBBERS

Understanding Edgar Allan Poe's
The Masque of the Red Death

"With a restraint that is one of the surest marks of genius, Poe gives no hint of the great moral the tale tells to those who can think. For the others, he had no message."[1]

1. Thesis

Lothar Bredella has taught us much about the difficulties involved in, and the possibilities of, intercultural understanding. Rejecting both "the assimilation and integration of the foreign into one's self or culture" and its opposite, the adoption of "the other's view," Bredella pleads for methods of understanding the foreign which "do not have to make the students forget their prior experiences, concepts and values but can acknowledge them."[2] Such an understanding of understanding is supposed to transcend the pat cognitive (and pedagogical) opposition of "understanding the other system on terms of one's own" vs. "understanding the other *as* other."[3]

The question I sometimes ask myself in my reading and teaching of literature, particularly of American rather than, for instance, English or Irish literature, is whether a construct such as *the other* can be fruitfully applied at all to a specific cultural document of greater complexity than, say, a feature article by William Safire or a spiritual sung during a Harlem church service. It seems comparatively easy to explain to German students the reasons why a journalist of Safire's complexion has a propensity to lash out at everything that incurs his disfavor and to discuss with them the possible effect of Safire's vindictive criticism on the readers of *The New York Times*; and if the readers respond with letters to the editor, one can study a closed circuit at work within another, foreign, culture. Likewise, the message of a religious folk song and the reasons why it is chanted by a particular congregation are not difficult to analyze; here, too, there is little that cannot be understood. If, however, we introduce students to a text like Poe's "The Masque of the Red Death" and the ways in which it has been read at home and abroad, we soon reach a point at which the plain opposition of *the foreign* vs. *one's own* ceases to work. We discover that Americans have to this day rejected rather than accepted this well-known tale and its teller. Wasn't the slanderous "Ludwig" letter, published by the Reverend Rufus Wilmot Griswold, Poe's literary executor, in *The New York Daily Tribune* two days

---

[1] Arthur Hobson Quinn, *Edgar Allan Poe: A Critical Biography* (New York: D. Appleton-Century Company, 1941), 331.
[2] Lothar Bredella, "Towards a Pedagogy of Intercultural Understanding," *Amerikastudien / American Studies*, XXXVII (1992), 593f.
[3] Gary Brent Madison, *Understanding: A Phenomenological Pragmatic Analysis* (Westport, CT: Greenwood Press, 1982), 167f.

after Poe had died in Baltimore under mysterious circumstances, the beginning of a tradition that shows how uncongenial this writer has remained to his compatriots? Wasn't Griswold's malicious pen portrait of Poe – suggesting that Poe lacked friends, led a reckless, dissipated life, threw over a military career, married improvidently, was a dreamer inclined to madness and melancholy, was naturally unamiable, irascible, envious, coldly cynical – wasn't this defamatory sketch intended to traduce Poe's name so effectively that his American reputation suffered, as a critic has stated, "irreparable damage"?[4] Did Griswold's vilification really spring from a personal grudge? Or was it meant to keep the American reading public away from Poe's work? If the latter, for what particular reason? Had it anything to do with Poe's gift of "penetration into the causes of things," as Margaret Fuller phrased it in 1845?[5] Did Griswold perhaps sense a culturally subversive force embedded in Poe's keen vision? Hasn't the continued blackening of Poe's name and the slighting of his work succeeded in keeping him an alien in his own country? Or at least in marginalizing him? Hasn't Allen Tate's dictum of 1949 that Poe "is with us like a dejected cousin: we may 'place' him but we may not exclude him from our board"[6] to this day remained a challenge to American critics?

Whereas American critics and fellow authors have done their best to disparage Poe as eccentric or outlandish or both, European artists, writers, and critics have felt more comfortable with him from the beginning – witness the testimony of such diverse minds as Baudelaire, Mallarmé, Valéry, Dostoevski, Swinburne, Yeats, Shaw, and Magritte. Their tribute goes to show that Poe has been given a French, a Russian, a British, and a Belgian face and that these faces have been drawn with greater sympathy than Poe's American face.[7] In other words, Poe's European reception demonstrates that he has been assimilated more easily into foreign cultures than into his own. This evidence is revealing in terms of the question of intercultural understanding, which is the subject of this volume of essays, for it forces us to look at Poe's American face and fate more closely before we may hope to answer the question what exactly it is that has kept Americans away from an author whom even they can now no longer avoid calling one of their major national writers. The thesis I should like to propose is that it is the very reason of why Americans have rejected Poe that helps us to understand an important element of otherness in American culture – a culture that we often experience deceptively as so close to our own. In order to substantiate my thesis I use "The Masque of the Red Death" as an object of demonstration because in this tale Poe appears to have evinced an unusual measure of that penetration which Margaret Fuller diagnosed in Poe's work as a whole – a penetration which one of the prominent Poe scholars hints at in the quizzical remark about "The Masque of the Red Death" quoted as the motto of my essay. This remark, made in 1941, seems to suggest that while the tale's moral is obvious enough to the cognoscenti, it is nevertheless of a nature too delicate or too embarrassing to spell out to the hoi polloi. "The Masque of the Red Death," then, must contain something that has both fascinated and terrified professional American readers of American literature.

---

[4] Eric W. Carlson in *The Recognition of Edgar Allan Poe: Selected Criticism since 1829*, ed. Eric W. Carlson (Ann Arbor: University of Michigan Press, 1970), 28. Griswold's "Ludwig" article is reprinted on pages 28-35.

[5] Quoted in *The Recognition of Edgar Allan Poe*, 17.

[6] Quoted in Poe: *A Collection of Critical Essays*, ed. Robert Regan (Englewood Cliffs, NJ: Prentice-Hall, 1967), 40.

[7] Poe's non-American reputation remains to be charted. A beginning was made by Patrick F. Quinn, *The French Face of Edgar Poe* (Carbondale: Southern Illinois UP, 1957). Cf. Harro H. Kühnelt, "Die Aufnahme und Verbreitung von Edgar Allan Poes Werken im Deutschen," *Festschrift für Walther Fischer*, ed. Horst Oppel (Heidelberg: Winter, 1959), 195-224.

2. Where did Poe borrow?

As is usually the case with criticism devoted to a celebrated work of literary art, a reading of scholarly expatiations upon "The Masque of the Red Death" teaches us more about changing methods and moods of critical discourse than about its object of inquiry. In the case of "The Masque of the Red Death," there must be something in the text which has led its explicators to the conclusion that they have to pass an I.Q. test containing such questions as "Where did Poe borrow?," "How did the trespasser intrude into the locked space of the castellated abbey?," "What is the meaning of the seven rooms and their colors?," "How does the narrator manage to escape from the abbey before the Red Death assumes 'illimitable dominion over all?'"[8]

One of literary criticism's time-honored pet games is source hunting. Time was when any neophyte could edge into the academic market by pointing out that "Poe is marvelously silent about the genesis of 'The Masque of the Red Death,' and so bequeaths to us total freedom of conjecture," thereupon producing "one as yet unsuggested source".[9] In the case of "The Masque of the Red Death," this sleuthing game, with considerable support from German scholarly detectives, was opened around the turn of the century; it enjoyed its greatest popularity in one of the most arid phases in the history of Western thought, the period from the 1930s to the 1960s; at present, the rich harvest of sources gathered by philologists and stored by the devotees of Comparative Literature in boxes labelled *Imitation* and *Influence* is being recycled by the Last of the Intrinsics (*alias* the Tribe of Intertextualists) in their own global literary internet. *Sic vos non vobis*.

Academic hunters have adduced evidence that Poe used Italian, German, French, English, and American raw materials, among them Boccaccio's *Il Decamerone*, Manzoni's *I Promessi Sposi*, Eichendorff's *Ahnung und Gegenwart*, Young's *The Centaur Not Fabulous*, Coleridge's "Allegoric Vision," De Quincey's *Klosterheim*, Mary Shelley's, *The Last Man*, Disraeli's *Vivian Grey*, Ainsworth's *Old St. Paul's*, Felicia Hemans's "The Revellers," and – wonderful to relate – Poe's own sketch of 1835, "Shadow – A Parable" in its capacity as "dress rehearsal" for "The Masque of the Red Death."[10] A Johnny-come-lately to this game presented yet another discovery – Poe's indebtedness to various details in Shakespeare's *Macbeth*.[11] As a result of such ferreting out, hardly anything in the tale appears to be original. Poe, it seems, borrowed right and left. The setting, the motifs of the plague, the *Totentanz*, the fancy dress ball, the figure of the protagonist, the ominous ebony clock – all of these elements were there for the asking. And has anyone yet proposed Alexander Pope as a source? Who concluded Epistle I of his *Essay on Man* thus:

---

[8] *The Complete Poems and Stories of Edgar Allan Poe*, eds. Arthur Hobson Quinn and Edward H. O – Neill (New York: Alfred A. Knopf, 1958), I, 388. Quotations and page references are taken from this edition.

[9] James B. Reece, "'The Masque of the Red Death' Again," *Nineteenth-Century Fiction*, XVII (June 1962), 76-78, 77. Characteristic source studies include Cortell King Holsapple, "'The Masque of the Red Death' and *I Promessi Sposi*," *Texas Studies in English*, VIII (1938), 137-139, Franz Karl Mohr, "The Influence of Eichendorff's *Ahnung und Gegenwart* on Poe's 'The Masque of the Red Death,'" *Modern Language Quarterly*, X (March 1949), 3-15, Gerald E. Gerber, "Additional Sources for 'The Masque of the Red Death,'" *American Literature*, XXXVII (1965), 52-54, Robert Lance Snyder, "A DeQuincean Source for Poe's 'The Masque of the Red Death,'" *Studies in Short Fiction*, XXI (1984), 103-110, and Michael L. Tritt, "Plotting Influence: Indebtedness and Innovation in 'The Pit and the Pendulum' and 'The Masque of the Red Death,'" *DAI*, XLVIII (1987), 393A.

[10] Burton R. Pollin, "Poe's 'Shadow' as a Source of His 'The Masque of the Red Death,'" *Studies in Short Fiction*, VI (1968), 104-106, 104.

[11] K. Narayana Chandran, "Poe's Use of *Macbeth* in 'The Masque of the Red Death,'" *Papers on Language and Literature*, XXIX (1993), 236-240.

> Lo! thy dread empire, Chaos! is restored;
> Light dies before thy uncreating word;
> Thy hand, great Anarch! lets the curtain fall,
> And universal darkness buries all.[12]

Where else could Poe have got his inspiration for the final paragraph of his story?

3. What does "The Masque of the Red Death" mean?

The most impressive conclusion to be drawn from more than a half-century of explication is that Poe's castellated abbey has withstood most attempts at scholarly intrusion; that it has remained impenetrable to a host of critical attackers; that its construction has proved insuperable to the numerous tricks applied to force an entry; that its welded bolts have resisted the fingering of the most dexterous locksmith. Thus the multitude of elucidators remained outside, condemned to revolve in the dark, each performing their solo dance, some repeating a pirouette a neighbor had just completed.

The first, and to date most comprehensive, analysis of the tale was Hans Galinsky's, first published in 1958. This interpretative effort, alas, remained practically unnoticed in the United States because it was written in German. *Teutonica non leguntur*. Galinsky employed all the methods of painstaking *explication de texte* fashionable in German literary studies in the the late 1950s. Thus he was able to show that "The Masque of the Red Death" is indeed an appropriate example of Poe's aesthetics of the unity of effect.[13] However, what Galinsky was really after was the tale's message, which he discovered "in dieser symbolischen Konfrontation von Mensch und übermenschlicher Macht, im Erscheinen des Numinosen und seiner Anerkennung durch den Menschen."[14] Galinsky read the tale allegorically, giving it the widest possible meaning. By stressing the importance of "Avatar" ("Blood was its Avatar ..." [384]) in the first and of a Biblical allusion in the final paragraph ("He had come like a thief in the night" [388]), he endeavored to give the story a vaguely Christian, or at least a transcendental, coloring.

Since then, a number of American critics have entered the territory staked out by Galinsky, content to sport in it because, they mistakenly thought, there was still much to be discovered. In one way or another, they all concerned themselves with the way the timeless, transcultural *memento mori* motif is woven into the text. One of them found that the tale "stresses the inevitability of final dissolution."[15] Another described it as "an allegory representing Death itself as one of the *dramatis personae*."[16] Still others held up details for general inspection. The ebony clock attracted attention,[17] but much more ingeniousness went into the why and wherefore of the number, arrangement, and color of the seven rooms and the corridors flanking the suite. In

---

[12] *Alexander Pope's Collected Poems*, ed. Bonamy Dobrée (London: J.M. Dent, 1956), 181.

[13] In this respect, Galinsky went far beyond Walter Blair, "Poe's Conception of Incident and Tone in the Tale," *Modern Philology*, XLI (1944), 228-240.

[14] Galinsky's essay "Beharrende Strukturzüge im Wandel eines Jahrhunderts amerikanischer Kurzgeschichte" was first published in Hans Galinsky et al., *Amerikanische Dichtung in der höheren Schule: Interpretationen amerikanischer Erzählkunst und Lyrik, Die Neueren Sprachen*, Beiheft 3 (Frankfurt: Moritz Diesterweg, 1958), 5-45. It is quoted here from its reprint in *Die amerikanische Kurzgeschichte: Theorie und Entwicklung*, ed. Hans Bungert, Wege der Forschung, CCLVI (Darmstadt: Wissenschaftliche Buchgesellschaft, 1972), 222-279, 239.

[15] Frances Winwar, *The Haunted Palace: A Life of Edgar Allan Poe* (New York: Harper, 1959), 227.

[16] Vincent Buranelli, *Edgar Allan Poe* (New York: Twain Publishers, 1961), 133.

[17] See the heavy-handed article by Edward William Pitcher, "Horological and Chronological Time in 'The Masque of the Red Death,'" *American Transcendental Quarterly*, XXIX (1976), 71-75.

1973, a teacher (or student?) at the U.S. Naval Academy interpreted the seven rooms as "the allegorical representation of Prince Prospero's life span," appending to his brief article a sketch plan of the kind that one finds in Agatha Christie's *The Mysterious Affair at Styles*.[18] Three years later another pitch was made in the same direction. The seven rooms, we read, signify "the three epochs of man's mortal life."[19] The narrator, too, came in for scrutiny. Was he, asked a critic who may have drawn his inspiration from his reading of John Le Carré, "an undercover agent working for the plague"?[20] Was he, asked another with a penchant for literalism, "Death himself"?[21] Does he have, asked a third with a leaning towards the ambiguous, "a more general inside-and-outside dual status"?[22]

Explication thrives on specialization, and so do academic careers. This principle can easily be corroborated by a glance at the further fate of Poe's tale at the hands of its professional readers, who left their trademarks in such insights as the following:

> Poe has mixed private and conventional symbols together in a manner that confounds the average reader. Yet howsoever esoteric his art, Poe's stories are capable of being understood once we discover the key to his aesthetic code and realize the complex ways in which terrestial and cosmic worlds were synthesized in his imagination's quest for ultimate truths.[23]

One of the specialists' guidelines seems to have been "The weirder the better," and one sometimes wonders what made editors of scholarly journals accept such twaddle. An early beginning in this direction was made by Princess Bonaparte who identified Prince Prospero with Oedipus, Death with his father, the castle with his mother's body, the dagger with his phallus.[24] Eleven years later, a critic declared that the prince "represents Poe, once again as a young man of wealthy and distinguished family."[25] Twenty-four years later, Poe's tale was said to "resemble a Mobius [sic] strip or a Klein bottle."[26] Four years later, "the form of the story's composition" was "seen as an illustration of the entropic processes of existence."[27] And another year later, a refreshingly new use was suggested for the tale whose author, we read with a sigh of relief, had "practically become a folk hero of the human imagination," at least for American readers:

> The tale would be effective in generating and opening discussion with young people in an instructional unit on AIDS. The central argument of this essay is that the Romantic artists have much more to teach us about AIDS and other such problems than the moralists have to teach us.[28]

---

[18] H.H. Bell, Jr., "'The Masque of the Red Death' – an Interpretation," *South Atlantic Bulletin*, XXXVIII (1973), 101-105, 101.
[19] Pitcher, 73.
[20] Geoffrey Galt Harpham, *On the Grotesque: Strategies of Contradiction in Art and Literature* (Princeton: Princeton UP, 1982), 117.
[21] Leonard Cassuto, "The Coy Reaper: Unmasque-ing the Red Death," *Studies in Short Fiction*, XXV (1988), 317-320, 318.
[22] David R. Dudley, "Dead or Alive: The Booby-Trapped Narrator of Poe's 'Masque of the Read Death,'" *Studies in Short Fiction*, XXX (1993), 169-173, 171.
[23] Pitcher, 75.
[24] Marie Bonaparte, *The Life and Works of Edgar Allan Poe: A Psychoanalytic Approach* (London: Imago, 1949), 513, 515.
[25] David M. Rein, *Edgar Allan Poe: The Inner Pattern* (New York: Philosophical Library, 1960), 33.
[26] Martin Roth, "Inside 'The Masque of the Red Death,'" *SubStance*, XIII (1984), 50-53, 52.
[27] Hubert Zapf, "Entropic Imagination in Poe's 'The Masque of the Red Death,'" *College Literature*, XVI (1988), 211-219, 212.
[28] Richard D. Slick, "Poe's 'The Masque of the Red Death,'" *Explicator*, XLVII (1989), 24-26, 24, 26.

But wherever critics flew the kites of their private imagination, they tended to do this within the traditional field mapped by Galinsky. "'The Masque of the Red Death' is a *vanitas* tale, a memento mori," confided the discoverer of the booby-trapped narrator. "More specifically, it is about the failure of art to stave off death."[29]

As far as I can see, this line of traditional reasoning, i.e., the assumption that "The Masque of the Red Death" is embedded in a theistic universe, was first abandoned by Harry Levin. "The closing note, echoed from the pseudo-Miltonic last line of Pope's *Dunciad*," he wrote in 1960, suggesting still another source, "predicates a reduction of cosmos to chaos."[30] In other words, Levin discovered a subversive note in Poe's text. Was this "the great moral the tale tells to those who can think"? This idea was taken up in 1963 by another critic who reversed one of John Donne's devotional thoughts in order to suggest: "In the trap of life and in his death, every man is an island. If there is a mutual bond, it is the shared horror of death." His golden insight – "Prince Prospero's world, created out of a chaos ruled by the Red Death, returns to chaos, ruled by the trinity of Darkness and Decay and the Red Death" – is hardly more than a paraphrase of Poe's final paragraph. As if afraid of openly suggesting an existentialist or agnostic or nihilistic reading of the tale, the critic bows out with the assertion that the "'morals' implicit and explicit in this interpretation ... need not be underlined here."[31] This, too, reminds me of Quinn's quizzical remark made twenty-six years previously. In 1982, this critic was given a good grade by a successor ("Joseph Roppolo comes closest to Poe's meaning ...") before she (one of the few women in an essentially male game) declared the tale to be "existential, not moral" and proceeded to nail down her thesis that "Prince Prospero's supposed pride is best seen as a protective mask, a mask of indifference with which he tries to shield himself from death."[32] If this exegesis can be discounted as a diversionary operation, the next maneuver, a transformation of a source study – Poe's indebtedness to Shakespeare and to the Bible – into a textual analysis, continued Levin's line of interpretation by spelling out what earlier critics had at best adumbrated:

> Specifically, Poe inverts the romantic conventions of *The Tempest* and the religious tenets of the Bible. Prospero becomes, not the unifying force of love in the world, but the mere victim of a demonic opposite, the Red Death. And the Red Death replaces Christ as the shaping force of reality. In Poe's revision of the mythic pattern set forth in the secular and sacred mythologies, man is imprisoned in a world governed by the 'law' of death.[33]

In other words, "The Masque of the Red Death" is a nihilistic tale of apocalyptic dimensions.

4. Who are Prince Prospero and the Red Death?

Harry Levin seems to have been the first critic to suggest that "The Masque of the Red Death" may be read as an implicit comment on the crumbling of the Judeo-Christian mythology in the Western world. There is, we may add by way of outlining Levin's reading, no life in the world after human life has expired; there is no ultimate destruction of evil, no triumph of good, no

---

[29] Dudley, 172.
[30] Harry Levin, *The Power of Blackness: Hawthorne, Poe, Melville* (New York: Vintage Books, 1960), 150.
[31] Joseph Patrick Roppolo, "Meaning and 'The Masque of the Red Death,'" Quoted from *Poe: A Collection of Critical Essays*, ed. Robert Regan (Englewood Cliffs, NJ: Prentice-Hall, 1967), 140, 143.
[32] Patricia H. Wheat, "The Mask of Indifference in 'The Masque of the Red Death,'" *Studies in Short Fiction*, XIX (1982), 51-56, 56, 51.
[33] Patrick Cheney, "Poe's Use of *The Tempest* and the Bible in 'The Masque of the Red Death,'" *English Language Notes*, XX (1983), 31-39, 38.

revelation of any kind; there is only "Darkness and Decay and the Red Death" (388). If one traced this train of thought through Poe's work, one would discover further indications that Poe was one of the first American authors who refused to give his applause to the direction in which American culture was developing, who in fact created an aesthetics and, having created it, fleshed it out in poems and tales that did not fail to cause a strong sense of uneasiness in the minds of the guardians of tradition. This uneasiness led them to ostracize Poe, to exclude him from recognition and acceptance. A study of this phenomenon remains to be written. It would have to take account of the ways in which the censors of the culture in which Poe was allowed to lead a marginal existence coped with the heretic. Three of their methods immediately suggest themselves from a look at Poe's American reception: concealment, misrepresentation, and outright defamation. An element of the first of these strategies can be seen in the critics' habit of largely disregarding criticism critical of mainstream criticism – such as Harry Levin's interpretation of "The Masque of the Red Death," which has not exerted the influence one might have expected.

Another, even more conspicuous and revealing example of the virtual suppression of a dissentient voice by American Poe criticism is Edwin Fussell's reading of "The Masque of the Red Death." In 1965, Fussell published *Frontier: American Literature and the American West*, which he opened with the thesis that "[f]or an understanding of early American literature, the word West, with all its derivatives and variants, is the all but inevitable key."[34] At first blush, Fussell's study, which covers Cooper, Hawthorne, Poe, Thoreau, Melville, and Whitman, i.e., six of the major American writers of the period before the Civil War who had been in the limelight of the professional seekers of an American national identity since Van Wyck Brooks's challenging essay *America's Coming-of-Age* (1915), seemed a worthy addition to such culture bibles as Henry Nash Smith's *Virgin Land: The American West as Symbol and Myth* (1950), Charles Feidelson, Jr.'s *Symbolism and American Literature* (1953), Daniel Hoffman's *Form and Fable in American Fiction* (1961), and Leo Marx's *The Machine in the Garden: Technology and the Pastoral Ideal in America* (1963), all of them attempting to explain and, if need be, to justify, as good myths should, the creation and growth, the customs and rituals of American culture. Henry Nash Smith duly dubbed Fussell's *Frontier* "provocative," Charles Feidelson promptly proclaimed it "extremely original and stimulating."[35] Unfortunately, both Smith and Feidelson proved bad prophets, at least as far as Fussell's chapter on Poe is concerned: Fussell's reading of "The Masque of the Red Death" was practically disregarded by subsequent criticism.

What did Fussell write about the tale? Comparing "The Masque of the Red Death" to Poe's sketch "The Island of the Fay" (1841), he called it "an even subtler, and incomparably less reassuring, parable of American history" (165):

> Prince Prospero is a typically ironic allegorical name for the United States, and the "Red Death" a somewhat more complicated emblematic equivalent for the Indian – or for American maltreatment of the Indian, together with Indian reprisal (166).

Given this frame of *cultural understanding*, everything else falls into place. The irregular arrangement of the seven chambers finds a natural explanation:

---

[34] Edwin Fussell, *Frontier: American Literature and the American West* (Princeton: Princeton UP, 1965), 3. Page references following quotations in the next paragraph are from this edition.
[35] Quoted from excerpts of reviews reprinted on the back cover of the Princeton paperback edition of Fussell's book.

> Conceivably Poe implies that the nature of American history, in 1842 consisting almost entirely of political revolution and geographical expansion, enforces a certain discontinuity of perception (167).

And so does their meaning:

> The rooms are – as one likes – the stages of society, or the various Americas lying progressively Westward (167).

The muffled peal of the ebony clock rings in the complete destruction of Euro-American imperialism:

> At the stroke of midnight, in the fulness of time, the ultimate horror of the American frontier – the West as Annihilation, the Indian as Retribution – suddenly erupts into the party (168).

Embedding "The Masque of the Red Death" in its cultural context, Fussell reads it as an eminently American text and as a cautionary tale at that.

5. Cultural analysis

At this point in my review of criticism of Prospero's tale, I ask myself two questions: What is it that enabled Fussell to read "The Masque of the Red Death" in a fashion so radically different from all previous readings of the text? And why have Poe critics stubbornly disregarded Fussell's interpretation over a period of thirty years? To attempt reasoned answers to both questions would lead us into the fields of literary theory, of the methodology of interpretation, and of the ways in which members of a given culture (in our case, American literary scholars and critics) manage to internalize and practice a code of behavior. This would necessitate an investigation of its own which would lead us far beyond the scope and purpose of this essay. However, since both of the above questions touch upon the problem on hand, i.e., the understanding of foreign texts, tentative answers should be given.

In respect of the first question, we might begin by asking why none of the earlier critics of the tale ever came close to Fussell's line of analysis. One reason may be the observation that these critics largely restricted themselves to the suggestions that Poe himself had sketched in his ruminations about the creative act, particularly in his essays on "Tale-Writing" and "The Philosophy of Composition." The critics borrowed their analytic tools from Poe's aesthetic and got busy without further ado. Poe's insistence on "unity of effect," on the importance of subordinating everything to "the one pre-established design"[36] led them to rest content with the formalist ping-pong that finds satisfaction in admiring and describing the sheer beauty of a text's composition without bothering much about its meaning except in so far as the meaning offers itself as a bonus gratuity; the meaning, in other words, jumps up of itself like a jack-in-the-box when the lid of the box that contains a text's formal secrets is lifted. Galinsky's painstaking exploration of the tale is of this category. A second reason has to do with the kind of narrative "The Masque of the Red Death" is. Clearly, it is an allegory. Yet hadn't Poe claimed that "there is scarcely one respectable word to be said" in defense of allegory?[37] And haven't critics tended to take him at his word? Which is to say that Poe invited his readers to "regard the Raven as emblematical," but did not ask them to spend much thought upon the nature of the abstraction behind the representation. "Two things are invariably required," he had mur-

---

[36] *The Selected Poetry and Prose of Edgar Allan Poe*, ed. T.O. Mabbott (New York: Modern Library, 1951), 378, 381.
[37] *The Selected Poetry and Prose of Edgar Allan Poe*, 378.

mured cryptically, "first, some amount of complexity ...; and, secondly, some amount of suggestiveness – some under-current, however indefinite, of meaning."[38] Which explains why critics concerned themselves much more with the complexity than with the undercurrent, much more with the how than with the what, because there didn't seem to be much to be said about the latter. Wasn't the raven a symbol of some profound bereavement? Couldn't one leave it at that? Didn't the poem's thematic vagueness invite readers to imbue it with a definite personal meaning? And didn't victor and vanquished in "The Masque of the Red Death" retell old stories darkly familiar to everyone? Tales of Everyman? The one critic that took seriously the idea that this tale might be after all an allegory came to the conclusion that Poe "has contrived a narrative which seems to cry out to be interpreted allegorically, but which nevertheless cannot be." So he, too, disregarded the narrative's outcry and fell into the trap set by Poe when he concluded: "Simultaneously, [Poe] has produced a masterpiece of 'effect,' which dazzles the reader."[39] A third reason is the matter of approach. An allegoric tale has by definition a surface and a sub-surface, a primary and a secondary meaning. Hence it invites decoding. And in "The Masque of the Red Death" there didn't seem to be much to be decoded because both narrative levels lay so very close to each other. And the type of meaning expressed in the tale – *hybris* or *superbia* or *respice finem* or *memento mori* – seemed close enough to traditional types of meaning in allegories written by such authors as Spenser, Bunyan, Dryden or Blake. Even D.H. Lawrence, so perceptive in some of his essays on American literature, was way off in his estimate of Poe's work when he declared: "Poe has no truck with Indians or Nature. He makes no bones about Red Brothers and Wigwams. He is absolutely concerned with the disintegration-process of his own psyche."[40] The reason for this misjudgment of Poe may lie in the fact that Lawrence's Poe chapter in *Studies in Classic American Literature* (1923) follows the chapter in which he had made game of the Cooper of the Leatherstocking Tales. There had been plenty of real Indians in Cooper's romances; in Poe's allegories, none. Obviously, to come up with a reading like Fussell's, it needed an awareness of the possibility that there might be American authors at work in the 1840s who took issue with American culture. It needed a realization that, during this period, American writers who ventured to suggest the overthrow of beliefs held to be of intrinsic value by the majority were forced to avail themselves of literary modes of indirection. And it needed the discovery that, in a period that saw the quickening of the Westward Movement and of Indian Removal, there might be an American author bold enough to think out, and publish, an allegory not vaguely affirmative of the culture's code of manners but definitely subversive of one of the culture's most cherished tenets, Manifest Destiny.

The answer to the second question need not detain us long, for it is a matter of mere conjecture. *If* we reach the conclusion that "The Masque of the Red Death" is an allegory subversive of a Christian view of the universe as well as of American expansionism, we begin to understand the hesitation on the part of critics of the tale even to dare to think in these two directions. This hesitation may be seen as part of a cultural constraint that appears to have been effective, in the case of the American reception of Poe in general and of "The Masque of the Red Death" in particular, since the days of the Reverend Rufus Wilmot Griswold. The story I am retelling in this essay contains a q.e.d. of Stephen Greenblatt's description of culture: "The ensemble of beliefs and practices that form a given culture functions a pervasive technology of

---

[38] *The Selected Poetry and Prose of Edgar Allan Poe*, 373.
[39] Nicholas Ruddick, "The Hoax of the Red Death: Poe as Allegorist," *The Sphinx*, IV (1985), 268-276, 274.
[40] Quoted from *The Recognition of Edgar Allan Poe*, 110.

control, a set of limits within which social behavior must be contained, a repertoire of models to which individuals must conform."[41]

Poe's tale deconstructs a myth or, quite possibly, two myths. And we might add that it is only in recent years that American historians of American literature have begun to retraverse the hallowed ground of F.O. Matthiessen's *American Renaissance*, discovering underneath its well tended lawn subversive fictions that have a for a long time been effectively held under cover. These tales and romances never became numerous enough to coalesce into an anti-tradition. One of these revisionist critics spotted such texts in the oeuvre of Charles Brockden Brown and John Neal but overlooked Poe and others who would have deserved his attention even more. "The same democratic impulse that drove other writers to seek out native literary arenas," he wrote,

> prompted the Subversives' deep sympathy for various oppressed groups: Native Americans, maltreated throughout American history; the urban working class, increasingly poor and turbulent in a period of rapid industrialization; women, cut off from meaningful employment and political power; and criminals, often the product of unfavorable circumstances.[42]

The subversive line in early Republican literature, which, as far as the short story is concerned, can be traced to Washington Irving, is much richer than this critic thought.

To mention another case of critics' disregard of criticism. It concerns a poem by Poe that might be called a companion piece of "The Masque of the Red Death" – namely the lines composed by Ligeia which she bids her husband read out to her at high noon of the night in which she dies. Almost thirty years ago, I published a brief article on "The Conqueror Worm" which was to become part of a book-length study of the vicissitudes, from ancient to modern literature, of the commonplace of *scena vitae or theatrum mundi*. The project never materialized because other obligations intervened. Eventually I lost interest in it. However, before I dropped the shoe box full of textual references into the wastebasket, I had understood that the topos remained essentially unchanged from antiquity until the end of the eighteenth century but lost its stability thereafter. Its anarchic potential was first discovered during the so-called Romantic period. In English and American literature, most of the inversive uses of the commonplace seem to have occurred in the early twentieth century. An early instance of the heterodox employment of the metaphor is the poem found in "Ligeia," in which God is replaced by the Conqueror Worm, i.e., Death, in the Great Chain of Being. As in the case of "The Masque of the Red Death," the literary strategy is indirect and the upshot is subversive. The note was published in the leading scholarly journal of the day, but so far as I can see, it had little, if any, impact on Poe criticism.[43]

6. Understanding foreign texts

This contribution to a volume entitled *Fremde Texte verstehen* is intended as an invitation to consider the reading of "The Masque of the Red Death" and, by implication, of other classic American short stories as a possibility to grasp something of the complexity of nineteenth-century American culture. I am not suggesting that traditional approaches to "The Masque of

---

[41] Stephen Greenblatt in *Critical Terms for Literary Study*, eds. Frank Lentricchia and Thomas McLaughlin (Chicago: Chicago UP, 1990), 225.
[42] David S. Reynolds, *Beneath the American Renaissance: The Subversive Imagination in the Age of Emerson and Melville* (New York: Alfred A. Knopf, 1988), 199.
[43] Klaus Lubbers, "Poe's 'The Conqueror Worm,'" *American Literature*, XXXIX (1967), 375-379.

the Red Death" can be dispensed with. Quite on the contrary. Explication will always help us to understand the aesthetic quality of a literary text; but will not lead us beyond it. Indeed, we might endlessly indulge in rituals such as the one described by a commentator on "The Masque of the Red Death": "Interpretation of the allegory of the colors of the rooms is an exercise for the imagination of the student."[44] Source study will show us how ingeniously Poe recombined odd elements from European literature; but will not lead us beyond it. Indeed, at first sight there is little, if anything, in the tale to indicate that it was written by an American author. And wouldn't a strictly intertextual study of the text obscure rather than bring out whatever *otherness* it may possess?

It is only when we take a second step that we begin to understand the text's *foreignness*. This step is a study of American and foreign readers' responses to the text. I had no time to trace the European reception of "The Masque of the Red Death." Such a sketch would no doubt have shown that the majority of European and American readings converge in a tendency to understand the text as a universal tale – about *brevitas vitae* or some such commonplace. I.e., it is the tale's obvious and transcultural theme or message that readers have found compelling across national boundaries. Concentrating on the American reception, we noted the critics' hesitation to relate the tale to American culture even after two of their ilk, Levin and Fussell, had suggested that "The Masque of the Read Death" is, or contains, a critique of essential elements of the American belief system – a Christian and (perhaps more important in the early 1840s when the Westward Movement was about to pick up momentum) an imperialist view of history. If at this point we decided to return to the text in order to look for further evidence of the tale's subversive character, of its undermining of two cherished tenets, we might perhaps come up with a strong case for "The Masque of the Red Death" as cultural allegory. Couldn't the retiring of the Prince with his chosen knights and dames be understood in terms of the exodus of Europeans to the New World? Couldn't the castellated abbey be considered John Winthrop's "city upon a hill" or Euro-Americans' endeavors in the colonial and the early Republican periods to create a ground to stand on? Couldn't the welded bolts bespeak American separatism? In't the Prince's name indicative of Euro-America's rapid increase in health and wealth? Isn't Fussell's idea that the seven apartments represent the topography of the North American continent underlined by Poe's calling these rooms "an imperial suite" (385)? Wouldn't such a reading be strengthened by a detailed comparison of the tale with its most important if less obvious subtext, *The Tempest*?

Having proceeded thus far, I very much doubt the usefulness of the pat polarity put forth by an authority on intercultural understanding. This authority asks himself the question "How does one ever break out of one's world?" and exemplifies by reminding us of what goes into the learning of a foreign language. He concludes:

> This example [of learning a foreign language] illustrates the necessary condition for the understanding of any alien system from within. In all cases it is necessary that one abandon one's own categories before one can master, or understand, foreign ones. Understanding another culture or belief system as other means, therefore, learning how to operate in the system with the same instinctive ease that its native adherents do.[45]

I think that this authority falls into the trap of failing to distinguish between competence (or proficiency) and understanding. In order to achieve linguistic competence, to become fluent in a foreign idiom, we have indeed to abandon our own linguistic categories as best we can, but

---

[44] *The Selected Poetry and Prose of Edgar Allan Poe*, 422.
[45] Madison, 167.

to understand a foreign language (in the sense of gaining a clear idea or conception, or full knowledge of, its elements and structure) we have to abandon nothing whatsoever. Rather, as we all know, comparison of a foreign language with our own (or with a third tongue) will help to bring out the distinctive features of either (or each). There is a simple, but essential, difference between a language learner and a comparative linguist and, more generally, between someone learning how to operate in a system and someone learning how a system operates. Since the example of acquiring a foreign language does not apply to intercultural understanding, the argument proffered by this authority that "[t]he situation is thus that of an either-or: either one remains within one's own cultural reality or one escapes from this reality, but only to be confined within another reality"[46] does not apply either. At least, it does not convince me. I rather think that one can very well remain within one's own cultural reality and yet achieve a solid understanding of a foreign text, and I think that the reproach of ethnocentrism routinely levelled at scholars who venture beyond ethnic or cultural boundaries is baseless in a case like the one we are discussing.

I think that the study of "The Masque of the Red Death" provides us with illustrative material that is useful in questioning the deceptively plain opposition of *one's own* vs. *the other*. With respect to readers of this tale, the dividing line does not simply run between us and *them*. Who are *we* anyway – young and old, male and female, Lower Saxons and Upper Bavarians, strugglers through an uncomfortably difficult foreign text and old hands at the language game, semi-illiterate kids grown up in a computer culture and graying bookworms lamenting the demise of the Great Western Humanist Tradition? And who are *they* – the millions upon millions from all quarters of the globe bubbling in a cauldron in which nothing would ever melt? For one thing, it is impossible to say that "The Masque of the Red death" as such, i.e., as reading material for the general public insofar as that public was (and is) willing to apply itself to the text, was (or is) specifically American. Since the tale's *donnée* is Italy in the late Middle Ages, one would assume that the text is likely to strike Germans or, for that matter, Europeans as more familiar than it will Americans. Considered intertextually, "The Masque of the Red Death" belongs to Europe rather than to the United States; after all, not more than one or two American sources have been dug up. For another thing, the consensus of professional readers goes to show that the meaning of the tale has been seen in universal rather than in specific terms. "The Masque of the Red Death" has proven a story with which the majority of readers could identify regardless of cultural background, a tale that speaks to all sorts of human beings under the sun once they start wondering what life on earth is all about.

7. Understanding a foreign culture through its texts

What, then, does it mean to understand foreign texts or, to ask more cautiously, one particular foreign text? If the reader is German and the text happens to be "The Masque of the Red Death," it means first of all making the acquaintance of a tale which, depending on the reader's educational background, contains its varying share of perceived strangeness and perceived familiarity. If we assigned a German translation of the tale to a group of German secondary-school pupils of 1996, telling them that they will be reading a story in a translation without revealing the language in which it was originally written or the nationality of its author, I doubt whether anyone would recognize anything in the tale that they could relate to the United

---

[46] Madison, 168.

States.⁴⁷ Whatever foreignness the tale may be felt to contain would probably be experienced as non-specific in the sense that it would not appear relatable to any particular country or culture or literature. Such an experiment – an assignment of a German version of the tale followed by a discussion about familiar and foreign elements in it – would be a worthwhile introduction to a discourse about the problematics of intercultural understanding because it would help to explode the us-vs.-them prejudice by teaching the group an elemental lesson about human and cultural experiences shared across national boundaries.

A second answer to the above question could lead to a debate about what I have outlined in this essay – the tendency on the part of American critics of "The Masque of the Red Death" to remain satisfied with intrinsic approaches and with universalist readings of the tale's message and their refusal to follow the interpretations proposed by a pair of colleagues more perspicacious than the rest of the tribe. This tendency shows the will of professional American readers to make the tale conform to the value system of their mainstream culture.

Having come thus far in a discussion of "The Masque of the Red Death," we could point to features in its composition and native reception that do indeed seem peculiar to the culture in which Poe was writing. The tale was undermining the supports of a belief system from within, and those of its American readers who feared that it might exert an insidious or corrupting influence kept their counsel. These features are part of the foreignness which this collection of essays is all about. American culture was (and has to this day largely remained) very much "a system of constraints."⁴⁸ Let me suggest in this connection that a strong case might be made for a rereading of classic American literature in terms of its mythographic function and that such a reading is overdue. It would have to do with the ways in which an old challenge, the making of Americans, was taken up by late colonial and early Republican writers and artists, and it would be based on the assumption that American literature and art were expected, from the beginning, to co-create American culture-in-the-making, to provide Americans with a sense of collective and national identity. This sense of expectation on the part of the controllers of the system was perhaps strongest from the late eighteenth to the early twentieth century, from the nation's constitution to the end of its territorial expansion, which coincided with growing internal problems and increasing mass immigration from non-English-speaking countries or, to put it in imagery popular among historians of American culture, from the nation's infancy to its coming-of-age. During this century-and-a-quarter, literature and art were almost counted upon to fabricate and strengthen a cultural focus and to cope with the questions and qualms that arose along the way, particularly through the decimation of the native nations and the bid of the imported Africans for citizenship. It would be found that in this growing body of mythography literary genres served quite specific functions. Arranged along a spectrum ranging from a strong commitment to orthodoxy to the tempting possibility of heterodox interpretations, the major genres would appear to be political oratory, the long poem, the play, the romance (followed by the novel),⁴⁹ poetry, the essay, and the tale.⁵⁰ Departure from, or opposition to,

---

⁴⁷ A good German translation, with fineline etchings by Fritz Fischer, is *Die Maske des Roten Todes* (Heidenheim: Erich Hoffmann, 1958).

⁴⁸ Greenblatt, 227.

⁴⁹ A revaluation of the romance is overdue. Seen in cultural terms, the romance from Cooper to Melville did much the same as landscape painting did from Cole to Bierstadt, i.e., provide (and sometimes question) blueprints of America-at-the-beginning. It is worth mentioning that American art historians are at long last thinking along lines I propose for a revision of American literary history. See Angela Miller, *The Empire of the Eye: Landscape Representation and American Cultural Politics, 1825-1875* (Ithaca: Cornell UP, 1993).

⁵⁰ This opinion is based on my investigation, by genre, of the ways in which the removal and eventual genocide of the Indians was explained, justified, lamented, deplored, and criticized. See my *Born for the Shade:*

majority beliefs or established doctrines was easiest in the short story because of its parabolic character. A disturbing or disruptive thought could be cloaked by the orderly course of a brief narrative. Today it seems only a matter of time before the subversive tenor of the nineteenth-century American short story will be discovered in numerous tales written by canonical writers, among them such classics as "Rip Van Winkle," "The Legend of Sleepy Hollow," "Roger Malvin's Burial," "Bartleby the Scrivener," "Benito Cereno," "Chickamauga," and, of course, "The Masque of the Red Death."

To conclude with a brief answer to the question of what it means to understand the foreignness of "The Masque of the Red Death." It means that we realize that Prince Prospero traverses the seven rooms not only of his life, but also of the history of American Westward expansion and of the future of the United States. It means that we realize that Poe, in writing this story, produced a prophetic and cautionary tale, and a tale of negation. Poe must have anticipated a possible catastrophe resulting from overrunning the half-continent; he must have sensed that the old tradition of millennial thinking was in the process of being absorbed by national mythographs into a new political rhetoric that was just then creating a civic religion in which American history was conceived in a meliorist light and every hope was staked on a future envisioned in linear, progressive, and optimistic terms;[51] and he must have realized that the American future and the American West were becoming twin concepts of the rhetorical, the literary, and the artistic imagination, synonymous, in fact exchangeable.[52]

Understanding the foreign quality of "The Masque of the Red Death" also means that we understand the cultural climate in which a voice like Poe's was bound to be considered anathematic by the draftsmen of American collective identity. It means that we realize that American literature of Poe's day was busily creating works that met the requirements of, and, if possible, enriched, the national myth-in-the-making. Hence it would be highly instructive to correlate the affirmative and negative texts of the period. We should make a comparative study of the small number of destructive texts of the 1830s, 1840s, and 1850s in relation to the vast majority of constructive texts. It would then be seen that those texts which affirmed accepted principles or established new ones denied their opposites, declared them null and nonexistent. To be quite specific, "The Masque of the Red Death" in its negative import as a nihilistic tale as well as a tale skeptical of white progress is outbalanced by a host of countertexts, among them two prominent ones that catered exactly to the needs of the American reading public – Longfellow's "A Psalm of Life" (1838), a short poem "that was to make his name ...resound throughout the nation and beyond with reverberations that were not to die out for many decades"[53] because it somehow managed, in spite of its wretched imagery, to instil confidence in despondent minds, and his best-selling epic *Song of Hiawatha* (1855). Both of these texts did what Poe's tale refused to do – they provided the eastern reading public with a sense of "God o'erhead" and with a reassurance that the noble savages out West were fast vanishing of their own

---

Stereotypes of Native Americans in United States Literature and the Visual Arts, 1776-1894, Amsterdam Monographs in American Studies, 3 (Amsterdam: Rodopi, 1994).

[51] We should remind ourselves that John O'Sullivan's popularization of Manifest Destiny ideology occurred at this time, in his influential magazine articles "Our Indian Policy" and "Annexation," both published in 1845. See Lubbers, *Born for the Shade*, 62f.

[52] These ideas are developed in Klaus Lubbers, "Modelle nationaler Identität in amerikanischer Literatur und Kunst, 1776-1893," *Nationales Bewußtsein und kollektive Identität: Studien zur Entwicklung des kollektiven Bewußtseins in der Neuzeit 2*, ed. Helmut Berding (Frankfurt: Suhrkamp, 1994), 82-111. See also Klaus Lubbers, "Popular Models of National Identity in Currier & Ives's Chromolithographs," *Amerikastudien / American Studies*, XL (1995), 163-181.

[53] Newton Arvin, *Longfellow: His Life and Work* (Boston, Little, Brown, 1962), 55.

accord, thus solving the problem they had created by their impudence of simply being on the scene when the first Europeans dropped anchor in the (to them) New World.[54]

---

[54] See Lubbers, *Born for the Shade*, 234-237.

RÜDIGER AHRENS

Die Herausforderung des Fremden im post-kolonialen Roman: Yasmine Gooneratne, *A Change of Skies*, 1991

I. Das Fremde im post-kolonialen Kontext

Die Dichotomie des Eigenen und des Fremden ist als grundlegendes epistemologisches Problem immer schon Gegenstand der Reflexion von Literaten, Philosophen und Politikern gewesen. Sie bestand in der Antike ebenso wie in der Neuzeit und wurde nicht nur als Berührungsfläche der kulturellen Produktion betrachtet, sondern immer auch in das politische Handeln eines Volkes oder einer Nation einbezogen. Auf diese Weise erweitert sich die Sichtweise des Individuums auf die Welt außerhalb seiner eigenen Befindlichkeit in philosophischer und psychologischer, aber auch in politischer Hinsicht und bezieht seine neue Haltung gegenüber dem Fremden im umfassendsten Verständnis der Alterität ein.[1] Das Ich definiert sich schließlich zu einem großen Teil durch sein Verständnis dieser Alterität und bestimmt damit sein Verhältnis zur Außenwelt als eine unumgängliche Notwendigkeit seiner eigenen Existenz. Auch in der literaturkritischen Analyse wirft das Verhältnis zwischen dem Eignen und dem Fremden, letztlich zwischen dem Ich und dem Du, immer wieder neue Fragen auf, da Texte ihre Funktion nicht nur in der Wiedergabe der Realität erfüllen, sondern diese auch in das kommunikative Verstehen des Rezipienten einbringen. Dieses hermeneutische Bemühen des interpretierenden Ichs ist dialogisch angelegt, weil es bestrebt ist, das Fremde und Unbekannte in den eigenen Verstehenshorizont einzubeziehen und sich mit ihm bedeutungsstiftend auseinanderzusetzen. Auch beim Verstehen fremder Kulturen wird dieses dialogische Verhältnis in besonderer Weise aktiviert, da sich nun neben der Sprache noch weitere kulturelle Probleme und Hindernisse, die etwa durch die geographische Distanz, die ethnischen Ursprünge oder die religiösen Wurzeln hervorgerufen werden, einstellen, die den Verstehensprozeß erschweren. Das Verstehen einer fremden Kultur, so schreiben Lothar Bredella und Herbert Christ, ist deshalb immer durch eine doppelte Perspektive bestimmt.[2] Bei der Innenperspektive bemüht sich der Rezipient, diese fremde Kultur mit den Augen der Mitglieder der fremden Kultur zu betrachten und zu verstehen, wobei es häufig zu Interferenzen kommt. Die Außenperspektive ruft hingegen stereotype Vorstellungen hervor, weil hier die Rezipienten beim Verstehensprozeß Fremdes und Unbekanntes auf schon bekannte Wissens- und Vorstellungsbestände zurückführen. Zu den daraus sich ergebenden möglichen Haltungen gehören auch kolonialistische und imperialistische Vorstellungen, die politische Konsequenzen bedingen können. Um derartigen Konfliktsituationen vorzubeugen, müssen die Rezipienten

---

[1] Zum Verständnis der Alterität im Rahmen unterschiedlicher kultureller Diskurse vgl. Heinz Antor, "Alterität als literaturtheoretisches Problem", in R. Ahrens, W.-D. Bald, W. Hüllen, eds. *Handbuch Englisch als Fremdsprache*. Berlin: E. Schmidt, 1995, 323-325.

[2] Zum Folgenden vgl. L. Bredella und H. Christ, "Didaktik des Fremdverstehens – Ein Forschungsprogramm im Rahmen der Graduiertenförderung", *Anglistik*, 2 (1994), 63-79.

fremdkulturellen Verstehens die ethische Dimension ihres Tuns erkennen, die in eine transnationale Solidarität und Kommunikationsfähigkeit einmünden sollte. Allerdings hat diese Forderung auch immer schon zu Widerständen und Verwerfungen geführt, und zwar immer dann, wenn die politische Komponente in diesem Verstehensprozeß ein allzu großes Gewicht erhielt. Schon immer spielte diese politische Komponente der Literatur im kulturellen Vergleich der Nationen und Völker eine große Rolle. Obwohl die Literatur, nach unterschiedlichen theoretischen Ansätzen interpretiert, zu einem unterschiedlichen Verstehensprozeß führen kann, haftet ihr doch immer das Odium der nationalen Repräsentanz an, durch das es zu einer häufig kontroversen Beurteilung literarischer Werke kommt. Auch Salman Rushdie, der als zeitgenössischer Autor durch derartige Konfliktsituationen bedroht wird, betrachtet in seinem Essay "'Commonwealth Literature' Does Not Exist" Literatur als "an expression of nationality" und tritt deshalb nachdrücklich für eine Trennung der englischen von den übrigen anglophonen Literaturen ein.[3] Seine Haltung gegenüber der umstrittenen sog. "Commonwealth Literature" schließt auch eine Ablehnung ihrer theoretischen Basis ein, da sie im wesentlichen ebenfalls von westlichem Gedankengut geprägt ist. Vielmehr läßt sich der kulturelle Widerspruch seiner Meinung nach nur durch die Frage nach der Authentizität der literarischen Aussagen in einem ethnischen und ästhetischen Kontext vermeiden, bzw. auflösen. Auch Linda Hutcheon, die die post-koloniale Kritik in ihre post-moderne und post-strukturalistische Theorie integriert, sieht darin "a broad anti-imperialist emancipatory project", dessen innovatorische Impulse sich auf den Kanon der für edukative Prozesse als relevant betrachteten Literatur auswirken können und werden.[4]

II. *A Change of Skies* als Exilroman

Im Spannungsfeld zwischen dem Eigenen und dem Fremden kommt dem Exilroman, der aufgrund der politischen Wirren unseres Jahrhunderts unter Literaten zum häufigen Ausdrucksmittel ihrer politischen und kulturellen Zwangssituation wurde, besondere Bedeutung zu. Um einen solchen handelt es sich auch bei dem Erstlingsroman *A Change of Skies* der australischen Literaturwissenschaftlerin und Schriftstellerin Yasmine Gooneratne. Als Kritikerin machte sie sich einen Namen durch ihre Bücher über Jane Austen, Alexander Pope und die anglo-indische Romanautorin Ruth Prawer Jhabvala sowie durch ihre diversen Anthologien. Als Schriftstellerin wurde sie durch ihre drei Lyrikbände, ihre Kurzgeschichten und ihre Biographie der Dynastie Bandaranaike, besonders aber durch ihren Erstlingsroman *A Change of Skies* bekannt, der im Jahre 1991 der Öffentlichkeit vorgestellt wurde. Im Jahre 1972 ließ sie sich als gebürtige Ceylonesin mit ihrem Mann und ihren zwei Kindern – von Colombo kommend – in Sydney nieder, erhielt einen Lehrstuhl für Literaturwissenschaft an der Macquarie University und gründete dort das von ihr geleitete "Post-colonial Literatures and Language Research Centre." Als erste asiatische Frau wurde ihr im Jahre 1990 der "Order of Australia" in Anerkennung ihrer Leistungen für Literatur und Bildung zuerkannt. Mit *A Change of Skies* schrieb Yasmine Gooneratne ein Werk, das von der Kritik begeistert aufgenommen und durch zahlreiche Literaturpreise wie 1992 durch den angesehenen "Marjorie Barnard Literary Award" ausgezeichnet wurde. Shelagh Goonewardene lobte den Roman in ihrer Rezension:

---

[3] Salman Rushdie, "'Commonwealth Literature' Does Not Exist", in: *Imaginary Homelands*. Harmondsworth: Penguin, 1991, 61-71, 66.

[4] Linda Hutcheon, "Colonialism and the Post-colonial Condition: Complexities Abounding," *PMLA*, 1 (1995), 7-16,8.Vgl. auch Rüdiger Ahrens, "Typen des ästhetischen Diskurses: Nationaler, post-kolonialer und post-strukturalistischer Diskurs im Englischen": *Anglia*, 4 (113), 1995, 464-487.

It is an act of courage for a migrant to write about the migrant experience, for inevitably other migrants will assess the work from the perspective of their own experience, while the native inhabitants will instinctively prepare to challenge, defend or take offence, as their perception of the novel dictates.[5]

Ein anderer Kritiker, Valli Rao, ließ in ähnlichem Tenor verlauten: "*A Change of Skies* is a creative and original contribution to Australian Literature, as regards both form and content. It makes compelling reading for all those interested in a human view of the migrant experience."[6] Die indische Literaturwissenschaftlerin Meenakshi Mukherjee, die in New Delhi lehrt, lobte den Roman besonders wegen der Problematisierung rassistischer Vorurteile: "*A Change of Skies*, Yasmine Gooneratne's first novel, while sparkling with sophisticated wit and amused perception of racial prejudices, also ruminates sadly on varieties of homelessness."[7] Auch Haydn Moore Williams unterstreicht das tragische Schicksal der Migranten: "There is in this wise and constantly amusing yet poignant and wistful novel the awareness of the inevitable pain, the tragedy of migration."[8] Mit dem erlittenen Exil, das menschlich erfahren und zum Guten gewandelt wird, setzt sich die Autorin in diesem multiperspektivischen Roman auseinander.

A Change of Skies entwickelte sich aus der 1989 veröffentlichten Kurzgeschichte "How Barry Changed his Image", die als Kernstück des Romans im 15. Kapitel wieder auftaucht. Der Anlaß für diese Short story waren rassistische Bewegungen in Australien, die auch vor der Macquarie University nicht haltmachten.[9] Als ein australischer Regisseur mit der Bitte an sie herantrat, diese Short story als Vorlage für einen Film verwenden zu dürfen, spürte Yasmine Gooneratne die Notwendigkeit, ihre Geschichte weiterzuentwickeln: "But in the case of my little story, the characters were still in embryo, they were as yet only comic/satiric masks for ideas relating to cultural conflict and the immigrant experience. I felt very strongly that if anyone was going to 'develop' my characters, I'd prefer that person to be myself."[10]

Der Roman ist in einen Prolog, einen Hauptteil mit sieben Abschnitten, die aus insgesamt dreiunddreißig Kapiteln bestehen, und einen Epilog aufgeteilt. Schon im Prolog verfährt die Autorin nicht nach chronologischen Gesichtspunkten, sondern schwankt zwischen den Tagebuchaufzeichnungen, die der Großvater Edward von seiner *grand tour* von Colombo nach Australien in den Jahren 1882 bis 1887 aufgezeichnet hat, und den auktorialen Kommentaren seines Enkels Barry, der die Geschichten des Großvaters etwa ein Jahrhundert später unter dem Titel *Lifeline. The Journal of An Asian Grandee in Australia 1882-1887* herausgibt. Dieses Prinzip der zeitlichen Parallelität wird im Hauptteil zur grundlegenden Struktur ausgebaut, da sich die Berichte aus dem Tagebuch mit dem zeitgenössischen Geschehen um das Wissenschaftlerehepaar Bharat und Babe Navaranjini, die beide etwa in der Hälfte des Romans, nämlich im 15. Kapitel, ihre Namen zu Barry und Jean Mundy verändern, abwechseln. Dieser zeit-

---

[5] Sh. Goonewardene, "The Migrant Experience of Exile, Change and Discovery", *The Sri Lankan*, November 1995, p. 8.
[6] Valli Rao, "Change within Changelessness: The Pattern of Interweaving in *A Change of Skies*," *CRNLE Reviews Journal*, Adelaide, 1992, p. 44.
[7] M. Mukherjee, "Cultural Cross Currents", *The Book Review*, vol. XVI, No. 6, 1992, p.16.
[8] H. Moore Williams, "Migrants in Wonderland", *CRNLE Reviews Journal*, Adelaide, 1992, p. 36.
[9] Vgl. Diane Giese, "Finding one's voice in a new land", *The Weekend Australian*, August 17-18, 1991, p. 4.
[10] Y. Gooneratne, "Constructing the Characters of Women in *A Change of Skies*", *Australian Women's Book Review*, Sept. 1992, 13-15, p. 14. Vgl. auch id., "Women and Literature: Ending the Stereotype", *World Literature*, Winter 1984, 20-25. Die Kohärenz des Romans wurde trotz seiner Ableitung aus einer Kurzgeschichte gelobt. Vgl. dazu Rob Johnson, "Don't miss this serve of Barry Mundy", *The Advertiser*, 14.09.1991: "*A Change of Skies* has grown from a short-story but has not lost coherence in the process."

lichen Opposition entspricht ein innerer Kontrast, denn dem bloßen "change of skies" des Großvaters steht der innere Wandel der beiden Hauptgestalten Jean und Barry gegenüber. Die strukturelle Opposition wird im Epilog durch ein repetitives Element zu einem zyklischen Abschluß gebracht, denn nun bricht ihre gemeinsame Tochter Edwina in umgekehrter Richtung von Australien zu einem kurzen "field trip" nach Sri Lanka auf und schließt den Kreis der Ereignisse insofern, als sie nach dem Tod ihrer Eltern sich entschließt, nicht mehr nach Sydney zurückzukehren, sondern sich bei ihrem Onkel Asoka und ihrer Tante Rosalie in West-Australien niederzulassen.[11] Durch die späte Einführung dieses Charakters gestaltet Gooneratne im post-strukturalistischen Sinne das Ende offen wie bei einem Fortsetzungsroman.

Die Gefahr einer Verwirrung des Lesers durch die Verwendung mehrerer Erzähler wird durch die Gestaltung der jeweiligen Kapitelüberschriften gemindert, die dem Rezipienten nicht nur einen Ausblick auf das kommende Kapitel gewähren, sondern ihm auch den Erzähler an erster Stelle nennen. Der Gebrauch desselben Verbs in den Überschriften eines Hauptteilabschnittes ermöglicht es dem Leser somit, sich auf Thema und Erzähler einzustellen.[12]

Von dem negativen Beispiel westlicher Autoren abgeschreckt, die sich schon nach wenigen Wochen eines Aufenthalts in Asien autorisiert fühlten, über diesen Kontinent und seine Menschen zu berichten und zu urteilen, setzte sich Yasmine Gooneratne das Ziel einer möglichst objektiven Darstellung der Realität. So sagt sie über ihre eigene Erfahrung:

> Besides I have had plenty of opportunities to observe the way Western writers of all nationalities have come 'out East' for a few weeks, and thought their inadequate experience of India or Sri Lanka or Indonesia qualified them to comment authoritatively on, or even explain, the complexities of an Asian society.[13]

III. Die Erzähltechnik in *A Change of Skies*

Dem Ziel einer realitätsnahen, objektiven Darstellung der unterschiedlichen Handlungsstränge kommt Yasmine Gooneratne dadurch nahe, daß sie die temporalen und geographischen Gegebenheiten, die Erzählsituation und den Erzähler selbst ständig wechselt. Tatsächlich ändern sich von Kapitel zu Kapitel der Erzähler und mit ihm oftmals die Erzählsituation. Die Autorin verleiht nicht nur abwechselnd den beiden Protagonisten Jean und Barry eine Stimme, sondern erreicht ein multiperspektivisches Bild vor allem dadurch, daß sie auch Bruce Trevally (Kap. 12), den Nachbarn, oder Maud Crabbe (Kap. 16), die Mediävistin, zu Wort kommen läßt. Da dies zumeist in der Ich-Form geschieht und damit die Gefahr einer Verschmelzung von Autor und Erzähler gegeben ist, werden besondere Anforderungen an den Rezipienten gestellt. Die Autorin suggeriert dem Rezipienten, daß die Meinung des Protagonisten auch ihre Meinung sein könnte. Gerade diese subjektive Darstellungsform macht sich Gooneratne zunutze, um eine objektive Situation zu erreichen. Indem sie möglichst vielen Charakteren eine Stimme

---

[11] Y. Gooneratne, *A Change of Skies*. Sydney: Picador, 1991, 314. Alle Zitate sind dieser Ausgabe entnommen und werden lediglich mit der Seitenangabe markiert.

[12] Vgl. dazu die folgenden Kapitelüberschriften: 10 "Navaranjini observes the Natives" (81) – 11 "Bharat observes his Fellow Countrymen" (87) – 12 "The Natives observe the Newcomers" (98) – 13 "Edward observes the Customs of the Country" (102) – 14 "Bharat observes the Customs of Southern Cross" (104).

[13] Diane Giese, "Finding one's voice in a new land", *The Weekend Australian*, Sydney, 18.08.1991, p.5. Deshalb möchte sie sich von allen sexistischen und rassistischen Stereotypen frei halten: "It became important to me that Navaranjini and the other Asian characters in my writing should be truer to the reality I know than to the sexist or racist stereotypes that have been propagated by Western novelists from Sir Walter Scott on" (id., "Constructing the characters of women in *A Change of Skies*", *Australian Women's Book Review*, September 1992, 13-15, p. 14.

verleiht und aus deren Blickwinkel einzelne Episoden immer wieder nacherzählt, erhält der Leser durch diese verschiedenen "points of view" ein Bild vom Ganzen und glaubt, eine objektive Interpretation des Romans vornehmen zu können. Je mehr Charaktere wie in einem multiperspektivischen Briefroman aus ihrem Blickwinkel in der ersten Person über die gleichen Ereignisse berichten, desto eher gewinnt der Rezipient den Eindruck, ein kohärentes Gesamtbild vor Augen zu haben.

Um der Gefahr einer Zersplitterung ihres Romans in verschiedene Einzelaussagen zu begegnen, bedient sie sich vor allem der Technik der intratextuellen Bezüge. Trotz seiner relativen Länge behält der Roman durch dieses System von Untereinheiten seine Kohärenz. Der Leser ist sich nicht nur über die Identität des jeweiligen Erzählers im klaren, sondern erkennt Stück für Stück die thematischen Zusammenhänge und kann die einzelnen Teile wie in einem Puzzle zu einem Gesamtbild zusammenfügen. So wird der erste Tag der Navaranjinis, an dem sie sich durch die fremde Umwelt bedroht fühlen, in ihrem neuen Haus in Sydney (Kap. 10), zunächst aus der Sicht der Frau wiedergegeben:

> The stones struck the roof of our new house with tremendous clatter. Then they hit all the front windows. The panes were shattered into great big jagged pieces, the carpet was covered with splinters of broken glass. The first thing that came into my mind was the stoning of the *Devonshire* off Mackay. I didn't dare look out of the broken living room window, in case I was struck by a rock. But sharp and clear in my mind's eye, like an image in a newsreel, was that terrifying crowd of Australian planters I had seen described in my husband's grandfather's journal, standing menacingly on the wharf at Mackay, four hundred strong, ready with their clubs and stones to attack a defenceless party of Sri Lankan workers. (p. 81)

Dieses Ereignis, das durch Haß, Feindschaft und Furcht gegenüber dem Fremden gekennzeichnet ist, wird zwei Kapitel später in dem Bericht wieder aufgenommen, den der australische Nachbar Bruce Trevally seinem Freund Jim über die Vorkommnisse dieses Tages vorträgt. Dabei deckt er nicht nur die Mißverständnisse auf, sondern führt auch gleichzeitig eine einfache Humanität der Begegnung vor, die hilft, das Fremde zu überwinden:

> Well, those eyes grew big as saucers the first time she saw me, it was the day we had that hail storm out our way. Hail stones big as eggs, son, and all the windows on one side of their house smashed. Well, I went over with a roll of Maureen's Glad Wrap to give them a hand if I could, and there was Mrs What's-her-name, looking out at me from behind her husband, you could see she was scared stiff. (p. 99)

Die Technik der intratextuellen Bezüge, die zur Relativierung der Ereignisse und der von ihnen hervorgerufenen Einstellungen beiträgt, beschränkt sich in *A Change of Skies* nicht nur auf die erzählte Gegenwart der Navaranjinis (1964-1990), die sich, wie bereits erwähnt, im 15. Kapitel die Namen Barry und Jean Mundy geben, sondern greift gleichzeitig auf das 19. Jahrhundert zurück und bezieht die Erfahrungen des Großvaters Edward mit ein. Sein Tagebucheintrag vom 13.12.1882

> As we drew nearer, however, quite large stones fell into the water, & we cd not imagine that, however strange or outlandish the customs of Queensld might be, they wd include stone-throwing as a form of welcome. (p. 72)

dringt Jean bei dem erwähnten Ereignis sofort wieder ins Bewußtsein. Diese Verbindung assoziiert beim Leser nicht nur eine Ähnlichkeit der Ereignisse, sondern evoziert seinen Glauben an eine Wirkung der Vergangenheit auf das Verhalten der Protagonisten in der erzählten Gegenwart.[14]

Mit der Verschmelzung der temporalen Ebenen korrespondiert die Verkleinerung der geographischen Distanz zwischen Australien und Asien. Yasmine Gooneratne zeichnet darüber hinaus eine weltumspannende Problematik auf, die den Rezipienten mit vertrauten, aktuellen Ereignissen konfrontiert. So weckt die Erzählung von den Leiden der ceylonesischen Arbeiter an der Westküste Australiens, die während einer langen Dürreperiode von ihren Arbeitgebern schutzlos zurückgelassen wurden und den Hungertod erlitten,[15] in Edward Assoziationen mit seinem eigenen Verhalten in Sri Lanka: "I, who have sometimes heard that cry in the poorest quarters of the towns of Matara & Galle, cd not, I fear, hide my tears when I heard this terrible tale" (p. 165). Sie verbindet auf diese Weise die beiden Kontinente und macht die Außen- zu einer Innenperspektive. Im Epilog wird diese Thematik ein weiteres Mal aufgegriffen, als Edwina in einer australischen Zeitung von den asiatischen Flüchtlingen des Golfkrieges liest, die ein ähnliches Schicksal in Jordanien wie ihre Vorfahren um 1857 in Australien erleiden:

> I open the *Australian* Uncle Bruce has given me. Asia's all over the front page. It's not Sikhs fighting for Khalistan this time, or Tamil Tigers fighting for Jaffna, it's 400,000 expatriate workers stranded without food or water in Jordan, trying to scramble out of the Gulf before the shooting starts. Among the refugees there are people from Turkey, Bangladesh, the Philippines, India and Yemen. There are also 90,000 people from Sri Lanka. (p. 314f)

Wie der Zeitungsbericht zeigt, unterstreichen diese intratextuellen Bezüge die inzwischen angewachsene globale Funktion, indem sie Ereignisse in verschiedenen Kontinenten thematisch miteinander verknüpfen.

Die verbindende Funktion der intratextuellen Bezüge wird anhand des Märchens vom unsichtbaren Prinzen am augenfälligsten. Schon im Prolog wird der Anfang des Märchens durch die Mutter Edwards wiedergegeben: "Once upon a time, in the city of Benares in India, there lived in a great house beside the River Ganges a rich merchant who married his beautiful daughter, a musician of great skill, to the son of a king" (p. 5). Nach mehreren Anspielungen auf diesen Text innerhalb des Hauptteiles durch Edward[16] oder Barry[17] wird das Ende des Märchens erst im Epilog durch Edwina wiedergegeben, die sich an die Version ihrer Mutter erinnert:

> Like that fairytale Mum used to tell me sometimes at bedtime in Coolangatta. She'd read it long ago in Great-Granddad's journals, and then of course Dad retold it in *Lifeline*. Both Great-Granddad and Dad told it as 'The Tale of the Invisible Prince', an adventure story with a gallant

---

[14] Vgl. dazu Sonya Ghosh, "Review", in: *In Between: Essays and Studies in Literary Criticism*, I and II, Delhi, Sept. 1992, p. 173: "The chief interest of the novel lies in the technique of juxtaposing Edward's diary entries with the interior monologues of his grandson and daughter-in-law. (...) A referential relationship is thus established between alternating periods and experiences of Bharat and his wife often appear to be footnoted in those of Edward."

[15] Vgl. p. 165: "The Sinhalese had no skills wh. cd help them survive in these unnatural conditions. Cattle & men alike, Joe tells me, dropped in their tracks, such was the terrible heat of the sun; & landowners & their stockmen together walked off their holdings. Those among the workers who cd still stand upright struggled, after a time, with difficulty from their camp to the roadside, where they lay down in the dust."

[16] Vgl. p. 103: "I find now that the colour of my skin (which must seem to the superficial view identical with that of this country's native inhabitants) serves me as the cloak of invisibility served the prince in my dear mother's tale who walked unperceived in the courts of the Immortals."

[17] Vgl. p. 227: "Among the conference participants, I became invisible, like the prince in Great-Grandmother's fairy tale (...)."

hero and a happy ending. But Mum's version, which she told to me, was different from theirs. (p. 321)

"The Tale of the Invisible Prince" stellt somit eine Art Rahmengeschichte des Romans dar und wird wie der Roman selbst aus verschiedenen Blickwinkeln im Sinne der "point of view technique" erzählt.

Bei der Autorin von *A Change of Skies* handelt es sich um eine Professorin für Englisch, die, wie Tina Faulk schreibt, als "foundation director of the university's post-colonial literature and language research centre" und als "patron of the Jane Austen society of Australia" über ein profundes Wissen und eine immense Belesenheit in der Weltliteratur verfügt.[18] Auf dieses greift sie zurück, um auch intertextuelle Bezüge zwischen ihrem Roman und anderen Texten herzustellen. Dies geschieht zum einen direkt, etwa durch die Shakespeare-Zitate des australischen Universitätskollegen von Barry, Jeff Tailor: "'If it were done when 'tis done, than 'twere well it were done quickly, 'said a voice beside me. It belonged to Jeff Tailor, the School's Shakespearean." (p. 113). Aber auch explizit markierte Zitate innerhalb des Textes finden sich häufig:

Ill fares the bard in this unletter'd land,
None to consult, and none to understand. (p. 261)

Diese Zeilen aus Cowper über Ovid kommen Barry in den Sinn, als er sich über seine Zukunft in dem fremden Land Gedanken macht. Auch ein Zitat von Rudyard Kipling erinnert ihn wenig später an die Fragwürdigkeit seines Tuns: "*Here lies the Fool*, said the text reprovingly, *Who tried to hurry the East.*" (p. 262).

Die Intertextualität des Romans bezieht sich auch auf die gattungstypologische Ebene, wenn z. B. Erzähltechniken aus dem 18. und 19. Jahrhundert herangezogen und zu einem engen Netz textueller Relationen verknüpft werden, um einen dynamischen Prozeß der Rezeption beim Leser auszulösen. So wird das Tagebuch der Literatur des 17. Jahrhunderts entnommen und hier in die stilisierte Form des fingierten Tagebuchs überhöht, wie es in Defoes *Robinson Crusoe* vorliegt. Auch der Briefroman, der mit Samuel Richardson's *Pamela* 1740 in die Weltliteratur einzog, findet hier sowohl in der maskulinen Variante durch Barry (Kap. 11), als auch in seiner femininen Form durch Jean (Kap. 20, 22) seine Anwendung. Selbst gattungsübergreifende intertextuelle Bezüge lassen sich in *A Change of Skies* nachweisen. So folgen Edwards Reflexionen über Weisheit und Mitleid (Kap. 27) der Tradition sinhalesischer Dichter, während Professor Red Kodd seine Lobeshymne zur silbernen Hochzeit seines Kollegen John Dory (p. 290f.) in der Gestalt einer Ode hält, einer lyrischen Form also, die sich bekanntlich schon in der Antike großer Beliebtheit erfreute. Yasmine Gooneratne entgrenzt mit Hilfe dieser intertextuellen Bezüge den Text und macht dem Rezipienten die Verbindung zwischen den verschiedenen Kulturen sowie zwischen der Vergangenheit und der Gegenwart bewußt.

Nur einmal wird der Aktualitätsbezug in besonderer Weise betont, nämlich als die Autorin im Kap. 32 auf die subjektive Erzählsituation verzichtet und ein ganzes Kapitel in Form einer Zeitungsmeldung gestaltet, die dem Leser eine wahrheitsgetreue Wiedergabe der Realität suggeriert. Die Nachricht aus dem *Queensland Courier* soll nicht nur einen Zeitsprung von mehreren Jahren markieren und das Ereignis von Edwinas Geburt nachreichen, sondern verstärkt auch die objektive Art der Berichterstattung, die im Gegensatz zu Barrys subjektivem Monolog aus dem vorausgehenden Kapitel steht. Barry erfreut sich hier auf subjektive Weise seiner neugewonnenen Freiheit: "Unlike my forebears and fellow explorers, I reflected, I am alive. I

---

[18] Tina Faulk, "An Asian eye on Australia", *The Canberra Times*, 29.5.1994, p. 24.

am free, I thought happily, as we walked towards the car." (p. 292). Wenig später wird diese Aussage über die Bedeutung der Freiheit für den Immigranten wiederholt (p. 294). Dadurch wird seine innerliche Loslösung von einer traditionellen Lebensweise einer fiktiven Öffentlichkeit kundgetan, und so erscheint dem Leser Barrys Wille, sich in Australien niederzulassen, glaubhafter. Die auktoriale Stimme der Verfasserin verschafft sich zu keinem Zeitpunkt des Romans direkt Gehör, sondern teilt sich in erster Linie zwischen den Ehepartnern Jean und Barry Mundy auf und vermeidet dadurch eine subjektive Einmischung. Es bleibt dem Leser überlassen, sich mit einer der Romanfiguren zu identifizieren. Durch die häufigen Wechsel der Erzählsituationen und die verschiedenen "points of view" wird er jedoch dazu angehalten, eine objektive Sichtweise beizubehalten und damit zu dem Ausgleich zwischen dem Eigenen und dem Fremden beizutragen. Auch auf der narratologischen Ebene verfolgt also Yasmine Gooneratne das Ziel, die Menschen zu einem rationalen Handeln zu bewegen und eine integrative, verstehende Haltung gegenüber dem Fremden zu stimulieren.

IV. Sprachliche und stilistische Mittel der Alterität

Yasmine Gooneratne setzt auch auf der sprachlichen Ebene zahlreiche Varianten ein, um die Konfrontation und die Überwindung der Alterität in dieser Beziehung anzudeuten. Sie läßt jeden ihrer unterschiedlichen Sprecher aus seiner Perspektive in dem jeweiligen Idiolekt berichten. So entsteht ein sprachliches Spektrum, das von des Großvaters Edward formal-viktorianischem Sprachstil:

> Lying sleepless in my hammock on deck that night, I attempted to translate the words of the folk song into English verse, but cd not in all honesty congratulate myself when I had done on achieving any thing of literary value, for every phrase that came to my mind, disturbed as it was, seemed to me to fall far short of the simple beauty of the original. (p. 71)

bis hin zu Bruce Trevallys australischem Dialekt reicht:

> Dr What's-his-name thanked him, and Mrs made us all a cuppa. Best cuppa he'd ever had, Harry reckoned. So it should be, I said. That's Pure Ceylon Tea, mate, the best there is. (p. 101)

Auch andere ethnische Gruppen außerhalb des anglophonen Bereichs kommen zu Wort, so der vietnamesische Flüchtling Long Thai Trinh, der wegen seiner noch fehlerhaften Aussagen an einem Sprachkurs teilnehmen muß:

> 'We were on the boat seven days,' said one of my Southern Cross students. Long Thai Trinh is Vietnamese, and had been referred to my Writing Skills course by Mike Beam. 'No water, no food, everyone frightened, talk about pirates killing us, or boat sinking. But I was lucky. Some little kids, they were put on boat while they were still sleeping. When they wake – woke up, sea water all round them, strange new faces. Terrible. I was lucky. (p. 282)

Jenseits der sprachlichen Eigenarten, die die syntaktischen Interferenzen dieser asiatischen Sprache aufzeigen, offenbart ihr Sprecher seine Haltung gegenüber der politisch oktroyierten Flucht und der eigenen Glücksauffassung, die allein auf das Überleben gerichtet ist.

Darüber hinaus benutzt die Autorin das Medium der Sprache dazu, die Thematik des inneren Wandels ihrer beiden Protagonisten, des Ehepaars Mundy, herauszuarbeiten. Jeans Eifer, den australischen Dialekt mit Hilfe des "talk back radio" zu erlernen, und ihre aktive Nutzung umgangssprachlicher Redewendungen unterstreichen ihre Metamorphose von der asiatischen

Ehefrau zu einer selbständigen und eigenverantwortlichen Persönlichkeit.[19] Durch ihre Fähigkeit, sich nicht nur in das Bewußtsein eines Erzählers versetzen zu können, sondern ihm auch die adäquate Sprache zu verleihen, gelingt es Gooneratne, ein objektives Bild dieser multiethnischen und multilingualen Erfahrungen zu präsentieren. Der innere Wandel von Asien nach Australien wirkt realistischer, wenn er, wie im *A Change of Skies* demonstriert, von einem sprachlichen Wandel begleitet wird.

Die Autorin macht in diesem Erstlingswerk vor allem von ihrem stilistischen Lieblingswerkzeug, der Ironie, Gebrauch. So sagt sie von sich selbst:

> This happens to fit in rather well with my own favourite among English novelistic tools, irony. I am strongly attracted – the inevitable result, I suppose, of a professional life spent studying Jane Austen and the English satirists of the 18th century – to the use of language as the transmitter of hidden messages, to the means by which words can be made to conceal much more than they reveal and readers induced to read between the lines.[20]

Mit dieser ironischen Beobachtungsweise gelingt es ihr, so ernste Themen wie Immigration und Rassismus zu behandeln, ohne belehrend zu wirken. Indem sie diese Probleme ironisiert, gewinnt sie ihnen eine humorvolle Seite ab und animiert dadurch den Leser zu einer Auseinandersetzung mit der ernsthaften Thematik des Romans. So sagte sie in einem Interview:

> But I have personal experience of both exile and immigration. I am interested in exploring the personal and psychological effects of those movements. Doing it – to some extent at least – through humour, and using fictional characters, doesn't make it less serious.[21]

Zahlreiche Beispiele dieser kunstvoll gebrauchten Ironie ließen sich anführen. So werden australische und britische Professoren an der fiktiven "Southern Cross University" nach Fischsorten und Meeresfrüchten benannt: Red Kodd – Maud Crabbe – King Fysshe, der noch dazu an seinen Namensvetter Arthur Kingfisher in David Lodges satirischem Universitätsroman *Small World* erinnert.[22] Ihnen wird das gleiche Schicksal zuteil wie Jahrhunderte zuvor den Aborigines, die von den ersten Siedlern mit den Namen von Gemüsesorten und Münzen betitelt wurden.[23] Bharats Namenswechsel zu Barry Mundy signalisiert dem australischen Leser seine Bereitschaft, sich dem Universitätssystem anzupassen, da er auch für sich den Namen eines australischen Speisefisches ("barimundi") auswählt. Gleichzeitig verweist der neue Nachname

---

[19] Jean beschreibt ihren eigenen sprachlichen Anpassungsprozeß mit folgenden Worten, als sie mit ihrem Mann Barry auf einer Party mit Universitätskollegen gewesen war und nun Bilanz zieht: "Well, it was a fun party. By this time, too, my Australian vocabulary had improved out of sight. In the company of Barry's colleagues – that very intellectual Francesca Sweetlips, for instance, and Professor Doubleton – Trout, who's a sweet old dear but whose conversation is so full of Anglo-Saxon attitudes and allusions that half the time one can't make out what he's saying, and even Red Kodd – though I must say Red always does his best to put me at my ease by reading his *vers libre* compositions to me – I had sometimes felt a bit like a fish out of water. But by this time I felt much more at home, now that I could twig what people around me were on about. And another thing – I found, as I learned to speak their language, that Australians didn't seem so unappetising any more, somehow. Not at all. Especially in their appearance." (p. 125f.)

[20] Y. Gooneratne, *op. cit.* September 1992, p. 14.

[21] Diana Giese, "Reflections on the migrant experience", *Migration*, Sydney, July/August, 1991, p. 21.

[22] Vgl. Rüdiger Ahrens, "Satirical Norm and Narrative Technique in the Modern University Novel: David Lodge's *Changing Places* and *Small World*", in Joachim Schwend et al., eds. *Literatur im Kontext – Literature in Context, Festschrift für H. W. Drescher*. Frankfurt/Main: Lang, 1992, 277-295.

[23] Diana Giese, "Finding one's voice in a new land", *The Weekend Australian*, Sydney, 17.-18.09.1991, p. 5: "Through her system of naming she colonises them as earlier arrivals did the Aborigines. When they found it too difficult to get their tongues around unfamiliar names, they resorted to those of vegetables or coins: Pumpkin, Sixpence."

auf das lateinische Wort "mundus" und somit auf den Verlust einer Nationalität zugunsten des neuen Weltbürgertums.

Auf der anderen Seite verwendet Gooneratne einen Namenscode für ihre asiatischen Charaktere, der von westlichen Lesern nicht nachzuvollziehen ist. So wird dem asiatischen Leser der wahre Charakter des Mr Koyako schon anhand von dessen Namen verdeutlicht. Die Autorin schreibt selbst dazu:

> The length and meaning of Mr Mekaborou Kiyanahati Balapan Koyako's name alert the reader to the fact that he/she is in the presence of a status-hungry hypocrite: 'Look, mate, at the way this rascal's lying his head off.'[24]

Bharats Namenswechsel, der von australischen Lesern als durchaus positiv empfunden wird, erhält für ceylonesische Leser wiederum eine negative Konnotation, da das sinhalesische Wort "barimundi" auf Deutsch in etwa mit "impotenter Abschaum" wiedergegeben werden kann.[25] Mit Rückblick auf die australische Vergangenheit gewinnt das neue System der Nomenklatur eine ironische Bedeutung und fungiert außerdem als ambivalenter Namenscode, der die Distanz zwischen Australiern und Asiaten auch in rezeptorischer Hinsicht widerspiegelt. Leser beider ethnischer Gruppen erhalten bei der Rezeption des Textes sowohl einen Erfahrungsvorsprung als auch einen Erfahrungsrückstand. Des weiteren verweist der Namenswechsel der beiden Protagonisten auf ihren inneren Wandel und erhält somit einen symbolischen Charakter.

Überhaupt arbeitet Gooneratne in ihrem Roman sehr häufig mit Symbolen. Neben dem "mynah bird" als Symbol für die Auswanderer, dem Fernsehkonsum als Symbol für die amerikanische Unterhaltungsindustrie und gleichzeitig für den Verlust traditioneller Werte in Sri Lanka (263f.) fällt besonders ihre Absicht auf, Symbole in einen humorvollen und ironischen Rahmen einzubetten. Die Episode um die verlorene Brosche der Großmutter, die von einer amerikanischen Limousine überrollt wurde, benutzt Jean bewußt dazu, ihre vermeintliche Rivalin Francesca Sweetlips in Angst und Schrecken zu versetzen. Die amerikanische Gastdozentin, die offensichtlich Gefallen an ihrem Kollegen Barry Mundy gefunden hat, unterhält sich bei einem Kaffeekränzchen mit Jean über Okkultismus und Aberglaube in Sri Lanka und spielt dabei auf ihre wahren Gefühle an:

> When the designer had left, Francesca stayed on. And after a while she returned to the subject of the occult. 'Jean,' Francesca said, 'What would *you* do if you lost something valuable?'
> 'If I were in Sri Lanka, I'd go and see Amma's light reader right away,' I said.
> 'But if you lost it here?'
> 'That would be what the light reader calls a difficult case, since it would involve transmitting her powers over a considerable distance. But her methods would work perfectly well, just the same.'
> (p. 222)

In der falschen Annahme, von Jean durchschaut worden zu sein, betrachtet Francesca deren Geschichten von Zaubersprüchen und Flüchen als Drohung:

> 'What sort of a spell?' Francesca asked.
> 'Oh, the spells vary,' I said. 'As far as I know, Amma has never had to resort to that sort of thing. Nor would she wish to. But other people aren't as generous-minded as my mother. One of my aunts, they say, who is terribly bad tempered, had such a vicious spell cast on a man who stole the coconuts from her estate that he broke out in the most awful boils and sores. The sores covered his entire body, and they stank like anything. Nothing could cure him.'

---

[24] Y. Gooneratne, *op. cit.*, 1992, p. 58.
[25] *Loc. cit.*

Francesca said nothing. She had become quite pale, and had stopped sipping her tea. (p. 224)

Francesca verzichtet also schließlich auf eine Auseinandersetzung mit dieser mysteriösen orientalischen Frau. Durch ihre unbewußte Verwendung von Symbolen für ihren Ehemann und seine mögliche amerikanische Geliebte schlägt Jean am Ende ihre vermeintliche Rivalin auf humorvolle Weise in die Flucht. In ihrer allegorischen Erzählung bleibt die Brosche, die für Barry steht, trotz der amerikanischen Limousine, die über sie hinwegrollt, unverletzt. Francesca fragt Jean interessiert nach der Brosche:

> 'And she got it back quite undamaged?'
> 'Oh, absolutely,' I said. 'Those Jaffna jewellers really know their craft. The American Ambassador's big black Cadillac had rolled over it, she said, and bent the clasp a tiny bit, but otherwise it was as good as new, and she's worn it happily ever since.'
> Francesca drove away, speeding rather dangerously at the corner, I thought. I was putting the tea things away when Barry got back from Southern Cross. 'Well, Jean, and what have you been up to all day?' he asked. (p. 225)

Die Begegnung mit dem Fremden, die schließlich zur Überlegenheit der humanitären und ausgleichenden Benevolenz führt, bleibt nicht nur an der Oberfläche der alltäglichen Auseinandersetzungen, sondern erstreckt sich auf alle Identifikationsaspekte der Personen, also auch auf ihre Sprache, ihr ethnisches Rollenverständnis und ihre mythologischen Wurzeln. So wird die Alterität in ihrer psychologischen Tiefe ausgelotet.

V. Ethnische Stereotype und Rollenklischees

Mit den Protagonisten des Romans, Jean und Barry, treffen Ceylonesen auf den für sie fremden Kontinent Australien. Barry erinnert sich, als er über die Möglichkeit eines beruflichen Wechsels an eine australische Universität nachdenkt, nur sehr vage an die Karte in seinem Atlas, in dem die Gebiete britischer Herrschaft in einem verwaschenen Rosa gekennzeichnet sind. An Australien läßt ihn dabei die Form des Kopfes eines Scotch Terriers mit aufgestellten Ohren und einer Nase, die ständig in Richtung England zeigt, denken. Sonst fallen ihm nur zusammenhanglose Begriffe wie Kängeruhs, Emus, Koalas, Schafe, Tennis, Aborigines etc. ein. Jean wird durch das Titelbild von *Woman's World* mit dem Hafen von Sydney und einem braungebrannten Muskelmann auf Australien aufmerksam. Dazu kommen noch Lebensmittel, die aus Australien eingeführt werden. Auch ihre Freundin Marina, die sie beim Mittagessen über ihre Meinung zu Australien befragt, kann nur Klischees zu diesem Thema beitragen:

> Marina put her fork down for a moment to tell me that Australia was the back of beyond, the dark side of the moon. 'There's nothing there,' she said, ' just kangaroos and sheep. Oh, and tennis courts. Australians play tennis. They eat tinned peas. And meat pies.' (She shuddered slightly at this last, and so did I.) 'And they swim.' (p. 18)

Diese Vorurteile werden z. T. im Laufe des Romans immer wieder bestätigt, z. T. aber auch von Jean und Barry abgearbeitet und überwunden. Kameraderie, Großzügigkeit, Trunkenheit und Ignoranz sind die vorherrschenden Charaktereigenschaften, mit denen Yasmine Gooneratne die Australier kennzeichnet. Im Gegensatz dazu sind deren Nachbarn, die Trevallys, warmherzig und hilfsbereit und stehen ihnen in schweren Zeiten bei. Nachdem sie nicht mehr Tür an Tür mit ihnen wohnen, bleiben sie aber doch mit ihnen befreundet und nehmen sich nach ihrem Tode sogar ihrer Tochter Edwina an. Zwar haben auch sie gegenüber orientalischen Ländern Vorurteile, doch lassen sie sich nicht dazu hinreißen, jemanden wegen seiner Herkunft abzulehnen.

In umgekehrter Richtung sind bei den Australiern andere Vorurteile gegenüber Sri Lanka präsent, die sich vor allem auf die traditionelle Kleidung, die Küche und den Kinderreichtum der ceylonesischen Familien beziehen. Diese Perspektive wird durch Sandra Coquelle eröffnet, die als Australierin den Navaranjinis noch vor ihrer Reise in Colombo einen Besuch abstattet und daher diese Vorurteile artikuliert. Bewundernd äußert sie sich zu der Schönheit der ceylonesischen Kleidung: "'(...) you ladies all dress so beautifully that I can't see any difference at all between the clothes on the catwalk and those in the audience'." (p. 24). Diese Bewunderung setzt sie auch gleich in den Kauf eines Sari um: "We went next to a government-run handicraft emporium where Sandra bought an attractive blue and white batic sari. 'Perfect,' she said, 'for when I'm back home in Woy Woy, and get invited to tell the local Rotarians about my trip to the East.'" (p. 25) Aus der Herkunft der Autorin und der beiden Protagonisten im Roman wird es verständlich, daß Sri Lanka mit all seinem exotischen Reichtum positiv geschildert wird. Ihre Tochter Edwina bemerkt auf ihrer Reise nach Sri Lanka sehr bald, was der Verlust ihrer Heimat, ihres "home", für ihre Eltern bedeutet haben mag:

> Mum and Dad had a hard time coming to terms with the changes taking place 'at home'. I know that because, while they were going through it, I was growing up. They tried not to talk about it in front of me, that was part of Dad's theory that I must be allowed to grow up in a new country, free of the burdens of the past. But all his theories didn't prevent *him* living in the past. (p.320)

So wird die Migration von Sri Lanka nach Australien nicht nur zu einem geographischen Wechsel, sondern auch zu einer Auseinandersetzung mit der Vergangenheit und mit der Erinnerung an die verlassene Kultur.

Die Stereotypenproblematik ist aber nicht auf den Gegensatz von Sri Lanka und Australien beschränkt. Sie durchzieht vielmehr den gesamten Roman wie ein roter Faden und erstreckt sich auch auf das Verhältnis von Tamilen und Singhalesen, von Australiern und Asiaten, ja schließlich auch auf die Beziehungen der beiden Geschlechter, die durch die ethnischen Identitäten nicht unbeeinflußt bleiben. Überwölbt wird diese Oppositionsstruktur des Romans aber von der Hoffnung auf eine internationale Gemeinschaft, deren Mitglieder nicht in ihrer Stereotypengläubigkeit verharren, sondern, wie die Botschaft des Romans wohl lautet, sich von allen Emotionalitäten befreien und sich für eine rationale Bewältigung ihrer Alltagsprobleme entscheiden. Diese Botschaft empfängt am Ende des Romans auch Edwina, die Hoffnungsträgerin dieser neuen Generation, wenn ihr angesichts der kriegerischen Auseinandersetzungen gesagt wird: "Look at it rationally. Be objective." (p. 325). Bei diesem Prozeß ist ihre Mutter das entscheidende Vorbild, denn sie ist nicht nur in eine neue Welt aufgebrochen, sondern hat diesen Wechsel auch dadurch entscheidend mitgestaltet, daß sie sich von dem Schatten ihres Ehepartners befreite. Edwina wird sich dessen in der Ferne Sri Lankas bewußt: "I really do think there came a point, somewhere in Mum's life, when she stopped being Dad's shadow and struck out a line for herself. Became a different person. Though, of course, she never said anything. Especially not to Dad. She just went ahead and did it." (p. 321) Mit dem rationalen Emanzipationsprozeß geht also ein persönlicher einher.

VI. Schlußbemerkung

Schon das Bild auf dem Einband von Bill Wood ist eine Vision von dem friedlichen nebeneinander der beiden Kulturen. Die Mitglieder einer ceylonesischen Familie sitzen in traditioneller Kleidung nach Geschlechtern getrennt in einem offenen Pavillon. Während die Frauen sich der Musik hingeben, unterhalten sich die Männer mit Spielen. Im Hintergrund hebt sich gerade ein modernes Verkehrsflugzeug vor der imposanten Kulisse des Hafens von Sydney in die Lüfte. Aus diesem Nebeneinander von alter und neuer Welt erwächst die Hoffnung auf eine neue Existenz, unbehindert durch Bürden der Tradition und getragen von der Synthese dieser fremden Kulturen. So endet denn auch der Bericht in der Zeitschrift *Queensland Courier* über das Leben von Jean und Barry Mundy in Australien mit dem euphorischen Ausruf "Welcome, Jean and Barry Mundy, Citizens of the World! Queensland takes you to its heart!" (p. 295)

Yasmine Gooneratne hat mit diesem Erstlingswerk nicht nur ihr schriftstellerisches Talent unter Beweis gestellt, sondern auch eine moderne Problematik, nämlich die Bewältigung der Alterität im fiktionalen Kontext, einem breiten Publikum zugänglich gemacht. Durch ihren symbolträchtigen, humorvollen und ironisierenden Stil weckt sie das Interesse des Lesers immer wieder aufs neue und erzeugt Textkohärenz durch intratextuelle Bezüge, die nicht nur die beiden Zeitebenen des Romans verbinden, sondern auch die räumliche Distanz zwischen Asien und Australien überwinden. Ihr Ziel einer objektiven Darstellung erreicht sie durch ihren Appell an den Leser zu einem rationalen Handeln und auf der narratologischen Ebene durch den ständigen Wechsel der Erzählsituationen sowie durch die Evokation eines multiperspektivischen Gesamtbildes. *A Change of Skies* kann deshalb zweifellos als erzähltechnisches Meisterwerk betrachtet werden, das mit Spannung auf weitere Romane seiner internationalen Autorin warten läßt.

Bibliographie:

Ahrens, Rüdiger/Laurenz Volkmann (Hg.) (1996): *Why Literature Matters. Theories and Functions of Literature*. Heidelberg: Winter.

Behen, Deena (1994): Post-colonial Patterns are Unmistakable in Indian English Writers. In: *Femina Magazine*, Jan. 23.

Benson, Conolly (Hg.) (1994): *Encyclopedia of Post-Colonial Literatures in English*. London: Routledge.

Bredella, Lothar (1993): Ist das Verstehen fremder Kulturen wünschenswert? In: Lothar Bredella und Herbert Christ (Hg.), Zugänge zum Fremden. Gießener Diskurse, Bd. 10. Gießen, S. 11-36

Bredella, Lothar/Herbert Christ (1994). Didaktik des Fremdverstehens – Ein Forschungsprogramm im Rahmen der Graduiertenförderung. In: *Anglistik – Organ des Verbandes deutscher Anglisten*, September, Heft 2, S. 63-79.

Davison, Liam (1991): Barry Mundy takes on the Southern Cross. In: *Australian Book Review*. September, No. 134.

Faulk, Tina (1994): An Asian Eye on Australia. In: *The Canberra Times*, 20.5.1984.

Ghosh, Sonya (1992): Review. In: *In Between, Essays and Studies in Literary Criticism*. September.

Giese, Diana (1991a): Reflections on the migrant experience, In: *Migration*, Sydney, July/August.

Giese, Diana (1991b): Finding one's voice in a new land. In: *The Weekend Australian*, Aug. 17-18.

Gooneratne, Yasmine (1984): Women and Literature: Ending the Stereotype. In: *World Literature*. Downsview/On. 23:1 (Winter), S. 20-25.

Gooneratne, Yasmine (1987): Remembering the House: Sentimental Memory, Symbol, or Title-deed? In: Kirpal Singh (Hg.), *The Writer's Sense of the Past: Essays on Southeast Asian and Australian Literature*. Singapore, S. 65-76.

Gooneratne, Yasmine (1990): Images of Indian Exile in Rushdie's The Satanic Verses and Ruth Prawer Jhabvala's Three Continents. In: David Bevan (Hg.), *Literature and Exile. Perspectives on Modern Literature*. Amsterdam: Rodopi, S. 7-21.

Gooneratne, Yasmine (1991a): *A Change of Skies*. Sydney: Pan Macmillan (Picador Australia).

Gooneratne, Yasmine (1991b): Eating the "Wonder" Bread of Exile: South Asians Perceiving Western Worlds. In: Edwin Thumboo (Hg.), *Perceiving Other Worlds*. Singapore, S. 226-236.

Gooneratne, Yasmine (1992): Constructing the Characters of Women in A Change of Skies. In: *Australian Women's Book Review*.

Goonewardene, Shelagh (1991): The Migrant Experience of Exile, Change and Discovery. In: *The Sri Lankan*, Nov.

Hutcheon, Linda (1989): *The Politics of Postmodernism*. London: Routledge.
Hutcheon, Linda (1995): Colonialism and the Postcolonial Condition: Complexities Abounding. In: *PMLA*, 1, S. 7-16.
Jha, Subhash K. (1993): A Sri Lankan pearl. In: *The Times of India*, Febr. 7.
Mukherjee, Meenakshi (1992): Cultural Cross Currents: A Change of Skies by Y. Gooneratne. In.: *The Book Review*, XVI, 6.
Rao, Valli (1992): Change within Changelessness: the Pattern of Interweaving in A Change of Skies. In: *CRNLE Reviews Journal*. Adelaide.

ULRICH HORSTMANN

Daniel Defoes *Robinson Crusoe*: Eine konspirative Lektüre

Reisevorbereitungen

Reif für die Insel. Nichts wie weg. Einchecken für die schönsten Wochen des Jahres. "Robinson Club" steht auf den Kofferanhängern. Da interessierte einen doch die eingepackte Urlaubslektüre. Ob man mal einen Blick ...? Indiskret hin, indiskret her. Erstens beschwert sich ja auch keiner über die Durchleuchtung des Handgepäcks, und zweitens war Daniel Defoe, ohne den der Reiseveranstalter ein namenloses Unternehmen geblieben wäre, selbst jahrzehntelang Spion und erkundete als 'Inoffizieller Mitarbeiter' der jeweiligen Regierungspartei die Innenansichten seiner Landsleute.[1] Sammeln wir also vor dem Inselaufenthalt noch ein paar Erkenntnisse, und machen wir uns dabei auch auf die eine oder andere peinliche Einsicht gefaßt.[2]

Seit seinem Erscheinen im Jahre 1719 ist *Robinson Crusoe* stets mehr gewesen als eine literarische Pioniertat, mit der der Siegeszug einer neuen Gattung, des bürgerlichen Romans, begann. Der Titelheld stieg nämlich im Handumdrehen zur kulturellen Identifikationsfigur auf: ein einfallsreicher Abenteurer und hartnäckiger Zivilisationsbringer, wie er im Buche steht, der Modellbauer einer heilen Welt unterm Sonnenschirm, in der Papageien plappern, Zicklein stupsen und sich alle Anstrengungen auf das erholsamste bezahlt machen. Kein Wunder, daß dieser Mythos vom guten Leben aus eigener Kraft, von der fast paradiesischen Rendite mit Verstand investierter Energien bald vielstimmig nacherzählt wurde, daß die 'Robinsonaden'[3] Konjunktur hatten und ihr Vor- und Urbild sich gleichwohl gegenüber Zweitverwertern und Trittbrettfahrern als widerstandsfähig genug erwies, um noch zweihundertfünfzig Jahre später zum Werbeträger eines Reiseunternehmens zu taugen. Dessen Kundschaft bucht die Aura mit, erwartet komfortable Naturnähe und Crusoe-Mimikry – gern auch bis zu dem Wrack, durch dessen klaffenden Rumpf man den Supermarkt betritt. Nur das Werk, soviel haben wir inzwischen mit den geeigneten Mitteln in Erfahrung gebracht, das Original, aus dem all die Wunschbilder und Urlaubsphantasien abgeleitet sind, hat keiner der Reisenden im Gepäck. Lediglich ein Kinderbuch mit dem Titel *Robinson Crusoe* steckt kopfüber in einem bunten Rucksack; aber darin

---

[1] Im Vorwort zu ihrer stupenden Defoe-Biographie attestiert Paula R. Backschneider diesem Verwandlungskünstler und geborenen Rollenspieler: "He led an exciting life – he was imprisoned as a bankrupt, convicted for sedition, acted as a double agent, created a spy network, infiltrated newspapers, and knew some of the most famous and notorious people of his time" (Backschneider 1989: xi). Einen Überblick über die einschlägigen Aktivitäten der "one-man intelligence agency" (Rogers 1979: 3) liefern auch Petzold 1982: 22 ff. und Richetti 1987: 8f.

[2] Wegen solcher 'Enthüllungen' hatte Defoe schon 1703 am Pranger gestanden und sich gleichzeitig in "A Hymn to the Pillory" als potentieller Wiederholungstäter zu erkennen gegeben: "Let all Mankind be told for what: / Tell them 'twas because he was too bold, / And told those Truths, which shou'd not ha' been told. / ... / Tell them he stands Exalted there / For speaking what we wou'd not hear."

[3] Zu den Folgewirkungen siehe Rogers 1979: 12ff.

hätte man Defoes Vorlage selbst dann kaum wiedererkannt, wenn dem Nachwuchs das Malheur mit der ausgelaufenen Cola-Dose erst auf dem Rückflug passiert wäre.

Seltsam, eine solche Abwesenheit des Allgegenwärtigen. Verwunderlicher aber noch, wenn man es recht bedenkt, der Zwang zum Umschreiben, Kürzen, Zurechtstutzen, Aushöhlen, der die Wirkungsgeschichte dieses klassischen Abenteuerromans begleitet. In den ersten hundert Jahren seiner Existenz standen, wie die Forschung vorrechnet, knapp sechzig vollständigen Ausgaben mehr als einhundertfünfzig zusammengestrichene Editionen gegenüber, und der in den sogenannten 'chapbooks' erreichte Kompressionsrekord lag Mitte des 18. Jahrhunderts bei vierundzwanzig Seiten.[4] Daß in diesem Marktsegment der billigen und für schlichte Gemüter produzierten Digests ökonomische Erwägungen über jede inhaltliche Nuancierung erhaben waren, ist zugestanden. Ebenso unzweifelhaft aber muß allen übrigen Eingriffen die Überzeugung von einer spürbaren Unzulänglichkeit und Inadäquanz des Textes zugrunde gelegen haben.

Es ist paradox, aber Defoes Erfolgsbuch wird als defekt, deformiert, als vom Autor selbst in gewisser Weise verunstaltet erlebt und entsprechend berichtet und redigiert. Wo sich dieses Besserwissen selbst imaginativ und nationalstolz auflädt, entstehen – oftmals kaum weniger populäre – Konkurrenzgeschichten wie *Der sächsische Robinson* (1722) oder Johann Rudolf Wyss' *Der Schweizerische Robinson* (1812-27), der es sogar fertigbringt, als *The Swiss Family Robinson* (1849) in das Land seines Ahnherren zurückzukehren. Wo das Original dagegen als unüberbietbar akzeptiert ist, soll sein Instruktionspotential, seine Modellhaftigkeit gleichwohl von Überlagerungen und Interferenzen befreit werden. Derartige Bearbeitungen sind dann Pädagogensache und im deutschen Sprachraum mit Namen wie Johannes Karl Wezel oder Joachim Heinrich Campe verknüpft.[5] Beide definieren das Zielpublikum neu, reduzieren den Adressatenkreis auf Heranwachsende und sorgen langfristig dafür, daß *Crusoe* ebenso wie Jonathan Swifts *Gulliver* in die Regionen des Märchenhaften oder gar in kindsköpfige Zeichentrickwelten abgedrängt wird. Campe ist es auch, der in seinem "Vorbericht" zu *Robinson der Jüngere, zur angenehmen und nützlichen Unterhaltung für Kinder* (1779) die Vorbehalte zur Sprache bringt, die seine Eingriffe legitimieren sollen, wobei er gegen "viel weitschweifiges, überflüssiges Gewäsche, womit diese veraltete Dichtung überladen ist",[6] zu Felde zieht.

Hinter dieser Diffamierung steht Campes Gewährsmann Jean-Jacques Rousseau, der die sonderbare Mischung aus Bewunderung und Unbehagen, mit der gerade aufgeweckte Teile der Leserschaft auf Defoes Kunst-Mythos reagierten, wie kein zweiter auf den Punkt gebracht hat. In seinem Erziehungsroman *Emile ou de l'éducation* (1762) ist *Robinson Crusoe* das einzige Buch, das der Zögling über Jahre in die Hände bekommt, allerdings in einer gesäuberten Version, die ihm "tout son fatras", den gesamten beiläufigen Plunder also, nicht zumutet. Auf Defoes gesellschaftsferner Insel, so die Sichtweise Rousseaus und seines Anhängers Campe, sprudelt ein Wahrheitsquell, aber das Wasser ist nicht frei von schädlichen Beimischungen und darf nur filtriert ausgeschenkt werden. Der einzig wahre *Robinson Crusoe* ist also ein zensierter, ein halbierter *Robinson Crusoe*, weggeschoben in die adoleszente Gutgläubigkeit, kopfüber verharmlost und in bunte Rucksäcke gestopft. Jedes Kind kennt ihn; kaum ein Erwachsener, der sich in die Prospekte des "Robinson Club" vertieft, verspürte Lust, ihn auch nur zu überfliegen.

---

[4] Vgl. Petzold 1982: 39.

[5] Hier ist auf die Studie von Elke Liebs (1977) zu verweisen, die die pädagogische Okkupation von Robinsons Insel im Detail nachverfolgt hat.

[6] Zit. nach Petzold 1982: 47.

Und um das Maß der Merkwürdigkeiten vollzumachen, scheint es, als hätte der pauschaltouristische Taufpate, der frühe Sensationsjournalist, der Meinungsmacher und Geheimagent Daniel Defoe so etwas geahnt. Die einschlägige Passage im Vorwort zum zweiten Band klingt empört und resignativ zugleich, ein Aufbegehren und ein Appell angesichts des Unabwendbaren:

> This makes the abridging this work as scandalous as it is knavish and ridiculous, seeing, while to shorten the book that they may seem to reduce the value, they strip it of all those reflections, as well religious as moral, which are not only the greatest beauties of the work, but are calculated for the infinite advantage of the reader. By this they leave the work naked of its brightest ornaments; and if they would at the same time pretend that the author has supplied the story out of his invention, they take from it the improvement which alone recommends that invention to wise and good men (II viif.).[7]

Das war nicht nur weitsichtig formuliert, sondern auch nachrichtendienstlich gesprochen. Denn Defoes Mitteilung an seine Leserschaft ist verschlüsselt. Zwei Dekodierungen sind möglich: eine harmlos geistesgeschichtliche und eine immer noch schmerzhaft geistesgegenwärtige, die die Intimsphäre unserer kulturellen Identität verletzt. Wer sich mit der ersten zufriedengibt, denkt für Defoe wohl einfach nicht konspirativ genug.[8]

Erste Dekodierung

In grober Annäherung besteht *Robinson Crusoe* aus Aktion und Kommentar; der Roman verbindet eine Kette spannender Ereignisse mit zwischen den Kettengliedern eingeschobenen moralisierend-missionierenden Reflexionen, die Rousseau und späteren 'kindgerechten' Bearbeitern entweder langweilig oder verlogen, in jedem Fall aber höchst überflüssig vorkamen und die sie deshalb bereitwillig opferten.[9] Das Geschehen allein erschien als substantiell; das von

---

[7] Benutzt wurde die Aitken-Ausgabe der *Romances and Narratives by Daniel Defoe*, in der alle drei Bände des *Robinson Crusoe* abgedruckt sind. Bandnummer und Seitenzahl werden den Zitaten in Klammern nachgestellt.

[8] Es ist also ermutigend, wenn die neuere Sekundärliteratur die Doppel- oder sogar Vielzüngigkeit Defoes deutlich herausstellt. In ihrer Anthologie *The Versatile Defoe* spricht beispielsweise Laura Ann Curtis von "the two important voices that resound and echo through all of Defoe's writings: the honest, plain-speaking plain dealer and the devious, feverishly plotting, double-talking double-dealer" (Curtis 1979: 118). Anthony James unterscheidet zwischen drei 'Grundregistern' (vgl. James 1972: 256ff.), und Michael Seidel treibt die Pluralisierung der Stimmen –"Defoe's diffuse and multiple voicings" (Seidel 1991: 29) – noch weiter, bis schließlich die innige Beziehung zwischen dem Literaten und dem konspirativen 'Informanten' Defoe zutage tritt: "Defoe had a vocational reason as a government spy for writing himself into another voice, but he was a born mimic almost by impulse. ... In a famous letter to Robert Harley, whom Defoe served as a spy, Defoe hints at something of the technique that sustained him for years as a journalist and would sustain him, in later years, as a novelist: 'I Talk to Everybody in Their Own way.' By this Defoe ... centers his capacity for mimicry and impersonation ... a capacity of voicing otherness" (ebd.).

[9] Im übrigen moniert schon ein Zeitgenosse Defoes, der 'hack writer' Charles Gildon (1665-1725), in einer noch im Erscheinungsjahr auf den Markt geworfenen *Crusoe*-Satire diese Gemengelage und unterstellt dem Autor eine rein kommerzielle Motivation: "As to the variety of the subjects, it will be a hard matter to make that good, since it's spread out into at least five and twenty sheets, clog'd with moral reflections, as you are pleas'd to call them, every where insipid and awkward, and in many places of no manner of relation to the occasion on which they are deliver'd, besides being much larger than necessary, and frequently impious and profane; and always canting are the reflections which you are pleas'd to call religious and useful, and *the brightest ornaments of your book*, tho' in reality they were put in by you to swell the bulk of your treatise up to a five shilling book" (Rogers 1972: 46).

dem Ich-Erzähler selbst gelieferte exegetische Beiwerk verschleierte dies Eigentliche nur und trübte den Blick. Defoe hätte dem entgegengehalten, daß actionzentrierte Einäugigkeit notwendig verflacht. Tiefenschärfe ist nur mit einem Augenpaar zu haben, und deshalb schmiedet schon das Vorwort zum ersten Band Außen- und Innenperspektive des Protagonisten unauflöslich zusammen. "The story is told with modesty, with seriousness", heißt es mit einer einladenden Geste, "and with a religious application of events to the uses to which wise men always apply them, viz., to the instruction of others by this example, and to justify and honour the wisdom of Providence" (I lxvii).

Und eben das, kontern die Dekodierer vom philologischen 'Intelligence Department', ist eine bloße Schutzbehauptung. Defoe war 'dissenter' und damit Mitglied einer verfolgten religiösen Minderheit, deren puritanischer Gewissenhaftigkeit weder mit dem 'Act of Uniformity' (1662) noch mit dem 'Clarendon Code' (1663) noch mit dem 'Test Act' (1673) beizukommen war.[10] Trotz weitreichender sozialer und politischer Diskriminierung blieben Defoes Eltern ihrem Glauben treu, und ihr Sohn reagierte auf die Tatsache, daß er als Nicht-Anglikaner keine Universität besuchen durfte, mit dem – später dann doch nicht in die Tat umgesetzten – Entschluß, sich zum presbyterianischen Geistlichen ausbilden zu lassen. Dieses Skrupulöse, die eifrige Pflege eines rigorosen religiösen Über-Ich, mit der Defoe von Kindesbeinen an vertraut war, mußte er nun auch bei einem hohen Prozentsatz seines Zielpublikums voraussetzen, das sich aus dem Bürgertum mit seinem überproportionalen 'dissenter'-Anteil rekrutierte. Und damit begannen die eigentlichen Probleme.

Für die Fundamentalisten und Fanatiker der puritanischen Fraktion war der schöne Schein der Kunst schließlich teuflisches Blendwerk, jede Fiktion ein Lügenmärchen und Dichtung damit ein eklatanter Verstoß gegen das achte Gebot.[11] Defoe, der es bis zum Ende seines Lebens auf über fünfhundert eigenständige Publikationen mit höchst unterschiedlichen Phantasiegraden bringen sollte, mochte schon lange vor der Abfassung des *Robinson Crusoe* mit seinem Gewissen ins reine gekommen sein oder sich die dehnbare journalistische Spielart zugelegt haben; für viele Leser aber blieb das "Falsch-Zeugnis-Reden" des Fabulierers ein Stigma.

Deshalb, so die erste Deutung des Defoeschen Texthalbierungsverbots, stellt der Autor seinem Roman eine doppelte Unbedenklichkeitsbescheinigung aus. Zum einen bringt er das Kainsmal des Lügners zum Verschwinden, indem er sich selbst in Luft auflöst bzw. in einen Herausgeber verwandelt, der erklärt, daß es sich bei dem folgenden Text um einen reinen Tatsachenbericht, "a just history of fact" (I lxvii), handle. Zum anderen wird das schlechte Gewissen des erlebnishungrigen Lesers dadurch beruhigt, daß es in Crusoe selbst seinen Doppelgänger und Komplizen entdeckt, denn auch der hat sich ständig mit Selbstvorwürfen und -ankla-

---

[10] Vgl. Petzold 1982: 10f.
[11] Defoe selbst läßt diese Position – allerdings schon nicht mehr ohne Widerworte – in seinem *Family Instructor* von 1715 zu Buche schlagen:
"*Father* ... her sauciness to her mother, and her contempt of God, were insufferable. It was her good fortune that I was not there; and as to taking her books, I have had the mortification to look them all over, and with a great deal of affliction, to think that any child of mine should spend their time in such foolish, filthy, and abominable books.
Son What, do you mean the plays?
Father Yes, I do mean the plays, songs, novels, and such like, which made up her whole study. Were they fit for a young maid's contemplation?
Son I must own I think them very fit.
Father Then your sin is come up to a maturity very fit for a public reformation, and it is high time you were begun with" (Defoe 1979: 431).

gen herumzuschlagen und ist auf einer lehrreichen und im Endeffekt vorbildlichen Suche nach innerem Gleichgewicht und Seelenfrieden.

Aus dieser Perspektive sind die langen Einschübe moralisierender Selbsterforschung und religiöser Selbstvergewisserung folglich wenig mehr als Beruhigungspillen, Sedativa zur Akzeptanzsicherung eines neuen fiktionalen Mediums. Nachdem aber der Roman einmal etabliert, das Publikum von seinem Existenzrecht überzeugt ist, werden sie anachronistisch, verzichtbar und eigentlich nur noch aus Pietätsgründen oder als mentalitätsgeschichtliches Anschauungsmaterial mitgeschleppt. Die avancierten Lesegewohnheiten des 20. Jahrhunderts und der skrupellose zeitgenössische Unterhaltungsanspruch, so das erste Dekodierungsresümee, geben den Bearbeitern und Verschlankern des *Robinson Crusoe* recht. Wer den puritanischen Störsender ausblendet, wer die 'commercials' in Sachen Seelenheil überhört und überblättert, der hat mehr von Robinsons Insel.

Zweite Dekodierung

Schön und gut. Defoe war ein mit allen Wassern gewaschener Kaufmann und Unternehmer. Als er sich nach zwei spektakulären Bankrotten mit dreiundvierzig Jahren umorientiert und sein Heil in einer Doppelexistenz als Agent und Schriftsteller sucht, hat er seinem Geschäftssinn sicher nicht den Laufpaß gegeben. Es ist also keine Frage, daß Kalkül, ökonomische Berechnung in seinen Romanen steckt. Wer auf den Bestseller *Crusoe* in schneller Folge die angeblichen Lebensbeichten der Halbweltdame, Diebin und Deportierten *Moll Flanders* (1722), des deklassierten Gentleman und Haudegens *Colonel Jack* (1722) sowie der Femme fatale *Roxana* (1724) folgen läßt, der kopiert nicht nur das eigene erfolgreiche Muster der fiktiven Autobiographie wieder und wieder. Er nutzt auch die Attraktivität des Verruchten und Verbotenen, beerbt die zeitgenössische Kolportageliteratur und sichert sich doch durch das gute Ende und einen bußfertigen Ausklang das aufseufzende Wohlwollen der Rechtgläubigen, die von ihrem Ausflug ins pralle Leben mit roten Ohren und reinen Herzen zurückkehren.

Aber Defoe war als Romancier mehr als ein geschäftstüchtiger Marktlückenentdecker und wortgewandter Profiteur, er war Künstler. Kein aus bloßem kommerziellen Kalkül und also aus der Geringschätzung des Lesers, aus der Willfährigkeit des Urhebers geborener Text überdauert die Interessenfluktuation und weltanschaulichen Umbrüche der Geschichte. Das bringen nur Kunstwerke fertig; und weil *Robinson Crusoe* in diese Kategorie gehört, verteidigt Daniel Defoe die Ganzheit und Integrität des Textes. Wenn sein Roman als kunstvolle Einheit demnach weder in der 'nackten' Pseudofaktizität der geschilderten Ereignisse aufgeht noch auf die Inselepisode zurechtzustutzen ist, dann muß dem 'Beiwerk', Rousseaus "fatras", entgegen dieser abschätzigen Bezeichnung eine wichtige, vielleicht sogar entscheidende Rolle zukommen. Und – auch das läßt sich schon vorhersagen – das Durchschauen dieser Bedeutung dürfte für den damaligen wie für den heutigen Leser unliebsame, ja schmerzliche Konsequenzen haben, denn sonst ist die Eilfertigkeit schwer erklärbar, die 'naive Rezipienten' wie literaturwissenschaftliche Experten beim Umgang mit den entsprechenden Passagen an den Tag legen.

Ich schlage also vor, sich bei der genaueren Erkundung des *Robinson Crusoe* Robinson Crusoe zum Vorbild zu nehmen. Der Titelheld läßt sich nämlich nicht auf der 'Schokoladenseite' seiner Insel nieder, "[where] the shore was covered with innumerable turtles" (I 121), sondern lebt "on the worst side of the island" (ebd.), im Rücken dieses Nahrungsparadieses unter weniger einladenden Umständen, soweit man bei einer subtropischen Insel überhaupt davon reden kann. Entsprechend werden wir im folgenden die sattsam bekannte Erfolgsbilanz einer aufstrebenden Einmannzivilisation – "Am I talking to God, or man? Is it a real man, or an angel?" (I 284) – nicht noch einmal aufpolieren[12] und uns statt in diesem gelobten Land der Machbarkeiten lieber in seinem narrativen und kommentatorischen Hinterland umtun.

Robinson Crusoe ist, wie das James Joyce in einem Vortrag formuliert hat, "the true prototype of the British colonist".[13] In dieser Eigenschaft läßt der Ich-Erzähler denn auch keinen Zweifel am durchschlagenden Erfolg seiner Mission. Noch existiert erst ein Brückenkopf der Alten Welt, schon ruft sich sein Erbauer zum "king or emperor over the whole country" aus, bescheinigt sich "absolute command" (I 164) und wärmt sich noch in Sibirien an dem Halbgottstatus, den seine Insel auf Abruf für ihn bereithält:

> I interrupted him, and told him I was a greater and more powerful prince than even the Czar of Muscovy was, though my dominions were not so large, or my people so many. ... I had the absolute disposal of the lives and fortunes of all my subjects; ... notwithstanding my absolute power, I had not one person disaffected to my government or to my person in all my dominions (II 299f.).

Bei Crusoes verbanntem Gesprächspartner stößt dieses propagandistische Selbstportrait auf gutgläubige Bewunderung. Bei jedem Leser, der auch das unwegsamere Textgelände dieses Romans durchreist hat, aber löst es Stirnrunzeln und Kopfschütteln aus.

Woher rührt diese Skepsis, dieses Mißtrauen? Schließlich sind wir doch nicht nur während des Schiffbruchs mitfühlend, ja mitfiebernd bei der Sache, und selbst wenn wir uns emotional zurücknähmen, blieben wir doch dem Monolog des Ich-Erzählers und seinen Einseitigkeiten von dem ersten bis zum letzten Satz schutzlos ausgeliefert. Was bewirkt die Relativierung der Aussage? Erinnern wir uns an den Zweitberuf Defoes, das Aushorchen. Und bescheinigen wir ihm jetzt, daß er mit *Robinson Crusoe* nicht nur einen weltberühmten Abenteuer-, sondern auch einen weithin verkannten Spionageroman geschrieben hat.

Der enttarnte Jedermann

Defoe feiert seinen Helden als Selbstbehauptungsstrategen, aber gerade über die Offenlegung seiner Gedankenwelt und die Schilderung seines Verhaltens vor und nach dem Exil enttarnt er ihn auch. Oder genauer, seine Kunst erlaubt es dem Leser, sich Crusoe bewundernd anzuverwandeln, gleichsam in seine Haut zu schlüpfen und eben deshalb Schritt für Schritt sein Selbstbild, seine Selbstidolisierung – und unsere unkritische Empfänglichkeit dafür – zu durchschauen. Dieser Ablösungsprozeß, das Untergraben und Durchkreuzen identifikatorischer Lektüre beginnt spätestens mit dem Auftauchen Freitags und gipfelt in einer der letzten Episoden des zweiten Bandes. Dort werden wir Zeugen der Zerstörung eines tatarischen Götzenbildes; ein Ausbruch von leerlaufendem, das Leben der Mitreisenden aufs Spiel setzendem Aktionismus, den man nur mit Crusoes zunehmender Bigotterie erklären kann und der eben deshalb enthüllend wirkt. Ist es reine Spekulation, darin auch einen konspirativen Wink, eine Abschiedsgeste des Autors zu entdecken, der uns nach soviel Gelegenheit zum Herumabenteuern und affektiven Mitgehen zu einer reflektierteren Form des Umgangs anhält? Wohl kaum. Wie

---

[12] Martin Price liefert in seinem Aufsatz "The Divided Heart: Defoe's Novels" ein Beispiel für die ungebrochene Fortexistenz dieser Sichtweise, wenn er feststellt: "In short, Crusoe's Island is the utopia of the Protestant ethic (as Ian Watt puts it). It is a place where Crusoe holds undistracted to his work and where his work is rewarded" (Bloom 1987: 40).

[13] Allerdings präzisiert er diese Diagnose dann folgendermaßen: "The whole Anglo-Saxon spirit is in Crusoe: the manly independence; the unconscious cruelty; the persistence; the slow yet efficient intelligence; the sexual apathy; the practical, well-balanced religiousness; the calculating taciturnity" (zit. nach Seidel 1991: 11).

Crusoe die extreme Verletzlichkeit eines heidnischen 'Popanz' vorführt, souffliert uns der Subtext, so hat auch der Leser die Aufgabe, eine rückhaltlose Idolisierung und Verklärung des Titelhelden nicht zuzulassen und den Mythos, die Wunscherfüllungsphantasie, auszutarieren mit Realitätssinn.

Das geht am einfachsten über eine Kostenaufstellung, wobei der Roman selbst wiederum das Stichwort liefert, denn Crusoe ist ein großer Bilanzierer und legt sich bekanntlich gleich nach seiner Rettung vor dem Ertrinken in den kaufmännischen Kategorien von Soll und Haben Rechenschaft über seine Situation ab (vgl. I 72). Was kommt nun bei der doppelten Buchführung aus der Leserperspektive heraus? Wie hoch sind die Investitionen für die Infrastruktur einer Insel der Seligen, was kostet die Verwandlung eines Stücks unberührter Natur, in der 1659 'der erste Schuß seit Erschaffung der Welt' (I 57) fällt, in eine Miniaturausgabe des europäischen Mutterlandes?

Die erste Antwort ist von ernüchternder, von brutaler Kürze: Sie kostet Menschenleben. Das spätere Kinderbuch ist auch ein Panoptikum roher Gewalt und folgt selbst in dieser Beziehung getreulich dem Prinzip des Fortschritts. Was mit einer Notwehrsituation und dem abgeschlagenen Kopf beginnt, den Freitag seinem neuen Herrn zu Füßen legt, wächst sich wenig später zu einer geradezu waidgerecht aufgelisteten Strecke von 'zusammen 21' Eingeborenen (I 264) aus und steigert sich – nach weniger verlustreichen Auseinandersetzungen unter Weißen – über sechs, dann achtundzwanzig Kanus, "full of savages, armed with bows and arrows, great clubs, wooden swords, and such like engines of war" (II 92), bis zu einer Flotte von einhundertsechsundzwanzig, in die Crusoe eine Breitseite hineinfeuern läßt, um den Tod Freitags – "my old servant, the companion of all my sorrows and solitudes" (II 177) – zu rächen. Zu Lande schließen sich dann die Entvölkerung eines madagassischen Ortes und die Konfrontation mit einem 'unübersehbaren Haufen' von zehntausend Tataren (II 276) an, bevor der zweite Band geradezu friedfertig mit ein paar Knebelungen und dem kriegslistigen Entschluß, "to avoid them and not fight" (II 316), ausklingt.

Nun ist diese am Ende abgeflachte Wachstumskurve der Gewaltbereitschaft, die sich übrigens gegenüber vierbeinigen Kreaturen weiter ungebremst austobt, eine Konzession Daniel Defoes, eine Goodwill-Geste gegenüber dem zu verabschiedenden Leser, und findet in der Psyche Robinson Crusoes keineswegs eine Entsprechung. Der steigert sich nämlich nicht in ein massenhaftes Töten hinein, um sich letztendlich übersättigt und geläutert abzuwenden, sondern bewegt sich im Kreis und nach dem Kreislaufprinzip des Rückfalls. Seine zivilisatorischen Höchstleistungen sind von vornherein gekoppelt an eine sich einigelnde und nach außen abschließende Wagenburgmentalität[14] sowie an Ausrottungsphantasien gegenüber dem Fremden, wenn es wortwörtlich auch nur einen Fuß auf seine Insel setzt:

> Night and day, I could think of nothing but how I might destroy some of these monsters in their cruel, bloody entertainment ... It would take up a larger volume than this whole work is intended to be, to set down all the contrivances I hatched, or rather brooded upon, in my thought, for the destroying these creatures (I 186).

Das innere Ringen mit dem mordgierigen und destruktiven Widerpart, der Nachtseite seines konstruktiven Ego, wird vom Autor gleichwohl in auffälliger Breite dargestellt. Es endet mit einem vorläufigen Bekenntnis zur Toleranz, dem Pyrrhus-Sieg der Humanität. Denn der Nichteinmischungsentschluß angesichts einer unchristlichen und 'barbarischen' Andersartig-

---

[14] In seinem Aufsatz "The Displaced Self in the Novels of Daniel Defoe" hält Homer O. Brown fest: "When Robinson finds himself shipwrecked, almost his first act is to begin to build a wall around himself. He further insulates himself; he creates an island within the island" (Bloom 1987: 73).

keit, der Verzicht darauf, die Menschenopfer der Kannibalen durch eine ausreichende Zahl von Menschenopfern unter den Kannibalen zu beenden, erweist sich als wenig dauerhaft. Kaum gibt es einen Kampfgefährten, den ein 'tüchtiger Schuß' Rum in seiner transkulturellen Loyalität befeuert, und ein makelloses Motiv in Gestalt eines weißen Gesichts, lautet die Devise: "Let fly, then, in the name of God" (I 261), und die "naked wretches" (I 259) werden selbst noch dieser beiden herablassenden Attribute entkleidet und erbarmungslos niedergemacht.

Mit der europäischen Zivilisation läuft auf Crusoes Insel auch die kolonialistische Durchsetzungsmaschinerie an, deren Eigendynamik sich in der Lebensgeschichte Crusoes ganz wie in der 'großen' Historie als unbeherrschbar erweist. Selbst Exzesse, so die klarsichtige, fast gleichnishafte Darstellung Defoes, legen sie nicht lahm. Sein Held wird auf Madagaskar Zeuge einer sich zu einem Massaker auswachsenden Vergeltungsaktion der Schiffsbesatzung, die für ihr Brennen und Morden nur die fadenscheinigsten Gründe anführen kann. Obwohl selbst im Umgang mit 'Wilden' alles andere als zartbesaitet, ist Crusoe vom Blutrausch seiner Landsleute angewidert, ja traumatisiert:

> In short, there were such instances of a rage altogether barbarous, and of a fury something beyond what was human, that we thought it impossible our men could be guilty of it; or if they were the authors of it, we thought they ought to be every one of them put to the worst of deaths. ... My very soul shrunk within me, and my blood ran chill in my veins when I saw this (II 199f.).

Allein, was sind die Folgen dieses Anschauungsunterrichts in den Praktiken neuzeitlichen Kulturtransfers? Eine recht bald von dringenden Geschäften absorbierte sittliche Empörung und – mittel- oder langfristig – Schönfärberei und Wiederholungszwänge. Das gebrannte Kind Crusoe scheut das Feuer bis zur Konfrontation mit dem sibirischen 'Götzenungeheuer', dann aber passiert das wahrhaft Ungeheuerliche: Der Schuldkomplex verwandelt sich in die Erinnerung an eine Heldentat, mit der man Unentschlossene von ihrer Pflicht überzeugt und Dritte zu Folgetätern macht:

> So I related the story of our men at Madagascar, and how they burnt and sacked the village there, and killed man, woman and child ... and when I had done, I added that I thought we ought to do so to this village (II 285).

Die Unvermeidlichkeit des Unheils im Gefolge einer selbstgerechten und selbstgefälligen zivilisatorischen Heilsbringerei, das ist eine der 'guten Lehren', die Defoes Vorwort dem in Aussicht stellt, der die Herausforderung des Spionageromans *Robinson Crusoe* annimmt. Ein solcher Leser begreift, daß die Rückseite des Spiegels mit den Alpträumen des Kolonialismus bedampft ist und daß die glasklare Geschichte nur deshalb das Wunschbild vom autarken Ich, die Vision des Selfmademan so handgreiflich vor Augen führt. Crusoe ist in der Tat, wie Joyce behauptet, die Inkarnation unserer nachmittelalterlichen kollektiven Geschichte und der kollektiven Gesichte, die die Unterwerfung ganzer Kontinente ermöglicht haben. Er tritt vor uns hin als eurozentrischer Jedermann, der für eine uralte Kulturnation wie China gerade so viel herablassendes Interesse aufzubringen vermag, als reise er durch ein riesiges Kuriositätenkabinett, und der zur Verdeutlichung des Abstandes zwischen seiner Heimat und dem Fernen Osten in aller Demut wiederum die militärische Elle anlegt: "Nay, I do not boast if I say that 30,000 German or English foot, and 10,000 French horse, would fairly beat all the forces of China" (II 254).

Diese Personifizierung eines menschheitsgeschichtlich beispiellos erfolgreichen mentalen Typus, des christlich-abendländischen Alleskönners und Allesbeherrschers, will also kein Prahlhans sein, hat kein rhetorisches Imponiergehabe nötig. Sie läßt Taten – oder die Waffen – sprechen und ist selbst darin noch monologisch verfaßt. Symptomatischerweise ist der erste

'Gesprächspartner' Crusoes auf seiner Insel ein Papagei, und auch zwischen Crusoe und Freitag existiert kein echter Gedankenaustausch, sondern die stattfindende Interaktion bewegt sich auf der Einbahnstraße des Imitationslernens. Freitag plappert im pragmatischen Sinne nach, übernimmt die vorgegebenen Verhaltensmuster seines Retters.

Reproduziert sich dieses Herr-Knecht-Verhältnis aber nun nicht in der Relation Gott-Crusoe? Ist Robinson dem Weltenlenker nicht ebenso bedingungslos untertan wie Freitag dem angespülten Inselfürsten? Und wird die Echolalie zwischen der westlichen Zivilisation und ihren eigenen Errungenschaften nicht zwiegesprächig aufgebrochen durch die ständige Bezugnahme auf Transzendenz? Das sind wiederum detektivische Fragen, die der gottesfürchtigen Textoberfläche und den als dritter Band nachgeschobenen *Serious Reflections during the Life and Surprising Adventures of Robinson Crusoe with his Vision of the Angelic World* (1720) nicht blindlings auf den Leim gehen wollen und Defoe eine gewisse lautere Doppelzüngigkeit unterstellen, die den Preis für die geschilderten Großtaten nicht verschweigt.

Ressource Gott

Über die Komplementarität des Konstruktiven und Destruktiven in der Welt kolonialer Expansion haben wir Auskunft erhalten. Ob der Gottesdienst der Landnehmer Dienst an Gott oder Dienstbarkeit Gottes meint, wollen wir in Erfahrung bringen. Dazu betrachten wir das Bekehrungserlebnis des verlorenen Sohnes Robinson etwas eingehender, das sich für den heutigen Leser nicht von vornherein durch jene frömmelnde Penetranz diskreditiert, die die Rückkehr des Hooligan Will Atkins zum Glauben seiner Väter auszeichnet (vgl. II 139ff.).

Crusoe betritt die Insel mit einem Notfall-Gott, den man in lebensgeschichtlichen Krisensituationen und bei Unglücksfällen um Erste Hilfe angeht, um ihm nach dem Ende akuter Bedrohung nicht weiter zur Last zu fallen. Auch Dankbarkeit manifestiert sich deshalb als Instant-Phänomen, wobei Crusoe hier wie anderswo haushält und insbesondere dann zu knausern beginnt, wenn naturgesetzliche Erklärungsmöglichkeiten mit der unterstellten göttlichen Intervention in Konkurrenz treten. Folglich ist das vor seinen Palisaden aufgehende Getreide nur so lange eine mit Tränen begrüßte 'Fügung Gottes', bis das Realitätsprinzip sich rehabilitieren kann:

> At last it occurred to my thoughts that I had shook a bag of chicken's meat out in that place, and then the wonder began to cease; and I must confess, my religious thankfulness to God's providence began to abate too, upon the discovering that all this was nothing but what was common (I 86).

Auf dem Krankenlager aber soll sich diese Einstellung, so die Selbstdeutung des Helden, grundsätzlich gewandelt haben. Was Blitzschlag und Erdbeben nicht zuwege bringen, bewirkt ein schwerer Malariaanfall: die innere Umkehr, den spirituellen Quantensprung. Treuherzig beglaubigt das über weite Strecken auch die Sekundärliteratur, die den *Crusoe* als "puritanisches Erbauungsbuch" zu interpretieren gelernt hat[15] und die zeitgenössisch vorgegebenen Stadienmodelle der Errettung – vom groben Dreischritt Ungehorsam, Bestrafung, Reue bis hin zu viel gewundeneren Pilgerrouten zur ewigen Seligkeit – darin wiedererkennt. Dabei hat Daniel Defoe zahlreiche Stolpersteine in seinen Roman eingebaut und eine Indizienkette

---

[15] vgl. Petzold 1982: 80ff. und Rogers 1979: 52ff.

angelegt, die uns mehr als stutzig machen müßte, auch was dieses Exemplarische, die angebliche Mustergültigkeit von Crusoes religiösem Verhalten, anbelangt.[16]

Wer nur den lieben Gott läßt walten, der kann sich jedenfalls nicht auf unseren insularen Selbstversorger berufen.[17] Crusoe setzt auch in extremis nicht alles auf eine Karte, sondern fährt zweigleisig, greift zum geistlichen Zuspruch der Bibel und zu geistigen Getränken, betet mit Inbrunst und schluckt fast gleichzeitig seine ausgesprochen irdische Medizin, so daß der Beginn des Erweckungserlebnisses mit alkoholischer Euphorisierung verschmilzt: "I found presently it flew up in my head violently; but I fell into a sound sleep" (I 104). Allerdings will er im Gegensatz zum 'Getreidewunder' späterhin gar nicht mehr so genau wissen, ob sich diese Wende zum Besseren natürlich oder übernatürlich erklärt. In seinem unfreiwilligen Isolationsexperiment hat er nämlich die Religion als Mittel seelischer Stabilisierung, als entscheidenden Faktor der Psychohygiene entdeckt.

Nachdem Crusoe sich einigermaßen häuslich in seinem Exil eingerichtet hat und der existentielle Druck unmittelbarer Daseinssicherung gewichen ist, treten immer häufiger schwere Depressionen und Verzweiflungsschübe auf, die er nicht in den Griff bekommt: "My heart would die within me, to think of the woods, the mountains, the deserts I was in, and how I was a prisoner, locked up with the eternal bars and bolts of the ocean" (I 125). Das Fieberdelir markiert den Höhepunkt und die extreme psychosomatische Zuspitzung der Erfahrung der Ausgegrenztheit, des sozialen Todes. Sich ein Gegenüber zu verschaffen wird zur Überlebensfrage, und Crusoe zwingt Gott die Rolle des besorgten Über-Vaters auf, weil das sich in paßgenauen Bibelstellen manifestierende Interesse des Allerhöchsten die eigene 'Vernichtsung' durch den endlosen Ozean konterkariert und weil der für seine Mitmenschen vom Erdboden Verschwundene derart Anlaß findet, seinen Verbannungsort in einen Bewährungs- und Schonraum umzumodellieren. Die Tabak-und-Rum-Roßkur, die den depravierten Körper kurzfristig mit Genußgiften überflutet, findet ihre Ergänzung in einer ritualisierten und tendenziell unabschließbaren Gottestherapie, die die Auserwähltheitsdroge benutzt, um Erträglichkeit und Schmerzfreiheit herzustellen oder sogar Gefühle eines gewissen Überschwangs zu erzeugen:

> I had now brought my state of life to be much easier in itself than it was at first, and much easier to my mind, as well as to my body. I frequently sat down to my meat with thankfulness, and admired that hand of God's providence, which had thus spread my table in the wilderness. I learned to look more upon the bright side of my condition, and less upon the dark side, and to consider what I enjoyed, rather than what I wanted; and this gave me sometimes such secret comforts, that I cannot express them (I 143f.).

Während die heuchlerische und 'gewinnorientierte' Komponente in der Religionsausübung Crusoes im zweiten Buch überdeutlich zutage tritt, klingt diese Aussage erstaunlich echt, und fast wäre man geneigt, dem Sprecher den Zustand der Gnade, eines metaphysischen Getröstetseins, doch noch zu glauben, wenn nicht auch hier ein Rückfall allem Zweifel ein Ende setzte. Crusoes Gott ist eine einsame Projektion, Mittel zum Zweck des psychischen Überlebens, denn sobald die totale Isolation aufgehoben wird und ein echtes – dazu noch feindliches – Gegenüber erscheint, sind Seelenruhe und Geborgenheitsgefühle wie weggewischt. Der eben noch innerlich ausgeglichene Einsiedler verfällt in Panik, verwüstet in Gedanken sein Reich,

---

[16] Man vergleiche das Resümee Petzolds: "Ein Vorbild kann er uns eigentlich nur sein, wenn wir die Widersprüche in seinem Charakter übersehen" (Petzold 1982: 90).

[17] Entsprechend argumentiert Michael Seidel in seiner Analyse der Getreide-Episode. Der Gott Crusoes ist für ihn eine nachgeordnete Sanktionsinstanz, die den vorgängigen Handlungswillen absegnet: "Characters do not set out to act in accord with providence, no matter what they think or say they do; rather, they read their actions as providential. This is a different thing" (Seidel 1991: 94f.).

und zwei volle Jahre lang kommt ihm sein Gott abhanden: "Thus my fear banished all my religious hope. All that former confidence in God ... now vanished" (I 172f.).

Daß der tranzendente Alliierte in der nächsten Extremsituation, dem Kampf nicht mehr mit der Verzweiflung, sondern den Kannibalen, wieder heraufbeschworen werden kann, unterstreicht nicht seine Barmherzigkeit, sondern die zunehmende Disponibilität eines Phantoms. Crusoe verkörpert insofern nicht nur den Geist des europäischen Kolonialismus, er führt auch die Kolonialisierung und Ausbeutung einer Jenseitsreligion vor. Ihre Globalisierung wird mit Veroberflächlichung bezahlt, denn echte Religiosität, Einkehr also, wäre eine unerträgliche Expansionsbremse. Hilf dir selbst, dann hilft dir Gott, lautet der heimliche Wahlspruch, woraus sich gut calvinistisch ergibt, daß der Erfolg und Gottes Segen ein und dasselbe sind. Ein 'Erbauungsbuch' ist *Robinson Crusoe* damit in der Tat, nur – selbst das können wir 'am Beispiel lernen' – liefert es nicht die Konstruktionspläne für das himmlische Jerusalem, sondern den sendungsbewußten Grundriß sowie die psychische Innenarchitektur für Weltreiche und Imperien hienieden.

Reiseerinnerungen

Noch als Touristen sind wir späte Nutznießer des Robinson-Programms, das Kolonialmächte wie Spanien, Portugal, Holland, England, Frankreich, Deutschland und die Vereinigten Staaten verwirklicht haben. Deshalb kann ein Blick in den Spiegel, den uns Daniel Defoe vorhält, nicht schaden. Wer blauäugig hineinsieht, bei dem blinzelt Crusoe kindlich zurück; wer genauer nachforscht, entdeckt unter der Ziegenfellmütze beängstigend vertraute Züge. In beiden Fällen wird ein Schuh daraus, nur daß Illusion und Wahrheit, Ideologie und Realpolitik, wie das Paar, das der Schiffbrüchige nach der Katastrophe am Strand aufklaubt, nicht zusammenpassen. Natürlich kann man, besonders wenn man im "Robinson Club" Urlaub macht, auch unbesorgt barfuß weiterlaufen. Die Literaten allerdings drängt es bis heute, sich den Schuh anzuziehen und damit in die Fußstapfen des großen Erzählers Daniel Defoe zu treten. 1961 hat Muriel Spark ihren *Robinson* als Kriminalgeschichte vorgelegt; 1967 erzählt Michel Tourniers *Vendredi ou les limbes du Pacifique* Crusoes Inselromanze als erotisch entgrenzte Begegnung neu; und 1986 enthüllt J.M. Coetzee in seinem metafiktionalen *Foe* die wahre Entstehungsgeschichte der wahren Geschichte des 'Seemanns aus York'. Um ein Buch, das auf die dreihundert zusteuert und dabei noch derartig vitale Nachkommen in die Welt zu setzen vermag, braucht einem nicht bange zu sein. *Robinson Crusoe* wird noch viele zivilisatorische Schiffbrüche überleben, Daniel Defoe noch manches gutgehütete Geheimnis ausplaudern.

Bibliographie
I
Defoe, Daniel (1895): *Robinson Crusoe*, vols. I-III, ed. George A. Aitken (*Romances and Narratives in Sixteen Volumes*). London: Dent.
--- (1979): *TheVersatile Defoe. An Anthology of Uncollected Writings*, ed. Laura Ann Curtis. London: Prior.
II
Coetzee, J.M. (1986): *Foe*. London: Secker & Warburg.
Mitchell, Adrian (1974): *Man Friday and Mind Your Head*. London: Methuen.
Spark, Muriel (1961): *Robinson*. London: Macmillan.
Tournier, Michel (1967): *Vendredi ou les limbes du Pacifique*. Paris: Gallimard.
III
Backschneider, Paula R. (1989): *Daniel Defoe: His Life*. Baltimore: Johns Hopkins UP.
Bloom, Harold (ed.) (1987): *Daniel Defoe*. New York: Chelsea House.

Curtis, Laura A. (1984): *The Elusive Daniel Defoe*. London: Barnes & Noble.
James, Anthony E. (1972): *Daniel Defoe's Many Voices. A Rhetorical Study*. Amsterdam: Rodopi.
Liebs, Elke (1977): *Die pädagogische Insel: Studien zur Rezeption des Robinson Crusoe in deutschen Jugendbearbeitungen*. Stuttgart: Metzler.
Petzold, Dieter (1982): *Daniel Defoe: Robinson Crusoe*. München: Fink.
Richetti, John J. (1987): *Daniel Defoe*. Boston: Twayne.
Rogers, Pat (ed.) (1972): *Defoe. The Critical Heritage*. London: Routledge & Kegan Paul.
Rogers, Pat (1979): *Robinson Crusoe*. London: Allen & Unwin.
Seidel, Michael (1991): *Robinson Crusoe. Island Myths and the Novel*. Boston: Twayne.

ARNO HELLER

Simulacrum Amerika: Don DeLillos *White Noise* als Analyse postmoderner Existenz

> *In the heartland of wealth and liberation, you always hear the same question: "What are you doing after the orgy? What do you do when everything is available – sex, flowers, the stereotypes of life and death?" This is America's problem, and, through America, it has become the whole world's problem.*
>
> *All dwellings have something of the grave about them, but here the fake serenity is complete. The unspeakable house plants, lurking everywhere like the obsessive fear of death, the picture windows looking like Snow White's glass coffin, the clumps of pale, dwarf flowers stretched out in patches like sklerosis, the proliferation of technical gadgetry inside the house, beneath it, around it, like drips in an intensive care ward, the TV, stereo, and video which provide communication with the beyond, the car (or cars) that connect one up to that great shoppers' funeral parlour, the supermarket, and, lastly, the wife and children, as glowing symptoms of success [...] everything here testifies to death having found its ideal home.*
>
> *The microwave, the waste disposal, the orgasmic elasticity of the carpets: this soft, resort-style civilization irresistibly evokes the end of the world.*
>
> Aus: Jean Baudrillard, America *(1986)*

Im Bemühen fremde Texte zu verstehen, stößt man zuweilen auf solche, die einem zunächst vertraut und einordbar erscheinen und die sich erst bei näherem Hinsehen auf seltsame Weise verfremden. Don DeLillos *White Noise* gehört zu diesen Werken. Auf den ersten Blick gewinnt der Leser den Eindruck, den nicht ganz gelungenen Versuch einer herkömmlichen *domestic novel* vor sich zu haben: Die Hauptcharaktere werden "realistisch" und detailreich präsentiert, dennoch bleiben sie in ihren Verhaltensweisen, Ideen und Gefühlen merkwürdig unterentwickelt, flach und substanzlos. Es mangelt ihnen an jener differenzierten Ausfaltung inneren Lebens, welche diese Romangattung traditionellerweise auszeichnet. Auch der Handlungsverlauf und seine fiktionalen Situationen erscheinen trotz der Vielfalt präziser Beobachtungen merkwürdig künstlich, aleatorisch und diskontinuierlich – eher als ein Aggregat von disparaten Teilen als eine sich zur "Gestalt" formierende Ganzheit. Ein befremdliches Desinteresse des Autors an einer lebensnahen, plausiblen und psychologisch durchmotivierten Gestaltung von Menschen und ihren Problemen scheint bei diesem Roman Pate gestanden zu sein. Negative Reaktionen von Kritikern und Lesern waren deshalb gleichsam vorprogrammiert. So kritisiert

Eugene Goodheart die "deliberate insubstantiality of DeLillo's characters"¹ und Bruce Bawer spricht diesen rundweg jegliche Authentizität ab:

> [His] characters are little more than authorial mouthpieces, all but interchangeable with one another. And what makes human beings fascinating, and worth writing novels about, is their differences. Real people talk differently and think differently and have different interests and tastes and fears. None of this is reflected in DeLillo's novels. It is impossible, in the end, to accept his characters as human beings, or to take his novels seriously as representations of reality. All they amount to, really, is documents in the history of nihilistic chic.²

DeLillos "stubborn adherence to a stylish, schematic view of modern America as a great xerox machine"³ disqualifiziere ihn insgesamt als einen ernstzunehmenden Schriftsteller. Diese harte Kritik beruht, wie die folgenden Ausführungen zu zeigen versuchen, auf einem Mißverständnis, d.h. auf einer Erwartungshaltung, die an der künstlerischen Intention dieses Werkes vorbeizielt.

Winfried Fluck spricht in seinem Aufsatz "Surface Knowledge and 'Deep' Knowledge: The New Realism in American Fiction" (1992) in Zusammenhang mit Don DeLillo und anderen amerikanischen Gegenwartsautoren von einer neuen Form "postmodernen Realismus", welcher herkömmliche Rezeptionsweisen außer Kraft setze und deshalb häufig zu symptomatischen Fehlreaktionen auf seiten der Leser führe. Dieser neuen Spielart von Fiktion, die in einem Grenzbereich zwischen Realismus und Postmodernismus angesiedelt ist, gehe es weder darum, die perfekte Illusion referentieller Kohärenz zu erzeugen, noch diese in postmoderner Manier, d.h. aus einer bewußt applizierten epistemologischen Skepsis heraus zu dekonstruieren. Vielmehr verschmelzen in diesen Werken gewohnte realistische Erzählweisen mit postmodernen Experimenten, um auf diesem Weg in ein Niemandsland zwischen "surface knowledge" und "deep knowledge" explorativ einzudringen:

> The mimetic relation between the textual system and its referent has now become, if not inverted, at least one of mutual exchange, so that reality emerges as a space of proliferating signs in which all striving for order remains arbitrary [...] One of the results is the almost paradoxical phenomenon of a realism that no longer wants to offer a representative version of reality but is content to explore and represent a decontextualized surface. It is a realism that does not claim to know the real, but wants to come to terms with the fact that it is nevertheless there in an amorphous, ever changing shape.⁴

Auf diesem Hintergrund läßt sich die "Fremdheit" und "Schwierigkeit" eines Werkes wie *White Noise* als eine Art rezeptionsästhetische Falle erklären: Auf der Oberflächenebene scheint der Roman eine realistische Illusionsbildung anzustreben, gleichzeitig aber unterminiert er diese auf subtile Weise, um sich einer anderen, verborgenen und opaken Realität anzunähern. Es liegt auf der Hand, daß dieser Sachverhalt Leser verlangt, die zu neuen und differenzierteren Rezeptionsleistungen bereit sind.

---

[1] "Some Speculations on Don DeLillo and the Cinematic Real," in Frank Lentricchia, ed. *Introducing Don DeLillo* (Durham and London: Duke University Press, 1991), 121. Vgl. auch Arnold Weinstein, *Nobody's Home: Speech, Self, and Place in American Fiction from Hawthorne to DeLillo* (New York and Oxford: Oxford Univ. Press, 1993), 305: "The famed inner life of traditional fiction, the commodity that has sustained centuries of humanism, is not doing very well in *White Noise*."

[2] *Diminishing Fictions: Essays on the Modern American Novel and Its Critics* (Saint Paul: Graywolf Press, 1988), 263.

[3] Ib., 266.

[4] Kristiaan Versluys, ed. *Neo-Realism in Contemporary American Fiction* (Amsterdam: Rodopi, 1992), 83-85. Vgl. Jennifer Ann Jackson, *Contemporary Fictions, Social Texts: Don DeLillo's White Noise, Libra, and Mao II as Postmodern Cultural Rhetorics*, Unpubl. Diss. Rensselaer Polytechnic Institute, 1992, 1-34.

White Noise ist ein merkwürdig hybrider Text, der mehrere Genres in sich vereint und diese gleichzeitig überschreitet.[5] Nicht nur die schon erwähnten Elemente der *domestic novel*, sondern auch solche des Campusromans, der gesellschaftskritischen *social novel*, der ökologisch-dystopischen Disaster-Literatur oder auch des Kriminalromans verdichten sich hier unmerklich zu einem Ideenroman, der auf doppelbödig satirische Weise die existentielle Problematik des Todes in einer Welt der Simulacra, des Realitätsverlustes und der Verdinglichung thematisiert. Obwohl der Roman grundsätzlich an der modernistischen Exploration individuellen und kollektiven Bewußtseins festhält, verwendet er darüber hinaus auch postmoderne Gestaltungselemente, etwa die selbst-referentielle Parodie, das Pastiche oder substanzlose, weil zu Faksimiles reduzierte Charaktere. Der Roman entwirft insgesamt auf relativ dichte, aber unsystematische Weise einen privaten menschlichen Mikrokosmos, der sich unterschwellig und schrittweise zur eindringlichen Analyse eines über das individuelle Einzelschicksal hinausgehenden übergreifenden Bewußtseinszustandes erweitert. Die "realistische" Oberfläche mit ihrer Konzentration auf eine Familie und ihre alltäglichen Probleme evoziert zunächst den Eindruck einer jener populären "around-the house- and in the backyard-fictions"[6], die Frank Lentricchia als "[the] soft humorist underbelly of American literature" charakterisiert hat: "A realism of domestic setting whose characters play out their little dramas of ordinary event and feeling in an America miraculously free from the environment and disasters of contemporary technology, untouched by racial and gender tensions and blissfully unaware of political power, a fiction to be sure, cleverly veneered with place [...]."[7] Fast unmerklich jedoch wird diese Oberfläche transparent und öffnet den Blick auf eine dahinterliegende Bedrohung: die alles überschattende Angst vor der Realität des Todes. "This is the reality I see", kommentiert DeLillo seine Intention: "This reality has become part of all our lives over the past twenty-five years. I don't know how we can deny it."[8]

Jack Gladney, der 51jährige intelligente, genau registrierende Ich-Erzähler, dem jedoch die objektivierend-ironische Distanz klassisch-realistischen Erzählens abgeht, bildet das wahrnehmende Bewußtsein des Romans. Da er selbst Hauptbetroffener der dargestellten Malaise ist, erweist sich seine Perspektive alsbald als *unreliable* – nicht nur weil er die Vorgänge nur unvollkommen begreift, sondern weil er die zum Teil dubiosen Rollen, die er selbst spielt, etwa die eines Hitler-Enthusiasten oder eines kaltblütigen Killers, nicht kritisch zu hinterfragen imstande ist. Ein merkwürdiges Spannungsverhältnis besteht zwischen der auffallenden Substanzlosigkeit dieses Protagonisten und seiner eloquenten Sensibilität und Aufmerksamkeit gegenüber allem, was um ihn herum vorgeht. Wie F. Scott Fitzgeralds Nick Carraway oder Robert Penn Warrens Jack Burden ist er – trotz seiner überdurchschnittlichen Beobachtungsgabe – selbst Teil der allgemeinen Orientierungslosigkeit. Nur die (ironische) Mentor-Figur des Romans, der New Yorker Intellektuelle Murray Siskind, den es als Gastprofessor für populäre Kultur an das College-on-the Hill im Mittelwesten verschlagen hat, scheint alle Antworten parat zu haben. Er ist ein moderner Mephistopheles, der Jack in vielerlei Hinsicht auf falsche Bewußtseinsbahnen lenkt oder ihn in diesen bestärkt.

---

[5] Vgl. Frank Lentricchia, ed. "Introduction", in Lentricchia, ed. *New Essays on 'White Noise'* (New York: Cambridge Univ. Press, 1991), 7.

[6] Ib., 6.

[7] Lentricchia, "The American Writer as Bad Citizen", *Introducing Don DeLillo* (Durham and London: Duke Univ. Press, 1991), 6.

[8] Anthony DeCurtis, "An Outsider in This Society: An Interview with Don DeLillo," in Lentricchia, *Introducing Don DeLillo*, 66.

Das Ambiente, in dem die Handlung abläuft, vermittelt "the richly registered impression of postmodern culture",[9] d.i. die verwirrende Allgegenwart der elektronischen Medien, die Konsumwelt der *supermarkets* und *shopping malls* sowie die Bedrohung durch einen entropischen Kollaps. Das ständige Gegenüber von Außen- und Innenperspektiven verschmilzt mit den wenigen äußeren Handlungsvorgängen der ökologischen Katastrophe und Evakuierung der Betroffenen sowie der daraus resultierenden äußeren und inneren Unruhe. Der Roman beginnt im Stil einer konventionellen Klein- und Collegestadt-Idylle[10] mit den verschiedenen Ingredienzien amerikanischer Alltagsexistenz. Jack, seine Frau Babette und ihre vier Kinder sind eingebunden in die tägliche Routine trivialer Normalität. Es ist der Tag des Semesterbeginns, an dem die Studenten in den vollgepackten Kombi-Wägen ihrer Eltern an das College zurückkehren. Eine Atmosphäre (selbst)zufriedener und materiell abgesicherter Mittelklasse- Konformität beherrscht die Szene:

> The parents stand sun-dazed near their automobiles, seeing images of themselves in every direction. The conscientious suntans. The well-made faces and wry looks. They feel a sense of renewal, of communal recognition. The women crisp and alert, in diet trim, knowing people's names. Their husbands content to measure out the time, distant but ungrudging, accomplished in parenthood, something about them suggesting massive insurance coverage. This assembly of station wagons, as much as anything they might do in the course of the year, more than formal liturgies or laws, tells the parents they are a collection of the like-minded and the spiritually akin, a people, a nation.[11]

Jack und seine Frau sind Teil dieses sich selbst genügenden, in seiner Geschütztheit fast idyllisch anmutenden gesellschaftlichen Kollektivs: "Babette and I and our children by previous marriages live at the end of a quiet street in what was once a wooded area" (4). Jack ist wohlbestallter College-Professor, Vorstand des von ihm gegründeten und erfolgreich geführten Instituts für Hitlerstudien. Er und die erdverbundene Babette – "a full-souled woman, a lover of daylight and dense life" (5) – verkörpern nach außen hin die Sicherheit in sich ruhender, von der Umwelt akzeptierter Identität. Aber schon bald mischen sich unvermittelt dunklere Töne in die Idylle, als Babette bemerkt: "I have trouble imagining death at that income level" (6). In Jacks Reaktion klingt erstmals die im weiteren Verlauf des Romans immer mehr in den Mittelpunkt rückende Grundthematik an: "Maybe there is not death as we know it. Just documents changing hand" (6). Der Tod scheint aus dieser Welt materieller und geistiger Saturiertheit längst verdrängt worden zu sein und wird, wenn überhaupt, lediglich als ein unterschwelliges Gefühl vagen Unbehagens wahrgenommen: "Things, boxes. Why do these possessions carry such sorrowful weight? There is a darkness attached to them, a foreboding. They make me wary not of personal failure and defeat but of something more general, something large in scope and content" (6). Wie Piet Hanema in Updikes novel *Couples* wacht Jack in der Nacht mit "death sweat" (47) auf der Stirn auf; er liest die Todesanzeigen in den Zeitungen und vergleicht das Alter der Verstorbenen mit seinem eigenen. Dennoch haben Jack und Babette zumindest auf der Oberflächenebene alltäglichen Funktionierens gelernt, sich gegen dieses Unbehagen zu immunisieren und mit einer psycho-physischen Schutzschicht zu umgeben. Babettes Dickleibigkeit, Jacks formell-standesbewußte Kleidung, seine dunklen Sonnenbrillen

---

[9] Frank Lentricchia, "Tales of the Electronic Tribe," *New Essays on 'White Noise'*, 108.
[10] Vgl. Jean Bethke Elshtain, "Our Town Reconsidered: Reflections on the Small Town in American Literature," In Ernest J. Yanderella and Lee Sigelman, eds. *Political Mythology and Popular Fiction* (New York: Greenwood Press, 1988), 127-28.
[11] Don DeLillo, *White Noise* (New York: Viking, 1984), 3. Alle weiteren Textzitate aus dem Roman sind dieser Ausgabe entnommen.

und die Änderung seines Namens von Jack Gladney zum gewichtigeren J.A.K. Gladney sind äußerliche Komponenten dieses Schutzmechanismus. Aber schon bald wird deutlich, daß diese Expansion des physischen und öffentlichen Selbst als Mittel der Verdrängung ihre Ergänzung in der gesamten Lebensrealität Jacks – und in geringerem Ausmaß auch Babettes – ihren Ausdruck findet. Ihr Eskapismus-Streben äußert sich in einer Reihe immer wiederkehrender, miteinander vernetzter Bereiche: Jacks berufliche Ersatz- und Projektionswelt, das wohlfunktionierende Familien- und Eheleben, ein gesteigertes Konsumverhalten sowie die allgegenwärtige Scheinwelt medialer Simulacra. Im folgenden wird vor allem letzterer Aspekt thematisiert und mit den anderen in eine wechselseitige Beziehung gesetzt.

Die auffälligste im Roman gestaltete Form der Realitäts- und Todesverdrängung ist Jacks Tätigkeit als Professor für Hitlerstudien.[12] Trotz seiner vordergründig-rationalen Ablehnung des Nationalsozialismus als politisches System ist Jack insgeheim ein Hitlerenthusiast. Aus dem Nazi-Diktator hat sich Jack ein hypertrophes Forschungsprojekt aufgebaut – "a structure with countless substructures and interrelated fields of study" (12). Hitlers Leben und politisches Wirken bedeuten für ihn die große Meta-Story, d.h. die konsequent gelebte Illusion, durch Sprache, Gewalt und massenpsychologische Rituale zu Unsterblichkeit zu gelangen. Sein Rückfall in eine atavistische Ersatzreligion verkörpert für Jack einen gigantischen imaginativen Befreiungsakt. Jack bewundert diesen ebenso wie die gemeinschaftsbildende Kraft Hitlers, seinen bedingungslosen Willen zur Macht sowie den unbeirrbaren Glauben an eine selbsterschaffene Ideologie in Zeiten allgemeiner Orientierungslosigkeit, Resignation und Sinnentleerung: "[Hitler] spoke to people [...] as if the language came from some vastness beyond the world and he was simply the medium of revelation" (72). In seinen Seminaren zu "Advanced Nacism", die er in Form von großen Happenings zelebriert, erörtert er mit seinen Studenten "the continuing mass appeal of fascist tyranny, with special emphasis on parades, rallies and uniform" (25). An den Nazi-Massenversammlungen fasziniert Jack, daß sie letztlich hypertrophe, eine Ästhetik des Todes inszenierende Totenfeiern waren:

> Many of those crowds were assembled in the name of death. They were there to attend tributes to the dead. Processions, songs, speeches, dialogues with the dead, recitations of the names of the dead. They were there to see pyres and flaming wheels, thousands of flags dipped in salute, thousands of uniformed mourners. There were ranks and squadrons, elaborate backdrops, blood banners and black dress uniforms. Crowds came to form a shield against their own dying. To become a crowd is to keep out death. To break off from the crowd is to risk death as an individual, to face dying alone. (73)

Die tieferen psychologischen Beweggründe Jacks für diese Faszination lassen sich unschwer erschließen: Aus dem großen Supermarkt der Geschichte hat er Hitler ausgewählt, um sich durch ihn eine Art Ersatz- und Gegenwelt zu seiner eigenen Unbehaustheit und Existenzangst zu schaffen; der eigenen Inauthentizität und Substanzlosigkeit setzt er erstaunlich unverblümt die Stilisierung Hitlers zur Kult- und Identifikationsfigur entgegen: "Hitler gave me something to grow into and develop toward" (17), bekennt er, "It's not a question of good and evil [...] Some people carry a gun. Some people put on a uniform and feel bigger, stronger, safer. It's in this area that my obsessions dwell" (63). Murray deutet dieses Bestreben folgendermaßen: "Helpless and fearful people are drawn to magical figures, mythic figures, epic men who intimidate and darkly loom. [...] Some people are larger than life. Hitler is larger than death. You

---

[12] Vgl. Paul A. Cantor, "Adolf, We Hardly Knew You", in Lentricchia, *New Essays on 'White Noise'*, 39-62, und Joseph Dewey, In a Dark Time. *The Apocalyptic Temper in the American Novel of the Nuclear Age* (West Lafayette, Ind.: Purdue Univ. Press, 1990), 207-208.

thought he would protect you" (287). Daß Murray hier vorübergehend als Mundstück des Autors fungiert, läßt sich aus dessen eigenem Kommentar schließen: "In Hitler Jack finds a perverse form of protection. The damage caused by Hitler was so enormous that Gladney feels he can disappear inside and that his own puny dread will be overwhelmed by the vastness, the monstrosity of Hitler himself. He feels that Hitler is not only bigger than life but bigger than death."[13] Bruce Bawers Kritik an DeLillo, er habe Hitler in *White Noise* auf eine unkritische und deshalb letztlich amoralische Weise gestaltet, ist schon auf Grund dieser Aussage unhaltbar.[14] Die Fehlinterpretation beruht auf einer falschen Identifikation von Autor und Protagonist und übersieht völlig die satirische Funktion des Romans.

Aber nicht nur in seiner akademischen Hitler-Ersatzwelt, sondern auch in seiner privaten Existenz – im selbstlosen Einsatz für die Familie – hat sich Jack einen emotionalen Schutzraum geschaffen. Mit seinem Haus im Grünen, seiner ihn umsorgenden Frau und den vier Kindern umgibt er sich mit einer Aura der Geborgenheit und Normalität. Erst bei näherem Hinsehen entpuppt sich die suburbane Familienidylle eher als eine Art postmoderne Parodie denn als das, was man gemeinhin unter "Familie" versteht.[15] Jack ist zum vierten und Babette zum zweiten Mal verheiratet. Die vier Kinder stammen allesamt aus früheren Ehen, über die der Leser kaum etwas erfährt. Der Umstand, daß das jüngste Kind – Wilder – erst zwei Jahre alt ist, läßt vermuten, daß die Ehe zwischen Jack und Babette auch erst seit zwei Jahren besteht. "Familie" erscheint als eine letztlich vergangenheitslose, temporäre und weitgehend austauschbare Angelegenheit, die nur durch die Notwendigkeiten alltäglichen Lebens zusammengehalten wird. Die Wohn- und Tischgemeinschaft, gemeinsame Einkaufstage und Fernsehabende sind die verbindenden Elemente dieser äußerlich reibungslos funktionierenden Familie. Auch die Art und Weise, wie Jack und Babette ihr eheliches Zusammenleben geordnet haben, paßt in dieses wohltemperierte familiäre Gesamtbild. Ihre Beziehung ist harmonisch und kameradschaftlich, aber ohne irgendeine Spur von Romantik. Sie gleicht eher einer geregelten Geschäftstransaktion als einer erotischen Beziehung. Ihre Sexualität mit ihren gewohnheitsmäßigen pornographischen Stimulationen ist unkompliziert und direkt und auf gegenseitige Befriedigung ausgerichtet. Ein allgegenwärtiges Konsum- und Warendenken ist längst in die zwischenmenschlichen Beziehungen eingedrungen und hat diese verflacht und entspiritualisiert. Dennoch scheinen diese immer noch erstaunlich gut als eine Art Schutzeinrichtung gegen innere Leere und Isolation – "the sense of cosmic darkness" (100) – zu funktionieren. Die pessimistischen Aussagen von Soziologen – etwa Christopher Lasch in *Haven in a Heartless World: The Family Besieged* (1977) – über den Zerfall der Familie und die negativen Konsequenzen, die sich daraus ergeben, greifen hier jedenfalls nicht. "Consumerism," schreibt Thomas Ferraro in diesem Zusammenhang, "produces what we might call an aura of connectedness among individuals: an illusion of kinship [...] There is no feeling of trouble in Blacksmith – and that of course, is what troubles Don DeLillo."[16]

---

[13] DeCurtis, "Interview with Don DeLillo," 63. Vgl. Tom LeClair, *In the Loop: Don DeLillo and the Systems Novel* (Urbana and Chicago: Univ. of Illinois Press, 1987), 213. LeClair verweist auf den Einfluß von Ernest Becker's *The Denial of Death* auf den Autor. Becker sieht die Angst vor dem Tod als treibende Kraft hinter allen heroischen und kulturellen Bestrebungen.

[14] Bawer, *Diminishing Fictions*, 261-63: "Perhaps the most disturbing aspect of White Noise is Jack's fascination with Hitler [...] DeLillo's offense, to my mind, is that he refuses to make distinctions. To him as to Jack Gladney, the question of Hitler is simply 'not a question of good and evil.'" Vgl. auch Cantor, "Adolf, We Hardly Know You", 39-41.

[15] Vgl. Thomas J. Ferraro, "Whole Families Shopping at Night!", in Lentricchia, *New Essays on 'White Noise'*, 15-18.

[16] Ib., 20 und 18.

Von hier läßt sich mühelos die Verbindung zu einem weiteren Modus der Realitätsflucht herstellen – den in *White Noise* durchgängig gestalteten Konsumismus. Das Aufsuchen großer *shopping malls* und *supermarkets*, das vorübergehende Aufgehen in der Überfülle bunt verpackter Warenmassen wird zu einem in regelmäßigen Abständen wiederholten Ritual und ist Teil der erwähnten "suburban domesticity"[17]. Die Atmosphäre uneingeschränkter materieller Gratifikation, die Möglichkeit alles kaufen zu können, vermittelt Jack ein Gefühl der Sicherheit und Unverletzbarkeit. Schon der Gang zum Bankomaten, der mit unerschütterlicher Verläßlichkeit Banknoten ausstößt, wird zu einer Art säkularer Heilsbestätigung: "Waves of relief and gratitude flowed over me. The system had blessed my life. I felt its support and approval [...] What a pleasing interaction. I sensed that something of deep personal value, but not money, not that at all, had been authenticated and confirmed" (46). Der Vorgang des Einkaufens selbst wird zur pseudo-religiösen Ersatzhandlung:

> It seemed to me that Babette and I, in the mass and variety of our purchases, in the sheer plenitude those crowded bags suggested, the weight and size and number, the familiar package designs and vivid lettering, the giant sizes, the family bargain packs with Day-Glo sale stickers, in the sense of replenishment we felt, the sense of well-being, the security and contentment these products brought to some snug home in our souls – it seemed we had achieved a fullness of being. (20)

Das Kaufen und das Konsumieren von Waren werden zu Faksimiles von Identität und Erfüllung, zu einem immer neu zelebrierten Auffüllen des inneren Vakuums mit Dingen, das Jack als existentielle Expansion und Intensivierung empfindet:

> I shopped with reckless abandon. I shopped for immediate needs and distant contingencies. I shopped for its own sake, looking and touching, inspecting merchandise I had no intention of buying, then buying it. I sent clerks into their fabric books and pattern books to search for elusive designs. I began to grow in value and self-regard. I filled myself out, found new aspects of myself, located a person I'd forgotten existed. Brightness settled around me [...] The more money I spent, the less important it seemed. I was bigger than these sums. These sums poured off my skin like so much rain. These sums in fact came back to me in the form of existential credit. I felt expansive [...] (84).

In diesem Kontext kommt auch der Warenwerbung eine weit über das rein Ökonomische hinausgehende Bedeutung zu. Als säkulare Verkündigung einer neuen Form von Ersatzreligion ist sie an die Stelle der Propaganda totalitärer Systeme getreten. Der unaufhörliche Strom der Reklame, der Bilder, Zeichen und Botschaften, ist so tief in das Bewußtsein der Menschen eingedrungen, daß er die eigentlichen und authentischen Bedürfnisse längst zugedeckt hat. Die Produktion bzw. Überproduktion von Waren hat ihren ursprünglichen bedarfsdeckenden Zweck verloren und ist eine Ersatzfunktion im Sinne von Jean Baudrillard geworden: "What society seeks through production, and overproduction is the restoration of the real which escapes it."[18] Die im Romantext immer wieder interpolierten, vom jeweiligen Kontext völlig abgehobenen dreigliedrigen "consumerist mantras"[19], d.h. die Markenzeichen von Produkten aller Art, signalisieren unterschwellig die Verdrängung göttlicher Trinität durch die Verdinglichung: "Dacron, Orlon, Lycra Spandex" (52); "Mastercard, Visa, American Express" (100); "Toyota Corolla, Toyota Celica, Toyota Cressida" (155); "Clorets, Velamints, Freedent" (229), etc. Als

---

[17] Ib., 19.
[18] "The Precession of Simulacra," in Thomas Docherty, ed. *Postmodernism: A Reader* (New York: Columbia Univ. Press, 1993), 199.
[19] "Lust Removed from Nature," in Lentricchia, *New Essays on 'White Noise'*, 64.

Jack eines Tages beobachtet, wie sich seine Tochter Steffie vor dem Fernsehapparat sitzend Werbespots einprägt und in der darauffolgenden Nacht im Schlaf die Worte "Toyota Celica" spricht, erweckt dies in ihm den Eindruck mystisch-metaphysischer Spiritualität: "[...] the utterance struck me with the impact of a moment of splendid transcendence" (155).

Aber noch auf eine ganz andere Weise erhält dieses Konsumverhalten eine metaphysische Konnotation, auf die Murray während der vielen Warenhausbesuche hinweist: "In the supermarket. [...] I feel I'm learning important things every day. Death, disease, afterlife, outer space. It's all much clearer here" (36). DeLillo spricht in diesem Zusammenhang von einer "radiance of dailiness" und meint damit eine fast religiös anmutende Überhöhung der Oberflächenwelt: "Sometimes this radiance can be almost frightening. Other times it can almost be holy or sacred. Is it really there? Well yes. You know, I don't believe as Murray Jay Siskind does that the supermarket is a form of Tibetan lamasery. But there is something there that we tend to miss [...] a sense of something extraordinary hovering just beyond our touch and just beyond our vision."[20] Etwas später im Roman präzisiert Murray dieses hier angesprochene Gefühl, indem er es mit dem tibetischen Totenbuch in Verbindung bringt: "Tibetans believe there is a transitional state between death and rebirth. Death is a waiting period, basically. That's what I think of whenever I come in here [...] The place is a gateway or pathway [...] Here we don't die, we shop. But the difference is less marked than you think" (37-38). Die hier anklingende Analogie von Verdinglichung und Tod verdichtet sich im weiteren Verlauf des Romans zu einem zentralen Motiv, das auch die Titelmetapher des "white noise" miteinschließt. Während einer seiner Kaufhausbesuche wird sich Jack eines allem unterliegenden Geräusches bewußt. Wie aus einem späteren Gespräch mit Babette hervorgeht, ist "white noise" nichts anderes als die verborgene Allgegenwart des Todes:

"What if death is nothing but sound?"
"Electrical noise."
"You hear it forever. Sound all around. How awful."
"Uniform, white."
"Sometimes it sweeps over me," she said, "sometimes it insinuates itself into my mind, little by little. I try to talk to it. 'Not now, Death'." (198-199)

Die Verdrängung des Todes durch Ersatzhandlungen und Simulationen findet im Roman ihre intensivste Realisierung in der Gestaltung der medialen Simulacra. Mit ihrer Tendenz, das Reale und Konkrete durch Bilder und Zeichen zu ersetzen, verkörpern sie die letzte Aufgipfelung aller erwähnten Fluchttendenzen. Wie in Updikes Romanen werden die Handlungsabläufe vom Strom der Bilder und Botschaften am Fernsehschirm begleitet. Aber während bei Updike das Fernsehen dazu dient, einen zeitgeschichtlichen Hintergrund zu evozieren, kommt ihm bei DeLillo eine destruktive, die Wirklichkeit auflösende Funktion zu. Murray, der Experte im Bereich der populären Kultur und Postmodernist par excellence, bringt dies folgendermaßen auf den Punkt: "The medium is a primal force in the American home. Sealed-off, timeless, self-contained, self-referring. It's like a myth being born right there in our living room, like something we know in a dreamlike and preconscious way" (51). Murray ist jedoch weit davon entfernt, dies aus einer kulturkritischen Sicht heraus zu verurteilen. In Anlehnung an McLuhans "the medium is the message" empfiehlt er seinen Studenten, inhaltliche Komponenten außer acht zu lassen und stattdessen die mediale Kommunikationsform des Fernsehens an sich auf sich einwirken zu lassen: "Root out content. Find the codes and messages [...] You have to open yourself to the data. TV offers incredible amounts of psychic data. [...] Look at the

---

[20] DeCurtis, "Interview with Don DeLillo," 63.

wealth of data concealed in the grid, in the bright packaging, the jingles, the slice-of-life commercials, the products hurtling out of darkness, the coded messages and endless repetitions, like chants, like mantras. *'Coke is it, Coke is it, Coke is it'*. The medium practically overflows with sacred formulas" (50-51). Etwas später preist Murray die filmische Gestaltung eines Autozusammenstoßes in Hollywood Action-Filmen als "a celebration" (218), "high-spirited moment of [...] innocence and fun [...] The people who stage these crashes are able to capture a lightheartedness, a carefree enjoyment that car crashes in foreign movies can never approach" (218-19). Die eigentliche und nachhaltigste Auswirkung des Fernsehens auf die Gegenwart ergibt sich jedoch aus dem Überangebot der Informationen und der daraus resultierenden Immunisierung bzw. Anästhisierung des Bewußtseins. So verbringt die Gladney-Familie Abende vor dem Fernsehschirm, um die gesammelten Kalamitäten und Katastrophen der Welt Revue passieren zu lassen: "We were watching houses slide into the ocean, whole villages crackle and ignite in a mass of advancing lava. Every disaster made us wish for more, for something bigger, grander, more sweeping" (64). "[...] It would have to be the TV set, where the outer torment lurks, causing fears and secret desires" (85). Leiden und Tod werden zu einer in immer neuen Variationen wiederholten ästhetischen Simulationserfahrung ohne jede Wirklichkeitssubstanz. "Repetition wears away the pain", so beschreibt Eugene Goodheart dieses Phänomen, "it also perfects the image of our experience of it. By isolating the event and repeating it, its content, its horror evaporates. What we have before us is its form and rhythm. The event becomes aesthetic and the effect upon us anaesthetic."[21] Das Bedürfnis nach immer stärkeren medial vermittelten Eindrücken ist auf diese fortschreitende Abstumpfung der Wahrnehmungsvorgänge zurückzuführen. "Because we're suffering from brain fade," erklärt Alfonse Stompanato, ein weiterer Kollege Jacks, "We need an occasional catastrophe to break up the incessant bombardment of information [...] Only a catastrophe gets our attention. We want them, we need them, we depend on them. As long as they happen somewhere else" (66).

In einer Kleinstadtwelt wie Blacksmith, wo kaum je etwas Aufregendes passiert und die meisten Menschen ihr Leben in konformistischer Eintönigkeit verbringen, vermittelt nur noch das Fernsehen Erlebnis- und Kommunikationsangebote. Wenn wirklich etwas Ungewöhnliches geschieht, z.B. der Beinahe-Absturz des Flugzeugs, mit dem Jacks Tochter Bee in Iron City ankommt, dann wird dies als ein wesensmäßig mediales Ereignis wahrgenommen, das sich in die Wirklichkeit verirrt hat. Als die geschockten Flugpassagiere von keinem Fernsehteam empfangen werden, entrüstet sich Bee: "They went through all that for nothing?" (92). Im übrigen bietet das Fernsehen ständig Verhaltensnormen und Handlungsweisen an, durch deren Imitation die Schwierigkeit eigener Entscheidungs- und Identitätsfindung überwunden werden kann. Auf die Frage Jacks an einen Kollegen, welches der stärkste Einfluß in seinem Leben gewesen sei, nennt dieser Richard Widmark in *Kiss of Death*: "I copied Richard Widmark's sadistic laugh and used it for ten years. It clarified a number of things in my life. Helped me become a person" (214-15). Das Überangebot von medialen Verhaltensangeboten führt schließlich dazu, daß der einzelne nicht mehr zwischen wirklichen und imitierten Handlungen zu unterscheiden, d.h. überhaupt noch authentisch zu handeln vermag. So ist Heinrich, der älteste Sohn Gladneys, unfähig, aus sich selbst heraus irgendwelche Entscheidungen zu treffen und sein Leben bewußt zu gestalten. Über seine Zukunftspläne befragt, antwortet er: "Who knows what I want to do? Who knows what anyone wants to do? How can you be sure about something like that?

---

[21] "Some Speculations on Don DeLillo and the Cinematic Real", in Lentricchia, *Introducing Don DeLillo*, 122.

Isn't it all a question of brain chemistry, signals going back and forth, electrical energy in the cortex?" (45-46).

Insgesamt vermittelt die elektronische Bildwelt ununterbrochen Fluchtmöglichkeiten aus der Realität und ist damit Teil jener vielfältigen Möglichkeiten, die sich die moderne Lebenswelt geschaffen hat, um den Tod zu verdrängen. "The cinema does not empower us to confront our mortality," schreibt Eugene Goodheart, "it offers us an escape from the real contemplation of death while enjoying its melodramatic facsimiles."[22] Wenn am Bildschirm im Lauf der Zeit Unmengen von simulierten tödlichen Desastern konsumiert werden, dann verkommt der Tod zur bloßen Unterhaltung, die das eigene Sterben vergessen läßt. Insgesamt hat die Welt der elektronisch erzeugten Bilder längst die unmittelbare reale Erfahrung ersetzt bzw. beeinflußt diese auf entscheidende Weise. Dieser Befund DeLillos erinnert auf frappierende Weise an Jean Baudrillards Thesen von den hyperrealen Simulacra, wie er sie in *Der symbolische Tausch und der Tod* erörtert hat.[23] Die folgende Passage aus diesem Buch könnte geradezu als Schlüssel zu einem tieferen Verständnis von *White Noise* gelesen werden:

> Die Realität geht im Hyperrealismus unter, in der exakten Verdopplung des Realen, vorzugsweise auf der Grundlage eines anderen reproduktiven Mediums [...] Von Medium zu Medium verflüchtigt sich das Reale, es wird zur Allegorie des Todes, aber noch in seiner Zerstörung bestätigt und überhöht es sich: es wird zum Realen schlechthin, Fetischismus des verlorenen Objekts – nicht mehr Objekt der Repräsentation, sondern ekstatische Verleugnung und rituelle Austreibung seiner Selbst: hyperreal.[24]

Der ständige Strom der *signifiers*, der Bilder, Zeichen und Codes, reduziert die reale Welt zur bloßen Simulation. Die Zeichen werden wichtiger als die Realität und ersetzen diese schließlich. Die Menschen werden von dem Strom massenmedial präfabrizierter Bilder so sehr kontrolliert, daß ihnen jeglicher Realitätsbezug verlorengeht und damit auch ihre autonome Identität ausgehöhlt bzw. operationalisiert wird. Die herkömmlichen Sinnfindungsprozesse, jede authentische und vertiefte Form zwischenmenschlicher Kommunikation regredieren zu entropischer Selbstauflösung. Die postmoderne Welt endloser Simulacra stellt letztlich jede Form referentieller Sinnhaftigkeit in Frage. Dies wird gleich zu Beginn des Romans anhand des Besuches der "MOST PHOTOGRAPHED BARN IN AMERICA" (12) exemplarisch illustriert. Diese ist von den Besuchern so oft auf Filme gebannt worden, daß darüber ihre historische Konkretheit, nämlich ein Gegenstand aus der Pionierzeit zu sein, verlorengegangen ist: "Once you have seen the signs about the barn, it becomes impossible to see the barn" (12). Die ästhetische Repräsentation ist wichtiger geworden als die Sache selbst, die Bezeichnung wichtiger als das Bezeichnete. Für den – in den Augen DeLillos – falschen Propheten Murray ist all dies kein Grund zur Besorgnis, sondern im Gegenteil Ausdruck einer neuen spirituellen Erfahrung, welche die "Transzendenz" der Simulation über die Trivialität bloßer Realität stellt.

Wie tiefgreifend die medialen Simulacra den Erlebenshorizont der Gladney-Familie prägen, illustriert jene überaus aufschlußreiche Szene, in welcher Babette unvermutet am Bildschirm erscheint, als eine ihrer Unterrichtsstunden von der lokalen Fernsehstation übertragen wird. Die völlige Unvereinbarkeit der noch kurz zuvor erlebten physischen Anwesenheit Babettes mit ihrer medial abgehobenen Repräsentation am Bildschirm verunsichert die Familie einen Augenblick lang: "[...] the face in black and white, animated, but also flat, distanced, sealed off,

---

[22] Ib., 125.
[23] Vgl. Leonard Wilcox, "Baudrillard, DeLillo's White Noise, and the end of heroic narrative," *Contemporary Literature*, 32 (1991), 346-65.
[24] *Der symbolische Tausch und der Tod* (München: Matthes & Seitz, 1982), 113-14.

timeless. It was but wasn't her. [...] Waves and radiation. Something leaked through the mesh. She was shining a light on us, she was coming into being [...] as the electronic dots swarmed" (104). Die gewohnten Trennlinien zwischen Realität und Illusion, Schein und Sein werden abrupt aufgehoben, und ein Gefühl postmoderner Entfremdung entsteht:

> The face on the screen was Babette's. Out of our mouths came a silence as wary and deep as an animal growl. Confusion, fear, astonishment spilled from our faces. What did it mean? What was she doing there, in black and white, framed in formal borders? Was she dead, missing, disembodied? Was this her spirit, her secret self, some two-dimensional facsimile released by the power of technology, set free to glide through wavebends, through energy levels, pausing to say good-bye to us from the fluorescent screen? A strangeness gripped me, a sense of psychic disorientation [...] her appearance on the screen made me think of her as some distant figure from the past, some ex-wife and absentee mother, a walker in the midst of the dead. If she was not dead, was I? (104)

Jack empfindet einen Augenblick lang mit großer Intensität die Scheinhaftigkeit der Medienwelt. In ihrer Loslösung von allem Lebendigen gehört sie – gleich den in den Warenhäusern angehäuften Dingen – letztlich in den Bereich des Todes.[25] Aber während es Jack und seinen älteren Kindern gleich wieder gelingt, den Schock des Realitätsverlustes in gewohnter Manier zu überwinden, d.h. in die "Normalität" ihres mediengeübten Lebens einzuordnen, ist Wilder nicht imstande, die mediale Entkörperung seiner Mutter zu akzeptieren. Traurig betastet er den Fernsehschirm mit seinen Händen: "Wilder approached the set and touched her body, leaving a handprint on the dusty surface of the screen [...] The small boy remained at the TV set, within inches of the dark screen, crying softly" (105). Der Umstand, daß diese Szene den ersten Teil des Romans beschließt, unterstreicht Wilders Funktion als Kontrastfigur zu der Simulacra-Existenz, die ihn umgibt. Auf den letzten Seiten des Romans wird diese Funktion noch einmal in den Mittelpunkt rücken.

Im zweiten Teil des Romans kommt es durch das abrupte Auftreten eines "airborne toxic event" (106) zu einem tiefgreifenden Wendepunkt im Leben des Protagonisten. Zum ersten Mal wird Jack massiv und unmittelbar mit einer tödlichen Bedrohung konfrontiert, die seine bisherigen Vermeidungs- und Verdrängungsstrategien erschüttert. Ein chemischer Unfall setzt eine riesige schwarze Wolke aus giftigen Gasen frei und verursacht dadurch eine ökologische Katastrophe größten Ausmaßes. Eine fast apokalyptisch anmutende Situation tritt ein – mit chaotischen Fluchtbewegungen, religiösen Eiferern, Wunderheilern, Profitgeiern und Plünderern. Die herannahende Wolke wird zu einer mythisch-symbolischen Verkörperung des Todes:

> The enormous dark mass moved like some death ship in a Norse legend, escorted across the night by armoured creatures with spiral wings [...] It was a terrible thing to see, so close, so low, packed with chlorides, benzines, phenols, hydrocarbons, or whatever the precise toxic content [...] Our fear was accompanied by a sense of awe that bordered on the religious. It is surely possible to be awed by the thing that threatens your life, to see it as a cosmic force, so much larger than yourself, more powerful, created by elemental and willful rhythms. This was a death made in the laboratory. (127)
>
> [The great cloud] moved horribly and sluglike through the night. (157)

Ironischerweise empfindet die Familie das Ereignis zunächst als Befriedigung ihres medial erzeugten Bedürfnisses nach immer stärkeren Sensationen. Vor allem Jacks ältester Sohn Heinrich wird in einen Zustand höchster Euphorie versetzt – "speaking in his new-found voice, his tone of enthusiasm for runaway calamity" (302). In Jack erzeugt die Katastrophe zunächst

---

[25] Vgl. Weinstein, *Nobody is at Home*, 306: "'Outside' has gotten 'inside', the TV is no longer 'out there' at all; it is Pac Man writ large: we are the machines gobbled up by other machines."

reflexhaft die Konnotation eines überdimensionalen Medienereignisses, das die bedrohliche Realität in ein hyperreales Faksimile umfunktioniert: "The cloud resembled a national promotion for death, a multi-million dollar campaign backed bei radio-spots, heavy print and billboard, TV saturation" (158). Die Katastrophe wird gleichsam vom Simulacrum eingeholt und gezähmt, so daß der Unterschied zwischen konkretem Ereignis und Spektakel eingeebnet wird. Auf die ironische Spitze getrieben wird diese Tendenz, als die Katastropheneinsatztruppe SIMUVAC die konkrete Katastrophe als Anlaß zu einer Simulationsübung benützt und sich bei Jack dafür entschuldigt, daß die Unberechenbarkeit und Unvollkommenheit der Realität nicht den Anforderungen einer perfekten Simulation entspricht: "You have to make allowances for the fact that everything we see tonight is real. We don't have our victims laid out where we'd want them if this was an actual simulation [...] There's a lot of polishing we still have to do" (136). Jack seinerseits ist, wie schon erwähnt, in seiner habituellen Vermeidungsstrategie zunächst überhaupt nicht bereit, das Geschehene als eine außermediale Realität zur Kenntnis zu nehmen und sich und seine Familie in Sicherheit zu bringen. "Did you ever see a college professor rowing a boat down his own street in one of these TV floods?" (114) [...] "I'm the head of department. I don't see myself fleeing an airborne toxic event. That's for people who live in mobile homes out in the scrubby parts of the country" (117). Erst als sich die Situation zuspitzt und Jack der Evakuierungsaufforderung und anschließenden Quarantäne Folge leistet, setzt er sich beim Auftanken seines Wagens kurze Zeit der hochgiftigen Nyodene-D-Einwirkung aus. Eine etwas später durchgeführte Computeranalyse stellt in seinem Körper einen hohen Kontaminationsgrad mit latentem Auswirkungspotential fest. Aber Jack sträubt sich auch hier instinktmäßig gegen diese Realität, indem er die Datenprofile am Computer-Monitor ebenfalls als bloße Simulation einstuft. Sogar der eigene potentielle Tod wird zum Simulacrum in Form eines graphischen Zeichensystems und läßt das Sich-Auflehnen dagegen absurd erscheinen:

> You are said to be dying and yet are separate from the dying, can ponder it at your leisure, literally see on the X-ray photograph or computer screen the horrible alien logic of it all. It is when death is rendered graphically, is televised so to speak, that you sense an eerie separation between your condition and yourself. A network of symbols has been introduced, an entire awesome technology wrested from the gods. It makes you feel like a stranger in your own dying. (142)

Als Jack bei Murray Rat sucht, kann ihm dieser das Dilemma nur bestätigen: "This is the nature of modern death. It has a life independent of us. It is growing in prestige and dimension. It has a sweep it never had before. We study it objectively [...] We know it intimately. But it continues to grow, to acquire breadth and scope, new outlets, new passages and means. The more we learn the more it grows" (150). Auf seine eigene unbestimmte Sterblichkeit zurückgeworfen, muß Jack hinfort lernen, mit "dread" (151), der Gewißheit des eigenen Todes zu leben. Alle Flucht- und Verdrängungsversuche haben sich als unzureichend erwiesen; Jack ist erstmals in seinem Leben gezwungen, den Dingen auf den Grund zu gehen, d.h. in jene Bereiche seines Selbst einzudringen, die er bislang vermieden hat: "Ever since I was in my twenties, I've had the fear, the dread. Now it's been realized. I feel enmeshed, I feel deeply involved. It's no wonder they call this thing the airborne toxic event. It's an event all right. It makes the end of uneventful things. This is just the beginning" (151).

Der dritte und letzte Teil des Romans – "Dylarama" – führt zumindest auf der Oberflächenebene in die alltägliche Routine zurück. Die Giftwolke hat sich aufgelöst, das gewohnte Universitäts- und Familiendasein geht weiter, die Supermärkte füllen sich wieder mit Menschen, und das Fernsehen berichtet von neuen, anderen Kalamitäten. Aber Jack und, wie sich bald herausstellt, auch Babette leiden nunmehr an einer inneren Unruhe, an Angstzuständen, die über die übliche Kleinstadtdepression hinausgehen. Die gewohnheitsmäßigen Verdrängungsmechanismen – Beruf, Familie, Warenkonsum, Fernsehen – funktionieren nicht mehr so reibungslos wie vorher. In dieser Phase entdeckt Jack durch Zufall, daß seine Frau heimlich eine neurochemische Droge namens Dylar einnimmt, welche angeblich die Angst vor dem Tod verschwinden läßt. Babette bezieht diese Droge von einem obskuren Mr. Gray alias Mink, der sie als Gegenleistung zu sexuellen Kontakten nötigt. Von Jack zur Rede gestellt, bekennt sie: "I'm afraid to die. I think about it all the time: It won't go away" (196). Jack wird durch dieses Geständnis erschüttert, denn er hatte Babette stets für gefeit gegenüber Tod und Todesangst gehalten: "You are the happy one. I'm the doomed fool [...] you never said you were afraid" (197-98). Als Jack seinerseits ihr seine eigene tödliche Bedrohung durch die Gift-Kontamination eröffnet, kommt es zu einem neuen Einverständnis zwischen den beiden: "How strange it is. We have these deep terrible lingering fears about ourselves [...] Is it something we all hide from each other, by mutual consent? Or do we share the same secret without knowing it? Wear the same disguise" (198). In einem Gespräch mit der Psychopharmakologin Winnie warnt diese Jack davor, seine Todesangst ebenfalls mittels Drogen beseitigen zu wollen: "It's a mistake to lose one's sense of death, even one's fear of death. Isn't death the boundary we need? Doesn't it give a precious texture to life, a sense of definition?" (228). Aber Jack ist zu diesem Zeitpunkt noch nicht so weit, diese Lebensweisheit akzeptieren zu können. Stattdessen versucht er, der inzwischen von Babette aufgegebenen Droge habhaft zu werden und durchwühlt den Kompaktmüll in seinem Haus – "the dark side of consumer consciousness" (259). Als ihm ein weiterer Laborbefund eine sich in seinem Körper ausbreitende "nebulous mass" (280) erneut bestätigt, steigert sich seine Angstpsychose. In einem verzweifelten Versuch, mit seinem Leben ins reine zu kommen, beginnt er, alle unnötigen Dinge, die er über die Jahre aufgehäuft hat, inklusive die Paraphernalia seiner akademischen Karriere wie Zeugnisse, Diplome und Ehrungen wegzuwerfen – "an immensity of things, an overburdening weight, a connection, a mortality" (262). Schließlich wendet er sich noch einmal hilfesuchend an seinen nun gänzlich diabolische Züge annehmenden Kollegen Murray: "The only thing to face is death. This is all I think about: There is only one issue here. I want to live" (283). Murray reagiert mit seiner Theorie kultureller Kompensationsprozesse, in welcher alle zivilisatorischen Tätigkeiten, vor allem aber Religion, Wissenschaft und Kunst, letztlich nichts anderes verkörpern als Fluchtversuche vor dem Tod: "We create beautiful and lasting things, build vast civilizations. Gorgeous evasions. Great escapes" (290). Alle diese Unternehmungen haben sich am Ende als illusionär erwiesen: "We're all aware there's no escape from death" (288). Merkwürdigerweise ist die Schlußfolgerung, die Murray aus dieser Erkenntnis zieht, nicht das nüchterne Sich-Abfinden mit dem Tod als unausweichlichem Faktum, sondern die Aufforderung, ihn noch konsequenter zu verdrängen. "You don't know how to repress," hält er Jack vor. "How do we deal with this crushing knowledge? We repress, we disguise, we bury, we exclude [...] This is how we survive in the universe. This is the natural language of the species" (288-289). Von hier ist es nur noch ein kleiner Schritt zu einer sozialdarwinistischen "Lösung" des Problems. Wenn die Quintessenz des Überlebens die Verdrängung des Todes ist, dann resultiert daraus, so argumentiert Murray, zwingend das Gesetz des Stärkeren: der "killer" siegt über den "dier" und verwahrt sich damit gegen den Tod. "Men have tried throughout history to cure themselves of death by killing others [...] In theory violence is a form of rebirth. The dier passively succumbs. The killer lives on. What a marvelous equation" (290). In zynischer Anwendung dieser makabren Lebensphilosophie rät Murray seinem Freund, seinen eigenen Tod durch das Töten anderer zu überwinden: "The more people you kill the more power you gain over your own death" (291). Seltsamerweise hinterfragt Jack diese abwegige Überlebenstheorie nicht, sondern setzt sie ohne Zögern in die Tat um, um endgültig Kontrolle über den Tod zu erlangen. Auf der Basis zahlloser *crime movies*, die er in seinem Leben konsumiert hat, entwirft er einen perfekten Mordplan und prägt sich diesen in mechanischer Wiederholung ein. Der schließlich daraus resultierende mörderische Überfall auf Mink, den Drogenquacksalber und sexuellen Verführer seiner Frau, gleicht in seiner metaphorischen Übersteigerung, seinem stilisierten Pop-Manierismus sowie der Verwendung medialer Versatzstücke eher einem postmodernen Slapstick-Pastiche als einem realistischen Handlungsablauf. Die Episode, die formal gesehen völlig aus dem Romankontext herausfällt, entspricht der Definition, die Fredric Jameson in seiner Abhandlung "Postmodernism or, the Cultural Logic of Late Capitalism" diesem Genre gegeben hat: "Pastiche is, like parody, the imitation of a peculiar or unique, idiosyncratic style, the wearing of a linguistic mask, speech in a dead language. But it is a neutral practice of such mimicry, without any of parody's ulterior motives [...]"[26] Die Diktion, derer sich DeLillo bedient, ist die des konventionellen *crime movie* und schließt den logischen Kreis zur vorher erörterten Simulacra-Welt. Schauplatz der Handlung ist ein heruntergekommenes Motel in Germantown, einer abgelegenen dystopisch-wastelandartigen Slum-Gegend. Mit dem Eintreten in das von TV-Lärm, Licht- und Bildreflexen durchströmte Zimmer, in dem Mink Babette sexuell mißbraucht hatte, dringt Jack in eine virtuelle, psychedelisch überhöhte Pseudo-Realität ein. Die "smashing intensity" (305) der überscharfen und überwachen Sinneswahrnehmungen erwecken die ironische Konnotation einer existentiellen Epiphanie:

> I sensed I was part of a network of structures and channels. [...] I stood inside the room, sensing things, noting the room tone, the dense air. Information rushed toward me, rushed slowly, incrementally. [...] The TV floating in the air, in a metal brace, pointing down at him. [...] I heard a noise, faint, monotonous, white. [...] Auditory scraps, tatters, whirling specks. A heightened reality. A denseness that was also a transparency. Surfaces gleamed. Water struck the roof in spherical masses, globules, splashing drams. Close to a violence, close to a death. [...] White noise everywhere. [...] The intensity of the noise in the room was the same at all frequencies. [...] I knew who I was in the network of meanings. (passim 305-312)

In der Begegnung mit Mink kommt es – auf einer allegorischen Sinnebene – zu einem ultimativen Showdown mit der entropisch-postmodernen Welt der Simulacra. Jacks Opponent entpuppt sich als eine aus Fernsehversatzstücken, Werbeslogans und Warenbezeichnungen zusammengesetzte Zombie-Figur – groteskes Endprodukt totaler medialer Simulation. "The picture [of Mink] wobbled and rolled, the edges of his body flared with random distortion" (241). Mit seinen halbgeschlossenen, auf den Fernsehschirm fixierten Augen, seinem unkontrollierten Herausplappern von TV-Slogans ist er die Travestie völliger Inauthentizität und Substanzlosigkeit, unfähig zwischen elektronischen Bildern und Realität zu unterscheiden. Sogar sein Gesicht scheint die Form eines Fernsehschirms angenommen zu haben: "His face was odd, concave, forehead and chin jutting" (305). "His face appeared at the end of the white room, a white buzz, the inner surface of a sphere" (312). Frank Lentricchia hat die Gestalt Minks und ihre Bedeutungsfunktion treffend gedeutet: "[He is] postmodern man's essence [...] a voice without a center, a jumbled bunch of fragments from various contemporary jargons, mostly emanating from the TV he sits in front of [...], a compacted image of consumerism in the society of the electronic media, a figure of madness, but our figure of madness."[27] Durch das hemmungslose Einnehmen von Dylar-Tabletten befindet er sich in einer Art Trancezustand

---

[26] *Postmodernism or, the Cultural Logic of Late Capitalism* (Durham: Duke Univ. Press, 1991), 17.
[27] "Tales of the Electronic Tribe", in *New Essays on 'White Noise'*, 112-13. Vgl. auch Douglas Keesey, *Don DeLillo* (New York: Twayne, 1993), 147.

und führt Jacks mediale, *action movie*-Szenen imitierende Regieanweisungen in williger Unterwürfigkeit aus. "He hit the floor, began crawling toward the bathroom, looking back over his shoulder, childlike, miming, using principles of heigthened design but showing real terror, brilliant cringing fear" (311). Als Jack seinem Opfer schließlich drei Kugeln in die Eingeweide schießt, läuft dieser Vorgang mit der ästhetischen Präzision und unpersönlichen Distanzierung eines technisch brillanten und variationsreichen *action movie* ab bzw. Jack rezipiert diesen Vorgang als solchen:

> I fired the gun, the weapon, the pistol, the firearm, the automatic. The sound snowballed in the white room, adding on reflected waves. I watched blood squirt from the victim's midsection. A delicate arc. I marveled at the rich color, sensed the color-causing action of nonnucleated cells. The flow diminished to a trickle, spread across the tile floor. I saw beyond words. I knew what red was, saw it in terms of dominant wavelength, luminance, purity. Mink's pain was beautiful, intense. (312)

Mink ist die ins Groteske übersteigerte metaphorische Verkörperung von *white noise*, die Auflösung aller ursprünglichen und natürlichen Realitäts- und Sinnkonstanten in die Todesleere des Simulacrums. Auf einer abstrakteren Ebene spiegelt sich in Jacks Konfrontation mit Mink letztlich seine Auseinandersetzung mit einem Amerika, das auch ihn selbst nachhaltig geprägt hat und das Jean Baudrillard so eindringlich als eine Welt der hyperrealen Simulationen im endlosen Strom der referenzlos und deshalb bedeutungslos gewordenen Bilder und Zeichen beschrieben hat. Jack empfindet sein Handeln mit überwachem Bewußtsein und in Identifikation mit einem jener überdimensionalen Filmhelden, die er so oft bewundert hatte – "looming, dominant, gaining life-power, storing-up life-credit" (312). Aber diese Phase ekstatisch-überhöhter Selbsterfahrung, "the visceral jolt, seeing your opponent bleeding in the dust" (291), fällt am Ende abrupt in sich zusammen, als der todwunde Mink den Revolver, den ihm Jack, einen Selbstmord vortäuschend, in die Hand legt, unvermittelt auf ihn abdrückt und ihm eine schmerzhafte Armverletzung zufügt. Die schizophrene postmoderne Pseudo-Epiphanie durch mediale Simulation kippt in existentiellen Katzenjammer um; der selbst-imaginierte heroisch-existentielle Held schrumpft zum lächerlichen B-movie-Akteur: "The world collapsed inward, all those vivid textures and connections buried in mounds of ordinary stuff. I was disappointed [...] What had happened to the higher plane of energy in which I'd carried out my scheme? [...] The extra dimensions, the super perceptions, were reduced to visual clutter, a whirling miscellany, meaninglessness" (313).

Jacks Konfrontation mit Mink und die ihr zugrundeliegenden medial-inspirierten pseudo-heroischen Omnipotenzphantasien münden am Ende in nihilistische Ernüchterung und Resignation. Mit dem Zurückgeworfenwerden in die Normalexistenz entpuppt sich Mink als ein im Grunde mitleiderregender Mensch: "With the restoration of the normal order of matter and sensation, I felt I was seeing him for the first time as a person. The old human muddle and quirks were set flowing again. Compassion, remorse, mercy" (313). Spätestens hier wird deutlich, daß sich – im Gegensatz zur postmodernen Radikalität Murrays – hinter Jacks Simulacra-Fassade letztlich ein zutiefst menschliches Streben nach Identität und moralischer Authentizität verbirgt. Jack ist zwar ein Produkt des Baudrillardschen Amerika, aber gleichzeitig existiert in ihm noch der letzte, verschüttete Rest einer älteren und ursprünglicheren Existenzweise. Die zurückkehrenden humanen Regungen bewegen ihn schließlich dazu, Mink nach erfolgreicher Wiederbelebung in ein nahegelegenes, von deutschen Nonnen geführtes Krankenhaus zu bringen. Mit der Schilderung des skurilen Szenarios der Nonnen, die von ihrem Glauben abgefallen sind und in einer zynischen Scheinwelt existieren, schwinden die letzten Reste von Jacks illusionären Vorstellungen. Sogar die Religion entpuppt sich als ein Teil der Simulacra-Welt – ein sinnentleertes Ritual, dem Gott als *supreme signifier* abhanden gekommen ist. "Our pretense is a dedication," sagt eine der Nonnen. "Someone must appear to believe. Our lives are no less serious than if we professed real faith, real belief" (319). Von falschen Erwartungen und Wunschträumen geheilt kehrt Jack schließlich zu seiner Familie zurück, möglicherweise mehr als zuvor bereit, die Dimension der eigenen Sterblichkeit anzunehmen, wie es ihm seine Kollegin Winnie geraten hatte: "If death can be seen as less strange and unreferenced, your sense of self in relation to death will diminish, and so will your fear" (229).

Der Roman bietet am Ende keine fertigen Lösungen an, sondern bleibt in einem merkwürdigen Schwebezustand zögernder Ambivalenz gefangen. Dennoch wird die sich Jack eröffnende Option, das Leben zwar als zeitlich begrenzt, aber deshalb nicht weniger wertvoll zu begreifen, auf den letzten Seiten des Romans zumindest angedeutet. Die Angst vor dem Tod und die vergeblichen Versuche, sie zu überwinden, haben möglicherweise zu jener Bewußtseinserhellung geführt, von der Winnie in ihrem Gleichnis vom Grizzlybär als Verkörperung der Todesdrohung gesprochen hatte: "The beast on hind legs has enabled you to see who you are as if for the first time, outside familiar surroundings, alone, distinct, whole. The name we give to this complicated process is fear." "Fear," so antwortet Jack auf diese Erkennntnis, "is self-awareness raised to a higher level" (229). Während eines abendlichen Spazierganges betrachtet er zusammen mit Babette und Wilder das Licht- und Schattenspiel des Sonnenuntergangs und die am Himmel dahinziehenden bronzefarbenen Wolken, wobei angedeutet wird, daß die Intensität der Farben und Formen möglicherweise Nachwirkungen des "toxic event" sein könnten. Dies erklärt Jacks abwartende, vorsichtig abwägende Reaktion: "It is hard to know how we should feel about this. Some people are scared by the sunsets, some determined to be elated, but most of us don't know how to feel, are ready to go either way. [...] Certainly there is awe, it is all awe, it transcends previous categories of awe, but we don't know whether we are watching in wonder or dread" (324). Dennoch könnte dieses Gefühl von "awe", trotz seiner Ambivalenz, als ein Indiz dafür verstanden werden, daß Jack möglicherweise auf dem Weg ist, hinter der Welt der Simulacra die Seinsebene des Konkreten und Kreatürlichen zu erahnen. Damit würde er in die Lage versetzt, die eigene Vergänglichkeit als Teil eines natürlichen Prozesses wiederzuentdecken – d.h. nicht als Bedrohung, sondern als Angebot, im Hier und Jetzt zu leben. Die Tatsache, daß er sich hinfort weigert, seine "Krankheit zum Tode" am Bildschirm zu verfolgen, kann als ein Indiz in diese Richtung verstanden werden. Ironischerweise ist es vor allem Wilder, der ihm diesen Weg weist und zu einer Art Vorbild wird: "I think it's being with Wilder that picks me up" (209). In einer mit hartem Schnitt eingeschobenen Szene überquert der Zweijährige zum Entsetzen der zuschauenden Erwachsenen mit seinem Dreirad die nahegelegene verkehrsreiche Autobahn, ohne daß ihm ein Haar gekrümmt wird. Die folgenden, schon früher im Roman über Wilder ausgesprochenen Sätze erhalten hier ihre konkrete Realisierung: "You sense his total ego, his freedom from limits. [...] He doesn't know he is going to die. He doesn't know death at all. [...] You want to get close to him, touch him, look at him, breathe him in. How lucky he is. A cloud of unknowing, an omnipotent little person. The child is everything, the adult nothing" (289-90). Wilder avanciert hier vollends zur symbolischen Kontrastfigur gegenüber seinen von Todesängsten umgetriebenen Eltern – "a sort of wild child, a savage plucked from the bush [...] deprived of the deeper codes and messages that mark his species as unique" (50). Während die Flucht- und Verdrängungsversuche der Erwachsenen angesichts der Realität des Todes gescheitert sind, erweist sich seine unbewußt-natürliche Unwissenheit gegenüber der eigenen Sterblichkeit als die am Ende größere Weisheit. Nur Kinder, so wird angedeutet, sind fähig zu echter Freude und zu echtem

Schmerz, denn nur sie sind noch offen für das spontane und unreflektierte Erleben des Nahen und Sinnlichen, das den Erwachsenen längst abhanden gekommen ist.

Aber der Roman endet nicht mit diesen schönen Bildern kindlicher Unschuld oder eines romantischen Sonnenunterganges. An seinem Ende steht – gleichsam als metaphorische Synopsis des Vorangegangenen – das Tableau eines Supermarktes, in dem die Regale neu und nach einem anderen, noch nicht bekannten System angeordnet sind. Die Kunden irren verunsichert durch die Warengänge im Bemühen, sich im Labyrinth der ständig mutierenden, sich neu organisierenden Zeichen und Codes zu orientieren – "trying to figure out the pattern, discern the underlying logic, trying to remember [...]" (325). Es ist dies zweifellos DeLillos abschließende Allegorie der vom Roman insgesamt thematisierten Krise: das Überwältigtwerden von der Masse unverstandener, nicht mehr referentieller Bilder und Informationen in einer entropischen Simulacra-Welt, welche die Realität des Todes längst zum Verschwinden gebracht hat:

> There is a sense of wandering now, an aimless and haunted mood, sweet-tempered people taken to the edge. They scrutinize the small print on packages, wary of a second level of betrayal. The men scan for stamped dates, the women for ingredients. Many have trouble making out the words. Smeared print, ghost images. In the altered shelves, the ambient roar, in the plain and heartless fact of their decline, they try to work their way through confusion. But in the end it doesn't matter what they see or think they see. The terminals are equipped with holographic scanners, which decode the binary secret of every item, infallibly. This is the language of waves and raditation, or how the dead speak to the living. And this is where we wait together, regardless of age, our carts stocked with brightly colored goods. (326)

Hinter der bunten und verwirrenden Vielfalt verbirgt sich am Ende der Tod als die einzig übriggebliebene Ordnungsmacht. Der Tod ist im Hier und Jetzt auf verborgene Weise ständig gegenwärtig. Die dem gesamten Roman zugrundeliegende Thematik der Wechselbeziehung zwischen postmodernen Simulacra und Tod, wie sie Baudrillard beschrieben hat, wird in diesem Bild noch einmal zusammengefaßt. Jack ist Teil dieser Scheinwelt, aber gleichzeitig transzendiert er diese durch das Erkennen des eigenen Todes als letzten Rest von Authentizität: "For the existential 'fear and trembling' in the face of death," schreibt Leonard Wilcox, "represents that last vestige of subjectivity, that deep alterity which both threatens and delienates the self."[28]

In Jack Gladney hat DeLillo einen Menschen gestaltet, dessen variationsreiche Versuche, den allgemeinen Sinn- und Realitätsverlust durch die Flucht in Simulacra aller Art zu kompensieren, am Ende scheitern. Aber auf Grund dieser Erfahrung gelingt es ihm, zu einem Seinsbewußtsein vorzustoßen, das den eigenen Tod miteinbezieht. Da Jack, der Ich-Erzähler, sich im Laufe seines Erzählens weiterentwickelt hat und am Ende in der Lage ist, sich selbst in seiner prekären Situation wahrzunehmen, erweitert sich sein subjektiver Bewußtseinszustand zur Spiegelung eines über die Einzelperson hinausgehenden kollektiven Bewußtseins: Amerika insgesamt wird zum Simulacrum, zur angstverdrängenden Fluchtwelt angesichts der Realität des Todes. DeLillo selbst hat seinen Roman von dieser Warte aus interpretiert:

> Our sense of fear – we avoid it because we feel it so deeply, so there is an intense conflict at work. I brought this conflict to the surface in the shape of Jack Gladney. [...] I think it is something we all feel, something we never talk about, something that is *almost* there. I tried to relate it in *White Noise* to this other sense of transcendence that lies just beyond your touch. This ex-

---

[28] "Baudrillard, DeLillo's *White Noise*, and the end of the heroic narrative", 61.

traordinary wonder of things is somehow related to the extraordinary dread, the death fear we try to keep beneath the surface of our perception.[29]

Die Schlußfolgerung, die man aus dieser Äußerung ziehen kann, ist, daß der Autor in *White Noise* bewußt die Absicht verfolgte, nach dem Muster des realistischen Romans, vom Besonderen und Privaten zum Allgemeinen und Gesellschaftlichen fortzuschreiten, d.h. aus der Vielfalt vordergründiger und individueller Erscheinungen ein übergreifendes fiktionales Modell der Wirklichkeit – zumindest der amerikanischen Wirklichkeit – zu inszenieren. DeLillos Modell begreift die U.S.A. als einen Ort, dem die ursprünglichen Sinnstiftungen und *signifiers* abhanden gekommen sind.[30] Die Faksimiles und Simulacra, die Welt der Waren, Bilder und Zeichen, die kulturellen, wissenschaftlichen und religiösen Versatzstücke, sind so allgegenwärtig geworden, daß sie den Zugang zum Essentiellen, Ursprünglichen und ontologisch Konkreten verschüttet haben. In diesem Sinn rechnet der Roman mit seinen Collagen und Inszenierungen einer sinnentleerten Oberfläche mit postmoderner Inauthentizität kritisch ab, ohne selbst in der Lage zu sein, Wege aus der Malaise oder Möglichkeiten einer Alternative anzubieten. "We seek pattern in art that eludes us in natural experience," kommentiert DeLillo diesen Umstand, "this isn't to say that art has to be comforting; obviously it can be deeply disturbing."[31] Was am Ende bleibt ist die vage Hoffnung, daß aus der Erkenntnis der eigenen Situation möglicherweise einmal etwas Neues, die Krise Überwindendes erwachsen könnte. Aber es gibt keinerlei Hinweis darauf, woher dieses Rettende kommen könnte, denn Religion, Ideologie oder irgendwelche andere Art ernst zu nehmender Orientierung haben ihre Gültigkeit in diesem Roman verloren. Nur die fragwürdigen Pseudolösungen der *tabloids*, der populären Romanzen und Science Fiction-Groschenromane, auf die in der letzten Zeile ironisch verwiesen wird, sind übriggeblieben. Die intellektuelle Paralyse durch Sinnentleerung, die Unfähigkeit oder Unwilligkeit zu einer tiefgreifenden gesellschaftlichen, politischen oder sozioökonomischen Systemkritik, die aus dieser Situation resultiert, haben den Roman für manche Leser, insbesondere für liberale und progressive, zum Stein des Anstoßes werden lassen. "Without some guiding ideological principle", so beklagt John Kucich, "this elaborate narrative detachment leads to some of DeLillo's worst tendencies as a novelist: the pretentious murkiness of his narrators, the innane pretexts for his plots, the inconclusiveness of all the novels."[32]

DeLillo schrieb *White Noise*, als er nach einem dreijährigen Aufenthalt in Griechenland in die U.S.A. zurückkehrte. Die Heimat war ihm in der Zwischenzeit so fremd geworden, daß er ihr nur mit der Distanz, aber auch Neugier eines Ethnologen, der eine ihm wenig vertraute exotische Zivilisation erforscht, entgegentreten konnte.[33] Die überall im Roman spürbare Mischung von Vertrautheit und Fremdsein, von Identifikation und Distanz, von Einfühlung und Kritik macht die eigentümliche, schwer auslotbare Qualität dieses Romans aus. Möglicherweise fällt es einem nicht-amerikanischen, d.h. die U.S.A. von außen betrachtenden Leser leichter, diesen Roman zu verstehen. Denn das weiße Rauschen wird auf die Dauer für jene unhörbar, die ständig davon umgeben sind, genauso wie die tausendfache Simulation des Todes am Fernsehschirm oder auf der Kinoleinwand diesen längst zu einer alltäglichen *commodity* haben werden lassen. *Commodification* sowohl im privaten als auch im beruflichen und intellektuellen

---

[29] De Curtis, "An Outsider in this Society: An Interview with Don DeLillo," 63.
[30] Vgl. Klaus R. Scherpe, *Die Unwirklichkeit der Städte: Großstadtdarstellungen zwischen Moderne und Postmoderne* (Reinbek b. Hamburg: Rowohlts Enzyklopädie, 1988), 220.
[31] De Curtis, 66.
[32] John Kucich, "Postmodern Poltics: Don DeLillo and the Plight of the White Male Writer," *Michigan Quarterly Review*, 27 (Spring 1988), 337.
[33] LeClair, 207.

Bereich sowie die alles verschüttende Welt der Simulacra und die daraus abzuleitende Immunisierung, Anästhesierung und Verdrängung sind die Ursache von Jacks existentieller Ratlosigkeit. Daß DeLillo diese private Befindlichkeit zu einer allgemeinen erhebt, um auf diesem Weg ein eindringliches Bild des kollektiven Bewußten und Unbewußten Amerikas insgesamt zu entwerfen, ist als das besondere Verdienst dieses Romans zu bewerten. Für den aufmerksamen Leser, zumal für den nicht-amerikanischen, kann dieser "fremde" Text nicht nur einen wichtigen Zugang zu einem tieferen Verständnis der heutigen U.S.A., sondern der westlichen Zivilisation insgesamt vermitteln. Denn die akzelerierende Reduktion des Lebens zum Simulacrum ist eine Bedrohung, welche die U.S.A. möglicherweise nur etwas früher erreicht hat als die restliche Welt.

HERBERT CHRIST

"Aber schauen ist nicht beobachten"

Alexander von Humboldt und Alexis de Tocqueville als Beobachter in Amerika

Der Titel dieses Beitrags ist Alexander von Humboldts *Kosmos* entnommen[1], der Summa seines Forscherlebens. "Schauen" ist – nach Humboldt – Sache von einfachen, naiven Menschen und von solchen, die kein wissenschaftliches Interesse haben – der indianischen Bewohner des Altiplano ebenso wie des Entdeckers Kolumbus, von Eroberern wie von kosmopolitischen Reisenden, deren Erkenntnisbedürfnisse dann gestillt sind, wenn sie angeschaut und evtl. gesammelt, erobert und in Besitz genommen haben.[2] "Beobachten" meint dagegen, "vergleichend kombinieren" (Humboldt, a. a. O. S. 255). Darunter versteht Humboldt die Feststellung von Ordnung oder Gesetzmäßigkeit, von Regelmäßigkeit und Vergleichbarkeit.

Ich will mich in diesem Beitrag mit Alexander von Humboldt und Alexis de Tocqueville – also mit zwei hervorragenden Beobachtern beschäftigen, die (mit vielen anderen) gemeinsam haben, daß sie sich mit Amerika befaßten. Ihre Motive waren unterschiedlich – darüber geben ihre Biographien Auskunft. Ihre Beobachtungen fielen in unterschiedliche Zeiten. Ihre Reisen nach Amerika sind durch den Abstand einer ganzen Generation voneinander abgehoben. Der Schwerpunkt ihrer wissenschaftlichen Interessen ist ebenfalls unterschiedlich. Verstand sich der eine als Naturwissenschaftler (ohne jedoch Gesellschaft, Wirtschaft und Politik je zu vergessen), so war der andere Jurist, der sich aber ebenfalls für den gesamten gesellschaftlichen, politischen, historischen und räumlichen Kontext interessierte. Am auffälligsten ist jedoch gewiß der Unterschied, daß der eine das äquatoriale Amerika (les régions équinoxiales du nouveau continent[3]), der andere dagegen das nördliche Amerika und namentlich die Vereinigten Staaten zum Schwerpunkt seiner Untersuchungen machte, genauer: die Demokratie in den Vereinigten Staaten.[4]

Diese fundamentalen Unterschiede der Herangehensweise und wahrscheinlich auch der Generationsunterschied haben dazu geführt, daß sie – obwohl sie voneinander und von ihrem Werk Kenntnis nahmen – nie miteinander in engeren Kontakt traten und auch von der Nachwelt selten miteinander verglichen worden sind.

---

[1] Alexander von Humboldt, *Kosmos*, herausgegeben von Hanno Beck. 2 Bände. Darmstadt: Wissenschaftliche Buchgesellschaft 1993; hier II, S. 255.
[2] Über den Sammlertrieb und die Anstiftung zum Sammeln s. Humboldt a. a. O., S. 255 ff.
[3] So der Titel des monumentalen Humboldtschen Reiseberichts: *Relation historique du voyage aux régions équinoxiales du nouveau Continent faites en 1799, 1800, 1801, 1802, 1803 et 1804 par Alexandre de Humboldt et Aimé Bonpland*. Paris 1814-1825. Neudruck Stuttgart: Brockhaus 1970. Eine vollständige deutsche Übertragung fehlt bis heute.
[4] Alexis de Tocquevilles Reise fand 1831/1832 statt und erfuhr ihren Niederschlag in dem zweibändigen Werk *De la démocratie en Amérique*, dessen erster Band 1835 und dessen zweiter Band 1840 erschien.

Ich möchte in diesem Beitrag der Art ihrer Beobachtung und der Form ihrer Annäherung an Amerika nachgehen. Denn Annäherungen an Amerika sind seit dem Schwellenjahr 1492 eine ständige Sehnsucht der Europäer, und zugleich eine immer erneute Herausforderung, und sie sind heute ebenso aktuell wie 1492 oder zu Beginn des 19. Jahrhunderts. Allerdings sind unsere Annäherungen von der gesamten vorhergehenden Geschichte belastet, wie sie auch von ihr befruchtet sind. Eindrucksvolle Belege für die Belastungen wie auch für die wechselseitigen Befruchtungen brachten die Debatten des Jahres 1992, in dem man der sogenannten Entdeckung Amerikas oder – anders gesagt – des Zusammenstoßes zweier Kulturen gedachte.

Die Annäherung hatte zunächst in der Tat die Form der "Entdeckung"; daraus wurde Eroberung, begleitet von christlicher Missionierung; ihr folgte die Landnahme und Besiedlung; nachdem im 19. Jahrhundert der größere Teil des Doppelkontinents unabhängig wurde, trat an die Stelle der Besiedlung eine massenhafte Auswanderung von Europäern (und Asiaten); begleitet wurden diese Formen der Annäherung durch Reisen – zunächst von Entdeckern und Forschern, später von romantischen Reisenden[5], im 20. Jahrhundert von Touristen. Für Annäherung sorgten auch die Politik und die Verwaltung der europäischen Zentralen, seit der Unabhängigkeit amerikanischer Staaten die Diplomatie und – seit dem 16. Jahrhundert – die Wissenschaft und die Literatur.

Immer aber stellte sich bei diesen Annäherungen "la question de l'autre" – die Frage nach dem anderen, wie Todorov sagte.[6] Sie stellte sich im Hinblick auf Amerika aufgrund der Art der plötzlichen Begegnung exemplarisch, und sie wurde und wird deshalb im Hinblick auf diesen Kontinent dauerhafter und intensiver diskutiert als im Hinblick auf andere Teile der Welt. Offensichtlich kommt sie nicht an ihr Ende.

Darum ist dauerhaftes und beharrliches Nachfragen am Platz, wie denn der andere heute und wie er früher einmal gesehen worden ist. Denn – so sagt Todorov – vorher von anderen gemachte Erfahrungen "können uns über die verderblichen Auswirkungen des Mißverstehens aufklären"[7] und möglicherweise neues Mißverstehen vermeiden helfen.

Den anderen sehen, ihn beobachten, bedeutet noch nicht dem anderen begegnen. Gleichwohl ist auch bei der Beobachtung – anders offensichtlich als beim differenzierten Schauen – der Beobachter personal und sachlogisch impliziert. Frauke Gewecke spricht vom "ethnographischen Blick"[8] um dieses Implikationsverhältnis zu bezeichnen: Der Blick, der zugleich die Binnenperspektive der beobachteten Welt (und d. h. die Binnenperspektive ihrer Bewohner, worunter deren Sicht auf die eigene Welt und deren Interpretationsmodelle wie auch deren Abgrenzung gegenüber der Außenwelt zu verstehen sind) wie auch die eigenen Interpretationsmodelle (und dazu gehört als Hintergrund allemal auch der gesamte eigene Erfahrungshintergrund und die Sicht auf die eigene Welt) umfaßt.

Wir wollen im folgenden versuchen, den "ethnographischen Blick" Alexander von Humboldts und Alexis de Tocquevilles an einem vergleichbaren Beobachtungsobjekt zu erfassen, nämlich an dem für Europäer des 19. Jahrhunderts fremden Phänomen des Nebeneinanders und Gegeneinanders der Rassen in Amerika.

---

[5] Vgl. hierzu Friedrich Wolfzettel, *Ce désir de vagabondage cosmopolite. Wege und Entwicklung des französischen Reiseberichts im 19. Jahrhundert*. Tübingen: Max Niemeyer 1986.

[6] Tzvetan Todorov, *La conquête de l'Amérique. La question de l'autre*. Paris: Editions du Seuil 1982.

[7] Todorov p. 251.

[8] Frauke G. Gewecke, "Perspektiven einer Lateinamerikanistik als Fremdkulturwissenschaft". In: Alois Wierlacher (Hrsg.), *Kulturthema Fremdheit. Leitbegriff und Problemfelder kulturwissenschaftlicher Fremdheitsforschung*. München: iudicium 1993, S. 243-256.

Der Beobachter Humboldt

Alexander von Humboldt war ein Beobachter von großer Beständigkeit und seltener Konsequenz, ein Beobachter, der alle seine Feststellungen sorgfältig in Tagebüchern festhielt[9], sie anderen Forschern brieflich oder persönlich mitteilte, sie mit den Ergebnissen anderer verglich. Seine Beobachtungen bezogen sich sowohl auf natur-räumliche wie soziale, politische und historische Fakten und Ereignisse. Er trug sie in dem umfangreichen publizierten Werk zusammen und stellte sie so einem breiten Publikum vor: in französischer, deutscher und teilweise spanischer Sprache und, soweit er sich an Fachwissenschaftler auf dem Gebiet der Botanik und Zoologie wandte, zum Teil auch auf Lateinisch.

Letztlich hatte er wohl ein System der Erkenntnis im Blick, basierend auf diesen Beobachtungen. 1796 formulierte er in einem Brief an seinen Genfer Freund Marc Auguste Pictet: "J'ai conçu l'idée d'une physique du monde." Die Einzelerkenntnisse müßten sich in einen Zusammenhang einbringen lassen. Als alter Mann schreibt er in seinem "Kosmos" die Summe der ihm erreichbaren Erkenntnis auf – ein Bild der Welt in Raum und Zeit. Er ist überzeugt, daß alle Erscheinungen – die natürlichen und gesellschaftlichen – in einem engen Verhältnis der Wechselseitigkeit zueinander stehen. Sie geben zusammengenommen die Grundlage für die Beobachtung ab und können nur versammelt zur Gewinnung von Erkenntnis führen.

Daß Humboldt Amerika zum Ziel seiner Reise wählte und somit zum Gegenstand jahrelanger Beobachtungen machte, ist nicht frei von Zufällen. In einem launigen Brief, kurz vor Beginn der Amerikareise geschrieben und datiert aus "Aranjuez, unweit Madrid" vom 20.4.1799 an seinen Freund Karl-Ludwig von Willdenow berichtet er über die Probleme, auf die er angesichts seiner Reisevorbereitungen stieß und die ihn schließlich auf die Karte Spanisch-Amerika setzen ließen:

> "Dieses Schiksal ist nun in diesem Jahr wunderbar genug gewesen, doch wirst Du bemerken, daß ich wenigstens hartnäckig in der Verfolgung meiner Plane gewesen bin, und daß diese Hartnäckigkeit mich nun doch noch von Californien bis zum Patagonenlande, vielleicht selbst um die Welt führt."[10]

Die Reise hat ihn dann zwar weder um die Welt noch nach Kalifornien und auch nicht nach Patagonien geführt, wohl aber nach Venezuela, Kolumbien und Ecuador, nach Mexiko und Kuba und schließlich in die Vereinigten Staaten, an deren Ostküste.

In dem zitierten Brief berichtet er von den zusammengebrochenen Plänen: einer geplanten Weltumsegelung, die vom französischen Directoire ins Auge gefaßt war und zu der er eingeladen war, eine Unternehmung, die an den politischen Umständen des Jahres 1798 scheiterte, über den Plan, gewissermaßen im Windschatten Bonapartes nach Ägypten zu fahren und dort die Kultur des Nils und der Wüsten zu studieren – eine Unternehmung, die angesichts der englischen Flottenpräsenz im Mittelmeer äußerst riskant war und von Frankreich aus nicht in die Tat umgesetzt werden konnte, und schließlich seine Hinwendung zu Spanien und damit zu dem einzigen großen Land, das im englisch-französischen Konflikt des Jahres 1799 neutral blieb

---

[9] Humboldts Tagebücher sind – von Auszügen abgesehen – unveröffentlicht. Sie sind fast durchgehend in deutscher Sprache abgefaßt. Nur die naturwissenschaftlichen Beobachtungen (namentlich zur Botanik, Zoologie, Meteorologie und Geologie) sind regelmäßig Französisch geschrieben. Man darf vermuten, daß diese Sprachverteilung nicht zuletzt dem engsten Mitarbeiter, dem Botaniker Bonpland zuliebe erfolgte, der ihn auf der gesamten Reise begleitete und eineinhalb Jahrzehnte lang an der Publikation der Ausbeute der Reise beteiligt war, so namentlich an der in Fußnote 3 zitierten "Relation historique".

[10] Abgedruckt in Ilse Jahn/Fritz G. Lange: *Jugendbriefe Alexander von Humboldts*. Berlin: Akademie-Verlag 1973, S. 660-664, hier S. 660.

und die Atlantiküberquerung möglich machen konnte. Es gelang ihm, am spanischen Hof die nötige Unterstützung zu finden und am 5. Juni 1799 von La Coruña aus die Reise zu beginnen.

Die literarische Ausbeute dieser Reisejahre liegt in dem umfangreichen Amerikawerk Humboldts vor.[11] Ich beschränke mich hier auf einen der Auszüge aus der "Relation historique", auf das "Mexico-Werk"[12], in seiner deutschen Fassung erstmals 1809 ff. unter dem Titel "Versuch über den politischen Zustand des Königreichs Neu-Spanien" veröffentlicht. Das Werk ist seiner Katholischen Majestät Karl IV., König von Spanien und beider Indien gewidmet, dem Humboldt seine Pässe und Empfehlungsschreiben verdankt. Als der Text erschien, war Karl IV. bereits abgesetzt und Spaniens Krone von Joseph Bonaparte usurpiert. Das war dem Verfasser natürlich nicht unbekannt; er hat dennoch an der Widmung festgehalten und hat sie in der französischen Fassung sogar vordatiert. Die Widmung war nicht nur als Ausdruck der Dankbarkeit gemeint, sondern durchaus politisch motiviert; das Werk sollte nämlich als Appell zur Veränderung der Kolonialpolitik gelesen werden. Es heißt in dieser Widmung:

> Sie (d. h. diese Arbeit) offenbart die Gefühle der Dankbarkeit, die ich der Regierung, die mich gefördert hat und *dieser edlen und loyalen Nation* schulde, die mich nicht wie einen Reisenden, sondern wie einen *Mitbürger* empfangen hat. Wie könnte man einem guten König mißfallen, wenn man ihm *vom Nationalinteresse*, von der *Vervollkommnung der gesellschaftlichen Institutionen* und von den *ewigen Prinzipien* spricht, auf denen das Wohl der Völker beruht? (a. a. O., S. 8. Hervorhebungen von H. C.).

Der Text, der Form nach konventionelles Lob eines Höflings, enthält einige Formulierungen, die im Kontext der Jahre 1808 ff. gelesen aufhorchen lassen. Wenn da von den "ewigen Prinzipien, auf denen das Wohl der Völker beruht" die Rede ist und von den Mexikanern als einer "edlen und loyalen Nation" gesprochen wird, dann sind die Anspielungen auf Entwicklungen seit 1789 unüberhörbar. Präzisiert werden diese Anspielungen noch einmal im letzten Abschnitt des Buches:

> Möchte diese Arbeit, die in der Hauptstadt Neu-Spaniens begonnen wurde, denen nützlich werden, die berufen sind, über die Wohlfahrt des Landes zu wachen; möchte es (sic!) sie besonders mit der wichtigen Wahrheit durchdringen können, daß das Wohl der weißen eng an das der roten Rasse (*la race cuivrée*) gebunden ist und daß es *in beiden Amerika* kein dauerhaftes Glück geben kann, als insofern die gedemütigte, aber durch lange Unterdrückung nicht erniedrigte Rasse an den Errungenschaften teilnehmen wird, die aus den Fortschritten der Zivilisation und der Vervollkommnung der gesellschaftlichen Ordnung resultieren. (a. a. O., S. 523. Hervorhebungen von H. C.).

---

[11] Vgl. Fußnote 3. – Außer der dort genannten "Relation historique" gehört zum Amerikawerk eine Reihe von Einzelstudien, zum Teil mit Mitarbeitern gemeinsam verfaßt, zumeist in deutscher oder französischer, gelegentlich auch in spanischer Sprache. S. hierzu Hanno Beck: *Alexander von Humboldt.* Band 1: *Von der Bildungsreise zur Forschungsreise 1769 bis 1804*; Band 2: *Vom Reisewerk zum "Kosmos" 1804 bis 1859.* Wiesbaden 1959 und 1961.

[12] Ich übernehme damit den Titel, den der Herausgeber der jüngsten deutschen Ausgabe, Hanno Beck dem Werk gegeben hat: *Alexander von Humboldt, Mexico-Werk.* Darmstadt: Wissenschaftliche Buchgesellschaft 1991. – Das Werk hat folgende Entstehungsgeschichte: Noch während seines Mexiko-Aufenthaltes verfaßte Humboldt für den Vize-König José de Iturrigaray in spanischer Sprache "Tablas geográficas del Reino de Nueva España" – ein Kartenwerk mit Statistiken und Berechnungen zur physikalischen Geographie, zur Bevölkerung und Wirtschaft des Landes. Dieses Werk in Manuskriptform, das in zahlreichen Abschriften zirkulierte, wurde die Grundlage für eine sehr viel ausführlichere französische Fassung, die 1810 ff. in Paris erschien und 1809 ff. in Tübingen bei Cotta in einer deutschen Ausgabe herauskam. Der Titel der französischen Ausgabe lautete: *"Essai politique sur le royaume de la nouvelle Espagne".*

Unter solchen Prämissen gelesen enthält ein Text politische Bedeutung, der eher als Zustandsbeschreibung raum-zeitlicher, ökonomischer und sozialer Verhältnisse gelesen werden könnte, so wie es der in seiner Ausführlichkeit pedantisch erscheinende Untertitel suggeriert:

> Untersuchungen über die Geographie des Landes, über seinen Flächeninhalt und seine neue politische Eintheilung, über seine allgemeine physische Beschaffenheit, über die Zahl und den sittlichen Zustand seiner Bewohner, über die Fortschritte des Ackerbaus, der Manufacturen und des Handels; über die vorgeschlagenen Canal-Verbindungen zwischen dem antillischen Meer und dem großen Ozean, über die militärische Vertheidigung der Küsten, über die Staatseinkünfte und die Masse edler Metalle, welche seit der Entdeckung von America, gegen Osten und Westen, nach dem alten Continent überströmt ist. (a. a. O., S. 5)

Tatsächlich enthält das Mexico-Werk ausführliche Bevölkerungsstatistiken, ausgehend von der letzten amtlichen Zählung von 1794, die Humboldt kritisch fortschrieb, indem er sich vom Erzbischof von Mexiko Tauf- und Sterbelisten aller Pfarreien des Landes geben ließ. Diesen traute er mehr als den Steuerlisten, denn wenn bei letzteren ein Interesse der Verdunkelung nicht auszuschließen ist, namentlich die Absicht, die Zahl der Köpfe der Steuerpflichtigen niedrig zu halten, so waren Taufe und Begräbnis um der ewigen Seligkeit willen unabdingbar, und die Geistlichkeit hatte ihrerseits ein Interesse daran, die korrekten Zahlen festzuhalten. Das Werk geht auf epidemische und sonstige häufig festzustellende Krankheiten und namentlich auf die Gesundheitsverhältnisse im Bergbau ein, untersucht die Entwicklung der Preise der Nahrungsmittel, beschreibt ausführlich die Struktur der "Kasten" (Weiße, Schwarze, Indios, Mischlinge – letztere aufzuteilen in Mulatten, Mestizen und Zambos, worunter Mischlinge von Schwarzen und Indios zu verstehen sind), ihre zahlenmäßige Verteilung, ihre Physiognomie, die moralischen Eigenschaften der einzelnen Kasten unter Berücksichtigung der Vernichtung indianischer und schwarzafrikanischer Traditionen und der Ausrottung der indianischen Oberschicht. Der Autor beschäftigt sich mit der Finanzpolitik der Kolonialregierung und dem direkten Einfluß, den die Zentrale auf die Finanz- und die Wirtschaftspolitik nimmt.

Kurzum, das Mexico-Werk stellt den Versuch eines umfassend gebildeten "Cameralisten" dar, der das Vizekönigreich als eine selbständige politische Einheit versteht und sich in der Rolle eines Gutachters sieht. Seine Perspektive ist die einer Verbesserung, einer "Vervollkommnung der gesellschaftlichen Ordnung".

Der Standpunkt des Beobachters

Das Mexico-Werk ist vergleichend angelegt: Interne Vergleiche einzelner Städte, Provinzen, Landschaften sind ebenso häufig wie externe Vergleiche mit Kuba, den Anden-Ländern und den Vereinigten Staaten sowie mit europäischen Ländern, namentlich Spanien, aber auch Frankreich, England, Preußen und Rußland. Über die Methode des Vergleichs wird regelmäßig nachgedacht, namentlich über die Instrumentarien und die Quellen, die vergleichend herangezogen werden. Dies wurde im vorhergehenden Abschnitt am Beispiel der Statistik der Bevölkerung Mexikos angedeutet.

Doch damit wird der Standpunkt des Beobachters nicht sichtbar. Wird dieser überhaupt geäußert, oder muß er aus Tendenzaussagen, wie wir sie im vorhergehenden Abschnitt zitierten, erschlossen werden?

Er kommt in der Tat an mannigfaltigen Stellen ganz klar zum Ausdruck. Es sei dies zuerst am Beispiel der Beurteilung der Unabhängigkeitsbewegungen gezeigt, die sich in den Jahren der Anwesenheit Humboldts in Amerika formierten. Ein erster Fall: die Bewegung des Túpac-Amaru, eines Indios vom Hochland von Peru, der das Inka-Reich wieder herstellen wollte und zu diesem Zweck 1780/1781 eine machtvolle Aufstandsbewegung zustande brachte. Humboldt kennt dieses Ereignis wie auch das nachfolgend zu erwähnende nur aus Berichten. Sein Standpunkt wird aber deutlich: Er schreibt von "fürchterlichen Grausamkeiten" der Indianer, vermutet im Fall eines Sieges der Aufständischen "traurige Folgen nicht nur für die Interessen des Mutterstaats, sondern augenscheinlich für die Existenz aller auf dem Plateau der Kordilleren und in den benachbarten Tälern niedergelassenen Weißen". Wesentlich für den eigenen Standpunkt ist jedoch die Frage, ob es sich im Fall des Tupac-Amaru um eine fortschrittliche oder um eine rückschrittliche Bewegung gehandelt habe. Und hier ist die Antwort klar:

> So außerordentlich dieses Ereignis ist, so waren seine Ursachen doch keineswegs mit den Bewegungen in Verbindung, welche die Fortschritte der Zivilisation und der Wunsch einer freien Regierung in den englischen Kolonien erzeugt hatten. (a. a. O., S. 514).

Fortschritt im Verstande der Aufklärung und Freiheit im Sinn nationaler Selbstbestimmung sind also die Kriterien, an denen Humboldt mißt. Daher lautete das Urteil über eine Aufstandsbewegung von Kreolen in Venezuela im Jahre 1796 anders. Der Schilderung dieses Ereignisses geht ein längerer Abschnitt vorauf, in dem beträchtliche Änderungen im "sittlichen und politischen Zustand" der spanischen und portugiesischen Kolonien "seit zwanzig Jahren" konstatiert werden.

> Die Freiheit des Handels mit den Neutralen, welche der Hof von Madrid, durch gebieterische Umstände gezwungen, von Zeit zu Zeit der Insel Kuba, der Küste von Caracas, den Häfen von Veracruz und Montevideo gestattete, hat die Kolonisten mit den Anglo-Amerikanern, den Franzosen, Engländern und Dänen in Berührung gebracht. Sie erhielten dadurch richtigere Vorstellungen vom Zustand Spaniens im Vergleich mit anderen europäischen Mächten, und die amerikanische Jugend gewann mit Aufopferung eines Teils ihrer Nationalvorurteile eine auffallende Vorliebe für diejenigen Nationen, deren Kultur weiter vorgerückt ist als die der europäischen Spanier. Unter solchen Umständen darf man sich nicht wundern, daß die politischen Bewegungen, welche seit 1789 in Europa stattfanden, die lebhafteste Teilnahme bei Völkern erweckt haben, die schon lange nach Rechten strebten, deren Beraubung zugleich ein Hindernis der öffentlichen Wohlfahrt und eine Ursache des Rachegefühls gegen den Mutterstaat ist. (a. a. O., S. 515)

Der freie Handel, den Kolonien zögerlich gewährt, führte zu einem Ideenaustausch mit Anglo-Amerikanern, Franzosen, Engländern und anderen Europäern und sorgte für einen Transfer aufklärerischen Denkens. Dieses veränderte den Blick auf die eigene Welt und relativierte namentlich das Bild Spaniens. "Nationalvorurteile" fielen diesem Sichtwechsel zum Opfer. Manche begannen auf Änderung der Verhältnisse zu sinnen.

Was aber taten die Vizekönige und die Gouverneure? Sie verboten Druckereien, beschlagnahmten Zeitschriften und Zeitungen, namentlich solche, die aus Santo-Domingo (d. h. aus dem französischen Haiti) herüberkamen, warfen Leute in Gefängnis, die als Freigeister und potentielle Revolutionäre verdächtig waren.

Gegen eine solche Politik des Mißtrauens erhoben

> ehrwürdige Beamte (...) selbst ihre Stimme (...) und hielten dem Hof vor, daß eine mißtrauische Politik nur die Geister reize und daß man nicht durch Gewalt und Vermehrung von Truppen, die aus Eingeborenen bestünden, sondern durch gerechte Regierung, Vervollkommnung der gesellschaftlichen Institutionen und Erhörung der gerechten Klagen der Kolonisten, die Bande, welche die Kolonien an die spanische Halbinsel ketteten, enger knüpfen könne. (a. a. O., S. 516)

Diese Stimmen wurden jedoch nicht gehört, Reformen unterblieben. So kam es 1796 in Venezuela "wo die Fortschritte der Aufklärung durch den häufigen Verkehr mit den Vereinigten Staaten und den fremden Kolonien auf den Antillen begünstigt waren", zu einem gefährlichen

Aufstand. Der Bericht über diese Bewegung liest sich wesentlich anders als der über Túpac-Amaru:

> Ein reicher Kaufmann von Caracas, Don José España und ein Offizier vom Ingenieurkorps, Don Manuel Gual, der in La-Guaira wohnte, faßten den kühnen Plan, die Provinz Venezuela frei zu machen und mit ihr die Provinzen Neu-Andalusien, Neu-Barcelona, Maracaibo, Coro, Varinas und Guyana unter dem Namen der Vereinigten Staaten von Südamerika zu verbinden. (a. a. O., S. 516)

Der Aufstand wurde rasch niedergeschlagen.

> España empfing den Tod mit dem Mut eines Mannes, der für die Ausführung großer Pläne gemacht ist; und Gual starb auf der Insel Trinidad, wo er Zuflucht, aber keine Hilfe gefunden hatte. (a. a. O., S. 516)

Humboldts Sympathien sind kaum zu verkennen; sein Standpunkt wird deutlich. Es ist der Standpunkt eines europäischen Aufklärers, dem die Erfahrungen der amerikanischen und der französischen Revolution bekannt sind und deren Ideen am Herzen liegen.

Dieser Standpunkt sei an einem anderen Text, einem Tagebucheintrag aus Guayaquil (Ecuador) vom Januar/Februar 1803 belegt. Der Eintrag hat die Form eines kleinen geschlossenen Essays, er ist in französischer Sprache abgefaßt (zur Sprache der Tagebücher s. Fußnote 9) und ist mit dem Titel "Colonies" zu versehen.[13]

Kolonialregime sind – so führt Humboldt aus, der Wurzelgrund sozialer und rassischer Spannungen. "Tout gouvernement colonial est un gouvernement de méfiance." (Jede Kolonialregierung gründet auf Mißtrauen). Sie versucht, die politische Abhängigkeit der Kolonie vom Mutterland durch Instrumentalisierung sozialer Spannungen und Antagonismen abzusichern.

> On cherche sa sûreté dans la désunion, on divise les castes, on augmente leurs haines et leurs dissensions, on se plaît à leurs haines mutuelles, on leur défend de s'unir par des mariages, on protège l'esclavage, parce que le Gouvernement peut un jour, quand tous les autres moyens manquent, prendre recours au plus cruel de tous, qui est celui d'armer les esclaves contre leurs Maîtres, de faire égorger ceux-ci avant de se voir égorgé soi-même, ce qui sera toujours la fin de cette horrible tragédie. ("Colonies", S. 63)[14]

Wundert es nach diesem Gemälde des Grauens, daß das Urteil über die Kolonialherrschaft nur lauten kann: "L'idée de la colonie même est une idée immorale." (Die Idee der Kolonie überhaupt ist eine unmoralische)?

Nun bleibt Humboldt nicht bei diesen allgemeinen moralischen Urteilen stehen, sondern er wird konkreter, zeigt z. B. den gewollten und zu politischen Zwecken gepflegten Gegensatz zwischen Kreolen und Europäern auf. Die Kolonialregierungen geben nur Europäern, also frisch aus Europa importierten Weißen, die begehrten Posten in der Verwaltung, und zwar durchaus problematischen Existenzen: "aux parvenus et polissons que la faim exila de l'Europe" (Emporkömmlingen und Schelmen, die, weil sie Hunger litten, Europa verlassen

---

[13] Abgedruckt in *Alexander von Humboldt, Lateinamerika am Vorabend der Unabhängigkeitsrevolution. Eine Anthologie von Impressionen und Urteilen, zusammengestellt von Margot Fak*. Berlin: Akademie-Verlag 1982, S. 63-64. – Zu Humboldts Tagebüchern vgl. die Einleitung der Herausgeberin, namentlich S. 22-25.

[14] "Man sucht seine Sicherheit in der Uneinigkeit, man hält die Kasten getrennt, man vermehrt ihren Haß und ihre Zwistigkeiten, man ist mit ihrem gegenseitigen Haß zufrieden, man verbietet ihnen, sich ehelich zu verbinden, man schützt die Sklaverei, weil nämlich die Regierung eines Tages, wenn alle anderen Mittel versagen, zum grausamsten von allen greifen kann, das darin besteht, die Sklaven gegen ihre Herren zu bewaffnen, diesen die Kehlen durchschneiden zu lassen bevor man selber umgebracht wird, was immer das Ende dieser furchtbaren Tragödie sein wird."

haben). Sie erlaubt diesen, sich über die Kreolen zu erheben. Die Kreolen ihrerseits reagieren, indem sie auf der einen Seite Orden und Titel kaufen, um ihr Ansehen zu vermehren, aber andererseits vergessen sie weder die Erniedrigungen, die ihnen durch die Kolonialverwaltung beigebracht werden, noch das Geld, das sie zu deren Befriedigung zahlen müssen. Sie entwikkeln im Gegenzug einen Stolz auf das eigene Land und schauen auf Spanien herab.

> On trouve Caraccas et Lima plus cultivés que Madrid, on aime les autres nations ennemis de l'Espagne, on ne désire rien plus ardemment que de voir Londres ou Paris et ennivré de la grandeur de la maison paternelle, et des égards par lesquels l'Aristocratie se fait valoir en Amérique, on se trouve déplacé, trop peu honoré et on retourne dans un pays où l'on dit vivre avec liberté parce qu'on peut y maltraiter impunément ses esclaves et insulter les blancs lorsqu'ils sont pauvres. Les Gouvernemens européens ont si bien réussi de répandre la haine et la désunion dans les Colonies, qu'on n'y connaît presque pas les plaisirs de la société; du moins tout divertissement durable dans lequel beaucoup de familles doivent se réunir est impossible. De cette position naît une confusion d'idées et de sentimens inconcevable, une tendance révolutionnaire générale. Mais ce désir se borne à chasser les Européens et à se faire après la guerre entre eux. (a. a. O., S. 64)[15]

Der Text, im Jahre 1803 verfaßt, erscheint heute fast als prophetisch. Ist es nicht genau dies, was während und auch nach den Befreiungskriegen geschehen ist? Das spanische Joch wurde zwar abgeschüttelt, aber die Gegensätze zwischen den einzelnen Kolonien wuchsen und führten zu immer neuen Konflikten, bis in unsere Tage hinein. An die Stelle der alten Abhängigkeiten sind neue getreten, die nicht minder brutal sind. Humboldt haben seine Beobachtungen zur Begründung eines Standpunktes geführt.

In einem solchen Land kann sich – so führt Humboldt weiter aus – kein "homme sensible" wohlfühlen. "Un homme sensible y souffrira plus qu'un homme instruit." Ein "gebildeter Beobachter" kann sich nämlich durch Bücher und "Instrumente" und auch durch ständigen Kontakt mit Europa als dem aufgeklärten Teil der Welt einen kritischen Standpunkt schaffen, der die Widersprüche erträglicher macht. Der sensible Mensch wird dagegen leiden. Humboldt zitiert zum Beleg den Bischof von Trujillo (Peru), "un évêque éclairé", der ihm gesagt habe:

> Il est si difficile pour un Européen de rester honnête homme dans ces climats où règne l'impunité jusque dans le Clergé que je prie Dieu tous les jours qu'il ne me laisse pas mourir ici, car sans doute je serai damné. (a. a. O., S. 64)[16]

Am schlimmsten sind aber nach Humboldt die Verhältnisse auf den Karibischen Inseln mit der schwarzen Sklavenbevölkerung. Auch hierzu noch ein Zitat:

---

[15] "Man findet Caracas und Lima kultivierter als Madrid, man liebt die anderen Nationen, die Spanien feindlich gesinnt sinnt, man wünscht nichts sehnlicher als London und Paris zu sehen, aber berauscht von der Größe des väterlichen Hauses und von dem Ansehen, das der Adel in Amerika beansprucht, findet man sich fehl am Platze und zu wenig geehrt und kehrt in sein Land zurück, wo man in Freiheit zu leben behauptet, weil man hier seine Sklaven ungestraft peinigen und die Weißen beleidigen kann, soweit sie arm sind. Den europäischen Regierungen ist es so wohl gelungen, Haß und Uneinigkeit in den Kolonien zu verbreiten, daß man hier die Vergnügungen des geselligen Lebens kaum kennt; vor allem ist ein dauerhaftes gesellschaftliches Leben, an dem viele Familien beteiligt sind, ausgeschlossen. Aus diesem Zustand entsteht eine unglaubliche Verwirrung der Ideen und Gefühle und eine allgemeine revolutionäre Stimmung. Aber diese Bestrebungen beschränken sich darauf, die Europäer zu vertreiben und sich nachher gegenseitig zu bekriegen."

[16] "Es ist so schwer für einen Europäer in diesen Klimaten, wo die Straflosigkeit bis zum Klerus reicht, ehrbar zu bleiben, daß ich täglich Gott bitte, er möge mich hier nicht sterben lassen, denn zweifellos würde ich verdammt."

> Nullepart un Européen doit avoir plus de honte de l'être que dans les Iles, soit Françaises soit Anglaises soit Danoises, soit Espagnoles. Se disputer quelle Nation traite les Nègres avec plus d'humanité est se moquer du mot humanité et demander s'il est plus doux d'être éventré ou écorché. (a. a. O., S. 64)[17]

Die Aussage des Essays über die Kolonien ist also klar: Kolonialregime taugen nichts. Man kann es zwar nicht so machen, wie es die Franzosen in ihrer revolutionären Epoche machten: Sie hoben die Kolonien einfach auf und machten sie zu Teilen des Mutterlandes:

> Les fondateurs de la première Constitution française n'erraient certainement pas dans les principes, quoiqu'ils les appliquaient souvent dangereusement et avec précipitation. Ils abolirent le nom des Colonies, il regardaient ces possessions éloignées comme parties intégrantes de la République, ils leur donnaient un droit égal à la félicité, au Gouvernement. Ils auraient mieux fait en faire de petites républiques unies et dépendantes de la France. (a. a. O., S. 64)[18]

England hatte seinen amerikanischen Kolonien nämlich schon vor ihrer Unabhängigkeit Rechte der Selbstverwaltung eingeräumt: "une sorte de Gouvernement provincial propre à unir les esprits et à rendre les hommes aimans et généreux tels que nous les voyons dans cette grande République naissante." (a. a. O., S. 64)[19]

Nehmen wir unsere Feststellungen zum Essay "Les colonies" und zum Mexico-Werk zusammen, so erhalten wir Impressionen vom Standpunkt, den sich Humboldt erarbeitet hat und der seinen weiteren Beobachtungen als Hintergrund diente, ein Standpunkt, den er mit der gleichen Deutlichkeit auch in anderen politischen Kontexten vorbrachte, so z. B. während seines Aufenthalts in den Vereinigten Staaten. Da äußert er z. B. in einem Brief an einen einflußreichen Wissenschaftler und Architekten, William Thornton vom 20.6.1804 ganz energische Bedenken gegen "cette abominable loi" (dieses abscheuliche Gesetz), das den Negerhandel für Süd-Karolina weiterhin erlaubt und das eine Schande für einen aufgeklärten Staat sei.

> Cette abominable loi qui permet l'importation des Nègres dans la Caroline Méridionale est un opprobre pour un état, dans lequel je sais qu'il existe des têtes très bien organisées. En suivant la seule marche que dicte l'humanité, on exportera sans doute au commencement moins de Coton, mais hélas! que je déteste cette Politique qui mesure et évalue la félicité publique simplement d'après la valeur des Exportations! Il est de la richesse des Nations comme de celle des Individus. Elle n'est que l'accessoire de notre félicité. *Avant d'être libre, il faut être juste, et sans justice il n'y a pas de prospérité durable.*[20] (Alexander von Humboldt, *Briefe aus Amerika*. Berlin: Akademie-Verlag 1993, S. 300)

---

[17] "Nirgends muß sich der Europäer mehr schämen als auf den Inseln, ob sie nun französisch, englisch, dänisch oder spanisch sind. Wenn man sich streitet, welche Nation die Neger mit mehr Menschlichkeit behandelt, bedeutet dies, sich über das Wort Menschlichkeit lustig zu machen und die Frage zu stellen, ob es milder ist, den Bauch aufgeschnitten zu bekommen oder gehäutet zu werden."

[18] "Die Begründer der ersten französischen Verfassung irrten sich nicht in den Prinzipien, wenn sie sie auch oft unvorsichtig und vorschnell anwendeten. Sie schufen die Bezeichnung Kolonien ab, sie betrachteten ihre fernen Besitzungen als Teile der Republik, sie gewährten ihnen gleiche Rechte zum Glück und zur Regierung. Sie hätten besser daran getan, daraus kleine einige und von Frankreich abhängige Republiken zu machen."

[19] "eine Art von Provinzregierung, fähig die Geister zu einen und die Menschen liebevoll und großherzig zu machen, so wie wir sie heute in dieser großen entstehenden Republik sehen."

[20] "Dieses abscheuliche Gesetz, das den Import von Negern nach Süd-Karolina erlaubt, ist eine Schande für einen Staat, in dem, wie ich weiß, sehr wohl organisierte Köpfe sind. Wenn man dem einzigen Weg folgt, den die Menschlichkeit vorschreibt, dann wird man sicher am Anfang weniger Baumwolle exportieren. Aber ach! wie ich diese Politik, die das öffentliche Glück einfach an Exportziffern mißt, verachte. Mit dem Reichtum der Nationen verhält es sich wie mit dem Reichtum der Individuen. Er ist nur eine Zutat unseres

Diese Kritik läßt ihn keineswegs die Unterschiede zwischen einem selbstregierten, aufgeklärten Staat und abhängigen Kolonialregimen verkennen. So ist es sicherlich nicht Wohlwollen heischende Rede, sondern sympathisierende Anerkennung wenn er in einem Abschiedsbrief an den Präsidenten der Vereinigten Staaten, Thomas Jefferson schreibt:

> J'ai eu le bonheur de voir le premier Magistrat de cette grande République vivre avec la simplicité d'un Siècle philosophique et me recevoir avec cette bienfaisante bonté, qui attache pour jamais. Je pars parce que ma position l'exige, mais j'emporte avec moi la Consolation que tandis que l'Europe présente un spectacle immoral et mélancolique, le peuple de ce Continent marche à grands pas vers la perfection de l'état social. Je me flatte que je jouirai un jour de nouveau de cet aspect consolant, je simpathise avec Vous dans l'espérance (que Vous exprimez dans la lettre que Mr. M'Kean a bien voulu me remettre) que l'humanité peut s'attendre à une grande amélioration par le nouvel ordre des choses qui règne ici.[21] (a. a. O., S. 304)

Die Themen *république, siècle philosophique, perfection de l'état social, nouvel ordre des choses* sind für Humboldt ganz und gar positiv besetzt. Sie zeigen gerade durch den Vergleich mit dem zeitgenössischen Europa, das in unablässigen bewaffneten Konflikten zwischer einer neuen Ordnung und einer alten Ordnung gefangen ist, wie positiv Humboldt insgesamt die Entwicklung der Vereinigten Staaten sah. Dennoch blieb er auch in bezug auf diese seinem Standpunkt treu: Fortschritte sind nur zu erzielen, wenn gesellschaftliche Konflikte abgebaut und vermieden und Selbstverantwortung auferlegt und Selbstverwaltung gewährt werden.

Tocqueville: Von der persönlichen Vorerfahrung zur kritischen Beobachtung

Der erste Teil von Tocquevilles berühmtem Buch über die Demokratie in Amerika erschien 1835, der zweite Teil 1840.[22] Die gemeinsam mit Gustave de Baumont durchgeführte Reise, die dieses Werk wesentlich geprägt hat, fand 1830/31 statt. Tocqueville – 1805 geboren – war also bei Beginn der Reise 26 Jahre alt, beim Erscheinen des ersten Teils seines Buches, das seinen Ruhm begründete, war er 30 Jahre alt.

Offizieller Grund für die Reise der beiden Juristen war das Studium des Gefängniswesens in den Vereinigten Staaten.[23] Dazu liest man aber in einem Brief Tocquevilles an seinen Freund Louis de Kergorlay vom Januar 1835, daß dieser offizielle Grund zumindest für Tocqueville

---

Glücks. *Bevor man frei ist, muß man gerecht sein, und ohne Gerechtigkeit gibt es keine dauerhafte Wohlfahrt.*"

[21] "Ich habe das Glück gehabt, den ersten Amtswalter dieser großen Republik in der Einfachheit eines philosophischen Jahrhunderts leben und mich mit jener wohltuenden Güte empfangen zu sehen, die auf ewig verbindet. Ich reise ab, weil meine Lage es erfordert, aber ich trage mit mir die Tröstung, daß, während Europa ein unmoralisches und trauriges Schauspiel bietet, das Volk dieses Kontinents mit großen Schritten auf dem Wege zur Vervollkommnung des sozialen Zustandes ist. Ich hoffe, eines Tages erneut jenen tröstlichen Anblick genießen zu können, ich habe volle Sympathie für Sie in der Hoffnung (die Sie in dem Brief an mich äußern, den Herr M'Kean mir freundlich überbracht hat), daß die Menschheit eine große Verbesserung durch den Zustand erwarten kann, der hier herrscht".

[22] Alexis de Tocqueville, *De la démocratie en Amérique*. 2 Bände. Paris: Gallimard 1961 (= Œuvres complètes I).

[23] Tocqueville betrieb den Reiseplan u. a. auch aus persönlichen Gründen. Seine enge Verbindung mit den Bourbonen der Restauration ließen ihn dem neuen Regime Louis-Philippes (das durch die Revolution von 1830 an die Macht gekommen war) suspekt erscheinen. S. hierzu *L'introduction* von H. J. Laski zum ersten Band von "*De la démocratie en Amérique*", namentlich S. XII ff.

ein *Vorwand* war ("Le système pénitentiaire était un prétexte").[24] Das eigentliche Ziel der Reise war in den Augen von Tocqueville von Anfang an, der Frage nachzuspüren, ob die Stellung der Gleichheit unter den Menschen mit der Freiheit der Individuen in Übereinstimmung zu bringen sei. Der Weg der Menschheit zur Gleichheit erschien Tocqueville zwingend vorgezeichnet; damit aber wurde die Freiheit des Einzelnen in seinen Augen zum Problem. Wo war diese Frage für einen Franzosen nach dem Auf und Ab der revolutionären Bewegungen in Europa – von 1789 bis 1830 – besser zu studieren als in den vergleichsweise ruhigen Vereinigten Staaten?

Tocqueville ist – wie er wiederholt sagt – auf der Grundlage eigener Erfahrungen und der Erfahrungen der Familie zu jener prinzipiellen Annahme der Unvermeidlichkeit der Herstellung der Gleichheit unter den Menschen gekommen. Die gleichen Erfahrungen ließen ihn freilich um die Freiheit des Individuums fürchten. Diese prinzipiellen Einsichten, die François Furet sein "système conceptuel" nennt[25] und die seine Forschungen bestimmten, seinen Beobachtungen als Rahmen gedient haben, sind biographisch zu erklären.

> Si le "système" est constitué si tôt, il me semble que c'est parce qu'il est construit, *même dans sa partie explicite*, sur un socle qui n'est pas d'ordre intellectuel, mais purement existentiel: Tocqueville appartient au monde vaincu par la Révolution Française, d'où il tire, comme toute sa génération, le sentiment de la marche irréversible de l'histoire. Mais comme c'est un esprit porté à l'abstraction, le fameux "destin" romantique prend chez lui la forme d'un concept, directement tiré de l'expérience de son milieu, et qui est la victoire du principe démocratique sur le principe aristocratique. Toute son oeuvre peut être considérée comme une interminable réflexion sur la noblesse.[26]

Das Buch über die Demokratie in Amerika kann in der Tat auf weite Strecken als ein Buch über die Aristokratie gelesen werden, zwar nicht in dem Sinn, daß auf Schritt und Tritt von der europäischen Aristokratie des Ancien Régime die Rede wäre, wohl aber, wenn von den Sicherungsmaßnahmen gesprochen wird, die in den Vereinigten Staaten gegen die Allmacht der Mehrheit vorgesehen sind: die nicht-zentralisierte, im wesentlichen lokal verantwortete Verwaltung, die auf mehrere Ebenen verteilte politische Macht, die Rolle der Klasse der Juristen, die Rolle der Kirchen und Religionsgemeinschaften.

Der reisende Tocqueville hat uns jedoch nicht nur Belegmaterial für seine großen Thesen hinterlassen, sondern er war ein bemerkenswerter, genauer Beobachter und dies auf der Basis einer beachtlichen Dokumentation. Georges Wilson Pierson hat in seiner großen Studie über die Amerikareise[27] alle für die Publikation konsultierten Werke zusammengestellt – von Tocqueville selbst werden mehr als 70 ausdrücklich zitiert – und er hat alle in Amerika befrag-

---

[24] *Correspondance d'Alexis de Tocqueville et de Louis de Kergorlay*. Paris: Gallimard (= Œuvres complètes XIII/1) p. 373-375.

[25] François Furet: "Le système conceptuel de la 'démocratie' en Amérique". In: Michael Hereth/Jutta Höffken (Hrsg.), *Alexis de Tocqueville – Zur Politik in der Demokratie*. Baden Baden: Nomos Verlagsgesellschaft 1981, S. 19-51.

[26] "Wenn das 'System' so früh konzipiert wird, so geschieht das, wie mir scheint, weil es *selbst in seinem expliziten Teil* auf einem Sockel aufbaut, der nicht intellektueller Natur, sondern rein existentiell ist. Tocqueville gehört der Welt an, die durch die Französische Revolution besiegt worden ist, woraus er – wie seine ganze Generation – ein Gefühl für den unumkehrbaren Gang der Geschichte ableitet. Da er aber ein Kopf ist, der zur Abstraktion neigt, nimmt das berühmte romantische 'Schicksal' bei ihm die Form eines Konzepts an, das unmittelbar aus der Erfahrung seines Milieus abgeleitet wird und das den Sieg des demokratischen über das aristokratische Prinzip beinhaltet. Sein ganzes Werk kann als ein endloses Nachdenken über den Adel aufgefaßt werden."

[27] George W. Pierson, *Tocqueville and Baumont in America*. New York 1938.

ten Personen erfaßt. Der heutige Leser kann die Notizen, die sich Tocqueville über seine unzähligen Gespräche machte und in Tagebüchern festhielt, nachlesen.[28] Zum Teil hielt Tocqueville die Gespräche wörtlich (?) fest, zeichnete er sie als Interview-Nachschriften auf. An manchen Stellen haben die Tagebuchnotizen den Charakter von Essays. Das ist z. B. der Fall bei dem Bericht "Quinze jours dans le désert" (datiert vom 1. August 1831)[29]. Tocqueville berichtet darin über seine Begegnungen mit Indianern und weißen Siedlern und vergleicht diese beiden Gruppen mit Vorstellungen, die ihm die Literatur vermittelt hatte: Im Fall der Indianer war seine Vorstellung namentlich durch Chateaubriand und durch Cooper geprägt; deren romantisch verklärendes Bild vom edlen Wilden wurde durch Beobachtung deutlich korrigiert. Hinsichtlich der weißen Siedler erwiesen sich die aus Europa mitgebrachten Vorstellungen ebenfalls als wenig hilfreich; die dort gängige und erkenntnisleitende Vorstellung des Gegensatzes von Stadt und Land mußte revidiert werden.

Ich beschränke mich auf den letzteren Fall. Tocqueville stellt fest, daß alle den Gegensatz Stadt/Land betreffenden europäischen Vorstellungen aufzugeben sind, denn "En Amérique il n'y a qu'une seule société", also in keiner Weise einen Unterschied zwischen Stadt und Land. Wie erklärt er dieses Faktum?

> Elle (sc. la société) peut être riche ou pauvre, humble ou brillante, commerçante ou agricole, mais elle se compose partout des mêmes éléments. Le niveau d'une civilisation égale a passé sur elle. L'homme que vous avez laissé dans les rues de New York, vous le retrouvez au milieu des solitudes presque impénétrables: même habillement, même esprit, même langue, mêmes habitudes, mêmes plaisirs. Rien de rustique, rien de naïf, rien qui sente le désert, rien même qui ressemble à nos villages.[30] (Voyage, S. 346-347)

Die Gründe für diese Unterschiede zwischen Europa und Amerika sind indes einfach: Der Bildungsstand ist in den Vereinigten Staaten überall gleichermaßen hoch, was in Europa nicht der Fall ist, und die Bevölkerung ist außerordentlich mobil.

> En Europe, chacun vit et meurt sur le sol qui l'a vu naître. En Amérique on ne rencontre nulle part les représentants d'une race qui se serait multipliée dans la solitude après y avoir longtemps vécu ignorée du monde et livrée à ses propres efforts.[31] (a. a. O., S. 347)

Man findet daher in der einfachsten und einsamsten Blockhütte von weißen Siedlern ebenso wie in städtischen Wohnungen Zeitungen und Bücher; man findet überall nicht nur einen vergleichbaren Informationsstand, sondern auch ein vergleichbares Warenangebot. Aus der Blockhütte wird aber, wenn der Wohlstand wächst, ein ansehnliches Haus; den Benutzer des städtischen Hauses trifft man dagegen möglicherweise bald an einem ganz anderen Ort. So

---

[28] Alexis de Tocqueville, *Oeuvres complètes tome V. Voyage en Sicile et aux Etats-Unis*. Paris: Gallimard 1957. – Der Titel des Bandes und der hier interessierende Abschnitt "Voyage en Amérique", p. 57-387 stimmen im Titel nicht überein.

[29] Der Essay, zuerst 1860 veröffentlicht, ist in dem in der vorhergehenden Fußnote zitierten Band "*Voyage en Sicile et aux Etats-Unis*" abgedruckt, und zwar auf den Seiten 342-387.

[30] "Sie (zu ergänzen: die Gesellschaft) mag reich oder arm, einfach oder glanzvoll, handeltreibend oder landbebauend sein, sie ist überall aus den gleichen Elementen zusammengesetzt. Eine einheitliche Zivilisation hat sie eingeebnet. Den Mann, den Sie in den Straßen von New York zurückgelassen haben, finden Sie inmitten einer fast undurchdringlichen Einsamkeit: gleiche Kleidung, gleicher Geist, gleiche Sprache, gleiche Gewohnheiten, gleiche Vergnügungen. Nichts Ländliches, nichts von Naivität, nichts was nach Wüste riecht, nicht einmal das, was unseren Dörfern ähnlich sieht."

[31] "In Europa lebt und stirbt ein jeder auf dem Boden, der ihn hat zur Welt kommen sehen. In Amerika trifft man nirgends auf Vertreter eines Volksstamms, der sich in der Einsamkeit vermehrt hätte, nachdem er dort von der übrigen Welt unbekannt gelebt hätte, einzig auf seine eigenen Anstrengungen angewiesen."

entwickelt sich eine egalitäre Gesellschaft aus ihrem materiellen und intellektuellen Bedingungsgefüge.

Die Koexistenz und Kohabitation der Rassen in den Vereinigten Staaten

Ein besonderer Beobachtungsgegenstand Tocquevilles war das Nebeneinander und der unvermeidliche Antagonismus der Rassen in den Vereinigten Staaten. Diesem Problem ist fast das ganze 10. Kapitel des zweiten Buches gewidmet; aber nicht nur an dieser Stelle ist davon die Rede.

> Dans le cours de cet ouvrage, mon sujet m'a souvent amené de m'arrêter pour montrer quelle position occupent ces deux races au milieu du peuple démocratique.[32] (De la Démocratie I, S. 331)

In der Tat, diese Fragepunkte berühren den Gegenstand eines Buches über die Demokratie nur indirekt, ohne daß sie ganz hineinpassen. "Ils (sc. ces objets) sont américains sans être démocratiques." (a. a. O. S. 331; "Sie sind amerikanisch, ohne demokratisch zu sein.")

Ein solcher Satz wirft ein Licht sowohl auf das Demokratieverständnis wie auf das Gleichheitsverständnis des Autors: Das Buch handelt von der *weißen* Demokratie und der Gleichheit der *Weißen* in Amerika, nicht von der Demokratie für alle Amerikaner.

Diese Feststellung wird durch folgende Ausführungen über die Bevölkerung der Vereinigten Staaten bekräftigt:

> Les hommes répandus dans cet espace ne forment point, comme en Europe, autant de rejetons d'une même famille. On découvre en eux, dès le premier abord, trois races naturellement distinctes, et je pourrais presque dire ennemies. (...) Parmi ces hommes si divers, le premier qui attire les regards, le premier en lumière, en puissance, en bonheur, c'est l'homme blanc, l'Européen, l'homme par excellence; au-dessous de lui, paraissent le Nègre et l'Indien. (a. a. O., S. 332)[33]

Die Rassenunterschiede sind dergestalt, daß von Gleichheit keine Rede sein kann; es gibt eine *höhere* Rasse, der die anderen deutlich untergeordnet sind. Die *niederen* Rassen verdienen Mitleid. Sie werden als unglücklich ("infortunées") bezeichnet; beide "éprouvent les effets de la tyrannie" (spüren die Wirkung der Tyrannei). Aber außer ohnmächtiger Anklage bleibt ihnen nichts: "Et si leurs misères sont différentes, elles peuvent en accuser les mêmes auteurs." (S. 332; – "Und wenn ihr Elend unterschiedlich ist, so können sie doch die gleichen Urheber anklagen.").

Tocqueville stellt sodann das Los der Schwarzen dem der Indianer gegenüber. Letzteren bleibt noch der Stolz auf ihre Tradition. Selbst dies ist den entwurzelten Schwarzen genommen. Wenn Tocqueville scheinbar ungerührt und nach Maßstäben späterer Zeiten politisch höchst inkorrekt von höheren und niederen Rassen spricht, wenn er die Ungleichheit der Rassen als naturgegeben darstellt, dann verrät seine Sprache nicht nur Empfinden und Mitleid,

---

[32] "Im Rahmen dieses Werkes hat mich mein Gegenstand oft dahin gebracht, von Indianern und Negern zu sprechen, aber ich hatte nie die Zeit innezuhalten, um zu zeigen, welche Stellung diese beiden Rassen inmitten des demokratischen Volkes haben."

[33] "Die in diesem Raum verstreuten Menschen sind nicht, wie in Europa, Abkömmlinge einer und derselben Familie. Man entdeckt in ihnen, auf den ersten Blick, drei natürlich unterschiedene Rassen, und ich könnte fast sagen feindliche Rassen. (...) Unter diesen so verschiedenen Menschen zieht als erster im Lichte, in der Kraft, im Glück der Europäer den Blick auf sich, der Mensch schlechthin; unter ihm erscheinen der Neger und der Indianer."

sondern auch Widerspruch: Denn "tyrannie" ist ein Zustand, der das Gemeinwesen zerstört und daher zu beenden ist.

In den nachfolgenden Kapiteln befaßt sich Tocqueville detaillierter und konkreter zuerst mit den Indianern und dann mit den Schwarzen. In diesen Kapiteln mangelt es zwar auch nicht an allgemeinen Feststellungen, wie wir sie bisher kennengelernt haben, aber die Akteure werden jetzt genauer beschrieben. Seine These hinsichtlich der nordamerikanischen Indianer ist, daß sie gänzlich verschwinden werden:

> Je crois que la race indienne de l'Amérique du Nord est condamnée à périr, et je ne puis m'empêcher de penser que le jour où les Européens se seront établis sur les bords de l'Océan Pacifique, elle aura cessé d'exister.[34] (a. a. O., S. 341)

Tocqueville beruft sich in einer Anmerkung auf die Meinung aller amerikanischen Staatsmänner, die er befragt hat, und er zitiert in diesem Zusammenhang den Kongreßabgeordneten Cass. Woran liegt es, daß die Indianer in Nordamerika untergehen, während sie in Teilen Süd- und Zentralamerikas überlebt haben und an zahlenmäßiger Bedeutung gewinnen? Es sind zwei Strategien, die zu diesem Resultat in Nordamerika geführt haben: eine auf der Seite der Indianer und eine auf der Seite der Weißen.

Die Indianer hatten die Wahl zwischen der Nicht-Unterwerfung oder der Assimilation. Die Nicht-Unterwerfung mußte zum Krieg führen. Oder aber zu Verträgen, die die Indianer auf andere Weise ins Unglück stürzten. Die Assimilation (oder *la civilisation*, wie Tocqueville sagt) mußte die Indianer nicht nur ihrer eigenen Kultur, sondern auch ihres Selbstwertgefühls berauben. Nie würden sie durch Assimilation den Weißen gleichgestellt werden können.

Die Weißen haben den Indianern gegenüber eine Strategie angewandt, die sie vollends ins Elend stürzte. Indem sie kraft Gesetz dazu verpflichtet waren, den Indianern ihre Weidegründe abzukaufen, gaben sie denen zwar Geld und verhielten sich rechtlich ganz korrekt, trieben sie aber in den Hunger und damit in den langsamen und sicheren Tod. So ist, wie Tocqueville sarkastisch äußert, die Indianerpolitik der Angloamerikaner viel erfolgreicher als die der Spanier:

> Les Espagnols, à l'aide de monstruosités sans exemples, en se couvrant d'une honte ineffaçable, n'ont pu parvenir à exterminer la race indienne, ni même à l'empêcher de partager leurs droits; les Américains des Etats-Unis ont atteint ce double résultat avec une merveilleuse facilité, tranquillement, légalement, philanthropiquement, sans répandre de sang, sans violer un seul des grands principes de la morale aux yeux du monde. On ne saurait détruire les hommes en respectant mieux les lois de l'humanité.[35] (a. a. O., S. 355)

Das folgende Kapitel ist der schwarzen Rasse in den Vereinigten Staaten gewidmet:

> Les Indiens mourront dans l'isolement comme ils ont vécu. Mais la destinée des Nègres est en quelque sorte enlacée dans celle des Européens. Les deux races sont liées l'une à l'autre, sans

---

[34] "Ich glaube, daß die indianische Rasse Nordamerikas zum Untergang verdammt ist, und ich kann nicht umhin zu glauben, daß an dem Tag, an dem die Europäer sich an den Ufern des Pazifik niedergelassen haben, die indianische Rasse zu existieren aufgehört haben wird."

[35] "Die Spanier sind auch mit ihren beispiellosen Grausamkeiten durch die sie sich mit unauslöschlicher Schande bedeckt haben, nicht soweit gekommen, die indianische Rasse auszurotten, ja nicht einmal soweit, sie zu hindern, ihre Rechte zu teilen; die Amerikaner der Vereinigten Staaten haben diesen doppelten Erfolg mit einer wunderbaren Leichtigkeit erreicht, ruhig, gesetzmäßig, philanthropisch, ohne Blut zu vergießen, ohne ein einziges der großen moralischen Prinzipien vor den Augen der Welt zu verletzen. Man dürfte kaum besser Menschen vernichten können unter vollem Respekt der Gesetze der Menschheit."

> pour cela se comprendre; il leur est aussi difficile de se séparer complètement que de s'unir.[36] (a. a. O., S. 355-356)

Die Anwesenheit der Schwarzen ist "le plus redoutable de tous les maux qui menacent l'avenir des Etats-Unis" (a. a. O. S. 356; –"das furchterregendste aller Übel, die die Vereinigten Staaten bedrohen"). Denn die Anwesenheit der Schwarzen ist mit der Sklaverei verbunden – einer Institution, die das Christentum abgeschafft hatte und im 16. Jahrhundert in Amerika wieder hat aufleben lassen, aber:

> Les Chrétiens du XVIème siècle l'ont rétabli; ils ne l'ont jamais admise cependant que comme une exception dans leur système social, et ils ont pris soin de la restreindre à une seule des races humaines. Ils ont ainsi fait à l'humanité une blessure moins large, mais infiniment plus difficile à guérir. (a. a. O. S. 356).[37]

Daraus entstand nun das unlösbare Problem der Kohabitation von Schwarzen und Weißen in den Vereinigten Staaten: Nicht einmal eine allgemeine Aufhebung der Sklaverei würde dazu führen den einmal Erniedrigten den Makel der Erniedrigung abzunehmen.

> Il y a un préjugé naturel qui porte l'homme à mépriser celui qui a été son inférieur, longtemps encore après qu'il est devenu son égal. (a. a. O. S. 357).[38]

Dies gilt naturgemäß in besonderem Maße dann, wenn der Freigelassene durch sein Äußeres an dieses Schicksal der Sklaverei erinnert.

> Le souvenir de l'esclavage déshonore la race, et la race perpétue le souvenir de l'esclavage. (a. a. O. S. 357).[39]

Insofern ist die Aufhebung der Sklaverei und die Verleihung von Bürgerrechten zwar ein anerkennenswerter und im Sinn von Tocqueville wohl auch richtiger Schritt, aber damit wird das Problem des Abbaus von Konflikten nicht gelöst: Nirgendwo ist man den Schwarzen gegenüber intoleranter als in den nördlichen Staaten, in denen es nur wenige von ihnen gibt.

Tocqueville diskutiert dann ausführlich die Gründe, die für und wider die Sklaverei vorgebracht werden: Überall, wo die Sklaven befreit worden seien, sei dies aus wirtschaftlichen Gründen – im Interesse der weißen Farmer und Unternehmer – geschehen. Ein Sklave muß ständig ernährt werden, ein Lohnarbeiter nicht. Wo sie also befreit worden seien, sei das Mißtrauen zwischen den Rassen angestiegen. Als ein wichtiger Indikator sind auch die demographischen Fakten zu beachten: Wo sind die Schwarzen in der Mehrheit, wo stellen sie eine verschwindende Minderheit dar? Was hat der Versuch gebracht, Schwarze nach Afrika zurückzubefördern? Wie verhalten sich die Zahlen der Rückbeförderung zur Geburtenrate?

Tocqueville maßt sich nicht an, eine Lösung für das Miteinander der Weißen und Schwarzen in den Vereinigten Staaten vorzuschlagen oder ein Urteil zu fällen; er beschränkt sich dar-

---

[36] "Die Indianer werden in der Isolierung sterben, wie sie gelebt haben; das Schicksal der Neger dagegen ist gewissermaßen mit dem der Europäer verflochten. Die beiden Rassen sind aneinander gebunden; ohne ineinander aufzugehen; es ist ihnen ebenso schwer, sich vollständig zu trennen wie sich zu vereinen."

[37] "Die Christen des 16. Jahrhunderts haben sie wiederhergestellt; sie haben sie jedoch nur als eine Ausnahme in ihrem Sozialsystem zugelassen, und sie haben dafür gesorgt, sie auf eine einzige der menschlichen Rassen zu beschränken. Auf diese Weise haben sie der Menschheit eine weniger große, aber unendlich schwerer zu heilende Wunde beigebracht."

[38] "Es gibt ein natürliches Vorurteil, das den Menschen dazu bringt, denjenigen zu verachten, der sein Untergebener gewesen ist, und zwar lange Zeit, wenn er schon sein Gleichgestellter geworden ist."

[39] "Die Erinnerung an die Sklaverei entehrt die Rasse, und die Rasse verewigt die Erinnerung an die Sklaverei."

auf, zwei Überzeugungen zum Ausdruck zu bringen: Die Sklaverei wird nicht bleiben können und mit ihrer Abschaffung wird das Problem des Nebeneinanders von Schwarz und Weiß nicht gelöst werden. Dazu füge ich zwei Zitate an:

> Quels que soit, du reste, les efforts des Américains du Sud pour conserver l'esclavage, ils n'y réussiront pas toujours. L'esclavage, resserré sur un seul point du globe, attaqué par le Christianisme comme injustice, par l'économie politique comme funeste; l'esclavage, au milieu de la liberté démocratique et des lumières de notre âge, n'est point une institution qui puisse durer. Il cessera par le fait de l'esclave ou par celui du maître. Dans les deux cas, il faut s'attendre à des grands malheurs. (a. a. O., S. 379).[40]

Der abschließende Satz des Kapitels lautet:

> Si on refuse la liberté aux Nègres du Sud, ils finiront par la saisir violemment eux-mêmes; si on la leur accorde, ils ne tarderont pas à en abuser. (a. a. O., S. 379).[41]

Tocquevilles Standpunkt ist ohne Zweifel rassistisch. Überzeugt aber von der Unaufhaltsamkeit der Idee der Gleichheit – seinem "système conceptuel" – versucht er mit einem latenten Konflikt in den Vereinigten Staaten fertig zu werden. Dabei vermeidet er Anklagen (wie er sich auch hütet, Rezepte auszuteilen). Er beschreibt die Wurzeln und die Auswirkungen des Konflikts. Ich stelle an das Ende dieses Abschnitts ein Zitat, in dem er die Ursachen aller genannten Übel nennt, die in der Geschichte der Eroberung der neuen Welt zu suchen sind:

> Lorsque je vois l'ordre de la nature renversé, quand j'entends l'humanité qui crie et se débat en vain sous ses lois, j'avoue que je ne trouve point d'indignation pour flétrir les hommes de nos jours, auteurs de ces outrages. Mais je rassemble toute ma haine contre ceux qui, après plus de mille ans d'égalité, ont introduit de nouveau la servitude dans le monde. (a. a. O., S. 379).[42]

Das Amerika des 19. Jahrhunderts und darin die Vereinigten Staaten mit ihrer exemplarischen Demokratie tragen eine Bürde, die ihnen die Kolonialisten von einst aufgeladen haben.

Die Beobachter von ehedem, heute gelesen

In diesem Beitrag ging es um Beobachtung Amerikas in einer Epoche, die für den amerikanischen Doppelkontinent eine gewaltige Wende brachte. Die Bewohner beider Hälften begannen endgültig, für sich zu sprechen, wurden im politischen Sinne mündig und souverän, allerdings nicht alle.

In beiden Fällen der Beobachtung haben wir konfliktbeladene Gegenstände in den Mittelpunkt gerückt: die Kohabitation der Rassen, den Kolonialismus und die Sklaverei. Wie war der

---

[40] "Welches auch immer im übrigen die Anstrengungen der Südstaatler zur Erhaltung der Sklaverei sein mögen, sie werden auf Dauer keinen Erfolg haben. Die Sklaverei auf einen einzigen Punkt des Globus' beschränkt, vom Christentum als ungerecht, von der Volkswirtschaftslehre als verderblich angegriffen; die Sklaverei ist inmitten der demokratischen Freiheit und der Aufklärung unseres Zeitalters keine Institution, die dauerhaft sein kann. Sie wird durch die Tat des Sklaven oder die des Herrn enden. In beiden Fällen muß man sich auf großes Unglück einstellen."

[41] "Wenn man den Negern des Südens die Freiheit verweigert, dann werden sie sich diese schließlich gewaltsam nehmen. Wenn man sie ihnen gewährt, dann werden sie nicht zögern, sie zu mißbrauchen."

[42] "Wenn ich die Ordnung der Natur umgestürzt finde, wenn ich die Menschheit höre, die vergeblich unter den Gesetzen schreit und sich müht, gestehe ich, daß ich keine Entrüstung finde, die Menschen unserer Tage, die die Urheber dieser Schande sind, zu brandmarken; aber ich versammle meinen ganzen Haß auf die, die nach einem Jahrtausend der Gleichheit neuerlich die Sklaverei in dieser Welt eingeführt haben."

Blick der Beobachter, wie verfuhren sie bei ihrer Bemühung, vergleichend zu kombinieren? Wie äußerten sie ihren Standpunkt?

Bemerkenswert bei beiden – obwohl unterschiedlicher Bildung und Ausbildung und von unterschiedlichem Erfahrungshintergrund her operierend – ist die gleichmäßige Beachtung der räumlichen und der historischen Dimension, der Ökonomie und der Demographie, der politischen Kräfte und der Institutionen, der Klassen und Rassen. Die Beobachter vergaßen dabei nicht ihre europäische Basis; im Gegenteil, sie bezogen sie in ihre Beobachterrolle mit ein, wie sie auch ihre Prinzipien und Überzeugungen nicht aufgaben, sondern sie als solche in ihr "vergleichendes Kombinieren" mit einbezogen. Im sorgfältigen Arrangement der Beobachtung wird ihr "ethnographischer Blick" fruchtbar.

Was ist dieser "ethnographische Blick"? Er ist Beobachtung von einem wohl definierten Standpunkt aus auf einen anderen Standpunkt oder andere Standpunkte. Der Beobachtende ist sich seines eigenen Standpunktes durchaus bewußt. Er bezieht ihn in seine Beobachtung ein. Gewiß ist dieser Standpunkt sowohl bei Humboldt wie bei Tocqueville eurozentrisch in dem Sinn, daß sie die Gegenstände ihrer Beobachtung mit Europa vergleichen und an europäischen Verhältnissen messen. Aber sie versuchen "vergleichend zu kombinieren", das zu Vergleichende einander gegenüberzustellen und auf diese Weise beiden Vergleichsobjekten gerecht zu werden. Denn der andere Standpunkt soll ja als ein eigener, unverwechselbarer erfaßt werden; seine Vertreter sollen zu Wort kommen. Nicht umsonst werden sie befragt, interviewt, gelesen, zitiert. Im Vergleich werden Standpunkte eben nicht aufgehoben oder gar miteinander verschmolzen; es wird nicht vorschnell gewertet und bewertet, sondern diese Standpunkte bleiben – obwohl "kombiniert" – nebeneinander, einander gegenüber. Diese Gegenüberstellung soll "aufklärend" wirken.

Dem Leser von heute erlaubt diese vergleichend kombinierende Gegenüberstellung nicht nur einen Blick auf die Wirklichkeit der beiden Amerika von damals, vom Beginn des 19. Jahrhunderts, sondern er erfährt vielmehr wie die Wirklichkeit damals gesehen, wahrgenommen und kritisch beobachtet worden ist. Dabei werden von beiden Beobachtern in erster Linie die bestimmenden Kräfte betrachtet: die Regierenden, der Klerus, die protestantischen Kirchen, die Industriellen, Grundbesitzer, Bergwerksbesitzer und die Militärs. Das gilt für Humboldt wie für Tocqueville. Aber die ihres Einflusses weitgehend beraubten Kräfte – namentlich die Indios und die Schwarzen – kommen auch zu Wort: Landarbeiter und Bergleute, Lastträger und Hausangestellte, Sklaven und Freie interessieren ebenso wie die Herrschenden. Und sie kommen so zu Wort, daß deutlich wird, daß sie sich weder aus der Geschichte verabschiedet haben, noch gehen, (wenn sie dann schon gehen müssen), ohne Spuren zu hinterlassen. Die beiden Beobachter kündigen damit künftige Entwicklungen an. Der Unabhängigkeit der Staaten wird die Emanzipation ihrer Bürger folgen. Das Wort Emanzipation ist zwar beiden Autoren fremd; aber der aufklärerische und revolutionäre Gleichheitsgedanke ist beiden vertraut; Emanzipationsbewegungen – ob bei den Indios in Mexiko oder in den Andentälern, bei den Kreolen in Venezuela oder in Peru oder in Zentralamerika, bei den Schwarzen in Nordamerika oder aber bei den kapitalistischen Bürgern und den Landbesitzern in den Vereinigten Staaten – sind daher für sie Vorzeichen, die nicht außer acht gelassen werden sollten.

Für heutige Leser scheint mir die Bedeutung der beiden Autoren in folgendem zu liegen: Sie sind Zeugen des Werdens der Unabhängigkeit der beiden Amerika, die sie – so eurozentrisch sie auch gedacht und argumentiert haben – mit ihrer Methode vorgezeichnet haben, mit allen ihren Brüchen und Problemen.

Der heutige Leser, "postmodern" und "postkolonial" denkend, sieht natürlich den ethnographischen Blick von damals mit Kritik. Aber er erkennt in ihm ein Stück seiner eigenen Entwicklung, seiner eigenen Wurzeln, der eigenen Geschichte: Die Durchsetzung der Demokratie auf dem gesamte Doppelkontinent ist ebenso bis heute eine Herausforderung geblieben wie das friedliche und fruchtbare Zusammenleben der Rassen. Die nicht nur formale Gleichheit der Menschen stellt ebenso heute ein Problem dar wie die Dominanz von Zentren und die Dependenz von Peripherien. Das sind Themen über die – mit anderen Worten und anderen Begriffen – Humboldt und Tocqueville forschten und nachdachten.

KLAUS SCHWANK

Selbstbild und Fremdbild in den Dramen von Alice Childress

In seinem Essay *The Fire Next Time* schrieb James Baldwin in einem fiktiven Brief an seinen Neffen: "[Your grandfather] was defeated long before he died because, at the bottom of his heart, he really believed what white people said about him", und ermahnte seinen Neffen: "You can only be destroyed by believing that you really are what the white world calls a *nigger*"[1].

Mit diesen Worten weist Baldwin auf ein zentrales Problem der schwarzen Minorität hin. Er hebt hervor, daß es darauf ankommt, eine eigene Identität zu entwickeln und sich nicht auf die von der Mehrheit bereitgehaltenen Rollen zu beschränken. Diese Einsicht hat in den sechziger Jahren dazu geführt, daß man versuchte, mit Hilfe der Literatur die stereotypen Vorstellungen der amerikanischen Gesellschaft als solche zu entlarven und alternative Selbstbilder für den Afro-Amerikaner bereitzustellen. Besonders hervorzuheben ist hierbei die Gruppe um Maulana Karenga und LeRoi Jones. Auch die Dramen von Alice Childress lassen sich diesen Bestrebungen – wenn auch nicht dem *black arts movement* – zuordnen.

Doch zunächst sei mir ein kurzer Exkurs über den Zusammenhang von Fremdbild und Selbstbild bei der Identitätsfindung von Angehörigen ethnischer Minderheiten gestattet. Berndt Ostendorf definiert in seinem Essay "Literary Acculturation: What Makes Ethnic Literature 'Ethnic'" *ethnicity* als

> a dialectical, dramatistic or antagonistic term, requiring as agents a "we" and "they"... The term ethnic is a result of and brings into focus a conflict not only in social relations, but also in identity: between *homme* (ethnic) and *citoyen* (American), between being a body (inner self) and having a body (the stigmatized, outer self), between achievement and ascription (e. g. stereotype), between Gemeinschaft und Gesellschaft, between private and public realms. "Ethnic" refers to a duality in identity which is based on the doubling of social realms... The split in the social realm is mirrored in a double consciousness ..., in shifting loyalties ..., ambivalent socialization patterns ..., and – much later – in an ironic vision.[2]

Die in dem Ostendorf-Zitat aufgezeigte Dualität als wichtige Komponente ethnischer Definition beherrscht auch die Diskussion der Identitätsproblematik. Dort sind Selbstbild und Fremdbild zentrale Begriffe, insbesondere auch bei der Identitätskonstruktion von Jugendlichen ethnischer Minderheiten. Man unterscheidet dabei zwischen persönlicher oder privater Identität und sozialer Identität[3], wobei man unter sozialer Identität vor allem die Rollenerwartungen versteht, die von der Gesellschaft an das Individuum herangetragen und von diesem bei dem Entwurf eines Selbstverständnisses eingebracht werden. Diese Rollenerwartungen sind häufig von stereotypen Wahrnehmungen geprägt. In einer Minderheitssituation ist das Individuum

---

[1] James Baldwin, *The Fire Next Time*. Harmondsworth: Penguin Books, 1964, p. 13
[2] Berndt Ostendorf, "Literary Acculturation: What makes ethnic literature 'ethnic'" in Monique Lecomte, Claudine Thomas (Hg) 1983: *Le Facteur Ethnique aux États-Unis et au Canada*. Université de Lille, p. 152
[3] vgl. Rolf Oerter, *Entwicklung und Sozialisation*. Donauwörth: Verlag Ludwig Auer, 1979, p. 97.

jedoch mit zwei grundverschiedenen Konzepten konfrontiert: einmal muß es die Rollenerwartungen der *Peer Group* erfüllen; zum andern kommt es darauf an, die so gewonnene Identität mit den Erwartungen der Mehrheitsgesellschaft in Übereinstimmung zu bringen. Für die schwarze Minderheit in den USA besteht jedoch das Problem, daß die weiße Mehrheitsgesellschaft den Schwarzen nur negativ definierte Rollen anbietet. Die Mehrheit der Gesellschaft verhindert so die Möglichkeit einer positiven Selbstdefinition für ihre schwarze Minderheit:

> This innocent country set you down in a ghetto in which, in fact, it intended that you should perish. Let me spell out precisely what I mean by that, for the heart of the matter is here [....] You were born into a society which spelled out with brutal clarity, and in as many ways as possible, that you were a worthless human being. You were not expected to aspire to excellence: you were expected to make peace with mediocrity. Wherever you have turned, James, in your short time on this earth, you have been told where you could go and what you could do (and *how* you could do it) and where you could live and whom you could marry. [...] The details and symbols of your life have been deliberately constructed to make you believe what white people say about you.[4]

Diese von Baldwin 1963 so beschriebene Situation kennzeichnet die *opportunity structure* der amerikanischen Gesellschaft aus der Sicht der schwarzen Minderheit. Sie bildet die Grundlage für die Metapher des *"Know thy place"*, die sich in vielen Werken afro-amerikanischer Schriftsteller und Schriftstellerinnen findet, und wofür Langston Hughes's Drama *Mulatto* ein besonders eindringliches Beispiel ist.

*

Auch das hier zur Debatte stehende Stück *Florence*[5] von Alice Childress scheint zunächst diese Idee zur Anschauung zu bringen, denn Florence "got notions a Negro woman don't need" (111) oder noch pointierter: "She must think she's white" (112). Florence, die Tochter von Mrs Whitney – im Stück nur als Mama bezeichnet – und die Schwester von Marge, ist nach dem Tod ihres Mannes in den Norden nach New York gegangen, um dort eine Karriere als Schauspielerin zu machen. Sie scheint dabei wenig Erfolg zu haben, denn nach ihrem letzten Brandbrief hat Mama beschlossen, in den Norden zu fahren, um Florence nach Hause zu holen. Diese Absicht bringt sie in den Wartesaal des Bahnhofs einer sehr kleinen Stadt im Süden, wo sie auf die Weiße, Mrs Carter, trifft. Das Gespräch zwischen Mrs Carter und Mama bildet das Zentrum des Stücks.

In der ersten Bühnenanweisung wird der Wartesaal wie folgt beschrieben:

> The room is divided in two sections by a low railing. Upstage center is a double door which serves as an entrance to both sides of the room. Over the doorway stage right is a sign >Colored<, over the doorway stage left is another sign >White<. Stage right are two doors ... one marked >Colored men< ... the other >Colored women<. Stage left two other doorways are >White ladies< and >White gentlemen<. (110)

Dieses Bühnenbild funktioniert zunächst als realistische Darstellung des Handlungsraumes und dient somit einer konkreten Situierung des Stücks in Raum und Zeit. Darüber hinaus jedoch hat es symbolische Funktion. Es ist Sinnbild für die Zweiklassen-Gesellschaft in den U.S.A. Es ist ein Abbild der *opportunity structure* der Gesellschaft, die ihre Bürger aufgrund der Haut-

---

[4] James Baldwin, *The Fire Next Time*. Harmondsworth: Penguin Books, 1964, p. 16
[5] Alice Childress, *Florence* (1950) in Elizabeth Brown-Guillory, (Hg) 1990: *Wines in the Wilderness: Plays by African American Women from the Harlem Renaissance to the Present*. New York: Praeger Publishers, pp. 110 - 121. Alle Zitate nach dieser Ausgabe durch Angabe der Seitenzahl in Klammer nach dem Zitat gekennzeichnet

farbe unterschiedlich behandelt: "White Ladies and Gentlemen" aber "Black men and women". Die Grundlage für diese Trennung war ein Urteil des Supreme Court von 1896, das es den Einzelstaaten erlaubte, rassenspezifisch getrennte Einrichtungen zu haben unter der Voraussetzung, daß diese gleichwertig wären: "separate but equal". Daß diese Forderung nur scheinbar erfüllt wurde, machen die sozial diskriminierenden unterschiedlichen Formulierungen auf den Toilettentüren deutlich. Das Bühnenbild aber wird beherrscht von einem niedrigen Geländer, das die Weißen von den Schwarzen trennt. Es ist konkretes Zeichen nicht nur für die Trennung der Gesellschaft, sondern auch für die Barriere im Kopf der Protagonisten des Stücks.[6]

Die symbolische Funktion des Bühnenbildes wird noch dadurch unterstrichen, daß die Bühne zunächst leer bleibt, und der Zuschauer so die Möglichkeit hat, sie mit ungeteilter Aufmerksamkeit in sich aufzunehmen.

*

Die vom Bühnenbild suggerierte Trennung spiegelt sich auch in dem Verhältnis der Figuren zueinander.

Mrs Carter wird zunächst als Typ einer 'white liberal' dargestellt, die ebenso wie ihr schriftstellernder Bruder glaubt, die Schwarzen zu verstehen, ja vielleicht sie sogar besser zu verstehen als sie sich selbst. Sie hebt hervor, daß sie, obwohl im Süden geboren, keine Südstaatlerin sei, wobei sie darunter Leute versteht, die noch immer den Bürgerkrieg ausfechten. Diese zunächst positiv anmutende Einstellung gegenüber Schwarzen äußert sich darin, daß sie Mrs Whitney großzügig gestattet, die Anrede "mam" wegzulassen. Die Halbherzigkeit ihrer Einstellung wird jedoch sofort dadurch signalisiert, daß sie den 50-jährigen Gepäckträger, Mr Brown, mit "boy" anredet. Die Wirkung dieser Mißachtung der Persönlichkeit des schwarzen Gepäckträgers wird dadurch verstärkt, daß in dem unmittelbar vorhergehenden Dialog zwischen Mr Brown und Mama diese selbstverständlich die Anrede "Sir" benutzte (vgl. 114).

Hauptsächlich jedoch entlarvt sich Mrs Carter durch die ihr Gespräch mit Mrs Whitney durchziehenden stereotypen Vorstellungen von den Rollen, die sie den Schwarzen zuerkennt, wobei deutlich wird, daß sie diese Rollen nicht nur als gesellschaftlich bedingt, sondern als in einer Minderwertigkeit der Schwarzen begründet empfindet.

Beispiele für dieses unbewußte stereotype Vorverständnis, das gegenwärtiges Verhalten bestimmt, sind die Szenen, in denen Mrs Carter unterstellt, daß Schwarze nicht lesen können bzw. daß sie nicht in der Lage seien, komplizierte Sachverhalte zu verstehen. Letzteres Beispiel bezieht sich auf die Problematik der Heldin des Romans, an dem Mrs Carters Bruder gerade arbeitet. Die Heldin ist eine Mulattin, die versucht, als Weiße zu reüssieren, und der, als dies nicht gelingt, nach Mrs Carters Meinung selbstverständlich nur der Selbstmord bleibt, um die daraus erwachsene Identitätskrise zu lösen. Die lebenswirklichen Beispiele, die MAMA aus ihrer Umgebung dagegensetzt, werden einfach mit der Bemerkung zurückgewiesen "This whole thing is a completely controversial subject. (silence) If it's too much for Jeff ... well naturally, I shouldn't discuss it with you" (117).

Das erdrückendste Beispiel aber dafür, wie solche stereotypen Vorstellungen wirkliche Kommunikation unmöglich machen, ist gleichzeitig der Höhepunkt des Dramas: Mrs Whitney erzählt in einem Akt des Vertrauens, nachdem Mrs Carter ein aufrichtiges und einfühlsames Interesse zeigt, wie es tatsächlich um Florence bestellt ist, und bittet Mrs Carter, ihre guten Beziehungen für Florence einzusetzen. Mrs Carter gibt Mrs Whitney die Telefonnummer einer

---

[6] Hier bietet sich ein Vergleich mit der Titelmetapher in August Wilsons Drama *Fences* an.

befreundeten Regisseurin, die gerade in New York ein Musical inszeniere, und fährt fort: "Her [Florence's] experience won't matter with Melba. I know she'll understand. I'll call her too.[...]I'll just tell her...no heavy washing or ironing...just light cleaning and a little cooking...does she cook?" (119) Die Vorstellungen darüber, was eine Schwarze in der Gesellschaft New Yorks darf, sind von Mrs Carter so internalisiert, daß sie gar nicht auf die Idee kommt, Mrs Whitneys Bitte um Hilfe auf Florences Wunsch, Schauspielerin zu werden, zu beziehen. Mrs Carters liberale Haltung wird letztlich als Heuchelei entlarvt, wobei nicht so sehr der Faktor einer persönlichen Schuld in den Vordergrund tritt, als vielmehr die Macht stereotyper Voreinstellungen, die ein wirkliches Aufeinanderzugehen unmöglich macht.

Mrs Whitney ihrerseits lernt aufgrund dieser Erfahrung dazu. Zu Beginn des Stücks ist sie eine zwar selbstbewußte, aber dennoch ihren Platz in der Gesellschaft ungefragt akzeptierende Afro-Amerikanerin. Erst ihr Gespräch mit Mrs Carter macht ihr deutlich, wie stark ihr Leben fremdbestimmt ist. Indem sie die Macht der Stereotypen in Mrs Carter erkennt, wird ihr bewußt, wie stark diese Stereotypen auch ihre Identität bestimmen. Sie erkennt, daß ihr Wunsch, Florence nach Hause zu holen, nichts anderes als die Unterordnung unter das Rollendiktat der weißen Mehrheit bedeutet. Ihre Reaktion auf Mrs Carters unwillentliche Beleidigung zeigt, wie stark sich Mamas Bewußtsein geändert hat: Sie beschließt, Florences Wunsch zu unterstützen und schickt ihr das für die Rückreise gedachte Geld zur Unterstützung.

Lange vor Lorraine Hansberrys *A raisin in the sun* hat Alice Childress mit *Florence* ein Drama geschrieben, das deutlich macht, daß die Grundlage einer Veränderung der Situation der Afro-Amerikaner eine veränderte Selbstwahrnehmung ist. Zwar geht sie nicht so weit, Forderungen für eine *black consciousness* zu formulieren, aber es wird klar, daß die Identität der schwarzen Minderheit sich nicht mehr auf die negativen Stereotypen der Weißen stützen darf.

*

In *Myth and Modern American Drama* stellt Thomas E. Porter fest, daß Drama immer von Kultur zu Kultur spreche.[7] Weil das Stück und das Publikum zumindest für die Dauer der Aufführung dasselbe Territorium besetzen, ist auch klar, daß im Idealfall das, was der Dramatiker schafft und was das Stück ausdrückt, und das, was das Publikum erlebt, miteinander korrespondieren (Porter, ebenda) und so die Grundlage und die Voraussetzung schaffen für eine Kommunikation zwischen Bühne und Zuschauer.

In Anlehnung an Roland Barthes könnte das Verfahren, das Alice Childress in *Florence* anwendet, als mythologisch bezeichnet werden. Sie macht deutlich, daß die der gegenwärtigen Rassensituation zugrundeliegenden Normen keine "natürlichen" Gründe haben, sondern tradierte Machtpositionen sind, die in dem Augenblick, wo sie den Nimbus des Natürlichen verlieren und als kulturell entlarvt werden, ihren Geltungsanspruch verlieren. Alice Childress' Qualitäten als Dramatikerin lassen sie jedoch nicht bei diesem dialogorientierten Ansatz verharren. Mit dem die Bühne unterteilenden Geländer gelingt es ihr, ein augenfälliges Symbol für die willkürliche Trennung der Rassen zu finden, das auch dem Zuschauer sofort augenfällig wird. Der ersten Kontaktaufnahme der beiden Frauen entspricht die Bühnenanweisung "across the railing" (114). Als Mrs Carter mit Mrs Whitney über das Mulatto-Problem diskutiert, lehnt sie sich auf das Geländer. Mrs Whitney ist von der anmaßenden Haltung ihrer Gesprächspartnerin so erregt, daß sie "ihren Platz vergißt" und die Trennlinie überschreitet: "she works her way around the railing until she crosses over about one foot to the >white side< and is face to face

---

[7] Vgl. Thomas E. Porter, *Myth and Modern American Drama*. Detroit: Wayne State UP 1969, p. 13

with Mrs Carter". (116) Mrs Carter wiederum entschuldigt sich "approaching the railing" (117) und schließlich überschreitet auch sie die sichtbar gemachte Trennlinie. Auch später, als vermeintlich eine gewisse Vertrautheit wieder hergestellt ist, überschreitet Mrs Carter die Trennlinie und bietet ihre Hilfe an. Sie wird aber genauso wie ihr Hilfeangebot zurückgestoßen und in die weiße Welt zurückverwiesen: "You better get over on the other side of that rail. It's against the law for you to be over here with me." (120) Mrs Whitney deutet an, daß solange wie es die "Jim Crow"-Gesetze gibt, ein echtes Miteinander nicht möglich ist. Am Schluß des Stücks wird der Zuschauer wieder mit der leeren, gegenüber dem ersten Akt unveränderten, Bühne konfrontiert. Der scheinbaren Statik und Unveränderbarkeit der Zustände widerspricht die im Stück vorgeführte Veränderung der Einstellung Mrs Whitneys, die dadurch noch unterstrichen wird. Die augenfälligen Akte des Überquerens der Trennlinie werden so als nur scheinbare Akte eines Überwindens der Trennung entlarvt. Die nur auf die Situation verweisende Zeichenhaftigkeit der Bühne, die nicht gleichzeitig Symbol für eine wirkliche geistige Einstellung ist[8], ist somit Aufforderung an den Zuschauer, auch im realen Leben die bloße Zeichenhaftigkeit liberaler Haltung zu erkennen und zu überwinden.

Alice Childress thematisiert in *Florence* den Rassenkonflikt als Rollenkonflikt. Mrs Whitney erkennt die gesellschaftliche Bedingtheit ihres *ascribed status*, was dazu führt, daß sie ihre Einstellung den Weißen gegenüber ändert. Sie erkennt, daß diese Rollenzuweisung ihr quasi keine Möglichkeiten gibt, in dieser Gesellschaft etwas zu erreichen. Sie nimmt damit vorweg, was die kämpferischen Stücke der *black arts movement* in den 60er Jahren immer wieder thematisierten. Unter den schwarzen Schriftstellern der 50er Jahre nimmt Alice Childress jedoch damit eine Sonderstellung ein: denn anders als z.B. Louis Peterson und Langston Hughes, die als einzige Lösung Anpassung oder Tod sehen, zeigt sie die Alternative des Aufbegehrens auf.

Dies wird besonders deutlich in einem weiteren Stück von ihr, dem 1955 uraufgeführten metatheatralischen Zweiakter *Trouble in mind*[9]. Im Zentrum des Stücks steht ein 'mixed cast', der unter Führung eines weißen Regisseurs ein Black Drama eines weißen Autors probt. Wiletta, die Hauptperson des Stücks, gibt zu Beginn des Stücks einem unerfahrenen Neuling Verhaltensmaßregeln, die darauf hinauslaufen, sich voll an die Erwartungshaltung der Weißen anzupassen[10]. Die Schauspieltruppe zeigt sich zunächst als eine Gruppe von Individualisten, in der jeder sich selbst der Nächste ist. Richtige Probleme entstehen erst, als der Regisseur jeden Schauspieler auffordert, sein/ihr Verständnis von der Rolle, die er oder sie spielt, zu erläutern. Seine Richtschnur ist dabei "the firm texture of truth" (146), wobei er darunter eine oberflächliche Verbindung zur Realität versteht, wie die Diskussion um das Wort "darkies" zeigt, die Manners, der Regisseur, unter Hinweis auf *slice of life*-Technik des Naturalismus wie folgt beendet: "The time is now, down south in some remote little county, they say those things ... now. Can you object in an artistic sense?" (147)

Das Stück zeigt, wie die Bereitschaft Wilettas, sich aus Gründen der wirtschaftlichen Sicherheit mit dem weißen Theatermanagement zu arrangieren, immer mehr abnimmt. Immer wieder werden von ihr aufs Neue die Klischees, die der weiße Autor, Bronson, in sein Stück "Chaos in Belleville" eingebaut hat, und die er für eine realitätsgetreue Abbildung der Wirklichkeit hält, demontiert. Wiletta macht deutlich, daß der Wahrheitsbegriff, den Manners immer wieder ins Feld führt, letztlich eine Ansammlung vorurteilsbeladener Stereotypen ist. Dies wird

---

[8] vgl Samuel A. Hay, "Alice Childress's Dramatic Structure", p. 117
[9] Alice Childress, *Trouble in Mind* (1955) in Lindsay Patterson (Hg) 1971: *Black Theatre. A Twentieth Century Collection of the Work of the Best Playwrights*. New York: Dodd, Mead & Co. Alle Zitate nach dieser Ausgabe durch Angabe der Seitenzahl in Klammern nach dem Zitat gekennzeichnet
[10] Beispiele S. 139-140

besonders deutlich in der Diskussion um die Rolle der Mutter in dem von ihnen geprobten Stück. Wiletta weigert sich letztlich, den Part so zu spielen, wie er vom Autor vorgesehen ist, da keine schwarze Mutter ihren Sohn willentlich dem Lynchtod aussetzen würde. Als Manners in einem letzten Versuch, Wiletta umzustimmen, das Rassenproblem zu einem Klassenproblem umzumünzen versucht,

> Whites! You think we belong to one great, grand fraternity? They stole and snatched from me for years, and I'm a club member! Ever hear of an idea man? They picked my brains! They stripped me! They threw me cash and I let the credit go! (170)

entlarvt er sich, als er auf Wilettas Frage, ob er seinen Sohn in den sicheren Tod schicken würde, spontan antwortet:

> Don't compare yourself to me! What goes for my son doesn't necessarily go for yours! Don't compare him (points to John) [...] with my son, they've got nothing in common ... not a Goddam thing. (171)

Durch ihr insistierendes Nachfragen hat es Wiletta erreicht, daß Manners endlich die Maske der liberalen Humanität fallen läßt. Sie war einfach nicht mehr bereit, die ihr zugewiesene Rolle auf der Bühne des Lebens zu spielen.

Ihre Bemerkung "I'm sick of people signifyin' we got no sense" (171) ist letztlich eine Aufforderung an die Schwarzen Autoren, Stücke zu schreiben, die die Schwarzen so zeigen, wie sie wirklich sind, und dabei die Stereotypen, die die weiße Gesellschaft als Identifikationsangebot bereit hält, als Stereotypen ohne Wahrheitsanspruch zu entlarven. Gleichzeitig ist es ein Plädoyer an die schwarzen Schauspielerinnen und Schauspieler, sich nicht aus Gründen persönlichen Ruhms zu prostituieren, wie es Sheldon in dem Stück tut. Sie fordert Solidarität der *black community,* an die sich ihre Stücke auch richten, wie der Charaktersketch im Nebentext bei Manners' erstem Auftritt verdeutlicht: "Manners is in his early forties, hatless, well-tweeded product of Hollywood. He is a bundle of energy, considerate and understanding after *his* own fashion; selfish and tactless after *ours*." (143, Hervorhebung vom Vf.).

Alice Childress hat die Macht der Bilder in einer Kultur erkannt, einer Kultur, die Clifford Geertz wie folgt definiert:

> A culture is a system of symbols by which man confers significance upon his own experience. Symbol systems, man-created, shared, conventional ordered, and indeed learned, provide human beings with a meaningful framework for orienting themselves to one another, to the world around them and to themselves.[11]

So überrascht es denn auch nicht, daß Alice Childress in ihrem 1969 aufgeführten *Wine in the Wilderness*[12] das Entstehen eines Gemäldes vorführt. Im Zentrum des Dramas steht ein schwarzer Künstler, der ein Triptychon mit dem Titel 'Wine in the Wilderness' malt, eine Darstellung von *black womanhood* (125). Das eine Seitenbild – ein kleines Mädchen im Sonntagsstaat – stellt *black girlhood* dar. Im Zentrum hat er "'Wine in the Wilderness' [...] Mother Africa, regal, black womanhood in her noblest form" (125). Das dritte Bild fehlt noch:

---

[11] Clifford Geertz. *The Interpretation of Cultures.* New York: Basic Books, 1973, p. 250
[12] Alice Childress, *Wine in the Wilderness* (1969) in Elizabeth Brown-Guillory, (Hg) 1990: *Wines in the Wilderness: Plays by African American Women from the Harlem Renaissance to the Present.* New York: Praeger Publishers, pp. 122 - 149. Alle Zitate nach dieser Ausgabe durch Angabe der Seitenzahl in Klammer nach dem Zitat gekennzeichnet

> She's gonna be the kinda chick that is grassroots, ... no, not grassroots ... I mean she's underneath the grassroots. The lost woman [...] She's ignorant, unfeminine, coarse, rude ... vulgar ... a poor, dumb chick that's had her behind kicked until it's numb. (121)

Schon die Ausgangssituation des Dramas signalisiert, daß sich der Künstler von der *community* gelöst hat. Er arbeitet in einem Raum hoch über den Straßen, durch die ein Aufstand tobt. Auch als ihn die Realität in der Gestalt Oldtimers einholt, versucht er sich möglichst schnell von der Beute, die Oldtimer von den Plünderungen mitbringt, zu trennen, um nicht involviert zu werden.

Diese Trennung von der *community* bestimmt auch sein Frauenbild. Das Stück entlarvt die Projektion einer schwarzen Schönheit in die Gestalt einer *African Queen* als falsches Bild. Durch die Distanz zur *community* und seinen künstlerischen Ehrgeiz nimmt Bill die schwarze Frau nicht als das wahr, was sie ist, sondern er projiziert letztlich seine Wunschvorstellungen auf seine Modelle und beutet sie so aus. Zumindest empfindet dies Tommy, sein neues Modell, das sein Freund Sonny-man ihm für den noch fehlenden zweiten Seitenflügel des Triptychon besorgt. Tommy belauscht ein Telefongespräch, in dem Bill von seiner *African Queen* schwärmt, und bezieht das Gespräch auf sich. Erst Oldtimer verrät unabsichtlich die wirklichen Absichten Bills. Tommy ist enttäuscht und verbittert. Sie klagt Bill, den Maler, und Sonny-man, den Schriftsteller, an:

> The "Black People" this and the "Afro-American" ... that... You ain't got no use for none-a-us. Oldtimer, you their fool too. 'til I got here they didn't even know your damn name [vgl. Szene S. 127-28]. There is something inside me that says I ain't suppose to let nobody play me cheap. Don't care how much they know!

Tommy, deren Familienname kennzeichnenderweise 'Tomorrow' ist, macht mit ihrem Ausbruch deutlich, daß Künstler, so wie Bill und Sonny-man, sich den Blick auf die Wirklichkeit dadurch verstellen, daß vorgeformte Konzepte verhindern, daß der andere in seiner Individualität und Einzigartigkeit wahrgenommen wird.

> You don't like flesh and blood niggers. [...] If a black somebody is in a history book, or painted on a pitcher, or drawed on a paintin' ... or if they're a statue, ... dead, and outta the way, and can't talk back, then you dig them and full-a so much – a damn admiration and talk about "our" history. But when you run into us livin' and breathin' ones, with the life's blood still pumping through us, ... then you comin' on about we ain't never together. You hate us, that's what. You hate black me! (146)

Tommys Vorwürfe bewirken eine Veränderung in Bill. Er erkennt plötzlich, daß sie recht hat und ist bereit, seine Kunstauffassung zu ändern. Seine Kunst ist nicht mehr Kompensation und Projektion seines Selbsthasses, sondern eine Liebeserklärung an sein Volk, das er liebt, so wie es ist:

> You [zu Tommy] belong up there in the center, "Wine in the Wilderness" [...] I was painting in the dark, all head and no heart. I couldn't see until you came, baby. Look, at Tomorrow. She came through the biggest riot of all, a something called "slavery", and she's even coming through the "now" scene [...] Aw, let me put it down, Tommy. "Wine in the Wilderness", you got to let me put it down, Tommy, so all the little boys and girls can look up and see you on the wall. And you know what they're gonna say? "Hey, don't she look like somebody we know?" (149)

In the Winetime ist Alice Childress' Antwort auf das *black arts movement*, dem sie indirekt vorwirft, durch seine normierende Kunstauffassung, Wirklichkeit nur verfälscht zu haben und kein wirkliches Identifikationsangebot an sein Publikum zu unterbreiten. Insofern schließt sie die Diskussion der sechziger Jahre ab und leitet über in die siebziger Jahre. Für sie muß Kunst und damit auch ihr Theater Selbstbilder bereitstellen, die nicht nur als Konstrukt gegen das Fremdbild der weißen Mehrheit formuliert sind, sondern die im Sinne eines Theaters afro-amerikanischer Erfahrung nicht in theoretischen Konzepten, sondern im Alltag der Minderheit begründet sind. Dies erinnert an Ed Bullins' Konzeption eines "Theaters der schwarzen Erfahrung" die auch das Theater von August Wilson, *dem* afro-amerikanischen Dramatiker der Gegenwart, beschreibt, der einen seiner Charaktere in *Ma Rainey's Black Bottom* sagen läßt:

> See, now ... I'll tell you something. As long as the colored man look to white folks to put the crown on what he say ... as long as he looks to white folks for approval ... then he ain't never gonna find out who he is and what he's about. He's just gonna be about what white folks want him to be about. That's one sure thing.[13]

Das Theater wird so zum Ausdruck eines neuen Selbst-Bewußtseins, das seine Identität nicht mehr überwiegend aus den stereotypen Rollenerwartungen der Gesellschaft ableitet, sondern dem Selbstbild ein größeres Gewicht einräumt, um somit der Gefahr zu entgehen, die eigene Identität nur nach den Vorstellungen der Mehrheit zu modellieren. Die Mehrheit andererseits wird – wenn sie sensibel genug ist – von einem solchen Theater mit einem neuen Selbstwertgefühl der Minderheit konfrontiert und angestoßen, die überkommenen Rollenklischees neu zu überdenken.

Bibliographie
Baldwin, James (1964): *The Fire Next Time*. Harmondsworth: Penguin Books
Childress, Alice: FLORENCE (1950) in Elizabeth Brown-Guillory, (Hg) 1990: *Wines in the Wilderness: Plays by African American Women from the Harlem Renaissance to the Present*. New York: Praeger Publishers, pp. 110 - 121
Childress, Alice: TROUBLE IN MIND (1955) in Lindsay Patterson (Hg) 1971: *Black Theatre. A Twentieth Century Collection of the Work of the Best Playwrights*. New York: Dodd, Mead & Co, pp. 135 - 174
Childress, Alice: WINE IN THE WILDERNESS (1969)in Elizabeth Brown-Guillory, (Hg) 1990: *Wines in the Wilderness: Plays by African American Women from the Harlem Renaissance to the Present*. New York: Praeger Publishers, pp. 122 - 149
Geertz, Clifford (1973): *The Interpretation of Cultures*. New York: Basic Books
Hay, Samuel A.: "Alice Childress's Dramatic Structure" in Mari Evans (Hg) (1985): *Black Women Writers. Arguments and Interviews*. London, Sidney: Pluto Press, pp. 117 - 133
Lecomte, Monique / Claudine Thomas (Hg) 1983: *Le Facteur Ethnique aux États-Unis et au Canada*. Université de Lille, p. 149 - 161
Oerter, Rolf (1979): *Entwicklung und Sozialisation*. Donauwörth:Verlag Ludwig Auer
Ostendorf, Berndt: "Literary Acculturation: What makes ethnic literature 'ethnic'" in
Porter, Thomas E. (1969): *Myth and Modern American Drama*. Detroit:Wayne State UP
Wilson, August (1986): *Fences*. New York: New American Library
Wilson, August (1985): *Ma Rainey's Black Bottom*. New York: New American Library

Nach Abschluß des Manuskripts erschienen:
La Vinia Delois Jennings (1995): *Alice Childress*. New York: Twayne Publishers (Twayne's United States Authors Series N° 652).

---

[13] August Wilson, *Ma Rainey's Black Bottom*, New York: New American Library, 1985, p. 37

FRANZ WIESELHUBER

D. H. Lawrence' wohlschmeckende Früchte

Nicht nur eßbar, sondern sogar wohlschmeckend: frisches lyrisches Obst am Vormittag oder Spätnachmittag, je nachdem. D.H. Lawrence reicht uns die Schale mit Granatäpfeln, Pfirsichen, Mispeln und Elsbeeren, Feigen und Trauben.[1] Sie laden zum alsbaldigen Verzehr ein.

Was haben Gedichte und Früchte miteinander zu tun? Hat Lawrence Ähnlichkeiten gesehen und hat er befürchtet, daß Formen und Funktionen beider sich auseinander entwickeln könnten? Die Anbindung der Kunst an die vitalen Interessen und Bedürfnisse des Menschen war ihm immer ein Anliegen. Die konkrete Form von Früchten und ihr je eigener Geschmack waren auch generell für sein ästhetisches Empfinden von Bedeutung. Lawrence kannte die EG-Normen für menschliche Nahrungsmittel nicht, aber standardisiertes, womöglich genmanipuliertes Einheitsobst mit wässerigem Geschmack hätte er mit Sicherheit verschmäht. Und mit Abscheu hätte er eine Züchtung wie "seedless grapes" zurückgewiesen, "for fruits are all of them female, in them lies the seed".[2] Rund und perfekt wie Billardkugeln mochte Lawrence seine Pfirsiche nicht, die hätten ihm nicht geschmeckt. Wenn er die Produkte der Kunst schon in Naturnähe angesiedelt wissen wollte, dann wollte er natürlich erst recht nicht, daß der Mensch denaturierend auf die Früchte der Natur Einfluß nimmt und sie seinen Perfektions- und Funktionsvorstellungen angleicht. Den umgekehrten Weg hielt er für richtig, nämlich in der Kunst die Aspekte des betont von Menschen Gemachten, des Geschliffenen und Gefeilten, des geschickt Geschichteten, des ironisch Aufeinanderbezogenen und Konstruierten zurückzudrängen.

Hoch ästhetisch scheint es in der Tat nicht zuzugehen bei David Herbert, eher unterhaltsam, lebendig, anzüglich, direkt. Nichts von feiner Ironie urbaner Prägung oder von modernistischer Komplexität und Ambiguität? Wenn Ironie, dann von der herben und unmittelbaren Sorte. "I detest this irony with its claptrap solution of being that which it seemeth not".[3] Bukowski kommt mir in den Sinn, der für allzu Feingesponnenes und Unverbindliches auch wenig Verständnis zeigte. In einer kritischen Bemerkung über seine dichtenden amerikanischen Zeitgenossen schreibt er: "Man sah einfach nicht, wo es bei denen lang ging. Da konnte es in einem Gedicht meinetwegen darum gehen, daß jemand die Fresse poliert kriegt, aber der Poet rückte nicht damit raus. Man mußte das Scheißding erst 18 mal durchackern, bis man halbwegs dahinter kam".[4] "18 mal durchackern!" Und vermutlich nicht nur das Gedicht, sondern auch Lexika und Enzyklopädien, soziologische und psychologische Theorien, einen Großteil der abendländischen Literatur, die symbolischen Zeichensysteme ausgestorbener Völker, Atomphysik und Weltraumforschung – alles schön juxtapostiert und ironisch ausbalanciert. Hat nicht Eliot dekretiert – sozusagen ex cathedra – moderne Dichtung habe "difficult" zu sein, komplex

---

[1] *Fruits* in D.H. Lawrence, *The Complete Poems*, Harmondsworth 1964, S. 277-287.
[2] *Complete Poems*, S. 277, Einleitende Gedanken zu *Fruits*.
[3] Beal, Anthony (Hg.), *D.H. Lawrence, Selected Literary Criticism*, London 1967, S. 82.
[4] *Süddeutsche Zeitung*, 11.3.1994.

und vielschichtig, geschmückt mit den "seven types of ambiguity" und "eingerahmt", d.h. als Kunst kenntlich gemacht? Und ist nicht Intelligenz und besonders künstlerische Intelligenz erst dann gegeben, wenn Kehrseiten von Medaillen implizit mitgedacht und mitgestaltet werden?

Lawrence dagegen hat keine Probleme damit, seine Sicht der Dinge klar und eindeutig vorzutragen. Er weiß, was er für richtig hält, und sagt es auch – jedem ins Gesicht:

> You tell me I am wrong.
> Who are you, who is anybody to tell me I am wrong?
> I am not wrong.[5]

In seinen Briefen, in seiner Literaturkritik, überall trifft man auf dieselbe Haltung: "I am sure I am right".[6] Mit jemandem zusammenzuleben, der glaubt, immer recht zu haben, ist grundsätzlich problematisch und noch keine Sache der Ästhetik. Aber vielleicht ist die Forderung, die Dinge in der Kunst vielschichtig zu präsentieren, auf die Idealvorstellung zurückzuführen, die die meisten Menschen von einem fruchtbaren, herrschaftsfreien Gespräch haben. In diesem Freiraum der Kunst werden keine harten Handlungsentscheidungen getroffen, man kann im Unverbindlichen bleiben und im Reichtum der Bedeutungen schwelgen.

Da für Lawrence jedoch die Bereiche Kunst und Leben nicht so getrennt sind, besteht für ihn auch keine Notwendigkeit, die Defizite des Lebens zu beklagen und die Idealität der Kunst herauszustellen. Für die Rezeption seiner Texte dürfte diese Haltung nicht zu unüberwindlichen Schwierigkeiten führen. Wenn Lawrence scheinbar starrsinnig auf seiner Meinung beharrt, Einseitigkeit zelebriert, Idiosynkrasien pflegt, sich unironisch und undistanziert gebärdet und überhaupt alles tut, um sich von der schönen Balance des Ästhetischen abzusetzen, dann bin ich als Leser zunächst nur einmal anders gefordert, kräftiger angepackt, sozusagen. Der Eindruck des individuellen Gegenüber ist stärker. Ich schaue dann vielleicht nicht mehr so sehr nach strukturellen Aspekten, um zu einer objektiven Bestimmung zu gelangen, ich messe und klassifiziere weniger, weil mir etwas deutlich Lebendiges gegenübertritt. Da muß man sich anders verhalten. Ein lebendiges Wesen hält nicht stille, will seine Eigenart betonen, reagiert meist zögerlich bis unwillig auf Kritik, besonders wenn sie vorschnell kommt, und will auf keinen Fall wie "Ötzi" unterm Mikroskop oder wie Mineralwasser im Institut Fresenius auf Kationen und Anionen analysiert werden.

Das Gedicht ist, wie gesagt, lebendig, individuell, und ich habe mich dementsprechend flexibel und *resourceful* zu benehmen. Andererseits weiß ich, daß "es sich sehr überlegt äußert." Es hat ja – ich darf diese Metapher vom Text als Persönlichkeit weiterführen – lange über seine Formulierungen nachgedacht, hat sich vermutlich vorher schon mehrmals korrigieren können und tritt bestens präpariert vor mich hin. Aber was heißt schon "bestens präpariert"? Man kann sich noch so gut auf eine Situation vorbereiten, sich im Geiste alles zurechtlegen, die Wirklichkeit wirft oft genug alles wieder durcheinander. Und dann ist plötzlich das Gedicht doch nicht lebendig genug. Es kann nämlich nicht reagieren, nicht aus dem Augenblick heraus improvisieren. Als Leser habe ich das Gedicht letztlich in meiner Gewalt. Gerade deshalb muß ich mich zurück- und ihm einiges zugute halten. Selbst die bestpräparierten Texte sind verwundbar, belächelbar, so wie die scheinbar ungeschicktesten durchaus *redeeming features* aufweisen können, die man nicht missen möchte. Wie wäre es, wenn man diese "textlichen Persönlichkeiten" nicht primär wissenschaftlich analysierte, sondern vor allem und hauptsächlich mit ihnen umginge? Der Umgang umfaßt dabei eine Vielzahl von Haltungen. Der analysierende Blick ist hier keineswegs ausgeschlossen. Gelegentlich traut man ja auch seinen Mitmenschen

---

[5] *Pomegranate*, S. 278.
[6] *Selected Literary Criticism*, S. 79.

nicht über den Weg, entwickelt Mißtrauen, schaltet im Extremfall vielleicht sogar einen Privatdetektiv ein. Meistens wird man aber mit den normalen Regeln des Umgangs nicht nur zurechtkommen, sondern auch besser und gewinnbringender fahren als mit dem kalten Blick der objektiven Analyse.

Lawrence scheint zwei Grenzlinien zu ziehen, jenseits derer er Kunst und Kritik nicht ansiedeln möchte. Auf der einen Seite steht *analysis* "which presupposes a corpse"[7] bzw. "science which kills the mysteries and devours the secrets"[8]. Am anderen Pol steht *ecstasy*: "There is no real truth in ecstasy."[9] Kunstwerke sollten deshalb nicht ekstatisch sein, weil sie dann die essentielle Kritik an ihrer Art von Moral nicht mitenthalten können. Mit anderen Worten, man muß Umgang pflegen können mit textlichen Individuen, d.h. man darf sie nicht "totschlagen", um sie vermeintlich besser analysieren zu können, und sowohl Text wie Kritiker sollten nicht außer sich geraten, denn dann ist es mit dem zivilisierten Miteinander vorbei.

Nach diesen locker gefügten allgemeinen Überlegungen stellt sich nun die Frage, wie solch ein Umgang mit den Früchtegedichten von Lawrence aussehen könnte. Wie man schnell feststellt, handelt es sich bei ihnen um ungewöhnliche Individuen: Man kann sie nicht so leicht einer Gruppe zurechnen, sie kommen etwas schlampig daher, sind selbstbewußt bis provokativ, man hört ihnen gerne zu, selbst wenn man nicht jede ihrer Äußerungen auf die Goldwaage legen kann, und ihre Verhaltensweisen sind abweichend von der Norm, weshalb man genau hinschauen und auf der Hut sein muß. Endgültige Einschätzungen sollten nicht voreilig getroffen werden.

Pomegranate

"I am not wrong", heißt es in *Pomegranate*. Wie ginge ein Kritiker vom Schlage Blackmurs[10] mit so einer Zeile um? Darf er sie so direkt und ungeschützt stehen lassen? Er würde das möglicherweise verneinen und sich sofort auf die Suche nach Distanzierungsmöglichkeiten machen. Als subjektive Aussage eines Sprechers zum Beispiel wäre diese allzu direkte Aussage durchaus hinnehmbar. Der Leser müßte dem Dichter nicht mehr unmittelbar in die Augen schauen und könnte in die Beobachterposition wechseln, die es ihm ermöglichen würde, den Sprecher mit Erlaubnis des Dichters zu relativieren oder zu ironisieren. Aber dieses Verfahren ist hier nicht ganz unproblematisch, denn wir haben es nicht mit einer Charakterstudie zu tun. Trotz erstem Anschein liegt kein *Dramatischer Monolog* vor. Die Sachlage ist eher umgekehrt: Wenn hier jemand ironisiert wird, dann ein nicht weiter definiertes "you", womit sich vielleicht auch der Leser angesprochen fühlen könnte. Besonders deutlich fühlt man die drängende Gegenwart des Autors in *Grapes*, wo Lawrence zunächst botanische Kenntnisse präsentiert, dazu auffordert, doch zuzugeben, daß ..., dann seinen Gedankengang weiterspinnt und fantastische, dunkle Welten entwirft, "dusky, flowerless, tendrilled", in denen noch eine "audile, tactile sensitiveness" geherrscht habe. Dann will er, daß man genau hinschaut: "see him there, the swart, so palpably invisible." Er vereinnahmt den Leser daraufhin sogar: Wie können *wir gemeinsam* tiefer in diese Geheimnisse eindringen? "Whom shall we ask about him?" "Let us ..."

---

[7] Emile Delavenay, *D.H.Lawrence, The Man and His Work. The Formative Years: 1885-1919.* London 1972, S. 31.
[8] Delavenay (1972) S. 331.
[9] David J. Gordon, *D.H.Lawrence as a Literary Critic*, New Haven 1966, S. 45.
[10] Siehe R.P.Blackmurs Aufsatz "H.Lawrence and Expressive Form" in R.P.Blackmur, *Form and Value in dern Poetry*, New York 1957.

Wie angebracht, wie sinnvoll, wie erkenntnisbringend ist bei dieser Sachlage dann der Einbau von *cautionary measures* oder *screens* wie "Dramatisierung", "ironische Distanzierung" oder "impliziter Leser", wenn das Resultat darin besteht, daß die Früchte in der Schale liegen bleiben – unberührt, ungegessen – als Ausstellungsobjekte im Schöner-Wohnen-Heim? Sie könnten dann genau so gut aus Plastik sein, denn essen kann man eine so entfernt liegende Frucht ohnehin nicht.

Statt "Umgang pflegen" – oder im Fall von Früchten "einverleiben" – ist leider bei vielen Kritikern "Distanz schaffen" angesagt.

> In Syracuse, rock left bare by the viciousness of Greek women,
> No doubt you have forgotten the pomegranate-trees in flower,
> Oh so red, and such a lot of them.

Sollte der zivilisierte Leser hier nicht ebenfalls Qualifizierungen vornehmen? Wie ist jemand einzuschätzen, der solch undifferenzierte ästhetische Urteile abgibt? "Viel rot!" Muß man da als Interpret nicht geradezu ein Auffangnetz spannen, um den Autor vor dem Abstürzen in die triviale Naivität zu retten? Das Patentrezept lautet, das ganze Gedicht quasi in Anführungszeichen zu setzen. Dann nämlich wird die gesamte Ästhetik akademisch akzeptabel. Man ist als Leser nicht mehr gezwungen, die "textliche Persönlichkeit" direkt zur Kenntnis zu nehmen. Die indirekte Distanzhaltung setzt die Analyse der Schönheit in Gang, d. h. die Suche nach Kohärenzen, Symmetrien, Selbstreflexivität, Vernetzung, Form-Inhalt-Relation, Ironien und Ambiguitäten beginnt. Wenn das Objekt – denn um ein solches handelt es sich mittlerweile – auf diese Art und Weise vermessen wurde, kann das ästhetische Urteil in den Augen vieler fast objektiven bzw. wissenschaftlichen Charakter beanspruchen.

Aber *Pomegranate* und die anderen Früchtegedichte sollte man nicht so behandeln. Sie sind nicht schön in diesem Sinne, und man kann sie auch nicht dazu machen. Der Leser hat mehr davon, wenn er sie in ihrer Unmittelbarkeit erfaßt oder – besser – sich von ihnen erfassen läßt. Die alte Unterscheidung zwischen Schönem und Sublimem kommt mir dabei in den Sinn, denn der sublime Gegenstand ist eigentlich nicht analysierbar, weil er als solcher gar nicht existiert bzw. sich nur in seiner Wirkung darstellen läßt. Vielleicht spräche man sinnvoller von der Nähe, denn der Begriff des Sublimen oder Erhabenen suggeriert immer auch das ganz Andersartige, das Unvertraute, also irgendwie dasjenige, dem man fremd gegenübersteht. Der Begriff "Nähe" hingegen bringt zweierlei zum Ausdruck:

Erstens: Nicht mehr der Gegenstand ist *sublim* oder *schön*, sondern der Wahrnehmungsabstand des Betroffenen.

Zweitens: Durch die Nähe zum Text verliert der Leser (teilweise) den urteilenden Blick.

Anders formuliert: Da das durch Distanz gewonnene Schönheitsideal den Betrachter kaum involviert, und andererseits die Nähe den Leser zu sehr vereinnamt und er sich wie der Frosch vor der Schlange fühlen muß, könnte man sich vielleicht auch ein Modell vorstellen, das beide Aspekte vereint. Ein zu großes Distanzierungspotential, vom Dichter oder Kritiker, ist genau so problematisch wie ein Strukturierungsdefizit, das zur Verständnislosigkeit führen kann. Derrida scheint etwas Ähnliches im Sinn zu haben, wenn er sagt: "A text lives only if it lives on, and it lives on only if it is at once translatable and untranslatable."[11]

"Oh so red, and such a lot of them": Der Anblick der blühenden Granatapfelbäume auf dem kahlen Felsen überwältigt den Dichter, genau so wie die jungen Früchte im Garten des venezianischen Dogenpalasts, die trotz ihres steinartigen Aussehens und Kronen mit spitzigen grünen Metalldornen doch tatsächlich wachsen. Unfaßbar! Und dann die wunderbaren, voll

---

[11] Jacques Derrida, *Acts of Literature*, New York 1992, S. 17.

ausgereiften toskanischen Granatäpfel, an denen man sich die Hände wärmen kann und deren Kronen königlich lässig über der linken Augenbraue zu sitzen scheinen. Drei Entwicklungsstufen des Granatapfels werden in ihrer beeindruckenden Qualität beleuchtet, das Wunderbare wird daran herausgestellt. Es tritt in Erscheinung vor dem Hintergrund von Widrigkeiten: des kahlen Felsens bzw. der "abhorrent, green, slippery city". Dafür verantwortlich sind einerseits die bösartigen griechischen Frauen (Hintergrund?), andererseits die steinalten Dogen mit ihren ersterbenden Augen. "Verantwortlich" ist zuviel gesagt, Lawrence erwähnt sie. Man hat fast den Eindruck, die *viciousness* der griechischen Frauen sei ein Versuchsballon im Gespräch, einfach so dahingesagt. Und auch in der Venedig-Passage wird *abhorrent* nicht weiter erklärt. Der konversationelle Redefluß und der unmittelbare Gefühlsausdruck sind wichtiger. Emphatische Wiederholungen –"barbed, barbed with a crown" – freudige Interjektionen –"oh" – gestisch begründete Halbsätze –"And, if you dare, the fissure" – provokante Fragen –"Do you mean to tell me ..." – machen die Dynamik und Lebendigkeit dieses Textes aus. Wollte man versuchen, ihn aus seinem zeitlichen Ablauf zu lösen und ihn etwa mithilfe der strukturalen Semantik zu "verräumlichen", so ginge man nicht mehr angemessen mit ihm um. Man würde ihn zu einem Objekt der Schönheit machen, d. h. der Leser würde ihn vorsätzlich von sich wegschieben. Er kann das selbstverständlich tun. Wer wollte es ihm verbieten? Er muß sich jedoch darüber im klaren sein, daß er dadurch die Natur des Textes verändert. Man kann eben nicht wahllos und ungestraft die unterschiedlichsten methodischen Verfahren anlegen. So beschädigt man den Text.

Ein Granatapfel hat – wie uns Lawrence erklärt – zwei Seiten: die glatte Seite und die gefurchte Seite. Manche Leser bevorzugen das Schöne, ebenmäßig Runde, Formvollendete, während andere sich der Furche "stellen", ihr nicht ausweichen. Sie begeben sich damit offenen Auges in die Nähe von Frucht und Gedicht. Sie ertragen "Unvollkommenheiten" in der Formgebung, weil sie wissen, daß es darauf letztlich nicht ankommt. "If an author rouses my deeper sympathy , he can have as many faults as he likes."[12] Lawrence unterscheidet hier zwischen *currency of poetry* und *poetry itself*. In ähnlicher Weise könnte man auch von *currency of criticism* und *criticism itself* sprechen. Mit den gängigen Münzen der Kritik kann man wohlfeile ästhetische Urteile kaufen. Gesetzt den Fall, man bevorzuge die *plain side*, dann käme man mit der üblichen Kritikwährung gut aus, denn die Qualität des Abgerundetseins glaubt ein ordentlich ausgebildeter Kritiker sehr gut feststellen zu können. "Rundungen" sind meßbar, Sonettzeilen zählbar und die Reinheit von Reimen hör- und sichtbar. Mit Furchen kommt man nicht so leicht zu Rande. Sie sehen nie gleich aus, sind enger oder weiter, tiefer oder flacher, gerade oder krumm. Sie lassen sich, wenn überhaupt, sehr viel schwerer in eine allgemeine ästhetische Theorie einbauen, weil sie zu individuell gestaltet sind. Und da finge im Grunde die eigentliche Kritik an! Plötzlich muß man mit unkonventionellen, "gefurchten" textlichen Persönlichkeiten umgehen. Die Maßstäbe dafür, was ein Fehler ist und was keiner, sind einem aus der Hand geschlagen. Aber das ist vielleicht gar nicht so schlimm. Sandra Gilbert nannte ihr Buch über Lawrence' Dichtung *Acts of Attention*. Sie sah diese Gedichte als Aufmerksamkeitsappelle an: "Schau dir das an!" "Ist dir das schon aufgefallen?" "Hast du dir über diese Furche schon Gedanken gemacht?" "Komm näher ran!" Im Grunde holt uns Lawrence aus der Distanz, um uns etwas kritikloser und dadurch aufnahmefähiger zu machen, um diejenigen geistigen Operationen zeitweise zu suspendieren, die im Kopf eines gebildeten Lesers ablaufen, wenn er mit der Lektüre fiktionaler Texte beschäftigt ist. Offenbar vollzieht sich für Lawrence der Sprung in die fiktionale Sehweise beim gebildeten Leser zu früh und zu automatisch.

---

[12] McDonald, Edward D. (Hg.), *Phoenix: The Posthumous Papers of D.H.Lawrence*, London 1936. S. 336.

"For all that, the setting suns are open", heißt es im nächsten Textabschnitt. Man sollte, so lese ich diese Stelle, nicht zu schnell ins geschlossene fiktionale System überwechseln. Es gibt Wichtigeres, würde Lawrence sagen, als ästhetische "Fehler" oder "Geglücktheiten" zu entdecken, nämlich die offenen Strukturen in der Natur bewußt wahrzunehmen und die Schnitt- und Bruchstellen genau zu betrachten. Wie sieht es aus "within the fissure", "within the crack"? "Rosy, tender, glittering", "Lovely, dawn-kaleidoscopic". Der frühmorgendliche Blick in das Kaleidoskop bietet "primäre", noch nicht geschichtlich durchgerüttelte Formen oder Farben. Die "glittering, compact drops of dawn" sind von solch einer frühzeitlichen Gestaltgebung. Sie sind nicht zu verwechseln mit den von Menschen gemachten perfekt runden Billardkugeln, denn diese sind intentionale Endprodukte, während jene natürliche Begleiterscheinungen des frischen Morgens sind. Die objektivierte, distanzierte meßbare Form der Billardkugel unterscheidet sich von der glitzernden Kompaktheit des Tautropfens, der in der Einkerbung der Frucht liegen bleibt.

Das Rosige, Zarte, Liebliche erhält seine besondere Qualität dadurch, daß ein kräftiger, leicht polemisch auftretender Charakter davon spricht: "if you dare", "Do you mean to tell me ...". Er faßt den Leser zwar hart an, aber er offenbart sich auch, und er läßt ihn am Ende scheinbar los: "For my part, I prefer ...". Obwohl er ganz sicher ist, daß er recht hat, besteht er nicht auf der Übernahme seiner Auffassung durch das Gegenüber. Ein leichtes Lockerlassen bindet stärker, weil dadurch die Selbstsicherheit des Sprechers deutlich wird. Nur schwächere Naturen, die sich ihrer Sache nicht ganz so sicher sind, fühlen sich veranlaßt, massivere rhetorische Geschütze aufzufahren.

Was macht ihn denn überhaupt so sicher? Warum äußert er seine Ideen so ungeschützt, so relativ formlos? Ist es die Kraft der nicht verdrängten Sexualität, die es ihm gestattet, nicht Zuflucht nehmen zu müssen, in zerebralere, bzw. formalisiertere Ausdrucksformen? Alle Bilder und Muster, die das Kaleidoskop des Morgens zur Verfügung stellt, sind frisch und noch nicht abgenützt. Sie stellen sich dem nach Ausdruck Suchenden noch nicht als quasi objektives "gegenüberliegendes" Zeichensystem dar, das es zu beherrschen oder im vollen Bewußtsein der Tradition zu modifizieren, dem modernen Lebensgefühl adäquat anzupassen gilt. "Within the crack" aber, in der Spalte, ist es einfach "lovely", und das ist weiter nicht hinterfragbar oder historisch aufzubereiten! Man begreift es und fühlt es auch nur, wenn man innen ist bzw. nah genug dran ist. Distanz verändert die Wahrnehmung, wie gesagt, und was wir hier vor uns haben, ist mitnichten etwas Schönes. Es ist alles Mögliche: zart vielleicht oder glitzernd, auf eigenartige Weise anziehend oder herausfordernd, abscheulich oder wohlschmeckend, auf jeden Fall aber "broken", "ruptured", ohne die Perfektion der Schönheit.

Blackmur zieh Lawrence der *fallacy of expressive form*, d. h. des hochmütigen Verzichts auf das sich im Laufe der Geschichte entwickelte Formenrepertoire. Die Nutzung dieser Bedeutung stützenden und absichernden Tradition ermögliche erst Kommunikation und Verständlichkeit. Lawrence liefere lediglich *expressive outlines* und verlasse sich im übrigen auf die Intensität seiner Sache und seines Vortrags. Und das reiche nicht aus. Das Prinzip des *Dawn-Kaleidoskopischen* – wenn ich es mal so nennen darf – ähnelt in gewisser Weise dem Expressiven, so wie Blackmur den Terminus benutzt hat. Sind nun die Befürchtungen Blackmurs, ist sein Pessimismus gerechtfertigt? Bietet die allgemeine Sprache nicht genügend Gerüst, um Verständigung auch im künstlerischen Bereich zu gewährleisten? Übertreibt er das Verständigungsproblem nicht? Und sind die Schwierigkeiten, die der Leser mit Lawrence' Gedichten haben könnte, so sehr viel größer als diejenigen, die er mit jeder Art von neuer Lyrik haben wird? Ja, man kann noch weiter gehen. Im Grunde genommen sollte jedes künstlerische Produkt individuelle Aspekte aufweisen, für deren Interpretation nicht so ohne weiteres Hilfe vom traditionellen Formenschatz erwartet werden kann. Auch die Feststellung einer Differenz zu existierenden Ausdrucksweisen oder Stilarten im Sinne einer Deviationsästhetik wird nur recht wenig hilfreich sein, denn man erhält dadurch allenfalls ein Negativbild. Lawrence steht zwar notgedrungen zur Literatur vor ihm in einem gewissen Verhältnis, und die Unterschiede und Abweichungen können auch jederzeit untersucht werden, aber ich glaube, er arbeitete nicht mit dieser Differenz im Kopf. Wenn man sich des historischen Zeitpunkts des eigenen Schreibens sehr bewußt ist, werden formale Experimente stärker im Vordergrund stehen. Da es Lawrence aber um die Herstellung von "deeper sympathy" zwischen Dichter und Leser ging, und da dazu in seinen Augen formale Perfektion nicht nötig war, ja sogar eine größere Anzahl von "Fehlern" dieses tiefere Einverständnis seiner Meinung nach nicht behindern kann, warum sollte er an Objekthaftem primär interessiert sein? Auch diejenigen, die Lawrence anspricht, sollten sich darauf einstellen und ihn nicht gleich mit Pfirsichkernen bewerfen, nur weil er den Billardball nicht für das Nonplusultra von Schönheit hält. An den "Unvollkommenheiten" nämlich erkennt man, daß die Früchte eßbar und wohlschmeckend sind. Dem kritischen Leser werden die Einschnitte ("incisions"), die "Dellen" ("indented") und "Maßlosigkeiten" ("inordinate") in Pfirsichen (und Gedichten) nicht entgehen, aber er wird dieselben deshalb nicht geringschätzen und zum Abfall werfen. Vielleicht entschließt er sich, einen Teil herauszuschneiden, das Übrige aber mit Genuß zu essen. Das ist durchaus eine pragmatische Umgehensweise und keineswegs eine (kunst)richterliche Tätigkeit. Zugestandenermaßen wird dabei das ästhetische Wertkriterium der Einheit (wholeness) relativiert. Aber diese Einheit ist ohnehin oft eine strapazierte. Mit einer imaginierten Einheit im Kopf kritisiert der Kritiker im real vorliegenden Text etwaige Abweichungen oder er macht sie passend. Der Zwang zur Einheitsstiftung, dem Autor und Leser gleichermaßen unterliegen, wird gelegentlich für einen zu langen Zeitraum akzeptiert. Wenn achtzehnmaliges Durchackern eines Textes nötig ist, um dessen komplizierte Einheit zu durchschauen, dann wird man skeptisch. Das Kunstwerk als Rätsel, das es zu "lösen" gilt, hat seine Existenzform verfehlt. Rätselhaftigkeit, Mysterium ist dagegen etwas völlig anderes.

Grapes

Neben anderen Früchten, nach denen mir gerade nicht der Sinn steht, liegen auch noch Weintrauben in der dargebotenen Schale, dunkelrote Weintrauben. Bevor Lawrence auf das Reich des Dunklen eingeht, fällt ihm ein, daß viele Früchte botanisch gesehen Rosengewächse sind. Und sofort schießt seine Phantasie "ins Kraut":

> So many fruits come from roses,
> From the rose of all roses,
> From the unfolded rose,
> Rose of all the world.

In kürzester Zeit macht Lawrence aus der Rose das zentrale Sinnbild unserer Welt. Der Leser wird Zeuge einer rasanten Bedeutungsstiftung, denn die allgemeine Rose macht schnell dem Bild der "unfolded rose" Platz, das seinerseits ohne erklärende Zwischenstufen zur "explicit rose" mit seinen anthropomorphen Weiterentwicklungen "open-countenanced" und "skyward-smiling" mutiert. Mit sanftem Druck ("Admit") sehe ich die Welt plötzlich in dieser Auslegung und lasse mich gern darauf ein, selbst wenn mir nicht entgeht, wie geschickt der Autor die Bildprogression steuert. Vielleicht ist es aber auch so, daß er selbst zum Teil vorangetrieben wird. Die vielfache Wiederholung von "rose" oder "roses" und die begeisterte Aneinanderreihung von rosenartigen Früchten ("apples and strawberries and peaches and pears and blackberries") sprechen dafür. "Die explizite Rose": eine auffällige Formulierung, die in diesem scheinbar extemporierenden Sprechen gedeiht. Die Rose zeigt alles (her), ist ausschließlich Oberfläche, reduziert sich bewußt auf das Sichtbare, prahlt mit ihrer Schönheit, die offenbar mit zur Schau gestellter Religiosität sehr gut vereinbar ist. Lawrence lächelt leicht spöttisch.

Für ein Stichwort ist er in dieser Situation dankbar: "What then of the vine?", denn er springt sofort darauf an: "Oh, what of the tendrilled vine?" Schnell noch die Zusammenfassung der vorausgegangenen Erleuchtung:

> Ours is the universe of the unfolded rose,
> The explicit
> The candid revelation.

und dann hinein in die dunkle Vorvergangenheit. Dabei läßt er sich etwas gehen, finde ich, indem er den spöttischen Ton gegenüber der Rose intensiviert ("Before the rose began to simper supreme") und sie als relativ junge Spätgeburt in der Evolution belächelt, so wie im letzten Drittel des Gedichts Amerika wegen seiner "Trockenheit" nicht ernstgenommen wird. Dieses Bestehen auf dem Alter der Weinrebe und die Art und Weise, wie es zeitlich bestimmt und beschrieben wird, hat fast etwas Kindliches oder archaisch Erzählendes ("Before the rose ...was even in the bud", "Before the glaciers were gathered up", "Or else before they had been let down again"). Märchenhaft wird dann diese andere Welt, "a dusky, flowerless, tendrilled world", beschworen. Da steht der Mensch noch am Rande, ist nicht die dominierende Gestalt, zu der er sich durch die hohe und frontale Position der Augen später entwickeln wird. In dieser frühen Zeit ist er ein Wesen der Nähe, unfähig zur Bewältigung größerer Sichtdistanzen. Aber dessenungeachtet war seine "Reichweite" größer als die der heute lebenden Nachfahren:

> Reaching out and grasping by an instinct more delicate than
> the moon's as she feels for the tides.

Die taktile Sensibilität einer Ranke ist dem Gesichtssinn überlegen und erreicht, was Empfindlichkeit und Entfernung betrifft, Mondqualitäten.

Nicht nur Welten und Menschen haben sich geändert und könnten im Bewußtsein des Verlusts sich wieder verändern, sondern auch Gedichte und unser Umgang mit ihnen. Vielleicht sind sie unter unseren Augen zu durchaus sehenswerten Rosen verkommen, deren *supremity* jedoch mit *simpering* beschrieben werden könnte: Zimperlich sind sie geworden, unsere Gedichte. Man darf sie nicht mehr anfassen, weil Texte sakrosankt in ihrer objekthaften Einheit sind. Man muß ihre strophenmäßig sichtbare Struktur wie die Blütenblätter ("petals") einer Rose bewundern und sich an der Farbigkeit der Diktion wie an der Farbe einer Blume delektieren. Diese sichtbaren Qualitäten haben die unmittelbareren und schwerer bestimmbaren Eigenschaften verdrängt. Literaturwissenschaft ist insofern auch ein "Rosengewächs", als sie mit besonderer Vorliebe Symmetrisches, Redundantes, Explizierbares erkennt und formuliert.

Dagegen setzt Lawrence, daß man auch zuviel sehen, oder autorseits, daß man zuviel Sichtbares produzieren kann.

> In a green, muddy, web-foot, unutterably songless world
> The vine was rose of all roses.

Diese beiden Zeilen bieten sich nun geradezu an, sie so zu lesen, wie sie in meine Argumentation passen ... Grün ist die Grundfarbe der Natur, Wiesen und Wälder sind grün "grundiert", Zivilisation und Kunst hingegen haben eine unterschiedliche Tönung.

"Muddy" sind nichttrockengelegte Sümpfe, Natur im Rohzustand, vor der Urbarmachung. Sumpfige Gedichte: Wäre das nicht ein Widerspruch in sich? Ist Literatur nicht eher "der Natur abgetrotzt"? Aber was ist, wenn wir nur noch urbar gemachtes Gelände kennten? Käme das nicht einer Denaturierung gleich?

"Green, muddy, web-foot": Keine normalen Versfüße, mit denen Tanzschritte ausgeführt werden können, sondern Schwimmfüße! Waten oder Schwimmen ist angesagt und mancher Autor oder Kritiker, der sich auf dieses künstlerische Wagnis einläßt, wird am Ende mit dem Knaben im Moor die Freude und Erleichterung teilen: "Da mählich gründet der Boden sich ..."

"Green, muddy, web-foot, unutterably songless world": Das strophisch durchkomponierte Lied korrespondiert mit der vielblütenblätterigen Rose, insofern es bewußt gesungen und gehört wird. Die hier beschworene dunkle Welt ist zwar gesichtslos, augenlos, aber das Reich der Töne ist bereits präsent, denn das Sensorium einer Ranke umfaßt sowohl das Taktile wie das Akustische: "Audile, tactile sensiveness". Das Akustische aber ist noch nicht das Liedhafte. Liedtexte und ihre Melodien können gedruckt werden, können ins Sichtbare überführt werden, was generell für akustische Phänomene nicht gesagt werden kann. Deshalb ist die Stille dieser frühzeitlichen Wesen keine buchstäbliche, sondern eine, die mit Liedlosigkeit, Strukturlosigkeit, Traditionslosigkeit gleichzusetzen ist oder, positiv gewendet, mit unmittelbarem Ausdruck. Stille ist die Abwesenheit von ästhetischer Gestaltung.

Lawrence wendet sich hier gegen jegliche akustische oder visuelle "Inszenierung". Er führt uns das Gegenteil unserer regelgebundenen Kunstwelt vor Augen. Um die Metapher von den textlichen Persönlichkeiten wieder aufzugreifen: Inszenierten Auftritten haftet meist ein Distanzierungseffekt an, der den Umgang behindert und die Analyse herausfordert. Nicht-gestaltetes Auftreten hat jedoch auch seine Blüte, ein "dim, invisible flourishing". *Königliches Gestikulieren* nennt Lawrence diese Art von Vorstellung, deren Wert darin besteht, keine zu sein. Ein König – im Gegensatz zu den Königsdarstellern konstitutioneller Monarchien – richtet sich nicht nach irgendwelchen Regeln von außen, er ist Gesetz und Person in einem. Traditionelle Attribute werden zurückgedrängt von der individuellen Ausstrahlung, deren eigentliche Kraft ihre Unsichtbarkeit ist: "Look now even now, how it keeps its power of invisibility!"

Für die Kritik entsteht hier ein nahezu Heisenbergsches Dilemma: Will man die Macht dieser Texte demonstrieren, müßte man sie in die Sichtbarkeit holen. Glaubt man aber, sie sichtbar gemacht zu haben, ist sie nicht mehr zu sehen. In *Poetry of the Present*, der Einleitung zur amerikanischen Ausgabe der *New Poems*, schreibt Lawrence: "If we try to fix the living tissue, as the biologists fix it with formalin, we have only a hardened bit of the past, the bygone life under our observation."[13]

Auch Derrida ist von der prinzipiellen Unsichtbarkeit oder Unaussprechlichkeit des literarischen Kerns überzeugt. "No internal criterion can guarantee the essential 'literariness' of a text".[14] Über diejenigen Aspekte, die Literatur zur Literatur machen und die eben nicht rein *internal* sind, läßt sich am schwersten etwas sagen.[15] Die Strukturalisten sind sich dieser Schwierigkeit sehr bewußt. *Struktur* wird deshalb auch von Roland Barthes lediglich als *simulacrum* definiert, welches das Objekt imitiert, um es zu transformieren. Dieser Transformationsprozeß läßt den Gegenstand dann erst verständlich erscheinen.[16] Es wird hier aber deutlich, daß Verständlichkeit nicht gleich "Wahrheit" ist. Die Differenz kann minimiert werden, ist aber grundsätzlich in Kauf zu nehmen.

---

[13] *Complete Poems*, S. 182.
[14] Derrida (1992) S. 73.
[15] Siehe Derek Attridges Einleitung zu *Acts of Literature*, S. 5.
[16] Roland Barthes, *Essays*, New York 1972.

Lawrence würde das jederzeit zugeben. Er ist nicht so naiv zu glauben, man könne der die Realität verändernden Strukturierung grundsätzlich ausweichen, in der künstlerischen Produktion wie in der Rezeption. Er stellt sich nur entschieden gegen die völlige Entwertung der Unsichtbarkeit. Der menschliche Geist wird mit seiner Neugierde und Wißbegier immer wieder ins Dunkel vorstoßen und es ausleuchten, aber er wird um seiner Vitalität willen letztlich nicht auf den unberechenbaren Augenblick, auf das dunkle Geheimnis, den "instinct more delicate than/ the moon's as she feels for the tides", das königliche Gestikulieren und die Stille verzichten können.

Er will auch nicht auf Essen und Trinken und Schlafen verzichten. Wenn Zeigen, Sehen, Analysieren, Erkennen sich zu stark in den Vordergrund schieben, treten Gegenkräfte auf den Plan. "The fairest thing in nature, a flower, still has its roots in earth and manure; and in the perfume there hovers still the faint strange scent of earth, the underearth in all its heavy humidity and darkness", schreibt Lawrence in der *Introduction to Pansies*.[17] In dieser erdigen Dunkelheit wachsen die Wurzeln und sie können im gegenwärtigen historischen Zeitpunkt kaum mehr richtig atmen. "For by pretending to have no roots, we have trodden the earth so hard over them that they are starving and stifling below the soil."[18] Hacken tut jetzt offenbar not! Gut durchlüfteter Humusboden ist für eine gesunde Pflanze oder ein Gedicht erforderlich. "Our roots are in the sensual, instinctive and intuitive body",[19] und künstlerische Gestaltung sowie ästhetische Forderungen sollten sich nicht zu weit davon abheben. Mit Sichtbarkeit allein wird man die künstlerischen Bedürfnisse des Menschen nicht zufriedenstellen können. Das gesamte Sensorium will bedient werden. Da wir bei Obst sind, liegt es nahe, auch auf Bekömmlichkeit zu achten.

Lawrence kommt auf die Götter zu sprechen. Sie haben sich ebenfalls geändert. Aus dunkelhäutigen, negroiden Gottheiten sind hellhäutige geworden, d.h. sie haben an Sichtbarkeit zugenommen, ihre Dunkelheit wurde "aufgeklärt". Wenn aber Unsichtbarkeit mit Greifbarkeit einhergeht ("so palpably invisible"), dann ist der Preis, den Religion für ihre Aufgeklärtheit zu zahlen hat, die Distanz zu den Göttern.

Den Wechsel von dunkler zu heller Hautfarbe drückt Lawrence auch in dem Gegensatz von "naked communion" und "clothed vision" aus. Es ist bezeichnend, daß "vision" hier weniger mit Erleuchtung zu tun hat als vielmehr mit Verhüllung. Offenbar ist Lawrence ziemlich skeptisch, was die Erkenntnisleistungen des sehenden Verstandes betrifft. Wie bei Barthes Struktur etwas dem Objekt durch den Betrachter Hinzugefügtes ist, so ist auch bei Lawrence zwischen Auge und Objekt etwas dazwischen gehängt, was das Objekt verändert. Während der Franzose diesen Sachverhalt jedoch nüchtern konstatiert und als epistemologisch unausweichlich darstellt, ist er für den englischen Dichter ein Anlaß zur Kulturkritik.

Eine ganze Reihe von Werten, Haltungen oder Zuständen werden dabei mit veränderten Vorzeichen versehen: *evasive, democratic, sober, awake*.

Evasive ist nicht mehr abschätzig gemeint, sondern rückt in die Nähe von *implizit, unsichtbar, nicht formalisiert*. Das vorsichtige Ausweichen und Sich-Wiederannähern, dieses unendlich sensible Aufeinanderreagieren erhält den Vorzug gegenüber der klaren Dialektik expliziter Widerparte.

Democratic verbindet Lawrence mit breiten Straßen, Trambahnen und Polizisten und nicht mit Freiheit und Gleichheit. Verkehr und Organisation der "unübersehbaren" Masse Mensch steht dabei im Vordergrund statt individueller freier Kommunikation. Durch die modernen Or-

---

[17] *Complete Poems*, S. 418.
[18] ebenda.
[19] ebenda.

ganisations- und Verwaltungstechniken, denen auch der Datenschutz letztlich hilflos gegenübersteht, ist der Mensch fixiert. Die verheißenen französischen Revolutionsideale zeigen ihre Kehrseiten.

Soberness ist in der Welt der Trauben natürlich kein moralisches Verhaltensgebot. Wein, getrunken, wenn "Our pale day is sinking into twilight", trübt die klare Sicht, erlaubt aber, die "tendrilled avenues of wine" hinabzugehen in die "otherworld". Aus Gefangenen der rationalen, organisierten, offen zutage liegenden, aber gleichwohl verhüllten Welt werden Zufluchtsuchende in einem "Anderland". Ganz allmählich erhalten wir eine Ahnung davon, denn wir befinden uns – wie Lawrence meint –"on the brink of re-remembrance".

Wenn wir allerdings versuchen sollten, uns durch *Wachbleiben*, durch das zwanghafte Offenhalten der Augen dieser anderen Welt wieder anzunähern, dann wäre das genau so vergeblich, schädlich und lächerlich wie der verzweifelte Kampf eines todmüden Kindes gegen das Einschlafen ("the agonised perverseness of a child heavy with/ sleep, yet fighting, fighting to keep awake"). Die Macht des Auges ist begrenzt. Wach sein ist nicht alles. Man kann auch zu viel sehen wollen. Sich satt sehen funktioniert nicht, und wer diese Metapher wörtlich nehmen wollte, verhungert.

Ich habe versucht, meine Lektüre von einigen Gedichten D. H. Lawrence' mit Überlegungen zu begleiten, die sich etwas grundsätzlicher mit Fragen der Interpretation und des Umgangs mit Gedichten beschäftigen. Dabei habe ich frei zwischen Früchten, Gedichten und Problemen der Interpretation hin- und hergewechselt, ähnlich wie sich auch Lawrence beim Obstessen so seine kulturkritischen Gedanken gemacht hat, die ich mit Sympathie aufgegriffen habe. Seine deutliche Skepsis gegenüber perfekten Formen, mehrfach geschichteten ironischen Abgehobenheiten, säuberlichen Trennungslinien zwischen Realität und Fiktionalität, der Pseudo-Klarheit und Scheinüberlegenheit struktureller Analyse, all das spricht mir aus der Seele, wenngleich mich mein Verstand und die Wissenschaft gelegentlich in eine andere Richtung ziehen wollen. Aber Gedichte sind kein totes Material, das nach Belieben zerlegt, gespalten, geschliffen oder verziert werden kann. Sie sind weit eher lebendige Wesen, mit denen wir auch dementsprechend umgehen sollten.

Bibliographie
Althen, Michael: "Der Sturz ins Leben. Zum Tod des großen Erzählers Charles Bukowski". *Süddeutsche Zeitung*. 11.3.1994, S. 14.
Barthes, Roland: *Critical Essays*. Transl. by Richard Howard. New York 1972.
Beal, Anthony (Hg.): *D.H.Lawrence: Selected Literary Criticism*. London 1967.
Blackmur, R.P: *Form and Value in Modern Poetry*. New York 1957.
Delavenay, Emile: *D.H. Lawrence: The Man and His Work. The Formative Years: 1885-1919*. London 1972.
Derrida, Jacques: *Acts of Literature*. New York 1992.
Gordon, David J.: *D.H. Lawrence as a Literary Critic*. New Haven 1966.
Lawrence, D.H.: *The Complete Poems*. Harmondsworth 1964.
McDonald, Edward D. (Hg.): *Phoenix: The Posthumous Papers of D.H.Lawrence*. London 1936.

COLIN OAKLEY

Area Studies on Location

Study Trips to Britain, the USA and Australia

"If you have a barrel of beans, some red and some white, there is only one way to find out how many of each colour you have:" says Darryl Huff in his book *How to Lie with Statistics*, "Count 'em." The same sort of thing can be said of Area Studies. If you want to get a *full* picture of a country and its culture then the only way to do so is to go everwhere in the country, see everything, do everything and meet everybody. Obviously even the oldest and most experienced citizens of the country itself will only have done a small fraction of this. If you want to get a *general idea* of the numbers of red and white beans in your barrel, Huff continues, you can do so by taking a sample. Once again there is a parallel to Area Studies. One way to get an *impression* of a country is to visit a part or, better still, parts of it. Because a country is a slightly more complicated matter than a barrel of beans of two different colours, it will have to be a more complicated process and the conclusions drawn from your observations may be much less reliable, but it is *one* way of approaching Area Studies.

During the last 10 to 15 years several of the German state in-service teacher training institutions have included regular Area Studies courses on location in their programmes. Hessen, for example, has conducted courses in Lancaster, Norwich and Bath in Britain, in Seattle in the USA and in Sydney in Australia, The overall pattern has been the same for these courses: an introductory phase in which participants are able to get their bearings in the new surroundings, followed by a phase of more detailed work, in the form of a project (Britain) or a phase living and possibly working with a teacher from the area (USA and Australia). The courses are often followed by post-experience courses at local in-service institutions.

These courses have gained a broad acceptance among teachers but are often regarded with a certain amount of suspicion by school administrators and parents, who may see them as little more than a paid holiday or at best an opportunity for the teacher to learn things that can just as easily be learnt from books, from holidays in the country or from courses at local in-service training institutes. The argument for learning exclusively from books and locally conducted courses ignores the difference between what such courses offer and what a direct experience course offers. The two are best seen as complementing each other. The argument that the teacher should gain his direct experience during the (*sic.* very generous) school holidays ignores the fact that he probably has a family who may not be very impressed with the idea of spending *all* possible spare time in Britain, for example. Additionally, such courses offer, in an organized framework, opportunities to gain access to institutions where the individual might not be able to establish contact so easily.

Traditional Textbook Area Studies

Until the 60s relatively few people had much opportunity to visit an English-speaking country. Exchanges *were* arranged, typically for individual school pupils or small groups, but these remained the exception, even for the relatively close Britain. What school pupils learnt about the English-speaking world was learnt outside the school (e.g. from the media) or from the necessarily brief Area Studies sections of schoolbooks. Much of what was taught was extremely simplified history (usually individual episodes involving colourful individuals and events), geography (those sights and parts of the country of interest to tourists) and a brief description of the political system (in the case of Britain, emphasizing the traditional aspect, in the case of the USA, emphasizing the events around 1776, the Civil War and the concern with the rights of the individual). A second, indirect area studies input (especially at the lower secondary level) came with fictional texts about "typical" families and their doings. The main aim of these texts was, of course, to transport grammar but they were also at least an attempt to give information about life in the target country. Well into the 60s and in many cases even later, the families described were exclusively middle class. .The father worked in an office, the mother was a housewife and the two children (a boy and a girl, naturally, because of the pronouns) attended private schools and the family was rounded off with a cat, a dog and a budgie. There is no doubt that such middle class families did and still do represent a sizeable section of the population. However, the message which seemed to come across was that from John o' Groats to Lands End *all* British families were like this or, alternately, that life ceased to exist outside the Home Counties. The families were two-dimensional and extremely bland. (Bad behaviour on the part of the children was restricted to Chapter 6, when we were doing the imperative.) The Area Studies information that the texts contained was extremely clichéed. The following excerpt from Geoffrey Willans' *Down With Skool*, the fictional observations of Nigel Molesworth, an 11- or 12-year-old English schoolboy who – in this example, his comments about French and about the family of Armand, a "typical" French boy depicted in the textbook – is a good example of what the average learner's reactions to such texts might well have been.

> After M. Dubois comes Armand (lesson 5 du dela des)
> Armand is a small boy who wear a striped shirt and a round sissy straw hat like a girly. One day Armand is eating his breakfast when his father sa today we go for our holidays au bord de la mer. Armand is thrilled he sa O Papa are there flowers by the seaside you can tell the sort he is. in any case there must have been something wrong if they only told him he was going to dieppe in the morning.
> Armand sa: 'May I take my buket and spade, Papa?'
> 'Yes,' sa Papa, ' and your windmill.' (You see?)
> 'How shall we go to the station, Papa?'
> 'Yes I must hire a cab. On arriving at the station i shall pay the driver then i go to the guichet and buy our tickets. The porter will take our baggage to the compartment. In the compartment are two ladies three dirty old men and a postman who is smoking a pipe.'
> 'Are there boats on the sea?' asks Armand so that you can see that i think Papa is only taking him to Dieppe in order to drown him.
>
> from. *Down With Skool* by Geoffrey Willans and Ronald Searle

The spelling and punctuation are Molesworth's, not mine. His feelings about Armand I share.

In a later book Armand appears again, this time going to the zoo. Once again his conversation is so vacuous that Molesworth concludes:

> ... Papa is not so dumb as he look he will thro Armand to the lions.

'Are there any animals in the zoo?' ask Armand.
'Oh but yes,' sa Papa without loosing his temper at this feeble question.
'Houpla houpla i am so hapy.'
Perhaps the lions are not bad enough perhaps it will hav to be the loups. The loups could indubitably do a good job on Armand.

from *How to be Topp* by Geoffrey Willans and Roald Searle

Unfortunately, once again Molesworth's hopes remain unfulfilled.

Few modern books are quite this crass in their generalizations but the "typical" English (=British?) family is still alive and well in textbooks, as are its French, German, etc., counterparts. In some cases the illustrations of such books are quite simply inaccurate. One such book, published quite recently, had a picture of a family at breakfast in a room where the windows, the heater and some of the furniture were patently German.

The problem is that all Area Studies is, to a certain extent, stereotypes and over-simplified descriptions. The main aim is to reduce the degree of over-simplification. In the area of the study of institutions, geography and history, what we have is largely simplified, schematized descriptions, very much the same as those we have for the study of these aspects of our own culture. This is probably quite a reasonable way of presenting these institutions, at least to school pupils. Once we come on to everday life, the danger of over-generalization becomes acute. In my own learning of German, I was confronted fairly early with the bald statement, "Sonntags essen alle Deutschen Kuchen." (All Germans eat cake on Sundays.) Two things must be said about this statement: (a) it is wrong and (b) it is correct. It is wrong because it is ridiculous to imagine that the nation, to a man, forms column-of-four after Sunday lunch and marches to the local bakery to buy the mandatory cake supply or that *every* German housewife dons her apron purposefully at 2:00 p.m. and sets to work. It is right because anyone who has driven through a German town or village on Sunday afternoon will have observed that the cafés and bakeries that are open are doing a brisk trade. Statements about what members of a whole culture do, how they live, what they like, their homes, their families, etc., will always suggest a degree of homogeneity in the society which does not exist.

This is the point where *on location* Area Studies comes into its own – not because it shows, for example, the way the British *really* live but because, if it is done properly, it shows *some* of the way*s* that *some* of them live. The learner is confronted with the *local* life style, local problems, population structure, industry, unemployment rate, culture and other aspects of local life. And even then he may realize that in the more personal areas of the culture, for example, homes, food, interests, there is no common denominator at all. In a textbook all this is likely to appear as statements like, "The British own their own homes", "British homes are small", "The British like to eat fish and chips" – all containing some truth but, as they stand, wildly inaccurate. This is a Britain which probably only ever existed in the works of Agatha Christie and Enid Blyton.

It is, of course, easy to make fun of language teaching of this type but at the same time one should remember that it was a stage in the move away from a form of language teaching which regarded the study of literature as its main aim and dismissed anything like a communicative approach as "English for waiters". The problem was that the approach with (non-)texts about two dimensional families still presented very little authenticity, in terms of language and of situation. This next step was facilitated greatly by the growing availability of media and the much easier contact with English-speaking countries, in the first place with Britain. As a result of this, on location courses and excursions began to be arranged, at first sporadically and then on a regular basis.

On Location Course Structure:
Example: The Hessen Courses in Britain

Courses of this kind have been conducted annually since 1980 by the Hessisches Institut für Lehrerfortbildung (HILF), the state in-service teacher training institute. As venues, towns have been chosen where it is possible to gain a general overview in the time available (usually 10 days). This means, ideally, a town with a population of 100,000 to 200,000 with some specific points of interest such as local industry, historical interest or political importance. Bath and Norwich, for example, are both towns with a history and a large number of historical buildings.

There is usually no opportunity for a preliminary briefing and the course members meet for the first time on the plane to Britain. On arrival, they have a short briefing (usually only on immediately important administrative matters) and are shown to their accommodation. In the course of the last 15 years, the participants have been accommodated both in halls of residence and in individual families. This choice influences the structure of the course in a number of ways. Living with families gives an extra dimension of experience bur restricts the amount of time available for course and group work. The evening, which is available particularly for group work in residential courses, is blocked if participants have to be back home for their evening meals.

The accompanying team has usually consisted of one local teacher or organizer (in the case of the Norwich and Bath courses, a teacher from the Bell School of English), a native speaker based in Germany (typically lectors from various universities) and a German state school teacher with in-service experience. In this way, it has been possible to deal with all aspects of the learning process, by supplying detailed knowledge of the area, a link between the two cultures, awareness of where the problems may lie for Germans confronted with this environment.

The first day involves an activity usually referred to as the "Town Game". Participants go into groups of about 3 and each group is given a set of questions about the area, which they must answer. The questions are about features of the town, about historical figures from the town, local institutions, traditions, local geography and other *local* matters. Participants are given only minimal help in the problem of where to look for the answers.

Very often the questions may be brief or even cryptic, for,example:

- Who was Buck Ruxton? (famous local murder case in Lancaster in 1936)
- What is a Bath chap? (local Bath delicacy made from a pig's cheek)
- How many churches can you find in Norwich? (52)

Little of this directly-gathered information is particularly important. Some (for instance, the churches question) may say something about the town, but the main aim of the Town Game phase is simply to get people to walk around the town and see what is there and what is available in the way of sources of information. The tasks also include purely practical information-gathering about such concerns as transport, local facilities, entertainment and places of interest. The policy of making questions relatively cryptic and consciously not offering help from the team means that participants are forced to explore (not that they need much encouragement to do this). At the end of the day comes a feedback session, usually in the form of a poster and a brief (5 minute) report from each group.

The following couple of days are also filled with tasks involving investigating aspects of the city: its architecture and the way it reflects history, local industries, social structure of the town (e.g. What are the "nice" parts and the "rough" parts?) or even a task involving the forms and formalities of life – from birth to death via schooling, marriage, opening a business, etc. The emphasis is always placed on tapping first hand experience and talking to people rather than consulting books, although participants were also expected to gather authentic source materials. This insistence on first hand experience has sometimes brought participants into unknown and, in some cases, bizarre situations. One birth-to-death group found itself at one point in a funeral parlour with their informant happily laying out a corpse as she expanded on the details of her work. Once again, the groups were expected to report briefly on their findings at the end of the day. During this phase, the participants are also familiarized with information gathering techniques, e.g. interviewing techniques and the use of media, such as sound and video recorders. All of this will be of use in the third and final phase.

The third and longest phase is the project phase. After 3 or 4 days in the town it is hoped that participants will be able to choose an appropriate topic for closer investigation as the basis for their projects. In the project phase they are free to form their own groups, choose their own topics and approach them in their own way, although the course team is available to help when necessary and to point people gently in the right direction. The project phase is (unofficially) divided into: an initial material gathering stage, when people simply try to establish whether the project offers enough and whether it is practicable in the time and with the facilities available; a second, material-gathering phase in which source material is collected, sound and video recordings made, interviews arranged and conducted, etc.; a third phase when the gathered material is checked to see what is missing; and a fourth phase in which the holes in the material are, as far as possible, filled up. At the end of this phase (which is also the end of the course) the projects are presented briefly. The gathered material is filed, the files to be stored centrally in Kassel and made available to any teacher who wants them.

An example:
A popular topic on the Bath courses has been the Kennet and Avon Canal, built in the 18th Century, which fell into decay in the middle of this century and is now being restored for holiday traffic. One group studying the canal compiled a dossier consisting of:

- a video which they made of a section of the canal
- an interview with the proprietor of a boat hire firm (also video)
- interviews with holiday-makers (sound and video)
- documentation of the history of the canal (printed)
- advertizing material, tourist maps, etc.
- other relevant first-hand material.

They walked and cycled sections of the canal, looked at the boat-hiring business, talked to local people involved with the canal and researched its history. At the end they had a great deal of material but even more knowledge and experience.

Parallel to the main work there are other activities: on some courses a panel of local experts was invited to come for a question hour, excursions were arranged, there were phases concerned with looking at local and national media, local history and many other aspects. Problematic, but also quite popular have been short language input sessions at the beginning or the end of the day.

Problems and Questions Arising from the Course Content and Structure

Some of the problems which arose in these courses were simply human. A group of people thrown together to work and, in some cases live, in fairly close contact will seldom remain completely without friction. Others have had more easily identifiable causes, for instance:

- In a new and interesting environment, a full programme will often annoy people who would like to spend some of the time simply sniffing around. It was discovered fairly early that time must be allowed in some way to accommodate this wish. Failure to do this on one or two occasions led to quite aggressive reactions. In the same way, one often had the impression that it was unwise to overtax some participants. As already mentioned, a fairly popular and often requested activity is language work, conducted at the institution where the participants are centred. My own feeling has always been that this is a waste of time when the whole area is open for them to explore but it seems that *too many* new impressions simply overwhelm even some adults with a fair competence in the language and some knowledge of the culture and such a phase provides an opportunity to recuperate and to digest what they have experienced.
- Some of the activities were simply unpopular. Earlier courses contained a newsround where people took turns to summarize the news of the day. This was often felt to be interfering with other activities and people generally preferred to look at the media at their own speed and in their own time.
- In the final project phase there is often a stage, usually after about a day and a half, when people become discouraged and feel that they are getting nowhere. The team has to be very careful to step in and help at this point.

The choice of projects also creates some problems, especially since, on the one hand, emphasis is placed on the fact that the choice of topic is free and, on the other, the team is obliged to step in when it is thought that a project will simply not work or is unsuitable in some other way, for instance:

- "hot potato" topics. One group in the very first course wanted to look at sex education in schools. They soon found that very few people were willing to act as informants. It would have required a much longer time to gain the confidence of prospective interviewees.
- topics which are too general, i.e. topics such as race relations, women's liberation, minorities , which are often dealt with in schoolbooks, especially at the upper secondary level. Such topics are national rather than local and at this level of generality they are often rather tired and worn out. The team has often felt that choosing them simply showed that participants have not been able to locate *local* issues. Participants are encouraged to look to see if the problem is very relevant in this particular town and in many cases have found it is not. One case in point: in the Lancaster course just after the Toxteth riots in the early 1980s one group wanted to interview young people to get their opinion as to why they were rioting. Their questions were met with blank incomprehension. There had been no riots in Lancaster.
- school. Almost every course has contained a person or a group who wants to spend a couple of days in a school. This wish can be interpreted in a number of ways, the nastiest of which is that it is a sign of fear of going out into the big, bad world and an expression of a desire to return to the familiar and the safe. This interpretation may be unkind but the team has generally felt that it is not a particularly good use of the restricted time available. In this, they have been greatly helped by the policies of many Bath schools, where such a visit by foreign teachers now costs a fee.

A question arising from the project work is "Who is this for?" Many participants have come with the hope that all or at least part of what they do and what they gather during the course will be usable in class. What is suggested at the beginning of courses is that some of what they gather will be usable and some will not – and this seems to be a fairly accurate description of the situation. In post-experience courses in Kassel, usually about 6 months after the on location course, some of the material has been transformed into teaching material. Such material can gain a great deal of life quite simply from the fact that it is a reflection of the teacher's actual experience. However, in almost all cases there is also a certain amount of material which cannot be processed. In any case it must be seen that the main concern is with the teacher's firsthand experience and the effect of this experience on his teaching will often only be indirect.

To Sum up

As was pointed out at the beginning of this report, such a course is not competition for academic Area Studies but rather a complement to it. History, geography, institutions, politics can all be presented as a corpus of knowledge. What one can broadly term "culture" or "social studies" is often much too varied to be encapsulated in a book. No one who has been on such a course will imagine that Bath, for example, is typical of Britain, of England or even of the southwest of the country. The direct experience is of only one part of the country, in which one hopes that participants will see that many things are different to their own local areas and many things are the same or very similar. The shopping centres may contain many shops of approximately the same kind as will be found locally in most parts of Germany – many even belonging to the same chain, e.g. C&A, Co-Op. Other shops may be unknown in the form found in Britain, e.g. the British chemist as opposed to the German *Apotheke* and *Drogerie*. Products on sale may be the same or may be different. They may also be the same as or different to products seen in shops elsewhere in the country. Many of the similarities and dissimilarities are to be seen at a relatively trivial or mundane level. The British bathroom is often different to its German counterpart: the fittings are different: separate hot and cold taps instead of the mixing tap, the floor is often covered with a fixed carpet. Kitchens too often have different equipment, such as a stove with a separate grill. One educationalist, (possibly half in jest) has even suggested the establishing of a subject called "Garbology", involving the study and comparison of the contents of garbage tins from various cultures – a messy but probably very informative procedure.

This sort of information, when presented in a book, for example, will have a number of disadvantages. Firstly, however differentiated it is, it will be an over-generalization. Secondly, such information has, particularly at present, a relatively brief half-life. With the EC and now the EU, exchange of goods, habits and ideas is gathering a hitherto unknown momentum. The British kitchen will now quite possibly contain German fittings and appliances. Clothing is becoming generally much the same in most of northern Europe, especially among younger people.

In view of this, the picture of the "typical" British family living its "typical" British life in a "typically" British environment, even if father has been divested of his bowler hat and tightly rolled-umbrella, mother now goes out to work and the children are now wearing jeans and T-shirts during their free time, is not particularly realistic. The on location course offers opportunities to gain a differentiated picture of differences and similarities between one's own culture and that of the target country. To do the same in various regions of the country is to build up, gradually, a realistic picture of its culture.

Doris Dedner

Americans and Germans in Post-War Giessen

Giesseners returning home after the Second World War were shocked by the almost total destruction of their city. The bombs which fell in the evening hours of December 6, 1944, together with those of earlier and later raids, damaged approximately 70% of the existing structures; what they did to the psyches of the survivors can only be imagined. Yet returning residents might have been cheered by official statistics which suggested that although the city had been physically destroyed, it was sociologically intact. According to police figures from March 23, 1946 Giessen was home to 35,632 Germans and 379 foreigners, a reasonable and probably familiar mix.[1] Observant contemporaries, however, knew that such figures, based solely on official *Anmeldungen*, in no way reflected the sociological change taking place daily before their eyes. The figures did not, for example, include the 4,000 to 5,000 Americans whose presence was obvious everywhere. It did not take into account the thousands of displaced persons still living in the city, the thousands of expellees arriving at the train station every week, and the uncounted number of men, women, and children coming to Giessen seeking food, family, and fortune. What the statistics ignore, many Giesseners must have sensed: in the post-war years the city not only had to cope with the damage it had suffered, it also had to come to terms with the complex, multicultural, and multiethnic society it had so rapidly become.

The seemingly monolithic group of registered Germans lumped together in the figure above, for example, is actually much more diverse than it might seem. In addition to the standard distinctions of class, education, and income came the divisions brought about by the different ways in which people experienced the Third Reich, the war, and its immediate aftermath. Two groups of former prisoners – Nazis from the internment camps and inmates of the concentration camps – were both residents of Giessen, as were those who profited from and those who suffered under the fortunes of the NSDAP. The few thousand Giesseners who remained in the bombed city after the end of 1944 were joined by the thousands who returned to the ruins of their homes after months spent with friends, relatives or strangers in safer places. The defeated soldiers who made their way home from the multiple fronts of the war and the POWs who had been released from Allied camps all sought re-integration into a society which shared neither their experiences nor their memories. Thousands of new residents who had found employment at the Depot competed with the old for scarce housing and food.

The registered foreigners were also an extremely heterogeneous group: 20 Belgians, 70 Ukranians, 24 Frenchmen, 26 Dutchmen, 24 Italians, 15 Letts, 19 Austrians, 56 Poles, 11 Swiss, 23 Hungarians, a smattering of Czechs, Americans, Danes, Estonians, Yugoslavs, Norwegians, Syrians, Rumanians, Russians, Lithuanians and 59 stateless people.

---

[1] An exact notation of the source of all the material in this paper would be very cumbersome; unless noted otherwise, all the information and quotations have been taken from the files of the *Stadtarchiv Gießen* or the *Staatsarchiv Marburg*.

It is, of course, impossible to say how many unregistered people were living in the city, but their numbers were large and their backgrounds diverse. There were three POW camps in the city whose inmates were used by the Americans to perform various tasks in the building and manning of the Depot. The Depot in turn attracted thousands of transients, especially women, who sought the security which American protectors could provide. The constant laments about prostitution and venereal disease that filled both the reports of city officials and American officers and the columns of the local newspaper attest to the fact that many of these new residents were highly controversial and largely unwelcome. Displaced persons, among them some 8,000 Poles, were another addition to Giessen's unofficial population; some were in DP camps, others in the quasi-military Labor Service Corps. Clothed in Army uniforms dyed blue, the Poles served as the first police force in Giessen during the early months of the occupation and were also used as POW guards.

Refugees, both from the other occupation zones and expellees from Eastern Europe, made further contributions to Giessen's post-war ethnic mix. The group of 900 refugees, intended for Laubach, who arrived totally unexpectedly at the Giessen train station one afternoon in November 1945, needing immediate food and shelter, was only the beginning of a steady stream of people who passed through and sometimes stayed in the city and its environs. Although theoretically German, the expellees had to be taught to identify themselves as such on their identity cards; entries under nationality such as "früher Polen" or "ausgewiesen, ungeklärt" had to be crossed out and replaced by "Deutschland".[2] By February 1946, 1200 refugees were arriving in Giessen every week, and the city became the *Durchgangsflüchtlingslager* for the entire American zone. A report to Military Government by city officials dated April 20, 1948, requesting the removal of the camp from Giessen, gives a good idea of the multifarious nature of its occupants.

> The Governmental Transit Camp Giessen is a camp for both refugees and individuals coming from the Russian zone. Besides, people are assembling in that camp for the transfer to another place who have been expelled from the DP camps. Furthermore, the Transit-Camp is a magnetic center of attraction for thousands of homeless persons of both sex who are now roving about in the country.[3]

To this varied assemblage of Europeans from over 20 countries, representing many different ethnic groups, were added thousands of Americans. Who were they? The soldiers, civilian employees, and their dependents were as heterogeneous as the people around them. Although statistics are hard to come by, the make-up of the draft American Army surely reflected to some extent the ethnic and class make-up of the country as a whole. Naturalized Germans may have been over-represented – many refugees returned to Europe in American uniforms – and blacks surely were; but otherwise rich and poor, well-educated and semi-literate, sophisticates and rednecks served side by side, commanded and obeyed. Like the society from which it was drawn, the American Army in Giessen was strictly segregated on the basis of race. There were black units and white units, the former almost invariably commanded by white officers. Blacks and whites had their own barracks, their own messes, their own clubs, their own Red Crosses. The facilities of the black troops were clearly inferior to those of the whites, a fact which was documented during an inspection of the 3rd Transportation Truck Battalion, stationed at the

---

[2] *Amtliche Bekanntmachung für den Landkreis Gießen* (16.12.1947): #48, p. 119.
[3] All of the English reports from the archives are quoted as written, language mistakes and all. There are too many mistakes to justify the use of *sic*.

Verdun Kaserne in Giessen (now Rivers Barracks). Colonel Ray, Advisor on Negro Affairs, visited Giessen on March 30, 1948, and

> found a deplorable state of morale and discipline, deriving in large measure from inadequate physical facilities at the Verdun Kaserne. Battalion commanders were replaced frequently, and the officers of the commander's staff were not acquainted with the problems confronting subordinate commanders. Colonel Ray considered one of the three messes to be unsatisfactory, the quarters to be inadequate, and recreational facilities to be almost non-existent. A service club was open only in the evenings, and no post exchange, moving picture theater, library facilities were provided in the kaserne. Those conditions resulted in a poor standard of duty performance and a high rate of venereal disease. Because of the low morale, a large number of men were being eliminated from the service as undesirables, though their standard of conduct and duty performance had been satisfactory before transfer to Giessen.[4]

Prejudice and discrimination within the American community in Giessen was no less prevalent than at home. Racial incidents, many revolving around liquor and women, were reported by both city officials and American officers. Blacks in the post-war South could be killed for what blacks in Giessen did every day, for having relations with white women. It must have been difficult for white Americans, especially Southern males, to adjust to the new situation, especially if there is any truth in the frequently repeated assertion that many German women preferred black soldiers.

The relationship between the German population and the black troops is difficult to ascertain; it is an area which can really be illuminated only by the memories of contemporaries. Anecdotal evidence strongly suggests that many Germans were impressed by the warmth and kindness of individual black soldiers. Indeed, the laudatory remarks of one Giessen educator were passed on through the American chain of command: "The love for children and other sympathetic human traits shown by negro soldiers has done much to tear down the theory of subhuman races as expounded by nazis." On the other hand, the reports written by city officials provide equally strong evidence that Giesseners tended to blame blacks for most of the social ills of the occupation. The association chain black soldiers – alcohol – unprovoked attacks on civilians – German prostitutes – venereal disease – lewd behavior – clashes with the German police was evoked time and time again.

A group of black publishers who toured Army bases in 1946 had an explanation for much of this bad behavior; they blamed the institutional racism of the Army. Specific factors they mentioned included

> the dearth of black officers, hostility of military police, inadequate recreation, and poor camp location. They also pointed out that many soldiers in the occupation had been shipped overseas without basic training, scored low in the classification tests, and served under young and inexperienced noncoms. Many black regulars, on the other hand, once proud members of combat units, now found themselves performing menial tasks in the backwaters of the occupation. Above all, the publishers witnessed widespread racial discrimination ...[5]

There were indeed complaints about the lack of training and poor educational background of many soldiers – black and white – who were rushed to Germany to replace the combat veterans who had successfully clamored to be sent home. It is extremely difficult to get information

---

[4] *Negro Personnel in the European Command 1 January 1946 – 30 June 1950* (1952): Karlsruhe, Germany: Historical Division European Command, pp. 152-153.
[5] Morris J. MacGregor, Jr. (1981): *Integration of the Armed Forces 1940-1965*. Washington, D.C.: Center of Military History United States Army, pp. 210-211.

on the individual units stationed in Giessen, yet valid generalizations can probably be made on the basis of military history and of statistics for the army as a whole. Beginning in January 1946, troops were sent to Europe after only eight weeks of training "which did not attempt to go beyond qualification with the M 1 rifle, personal hygiene and sanitation, and 'orientation for occupation duty with emphasis on discipline'."[6] For the troops arriving in Germany through the fall of 1946, an additional four-hour course was required with the aim of acquainting them "with the causes of German aggression, conditions in post-war Germany, and the role of the occupation forces." The course was later lengthened to six hours, and, reflecting a changed and more conciliatory attitude towards the former enemy, it covered the following subjects: "the purpose of the occupation, theater organization, German history, German organizations, progress made since the war, and correct attitudes to be maintained towards the Germans."[7] Quite a bit for a mere six hours.

Whether or not the majority of enlisted men were capable of absorbing even this minimal amount of information is open to question. A report covering the period between January 1, 1946 and June 30, 1950, for example, states that

> service chiefs and troop commanders complained to theater headquarters about the low caliber and substandard intelligence of many of their men, particularly of their Negro troops. Theater records showed that in mid-1946 about 14 percent of the white troops and 49 percent of the Negroes in the occupation army were in the lowest bracket, class V, of the Army General Classification Test, indicating a score of less than 70. Such a score indicated an inability to learn that would render its possessor unfit for many Army assignments. Theater experience revealed that men scoring less than 70 on the test usually lacked the mental qualifications necessary to become acceptable soldiers, and contributed heavily to the Army rates of venereal disease, serious incidents, and courts martial. Even men whose AGCT scores of 70 to 89 placed them in class IV proved incapable of assimilating instruction offered at theater and unit schools and of assuming their role in the occupation. More than 44 percent of theater troops were in AGCT grades IV and V.[8]

While it is impossible to judge the objectivity of these remarks without a copy of the test, the fact remains that Army superiors at the time seemed to have a generally dim view of the majority of enlisted men, both black and white, under their command. There is no reason to assume that the troops in Giessen came from a different mold as that described above. On the contrary. The city served as a Quartermaster Depot, for which a large number of unskilled workers were needed. In the Army of the forties, most manual and menial labor was performed by blacks, if available. They were thus over-represented among the American troops in Giessen, and the absolute number of black soldiers in the city was particularly high. A great many of these soldiers, having been deprived of an education through segregation, would undoubtedly have been among the AGCT low scorers.

Low scorers, however, were not the only soldiers whom those in command considered problematic. It was not only the enlisted men who returned to the barracks with VD, who acted in an "unbecoming" fashion. The temptation to take advantage of the chaotic social and economic conditions of post-war Germany, to participate in the black market, to profit from a position of power and affluence was one that not all soldiers could resist. From a distance of

---

[6] Earl F. Ziemke (1975): *The U.S. Army in the Occupation of Germany 1944-1946*. Washington, D.C.: Center of Military History United States Army, p. 432.

[7] *The Relations of Occupation Personnel with the Civil Population, 1946-1948* (1951): Karlsruhe, Germany: Historical Division, European Command, pp. 3-4.

[8] *Negro Personnel*, pp. 60-61.

fifty years it is impossible to estimate just how many soldiers succumbed to which temptations, just how bad the situation really was. Without the corrective of contemporary letters and diaries, of oral history drawn from many social classes and ethnic groups, the only source of information available is the public record. The reports in the archives, however, written by one government or military authority to another, deal primarily with complaints and with various forms of misbehavior and criminal activity. The only summary of the general situation available at the moment is thus the rather bleak one given in a city government report dated October 17, 1946.

> Eine Klage von grundsätzlicher Art ist das ... trübe Kapitel des überaus schlechten Benehmens, ja man kann sagen der Rauflust der amerikanischen Soldaten gegenüber den Deutschen ...
> In allen Fällen, das muss besonders gesagt und erwähnt werden, liegt die Schuld der für beide Teile unangenehmen Vorkommnisse auf seiten der zur Besatzungsmacht gehörigen Soldaten. Ursache wiederum sind in den meisten Fällen die liederlichen Frauenzimmer, die sich bei den Soldaten befinden, dort Schutz suchen und auch finden....
> Wir Deutschen wollen uns nicht herausstellen und haben die Pflicht, an uns zu arbeiten. Andererseits jedoch kann es die Masse des deutschen Volkes, und das sind nicht gerade die Schlechtesten, nicht verstehen, dass ein nicht kleiner Teil der zur Besatzungsmacht gehörigen Soldaten es so wenig an Takt fehlen lässt und sich oft eines so üblen Benehmens den ruhig ihres Weges gehenden Deutschen gegenüber befleissigt, damit seiner grossen Nation einen schlechten Dienst erweisend. [sic]

The relationship between the two sides was, of course, not always negative. The files also contain many positive references to American soldiers, documenting, above all, American involvement with German youth: the *Schulspeisung*, the Christmas parties for thousands and thousands of Giessen children, the German Youth Activity with American personnel and equipment, the American volunteers in youth clubs, the American trucks used to take youngsters to summer camps and on outings to Frankfurt and other places. Reports of the loan of American equipment and operators to remove rubble and move earth were also common. Much mention is made of America's chief contribution to Giessen's cultural life, the Amerika Haus, with its library, its plays, concerts, language classes, discussion groups, films and records.

What the reports do not mention, of course, are the countless positive contacts between individual Germans and Americans: the friendships that developed between neighbors, between colleagues; the aid and assistance offered; the pleasantries exchanged each day. The number of German-American marriages and illegitimate children attests to a closeness of a more or less lasting sort.

The relationship between Germans and Americans in post-war Giessen was thus ambiguous and complex; it was a relationship determined by similarities and differences in culture, and by the disparity in power – pure and simple, economic and political. The Americans were in Giessen first as conquerors and then, as they saw it, as mentors, educators, and protectors. Throughout, they saw themselves in a superior position, and those in charge at least were determined to impress this superiority upon the civilian population, a population that had been conditioned to see Americans in a rather different light. An order from Headquarters, US Forces, European Theater (May 1946) directs the boards considering the requisitioning of property to "give especially careful and appropriate consideration to the probable effect on the prestige and position of military government." When confronting the necessity of reducing occupation costs paid for by the German government, especially for such luxuries as free maid service and the large numbers of servants in American clubs, "the military refused to accept such adjustments for a considerable time on the ground that American officers must live in a style to impress the Germans and that this involved household maids."[9] The following notice to civilian employees, issued as late as August 7, 1947 by the commanding officer of the Wetzlar Military Post (to which Giessen belonged) was clearly intended to put cheeky Germans in their place. The German translation read as follows:

> Es ist zur Kenntnis des Post Kommandanten gekommen, dass die Zahl der Fälle zunimmt, in denen deutsche Angestellte von Amerikanern, besonders in Commissaries, Post Exchanges, Clubs, Küchen und Büros frech und anmassend zu Angehörigen von Amerikanischem Personal und in einigen Fällen auch zu dem Amerikanischen Personal selbst sind. Diese Haltung entspricht nicht der Haltung des Besiegten zum Sieger und dessen Familie....
> Diese freche und anmassende Haltung von Seiten der Deutschen Angestellten wird in keiner Form von dem Post Kommandanten geduldet. Diejenigen Deutschen Angestellten, die dem Post Kommandanten durch Amerikanisches Personal gemeldet werden, werden sofort entlassen, durch die Militärregierung verhört und auf einer schwarzen Liste geführt, sodass sie in Zukunft niemals mehr bei irgendeiner Amerikanischen Dienststelle Anstellung finden können.
> Wenn Du Deutsche bist, und zu dieser anmassenden Haltung neigst – *DIES BETRIFFT DICH* [sic]

For many years the Americans controlled the political and economic life of the city. Even after a local government was set up in April 1945, the American authorities continued to exercise relatively unrestrained authority. Military Government set the procedure and scope of denazification; it determined who could be employed and who was unacceptable; it granted or denied permission for all gatherings of more than five people, for club meetings, athletic events, theater performances, fairs and exhibitions; it licensed everything from political parties to newspapers, publishers and book dealers, from theater groups to youth clubs.

The American presence was powerful in number (in 1947 it constituted more than 1/10 of the city's population) and especially in economic clout. A city government paper dated September 5, 1947 reports 9,537 civilians working for the Americans (up from ca. 1,100 in October 1945), and estimates that approximately 40% of the city's economy was dependent on the occupation troops. Giesseners coveted jobs at the Depot and with American clubs and families; the extra benefits – a hot noon meal, a few leftovers, the opportunity for petty pilfering, and other special privileges – were nothing to sniff at. The Army determined the market availability of such necessities as glass and building material, thus affecting the pace of reconstruction. In August 1945 city officials claimed: "Instead of expediting, the American occupation authorities often prevent rebuilding, or make it impossible by confiscating innumerable building materials such as felt, tiles, cement, loam and lime." The Army could requisition or siphon off labor from private companies, over which it had an unfair competitive advantage. The car dealership Niels and Kraft, for example, pleaded for the release of a mechanic from a British POW camp in Egypt because, as it said, "bis zu 60% unserer Kapazität zur Reparatur von Kraftfahrzeugen der privaten Sektor der amerikanischen Besatzungstruppen und Beamten verpflichtet sind." With all the political and economic power of Americans in Giessen, it is not surprising that one city official attributes the apparently friendly attitude of Giesseners towards Americans to very practical motives. "Dabei ist zu berücksichtigen, daß ein beträchtlicher Prozentsatz der Bevölkerung hinsichtlich seines Arbeitseinkommens direkt oder indirekt mit den amerikanischen Dienststellen verbunden ist."

---

[9] Harold Zink (1957): *The United States in Germany 1944-1955*. Princeton, N.J.: D. van Nostrand Company, Inc., p. 128.

What effect other than economic did the American presence have on Giessen? As is commonly known, the Americans tried to win the former enemy over to their views of grass-roots democracy, of education, of decentralization, of sportsmanship and fair play. In Giessen, as elsewhere, Military Government introduced public forums to discuss important issues of the day, town meetings to air local concerns within the smaller communities, parent-teacher associations to debate educational matters. They tried, quite unsuccessfully, to shake up the German school system, to tailor it more towards the American model; they taught youngsters to play baseball, to box, to participate in other Yankee sports. American culture – American books, films, records, composers, artists, musicians – was writ large; at the beginning most books in the much frequented Amerika Haus library were in English, as were the first films shown after the war to eager German audiences.

The American presence changed neighborhoods, business relations, the recreational opportunities of city residents, and many features of everyday life. On November 30, 1947, for example, 12 businesses (*Gewerbebetriebe*) and 9 kasernes had been requisitioned by the American army; 154 houses and 1,721 apartments (*Wohnungen*) were also in American hands. For a certain time at least, all the saw mills and dry cleaners worked only for the occupation forces. A request made by the city government in 1946 that dry cleaners be opened to city residents at least two days a week was turned down by Military Government. The Licher brewery produced exclusively for the Americans. Many community facilities were, for various lengths of time, reserved for the sole use of the Army: the Volkshalle (built by public subscription in the 1920s) became Miller Hall and could be used by Germans only on rare sporting occasions and only with permission of Military Government; the skating rink Am Schwanenteich was used to wash Army vehicles; 4 of the 7 tennis courts (the only ones which had been repaired), the Gloria cinema, the public bath were off limits to Germans; the Goetheschule housed military police; such places as the Hotel Köhler, the Prinz Karl, and Café Deibel served as the CIC headquarters or housed occupation soldiers, their clubs, and messes.

The occupiers needed not only recreational facilities, businesses and living space, but also furniture. In June 1946, as the first dependents were on their way, 2,000 pieces of furniture were urgently sought for occupation families. The amount that could be obtained by confiscating the property of former Nazis was not sufficient, and many Giesseners were forced to sell or rent all or some of their belongings. Many other residents, although spared requisitioning orders or the necessity of taking in new lodgers, found themselves confronted with new neighbors, American families or groups of single soldiers. The ensuing relationships were, as will be shown, not always harmonious.

In October 1945 yellow American stop signs were installed at all important intersections and on all side streets leading into major thoroughfares; they were not replaced by German signs until the end of 1949. The water in Giessen suddenly tasted different: the Army, perennially afraid of infectious disease and unmoved by official reports that the quality of the drinking water was "unobjectionable," insisted on the chlorination of the public water supply. The first chlorine, produced by I.G. Farben in Höchst, was delivered February 4, 1946. Only in 1955, and only on the condition that the pipes could be separated in such a way that Americans could continue to receive chlorinated water, was the city allowed to discontinue the practice.

Not only the obvious outward changes touched the people in Giessen; many feared for the cultural life of the city itself. A report by the Liaison and Security Office dated May 12, 1948, attests to these fears. The writer first reveals his own insularity by remarking that the "Giesseners strangely feel the loss of their university," but continues in a more perceptive vein when he remarks that the departure of most of the students and professors, occasioned by the American closure of the university,

> has resulted in a considerable decrease in the cultural life of the city. . . .The university and officers of a large garrison formerly stationed here were the mainstay of such activities. Giessen's gaining some 7,000 new inhabitants by virtue of their employment with the US Quartermaster Depot here has accentuated the fall in the cultural index, because these employees are mostly laborers.

He could have added that most American soldiers, with their complete lack of German and, for many enlisted men at least, attestably low level of education, could hardly be counted on to fill the void.

Many Giesseners may have felt somewhat alienated from their own language, as well. A knowledge of English suddenly became a very marketable and, in the hard times after the war, a possibly life-saving commodity. It could mean a good job at the Depot, a higher hourly wage with the Americans, the ability to cope with MP control points and black market checks. It could provide access to books and knowledge that had been withheld or forbidden for twelve long years. It was, as parents found out in October 1946, a new optional subject in Giessen's elementary schools. In the post-war period, a lack of English must have been regarded by many Germans as a handicap. Americans, on the other hand, were not expected to learn German. As the following letter to Military Government from the "Chief Burgomaster/Traffic Establishments" (11/16/46) indicates, city officials found ways to accomodate a large population of foreigners who showed little if any interest in learning the language of the country.

> I stated that on account of wanting suitable telephonists, who are able to speak and understand English, the fire-informations of the American offices are not worked with the necessary swiftness. Repeatedly the fire-informations were not understood; consequently, the fire-brigade marched out too late.

He concludes by saying that American offices should call him at night if they had trouble communicating with the fire department.

As the above quotation indicates, even when Germans could speak and write English, complete communication was not always ensured. Most reports written by city officials and their subordinates are lovely examples of German interference and could be used today as texts for linguistic error analysis. What is worse, however, is that often whole parts of reports were, as a few examples can show, virtually unintelligible. In May 1946 one official gave the following assessment of health conditions in Giessen: "On account of the present conditions an extermination of the venereally diseases was not yet possible and will not be possible unless the part of the population which has been eradicated by the war, would not have found a home." A Review Board recommended the police official Petermann as follows: "With regard to his personality he is judged as a quiet, objective official who is absolutely standing on the bottom of the present state and who's remaining with the police is for the interest of the publicity." One can ponder for a long time such expressions as "aside parties" "citizen-like electors" "civil class/parties" (political context), "pressen unchastity" (crime context). A knowledge of German is often a prerequisite here, and frequently even that is no help. Interestingly enough, many texts reputedly written by American officers also contain glaring language mistakes. Whether they were sloppy writers, naturalized Europeans, or just overly reliant on their German employees cannot be determined. A last, more general, word on the language difficulties can well be given to Albin Mann, a later mayor of Giessen, who is quoted by American officials as follows:

> Most serious reason for lack of understanding between Military Government and population is the language barrier. He regrets that most conferences have to pass through a system of interpreters, whose sympathies are often doubtful or whose intellectual abilities not sufficient. He sees an important step forward in the creating of a better understanding by the increased employment of German speaking American personnel.

Whether this personnel ever materialized is doubtful.

Where did this "lack of understanding" between Germans and Americans, now on a more personal level, occur? The way in which Germans and Americans got along with each other after the war depended upon a number of factors: upon the breadth and intensity of contact, upon the degree of dependency, upon the clichés one group believed about the other (all Germans are Nazis, tidy, industrious, cold and arrogant – Americans are *kulturlos, kindisch, materialistisch, heuchlerisch*). The relationship was, of course, also affected by real differences in culture, socialization, attitudes and beliefs. It is impossible to determine how much conflict and misunderstanding were caused by the clash of two cultures, each largely unknown to the other, and how much was due to the fact that the Americans were the victors and the Germans the vanquished – with all the excesses and resentments that such positions entail. Nevertheless, a preliminary examination of the available files and the evidence of a few witnesses reveal numerous areas in which intercultural misunderstanding certainly occurred.

A perennial source of conflict was, of course, the requisitioned houses. The requisitioning process itself was bureaucratically simple and emotionally complex, as one American, the wife of the highest ranking officer in Lich in the fall of 1946, explains.[10] After living with three other officers in a large house with a steady stream of visitors going in and out, the couple wanted a home of their own. The housing officer in Giessen told the captain that his wife should simply look at the houses available to Americans and choose the one she liked best. Together with the company interpreter, who she claims was a former SS man, Mrs. F. made the rounds.

> [H]e's taking me to visit these homes and explaining to the families – well, they already knew who I was and the purpose of my visit – that whichever house I selected, they would be sent to live somewhere else while I took over the house. I'd say about the seventh or eighth house we had looked at, Erich looked at me and said, "Madam, you really shouldn't feel that way about it." He said, "After all, we lost the war." And so I said, "Well, thank you," and I thought it was very perceptive of him to notice that I was having these feelings about putting people out of their home.

As a rule, the Army did not permit the German owners to continue living in the house, and it was Army policy not to house more than one family to a dwelling if it did not have at least two bathrooms. Houses were generally assigned or made available on the basis of location, condition, and comfort; if an American family rattled around in a large German house, only the Germans took notice.

Aside from the obvious resentment of having to give up their property, aside from cases of clear misuse and real damage, of misappropriation and theft, the owners of requisitioned houses complained primarily about their gardens and the life style of the occupants. Especially where individual soldiers and not families were living in a house, owners were often offended by the German "Fräuleins" who were frequent guests. As late as 1952, one owner wrote: "Ich stelle fest: Deutsche Säue haben Schlüssel zu unseren Häusern und der Hausbesitzer darf keinen haben." The question of whether gardens had been requisitioned as well as houses, of

---

[10] All of the remarks made by the three Americans quoted in the text are contained in private correspondence from spring/summer 1995.

whether owners could enter their yards, could plant and harvest their fruits or vegetables, was a particularly thorny one. Even in cases where owners were allowed to use their property, they often complained of what they regarded as American misuse. Such reports as the following were common. "The dogs of the U.S. dependents living on Tannenweg and Froebelstrasse are daily causing much damage in the neighboring gardens." "Oft wird der Garten als Auslauf für Hunde benutzt (Verunreinigung) oder ist Kinderspielplatz." Many, if not most Americans in Giessen at the time, unaccustomed to the intensive use of city gardens for growing fruit and vegetables, used to the distinction between yard and garden, would probably have asked themselves what yards were for if not for children and pets? Likewise, single soldiers would undoubtedly have seen no cause to consider house owners' sensibilities before handing out extra keys.

In the eyes of Germans, experiencing agonizing years of hunger and deprivation, Americans lived a life of luxury. The medically determined minimum living space for post-war Germans was 3 people to a room or six square feet per person; an American couple often lived alone in a house with three or four bedrooms. Depending on rank, Americans were entitled to one or more German maids, "house boys" and gardeners. They had access to food supplies that Germans could only dream of. While Americans with even minimal perceptive abilities would surely have admitted that they lived immeasurably better than their German neighbors, many might well have disputed the accusation that they lived in luxury. The first military community in Germany was opened in Giessen on March 1, 1946; acknowledging the limitations of the post-war German economy, the Army set itself the goal of housing dependents and civilians "'in a manner comparable to that on U.S. posts in 1937'."[11] Many Army wives had to get used to such – for them – out-dated heating systems as coal or woodburning stoves, and frequently had to forego such familiar necessities as a refrigerator. At certain periods they had to make do with only a few hours of water and electricity a day. Even though they would not have had live-in help at home, some American wives considered German servants a necessity. Mrs. F. says: "We had to have Erich because we had to have fires built," referring to the need for hot water and heat. Another former Army wife, who could not speak any German, relates: "We were limited in the amount we could buy each month at the commissary, so the househelp went to the German market at noon, which we paid for." Pointing out that many women had small children, she adds: "Life there would have been difficult without help." Why should, Americans could well have asked, we make our lives difficult just to avoid creating the impression of luxurious living?

As a matter of fact, many Americans apparently made no concessions to the difficult living conditions of post-war Giessen. At a time when Germans were threatened with draconian measures if they failed to abide by strict rationing measures, Americans were using scarce resources with abandon. In one report to the CIC (December 7, 1945), a city official refers to the drastic electricity rationing measures to which Germans were subjected and goes on to say: "People, therefore, don't understand that in the houses, where Americans are living, all the electric lights are burning day and night. By no sense they are trying, to be a little economical. Even in rooms, where light would not at all be necessary, it is burning whole the day." Americans were indeed consuming enormous amounts of electricity for both lights and electric heaters. A report by the "City Works Giessen" on the "ELECTRICTY CONSUMPTION OF THE US OCCUPATION April 1946 till July 1947" was blunt and critical. "During the wintermonths the consumption of the occupation increased by app. 100 per cent on the average,

---

[11] quoted in: Ziemke, p. 442.

while the consumption of the population decreased by app. 30 per cent." The estimated 5,000 members of the occupation forces and their dependents consumed approximately 26.3% of the energy during the period under consideration, the 41,500 German civilians approximately 27.8%. "The monthly electricity consumption per person of the American households was 12 times higher in October, 23 times higher in February than in the households of the civilian population." High energy use was particularly conspicuous in some areas; Verdun Casern, for example, merited special mention: "... in Verdun Casern the consumption increased considerably in the month of December ... [T]he December consumption was already 150 per cent higher than the November consumption, or by approximately 400 per cent higher than the standard consumption in the Casern prior to the occupation." The same complaint applied to the American consumption of water, another commodity in short supply. The civilian population of Giessen ("including factories") consumed 85 liters per person per day, the Americans of the occupying forces a corresponding 333 liters.

Another example of American wastefulness – at least from the point of view of Germans – involved the burning of food. "From many parts you can hear that American troops are throwing superfluous or not quite unobjectionable victuals on a pile of rubbish, putting petrol on it and burn whole the lot. The population is rather embittered and ask why these victuals are not given to the population suffering distress or the hospitals respectively" (November 16, 1945). For Americans, extremely concerned about hygiene and the potential spread of infectious disease, the burning of kitchen waste was undoubtedly understood as the prudent disposal of garbage; for Germans, forced to tighten their belts with every new rationing period, it represented an unconscionable waste of leftovers.

Many of the misunderstandings of the time undoubtedly stemmed from the fact that most Germans and Americans were busy living their own lives, within their own cultural contexts. Giesseners after the war were adequately occupied with questions of bare survival; any musing about the inner lives of Americans would have been a luxury most could ill afford. Anecdotal evidence and one orientation booklet for occupation families seem to suggest that many Americans were unaware of or misinterpreted much of what they saw around them.

One Army wife, who lived alone with her husband in a four-bedroom house, who had many contacts with Germans when she was in Giessen, was apparently unaware of the anguish experienced by those whose property was requisitioned. Looking back, she says today: "Most of the houses assigned for military family use had to be repaired due to bomb damage before being usable, therefore, I don't believe there was much inconvenience for the owners. Other houses on our street, occupied by Germans, only had basements that were livable." In the same report she makes it clear that she, like her German neighbors and fellow Americans, had other concerns at the time than intercultural understanding. Having married during the war, it was only after her arrival in Giessen in the fall of 1946 that she and her husband were able to live together on a day-to-day basis. "Not only was married life quite new to me, but also home management, military life, complicated by a foreign country and travel experiences; therefore, many things in my environment escaped my notice." Mrs. F., an obviously perceptive and empathetic woman, stresses the fact that she did not use the furniture and belongings in the house she chose and that everything she had was government issue. The origin of all the household goods stored in Army warehouses awaiting distribution to newcoming families was, however, apparently not one of her concerns.

The Army's *An Introduction to Germany for Occupation Families*, written at the end of 1946, contains statements inspired either by callousness or naiveté. When discussing some contradictions of German life, the authors write: "The people wear wooden shoes and use dial telephones. German industries have had compulsory accident insurance since 1862. Yet whole families will travel long distances by crowding onto steps of streetcars and trains." Likewise, the language used to describe the bombed cities and the post-war housing crisis sounds as if the Germans were somehow voluntarily living like rabbits.

> Besides the damage and loss of life, this destruction left other effects. People have to live someplace. They are burrowing into cellars and occupying occasional upper rooms reached by shattered stairs wherever buildings have interiors left. They are overcrowding what houses remain after the Army has met needs of Occupation forces.[12]

In a more domestic setting, the above-mentioned captain and his wife in Lich describe run-ins they had with Erich, the company interpreter, run-ins caused by the wife's American socialization and cultural bias. First the husband and then the wife explain.

> Gretel [the German maid] would be chopping firewood and, of course, that angered my wife. That wasn't Gretel's place, she said. Several times it happened that I'm out at the orderly room at headquarters. She would call there and she would summon, very arbitrarily, Erich to come to the house and chop the wood. And that angered him. He felt that that was beneath him, that he was employed as an interpreter. But he was always very correct and he didn't express his resentment to my wife, and he would do what she told him. But anyhow, he took out his anger on Gretel.
> I ran into a problem with their customs. I came home one day and found Gretel waxing ... the dining room floor. And I said, "Gretel, that's not your place. That's Erich's place," because I'd been raised in the South where ladies didn't do hard work. I said, "you go tell Erich, he's to do this, not you, you know, it's hard work."

Mrs. F., influenced by her Southern upbringing, regarded her German servant as a lady, or at least as someone who should only be doing light housekeeping. The fact that Gretel was white and not black was probably an unconscious but decisive consideration. Erich, a man, had to step in when a little sweat was required. The captain, used to a clearly defined hierarchy and a comparable set of duties, could understand Erich's injured dignity, but presented a solid front to an inferior. Erich, in the complex position of former enemy, defeated soldier, current employee, and occasional servant, had no other choice than to follow orders, in this case the wife's. His acculturation required him to react, however, and he took out his anger and humiliation on the only person weaker than himself, on Gretel, the original object of Mrs. F.'s solicitude. Gretel, like most of her contemporaries, was undoubtedly used to waxing floors if not to chopping wood, something that Mrs. F. either did not know or could not accept. Thus her culturally determined desire to protect Gretel from something that Gretel's culture, in turn, would expect of her led to an untenable situation, to one in which Gretel was spared hard work, but was subject to abuse. Erich was subsequently fired.

Another source of conflict between occupiers and townspeople revolved around hunting and fishing, two pastimes especially dear to most American males. Historically, of course, the right to hunt is a feudal privilege, and some officers seemed to have joined the chase in an almost aristocratic fashion. A May 1947 souvenir album of the 388th Station Hospital in Giessen contains a special section entitled "Hunting" and no fewer than 7 photos of hunting scenes, most featuring the commanding colonel in a prominent position: posed under his impressive collection of antlers, standing amongst his guide and fellow marksmen surveying a "prize Hirsch". One picture shows a beaming man above a carcass – "The Chaplain Bags a Boar". The introductory text mentions the sport as well: "One of the chief sources of relaxation, exercise, and good sportsmanship, has been in well-planned hunting trips for red deer and wild

---

[12] p. 5, p. 33 (no further bibliographic information is available).

boar. Many trophies have been brought home, and the meat has been a welcome addition to the hospital mess."[13]

The hunting and fishing trips of the enlisted men were not always as well-organized and orderly; they frequently raised the ire of Giessen residents. Reports like the following were common:

> Colored troops being billeted in the Landkreis (Heuchelheim and Reiskirchen) were hunting hares during safe period and also firing without a special reason even with automatic weapons as being reported. The German farmers were afraid to work in the fields.
> During the last time the encroachments of soldiers of the occupation troop are increasing not only with regard to the stealing of firewood but also the unauthorized hunting in troops and groups by using magazine-rifles and machine pistols in kind of single, and pressing-hunts as well as battues, is going to become unbearable. In consequence of their reckless shooting they are endangering the passers-by as well as considerably disturbing the wood-felling which is such a troublesome labour, and in an irresponsible manner they are bringing the workmen in the greatest danger of life.
> Guns also played a role in many other complaints that reached the desks of city government officials and Military Government representatives.
> Colored troops in the vicinity of Reiskirchen, Kreis Giessen, maliciously shot to pieces, 2 knapsacks with food, one mess-kit with food and one field flask belonging to woodcutters, working in the forests.
> The residents of the buildings, being situated around the Nahrungsberg, are complaining bitterly of the occupation troops, who are destroying the little gardens in this area in a senseless manner. The garden fences are broken down and used for firing purposes.
> [I]n the evening hours colored soldiers are shooting with their pistols in the public streets of Giessen, without any course or reason.

Whether such behavior is typical of bored soldiers in any occupation army, or whether it was prompted more by the proverbial American fascination with firearms is probably a mute question. It is, however, interesting that so much conflict between Giessen residents and GIs involved guns, hunting, and fishing – American cultural symbols *par excellence*, symbols embodying masculinity, the mythical pioneer past, the Wild West, freedom and independence.

One should not, of course, exaggerate the depth and breadth of cultural conflict between Americans and Germans in post-war Giessen. Although the relationship was often strained, it was also in many respects mutually advantageous. Aside from the above-mentioned occupation benefits accruing to Giesseners, most seem to have felt that, if there had to be occupying troops, better the Americans than the French, not to mention the Russians. Rumors of an impending war between the former allies also made many city inhabitants look more favorably upon potential American protection. Most Americans, for their part, enjoyed the opportunities Europe offered and were generally sympathetic to the Germans. A survey of soldier opinion conducted in November 1945 revealed that 80% of the soldiers had favorable impressions of the Germans; "they most liked the Germans' cleanliness and industriousness and most disliked their 'air of superiority and arrogance'." Asked to rank nationalities, 50% said they preferred the English, 28% the Germans, and 11% the French.[14]

Still, as has been shown above, intercultural misunderstanding between Americans and Germans did occur. The result of a different socialization process, of different values, of different ways of looking at the same situation, these cultural clashes are illustrative of some basic

---

[13] Printed in Giessen (Albin Klein); "published and distributed through the courtesy of the Chaplain's Office," p. 10.
[14] Ziemke, p. 327.

dissimilarities between the two peoples. A forthcoming oral history of Giessen during the occupation, with contributions from both Germans and Americans, will undoubtedly bring to light many more aspects of the relationship between the two groups at the time and, by extension, between the two countries, as well.